Administración
del Estado

Temario Vol. 2. Ingreso Libre

Cuerpo General Administrativo

Administración del Estado

eRodio ediciones

Autor

Tomás Jesús Robledo de Dios

Licenciado en Derecho.
ICADE, Cuerpo de Interventores-Tesoreros Administración Local categoría Superior,
Cuerpo de Secretarios-Interventores Administración Local-Excedente

Primera edición, febrero 2018 (614 páginas)
Diseño de portada: Ediciones Rodio, S. Coop. And
Edita: Ediciones Rodio, S. Coop. And
C/ José Jesús García Díaz, 2. Edificio Henares I, módulo 6. 41020-Sevilla
Teléfono: 955 28 74 84
Fax: 955 09 38 48
www.edicionesrodio.com
info@edicionesrodio.com
ISBN: 978-84-17287-21-4
ISBN (Obra completa): 978-84-17287-22-1

Índice

III. Derecho Administrativo General

Tema 1. Las fuentes del Derecho Administrativo. La jerarquía de las fuentes. La ley. Las disposiciones del Ejecutivo con fuerza de ley: decreto-ley y decreto legislativo. El reglamento: concepto, clases y límites. Otras fuentes del derecho administrativo 13

Tema 2. El acto administrativo: concepto, clases y elementos. Eficacia y validez de los actos administrativos. Su motivación y notificación. Revisión, anulación y revocación. El principio de legalidad en la actuación administrativa. 49

Tema 3. Las Leyes del Procedimiento Administrativo Común de las Administraciones Públicas y del Régimen Jurídico del Sector Público y su normativa de desarrollo. La iniciación, ordenación, instrucción y terminación del procedimiento administrativo. Medios de impugnación de la actuación administrativa. La revisión de oficio. Los recursos administrativos: concepto y clases. La jurisdicción contencioso-administrativa 101

Tema 4. Los contratos del Sector Público: concepto y clases. Procedimiento de adjudicación. Su cumplimiento. La revisión de precios y otras alteraciones contractuales. Incumplimiento de los contratos del Sector Público......... 175

Tema 5. Procedimientos y formas de la actividad administrativa. La actividad de limitación, arbitral, de servicio público y de fomento. Formas de gestión de los servicios públicos 293

Tema 6. La responsabilidad patrimonial de las Administraciones públicas. Concepto y clases. Requisitos generales. Efectos 337

Tema 7. Políticas de Igualdad de Género. La Ley Orgánica 3/2007, de 22 de marzo, para la Igualdad efectiva en mujeres y hombres. Políticas contra la Violencia de Género. La Ley Orgánica 12004, de 28 de diciembre, de Medidas de Protección Integral contra la Violencia de Género. Discapacidad y dependencia 349

IV. Gestión de personal (I)

Tema 1. El personal al servicio de las Administraciones Públicas. Régimen jurídico. El texto refundido del Estatuto Básico del Empleado Público y demás normativa vigente. Las competencias en materia de personal. El Registro Central de Personal 387

Tema 2. Selección de personal. Los procesos selectivos en la Administración pública y su conexión con la Oferta de Empleo Público. Principios constitucionales. Acceso al empleo público y provisión de puestos de trabajo de las personas con discapacidad 409

Tema 3. El personal funcionario al servicio de las Administraciones públicas: funcionarios de carrera y funcionarios interinos. La selección de los funcionarios 417

Tema 4. Adquisición y pérdida de la condición de funcionario. Situaciones administrativas de los funcionarios. Supuestos y efectos de cada una de ellas 433

Tema 5. Provisión de puestos de trabajo en la función pública. Los deberes y derechos de los funcionarios. La carrera administrativa. Promoción interna 165

Tema 6. Sistemas de retribuciones e indemnizaciones. Las incompatibilidades. Régimen disciplinario: faltas, sanciones y procedimiento 523

Tema 7. El régimen de la Seguridad Social de los funcionarios. La MUFACE y las clases pasivas 541

Gracias por confiarnos tu preparación

Ediciones RODIO Sociedad Cooperativa, es una joven empresa constituida por un grupo de profesionales que atesoran más de veinte años de experiencia en el sector editorial.

El libro que tienes entre tus manos ha sido cuidadosamente elaborado por un equipo de autores, de reconocida competencia en el ámbito normativo.

Este segundo volumen desarrolla catorce temas del Programa oficial: los siete temas del bloque "Derecho Administrativo General" y los siete primeros temas del bloque "Gestión del Personal", convenientemente desarrollados y actualizados, del Programa para el acceso al Cuerpo General Administrativo de la Administración del Estado, acceso libre, tal y como aparecen publicados en la Resolución de 25 de enero de 2018, de la Secretaría de Estado de Función Pública, por la que se convoca el proceso selectivo para el ingreso en este Cuerpo. El resto de temas del programa aparecen recogidos en los volúmenes 1 y 3, publicados por Ediciones Rodio.

Ediciones Rodio ofrece los siguientes manuales para la preparación de este Cuerpo de la Administración del Estado:

- Cuerpo General Administrativo de la Administración del Estado. Acceso libre. Temario. Vol 1.
- Cuerpo General Administrativo de la Administración del Estado. Acceso libre. Temario. Vol 2.
- Cuerpo General Administrativo de la Administración del Estado. Acceso libre. Temario. Vol 3.
- Cuerpo General Administrativo de la Administración del Estado. Acceso libre. Test.

Ahora que ya dispones del mejor material que puedes encontrar en el mercado para afrontar los exámenes, estamos convencidos que, sumado a tu determinación y constancia, alcanzarás con éxito los objetivos de empleo propuestos.

Gracias por elegir RODIO.
El aval de tu confianza es nuestra mayor garantía.

Queremos felicitarte por el paso que has dado. Sabemos que afrontar unas oposiciones es una decisión importante, una tarea que precisa, entre otras cualidades, de grandes dosis de constancia y determinación. Pero no solo eso, también es importante poder contar con ayuda.

La colaboración es nuestra piedra angular, porque la razón de ser del cooperativismo está en la persecución de un beneficio común, aunando voluntades, afianzando recursos y mejorando la situación de quienes forman parte de un mismo proyecto.

Fieles a nuestros principios fundacionales, las cooperativas mantenemos un compromiso ético en aras de una sociedad más justa, a través de valores como la democracia, la transparencia, la responsabilidad social, la equidad o la solidaridad. Así como la Igualdad de género, y la sostenibilidad empresarial y medioambiental, que tienen carácter transversal al resto de principios.

Porque nosotros mismos hemos adoptado la fórmula del emprendimiento cooperativista, apreciamos el valor de contar con el apoyo de quienes confían en un mismo proyecto. Por eso, en nuestro compromiso con el empleo, queremos decirte que no estás solo en tu propósito. Desde este momento formamos contigo un equipo, y estamos convencidos que, con los recursos que ponemos a tu disposición, podrás obtener el máximo provecho al esfuerzo invertido y alcanzar con éxito tus objetivos de empleo.

III. Derecho Administrativo General

eRodio ediciones

Tema 1

Las fuentes del Derecho Administrativo. La jerarquía de las fuentes. La ley. Las disposiciones del Ejecutivo con fuerza de ley: decreto-ley y decreto legislativo. El reglamento: concepto, clases y límites. Otras fuentes del derecho administrativo

eRodio ediciones

Índice esquemático

1. Las fuentes del derecho administrativo: la Constitución

1.1. Introducción

1.2. La Constitución Española de 1978

2. La Ley

2.1. Concepto de ley

2.2. Clases: la ley en el ordenamiento jurídico español

3. El reglamento

3.1. Concepto de reglamento

3.2. Naturaleza jurídica

3.3. Clases de reglamentos

3.4. La eficacia normativa de los reglamentos

3.5. Fundamento de la potestad reglamentaria

3.6. Procedimiento de elaboración del reglamento

3.7. Los límites de la potestad reglamentaria: formales y sustanciales

4. Las relaciones entre ley y reglamento

5. Otras fuentes del derecho administrativo

5.1. La jurisprudencia

5.2. Tratados internacionales

5.3. La costumbre y la práctica administrativa

5.4. Los principios generales del derecho

6. La Jerarquía Normativa

1. Las fuentes del derecho administrativo: la Constitución

1.1. Introducción

La teoría de las fuentes del Derecho en general, así como las del Derecho Administrativo en particular, comprende y abarca dos grandes grupos de problemas:

a) El de la determinación y análisis de las fuentes propiamente dichas, esto es, cuáles son las formas en que se manifiesta la *potestas normandi*.

b) El de su ordenación recíproca, su jerarquía respectiva.

De ambos problemas vamos a ocuparnos a continuación aunque en realidad su estudio más completo corresponde a la Teoría General del Derecho. Por ello, al hablar de fuentes del Derecho Administrativo, no nos proponemos ningún problema de originación de esta rama jurídica, sino que simplemente partiendo de la distinción que hace De Castro entre fuente material y formal, consideramos a la primera como fuente de producción del Derecho y a la segunda como fuente de manifestación, es decir, los modos o formas a través de los cuales el Derecho se manifiesta. Como dice Garrido Falla, son fuentes del Derecho Administrativo "aquellas formas o actos a través de los cuales el Derecho Administrativo se manifiesta en su vigencia".

El segundo de los problemas arriba enunciados nos conduce al estudio del llamado "principio de legalidad" y sus dos grandes manifestaciones: el principio de jerarquía normativa y el principio de reserva de ley.

El principio de legalidad, que es, como dice García de Enterría, la más importante de las columnas sobre las que se asienta el Derecho Administrativo, supone la sumisión total y absoluta de la Administración al Derecho, al bloque jurídico, o al bloque de la legalidad (como decía Hauriou). Ello se traduce en la sumisión de la actuación de la Administración a las prescripciones del poder legislativo, así como en el respeto absoluto en la producción de normas administrativas al orden escalonado de la jerarquía de las fuentes; lo cual implica que tanto las normas del Ejecutivo (reglamentos) como los actos que del mismo emanan, no pueden contradecir una ley formal ni invadir la reserva de ley.

Por lo demás, el primero de los problemas enunciados al comenzar el tema nos permite clasificar las fuentes del Derecho Administrativo en fuentes escritas, como la ley y el reglamento; no escritas, como la costumbre y los principios generales del Derecho; e indirectas, como la jurisprudencia y los tratados internacionales.

Interesa ahora colocar en un orden jerárquico y escalonado las distintas fuentes que se acaban de enumerar, lo que significa tanto como establecer el orden de aplicabilidad de las normas jurídicas al caso concreto y el criterio para solucionar las contradictorias prescripciones que se encuentren en normas de distinto rango. Para ello, Garrido Falla maneja dos criterios fundamentales: el criterio de la primacía del Derecho escrito, y el criterio de la jerarquía del órgano del que emana la regla escrita de Derecho.

Por aplicación del primer criterio, las fuentes no escritas van a quedar relegadas en el Derecho Administrativo a la categoría de fuentes subsidiarias. Esto es, desde luego, rigurosamente cierto si se pone en contraste la ley formal (constitucional y ordinaria) con la costumbre, pues aún dando por supuesta la solución positiva al problema de su existencia en Derecho Administrativo, únicamente será posible acudir a ella en defecto de regulación expresa legal, sin que, por lo demás, pueda admitirse una costumbre *contra legem*.

Por lo que se refiere a los principios generales del Derecho, también debe decirse, en términos generales, que su aplicación es subsidiaria y que, por tanto, sólo podrán ser invocados a falta de texto jurídico escrito aplicable a la cuestión controvertida.

Y por lo que se refiere a otras fuentes, como la jurisprudencia y los tratados internacionales, ya se ha señalado que sólo tienen un valor indirecto en Derecho Administrativo, por lo que su enumeración queda al margen del estricto problema de la jerarquía de las fuentes, que queda entonces establecida de la forma que veremos a continuación.

1.2. La Constitución Española de 1978

En líneas muy generales, se puede decir que la Constitución es un texto normativo singular, el primero en solemnidad e importancia de todo nuestro sistema, que regula la organización y funciones de los poderes públicos y enuncia los derechos de los ciudadanos.

Las leyes constitucionales ocupan el escalón supremo de la jerarquía normativa en cualquier sistema jurídico. En nuestro ordenamiento jurídico este vértice de la pirámide normativa está constituido por la Constitución Española de 1978, aprobada por las Cortes el 31 de octubre de 1978, ratificada mediante referéndum el 6 de diciembre, sancionada por el Rey el 27 de diciembre de 1978 y publicada, y entró en vigor el 29 del mismo mes. Dos notas fundamentales caracterizan y determinan el valor jurídico de la Constitución: constituir la superlegalidad formal y la superlegalidad material.

1.2.1. Constituye una superlegalidad formal

En cuanto que para su reforma o modificación se establecen especiales dificultades. Esta materia viene regulada en los artículos 166 a 169 de la Constitución Española.

Conforme al artículo 166: *"La iniciativa de reforma constitucional se ejercerá en los términos previstos en los apartados 1 y 2 del artículo 87"*.

Por lo demás, al remitir el artículo 166 de la CE a los apartados 1 y 3 2 del artículo 87, lo que hace es equiparar la iniciativa legislativa ordinaria con la iniciativa para la reforma constitucional, si bien prohibiendo en este último caso la iniciativa popular. Así, pues, la iniciativa para la reforma queda centrada en el Gobierno, en el Congreso, en el Senado y en las Asambleas de las Comunidades Autónomas.

La Reforma constitucional es la pieza clave de todo el sistema de garantías y de la propia vida y superioridad de la Constitución. Es a través de ella como la Constitución adquiere el rango de *Lex Superior*. Se trata de crear un sistema que, por un lado, no permita fáciles modificaciones de la misma (dificultar una Constitución demasiado flexible) y, por otro, no impida la realización de ciertas modificaciones que la experiencia o las necesidades políticas hagan aconsejables o necesarias (no hacer una Constitución demasiado rígida).

Con la finalidad contenida en las anteriores consideraciones se ideó el procedimiento recogido en los artículos 167 y 168 de la Constitución Española, que nos permite distinguir entre reformas esenciales y no esenciales de la Constitución.

1.2.2. Constituye la superlegalidad material

Con lo que se quiere indicar que su rango es superior al de las demás leyes. El carácter de "Ley Superior" de nuestra Constitución indica claramente que cuando una ley ordinaria entra en conflicto con ella, la Constitución debe prevalecer.

Ello nos plantea el problema de la inconstitucionalidad de las leyes. La anulación de las leyes ordinarias por inconstitucionalidad se inició por la práctica jurisprudencial americana, y con posterioridad a la segunda guerra mundial se extiende a casi todos los ordenamientos jurídicos el recurso de inconstitucionalidad.

La superlegalidad material de la Constitución viene claramente aludida en el artículo 161 de la misma al señalar que el Tribunal Constitucional, con jurisdicción en todo el territorio español, es competente para conocer, entre otros, del recuso de inconstitucionalidad contra las leyes y disposiciones normativas con fuerza de ley. Añadiendo el artículo 162 que están legitimados para interponer el recurso de inconstitucionalidad: el Presidente del Gobierno, el Defensor del

Pueblo, 50 Diputados, 50 Senadores, los órganos colegiados ejecutivos de las Comunidades Autónomas y, en su caso, las Asambleas de las mismas.

No obstante, la CE se caracteriza también por contener una gran diversidad de normas, que se pueden clasificar en cinco grandes grupos:

1. En primer lugar, las que podríamos llamar *normas principales*, cuya función es definir los rasgos generales del sistema político, los valores superiores del mismo, los fines generales del Estado y los principios vertebrales del sistema normativo.
2. En segundo lugar, las *normas directivas* de la actividad de los poderes públicos, concepto complejo dentro del cual es necesario desglosar cuatro subtipos:
   a) *Mandatos al legislador*, consistentes bien en la orden de elaboración y aprobación de una ley específica, bien en la imposición de regular una determinada materia.
   b) *Habilitaciones al legislador* para regular potestativamente una materia determinada, normalmente con indicaciones parciales acera del contenido de dicha regulación.
   c) *Reservas de ley*, mediante las cuales se exige una norma con rango de ley formal para la regulación de determinadas materias.
   d) *Directrices materiales de la actuación de los poderes públicos*, mediante las cuales la CE ordena a éstos perseguir determinados objetivos o metas, trasunto de las normas principales.
3. En tercer lugar, las *normas organizatorias*, expresión genérica bajo la que se incluyen:
   a) Las *normas constitutivas de entes u órganos públicos*, que consagran su existencia a nivel constitucional o regulan su estructura interna.
   b) Las *normas atributivas de competencia* a dichos órganos o entes.
4. En cuarto lugar, las *normas materiales*, concepto al que corresponden tres subcategorías:
   a) *Las normas reguladoras del sistema de producción normativa o, por utilizar una terminología más convencional, del sistema de fuentes.*
   b) *Las normas de reconocimiento de derechos constitucionales.*
   c) *La última subcategoría, de carácter residual, estaría integrada por to*dos los artículos que establecen *regulaciones materiales típicas* (normas imperativas) distintas de las encuadradas en todos los restantes grupos de clasificación, que el constituyente ha querido elevar al máximo rango normativo (por ej. regulación de los idiomas, banderas y capitalidad del Estado).

5. Por último, las *normas garantizadoras* que, como su propio nombre indica, tienen por objeto establecer los órganos, procedimientos y principios tendentes a asegurar el respeto al texto constitucional y, en general, la observancia del sistema normativo.

2. La Ley

2.1. Concepto de ley

Es definición universalmente conocida de la ley la que Santo Tomás de Aquino estableció en la *Summa Theológica* al concebirla como "la ordenación de la razón al bien común, dictada por el que tiene a su cargo el cuidado de la comunidad y solemnemente promulgada". O la más escueta de Francisco Suárez al definirla simplemente como "precepto común, justo y estable, suficientemente promulgado".

Entre las definiciones modernas ha de citarse la de Federico de Castro para quien la ley es "la norma emanada directamente del poder soberano, reveladora de su mandato respecto de la organización jurídica de la nación".

En el sentido técnico de fuente del Derecho, la palabra ley se emplea en una doble acepción. En un sentido primario se llama ley a cualquiera de las reglas que tienen su origen en el poder del Estado y se contrapone a la costumbre y a los principios generales del Derecho. En un segundo sentido, más estricto, se reserva la palabra ley para la dictada por el órgano superior del Estado y con la máxima solemnidad, distinguiéndose así de las normas dictadas por autoridades con función delegada, reglamentaria o ejecutiva.

Ley en sentido formal es "toda norma jurídica dictada por los órganos estatales a los que el ordenamiento jurídico atribuye el poder legislativo". Y precisando aún más, García de Enterría y Tomás Ramón Fernández la definen como "el acto publicado como tal ley en el Boletín Oficial del Estado, que expresa un mandato normativo de los órganos que tienen constitucionalmente atribuido el poder legislativo superior".

2.2. Clases: la ley en el ordenamiento jurídico español

Bajo el genérico concepto de ley se agrupan en el Derecho positivo español diversas manifestaciones de la misma. Jerárquicamente ordenadas son las siguientes:

- Ley constitucional.
- Leyes orgánicas.

- Leyes ordinarias.
- Disposiciones normativas con fuerza de ley (Decretos-Leyes y Decretos-Legislativos).

Es claro que no se integra dentro de este concepto genérico de ley, en sentido formal, la potestad reglamentaria de la Administración a la que nos referimos de manera particular en el siguiente tema del programa.

Habiendo ya estudiado la ley constitucional nos corresponde ahora referirnos a las demás, distinguiendo entre leyes estatales (orgánicas y ordinarias), leyes de las Comunidades Autónomas y leyes de conexión con los subsistemas autonómicos (leyes marco, leyes de armonización y leyes de transferencia o delegación).

2.2.1. Las leyes estatales

A) Leyes orgánicas

La figura de las leyes orgánicas es una de las novedades más sobresalientes de la Constitución de 1978, y también, una de las más complejas y discutibles. En una primera aproximación, pueden describirse como un tipo especial de leyes para cuya aprobación se requiere un quórum especialmente reforzado en el Congreso de los Diputados, por referirse a materias a las que la Constitución otorga una particular relevancia. Son, pues, dos las notas que las caracterizan: una nota material (el ámbito a que se refiere) y una nota formal (el procedimiento de elaboración).

1. **Desde el punto de vista material**, en primer lugar, las leyes orgánicas deben referirse necesariamente (o, lo que es lo mismo, sólo pueden ser dictadas) a las materias expresamente previstas en la Constitución Española; de acuerdo con su artículo 81.1 "*son leyes orgánicas las relativas al desarrollo de los derechos fundamentales y de las libertades públicas, las que aprueben los Estatutos de Autonomía y el régimen electoral general y las demás previstas en la Constitución*". Este precepto diseña lo que podríamos llamar el ámbito necesario de actuación de las leyes orgánicas; dichas leyes han de regular necesariamente estas materias, de tal forma que su regulación no puede ser llevada a cabo mediante leyes ordinarias; pero, a la inversa, las leyes orgánicas no deben operar fuera de estas materias, careciendo de eficacia en la medida en que regulen cuestiones no comprendidas en la enumeración del artículo 81 o materias en las que otros preceptos de la Constitución Española las exigen (p. ej: arts. 92; 104.2; 107; 116; 122; 136.4; 141.1; 144; 150.2; 157.3; 165; etc.), salvo que se trate de temas conexos con la regulación principal.
2. Por otro lado, las leyes orgánicas se caracterizan por un **dato formal**, cual es el procedimiento exigido específicamente para su aprobación. De acuerdo con el apartado segundo del artículo 81 de la Constitución

Española, *"la aprobación, modificación o derogación de las leyes orgánicas exigirá mayoría absoluta del Congreso, en una votación final sobre el conjunto del proyecto"*. Éste es el único requisito que caracteriza a la ley orgánica: el texto de la misma deberá ser votado globalmente en el Congreso, por la mayoría cualificada citada; la ley orgánica no precisa de ser aprobada por mayoría especial alguna en el Senado, siguiendo en esta Cámara el procedimiento normal al que posteriormente nos referiremos.

Para un grupo de autores encabezados por García de Enterría, las leyes orgánicas no tienen rango superior a las leyes ordinarias, ya que entre ellas no cabe hablar de relación de jerarquía sino de separación, por tener un distinto ámbito competencial.

Frente a esta opinión Garrido Falla, partiendo del especial régimen de aprobación y modificación (mayoría absoluta), y del hecho de que la regulación de las materias de mayor trascendencia está reservada a la ley orgánica, defiende la superioridad jerárquica de estas normas sobre las leyes ordinarias.

Dentro de las leyes orgánicas hay que destacar una categoría muy singular, que no es otra que la que forman los Estatutos de Autonomía de las distintas Comunidades Autónomas.

La propia CA, denomina a los Estatutos como Leyes Orgánicas en su artículo 81.1, pero se diferencian de las demás leyes orgánicas fundamentalmente en su procedimiento de elaboración y reforma y en su contenido material.

Así, en cuanto a su procedimiento de elaboración, destacar someramente que existe un procedimiento ordinario (art. 143 y 146 CE); un procedimiento especial (artículo 151 CE); y dos procedimientos extraordinarios (art. 144 b) y Disposición Transitoria 4ª).

Por otro lado, en cuanto a su contenido material, se afirma que los Estatutos de Autonomía constituyen la norma fundamental básica de cada Comunidad Autónoma (art. 147.1 CE), en un doble sentido: En primer lugar, por cuanto el Estatuto es la norma que instituye, que erige y hace nacer a la vida jurídica a un ente público antes inexistente; e institucional, también, porque el Estatuto concreta el marco constitucional, definiendo las instituciones políticas y administrativas de gobierno de cada Comunidad, y las funciones que específicamente asume.

B) Leyes ordinarias

Constituyen el tercer escalón de la jerarquía normativa. Son leyes ordinarias las leyes de Cortes, es decir, las que emanan del órgano legislativo ordinario que son las Cortes Generales, formadas por el Congreso de los Diputados y el Senado según preceptúa el artículo 66 de la Constitución.

Constitucionalmente, cabe distinguir con arreglo al artículo 75 de la Constitución Española entre leyes de Pleno y leyes de Comisión, ya que según dicho artículo: "Las Cámaras funcionarán en Pleno y por Comisiones.

Las Cámaras podrán delegar en las Comisiones Legislativas Permanentes la aprobación de proyectos o proposiciones de ley. El Pleno podrá, no obstante, recabar en cualquier momento el debate y votación de cualquier proyecto o proposición de ley que haya sido objeto de esta delegación.

Quedan exceptuadas de lo dispuesto en el apartado anterior la reforma constitucional, las cuestiones internacionales, las leyes orgánicas y de bases y los Presupuestos Generales del Estado".

Por lo demás, el procedimiento de elaboración de las leyes puede iniciarse bien por las propias Cámaras en cuyo caso recibe el nombre de "proposición de ley", cuya tramitación se regulará por los Reglamentos de las Cámaras (art. 89), o bien por el Consejo de Ministros, en cuyo caso, se denomina "proyecto de ley", que envía al Congreso para su estudio, elaboración y, en su caso, aprobación (art. 88). En desarrollo de los artículos 87 y 88 de la Constitución Española el artículo 22 de la Ley 50/1997, de 27 de noviembre, del Gobierno, regula la iniciativa legislativa del Gobierno.

En relación con el texto de los aludidos artículos, sólo cabe insistir en la "prioridad" que el artículo 89 concede a la iniciativa legislativa del Gobierno sobre la iniciativa de las Cámaras.

La actuación legislativa del Senado viene regulada por lo dispuesto en el artículo 90, al decir: "Aprobado un proyecto de ley ordinaria u orgánica por el Congreso de los Diputados, su Presidente dará inmediata cuenta del mismo al Presidente del Senado, el cual lo someterá a la deliberación de éste.

El Senado en el plazo de 2 meses, y a partir del día de la recepción del texto, puede, mediante mensaje motivado, oponer su veto o introducir enmiendas al mismo. El veto deberá ser aprobado por mayoría absoluta. El proyecto no podrá ser sometido al Rey para sanción sin que el Congreso ratifique por mayoría absoluta, en caso de veto, el texto inicial, o por mayoría simple, una vez transcurridos 2 meses desde la interposición del mismo, o se pronuncie sobre las enmiendas, aceptándolas o no por mayoría simple.

El plazo de 2 meses de que el Senado dispone para vetar o enmendar el proyecto se reducirá al de 20 días naturales en los proyectos declarados urgentes por el Gobierno o por el Congreso de los Diputados".

Parece, pues, a la vista de lo trascrito, que este artículo reduce a una mera labor de revisión la función legislativa del Senado.

Y, finalmente, tras esta actuación legislativa del Senado, el último estadio en el proceso de elaboración de las leyes corresponde a la sanción y promulgación de las mismas. Dispone a este respecto el artículo 91 que: "El Rey sancionará en el plazo de 15 días las leyes aprobadas por las Cortes Generales, y las promulgará y ordenará su inmediata publicación".

2.2.2. Las leyes de las Comunidades Autónomas

En nuestro ordenamiento jurídico, las Comunidades Autónomas son también, junto con el Estado, titulares de potestades legislativas (esto es, del poder de dictar normas con rango y fuerza de ley). Aunque de manera indirecta, la Constitución Española reconoce dicha potestad legislativa a las Comunidades Autónomas en el apartado 1° del artículo 152, cuando habla de la "Asamblea Legislativa" de la Comunidad Autónoma, y más explícitamente en el artículo 153 a) cuando remite al Tribunal Constitucional el control de la "constitucionalidad de sus disposiciones normativas con fuerza de ley".

2.2.3. Leyes de conexión con los subsistemas autonómicos

A ellas se refiere el artículo 150 de la Constitución y son las siguientes:

1. **Leyes Marco:** las Cortes Generales, en materias de competencia estatal, podrán atribuir a todas o a alguna de las Comunidades Autónomas la facultad de dictar, para sí mismas, normas legislativas en el marco de los principios, bases y directrices fijados por una ley estatal. Sin perjuicio de la competencia de los Tribunales, en cada ley marco se establecerá la modalidad del control de las Cortes Generales sobre estas normas legislativas de las Comunidades Autónomas.
2. **Leyes de Transferencia o Delegación**: el Estado podrá transferir o delegar en las Comunidades Autónomas, mediante ley orgánica, facultades correspondientes a materia de titularidad estatal que por su propia naturaleza sean susceptibles de transferencia o delegación. La ley preverá en cada caso la correspondiente transferencia de medios financieros, así como las formas de control que se reserve el Estado.
3. **Leyes de Armonización**: el Estado podrá dictar leyes que establezcan los principios necesarios para armonizar las disposiciones normativas de las Comunidades Autónomas, aún en el caso de materias atribuidas a la competencia de éstas, cuando así lo exija el interés general. Corresponde a las Cortes Generales, por mayoría absoluta de cada Cámara, la apreciación de esta necesidad.

2.2.4. Los Decretos-leyes y la delegación legislativa

Se trata —dicen García de Enterría y Tomás Ramón Fernández— de una variedad legislativa ambigua por cuanto participan simultáneamente de la naturaleza de los reglamentos (al proceder del Gobierno y no de las Cortes Generales) y de las leyes (al tener fuerza de tal y, por tanto, poder derogar o modificar otras leyes y no poder ser afectadas por simples reglamentos).

2.2.4.1. La legislación delegada

La llamada genéricamente legislación delegada o delegación legislativa consiste, sencillamente, en una transferencia de la potestad legislativa que a favor del Gobierno hace el Poder Legislativo, de manera que aquella pueda participar en la ordenación jurídica de la sociedad. Ahora bien, teniendo en cuenta que se trata de una "transferencia de ejercicio" pero no de "titularidad".

En el Derecho español la legislación delegada cuenta con expresa cobertura constitucional. En efecto, dispone el artículo 82.1 de la Constitución Española, que: *"Las Cortes Generales, podrán delegar en el Gobierno la potestad de dictar normas con rango de ley sobre materias determinadas no incluidas en el artículo anterior"*. Es decir, que se prohíbe la delegación respecto de aquellas materias que hayan de ser objeto de regulación y desarrollo mediante ley orgánica.

En nuestra Constitución el concepto de legislación delegada se reduce a los supuestos de delegación recepticia (aquellos en que la norma resultante tiene rango de ley), con exclusión, por tanto, de la remisión normativa y la deslegalización.

Conforme al artículo 82.2 dos variedades de leyes delegadas conoce nuestra Constitución: los textos refundidos y los textos articulados, que se conocen con la denominación genérica de Decretos Legislativos. Así, dispone el artículo 85 que: *"Las disposiciones del Gobierno que contengan legislación delegada recibirán el título de Decretos Legislativos"*.

A) Textos Refundidos

Cuando una pluralidad de textos legales regula una misma materia, es normal y conveniente que el último de ellos delegue en el Gobierno la facultad de unificar o refundir todos, de modo que se simplifique y sistematice así la legislación vigente sobre dicha materia.

La delegación legislativa deberá otorgarse mediante una ley ordinaria cuando se trate de refundir varios textos legales en uno sólo (art. 82.2). Lo que se confiere al Gobierno no es la facultad de dictar nuevas normas jurídicas sino la de sistematizar las ya existentes.

En relación con estas refundiciones el artículo 82.5 dispone que: *"La autorización habrá de otorgarse al Gobierno (sin que quepa la subdelegación a otros órganos distintos del propio Gobierno), ha de otorgarse de forma expresa, para materia concreta (sin que pueda entenderse concedida de modo implícito), y ha de fijar plazo para su ejercicio (no puede entenderse concedida por tiempo indeterminado)".*

B) Textos Articulados

Proceden de una delegación que confieren las Cortes Generales al Gobierno para que redacte una ley conforme a unas bases que el propio legislador ha enunciado (Ley de Bases). Como dice García de Enterría se trata de una delegación más amplia que la del caso anterior, ya que se realiza aquí una auténtica función creativa de normas, si bien tal creación no es libre, sino que ha de ajustarse a las bases dadas.

Según el mencionado artículo 82.2; *"La delegación legislativa deberá otorgarse mediante una ley de bases cuando su objeto sea la formación de textos articulados..."* añadiendo el párrafo 4 que: *"Las leyes de bases delimitarán con precisión el objeto y alcance de la delegación legislativa y los principios y criterios que han de seguirse en su ejercicio".*

Este precepto se completa con dos límites o cautelas restrictivas de las leyes de bases contenidas en el artículo 83 al decir que: *"Las leyes de bases no podrán en ningún caso:*

a) *Autorizar la modificación de la propia ley de bases.*

b) *Facultar para dictar normas con carácter retroactivo.*

c) *Modalidades de control de la legislación delegada."*

Cabe, finalmente, referirse al control de los excesos de delegación. El artículo 82.6 dispone a este respecto que: *"Sin perjuicio de la competencia propia de los Tribunales, las leyes de delegación podrán establecer en cada caso fórmulas adicionales de control".* Artículo que hace referencia, por un lado, al control jurisdiccional y, por otro, al control parlamentario de la legislación delegada.

Al último hace referencia también el artículo 84, al decir: *"Cuando una proposición de ley o una enmienda fueran contrarias a una delegación legislativa en vigor, el Gobierno estará capacitado para oponerse a su tramitación. En tal supuesto podrá presentarse una proposición de ley para la derogación total o parcial de la ley de delegación".* Así pues, una primera forma de control de la legislación delegada, es la fiscalización que puede ejercer el propio órgano delegante, es decir, las Cortes Generales.

Por otra parte, no cabe duda alguna en cuanto al control que puede ser ejercitado por el Tribunal Constitucional, al que corresponde conocer del recurso de inconstitucionalidad contra leyes y disposiciones normativas con fuerza de ley (art. 161).

2.2.4.2. Los Decretos leyes

A) Concepto y ámbito

Tras los Decretos Legislativos, la Constitución regula los Decretos-Leyes como normas excepcionales de urgencia. Los define García de Enterría como "toda norma con rango de ley que emana, por vía de excepción, de un órgano que no tiene atribuido el Poder Legislativo, concretamente del Gobierno o Consejo de Ministros".

A los Decretos-Leyes se refiere el artículo 86 de la Constitución al decir: "*En caso de extraordinaria y urgente necesidad, el Gobierno podrá dictar disposiciones legislativas provisionales que tomarán la forma de Decretos-Leyes y que no podrán afectar al ordenamiento de las instituciones básicas del Estado, a los derechos, deberes y libertades de los ciudadanos regulados en el Título Primero, al régimen de las Comunidades Autónomas ni al Derecho electoral general.*

Los Decretos-leyes deberán ser inmediatamente sometidos a debate y votación de totalidad al Congreso de los Diputados, convocado al efecto si no estuviere reunido, en el plazo de los treinta días siguientes a su promulgación. El Congreso habrá de pronunciarse expresamente dentro de dicho plazo sobre su convalidación o derogación, para lo cual el reglamento establecerá un procedimiento especial y sumario.

Durante el plazo establecido en el apartado anterior, las Cortes podrán tramitarlos como proyectos de ley por el procedimiento de urgencia".

Presupuesto de hecho determinante de la legitimidad del ejercicio de la referida facultad normativa es, pues, la existencia de una situación de necesidad, cuya excepcionalidad quiere subrayarse mediante su adjetivación de extraordinaria, esto es, inusual e imprevisible, y urgente, es decir, no susceptible de ser afrontada a través del procedimiento legislativo, ni siquiera por el procedimiento de urgencia que prevén los Reglamentos de las Cámaras.

La facultad de producir este tipo de normas en los casos excepcionales ya indicados corresponde, única y exclusivamente al Gobierno como tal y no a ningún otro órgano distinto, ya sea su propio Presidente o sus miembros.

El Decreto-Ley, tal y como está configurado por el texto constitucional en vigor, tiene expresamente vedado el acceso a determinados ámbitos materiales, que el artículo 86 del mismo señala expresamente: "*Que no podrán afectar* –dice- *al ordenamiento de las instituciones básicas del Estado, a los derechos, deberes y libertades de los ciudadanos regulados en el Título Primero, al régimen de las Comunidades Autónomas ni al Derecho electoral general*".

B) La revisión parlamentaria del Decreto-Ley

El artículo 86 del texto constitucional establece al efecto dos procedimientos diferentes: el debate y votación de totalidad mediante los cuales el Congreso (en Pleno o, en su caso, la Diputación Permanente del mismo, a quien corresponde, según el art. 78.2 velar por los poderes de la Cámara cuando ésta no esté reunida y ejercer sus facultades en estos supuestos si hubiese sido disuelta o hubiere expirado su mandato) habrá de pronunciarse expresamente sobre su convalidación o derogación en bloque en el plazo de los treinta días siguientes a su promulgación, o bien, la tramitación del mismo, durante dicho plazo, como proyecto de ley por el procedimiento de urgencia. Hacemos observar que es al Congreso de los Diputados sólo y no a las dos Cámaras al que corresponde esta revisión.

La decisión favorable a la ratificación del Decreto-Ley no convierte a éste en ningún caso en una verdadera ley. La práctica parlamentaria antes aludida negó, desde el primer momento, este efecto al acto de ratificación, que se publica en el Boletín Oficial del Estado como acuerdo de la Presidencia de la Cámara. En este sentido se ha orientado también la jurisprudencia constitucional, según la cual "no puede considerarse que el Decreto-Ley se haya convertido en ley formal del Parlamento tras el acuerdo de convalidación, sino únicamente que se ha cumplido con el requisito constitucional del que dependía la pervivencia en el tiempo, con fuerza y valor de ley, de la disposición producto del ejercicio de la potestad normativa extraordinaria que al Gobierno le reconoce la Constitución".

Esta interpretación parte, sin duda, de la observación de que la ratificación del Decreto-Ley se realiza por una sola de las Cámaras, con total exclusión de la otra del procedimiento correspondiente, lo que impide, evidentemente, su equiparación total a la ley propiamente dicha.

Si el pronunciamiento es negativo, el Decreto-Ley queda derogado, término este que supone que los efectos de la decisión de la Cámara se producen *ex nunc* y que, en consecuencia, no quedan afectados por ella los actos aplicativos producidos durante la vigencia de la norma.

Finalmente, cabe indicar que los Decretos-Leyes vienen caracterizados por una serie de notas fundamentales:

1. El órgano del que emanan es el Gobierno.
2. Equiparación absoluta a la ley en sentido formal, mientas no sea derogado por el Congreso.
3. El Gobierno ejerce (al menos provisionalmente) una auténtica potestad legislativa.
4. Es una disposición legislativa provisional (aunque más técnico desde el punto de vista jurídico hubiera sido emplear el término "temporal").

5. Hay una serie de materias reservadas a la ley expresamente prohibidas al Decreto-Ley.

De todo lo expuesto cabe señalar diversas analogías y diferencias entre el Decreto-Ley y los Decretos Legislativos. Así, las primeras se concretan en que ambos emanan del Gobierno y tienen el valor de ley; y las diferencias se manifiestan en los motivos de unos y otros, en cuanto que el Decreto-Ley exige la urgencia (concepto jurídico indeterminado) y el Decreto Legislativo no; así como en el diferente momento de la intervención de las Cortes Generales, ya que en el Decreto Legislativo dicha intervención es previa, mientras que en el Decreto-Ley es posterior y con el carácter convalidante o derogatorio que hemos visto (art. 86).

3. El reglamento

3.1. Concepto de reglamento

La exposición de la teoría del reglamento debe iniciarse con una definición simple de dos conceptos básicos, que utilizaremos sistemáticamente a lo largo del presente tema: los conceptos de reglamento y de potestad reglamentaría.

Por reglamento se entiende, en su acepción más simple, toda norma escrita dictada por la Administración con rango inferior a la ley. Correlativamente, el concepto de potestad reglamentaria remite al poder constitucional en virtud del cual la Administración dicta los reglamentos.

3.2. Naturaleza jurídica

El problema que plantea la naturaleza jurídica del reglamento es el de determinar si se trata o no de un acto administrativo en sentido estricto.

En opinión de un cierto sector doctrinal, el reglamento como todo acto de la Administración regulado por el Derecho Administrativo, es un acto administrativo; debiendo distinguirse entre actos administrativos generales y singulares, y encuadrando al reglamento dentro de los primeros (Garrido Falla).

Sin embargo, para otro sector doctrinal el reglamento aunque procede de la Administración, no es un acto administrativo. Su encuadramiento sistemático se halla en el campo de las fuentes del Derecho Administrativo. Los defensores de esta tesis (Enterría, Martín Retortillo, Boquera Oliver y otros), se basan en que el reglamento forma parte del ordenamiento jurídico, mientras que los actos administrativos son una consecuencia del mismo, siendo además distinto el régimen jurídico de unos y otros, por lo que en conclusión –dicen– no pueden subsumirse ambas categorías bajo una misma rúbrica de "actos administrativos". En efecto difieren ambas categorías en el procedimiento para su elaboración, en el órgano de quien emanan, en el comienzo de su eficacia, etc.

Diferencias entre el Reglamento y el acto administrativo

La elaboración de reglamentos está sometida a un procedimiento específico, distinto del aplicable a los actos administrativos.

La adquisición de eficacia de los actos administrativos no está sometida, por lo general, al requisito de la publicación en los Boletines Oficiales, que es indispensable para la existencia misma de las normas reglamentarias, sino al de su notificación a los interesados.

Los reglamentos son derogables con entera libertad, mientras que la revocación de los actos administrativos, cuando son declarativos de derechos, requiere de requisitos de forma y fondo específicos.

La ilegalidad de un reglamento entraña, en todo caso, su nulidad de pleno derecho; sanción que es excepcional en el ámbito de los actos administrativos, donde la anulabilidad es la regla general.

Los reglamentos no son susceptibles de recurso en vía administrativa, al contrario de lo que sucede con los actos administrativos.

3.3. Clases de reglamentos

a) Por el sujeto del que emanan:
   - ▷ De la Administración del Estado.
   - ▷ De las Comunidades Autónomas.
   - ▷ De las Entidades Locales.

b) Por la Forma:
   - ▷ De la Administración del Estado:
     - Real Decreto: *del Presidente.*
     - Real Decreto: *del Consejo de Ministros.*
     - Orden Ministerial: *del Ministro.*
   - ▷ De las Comunidades Autónomas:
     - Decreto: *del Presidente.*
     - Decreto: *del Consejo de Gobierno.*
     - Orden de la Consejería: *del Consejero.*

- ▹ De las Entidades Locales:
  - Reglamento u Ordenanza: *del Pleno*
  - Bando: *del Alcalde.*

c) Por su relación con la ley:

- ▹ Ejecutivos o *secundum legem*
- ▹ Independientes o *praeter legem*
- ▹ De necesidad.

3.4. La eficacia normativa de los reglamentos

La eficacia de los reglamentos se puede desglosar en dos postulados: en cuanto a normas los reglamentos obligan a los ciudadanos y a todos los poderes públicos; y obligan también, del mismo modo, a la Administración u órgano que los dictó:

a) Que los reglamentos obligan, en primer lugar, a los ciudadanos y a todos los poderes públicos es una consecuencia evidente de su condición de normas, que expresa el art. 9.1 CE, al recordar que "los ciudadanos y los poderes públicos están sujetos a la Constitución y al resto del ordenamiento jurídico".

b) Pero los reglamentos obligan también como normas que son, a la propia Administración que los dictó, de tal forma que los actos administrativos dictados por ella deberán respetar los preceptos de aquéllos, como condición inexcusable para su validez. Tal es la regla que se conoce como *principio de inderogabilidad singular de los reglamentos.* Se trata de una regla consagrada hace largo tiempo por la jurisprudencia contencioso-administrativa, que tiene hoy su expresión en la Ley del Gobierno, conforme al cual "son nulas las resoluciones administrativas que vulneren lo establecido en un reglamento, aunque hayan sido dictadas por órganos de igual o superior jerarquía que el que lo haya aprobado".

1. La inderogabilidad singular de los reglamentos significa, en primer término, dos cosas:
   - Primero, la superioridad cualitativa del reglamento respecto del acto administrativo, de tal forma que la observancia de aquél es condición de la validez de éste.
   - Segundo, que la fuerza obligatoria del reglamento actúa con entera independencia de la posición jerárquica de los órganos de los que emanan, respectivamente, el acto y el reglamento; una autoridad administrativa no puede exceptuar o incumplir en un caso concreto los reglamentos dictados por otra de rango superior;

pero tampoco puede incumplir ni exceptuar los dictados por ella misma o por órganos inferiores a ella en el político o jerárquico.

2. Pero, en segundo término, el principio de la inderogabilidad no significa otras dos cosas:
   - Primero que la interdicción se refiere a los actos administrativos, pero no supone la prohibición de reglamentos singulares, que son admisibles en tanto no vulneren el principio de igualdad ante la ley.
   - Segundo, que la inderogabilidad singular no supone la prohibición de que el propio reglamento pueda autorizar a la Administración a dispensar de su observancia en casos concretos; hipótesis que también es posible, salvo prohibición legal expresa.

3.5. Fundamento de la potestad reglamentaria

Se llama potestad reglamentaria al poder en virtud del cual la Administración dicta reglamentos.

La regulación que nuestra vigente Constitución hace de la potestad reglamentaria es realmente escasa, habida cuenta de la importancia que contiene esta modalidad normativa, pues en definitiva se atribuye a la Administración la posibilidad de completar el ordenamiento jurídico.

La titularidad de la potestad reglamentaria se atribuye por la Constitución al Gobierno. Señala, en efecto, el artículo 97 que: *"El Gobierno... ejerce la función ejecutiva y la potestad reglamentaria de acuerdo con la Constitución y las leyes"*.

Diversas son las teorías que han tratado de justificar la potestad reglamentaria. Así:

a) Tesis de la delegación del poder legislativo. Según la cual la Administración al dictar reglamentos actúa simplemente como delegada del poder legislativo. Ahora bien, en nuestro Derecho, una cosa es la delegación legislativa (de la que ya nos ocupamos en el tema anterior) y otra el poder reglamentario. La Administración goza de un poder reglamentario general sin que sea precisa la habilitación concreta de las Cortes para ejercerlo.

b) Tesis contraria a la anterior es la que considera a la potestad reglamentaria como un poder propio e inherente de toda Administración. Los partidarios de esta tesis afirman que lo mismo que la Administración puede dictar órdenes singulares y concretas, podrá dictar reglamentos que, al ser órdenes generales, no son sino la suma de diversas órdenes concretas. Esta tesis tampoco es válida para nuestro Derecho positivo donde el reglamento y los actos administrativos son dos instrumentos jurídicos distintos según hemos visto al hablar de la naturaleza jurídica del reglamento.

c) La Administración detenta un poder reglamentario porque se lo ha otorgado la Constitución. Esta tesis que se ha mantenido en toda la evolución histórica de nuestro constitucionalismo, es la aplicable en nuestro Derecho actual. Ya vimos antes cómo el artículo 97 hace un reconocimiento explícito de la potestad reglamentaria general atribuida orgánicamente al Gobierno, y en desarrollo de este artículo el 22 de la Ley del Gobierno (Ley 50/1997 de 27 de septiembre) dispone que: *"El Gobierno ejercerá la iniciativa y la potestad reglamentaria de conformidad con los principios y reglas establecidos en el Título VI de la Ley 39/2015, de 1 de octubre, del Procedimiento Administrativo Común de las Administraciones Públicas y en el presente Título."*

3.6. Procedimiento de elaboración del reglamento

En nuestro actual sistema normativo, el procedimiento formal de elaboración de las normas reglamentarias se encuentra legalmente establecido, en lo que se refiere a los reglamentos estatales, en el artículo 26 de la Ley del Gobierno, a cuyo tenor:

Artículo 26. Procedimiento de elaboración de normas con rango de Ley y reglamentos

La elaboración de los anteproyectos de ley, de los proyectos de real decreto legislativo y de **normas reglamentarias se ajustará al siguiente procedimiento:**

1. Su redacción *estará precedida de cuantos estudios y consultas se estimen convenientes* para garantizar el acierto y la legalidad de la norma.
2. Se sustanciará una consulta pública, a través del portal web del departamento competente, con carácter previo a la elaboración del texto, en la que se recabará opinión de los sujetos potencialmente afectados por la futura norma y de las organizaciones más representativas acerca de:
   a) Los problemas que se pretenden solucionar con la nueva norma.
   b) La necesidad y oportunidad de su aprobación.
   c) Los objetivos de la norma.
   d) Las posibles soluciones alternativas regulatorias y no regulatorias.

   Podrá prescindirse del trámite de consulta pública previsto en este apartado en el caso de la elaboración de normas presupuestarias u organizativas de la Administración General del Estado o de las organizaciones dependientes o vinculadas a éstas, cuando concurran razones graves de interés público que lo justifiquen, o cuando la propuesta normativa no tenga un impacto significativo en la actividad económica, no imponga obligaciones relevantes a los destinatarios o regule aspectos parciales de una materia. También podrá prescindirse de este trámite de consulta en el caso de tramitación urgente de iniciativas normativas, tal y como se establece en el artículo 27.2. La concurrencia de alguna o varias de estas razones, debidamente motivadas, se justificarán en la Memoria del Análisis de Impacto Normativo.

La consulta pública deberá realizarse de tal forma que todos los potenciales destinatarios de la norma tengan la posibilidad de emitir su opinión, para lo cual deberá proporcionarse un tiempo suficiente, que en ningún caso será inferior a quince días naturales.

3. **El centro directivo competente elaborará con carácter preceptivo una Memoria del Análisis de Impacto Normativo,** que deberá contener los siguientes apartados:

    a) Oportunidad de la propuesta y alternativas de regulación estudiadas, lo que deberá incluir una justificación de la necesidad de la nueva norma frente a la alternativa de no aprobar ninguna regulación.

    b) Contenido y análisis jurídico, con referencia al Derecho nacional y de la Unión Europea, que incluirá el listado pormenorizado de las normas que quedarán derogadas como consecuencia de la entrada en vigor de la norma.

    c) Análisis sobre la adecuación de la norma propuesta al orden de distribución de competencias.

    d) Impacto económico y presupuestario, que evaluará las consecuencias de su aplicación sobre los sectores, colectivos o agentes afectados por la norma, incluido el efecto sobre la competencia, la unidad de mercado y la competitividad y su encaje con la legislación vigente en cada momento sobre estas materias. Este análisis incluirá la realización del test Pyme de acuerdo con la práctica de la Comisión Europea.

    e) Asimismo, se identificarán las cargas administrativas que conlleva la propuesta, se cuantificará el coste de su cumplimiento para la Administración y para los obligados a soportarlas con especial referencia al impacto sobre las pequeñas y medianas empresas.

    f) Impacto por razón de género, que analizará y valorará los resultados que se puedan seguir de la aprobación de la norma desde la perspectiva de la eliminación de desigualdades y de su contribución a la consecución de los objetivos de igualdad de oportunidades y de trato entre mujeres y hombres, a partir de los indicadores de situación de partida, de previsión de resultados y de previsión de impacto.

    g) Un resumen de las principales aportaciones recibidas en el trámite de consulta pública regulado en el apartado 2.

La Memoria del Análisis de Impacto Normativo incluirá cualquier otro extremo que pudiera ser relevante a criterio del órgano proponente.

4. Cuando la disposición normativa sea un anteproyecto de ley o un proyecto de real decreto legislativo, cumplidos los trámites anteriores, el titular o titulares de los Departamentos proponentes lo elevarán, previo sometimiento a la Comisión General de Secretarios de Estado y Subsecretarios, al Consejo de Ministros, a fin de que éste decida sobre los ulteriores trámites y, en particular, sobre las consultas, dictámenes e informes que resulten convenientes, así como sobre los términos de su realización, sin perjuicio de los legalmente preceptivos.

   Cuando razones de urgencia así lo aconsejen, y siempre que se hayan cumplimentado los trámites de carácter preceptivo, el Consejo de Ministros podrá prescindir de este y acordar la aprobación del anteproyecto de ley o proyecto de real decreto legislativo y su remisión, en su caso, al Congreso de los Diputados o al Senado, según corresponda.

5. A lo largo del procedimiento de elaboración de la norma, **el centro directivo competente recabará, además de los informes y dictámenes que resulten preceptivos,** cuantos estudios y consultas se estimen convenientes para garantizar el acierto y la legalidad del texto.

   Salvo que normativamente se establezca otra cosa, los informes preceptivos se emitirán en un plazo de diez días, o de un mes cuando el informe se solicite a otra Administración o a un órgano u Organismo dotado de espacial independencia o autonomía.

   El centro directivo competente podrá solicitar motivadamente la emisión urgente de los informes, estudios y consultas solicitados, debiendo éstos ser emitidos en un plazo no superior a la mitad de la duración de los indicados en el párrafo anterior.

   En todo caso, los anteproyectos de ley, los proyectos de real decreto legislativo y los proyectos de disposiciones reglamentarias, deberán ser informados por la Secretaría General Técnica del Ministerio o Ministerios proponentes.

   Asimismo, cuando la propuesta normativa afectara a la organización administrativa de la Administración General del Estado, a su régimen de personal, a los procedimientos y a la inspección de los servicios, será necesario recabar la aprobación previa del Ministerio de Hacienda y Administraciones Públicas antes de ser sometidas al órgano competente para promulgarlos. Si transcurridos 15 días desde la recepción de la solicitud de aprobación por parte del citado Ministerio no se hubiera formulado ninguna objeción, se entenderá concedida la aprobación.

   Será además necesario informe previo del Ministerio de Hacienda y Administraciones Públicas cuando la norma pudiera afectar a la distribución de las competencias entre el Estado y las Comunidades Autónomas.

6. Sin perjuicio de la consulta previa a la redacción del texto de la iniciativa, cuando la norma afecte a los derechos e intereses legítimos de las personas, el centro directivo competente publicará el texto en el portal web correspondiente, con el objeto de dar audiencia a los ciudadanos afectados y obtener cuantas aportaciones adicionales puedan hacerse por otras personas o entidades. Asimismo, podrá recabarse directamente la opinión de las organizaciones o asociaciones reconocidas por ley que agrupen o representen a las personas cuyos derechos o intereses legítimos se vieren afectados por la norma y cuyos fines guarden relación directa con su objeto.

   El plazo mínimo de esta audiencia e información públicas será de 15 días hábiles, y podrá ser reducido hasta un mínimo de siete días hábiles cuando razones debidamente motivadas así lo justifiquen; así como cuando se aplique la tramitación urgente de iniciativas normativas, tal y como se establece en el artículo 27.2. De ello deberá dejarse constancia en la Memoria del Análisis de Impacto Normativo.

   El trámite de audiencia e información pública sólo podrá omitirse cuando existan graves razones de interés público, que deberán justificarse en la Memoria del Análisis de Impacto Normativo. Asimismo, no será de aplicación a las disposiciones presupuestarias o que regulen los órganos, cargos y autoridades del Gobierno o de las organizaciones dependientes o vinculadas a éstas.

7. S**e recabará el dictamen del Consejo de Estado u órgano consultivo e**quivalente cuando fuera preceptivo o se considere conveniente.
8. Cumplidos los trámites anteriores, la propuesta se someterá a *la Comisión General de Secretarios de Estado y Subsecretarios y se elevará al Consejo de Ministros para su aprobación* y, en caso de proyectos de ley, su remisión al Congreso de los Diputados o, en su caso, al Senado, acompañándolo de una Exposición de Motivos y de la documentación propia del procedimiento de elaboración a que se refieren las letras b) y d) del artículo 7 de la Ley 19/2013, de 9 de diciembre, de transparencia, acceso a la información pública y buen gobierno y su normativa de desarrollo.
9. **El Ministerio de la Presidencia, con el objeto de asegurar la coordinación y la calidad de la actividad normativa del Gobierno analizará los siguientes aspectos**:
   a) La calidad técnica y el rango de la propuesta normativa.
   b) La congruencia de la iniciativa con el resto del ordenamiento jurídico, nacional y de la Unión Europea, con otras que se estén elaborando en los distintos Ministerios o que vayan a hacerlo de acuerdo con el Plan Anual Normativo, así como con las que se estén tramitando en las Cortes Generales.
   c) La necesidad de incluir la derogación expresa de otras normas, así como de refundir en la nueva otras existentes en el mismo ámbito.

d) El contenido preceptivo de la Memoria del Análisis de Impacto Normativo y, en particular, la inclusión de una sistemática de evaluación posterior de la aplicación de la norma cuando fuere preceptivo.

e) El cumplimiento de los principios y reglas establecidos en este Título.

f) El cumplimiento o congruencia de la iniciativa con los proyectos de reducción de cargas administrativas o buena regulación que se hayan aprobado en disposiciones o acuerdos de carácter general para la Administración General del Estado.

g) La posible extralimitación de la iniciativa normativa respecto del contenido de la norma comunitaria que se trasponga al derecho interno.

Reglamentariamente se determinará la composición del órgano encargado de la realización de esta función así como su modo de intervención en el procedimiento.

10. Se conservarán en el correspondiente expediente administrativo, en formato electrónico, la Memoria del Análisis de Impacto Normativo, los informes y dictámenes recabados para su tramitación, así como todos los estudios y consultas emitidas y demás actuaciones practicadas.

11. Lo dispuesto en este artículo y en el siguiente no será de aplicación para la tramitación y aprobación de decretos-leyes, a excepción de la elaboración de la memoria prevista en el apartado 3, con carácter abreviado, y lo establecido en los números 1, 8, 9 y 10.

3.7. Los límites de la potestad reglamentaria: formales y sustanciales

3.7.1. Los límites formales

Se pueden concretar en tres: la competencia, el procedimiento de elaboración y la irretroactividad.

A) La Competencia

Dentro del problema general de los límites o condiciones con arreglo a los cuales ha de ejercerse la potestad reglamentaria por parte de la Administración, el primero y más importante de éstos es el de la competencia: esto es, el de la determinación de quiénes son los titulares de la potestad reglamentaria, de los órganos que ostentan el poder de dictar reglamentos.

En primer lugar, dentro del Estado, el titular primario y fundamental de la potestad reglamentaria es el Gobierno, de acuerdo con el artículo 97 de la Constitución Española y artículo 24.1. F) de la Ley 50/1997, de 14 de abril, LEY **del Gobierno**, reconoce también la potestad reglamentaria a cada uno de los Ministros.

Por lo que se refiere a las Comunidades Autónomas, la Constitución Española no determina el órgano de las mismas a que corresponde el ejercicio de la potestad reglamentaria. Los Estatutos de Autonomía, en imitación del modelo estatal, han venido confiando esta potestad al órgano ejecutivo supremo, Consejo Ejecutivo o Gobierno; sin embargo, la lectura diaria de los Diarios Oficiales de estas Comunidades Autónomas revela que dicha potestad reglamentaria ha sufrido una considerable extensión, haciendo uso de ellas normalmente los órganos de nivel equivalente a Ministro (Consejeros), tal y como sucede en el Estado, si bien aquí esta práctica carece muchas veces de respaldo normativo.

Por último, en el plano local, la potestad reglamentaria está confiada en principio al Pleno de la Corporación, y sólo residualmente, y para alguna manifestación concreta, al Presidente de la misma [art. 22.2.d) de la LBRL].

B) El Procedimiento de elaboración

En nuestro actual sistema normativo, el procedimiento formal de elaboración de las normas reglamentarias se encuentra legalmente establecido, en lo que se refiere a los reglamentos estatales, en el artículo 26 de la Ley del Gobierno, ya tratado en el epígrafe anterior.

C) La Irretroactividad

Con apoyo en el artículo 9º.3 de la Constitución, el reglamento no puede establecer normas, en cuanto éstas afecten a los administrados, más que para el futuro. Es otra de sus diferencias con la ley, puesto que la voluntad soberana de ésta puede alcanzar a dar a sus preceptos fuerza retroactiva.

3.7.2. Los límites sustanciales o materiales

Son los siguientes:

A) De la forma y jerarquía normativa de los Reglamentos

El primero de los límites materiales que condicionan la utilización de la potestad reglamentaria consiste en la eficacia del principio de jerarquía normativa, que posee dos aspectos. En primer lugar, los reglamentos están lógicamente subordinados a la Constitución, a las leyes y a las normas con fuerza de ley.

Así el artículo 24 de la Ley del Gobierno establece jurisprudencia.

Artículo 24. De la forma y jerarquía de las disposiciones y resoluciones del Gobierno de la Nación y de sus miembros

1. Las decisiones del Gobierno de la Nación y de sus miembros revisten las formas siguientes:

a) **Reales Decretos Legislativos y Reales Decretos-leyes**, las decisiones que aprueban, respectivamente, las normas previstas en los artículos 82 y 86 de la Constitución.

b) **Reales Decretos del Presidente del Gobierno**, las disposiciones y actos cuya adopción venga atribuida al Presidente.

c) **Reales Decretos acordados en Consejo de Ministros**, las decisiones que aprueben normas reglamentarias de la competencia de éste y las resoluciones que deban adoptar dicha forma jurídica.

d) **Acuerdos del Consejo de Ministros**, las decisiones de dicho órgano colegiado que no deban adoptar la forma de Real Decreto.

e) **Acuerdos adoptados en Comisiones Delegadas del Gobierno**, las disposiciones y resoluciones de tales órganos colegiados. Tales acuerdos revestirán la forma de Orden del Ministro competente o del Ministro de la Presidencia, cuando la competencia corresponda a distintos Ministros.

f) **Órdenes Ministeriales,** las disposiciones y resoluciones de los Ministros. Cuando la disposición o resolución afecte a varios Departamentos revestirá la forma de Orden del Ministro de la Presidencia, dictada a propuesta de los Ministros interesados.

2. Los reglamentos se ordenarán según la siguiente jerarquía:

1. Disposiciones aprobadas por Real Decreto del Presidente del Gobierno o acordado en el Consejo de Ministros.
2. Disposiciones aprobadas por Orden Ministerial.

B) La materia reglamentaria

Un límite material no bien conocido, pero obvio, del uso de la potestad reglamentaria, consiste en su constricción a determinadas materias, estándole vedadas otras. En efecto, es tradicional en nuestro ordenamiento jurídico que el reglamento no puede actuar en todos los campos: existen determinadas materias "no administradas", esto es, inmunes al ejercicio de la potestad reglamentaria; así ocurre, por ejemplo, con la materia civil, con la materia procesal, con la materia penal y con la materia mercantil (aunque en éste último caso podrían señalarse algunas excepciones importantes).

La explicación de esta aparente inmunidad de determinadas materias al ejercicio de la potestad reglamentaria se encuentra en el simple hecho de que la mayor parte de las mismas son materias reservadas a la ley; una reserva, en estos casos, de una intensidad que hace prácticamente inviable la colaboración del reglamento con la ley, en cualquier grado en que esta colaboración pudiera producirse.

C) El respeto a los límites generales de las potestades discrecionales

Una limitación genérica al uso de la potestad reglamentaria consiste en la necesidad de respeto por parte de la misma de los límites genéricos que el ordenamiento impone al empleo de las potestades discrecionales (una de las cuales, y quizá la más típica de todas, es la potestad reglamentaria). Ello supone que, en el ejercicio de la potestad reglamentaria, la Administración debe respetar los hechos determinantes, el contenido de los conceptos jurídicos indeterminados y los principios generales del Derecho. El desarrollo de todos estos extremos corresponde, no obstante, a la teoría de la potestad discrecional.

3.7.3. La defensa contra los reglamentos ilegales

La vulneración de los límites sustanciales y formales a que está sujeta la aprobación de los reglamentos origina su invalidez y, dada la especial gravedad de la existencia de normas inválidas, que pueden dar lugar en su aplicación a una infinita serie de actos igualmente irregulares, la patología de los reglamentos en sus efectos y técnicas de control se ha considerado con especial rigor. En este sentido es opinión mayoritaria que la invalidez de los reglamentos lo es siempre en su grado máximo, es decir, de nulidad absoluta o de pleno derecho, aunque en la práctica las diferencias entre la nulidad absoluta y la nulidad relativa o anulabilidad sean difíciles de apreciar, salvo en la no preclusión de los plazos de impugnación. Así se desprende también del artículo 47.2 de la Ley de Procedimiento Administrativo Común de las Administraciones Públicas, que además de las otras circunstancias que determinan la invalidez radical de los actos administrativos, impone la nulidad de pleno derecho *de las disposiciones administrativas que vulneren la Constitución, las leyes u otras disposiciones administrativas de rango superior, las que regulen materias reservadas a la Ley, y las que establezcan la retroactividad de disposiciones sancionadoras no favorables o restrictivas de derechos individuales*. De otra parte, el ordenamiento jurídico ha ideado toda suerte de técnicas para controlar y anular en su caso los reglamentos ilegales, destacando principalmente las siguientes:

A) La acción de nulidad

Los reglamentos pueden ser combatidos por las vías específicas del Derecho administrativo, a través de **la acción de nulidad**: la Administración autora del reglamento, previo dictamen favorable del Consejo de Estado, u órgano equivalente de la Comunidad Autónoma si lo hubiere, podrá declarar la nulidad de las disposiciones administrativas que vulneren la Constitución, las leyes u otras disposiciones administrativas de rango superior, las que regulen materias reservadas a la Ley, y las que establezcan la retroactividad de disposiciones sancionadoras o restrictivas de derechos individuales.

B) Del recurso directo

La técnica más importante para el control de los reglamentos ilegales es la de su impugnación ante la Jurisdicción Contencioso-administrativa a través **del recurso directo**, que es aquel que ataca frontalmente el reglamento solicitando su anulación.

Los efectos de la declaración judicial de invalidez de los reglamentos son, en opinión mayoritaria, los propios de la nulidad de pleno derecho, dadas las graves consecuencias que produce la aplicación del reglamento ilegal. Esta tesis, favorable a los efectos más radicales de la invalidez, se fundamenta en la dicción literal del artículo 47.2 de la LPAC, a cuyo tenor "*también serán nulas de pleno derecho las disposiciones administrativas que vulneren la constitución, las leyes u otras disposiciones administrativas de rango superior, las que regulen materias reservadas a la Ley, y las que establezcan la retroactividad de disposiciones sancionadoras no favorables o restrictivas de derechos individuales*". Las consecuencias más importantes de esta calificación son la imprescriptibilidad de la acción para recurrir contra los reglamentos ilegales y la imposibilidad de su convalidación. Sin embargo, esos pretendidos efectos radicales no se compaginan con el mantenimiento de los actos dictados en aplicación del reglamento como dispone la Ley de la Jurisdicción Contencioso-Administrativa: "*las sentencias firmes que anulen un precepto de una disposición general no afectarán por sí mismas a la eficacia de las sentencias o actos administrativos firmes que lo hayan aplicado antes de que la anulación alcanzara efectos generales, salvo en el caso de que la anulación del precepto supusiera la exclusión o la reducción de las sanciones aún no ejecutadas completamente*"

C) Del recurso indirecto

En tercer lugar, es posible reaccionar contra un reglamento inválido a través **del recurso indirecto**, que permite al interesado atacar un acto administrativo de aplicación del reglamento ilegal, fundando dicha impugnación, precisamente, en la ilegalidad del reglamento en que se apoya el acto recurrido. La viabilidad del recurso indirecto exige, por tanto, que se produzca un acto de aplicación del reglamento ilegal o bien provocarlo mediante la oportuna petición. Esta vía impugnativa puede utilizarla cualquier administrado, individual o colectivo, que sea titular de un derecho o de un interés. A diferencia del recurso directo, el indirecto no está sujeto a plazo, en el sentido de que cualquiera que sea el tiempo que el reglamento ha estado vigente, siempre podrá ser atacado en los plazos ordinarios, a partir de la notificación de cualquier acto de aplicación. El recurso indirecto se interpone ante el órgano que ha dictado el acto. No obstante, "*los recursos contra un acto que se funden únicamente en la ilegalidad de alguna disposición administrativa de carácter general podrán interponerse directamente ante el órgano que dictó dicha disposición*"

Los efectos del recurso indirecto, según tenía establecido una reiterada jurisprudencia, no eran tan completos y contundentes como los del recurso directo: sólo quedaba anulado el acto, pero no el reglamento ilegal, por lo cual éste puede seguir produciendo efectos contrarios a la legalidad. Ahora la Ley de la Jurisdicción Contencioso-Administrativa de 1998 ha corregido esta disfunción, atribuyendo al juez que conozca del recurso indirecto la potestad de anular el reglamento, si es competente para conocer también del recurso directo contra el mismo, o bien, si no lo fuere, planteando la llamada *cuestión de ilegalidad* ante el Tribunal que corresponda. Si este último estima fundada la cuestión de ilegalidad, anulará el reglamento con plenos efectos *erga omnes*. Si, por el contrario, considera que el reglamento es válido, esa declaración no afecta a la sentencia anulatoria del acto dictado por el juez que promovió la cuestión de ilegalidad (sentencia que partía de la supuesta invalidez del reglamento, todo un contrasentido). En todo caso, el planteamiento de la cuestión de ilegalidad habrá de ceñirse exclusivamente a aquel o aquellos preceptos reglamentarios cuya declaración de ilegalidad haya servido de base para la estimación de la demanda

D) Ante el Tribunal Constitucional

Por último, es posible la anulación de los reglamentos ante el Tribunal Constitucional dado que el artículo 161.2 de la Constitución faculta al Gobierno para impugnar las disposiciones y resoluciones de las Comunidades Autónomas, competencia ampliada por la Ley Orgánica del Tribunal Constitucional al regular los conflictos entre el Estado y las Comunidades Autónomas, y entre éstas, contra los reglamentos dictados por cualquiera de sus órganos que impliquen un conflicto de competencias. No obstante, el Tribunal Constitucional sólo debe controlar los vicios de inconstitucionalidad del reglamento, no cualquier otro, lo que corresponde a los Tribunales contencioso-administrativos. Por otra parte, en cuanto un reglamento pueda violar los derechos constitucionales susceptibles de recurso de amparo, podrá ser objeto de este recurso ante el Tribunal Constitucional.

4. Las relaciones entre ley y reglamento

Ya en las clases de Reglamentos, los clasificamos por su relación con la Ley, pudiendo dar lugar a tres tipos de Reglamentos:

Los reglamentos **independientes** o *praeter legem* de la ley son, en primer lugar, aquellos que regulan materias sobre las que la Constitución ha previsto una reserva reglamentaria, como ocurre con la Constitución francesa de 1958, posibilidad que la Constitución española no ha recogido en forma alguna. En nuestro Derecho, reglamentos independientes sólo pueden ser, pues, aquellos que regulan materias en las que no se ha producido una regulación por ley que haya establecido una reserva formal y que, al propio tiempo, no estén protegidas por la reserva material de ley, que, en general, y al margen de otros supuestos puntuales, veda toda intromisión de la potestad reglamentaria en la propiedad y libertad de los ciudadanos (arts. 31, 33, 53.1 y 133.1 de la Constitución).

Reglamentos **ejecutivos** o *secundum legem* son los que de una forma clara y directa desarrollan y complementan una ley, normalmente porque la ley misma ha llamado e impuesto el dictado de un reglamento de estas características. Peculiaridad procedimental de dichos reglamentos es el requisito del informe preceptivo del Consejo de Estado, orientado justamente a controlar la fidelidad de la norma reglamentaria con la ley que desarrolla (art. 22.3 de la Ley Orgánica del Consejo de Estado).

Los reglamentos de **necesidad**, por último, son aquellas normas que dicta la Administración para hacer frente a situaciones extraordinarias. La justificación tradicional de esta clase de reglamentos se ha visto en la concurrencia de situaciones de excepcional gravedad ante las cuales las autoridades administrativas podrán dictar las normas adecuadas para afrontarlas, al margen de los procedimientos comunes y de las limitaciones propias de la potestad reglamentaria. Entre esas normas se incluían –aunque indebidamente por existir al respecto una habilitación legal– los bandos de las autoridades gubernativas, muchos de ellos dictados para una circunstancia excepcional muy concreta, pasada la cual se habría consumido o agotado su vigencia, por lo que, más que reglamentos, tales disposiciones deben ser calificadas como actos administrativos generales (art. 116.6 de la Constitución, sobre los estados de alarma, excepción y sitio, desarrollado por la Ley Orgánica 4/1981, de 1 de junio).

5. Otras fuentes del derecho administrativo

5.1. La jurisprudencia

La referencia a la jurisprudencia en el nuevo título preliminar del Código civil "la jurisprudencia complementará el ordenamiento jurídico con la doctrina que de modo reiterado establezca el Tribunal Supremo al interpretar y aplicar la ley, la costumbre y los principios generales del Derecho" ha reavivado la polémica de si la jurisprudencia es o no fuente del Derecho en general, y por ello del Derecho administrativo. Como señala Santos Briz, este texto legal refleja el cambio operado respecto a la doctrina tradicional de la estricta sumisión a la ley, al instituir a la jurisprudencia no como fuente formal del Derecho, calificativo que únicamente ostentan la ley, la costumbre y los principios generales del Derecho, sino como fuente real e institucional, ya que la labor creadora no se aloja sólo en la elaboración de normas generales ni en las fuentes materiales o formales, sino también en la aplicación de las normas en el proceso que no es sólo actividad de subsunción, sino además de creación jurídica.

La importancia de la interpretación jurisprudencial en el campo del Derecho administrativo trasciende, con mucho, de su utilidad práctica como fuente de argumentos alegables en el seno de un proceso judicial. Es un hecho que la jurisprudencia ha desempeñado históricamente, respecto del Derecho administrativo, un papel auténticamente constructivo y creador, y que hoy en día sigue siendo uno de los principales motores de su evolución.

La consolidación doctrinal del Derecho administrativo no supuso en modo alguno, que la jurisprudencia pasara, en lo sucesivo, a ocupar una posición secundaria. Al contrario de los que ocurre en el Derecho privado, la inmensidad creciente del Derecho administrativo ha hecho imposibles tanto su cultivo detallado por la doctrina científica cuanto todo intento de codificación. Por ello, la jurisprudencia se ha visto obligada a innovar adelantándose a la iniciativa de un legislador que, en la mayor parte de los casos, no ha hecho sino dar forma normativa reglas previamente diseñadas por la jurisprudencia.

5.2. Tratados internacionales

Parece claro que los tratados internacionales, como dice Garrido Falla, sólo pueden reputarse fuentes indirectas del Derecho administrativo, pues sin contener de suyo disposiciones inmediatamente aplicables sirven de base, sin embargo, a una ulterior promulgación de ellas. El tratado internacional sin más no es de por sí vinculante ni constituye norma del ordenamiento español hasta que se efectúa su incorporación al mismo, aunque tal circunstancia se produzca tan sólo con su publicación íntegra en el Boletín Oficial del Estado, según impone el apartado 5 del artículo 1° del título preliminar de nuestro primer texto sustantivo. Planteamiento confirmado por el primer inciso del apartado primero del artículo 96 de la Constitución, de conformidad con el cual "los tratados internacionales válidamente celebrados, una vez publicados oficialmente en España, formarán parte del ordenamiento interno". Punto importante, una vez incorporado el tratado a nuestro ordenamiento jurídico, es el de su situación en la pirámide normativa, o, en otras palabras, su rango jerárquico. En los preceptos constitucionales consagrados a este extremo no se precisa tal rango, y, en consecuencia, hay que estar a lo que se infiera de los artículos 93 y 94 de la Constitución, con arreglo a los cuales:

- Si la autorización parlamentaría de la celebración del tratado ha de revestir la forma de ley orgánica (art. 93) ocupará aquel lugar propio de ésta en la escala de la jerarquía normativa.
- Si la prestación del consentimiento del Estado para obligarse por medio de tratados o convenios requiere la previa autorización de las Cortes Generales (art. 94) lo lógico es que ésta se otorgue mediante ley ordinaria, dada la interpretación sistemática que hay que dar a los artículos 93 a 96 de la CE.
- Los tratados o convenios de los que sólo tengan que ser informados el Congreso y el Senado (apartado 2. del artículo 94) ocuparán en el escalón jerárquico el lugar que les sea propio según el rango de la disposición (emanada del Gobierno y no parlamentaria) que las incorpore al ordenamiento jurídico.

5.3. La costumbre y la práctica administrativa

Dusi define la costumbre como "la manifestación de la norma jurídica hecha tácitamente por el pueblo mediante un uso uniforme y constante, observado como regla necesaria y obligatoria".

Entrena Cuesta, la define como "un uso seguido de manera uniforme, general, duradera y constante, como expresión de una convicción jurídica".

Dada la intensificación de la producción jurídica, la costumbre desempeña cada vez un papel menos importante, constituyendo un complemento de la Ley para los espacios libres dejados por ésta o representa una regulación local a la que la Ley se remite por su mayor adherencia a los intereses radicados territorialmente.

Como dice De Castro, "es una norma creada e impuesta por el uso social. Consta de dos elementos: uno moral, que hace referencia a la convicción de que tales actos se realizan bajo la presión de una obligación jurídica, y otro material, que consiste en la repetición de actos del mismo contenido".

En nuestro Derecho positivo el Código Civil español sienta los siguientes principios:

1. Proscribe la costumbre contra la Ley.
2. Sólo se admite la costumbre a título local. Es decir, la costumbre del lugar.
3. En cualquier caso tiene mero valor supletorio en ausencia de la Ley.

En cuanto a la Práctica Administrativa:

En íntima relación con la costumbre aparece la práctica administrativa. Según Ortiz Díaz, puede definirse como "normas usuales de carácter y eficacia interna, por la Administración, derivadas de principios de técnica administrativa que los funcionarios siguen en el desarrollo de su actividad".

Según Garrido Falla, la obligatoriedad de las prácticas administrativas surge cuando, como consecuencia de las mismas, haya podido crearse un principio de apariencia jurídica que induzca al administrado a creer que actúa correctamente en un caso concreto.

La consideración de la práctica administrativa como fuente de Derecho administrativo ha sido defendida por diversos autores e incluso por alguna Sentencia del Tribunal Supremo. Sin embargo, para otros, en los supuestos de práctica administrativa no se dan los requisitos que se exigen para que la costumbre sea fuente del Derecho, ya que el uso seguido de manera uniforme y constante no suele ser la expresión de una convicción jurídica, sino la tolerancia o la inercia de la Administración.

La cuestión básica que se plantea es si la adopción de un criterio por la Administración en un supuesto concreto vincula a ésta a resolver los casos semejantes que posteriormente se le susciten con arreglo al mismo criterio, o bien si puede apartarse del mismo.

Salvo alguna voz discrepante, la generalidad de la doctrina coincide en reconocer al precedente fuerza vinculante, siempre que se dé una identidad subjetiva y objetiva sustancial entre los supuestos comparados; y ello no porque el precedente sea una costumbre o cualquier otro tipo de norma jurídica, sino por el mismo juego de los principios constitucionales de seguridad jurídica y de interdicción de la arbitrariedad, y del derecho fundamental a la igualdad ante la Ley.

Esto no obstante, la Administración pueden separarse del precedente en dos casos:

1. Cuando el acto invocado es ilegal.
2. Cuando concurre un factor de interés público que aconseje adoptar un criterio diverso, debiendo en este caso la Administración motivar la resolución.

5.4. Los principios generales del derecho

De igual forma que se plantean dificultades para el reconocimiento de la costumbre como fuente del Derecho administrativo, puede decirse de los principios generales del Derecho.

Federico de Castro entiende que estos principios son los inspiradores de todo el Ordenamiento Jurídico, y para González Pérez son verdaderos principios de toda la función interpretativa del Derecho. Afirma que existen tres clases de principios jurídicos:

- Los principios de derecho natural.
- Los principios histórico-tradicionales.
- Los principios políticos.

Como principios generales de Derecho, generalmente admitidos, pueden citarse los siguientes:

1. **Principio de igualdad.** Consagrado en nuestras Leyes fundamentales.
2. **Principio de seguridad jurídica.** Supone la protección por los Tribunales frente al acto arbitrario.
3. **Principios de equidad.** En algunos casos el Tribunal Supremo ha estimado que las razones de equidad pueden ser tenidas en cuenta por la Administración, en materia discrecional.
4. **Principios de buena fe.**

6. La Jerarquía Normativa

La Jerarquía Normativa es la ordenación jerárquica o escalonada de las normas jurídicas de modo que ***las normas de rango inferior no pueden contradecir ni vulnerar lo establecido por una norma de rango superior***.

El principio de jerarquía normativa permite establecer el orden de aplicabilidad de las normas jurídicas y el criterio para solucionar las posibles contradicciones entre normas de distinto rango. La Constitución garantiza expresamente el principio de jerarquía normativa, en su artículo 9.3 que expresamente menciona la "Jerarquía Normativa"

En nuestro ordenamiento el principio de jerarquía normativa se traduce en:

- **Superioridad de la Constitución sobre cualquier otra norma jurídica**. Esta superioridad de la Constitución se basa en un criterio material, pues la misma contiene los principios fundamentales de la convivencia (superlegalidad material) y por ello está dotada de mecanismos formales de defensa (superlegalidad formal), tal y como hemos visto en la pregunta dedicada a ala Constitución.

- **Superioridad de la norma escrita sobre la costumbre y los principios generales de Derecho**, sin perjuicio del carácter informador del ordenamiento jurídico de estos últimos.
- **Superioridad de la ley y de las normas con rango de ley sobre las normas administrativas**. La doctrina discute si las relaciones entre la ley orgánica y la ley ordinaria se rigen por el principio de jerarquía según el cual la ley orgánica sería superior, o por el de competencia, lo que supondría que ambas tienen el mismo rango. Por tanto superioridad de las Normas legales, sobre las Normas Reglamentarias
- **A su vez las disposiciones administrativas se encuentran jerarquizadas según el siguiente orden:** decretos, órdenes de las comisiones delegadas del Gobierno, órdenes ministeriales y disposiciones de las demás autoridades y órganos inferiores según el orden de su respectiva jerarquía.

Todo ello conforme el artículo 1 del Código Civil que establece:

1. **Las fuentes del ordenamiento jurídico español son la Ley, la costumbre y los principios generales del derecho.**
2. Carecerán de validez las disposiciones que **contradigan otra de rango superior.**
3. La costumbre sólo regirá en defecto de Ley aplicable, siempre que no sea contraria a la moral o al orden público y que resulte probada.

   Los usos jurídicos que no sean meramente interpretativos de una declaración de voluntad tendrán la consideración de costumbre.
4. Los principios generales del derecho se aplicarán en defecto de Ley o costumbre, sin perjuicio de su carácter informador del ordenamiento jurídico.
5. Las normas jurídicas contenidas en los tratados internacionales no serán de aplicación directa en España en tanto no hayan pasado a formar parte del ordenamiento interno mediante su publicación íntegra en el Boletín Oficial del Estado.
6. La jurisprudencia complementará el ordenamiento jurídico con la doctrina que, de modo reiterado, establezca el Tribunal Supremo al interpretar y aplicar la Ley, la costumbre y los principios generales del derecho.

Tema 2

El acto administrativo: concepto, clases y elementos. Eficacia y validez de los actos administrativos. Su motivación y notificación. Revisión, anulación y revocación. El principio de legalidad en la actuación administrativa

eRodio ediciones

Índice esquemático

1. El acto administrativo: concepto, clases y elementos

1.1. Concepto de actos administrativos

1.2. Clases de actos administrativos

1.3. Elementos del acto administrativo

1.4. Requisitos: la motivación y la forma

2. La eficacia y validez de los actos administrativos

2.1. La ejecutividad de los actos administrativos

2.2. El principio de autotutela declarativa

2.3. Efectos: demora y retroactividad

2.4. De la notificación

2.5. De la publicación

3. Revisión, anulación y revocación

3.1. La invalidez de los actos administrativos. Nulidad de pleno derecho anulabilidad

3.2. Supuestos de nulidad de pleno derecho y de anulabilidad

3.3. El principio de conservación del acto administrativo: limites a la extensión de nulidad, conversión, conservación y convalidación

3.4. La revisión de oficio

4. El principio de legalidad en la actuación administrativa

4.1. El principio de legalidad: la sumisión de la administración al derecho

4.2. El principio de legalidad

4.3. Las potestades administrativas

4.4. La discrecionalidad de la Administración

4.5. El control de la discrecionalidad

1. El acto administrativo: concepto, clases y elementos

1.1. Concepto de actos administrativos

De entre las diversas nociones doctrinales que tratan de delimitar el concepto de actos administrativos, cabe distinguir las tres direcciones siguientes:

a) En un sentido amplio, son actos administrativos las declaraciones de voluntad de la Administración destinadas a producir efectos jurídicos. Este concepto abarca todas las manifestaciones de la voluntad administrativa, por lo que autores que no siguen esta posición prefieren llamar a estos actos: "Actos de la Administración".

b) En una noción más restringida se limita el uso de la expresión a las declaraciones de voluntad de la Administración productoras de efectos jurídicos subjetivos; con lo que se exceptúan los actos reglamentarios, ya que éstos crean normas generales.

Y, por último, según la opinión más extendida, se consideran actos administrativos no sólo las declaraciones de voluntad de la Administración, sino todas las manifestaciones anímicas de la misma destinadas a producir efectos jurídicos subjetivos. Sólo se excluyen las actividades materiales, por no tener carácter jurídico.

A esta dirección corresponde la definición de Zanobini: **"Es acto administrativo cualquier declaración de voluntad, de deseo, de juicio o de conocimiento, realizada por un sujeto de la Administración Pública en el ejercicio de una potestad administrativa"**, distinta de la potestad reglamentaria, añade García de Enterría, para quien acto administrativo y reglamento son instrumentos jurídicos distintos.

Garrido Falla acepta la definición de Zanobini, advirtiendo que la recoge por no quedar excluidos según su letra (aunque sí en la mente de su autor) los actos administrativos generales o reglamentos. Para Garrido Falla lo importante es delimitar el conjunto de actos sometidos al régimen jurídico administrativo, ya que hay que admitir que tan actos administrativos son los generales como los concretos, pues unos y otros están sometidos a los dos principios fundamentales de dicho régimen:

1. Sumisión a la ley y a las normas jerárquicamente superiores.
2. Posibilidad de una fiscalización jurisdiccional para hacer efectiva dicha sumisión.

En el mismo sentido se pronuncia Entrena Cuesta, quien considera el acto administrativo como un "acto jurídico realizado por la Administración con arreglo al Derecho Administrativo", entendiendo que una declaración de voluntad producirá efectos jurídicos —será acto administrativo— tanto si se tiene un destinatario determinado o determinable y agota su eficacia con una sola aplicación, como si no ocurre así, esto es, si tiene carácter "normativo", concluyendo que no existe por ello obstáculo en calificar a los reglamentos de actos administrativos.

Sin embargo, para otro sector de la doctrina (González Pérez y García de Enterría), **las disposiciones reglamentarias no son actos administrativos**, pues no son expresión de la función administrativa sino de la función normativa de la Administración. La distinción se basa en un criterio ordinamentalista en cuanto que los reglamentos forman parte del ordenamiento jurídico, mientras que los actos administrativos no. Los Reglamentos son normas jurídicas y como tal se estudian en las Fuentes del derecho, y los actos administrativos, son actos de la administración, dictados en el ejercicio de potestades administrativas.

Por último, cabe indicar que el concepto de acto administrativo también puede delimitarse negativamente.

Así, quedan excluidos del concepto de acto administrativo, además del reglamento por las razones apuntadas:

a) Las meras operaciones materiales realizadas por la Administración, ya que si bien indirectamente pueden producir efectos jurídicos (p. ej., el deber de indemnizar perjuicios causados), tales efectos no derivan de ellos de forma directa.
b) Los actos no emanados de la Administración *sensu stricto*, esto es:
   - Los "actos políticos o de gobierno", a los que luego nos referiremos de manera separada.
   - Los actos materialmente ejecutivos dictados por los poderes legislativo y judicial.
   - Los actos de los administrados, aunque produzcan efectos jurídicos conforme a Derecho Administrativo (p. ej., la toma de posesión de un funcionario).
c) Los actos sometidos al régimen jurídico privado, que están sometidos por su naturaleza a la jurisdicción ordinaria

1.2. Clases de actos administrativos

La doctrina ha procedido al estudio de las distintas clases de actos administrativos atendiendo a distintos criterios. En general, cabe decir, con Garrido Falla, que mientras unos autores realizan la clasificación de estos actos atendiendo a un criterio único, otros, en cambio, combinan simultáneamente distintos puntos de vista que sirven de criterios de clasificación.

Ahora bien, lo corriente en la doctrina moderna es que la clasificación se realice atendiendo sucesivamente a diversos puntos de vista que no son excluyentes entre sí, sino complementarios.

Así, se distinguen:

a) Por la extensión de sus efectos jurídicos: actos generales y concretos.
b) Por la posibilidad de su fiscalización por la jurisdicción contencioso-administrativa: impugnables o inimpugnables.
c) Por razón de las facultades utilizadas al dictarlos: actos discrecionales y reglados.
d) Por razón de los sujetos intervinientes: simples y complejos, unilaterales y plurilaterales.
e) Por la forma de su producción: expresos y presuntos.
f) Por razón de los efectos jurídicos de su contenido: actos definitivos y de trámite. Actos firmes y no firmes.

Examinemos detalladamente cada una de las categorías de actos citados:

1.2.1. Actos generales y concretos

Se entiende por acto administrativo general, según Ranelletti, aquella declaración de la Administración Pública que mira abstractamente a una pluralidad de personas (p. ej., una relación de funcionarios o de expropiados, o casos indeterminados o indeterminables) y por acto concreto, la misma declaración cuando mira a una o más personas o casos individualmente determinados o determinables.

Para un gran sector de la doctrina, sólo los segundos, los que contienen una declaración concreta, son actos administrativos; pero siguiendo la opinión más moderna, sustentada hoy en nuestro Derecho por la Ley de la Jurisdicción Contencioso-Administrativa, nada autoriza a excluir de tal calificación a los actos generales; por el contrario, el régimen jurídico-administrativo es igualmente aplicable a unos y otros, si bien las características de los mismos hacen que la regulación positiva de los actos administrativos generales goce de cierta especialidad legislativa.

1.2.2. Impugnables e inimpugnables

Según sean o no susceptibles de impugnación ante la Jurisdicción Contencioso-Administrativa los actos administrativos pueden clasificarse en impugnables e inimpugnables.

La vigente Ley de la Jurisdicción Contencioso-Administrativa (LJCA), de 13 de julio de 1998, exceptúa de su propia competencia general a los actos de la Administración sometidos al régimen jurídico-privado, que hemos de considerar fuera del concepto de acto administrativo, al disponer la Ley que no correspon den a la jurisdicción contencioso-administrativa: "Las cuestiones expresamente atribuidas a los órganos jurisdiccionales civil, penal y social, aunque estén relacionadas con la actividad de la Administración Pública" (art. 3º a).

1.2.3. Actos discrecionales y reglados

La actividad administrativa puede dividirse en dos grandes grupos: aquella que en el Estado de Derecho constituye la norma general por estar expresamente regulada y determinada por el principio de legalidad o sumisión a la ley y que se denomina reglada, y aquella otra en que, por defecto de normas jurídicas, no hay lugar a la aplicación de tal principio y se llama actividad discrecional.

Sin embargo, la discrecionalidad no es un concepto tan amplio como a primera vista pudiera parecer, ya que para poder hablar de esta clase de actividad administrativa es necesario que se den los siguientes supuestos que señala Garrido Falla:

1. Que se dé ausencia de reglamentación legal en una determinada materia.
2. Que, por otra parte, en relación con la misma, no pese sobre la actuación administrativa un principio prohibitivo.
3. Que de la estructura lógica de la norma se desprenda una posibilidad de elección administrativa o atribución de discrecionalidad.

1.2.4. Actos simples y complejos

Se entiende por acto administrativo simple, según Garrido Falla, aquel en cuya emisión interviene un solo órgano administrativo; acto complejo, en cambio, aquel que se produce por la intervención de dos o más órganos administrativos.

Según Entrena Cuesta, lo normal es que los actos administrativos sean compuestos; es decir, fruto de la participación de varios órganos, e incluso, en ocasiones, de varios sujetos, cada uno de los cuales dicta un acto –que se dicta con los demás en el acto compuesto– en razón a la unidad del fin que tales actos persiguen.

1.2.5. Actos unilaterales y plurilaterales

Esta clasificación responde al criterio de los sujetos participantes en la emisión del acto.

En general se habla de que los actos unilaterales emanan de la exclusiva voluntad de la Administración que los dicta (Ej.: Una sanción), mientras que los bilaterales precisan para su eficacia de la voluntad del sujeto al que se dirigen (Ej.: Nombramiento de un funcionario).

1.2.6. Actos expresos y presuntos

Por la forma de su producción el acto administrativo puede ser expreso y presunto. En el primero existe una clara e inequívoca exteriorización de la declaración de voluntad, de juicio, de deseo, etc. En el acto presunto no existe ni una manifestación concreta administrativa ni una conducta a la que se pueda atribuir un determinado valor o sentido en virtud de una interpretación racional. El significado de esta conducta lo fija de forma expresa el ordenamiento jurídico, cerrándose así las puertas a toda labor interpretativa, como acontece cuando la ley atribuye al silencio de la administración un valor positivo o negativo. A los actos presuntos se refiere el artículo 24 de la LPAC, que se estudia en otro tema de este programa al analizar el silencio administrativo.

1.2.7. Actos definitivos o resolutorios y de trámite

La distinción toma su base en la circunstancia de que los actos se dictan en el seno de un procedimiento administrativo. En este procedimiento hay una resolución final que es la que decide el fondo del asunto (art 88 de la LPAC), y para llegar a ella ha de seguirse un camino especial, con fases distintas, con intervención de órganos o personas diversas y con actos también diferentes. Estos actos previos a la resolución son los que la ley llama "actos de trámite", que son actos instrumentales de las resoluciones, pues las preparan y hacen posibles.

Ahora bien, no todos los actos definitivos ponen fin a la vía administrativa, sino sólo aquellos contra los que no cabe recurso administrativo ordinario.

El artículo 114 de la LPAC establece que: "ponen fin a la vía administrativa:

a) Las resoluciones de los recursos de alzada.
b) Las resoluciones de los procedimientos de impugnación a que se refiere el artículo 112.2.
c) Las resoluciones de los órganos administrativos que carezcan de superior jerárquico, salvo que una Ley establezca lo contrario.
d) Los acuerdos, pactos, convenios o contratos que tengan la consideración de finalizadores del procedimiento.

e) La resolución administrativa de los procedimientos de responsabilidad patrimonial, cualquiera que fuese el tipo de relación, pública o privada, de que derive.

f) La resolución de los procedimientos complementarios en materia sancionadora a los que se refiere el artículo 90.4.

g) Las demás resoluciones de órganos administrativos cuando una disposición legal o reglamentaria así lo establezca.

Por su parte, El punto 2º del mismo artículo 114 LPAC concreta que órganos son los que ponen fin a la vía administrativa en el ámbito estatal: 2. Además de lo previsto en el apartado anterior, en el ámbito estatal ponen fin a la vía administrativa los actos y resoluciones siguientes:

a) Los actos administrativos de los miembros y órganos del Gobierno.

b) Los emanados de los Ministros y los Secretarios de Estado en el ejercicio de las competencias que tienen atribuidas los órganos de los que son titulares.

c) Los emanados de los órganos directivos con nivel de Director general o superior, en relación con las competencias que tengan atribuidas en materia de personal.

d) En los Organismos públicos y entidades derecho público vinculados o dependientes de la Administración General del Estado, los emanados de los máximos órganos de dirección unipersonales o colegiados, de acuerdo con lo que establezcan sus estatutos, salvo que por ley se establezca otra cosa.

En resumen: sólo son recurribles las resoluciones de actos definitivos, no los actos de trámite. Sin embargo, por excepción, estos últimos resultan recurribles cuando, aun bajo apariencia de actos de procedimiento no resolutorios del fondo del asunto, de hecho vienen a decidirlo, por poner término al procedimiento o suspenderlo o hacer imposible su continuación, o producen indefensión o perjuicio irreparable. Es decir, los actos de trámite sólo son recurribles cuando bajo su apariencia se encubre una verdadera resolución.

1.2.8. Actos firmes y no firmes

En principio, todos los actos administrativos son impugnables, primero en vía administrativa y después en la contenciosa. Cuando ya no es susceptible de recurso alguno en vía administrativa (salvo el de revisión), el acto se convierte en firme. La firmeza del acto se produce porque:

a) Ya se han utilizado todas las posibilidades de impugnación existentes.

b) Se han dejado transcurrir los plazos para interponer los recursos posibles

1.3. Elementos del acto administrativo

González Pérez define los elementos o requisitos del acto administrativo como "aquellas circunstancias o conjunto de circunstancias que deben darse en un acto para que produzca todos sus efectos", es decir, para que el acto no resulte inválido, o válido pero irregular.

Si bien, todos los autores coinciden en subrayar la importancia que, dentro de la teoría del acto administrativo, tiene el estudio de sus elementos, a la hora de enumerar en concreto cuáles son, nos proporcionan muy diversas clasificaciones, aunque en muchos casos las discrepancias obedecen más a razones terminológicas que de fondo.

Se suelen mencionar como elementos del acto administrativo: el sujeto, objeto, causa, fin y forma.

1.3.1. Elemento subjetivo

Por definición del acto administrativo debe ser dictado por un sujeto de la Administración Pública.

A este respecto, el artículo 2º de la LPAC determina qué se entenderá por Administración Pública diciendo:

1. La presente Ley se aplica al sector público, que comprende:
   a) La Administración General del Estado.
   b) Las Administraciones de las Comunidades Autónomas.
   c) Las Entidades que integran la Administración Local.
   d) El sector público institucional
2. El sector público institucional se integra por:
   a) Cualesquiera organismos públicos y entidades de derecho público vinculados o dependientes de las Administraciones Públicas.
   b) Las entidades de derecho privado vinculadas o dependientes de las Administraciones Públicas, que quedarán sujetas a lo dispuesto en las normas de esta Ley que específicamente se refieran a las mismas, y en todo caso, cuando ejerzan potestades administrativas.
   c) Las Universidades públicas, que se regirán por su normativa específica y supletoriamente por las previsiones de esta Ley.
3. Tienen la consideración de Administraciones Públicas la Administración General del Estado, las Administraciones de las Comunidades Autóno-

mas, las Entidades que integran la Administración Local, así como los organismos públicos y entidades de derecho público previstos en la letra a) del apartado 2 anterior.

Ahora bien, los distintos sujetos de la Administración Pública actúan a su vez a través de "órganos" y en este punto es donde se sitúa y aparece el requisito de la "competencia", pues para la validez del acto administrativo, es necesario que el mismo emane de un órgano que tenga competencia para ello. Así según el artículo 34 LPAC, "Los actos administrativos que dicten las Administraciones Públicas, se producirán por el órgano competente."

La competencia ha sido definida como "la medida de potestad que pertenece a cada órgano", distinguiendo tres tipos:

- Competencia territorial: o por razón del territorio.
- Competencia funcional: o por razón de la materia.
- Competencia jerárquica: o por razón del grado.

1.3.2. Elemento objetivo: contenido del acto administrativo

El contenido del acto administrativo en una acepción amplia se determina por su oposición a la forma del acto, comprendiendo todos los elementos integrantes de lo que, en términos forenses, se denomina el "fondo del asunto".

En sentido estricto, el contenido es, como dice Vitta, la declaración de conocimiento, voluntad o juicio en que el acto consiste. Se identifica así con el objeto del acto y en razón de él un acto administrativo se diferencia sustancialmente de otro. Entendemos por contenido u objeto del acto administrativo, el efecto práctico que con dicho acto se pretende obtener: nombramiento de un funcionario, imposición de una multa, requisa de un vehículo, etc. (Garrido Falla).

El contenido del acto ha de ser:

a) Determinado o susceptible de determinación y posible: En caso de que no lo sean el art. 47 de la LPAC los sanciona con nulidad.
b) Lícito: Art. 34.2 LPAC: "El contenido de los actos se ajustará a lo dispuesto por el ordenamiento jurídico y será determinado y adecuado a los fines de aquéllos".
c) Adecuado al fin: Consiste en el interés público previsto por el legislador para cada caso. La Administración ha de someterse, en todo caso, a una especie de regla de conducta: la necesidad de perseguir el interés público en cada una de sus actuaciones. De ahí el gran acierto de la Constitución al determinar que los tribunales controlarán el sometimiento de la actua-

ción administrativa "a los fines que la justifican" (art. 106.1 de la Constitución). Por esa vía el fin se erige en un nuevo elemento nada menos que de rango constitucional, del acto administrativo: éste deberá enderezarse al logro de aquella finalidad que determinó el otorgamiento de la potestad ejercitada. Precisamente cuando se ejercen potestades administrativas para fines distintos de los fijados por el ordenamiento jurídico se produce la desviación de poder que hace que los actos sean anulables.

1.3.2.1. El contenido esencial

Es aquel sin el cual el acto no tiene existencia. Por ejemplo: la licencia para edificar deberá contener una declaración facultando para realizar la obra; en el caso contrario, no puede decirse que se ha otorgado dicha licencia.

1.3.2.2. El contenido natural

Es el que necesariamente forma parte del acto administrativo y sirve para individualizarlo respecto de los demás. Por ejemplo: el contenido natural de la expropiación forzosa es la transferencia coactiva de la propiedad del particular al ente público.

1.3.2.3. El contenido implícito

Se refiere a aquellas cláusulas no expresas, pero que hay que entender incluidas en el acto porque el ordenamiento jurídico las supone en todos los de la misma especie.

1.3.2.4. El contenido eventual o accidental

Es el integrado por aquellas cláusulas que el órgano administrativo puede introducir en el acto, dirigidas a modificar, generalmente restringiendo sus efectos, el contenido esencial del acto. Éstas son las cláusulas accesorias del acto jurídico; en particular, la condición, el término y el modo.

La condición significa el hecho futuro e incierto del cual se hace depender la eficacia de un acto administrativo. Término que indica el día desde el cual debe tener eficacia el acto, o desde el cual la eficacia del acto administrativo debe cesar. El modo consiste en una carga impuesta a la persona a favor de la cual se dicta el acto administrativo: por ejemplo, se concede una licencia de construcción con la adición de que habrá de construirse un aparcamiento subterráneo.

1.3.3. Elemento causal

La causa constituye el porqué del acto, la razón que justifica que un acto administrativo se dicte. De esta suerte, el presupuesto de hecho del acto se incorpora como elemento del mismo. Sin embargo, García de Enterría mantiene otra posición, pues para él, la causa del acto es la adecuación del mismo a los fines propios de la potestad que se ejercita, fines específicos asignados por la norma a la potestad que se crea (el art. 34.2. LPAC dice que: "El contenido de los actos se ajustará a lo dispuesto en el ordenamiento jurídico y será determinado y adecuado a los fines de aquéllos").

1.3.4. Elemento teleológico: el fin del acto administrativo

La Administración ha de someterse, en todo caso, a una especie de regla de conducta: la necesidad de perseguir el interés público en cada una de sus actuaciones. De ahí el gran acierto de la Constitución al determinar que los tribunales controlarán el sometimiento de la actuación administrativa "a los fines que la justifican" (art. 106.1 de la Constitución). Por esa vía el fin se erige en un nuevo elemento nada menos que de rango constitucional, del acto administrativo: éste deberá enderezarse al logro de aquella finalidad que determinó el otorgamiento de la potestad ejercitada.

Según Garrido Falla, así como el elemento causal se determina con la contestación a la pregunta "¿por qué?", el elemento fin del acto administrativo es la respuesta a la pregunta "¿para qué?". Y así como la realización de actos de Derecho privado por los particulares no responden a exigencias objetivas de la ley, sino a los motivos extrajurídicos que animan a cada sujeto, en cambio el acto administrativo se dirige siempre a una finalidad objetivamente determinada: el interés público o el interés del servicio público. En cada acto administrativo el fin viene dado, pues, por una especial manifestación del interés público. Así, por ejemplo, el fin del nombramiento de un funcionario es proveer una vacante; el fin de unas oposiciones, elegir el más apto, etc.

1.4. Requisitos: la motivación y la forma

1.4.1. La motivación

Con este nombre se conoce uno de los requisitos de forma del acto administrativo, que hemos enumerado en el epígrafe anterior. La motivación del acto administrativo consiste en la expresión en el mismo de las razones que han movido a la Administración para dictarlo.

Lo primero que conviene analizar en relación con este tema es el determinar si es o no necesaria la motivación de los actos administrativos.

Al respecto parece conveniente resaltar ya que la regla general en nuestro Derecho es el carácter meramente facultativo de dicha "motivación", salvo en los supuestos expresamente señalados en el artículo 35 LPAC, conforme al cual: "Serán motivados, con sucinta referencia de hechos y fundamentos de derecho:

a) Los actos que limiten derechos subjetivos o intereses legítimos.
b) Los actos que resuelvan procedimientos de revisión de oficio de disposiciones o actos administrativos, recursos administrativos y procedimientos de arbitraje y los que declaren su inadmisión.
c) Los actos que se separen del criterio seguido en actuaciones precedentes o del dictamen de órganos consultivos.
d) Los acuerdos de suspensión de actos, cualquiera que sea el motivo de ésta, así como la adopción de medidas provisionales previstas en el artículo 56.
e) Los acuerdos de aplicación de la tramitación de urgencia, de ampliación de plazos y de realización de actuaciones complementarias.
f) Los actos que rechacen pruebas propuestas por los interesados.
g) Los actos que acuerden la terminación del procedimiento por la imposibilidad material de continuarlo por causas sobrevenidas, así como los que acuerden el desistimiento por la Administración en procedimientos iniciados de oficio.
h) Las propuestas de resolución en los procedimientos de carácter sancionador, así como los actos que resuelvan procedimientos de carácter sancionador o de responsabilidad patrimonial.
i) Los actos que se dicten en el ejercicio de potestades discrecionales, así como los que deban serlo en virtud de disposición legal o reglamentaria expresa.

Finalmente, hemos de tener en cuenta, como dice Garrido Falla, que si la motivación puede tener una importancia secundaria cuando se trata de actos reglados, adquiere, sin embargo, especial relieve en relación con los actos discrecionales, para permitir su posterior control jurisdiccional.

1.4.2. La forma

Con relación a los actos administrativos, la expresión "forma" abarca el conjunto de formalidades y trámites a través de los cuales la voluntad administrativa se configura; esto es, el procedimiento de formación de dicha voluntad.

En este sentido amplio Garrido Falla distingue:

- La forma de integración de la voluntad administrativa o procedimiento administrativo.
- La forma de la declaración de la voluntad administrativa o forma de exteriorización.

Veámoslas:

1.4.2.1. Formas de integración

La sumisión del actuar administrativo a un determinado procedimiento ha pasado a ser en nuestro Derecho una exigencia constitucional (art. 105 c) de la Constitución). El procedimiento sería un modo de producción de un acto por aplicación de normas jurídicas superiores a ese acto. El acto administrativo no puede ser producido de cualquier manera, a voluntad del titular del órgano a quien compete tal producción sino que ha de seguir para llegar al mismo un procedimiento determinado.

El procedimiento es, pues, un cauce necesario para la producción de actos administrativos. Así, el artículo 34 LPAC dice: "Los actos administrativos se producirán por el órgano competente ajustándose al procedimiento establecido".

1.4.2.2. Forma de exteriorización

Como regla general, los actos administrativos se producirán o consignarán "por escrito". A veces, sin embargo, cuando su naturaleza o circunstancia lo exijan o permitan otra forma de expresión o constancia, podrá emplearse la forma verbal e incluso la mímica. Se citan como ejemplos de forma verbal las órdenes jerárquicas y algunas órdenes expedidas por la policía de seguridad.

Artículo 36. Forma

1. Los actos administrativos se producirán por escrito a través de medios electrónicos, a menos que su naturaleza exija o permita otra forma más adecuada de expresión y constancia.

2. En los casos en que los órganos administrativos ejerzan su competencia de forma verbal, la constancia escrita del acto, cuando sea necesaria, se efectuará y firmará por el titular del órgano inferior o funcionario que la reciba oralmente, expresando en la comunicación del mismo la autoridad de la que procede. Si se

tratara de resoluciones, el titular de la competencia deberá autorizar una relación de las que haya dictado de forma verbal, con expresión de su contenido.

3. Cuando deba dictarse una serie de actos administrativos de la misma naturaleza, tales como nombramientos, concesiones o licencias, podrán refundirse en un único acto, acordado por el órgano competente, que especificará las personas u otras circunstancias que individualicen los efectos del acto para cada interesado.

2. La eficacia y validez de los actos administrativos

2.1. La ejecutividad de los actos administrativos

El acto administrativo se perfecciona cuando en su producción concurren todos los elementos esenciales, lo que lleva consigo que se le atribuya una presunción de validez que dispensa a la Administración autora del acto de seguir ningún tipo de proceso declarativo si alguien, en cualesquiera instancias, pusiera en duda o pretendiera su invalidez.

A este especial efecto de los actos administrativos se refieren los artículos 38 y 39 de la LPAC, Ley de Procedimiento Administrativo Común de las Administraciones Públicas

Artículo 38. Ejecutividad

Los actos de las Administraciones Públicas sujetos al Derecho Administrativo serán ejecutivos con arreglo a lo dispuesto en esta Ley.

Artículo 39. Efectos

1. Los actos de las Administraciones Públicas sujetos al Derecho Administrativo se presumirán válidos y producirán efectos desde la fecha en que se dicten, salvo que en ellos se disponga otra cosa.

Como dice R. Parada, la presunción de validez –o, lo que es igual, de legitimidad o de legalidad– del acto administrativo no es, sin embargo, una presunción *iuris et de iure*, sino una simple presunción *iuris tantum*, es decir, que admite prueba en contrario en todo tipo de procedimientos o procesos impugnativos en los que frontalmente se discuta sobre su invalidez.

La presunción de validez cubre efectivamente los actos definitivos, pero no toda la actividad probatoria previa a éstos y que se refleja en el expediente administrativo, pues, como dice el Tribunal Supremo, "la presunción de legalidad que adorna los actos administrativos no significa un desplazamiento de la carga de la prueba que, conforme a las reglas, corresponde a la Administración, cuyas resoluciones han de sustentarse en el pleno acreditamiento del presupuesto fáctico que invoquen". (Sentencia del Tribunal Supremo de 22 de Mayo de 1981).

No obstante, la eficacia quedará demorada:

a) **Cuando así lo exija el contenido del acto.**

Principalmente se refiere a los supuestos de condición o término suspensivo.

b) **Cuando esté supeditada a la notificación o publicación.**

c) **Cuando sea preceptiva la aprobación superior.**

Además, excepcionalmente, podrá otorgarse **eficacia retroactiva a los actos cuando**:

1. Se dicten en sustitución de actos anulados, y, asimismo,
2. Cuando produzcan efectos favorables al interesado, siempre que:
   - ▹ Los supuestos de hecho necesarios existieran ya en la fecha a que se retrotraiga la eficacia del acto.
   - ▹ Y ésta no lesione derechos o intereses legítimos de otras personas.

Como hemos dicho la jurisprudencia del Tribunal Supremo ha interpretado el principio de la presunción de validez de los actos administrativos en el sentido de que la carga de accionar, de recurrir para destruir aquella presunción, corresponde al administrado; sin que ello signifique que la carga de la prueba de los hechos o fundamentos fácticos en los que se basa la potestad administrativa se desplace a los ciudadanos, pues éstos han de ser probados por **la Administración** en la medida que integran el supuesto de hecho de la norma que la Administración invoca para imponer una consecuencia jurídica (Sentencias 26 de diciembre de 1990; 29 de noviembre de 1991).

Este privilegio se conoce con el nombre de autotutela declarativa, es decir, se presume que el acto es válido y por eso produce efecto desde que se dicta.

Es la denominada ejecutividad del acto administrativo, en virtud de la cual cuando éste se dicte puede y debe ser llevado a la práctica. Y junto a ella, se ha distinguido la ejecutoriedad, ejecución forzosa o acción de oficio (que en cualquiera de estas formas es llamada), regulada por extenso en los artículos 97 a 105 LPAC y en virtud de la cual la Administración lleva a la práctica el acto administrativo cuando el particular obligado a ello no lo hace voluntariamente.

Hay que saber distinguir en consecuencia, este privilegio de **Ejecutividad** (o eficacia) de lo que se denomina la **Ejecutoriedad**, o acción de oficio o privilegio de decisión ejecutoria, esto es, la potestad de la Administración para llevar a efecto el mandato que el acto incorpora violentando la posesión y la libertad personal del administrado sin necesidad de la intervención judicial.

También se denomina a la Ejecutoriedad como Ejecución Forzosa.

Los medios de ejecución forzosa que se contemplan en la LRJPAC son:

- Apremio sobre el Patrimonio.
- Multa coercitiva.
- Compulsión sobre las personas.
- Ejecución subsidiaria

2.2. El principio de autotutela declarativa

Todos los actos administrativos, salvo aquellos a que expresamente la Ley se lo niegue son ejecutorios; esto es, obligan al inmediato cumplimiento, aunque otro sujeto discrepe de su legalidad. Como veremos, esta eventual discrepancia ha de instrumentarse precisamente como una impugnación del acto, impugnación que no suspende por ello la obligación de su cumplimiento ni su ejecución.

Por ello se dice que la decisión administrativa se beneficia de una "presunción de legalidad" que la hace de cumplimiento necesario, sin necesidad de tener que obtener ninguna sentencia declarativa previa. Previamente a cualquier verificación por el juez (la cual queda desplazada a una eventual intervención *a posteriori* en el posible proceso impugnatorio que contra el acto puede montarse), la decisión de la Administración vincula a la obediencia. La doctrina habla por ello, expresivamente, de un **privilegio** de decidir previamente a toda intervención del juez, en el doble sentido de que para ser obligatoria la decisión administrativa no precisa el previo control judicial y de que ese control solo es posible cuando la Administración previamente ha decidido de manera ejecutoria.

De esa "presunción de legitimidad" de los actos administrativos derivan una serie de consecuencias importantes:

a) Como precisa el artículo 39.1. de la LPAC: "Los actos de las Administraciones Públicas sujetos al Derecho Administrativo se presumirán válidos y producirán efectos desde la fecha en que se dicten", lo cual trae como consecuencia que el particular a quien afecte tal declaración administrativa resulta, desde el momento en que ésta se le notifica, titular del derecho o la obligación declarada por la Administración por la fuerza misma de la declaración.

b) La presunción de legalidad de la decisión es, obviamente, *iuris tantum* y no definitiva. No tiene, pues, el acto de la Administración el valor definitivo de una sentencia declarativa, de modo que es erróneo técnicamente hablar, como se ha hecho, de "fuerza de cosa juzgada".(es decir esta presunción de validez admite prueba en contrario).

Conviene notar que el mecanismo expuesto, que desplaza la carga de accionar al administrado, no implica necesariamente un desplazamiento paralelo de la carga de la prueba dentro del proceso. La Administración es titular de la carga de la prueba con normalidad en el plano material de las relaciones, de modo que si la ha desatendido y no obstante ha dado sin prueba por probados determinados hechos, la decisión que adopte será invalida (en este sentido, rotundamente, la Sentencia de 12 de noviembre de 1974). El administrado tendrá la carga de impugnar esta decisión y de justificar su ilegalidad, desde luego, para hacerlo le bastará con invocar la desatención de la carga de la prueba que incumbía a la Administración, argumento formal que no le grava a él en el proceso con la carga de hacer una prueba contraria, muchas veces, por lo demás (siempre que se trate de hechos negativos), virtualmente imposible.

2.3. Efectos: demora y retroactividad

Por eficacia de los actos administrativos se entiende, en primer lugar, la producción de los efectos propios de cada uno, definiendo derechos y creando obligaciones de forma unilateral.

La Jurisprudencia distingue entre validez y eficacia de los actos. La primera, como dice el Tribunal Supremo y acabamos de ver, supone la concurrencia en el acto de todos los elementos que lo integran y tiene lugar desde el momento que se dictan o acuerdan, mientras que la eficacia hace referencia a la producción temporal de efectos que puede hallarse supeditada a la notificación, publicación o aprobación posterior del acto válido.

Efectivamente es así con carácter general. Los actos administrativos –como los actos jurídico-privados y las normas– se dictan para el futuro, y por ello producen efectos desde la fecha en que se dicten. No obstante, este principio sufre dos órdenes de excepciones, bien por la demora de la eficacia, bien por la irretroactividad tal y como establece el artículo 39.2. LPAC

"La eficacia quedará demorada cuando así lo exija el contenido del acto o esté supeditada a su notificación, publicación o aprobación superior. Excepcionalmente, podrá otorgarse eficacia retroactiva a los actos cuando se dicten en sustitución de actos anulados, y, asimismo, cuando produzcan efectos favorables al interesado, siempre que los supuestos de hecho necesarios existieran ya en la fecha a que se retrotraiga la eficacia del acto y ésta no lesione derechos o intereses legítimos de otras personas."

La demora en la eficacia del acto administrativo, es decir, el retraso en la producción de sus efectos propios, puede originarse porque así lo exija la naturaleza del acto (hasta la toma de posesión no es eficaz el nombramiento del funcionario); porque el contenido accidental incluya una condición suspensiva o término inicial que así lo establezca; o bien, por último, porque la eficacia quede supeditada a su notificación, publicación o aprobación superior. Además, el acto ya eficaz puede dejar de producir efectos en los casos de suspensión.

La proyección de la eficacia del acto sobre el tiempo pasado se gobierna por la regla general de la irretroactividad, principio sin excepción para los actos de gravamen o limitativos de derechos en aplicación inexcusable del artículo 9.3 de la Constitución, que garantiza "la irretroactividad de las disposiciones sancionadoras no favorables o restrictivas de derechos individuales", debiendo entenderse aquí por "disposición" no sólo los reglamentos, sino también, y con mayor motivo, los actos administrativos.

Para los actos favorables o ampliativos, el principio general es también la irretroactividad. Sin embargo es posible la eficacia retroactiva cuando se dicten en sustitución de actos anulados, y, asimismo, cuando produzcan efectos favorables al interesado, siempre que los supuestos de hecho necesarios existieren ya en la fecha a que se retrotraiga la eficacia del acto y éste no lesione derechos o intereses legítimos de otras personas (art. 39.3. LPAC). Aunque en estos casos la Ley afirma que la retroactividad tendrá carácter excepcional, el Tribunal Supremo, con buen juicio, parece imponer la eficacia retroactiva a los actos dictados tanto en sustitución de actos anulables como de actos nulos de pleno derecho. A favor de esta tesis están los principios de buena fe, de seguridad jurídica y legalidad, "pues sería anómalo, y, por tanto, rechazable, que la infracción del ordenamiento jurídico por la Administración beneficiase a ésta retrasando el nacimiento de situaciones jurídicas y sus consecuencias más allá del momento en que debieron nacer."

La eficacia retroactiva de los actos favorables estará siempre condicionada, en primer lugar, a que los supuestos de hecho necesarios existieran ya en el momento a que se retrotraiga la eficacia del acto y, en segundo término, a que no lesione derechos o intereses de otra persona, pues la retroactividad de un acto, aunque sea beneficiosa para unos interesados, puede ser gravosa o perjudicial para otros (por ejemplo: el ascenso de un funcionario puede perjudicar a otros del mismo escalafón).

2.4. De la notificación

Los artículos 40 a 44 de la LPAC señalan el **contenido** y **plazos** de la notificación al establecer:

Artículo 40. Notificación

1. El órgano que dicte las resoluciones y actos administrativos los notificará a los interesados cuyos derechos e intereses sean afectados por aquéllos, en los términos previstos en los artículos siguientes.

2. Toda notificación deberá ser cursada dentro d**el plazo de diez días** a partir de la fecha en que el acto haya sido dictado, y **deberá contener** *el texto íntegro de la resolución, con indicación de si pone fin o no a la vía administrativa, la expresión de los recursos que procedan, en su caso, en vía administrativa y judicial, el órgano ante el que hubieran de presentarse y el plazo para interponerlos, sin perjuicio de que los interesados puedan ejercitar, en su caso, cualquier otro que estimen procedente*.

3. Las notificaciones que, conteniendo el texto íntegro del acto, omitiesen alguno de los demás requisitos previstos en el apartado anterior, surtirán efecto a partir de la fecha en que el interesado realice actuaciones que supongan el conocimiento del contenido y alcance de la resolución o acto objeto de la notificación, o interponga cualquier recurso que proceda.

4. Sin perjuicio de lo establecido en el apartado anterior, y a los solos efectos de entender cumplida la obligación de notificar dentro del plazo máximo de duración de los procedimientos, será suficiente la notificación que contenga, cuando menos, el texto íntegro de la resolución, así como el intento de notificación debidamente acreditado.

5. Las Administraciones Públicas podrán adoptar las medidas que consideren necesarias para la protección de los datos personales que consten en las resoluciones y actos administrativos, cuando éstos tengan por destinatarios a más de un interesado.

Artículo 41. Condiciones generales para la práctica de las notificaciones

1. Las notificaciones **se practicarán preferentemente por medios electrónicos** y, en todo caso, cuando el interesado resulte obligado a recibirlas por esta vía.

No obstante lo anterior, las Administraciones **podrán practicar las notificaciones por medios no electrónicos en los siguientes supuestos**:

a) Cuando la notificación se realice con ocasión de la comparecencia espontánea del interesado o su representante en las oficinas de asistencia en materia de registro y solicite la comunicación o notificación personal en ese momento.

b) Cuando para asegurar la eficacia de la actuación administrativa resulte necesario practicar la notificación por entrega directa de un empleado público de la Administración notificante.

Con independencia del medio utilizado, las notificaciones serán válidas siempre que permitan tener constancia de su envío o puesta a disposición, de la recepción o acceso por el interesado o su representante, de sus fechas y horas, del contenido íntegro, y de la identidad fidedigna del remitente y destinatario de la misma. La acreditación de la notificación efectuada se incorporará al expediente.

Los interesados que no estén obligados a recibir notificaciones electrónicas, podrán decidir y comunicar en cualquier momento a la Administración Pública, mediante los modelos normalizados que se establezcan al efecto, que las notificaciones sucesivas se practiquen o dejen de practicarse por medios electrónicos.

Reglamentariamente, las Administraciones podrán establecer la obligación de practicar electrónicamente las notificaciones para determinados procedimientos y para ciertos colectivos de personas físicas que por razón de su capacidad económica, técnica, dedicación profesional u otros motivos quede acreditado que tienen acceso y disponibilidad de los medios electrónicos necesarios.

Adicionalmente, el interesado podrá identificar un dispositivo electrónico y/o una dirección de correo electrónico que servirán para el envío de los avisos regulados en este artículo, pero no para la práctica de notificaciones.

2. **En ningún caso se efectuarán por medios electrónicos las siguientes notificaciones:**

a) Aquellas en las que el acto a notificar vaya acompañado de elementos que no sean susceptibles de conversión en formato electrónico.

b) Las que contengan medios de pago a favor de los obligados, tales como cheques.

3. **En los procedimientos iniciados a solicitud del interesado,** la notificación se practicará *por el medio señalado al efecto por aquel.* Esta notificación será electrónica en los casos en los que exista obligación de relacionarse de esta forma con la Administración.

Cuando no fuera posible realizar la notificación de acuerdo con lo señalado en la solicitud, se practicará en cualquier lugar adecuado a tal fin, y por cualquier medio que permita tener constancia de la recepción por el interesado o su representante, así como de la fecha, la identidad y el contenido del acto notificado.

4. En los procedimientos iniciados de oficio, a los solos efectos de su iniciación, las Administraciones Públicas podrán recabar, mediante consulta a las bases de datos del Instituto Nacional de Estadística, los datos sobre el domicilio del interesado recogidos en el Padrón Municipal, remitidos por las Entidades Locales en aplicación de lo previsto en la Ley 7/1985, de 2 de abril, reguladora de las Bases del Régimen Local.

5. Cuando el interesado o su representante rechace la notificación de una actuación administrativa, se hará constar en el expediente, especificándose las circunstancias del intento de notificación y el medio, dando por efectuado el trámite y siguiéndose el procedimiento.

6. Con independencia de que la notificación se realice en papel o por medios electrónicos, las Administraciones Públicas enviarán un aviso al dispositivo electrónico y/o a la dirección de correo electrónico del interesado que éste haya comunicado, informándole de la puesta a disposición de una notificación en la sede electrónica de la Administración u Organismo correspondiente o en la dirección electrónica habilitada única. La falta de práctica de este aviso no impedirá que la notificación sea considerada plenamente válida.

7. Cuando el interesado fuera notificado por distintos cauces, se tomará como fecha de notificación la de aquélla que se hubiera producido en primer lugar.

Artículo 42. Práctica de las notificaciones en papel

1. **Todas las notificaciones que se practiquen en papel deberán ser puestas a disposición del interesado en la sede electrónica** de la Administración u Organismo actuante para que pueda acceder al contenido de las mismas de forma voluntaria.

2. **Cuando la notificación se practique en el domicilio del interesado,** de no hallarse presente éste en el momento de entregarse la notificación, podrá hacerse cargo de la misma cualquier persona mayor de catorce años que se encuentre en el domicilio y haga constar su identidad. Si nadie se hiciera cargo de la notificación, se hará constar esta circunstancia en el expediente, junto con el día y la hora en que se intentó la notificación, intento que se repetirá por una sola vez y en una hora distinta dentro de los tres días siguientes. En caso de que el primer intento de notificación se haya realizado antes de las quince horas, el segundo intento deberá realizarse después de las quince horas y viceversa, dejando en todo caso al menos un margen de diferencia de tres horas entre ambos intentos de notificación. Si el segundo intento también resultara infructuoso, se procederá en la forma prevista en el artículo 44.

3. Cuando el interesado accediera al contenido de la notificación en sede electrónica, se le ofrecerá la posibilidad de que el resto de notificaciones se puedan realizar a través de medios electrónicos.

Artículo 43. Práctica de las notificaciones a través de medios electrónicos

1. Las notificaciones por medios electrónicos se practicarán mediante comparecencia en la sede electrónica de la Administración u Organismo actuante, a través de la dirección electrónica habilitada única o mediante ambos sistemas, según disponga cada Administración u Organismo.

A los efectos previstos en este artículo, se entiende por comparecencia en la sede electrónica, el acceso por el interesado o su representante debidamente identificado al contenido de la notificación.

2. Las notificaciones por medios electrónicos se entenderán practicadas en el momento en que se produzca el acceso a su contenido.

Cuando la notificación por medios electrónicos sea de carácter obligatorio, o haya sido expresamente elegida por el interesado, se entenderá rechazada cuando hayan transcurrido diez días naturales desde la puesta a disposición de la notificación sin que se acceda a su contenido.

3. Se entenderá cumplida la obligación a la que se refiere el artículo 40.4 con la puesta a disposición de la notificación en la sede electrónica de la Administración u Organismo actuante o en la dirección electrónica habilitada única.

4. Los interesados podrán acceder a las notificaciones desde el Punto de Acceso General electrónico de la Administración, que funcionará como un portal de acceso.

Artículo 44 Notificación infructuosa

Cuando los interesados en un procedimiento sean desconocidos, se ignore el lugar de la notificación o bien, intentada ésta, no se hubiese podido practicar, la notificación se hará por medio de un anuncio publicado en el «Boletín Oficial del Estado».

Asimismo, previamente y con carácter facultativo, las Administraciones podrán publicar un anuncio en el boletín oficial de la Comunidad Autónoma o de la Provincia, en el tablón de edictos del Ayuntamiento del último domicilio del interesado o del Consulado o Sección Consular de la Embajada correspondiente.

Las Administraciones Públicas podrán establecer otras formas de notificación complementarias a través de los restantes medios de difusión, que no excluirán la obligación de publicar el correspondiente anuncio en el «Boletín Oficial del Estado».

2.5. De la publicación

Añaden los artículos 45 y 46 LPAC:

Artículo 45. Publicación

1. Los actos administrativos serán objeto de publicación cuando así lo establezcan las normas reguladoras de cada procedimiento o cuando lo aconsejen razones de interés público apreciadas por el órgano competente.

En todo caso, los actos administrativos serán objeto de publicación, surtiendo ésta los efectos de la notificación, en los siguientes casos:

a) Cuando el acto tenga por destinatario a una pluralidad indeterminada de personas o cuando la Administración estime que la notificación efectuada a un solo interesado es insuficiente para garantizar la notificación a todos, siendo, en este último caso, adicional a la individualmente realizada.

b) Cuando se trate de actos integrantes de un procedimiento selectivo o de concurrencia competitiva de cualquier tipo. En este caso, la convocatoria del procedimiento deberá indicar el medio donde se efectuarán las sucesivas publicaciones, careciendo de validez las que se lleven a cabo en lugares distintos.

2. La publicación de un acto deberá contener los mismos elementos que el artículo 40.2 exige respecto de las notificaciones. Será también aplicable a la publicación lo establecido en el apartado 3 del mismo artículo.

En los supuestos de publicaciones de actos que contengan elementos comunes, podrán publicarse de forma conjunta los aspectos coincidentes, especificándose solamente los aspectos individuales de cada acto.

3. La publicación de los actos se realizará en el diario oficial que corresponda, según cual sea la Administración de la que proceda el acto a notificar.

4. Sin perjuicio de lo dispuesto en el artículo 44, la publicación de actos y comunicaciones que, por disposición legal o reglamentaria deba practicarse en tablón de anuncios o edictos, se entenderá cumplida por su publicación en el Diario oficial correspondiente.

Artículo 46. Indicación de notificaciones y publicaciones

Si el órgano competente apreciase que la notificación por medio de anuncios o la publicación de un acto lesiona derechos o intereses legítimos, se limitará a publicar en el Diario oficial que corresponda una somera indicación del contenido del acto y del lugar donde los interesados podrán comparecer, en el plazo que se establezca, para conocimiento del contenido íntegro del mencionado acto y constancia de tal conocimiento.

Adicionalmente y de manera facultativa, las Administraciones podrán establecer otras formas de notificación complementarias a través de los restantes medios de difusión que no excluirán la obligación de publicar en el correspondiente Diario oficial.

3. Revisión, anulación y revocación

3.1. La invalidez de los actos administrativos. Nulidad de pleno derecho anulabilidad

3.1.1. Introducción

La invalidez en Derecho administrativo se ha construido sobre la teoría de la misma en Derecho civil, pero teniendo en cuenta las peculiaridades existentes en el ámbito de la Administración como son la autotutela o la presunción de validez de los actos administrativos.

En Derecho civil hay dos categorías de invalidez: la nulidad de pleno derecho y la anulabilidad. La nulidad de pleno derecho se produce por la vulneración de cualquier norma imperativa o prohibitiva, mientras que la anulabilidad se produce en determinados casos cuando la infracción consiste en un vicio del consentimiento o en la capacidad de quién actúa.

Ambas figuras, tienen la consecuencia común de la declaración de invalidez e ineficacia, pero se diferencian en cuanto que la nulidad de pleno derecho la puede ejercer cualquier interesado y en cualquier momento, en tanto que la anulabilidad sólo se puede alegar por los afectados por el vicio del consentimiento o la falta de capacidad y en el plazo de 4 años.

Nuestro Derecho administrativo, ha diseñado un régimen de la invalidez que se basa asimismo en dos figuras: la nulidad de pleno derecho y la anulabilidad. La diferencia fundamental con el Derecho civil es que la nulidad de pleno no opera cualquiera que haya sido la norma imperativa o prohibitiva vulnerada, sino solamente cuando dicha vulneración corresponde con alguna de las causas establecidas en el artículo 47 LPAC. Por el contrario la anulabilidad actúa de forma residual cuando se produce una vulneración del resto de las normas del ordenamiento jurídico.

Además, aunque la nulidad de pleno de derecho en Derecho administrativo es en principio imprescriptible, lo cierto es que se tendrá que hacer valer dentro de los plazos y límites establecidos para las distintas formas de impugnación previstas en la Ley.

Por último, señalar que en Derecho administrativo se regulan las **irregularidades no invalidantes** que son, por un lado, el defecto de forma que sólo determinará la anulabilidad cuando el acto carezca de los requisitos formales indispensables para alcanzar su fin o de lugar a la indefensión de los interesados y, por otro, la realización de actuaciones administrativas fuera del tiempo establecido para ellas, que sólo implicará la anulabilidad del acto cuando así lo imponga la naturaleza del término o plazo.

El artículo 39.1 de la Ley de Procedimiento Administrativo Común de las Administraciones Públicas LPAC, establece que "los actos de las Administraciones Públicas sujetos al Derecho Administrativo se presumirán válidos y producirán efectos desde la fecha en que se dicten, salvo que en ellos se disponga otra cosa", es decir, se parte de una presunción de validez de los actos administrativos, de donde deriva su ejecutividad y, en su caso, ejecución forzosa.

Esta presunción de legitimación y validez del acto administrativo es *iuris tantum*, es decir, que admite prueba en contrario a través de la interposición del correspondiente recurso administrativo y, en su caso, contencioso-administrativo, por el particular afectado por el acto que entiende ilegal, pudiéndose producir, en los supuestos previstos en el artículo 112 de la LPAC, la suspensión de los efectos del acto.

En este contexto, no es infrecuente que el acto administrativo adolezca de vicios o no se ajuste exactamente a lo que el ordenamiento jurídico determina en cada caso, pudiéndose encontrar ante los siguientes supuestos:

a) La nulidad absoluta o de pleno derecho del acto administrativo.

b) La nulidad relativa o anulabilidad del mismo.

c) La irregularidad del acto.

Junto a ellos, por lo demás, hay autores que hablan de la inexistencia del acto, cuando carece de los requisitos necesarios para ser considerado como un acto propiamente dicho (García de Enterría, que cita, a título de ejemplo, un Decreto dictado por un particular o una pena de muerte impuesta por un Alcalde), en cuyo caso carece absolutamente de efectos, pudiendo desconocer el administrado dicho acto, sin que de su pasividad, como indica este autor, pueda derivársele perjuicio alguno material o jurídico.

En cuanto a la invalidez de las disposiciones generales, se sanciona con la nulidad la vulneración de los principios de jerarquía normativa, de reserva de ley y de irretroactividad de las disposiciones sancionadoras no favorables, como comentaré en el apartado siguiente.

3.2. Supuestos de nulidad de pleno derecho y de anulabilidad

3.2.1. Nulidad absoluta o de pleno derecho

El artículo 47.1 LPAC establece:

"Los actos de las Administraciones Públicas son nulos de pleno derecho en los casos siguientes:

a) Los que lesionen los derechos y libertades susceptibles de amparo constitucional.

b) Los dictados por órgano manifiestamente incompetente por razón de la materia o del territorio.

c) Los que tengan un contenido imposible.

d) Los que sean constitutivos de infracción penal o se dicten como consecuencia de ésta.

e) Los dictados prescindiendo total y absolutamente del procedimiento establecido o de las normas que contienen las reglas esenciales de la formación de la voluntad de los órganos colegiados.

f) Los actos expresos o presuntos contrarios al ordenamiento jurídico por los que se adquieran facultades o derechos cuando se carezca de los requisitos esenciales para su adquisición.

g) Cualquier otro que se establezca expresamente en una disposición de rango legal.

También serán nulas de pleno derecho las disposiciones administrativas que vulneren la Constitución, las leyes u otras disposiciones administrativas de rango superior, las que regulen materias reservadas a la Ley, y las que establezcan la retroactividad de disposiciones sancionadoras no favorables o restrictivas de derechos individuales".

Artículo que transcribe literalmente la anterior regulación de la LRJPAC, pero a la que hay que añadir un último supuesto respecto a la nulidad de resoluciones y actos que contradigan normas de carácter reglamentario, ya que el artículo 37.2. de la LPAC establece que: "Son nulas las resoluciones administrativas que vulneren lo establecido en una disposición reglamentaria, así como aquellas que incurran en alguna de las causas recogidas en el artículo 47", que hemos visto más arriba.

Pasemos al estudio de cada una de ellas.

A) Actos que lesionen el contenido esencial de los derechos y libertades susceptibles de amparo constitucional

La nulidad radical se reserva para los actos que lesionen, en su contenido esencial, los derechos y libertades susceptibles de amparo constitucional, esto es, los reconocidos en el artículo 14, Sección 1ª del Capítulo Segundo del Título I y artículo 30 de la Constitución, este último, por lo que se refiere a la objeción de conciencia.

B) Actos dictados por órgano manifiestamente incompetente por razón de la materia o del territorio

Se ha dicho que la incompetencia será manifiesta cuando sea notoria, evidente y aparezca de manera clara, sin que exija esfuerzo dialéctico alguno su comprobación por saltar a primera vista.

El Consejo de Estado en diversos dictámenes ha señalado que la incompetencia manifiesta no es sólo la que aparece de modo claro y patente, sino también la incompetencia grave que afecta al orden público que, por esa razón, se presenta con carácter de evidencia.

La doctrina del Tribunal Supremo ha considerado como casos de incompetencia manifiesta la falta de competencia objetiva o por razón de la materia y la falta de competencia territorial.

Se produce una incompetencia material cuando el órgano que dicta el acto no tiene competencia en esa materia. Por ejemplo, el Consejero de Obras Públicas impone una sanción en materia de salud pública que es competencia del Consejero de Sanidad.

En cambio, se produce una incompetencia territorial cuando el acto es dictado por un órgano que no tiene competencia en el territorio en que ha ocurrido el hecho que lo motiva. Por ejemplo, un delegado provincial de la Consejería de Agricultura y Medio Ambiente de Ciudad Real sanciona a un particular por una corta de árboles efectuada en Guadalajara.

Igualmente, según la propia jurisprudencia, son nulos de pleno derecho los actos de la Administración que se salen del ámbito administrativo propiamente dicho, invadiendo el campo reservado a otros órganos del Estado.

Con arreglo al precepto que comentamos, la incompetencia jerárquica no produce la nulidad radical del acto dictado. La jurisprudencia así lo había venido entendiendo ya que en estos casos es posible la convalidación del acto por su superior jerárquico.

Sin embargo, la doctrina ha señalado que los supuestos más graves de incompetencia jerárquica, en los que la distancia jerárquica entre el órgano que dicta el acto y el que sería competente para ello es absolutamente insalvable (como el acto competencia de Ministro que se dicta por un Jefe de Negociado) habrían de calificarse como actos dictados por órgano manifiestamente incompetente.

C) Actos que tengan un contenido imposible

La imposibilidad que determina la calificación del acto como nulo de pleno derecho ha de ser imposibilidad física o material, pero no la imposibilidad legal, pues de admitirse esta última podría llegarse a considerar nulo de pleno derecho todo acto que fuera contra una ley, y ello sería contrario a la intención del legislador, que determina taxativamente los casos de nulidad de pleno derecho.

Será un acto de contenido imposible la orden de un Alcalde prohibiendo que los perros ladren de noche o la orden de demoler un edificio que ni siquiera se ha empezado a levantar.

D) Actos que sean constitutivos de infracción penal o se dicten como consecuencia de ésta

La referencia a la infracción penal en vez de a los delitos, como antes se contenía en el artículo 47.1.b) de la LPA, no supone innovación alguna, pues ya antes en este apartado se incluían todos los supuestos de infracción penal, ya fuera tipificada como delito y ya lo estuviera en el Código Penal o en leyes especiales, con exclusión de las infracciones administrativas o disciplinarias.

Por lo demás, en este apartado se comprenden tanto los actos que en sí mismos constituyen un delito (certificación falsa expedida por un Alcalde), como aquellos actos que, sin ser delito en sí mismos, están impuestos mediante un acto delictivo (una licencia conseguida mediante cohecho del funcionario encargado de su otorgamiento).

E) Actos dictados prescindiendo total y absolutamente del procedimiento legalmente establecido

En este supuesto se han de comprender no sólo los casos en que, efectivamente, se ha prescindido de todo procedimiento (lo que será muy difícil, pues siempre habrá habido algún trámite), sino también aquellos en que:

La Administración ha observado un procedimiento, pero no "el concreto procedimiento previsto por la ley para ese supuesto". Así, por ejemplo, cuando para la celebración de un contrato de obra se emplea el procedimiento de concurso en vez del de subasta, que era el procedente. O se otorga una licencia por el procedimiento ordinario, cuando el previsto era el de actividades molestas, etc.

Se emplea el procedimiento legalmente establecido, pero se omiten los trámites **sustanciales** del mismo. Así, por ejemplo, si toma la Administración posesión de un bien expropiado, sin que previamente se haya declarado la utilidad pública o el interés social en el expediente expropiatorio o se haya decretado la necesidad de ocupación y realización del previo pago o depósito. O el Ministerio de Fomento procede a la aprobación de un Plan de Ordenación elaborado por el Ayuntamiento de una capital, sin que dicho Plan hubiese sido aprobado inicialmente por dicho Ayuntamiento y sometido a información pública.

En un primer momento la Jurisprudencia realizó una interpretación literal de esta causa de nulidad de pleno derecho, identificándola con la falta total y absoluta de procedimiento, pero posteriormente el Tribunal Supremo la ha asimilado con la ausencia de trámites esenciales, siempre que sean de tal naturaleza que su falta impida identificar el procedimiento, llegando a tipificar de nulidad un acto en el que se ha omitido el informe del Consejo de Estado cuando este era preceptivo.

F) Actos dictados prescindiendo de las normas que contienen las reglas esenciales para la formación de la voluntad de los órganos colegiados

No todos los defectos apreciados en el funcionamiento de los órganos colegiados originan la nulidad radical de los acuerdos adoptados por aquéllos, sino sólo los que se tomen prescindiendo de las reglas esenciales para la formación de su voluntad. La jurisprudencia siempre ha venido considerando así las reglas que se contienen en los cuatro primeros párrafos del artículo 17 de la LRJSP, esto es, composición del órgano, convocatoria y determinación del orden del día, quórum de asistencia y votación.

G) Actos expresos o presuntos contrarios al ordenamiento jurídico por los que se adquieran facultades o derechos cuando se carezca de los requisitos esenciales para su adquisición

La enunciación del supuesto, expresa una redundancia, porque si el acto administrativo otorga facultades o derechos cuando se carece de los requisitos esenciales para su adquisición, él mismo será, lógicamente, contrario al ordenamiento jurídico.

La delimitación, sin embargo, de cuáles sean esos requisitos esenciales para la adquisición de un derecho y su diferenciación de aquellos otros no esenciales pero también necesarios para su adquisición es algo que se presta difícilmente a la formulación de reglas generales y que se irá perfilando con los ejemplos que ofrezca la variada casuística del foro.

H) Actos cuya nulidad se establezca expresamente en una disposición de rango legal

Así lo establece por ejemplo la legislación de contratos del sector público, que sanciona con nulidad de pleno derecho la falta de capacidad, solvencia o la concurrencia de alguna de las causas de prohibición en el contratista, la Ley de la Jurisdicción Contencioso-Administrativa que establece que serán nulos de pleno derecho los actos y disposiciones contrarios a los pronunciamientos de las sentencias, que se dicten con la finalidad de eludir su cumplimiento o la Ley General de Subvenciones que castiga con nulidad las subvenciones concedidas con carencia o insuficiencia de crédito.

El régimen jurídico de la nulidad

Los efectos que acarrea la incidencia de un vicio de nulidad de pleno derecho son sólo similares a los que tienen lugar en el ámbito del Derecho privado y, en la práctica, se reducen a dos:

a) En primer lugar, los actos nulos no son convalidantes mediante la subsanación ulterior de los vicios de que adolezcan. Así se deduce de lo dispuesto en el artículo 52.1 LPAC, *a sensu contrario*, según el cual "la Administración podrá convalidar los actos anulables, subsanando los vicios de que adolezcan.

b) En segundo lugar, los actos nulos son sanables parcialmente por el transcurso del tiempo (imprescriptibilidad relativa). Este efecto es diverso según se trate de la impugnación del acto en vía de recurso o de revisión de oficio: la impugnación de un acto en vía de recurso se encuentra sometida a los mismos plazos de caducidad que la impugnación de los actos anulables, de tal forma que la ausencia de interposición del recurso en tiempo hábil los hace igualmente inatacables; en cambio, la revisión de oficio de los actos nulos puede hacerse en cualquier momento, sin sujeción a plazo alguno.

3.2.2. Supuestos de anulabilidad

La LPAC continúa el criterio de la LRJPAC de mantener la anulabilidad como categoría general de invalidez de los actos administrativos puesto que cualquier infracción del ordenamiento jurídico que no esté expresamente sancionada con la nulidad ha de considerarse anulable. En los párrafos 2 y 3 del artículo 48 se regulan las circunstancias en que determinadas infracciones no dan lugar a la invalidez del acto (las irregularidades no invalidantes), por lo que la anulabilidad se sitúa en un nivel intermedio entre aquéllas y la nulidad radical.

El citado artículo dice así:

1. "Son anulables los actos de la Administración que incurran en cualquier infracción del ordenamiento jurídico, incluso la desviación de poder.

2. No obstante, el defecto de forma sólo determinará la anulabilidad cuando el acto carezca de los requisitos formales indispensables para alcanzar su fin o dé lugar a indefensión de los interesados.

3. La realización de actuaciones administrativas fuera del tiempo establecido para ellas, sólo implicará la anulabilidad del acto cuando así lo imponga la naturaleza del término o plazo".

La desviación de poder como supuesto de anulabilidad

La LPAC mantiene la desviación de poder como causa de anulabilidad no obstante la crítica que la doctrina ha realizado de tal caracterización. Como observa T.R. Fernández, no es lo mismo en la desviación de poder, que el fin perseguido sea realmente un fin público, aunque diferente del fijado por la norma, que sea un fin privado del agente. En este último caso hay algo más que una desviación de poder, determinante de la anulabilidad del acto; hay, en efecto, una verdadera apropiación de la organización y de sus instrumentos por el agente en su exclusivo beneficio particular, una usurpación de poderes administrativos indigna de toda protección y cuya depuración no puede quedar al arbitrio del particular concretamente afectado por el acto producido.

Para entender el concepto de desviación de poder, hay que acudir directamente al fin como elemento del acto administrativo que responde a que la Administración ha de someterse, en todo caso, a una especie de regla de conducta: la necesidad de perseguir el interés público en cada una de sus actuaciones. De ahí el gran acierto de la Constitución al determinar que los tribunales controlarán el sometimiento de la actuación administrativa "a los fines que la justifican" (art. 106.1 de la Constitución). Por esa vía, el fin se erige en un nuevo elemento nada menos que de rango constitucional, del acto administrativo: éste deberá enderezarse al logro de aquella finalidad que determinó el otorgamiento de la potestad ejercitada.

Y es precisamente cuando se ejercen potestades administrativas para fines distintos de los fijados por el ordenamiento jurídico, en el momento en que se produce la desviación de poder que hace que los actos sean anulables.

3.2.3. Diferencias entre la nulidad absoluta y la nulidad relativa o anulabilidad

La generalidad de la doctrina y la jurisprudencia, basándose en la LPAC, han señalado las siguientes:

a) En la nulidad absoluta el vicio que la provea tiene una trascendencia *erga omnes*, por lo que cualquier persona puede impugnar el acto y los propios Tribunales, aunque no se alegue este vicio, si lo detectan deben declararlo.

   En los supuestos de anulabilidad, el interesado ha de presentar contra el acto que entiende ilegal los recursos procedentes en los plazos realmente cortos, previstos en la ley, de forma que, si no lo hace, el acto queda firme e inatacable.

   Por su parte, la Administración en base al artículo 52 LPAC puede convalidar el acto, a través de la subsanación de los vicios de que adolezca.

b) En la nulidad absoluta, los efectos de la declaración —por la propia Administración o por la Jurisdicción Contencioso-Administrativa— se retrotraen al momento en que se dictó el acto, es decir, tiene dicha declaración efectos *ex tunc*, mientras que la anulabilidad tiene efectos desde el momento en que se declara, es decir, efectos *ex nunc*, manteniéndose, por lo tanto, todos los efectos o consecuencias del acto surgido desde que se dictó hasta que es objeto de anulación.

c) El acto nulo de pleno derecho no puede ser sanado por confirmación o prescripción. El acto anulable sí puede ser sanado y, así, transcurrido el plazo para el ejercicio de la correspondiente acción sin ejercitarla, el vicio de que adoleciera queda purgado.

3.2.4. Irregularidades no invalidantes

Los vicios de forma

Según el art. 48.2. LPAC "los vicios de forma sólo determinarán la anulabilidad cuando el acto carezca de los requisitos formales indispensables para alcanzar su fin o den lugar a la indefensión de los interesados".

En este precepto la LPAC se está refiriendo a las infracciones procedimentales cometidas durante la tramitación del procedimiento para la elaboración del acto administrativo.

En principio, las infracciones procedimentales, por sí solas, no tienen poder invalidatorio del acto administrativo dictado en tal procedimiento, sino que es preciso, además, como se deduce del precepto antes transcrito, que la infracción procedimental consista en "la omisión de los requisitos formales indispensables, es decir, de trámites indispensables que hagan que el acto no pueda alcanzar su fin o produzca indefensión a los interesados.

Así pues, sintetizando: no todo vicio de procedimiento determina por sí mismo la anulabilidad del acto, sino "la omisión de trámites esenciales o que produzcan indefensión a los interesados". La omisión de todos los trámites esenciales determinará no la anulabilidad del acto sino su nulidad de pleno derecho.

Ahora bien, la jurisprudencia del Tribunal Supremo, en línea con la doctrina, ha venido reduciendo, progresivamente, los supuestos en que la infracción del procedimiento puede tener eficacia invalidatoria del acto administrativo. Y así, ha declarado que:

Sólo es procedente la anulación de un acto en el supuesto de que las infracciones procedimentales cometidas en su elaboración supongan una disminución efectiva, real y trascendente de garantías, incidiendo en la resolución de fondo, de forma que puedan alterar su sentido, no siendo posible por el Tribunal averiguar si la decisión contenida en tal acto es o no conforme a Derecho.

No es, en cambio, procedente la anulación de un acto por omisión de un trámite preceptivo cuando:

a) Aun cumpliendo este trámite, se pueda prever lógicamente que volvería a producirse un acto administrativo igual al que se pretende anular.

b) Cuando la omisión de un trámite preceptivo no causa indefensión al interesado, no existiendo tal indefensión, cuando, a pesar de la omisión del trámite, el interesado ha tenido ocasión de alegar a lo largo del procedimiento administrativo o en la vía del recurso administrativo interpuesto contra el acto o en la vía del recurso jurisdiccional, todo lo que la omisión de dichos trámites le impidió alegar. (SSTS 6 de julio de 1988 y 17 de junio de 1991).

Cabe preguntarnos ahora, ¿cuáles son los efectos de la anulación del acto? Cuando la anulación de un acto está motivada por una infracción cometida en la elaboración del mismo, será preciso retrotraer el procedimiento al momento en que se cometió la infracción, para que, una vez observado el trámite omitido, continúe de nuevo el procedimiento hasta dictar un nuevo acto que sustituya el anulado.

La retroacción de actuaciones no supone necesariamente la declaración de nulidad de todo lo actuado a partir del momento en que se cometió la infracción procedimental, pues como señala el artículo 51 LPAC, "el órgano que declare la nulidad o anule las actuaciones dispondrá siempre la conservación de aquellos actos y trámites cuyo contenido se hubiera mantenido igual de no haberse cometido la infracción".

La realización de actuaciones administrativas fuera del tiempo establecido para ellas

Según el artículo 48.3 LPAC, "la realización de actuaciones administrativas fuera del plazo establecido para ellas sólo implicará la anulabilidad del acto cuando así lo imponga la naturaleza del término o plazo".

Este supuesto es sustancialmente similar al de los vicios de forma, y expresa un discutible principio de relativización general del deber de cumplimiento de los plazos por parte de la Administración. La eficacia invalidante de la infracción de las normas relativas a plazos se halla más restringida aún que en el caso de los vicios de forma, y de modo bastante poco preciso, puesto que decir que la anulabilidad concurre "cuando así lo imponga la naturaleza del término o plazo" equivale, de hecho, a introducir una distinción vaga e insegura entre plazos importantes y menos importantes. Dentro de los primeros se incluyen, ciertamente, todos aquellos en los que la Ley anuda a su transcurso una consecuencia jurídica de producción automática o un efecto de cierre (por ejemplo el de caducidad por inactividad de la Administración) así como, en general, los integrantes de procedimientos de concurrencia competitiva, en la medida que puedan otorgar ventajas comparativas desiguales a los diversos aspirantes; pero, salvo en estos casos, la fuerza anulatoria de este concreto vicio queda sumido en la mayor de las oscuridades, a reserva de su determinación empírica por vía jurisprudencial.

3.3. El principio de conservación del acto administrativo: limites a la extensión de nulidad, conversión, conservación y convalidación

3.3.1. Limites a la extensión de la nulidad o anulabilidad de los actos

A tenor del artículo 49 LPAC , la nulidad o anulabilidad de un acto no implicará la de los sucesivos en el procedimiento que sean independientes del primero.

Y la nulidad o anulabilidad en parte del acto administrativo no implicará la de las partes del mismo independientes de aquélla salvo que la parte viciada sea de tal importancia que sin ella el acto administrativo no hubiera sido dictado.

3.3.2. Conversión

Conforme al artículo 50 LPAC , que trata de la conversión de actos viciados, "los actos nulos o anulables que, sin embargo, contengan los elementos constitutivos de otro distinto producirán los efectos de éste".

La LPAC en su artículo 50 admite la conversión tanto de los actos nulos como de los anulables. Aquí estamos ante un supuesto distinto al de la convalidación (que se explicará más adelante). En la convalidación se mantiene el acto inválido, una vez limpiado del defecto de que adolecía. En la conversión se da vida a otro acto distinto.

3.3.3. Conservación

En cuanto a la conservación de actos y trámites, dispone el artículo 51 LPAC que "el órgano que declare la nulidad o anule las actuaciones dispondrá siempre la conservación de aquellos actos y trámites cuyo contenido se hubiera mantenido igual de no haberse cometido la infracción".

La conservación de los actos y trámites es una manifestación más del principio de economía procesal, al igual que sucede con la conversión y la convalidación, si bien se diferencia de esta última en que mientras la convalidación se aplica solo a los actos anulables, la conservación entra en juego también respecto de los actos nulos de pleno derecho.

3.3.4. Convalidación

En concreto, a la convalidación se refiere el artículo 52 LPAC, a cuyo tenor:

1. La Administración podrá convalidar los **actos anulables**, subsanando los vicios de que adolezcan.
2. El acto de convalidación producirá efecto desde su fecha, salvo lo dispuesto en el artículo 39.3. para la retroactividad de los actos administrativos
3. Si el vicio consistiera en incompetencia no determinante de nulidad [recuérdese que la incompetencia funcional o territorial hace incurrir al acto en nulidad de pleno derecho, en base al art. 47.1.b) LPAC, por lo que aquí se está hablando de la incompetencia jerárquica], la convalidación podrá realizarse por el órgano competente cuando sea superior jerárquico del que dictó el acto viciado.
4. Si el vicio consistiese en la falta de alguna autorización, podrá ser convalidado el acto mediante el otorgamiento de la misma por el órgano competente.

3.4. La revisión de oficio

La Administración al margen de los recursos que se puedan interponer contra sus actos no puede revocarlos de oficio sino siguiendo un procedimiento tasado tal y como establecen los artículos 106 al 111 de la LPAC:

Artículo 106. Revisión de disposiciones y actos nulos

1. Las Administraciones Públicas, en cualquier momento, por iniciativa propia o a solicitud de interesado, y **previo dictamen favorable del Consejo de Estado** u órgano consultivo equivalente de la Comunidad Autónoma, si lo hubiere, *declararán de oficio la nulidad de los actos administrativos que hayan puesto fin a la vía administrativa o que no hayan sido recurridos en plazo*, en los supuestos previstos en el artículo 47.1.

2. Asimismo, en cualquier momento, las Administraciones Públicas de oficio, y previo dictamen favorable del Consejo de Estado u órgano consultivo equivalente de la Comunidad Autónoma si lo hubiere, podrán declarar la nulidad de las disposiciones administrativas en los supuestos previstos en el artículo 47.2.

3. El órgano competente para la revisión de oficio podrá acordar motivadamente la inadmisión a trámite de las solicitudes formuladas por los interesados, sin necesidad de recabar Dictamen del Consejo de Estado u órgano consultivo de la Comunidad Autónoma, cuando las mismas no se basen en alguna de las causas de nulidad del artículo 47.1 o carezcan manifiestamente de fundamento, así como en el supuesto de que se hubieran desestimado en cuanto al fondo otras solicitudes sustancialmente iguales.

4. Las Administraciones Públicas, al declarar la nulidad de una disposición o acto, podrán establecer, en la misma resolución, las indemnizaciones que proceda reconocer a los interesados, si se dan las circunstancias previstas en los artículos 32.2 y 34.1 de la Ley de Régimen Jurídico del Sector Público sin perjuicio de que, tratándose de una disposición, subsistan los actos firmes dictados en aplicación de la misma.

5. Cuando el procedimiento se hubiera iniciado de oficio, el transcurso del plazo de seis meses desde su inicio sin dictarse resolución producirá la caducidad del mismo. Si el procedimiento se hubiera iniciado a solicitud de interesado, se podrá entender la misma desestimada por silencio administrativo.

Artículo 107. Declaración de lesividad de actos anulables

1. *Las Administraciones Públicas podrán impugnar ante el orden jurisdiccional contencioso-administrativo los actos favorables para los interesados* que sean

anulables conforme a lo dispuesto en el artículo 48, *previa su declaración de lesividad para el interés público.*

2. La declaración de lesividad n**o podrá adoptarse una vez transcurridos *cuatro años* desde que se dictó el acto administrativo** y exigirá la previa audiencia de cuantos aparezcan como interesados en el mismo, en los términos establecidos por el artículo 82.

Sin perjuicio de su examen como presupuesto procesal de admisibilidad de la acción en el proceso judicial correspondiente, la declaración de lesividad no será susceptible de recurso, si bien podrá notificarse a los interesados a los meros efectos informativos.

3. Transcurrido el plazo de seis meses desde la iniciación del procedimiento sin que se hubiera declarado la lesividad, se producirá la caducidad del mismo.

4. Si el acto proviniera de la Administración General del Estado o de las Comunidades Autónomas, la declaración de lesividad se adoptará por el órgano de cada Administración competente en la materia.

5. Si el acto proviniera de las entidades que integran la Administración Local, la declaración de lesividad se adoptará por el Pleno de la Corporación o, en defecto de éste, por el órgano colegiado superior de la entidad.

Artículo 108. Suspensión

Iniciado el procedimiento de revisión de oficio al que se refieren los artículos 106 y 107, el órgano competente para declarar la nulidad o lesividad, podrá suspender la ejecución del acto, cuando ésta pudiera causar perjuicios de imposible o difícil reparación.

Artículo 109. Revocación de actos y rectificación de errores

1. *Las Administraciones Públicas podrán revocar, mientras no haya transcurrido el plazo de prescripción, sus actos de gravamen o desfavorables, siempre que tal revocación no constituya dispensa o exención no permitida por las leyes, ni sea contraria al principio de igualdad, al interés público o al ordenamiento jurídico.*

2. Las Administraciones Públicas podrán, asimismo, rectificar en cualquier momento, de oficio o a instancia de los interesados, los errores materiales, de hecho o aritméticos existentes en sus actos.

Artículo 110. Límites de la revisión

Las facultades de revisión establecidas en este Capítulo, no podrán ser ejercidas cuando por prescripción de acciones, por el tiempo transcurrido o por otras circunstancias, su ejercicio resulte contrario a la equidad, a la buena fe, al derecho de los particulares o a las leyes.

Artículo 111. Competencia para la revisión de oficio de las disposiciones y de actos nulos y anulables en la Administración General del Estado

En el ámbito estatal, serán competentes para la revisión de oficio de las disposiciones y los actos administrativos nulos y anulables:

a) El Consejo de Ministros, respecto de sus propios actos y disposiciones y de los actos y disposiciones dictados por los Ministros.

b) En la Administración General del Estado:

  1. Los Ministros, respecto de los actos y disposiciones de los Secretarios de Estado y de los dictados por órganos directivos de su Departamento no dependientes de una Secretaría de Estado.
  2. Los Secretarios de Estado, respecto de los actos y disposiciones dictados por los órganos directivos de ellos dependientes.

c) En los Organismos públicos y entidades derecho público vinculados o dependientes de la Administración General del Estado:

  1. Los órganos a los que estén adscritos los Organismos públicos y entidades de derecho público, respecto de los actos y disposiciones dictados por el máximo órgano rector de éstos.
  2. Los máximos órganos rectores de los Organismos públicos y entidades de derecho público, respecto de los actos y disposiciones dictados por los órganos de ellos dependientes.

4. El principio de legalidad en la actuación administrativa

4.1. El principio de legalidad: la sumisión de la administración al derecho

La sumisión de la Administración al Derecho y, además, de los ciudadanos y el resto de los poderes públicos, es uno de los principios constitucionales del Estado social y democrático de Derecho en que se constituye España tras la aprobación de la Constitución de 1978.

El rango de este principio se manifiesta por la ubicación del mismo en nuestra máxima norma: En su Título Preliminar, artículo 9.1, cuyo literal es el siguiente:

"Los ciudadanos y los poderes públicos están sujetos a la Constitución y al resto del ordenamiento jurídico".

Tiene el carácter de valor superconstitucional, protegido por el artículo 168 CE cuya modificación exigiría la disolución de las Cámaras, nuevas elecciones y referéndum.

En Título IV de la CE, dedicado al Gobierno y la Administración, dispone en el artículo 106.1: "Los Tribunales controlan la potestad reglamentaria y la legalidad de la actuación administrativa, así como el sometimiento de ésta a los fines que la justifican". Es pues, el poder judicial, el garante de que la Administración actúe conforme al principio de sumisión al Derecho.

Por su parte, de una manera más directa, el artículo 103.1 establece que la Administración Pública sirve con objetividad los intereses generales y actúa... "con sometimiento pleno a la Ley y al Derecho".

A un nivel normativo inferior al constitucional y en la misma línea de este último artículo, la LPAC, repite el mismo principio constitucional: "Las Administraciones Públicas sirven con objetividad los intereses generales y actúan de acuerdo con los principios de eficacia, jerarquía, descentralización, desconcentración y coordinación, **con sometimiento pleno a la Constitución, a la Ley y al Derecho".**

4.2. El principio de legalidad

El principio de legalidad se recoge en el artículo 9.3 de la CE, por lo que en cuanto a su carácter y protección constitucional me remito a lo expuesto en la pregunta anterior.

El principio de legalidad referido a la Administración, –no al juego de las relaciones entre Ley y Reglamento–, significa, en opinión de García de Enterría, que "los actos y disposiciones de la Administración, todos, han de someterse a Derecho, han de ser conformes a Derecho. No hay en derecho español ningún espacio franco o libre de Ley en que la Administración pueda actuar con un poder ajurídico y libre. En este sentido, el principio de legalidad se convierte en una técnica de atribución legal de potestades, de facultades de actuación de la Administración, definiendo sus límites y poderes jurídicos".

La atribución de dichas potestades administrativas por la legalidad puede realizarse de dos formas:

a) La Ley puede determinar agotadoramente todas y cada una de las condiciones de ejercicio de la potestad, de modo que la Administración se limita a la constatación del supuesto de hecho y a aplicar lo que la Ley ha determinado también agotadoramente. Estas potestades se denominan regladas.

b) La Ley define algunas de las condiciones del ejercicio de la actividad y remite a la estimación subjetiva de la Administración del resto de las condiciones. Se trata de potestades discrecionales. Pero debe precisarse que la discrecionalidad también está sujeta al control judicial. A través de la fiscalización de los elementos reglados se permite un primer control y, en todo caso, la técnica de la desviación del poder habilita el enjuiciamiento del ejercicio de las potestades discrecionales. Los poderes administrativos no son abstractos, utilizables para cualquier actividad, son poderes funcionales, otorgados por el ordenamiento en vista de un fin específico, con el que apartarse del mismo niega la fuente de su legalidad, e incurrirá en lo que denomina desviación de poder.

4.3. Las potestades administrativas

4.3.1. Concepto

Por potestad se entiende, en términos generales, aquella situación de poder que habilita a su titular para imponer conductas a terceros mediante la constitución, modificación o extinción de relaciones jurídicas o mediante la modificación del estado material de cosas existente.

Para comprender la posición de la Administración en su posición de supremacía y como detentadora de potestades es necesario volver la vista hacia la historia.

El Estado medieval se asentó sobre la idea de poderes políticos singulares y concretos: las regalías, derechos del reino, "iura eminentia", que eran auténticos derechos patrimoniales del Príncipe.

Con el advenimiento del Estado Moderno y como consecuencia de la división de poderes, el panorama cambia y a la Administración como poder ejecutivo le es preciso ponerse en relación con los otros dos poderes (Judicial y Legislativo) de una parte, y de la otra adecuar al nuevo régimen sus relaciones con el administrado. Estas son las características de este período:

1. Frente al Poder Judicial la Administración aparece en una posición de privilegio, que nos lleva a hablar de un "principio de Autotutela" y que se traduce en la prohibición expresamente impuesta a los jueces de interferir la actividad administrativa, en la articulación de un sistema de conflictos, en la ejecutividad de los actos administrativos, en fin, en la peculiar caracterización del proceso contencioso administrativo, materias que son objeto de estudio en otros temas.
2. En su relación con el Poder Legislativo, domina el principio de legalidad.

3. En cuanto a sus relaciones con los administrados, la Administración no ocupa un plano de igualdad, sino que teniendo en cuenta su carácter y el fin a que tiende, ocupa una posición de supremacía que puede ser general o especial. La primera actúa sobre los administrados no calificados por una relación especial, y actúa sobre todos los que habitan o residen, aún transitoriamente, en el territorio abarcado por la potestad jurídico-pública; mientras que la supremacía especial, se mueve en el ámbito de las relaciones especiales de poder que nacen como consecuencia de una relación concreta entre el particular y la Administración.

Pues bien, en este marco que caracteriza al Derecho Administrativo moderno (estado de derecho, régimen administrativo) y por especial aplicación del principio de legalidad, resulta preciso volver a la idea de los poderes concretos, para que el obrar de la Administración sea adecuado a la legalidad. Esto fue lo que llevó a Gerber a aplicar la teoría de los derechos subjetivos al Derecho Público. De este modo, los derechos de supremacía, las prerrogativas, e incluso la misma idea de Soberanía, no pueden ser comprendidos si no se articulan como derecho subjetivo; pero éstos, se hace observar, necesitan funcionar en el seno de una relación jurídica constituida; el poder del Estado es anterior a su establecimiento, son potestades.

Hecho este inciso hay que indicar que como consecuencia de la capacidad jurídica de la Administración aparecen las potestades administrativas; denominación que si bien ya aparece en autores como Santamaría de Paredes, que las concibe como concreciones del poder público en que la Administración consiste hoy se nos muestra como superado, concibiéndose actualmente la potestad, con Santi Romano, como contrapuesta a derecho subjetivo.

La potestad es un poder jurídico general y abstracto, con cuyo ejercicio se producen efectos jurídicos; tiene un objeto indeterminado (o posibilidad de múltiples objetos) y no nace de una relación jurídica, sino del Ordenamiento jurídico, nace de los "status legales", es irrenunciable e imprescriptible, y no sólo crea un poder obrar "*agere lecere*", sino verdaderos deberes ("*potestad-función*" "*ageres iusus*"); en definitiva la necesidad de obrar con carácter obligatorio (función) para el ejercicio del oficio público (Horn) y ello con el carácter de "*instrumenta iuria*" que simplemente tienen las potestades para el cumplimiento del "*fin du service*".

El nacimiento y la existencia de las potestades está limitado por el principio de legalidad; y su aplicación y ejercicio se haya teóricamente ampliado por la "doctrina de los poderes inherentes" y limitada por la del "abuso de poder".

De lo dicho se deduce que la potestad se diferencia del derecho subjetivo en que:

1. El derecho subjetivo posee un objetivo específico, concreto y determinado, siendo su contenido la realización de una conducta igualmente

específica y concreta que es exigible a uno o varios sujetos pasivos (por ejemplo, el pago del precio por el comprador de la cosa). La potestad, en cambio, posee un objeto genérico no determinado a *priori*, consistiendo su contenido en la posibilidad abstracta de producir efectos jurídicos o materiales sobre un sujeto o un colectivo de sujetos (por ejemplo, la potestad de expropiar los bienes de cualesquiera particulares).

2. La potestad no nace de la relación jurídica sino del Ordenamiento Jurídico; el derecho subjetivo emana normalmente de una relación jurídica concreta (por ejemplo, un contrato), aunque también puede ser otorgado directamente por una norma (por ejemplo, los derechos fundamentales) e incluso creado por el ejercicio de una potestad.
3. El derecho subjetivo es, por naturaleza, renunciable y transmisible, salvo los de carácter personalísimo. La potestad es inalienable, irrenunciable e imprescriptible. Justamente porque son indisponibles por el sujeto, el titular de la potestad puede ejercitarla o no, pero no pueden transferirla.

4.3.2. Clases

Resulta muy difícil hacer una clasificación de las potestades, por cuanto ello implica desmenuzar prácticamente el contenido del Derecho Administrativo, por ello sólo nos referiremos a las más significativas:

1. *Potestades de supremacía general*, que son las que corresponden a la Administración en cuanto poder, al margen de cualquier título jurídico concreto, y sujetan a todos los ciudadanos en cuanto súbditos del poder público, sin necesidad de títulos concretos (ej. reglamentaria, expropiatoria, etc.). *Potestades de supremacía especial*, que se ligan a un título jurídico concreto (ej. funcionarios públicos).
2. *Potestades simples*, que sirven al interés de la propia potestad, y *potestades de función*, que sirven al beneficio de un tercero.
3. *Potestades innovativas*, que crean una situación o relación jurídica nueva (ej. potestad expropiatoria) y *potestades no innovativas*, que actúan sobre una situación jurídica preexistente que se conserva (ej. potestad certificante).
4. *Potestades heteroatribuidas y potestades autoatribuidas*, según hayan sido creadas y otorgadas por un órgano o ente distinto a su titular o destinatario (por ej. las atribuidas por ley a la Administración) o creadas por el mismo destinatario de ellas (así, las establecidas a favor de la Administración mediante reglamentos). Esta última posibilidad se encuentra estrictamente limitada por el juego de los principios de legalidad y

de reserva de ley: La Administración no puede, mediante reglamentos, autoatribuirse potestades que incidan en materias reservadas a la ley o que supongan una limitación o ablación de las posiciones jurídicas de los sujetos privados.

Por otro lado, siguiendo la clásica exposición de Colmeiro, podemos distinguir desde otro punto de vista entre:

1. *Potestad reglamentaria.*
2. *Potestad imperativa o de mando.* Es la facultad que tiene la Administración de dar órdenes y de obligar a su cumplimiento.
3. *Potestad ejecutiva.* Es la facultad de la Administración encaminada a la realización práctica de los fines administrativos.

   La potestad ejecutiva engloba, en resumen, una serie de poderes o facultades de variada naturaleza y que, no obstante, se agrupan por el carácter común de procurar materialmente la acción, la realización de los servicios y, en general, la consecución de los diversos fines administrativos.

   Los límites de esta potestad derivan de su propio concepto. Serán los que afecten a la Administración, principalmente desde un ángulo formal, cuando actúa para llevar a la práctica las decisiones que adopta.
4. *Potestad sancionadora.* La potestad sancionadora de la Administración se escinde en disciplinaria y correctiva:
   - Es disciplinaria la facultad de imponer sanciones a los funcionarios responsables de faltas cometidas en el ejercicio de sus cargos. Tiene carácter interno.
   - Es correctiva la facultad de imponer correcciones a los administrados o ciudadanos por los actos contrarios a lo ordenado por la Administración. Tiene carácter externo.
5. *Potestad jurisdiccional.* Es la facultad de la Administración de decidir en un caso concreto lo que es Derecho según la legislación establecida.

   Esta potestad jurisdiccional no tiene el alcance de la potestad jurisdiccional ejercida por los Tribunales. En ella no se plantea una contienda jurídica entre la Administración y el particular, sino una simple reclamación de éste, que se atiende o no, según su consideración como ajustada o no a Derecho, por la autoridad administrativa competente.
6. Finalmente cabe hacer referencia a la clásica distinción entre las llamadas *potestades regladas y potestades discrecionales*, a las que nos referimos seguidamente en epígrafe aparte.

4.4. La discrecionalidad de la Administración

4.4.1. Potestades regladas y potestades discrecionales: su distinción

La atribución expresa y específica de las potestades administrativas por la legalidad es una forma de atribución aplicable a todos los casos. Pero, ello supuesto, existe a continuación una distinción capital en el modo como esa atribución se realiza:

1. La Ley puede determinar agotadoramente todas y cada una de las condiciones de ejercicio de la potestad, de modo que construye un supuesto legal completo y una potestad aplicable al mismo también definida en todos sus términos y consecuencias (por ejemplo: la jubilación por edad de los funcionarios, liquidación de un tributo –aplicación de una cuota establecida por la Ley a una base fijada sobre un hecho imponible determinado– etc.).
2. O bien, por el contrario definiendo la Ley, algunas de las condiciones de ejercicio de dicha potestad, remitiendo a la estimación subjetiva de la Administración el resto de dichas condiciones, bien en cuanto a la integración última del supuesto de hecho (p.ej.: construcción de una obra pública), bien en cuanto al contenido concreto, dentro de los límites legales, de la decisión aplicable (p.ej.: financiación del *quantum* de una subvención, determinación del contenido de la norma reglamentaria, del Plan urbanístico, etc.), bien de ambos elementos.

La distinción de esas dos formas de atribución legal de las potestades administrativas corresponde al de conceptos potestad reglada – potestad discrecional.

El ejercicio de las potestades regladas reduce a la Administración a la constatación (accertamento, en el expresivo concepto italiano) del supuesto de hecho legalmente definido de manera completa y a aplicar en presencia del mismo lo que la propia Ley ha determinado también agotadoramente. Hay aquí un proceso aplicativo de la Ley que no deja resquicio a juicio subjetivo ninguno salvo a la constatación o verificación del supuesto mismo para contrastarlo con el tipo legal.

Por diferencia con esa manera de actuar, el ejercicio de las potestades discrecionales de la Administración comporta un elemento sustancialmente diferente: La inclusión en el proceso aplicativo de la Ley de una estimación subjetiva de la propia Administración con la que se completa el cuadro legal que condiciona el ejercicio de la potestad o su contenido particular. Ha de notarse, sin embargo, que esa estimación subjetiva no es una facultad extra-legal, que surja de un supuesto poder originario de la Administración, anterior o marginal al derecho; es, por el contrario, una estimación cuya relevancia viene de haber sido llamada expresamente por la Ley que ha configurado la potestad y que se la ha atribuido a la Administración justamente con ese carácter.

Por eso la discrecionalidad, necesita ser perfilada conforme a los siguientes argumentos:

Frente a lo que pretendía la antigua doctrina, no es un supuesto de libertad de la Administración frente a la norma: más bien, por el contrario la discrecionalidad es un caso típico de remisión legal: la norma remite parcialmente para completar el cuadro regulativo de la potestad y de sus condiciones de ejercicio a una estimación administrativa, sólo que no realizada por vía normativa general, sino analíticamente, caso por caso, mediante una apreciación de circunstancias singulares, realizable a la vez que precede al proceso aplicativo. No hay, pues, discrecionalidad al margen de la Ley, sino justamente sólo en virtud de la Ley y en la medida en que la Ley haya dispuesto.

La remisión de la Ley al juicio subjetivo de la Administración, no puede ser más que parcial y no total. En efecto si resulta que el poder es discrecional en cuanto que es atribuido como tal por la Ley a la Administración, resulta que esa Ley ha tenido que configurar necesariamente varios elementos de dicha potestad y que la discrecionalidad, entendida como libertad de apreciación por la Administración, sólo puede referirse a algunos elementos, nunca a todos, de tal potestad.

En concreto, puede decirse que **son cuatro por lo menos los elementos reglados** por la Ley en toda potestad discrecional y que no pueden dejar de serlo: **la existencia misma de la potestad, su extensión** (que nunca podrá ser absoluta, como ya sabemos), **la competencia para actuarla**, que se referirá a un ente y –dentro de éste– a un órgano determinado y no a cualquiera, y, por último, **el fin**, porque todo poder es conferido por la Ley como instrumento para la obtención de una finalidad específica, la cual estará normalmente implícita y se referirá a un sector concreto de las necesidades generales, pero que en cualquier caso tendrá que ser necesariamente una finalidad pública. Además de estos cuatro elementos preceptivamente reglados puede haber en la potestad otros que lo sean eventualmente: tiempo u ocasión de ejercicio de la potestad, forma de ejercicio, fondo parcialmente reglado.

En tercer lugar, la discrecionalidad no puede ser confundida con la mayor o menor indeterminación de los conceptos jurídicos. La doctrina y jurisprudencia se han puesto de acuerdo en determinar que discrecionalidad y conceptos jurídicos indeterminados son hechos distintos.

La discrecionalidad supone que, en los supuestos remitidos a la decisión de la Administración, ésta puede elegir entre diferentes soluciones, todas ellas igualmente válidas. Sin embargo, esta indiferencia no es total sino relativa: la decisión que se adopte deberá respetar en todo caso los principios constitucionales básicos que condicionan la actuación administrativa y los propios principios generales del Derecho, como lo exige el sometimiento pleno a la Ley y al Derecho que la CE impone a las Administraciones Públicas.

Resta notar que la existencia de potestades discrecionales constituye por sí misma un desafío a las exigencias de la justicia, porque ¿cómo controlar la regularidad y la objetividad de las apreciaciones subjetivas de la Administración, cómo evitar que invocando esa libertad estimativa de apreciación no pare en arbitrariedad pura y simple? La discrecionalidad, ha dicho Hans Huber, "es el caballo de Troya dentro del Estado de Derecho".

4.5. El control de la discrecionalidad

4.5.1. La evolución de las técnicas de control

El asedio a la inmunidad judicial de la discrecionalidad resume uno de los capítulos más importantes de la evolución del Derecho administrativo. La discrecionalidad es inicialmente equiparada a los "actos de imperio", categoría opuesta a la de "actos de gestión", y respecto de la misma no se admite recurso contencioso-administrativo por las razones que bien nos constan. Tempranamente surge en Francia el recurso llamado de "exceso de poder" como una excepción a esa inmunidad. Inicialmente este recurso sólo se admite cuando la impugnación está basada en un vicio de incompetencia del órgano que dicta el acto. Pronto, sin embargo, el Consejo de Estado francés, va a equiparar a la incompetencia el vicio de forma, puesto que la competencia está atribuida al órgano por la Ley para que la ejerza precisamente por un cauce determinado. El paso siguiente en el descubrimiento de la técnica es la desviación de poder como tercera vía de penetración en la esfera exenta de la discrecionalidad: la libertad de decisión conferida al órgano no le autoriza a apartarse del fin en consideración al cual la potestad se ha otorgado. A fin de siglo se extiende el recurso a cualquier violación de Ley, directa o indirecta, con lo cual la vía excepcional que era el "excès de pouvoir" se ha generalizado.

Pueden sistematizarse de varias maneras las técnicas de control actuables frente al ejercicio de las potestades discrecionales por la Administración. La primera, y más extensa probablemente es la técnica de los conceptos jurídicos indeterminados. Pero con independencia de sus aplicaciones extremas, se trata más bien de delimitar el ámbito propio de la discrecionalidad de aquello que no lo es en estricto sentido. Queda en pie el problema del control cuando nos encontramos ante una discrecionalidad reconocida como tal (bien por razones materiales o por motivos procesales, esto último como pretende la doctrina extrema de los conceptos jurídicos indeterminados). Para articular ese control son operantes tres técnicas diversas: control de los elementos reglados del acto discrecional y en particular la desviación de poder; control de los hechos determinantes; control por los principios generales del Derecho.

4.5.2. El control de los elementos reglados. En especial, el control del fin y la desviación de poder

La primera reducción del gran dogma de la discrecionalidad se opera, como ya hemos visto, observando que en todo acto discrecional hay elementos reglados suficientes como para no justificarse de ninguna manera una abdicación total del control sobre los mismos (existencia y extensión de la potestad, competencia del órgano, formas y procedimientos, fin, tiempo, fondo parcialmente reglado –en general o en relación a una situación jurídica concreta–, etc.). El control de estos elementos reglados permite, pues, un primer control externo de la regularidad del ejercicio de la potestad discrecional. La discrecionalidad, justamente porque es una potestad atribuida como tal por el ordenamiento, sólo puede producirse legítimamente cuando respeta esos elementos reglados que condiciona tal atribución. El control de los mismos por el Tribunal no suscita ninguna cuestión.

No parece necesario detenerse aquí en un examen detallado de las posibilidades de control que ofrece la verificación de cada uno de los elementos reglados necesariamente presentes en los actos discrecionales, salvo en lo que se refiere al control del fin, que da lugar a la técnica de la desviación de poder. La técnica en cuestión es un hallazgo de la jurisprudencia del Consejo de Estado francés, según el cual todo acto administrativo debe dirigirse a la consecución de un fin, determinado siempre, expresa o tácitamente (y, por tanto, elemento necesariamente reglado), por la norma que atribuye la potestad para actuar. Si la autoridad u órgano de la Administración se apartan de ese fin que condiciona el ejercicio de su competencia, el acto o la decisión que adopten en consideración a un fin distinto deja de ser legítimo y debe ser anulado. Los poderes administrativos no son abstractos, utilizables para cualquier finalidad: son poderes funcionales, otorgados por el Ordenamiento en vista de un fin específico, con lo que apartarse del mismo ciega la fuente de su legitimidad.

En nuestro ordenamiento, la definición de desviación de poder se contiene en el artículo 70.2 segundo párrafo de la Ley 29/1998, de 13 de julio, de la Jurisdicción Contencioso-Administrativa que establece que "*se entiende por desviación de poder el ejercicio de potestades administrativas para fines distintos de los fijados por el ordenamiento jurídico*".

Para que se produzca desviación de poder no es necesario que el fin perseguido sea un fin privado, un interés particular del agente o autoridad administrativa, sino que basta que dicho fin, aunque público, sea distinto del previsto y fijado por la norma que atribuya la potestad.

El vicio de desviación de poder es un vicio de estricta legalidad. Lo que se controla a través de esta técnica es el cumplimiento del fin concreto que señala la norma habilitante y ese control se realiza mediante criterios jurídicos estrictos y no mediante reglas morales.

El artículo 106.1 de la Constitución subraya expresamente esta idea cuando encomienda a los Tribunales el control de la legalidad de la actuación administrativa, así como del "sometimiento de ésta a los fines que la justifican", fines (en plural) que, obviamente, son distintos en cada caso concreto.

4.5.3. El control de los hechos determinantes

Toda potestad discrecional se apoya en una realidad de hecho que funciona como presupuesto fáctico de la norma de cuya aplicación se trata. Este hecho ha de ser una realidad como tal hecho (existencia de la vacante, aparcamiento en lugar prohibido, etc.) y ocurre que la realidad es siempre una y sólo una: no puede ser y no ser al mismo tiempo o ser simultáneamente de una manera y de otra. La valoración de la realidad podrá acaso ser objeto de una facultad discrecional, pero la realidad, como tal, si se ha producido el hecho o no se ha producido y cómo se ha producido, esto ya no puede ser objeto de una facultad discrecional, porque no puede quedar al arbitrio de la Administración discernir si un hecho se ha cumplido o no se ha cumplido, o determinar que algo ha ocurrido si realmente no ha sido así.

Esto, que no puede ser más elemental aparentemente, es, sin embargo, un hallazgo reciente, que se produce en Francia bien entrado el presente siglo. En nuestro país, hasta la promulgación de la Ley jurisdiccional de 27 de diciembre de 1956, imperaba la idea de que el recurso contencioso-administrativo era una especie de segunda instancia o de casación, procesos éstos en los que las posibilidades de prueba de los hechos son muy limitadas o nulas. En la actualidad, esta perspectiva ha sido descalificada explícitamente por la LJCA: El proceso contencioso no puede revisar sólo la legalidad del acto administrativo, sino también la versión de los hechos fijada en éste.

Esta facultad en orden a la práctica de cualquier clase de pruebas hace perfectamente viable un control pleno de la exactitud de los hechos determinantes de la decisión y, a través de él, del correcto uso de los poderes discrecionales de la Administración, que, cualquiera que sea su efectivo alcance, sólo pueden operar cuando se producen las concretas circunstancias de hecho previstas en la norma que atribuye tales poderes.

4.5.4. El control de los principios generales del derecho

Los principios generales del Derecho, ofrecen una última posibilidad de control de la discrecionalidad. Como ya hemos puesto de relieve, la Administración está vinculada a la Ley y al Derecho, y ello tanto cuando emana de normas jurídicas , como cuando dicta resoluciones concretas, por más que éstas puedan tener su origen en potestades discrecionales. La Administración no es un poder soberano, sino una organización subalterna al servicio de la comunidad, y por esta simplicísima e incontestable razón no puede pretender apartar en un caso concreto, utilizando una potestad discrecional, la exigencia particular y determinada que dimana de un principio general del Derecho en la materia de que se trate. La Ley que ha otorgado a la Administración tal potestad de obrar no ha derogado para ella la totalidad del orden jurídico, el cual, con su componente esencial de los principios generales, sigue vinculando a la Administración. Así lo expresa hoy con toda claridad el artículo 1.4 CC en su alusión expresa al "carácter informador del ordenamiento jurídico" que corresponde a dichos principios.

Los principios generales del Derecho proporcionan, por ello, otros tantos criterios que habrán de ser tenidos en cuenta a la hora de enjuiciar las actuaciones discrecionales. Conviene recordar a este propósito que los principios generales del Derecho son una condensación de los grandes valores jurídicos materiales que constituyen el *substratum* del Ordenamiento y de la experiencia reiterada de la vida jurídica. No consisten, pues, en una abstracta e indeterminada invocación de la justicia o de la conciencia moral o de la discreción del juez, sino más bien, en la expresión de una justicia material especificada técnicamente en función de los problemas jurídicos concretos y objetivada en la lógica misma de las instituciones.

4.5.5. Los conceptos jurídicos indeterminados

Por su referencia a la realidad, los conceptos utilizados por las Leyes pueden ser determinados o indeterminados. Los conceptos determinados delimitan el ámbito de realidad al que se refieren de una manera precisa e inequívoca. Por ejemplo: la mayoría de edad se produce a los dieciocho años. El número de años, o el número de días así precisados, están perfectamente determinados y la aplicación de tales conceptos en los casos concretos se limita a la pura constatación, sin que se suscite (una vez precisado por la Ley el modo del cómputo y efectuada la prueba correspondiente) duda alguna en cuanto al ámbito material a que tales conceptos se refieren.

Por el contrario, con la técnica del concepto jurídico indeterminado la Ley refiere una esfera de realidad cuyos límites no aparecen bien precisados en su enunciado, no obstante, lo cual es claro que intenta delimitar un supuesto concreto. Así: procederá también la jubilación cuando el funcionario padezca incapacidad permanente para el ejercicio de su funciones; buena fe; falta de probidad.

La Ley no determina con exactitud los límites de esos conceptos porque se trata de conceptos que no admiten una cuantificación o determinación rigurosa, pero en todo caso es manifiesto que se está refiriendo a un supuesto de la realidad que, no obstante, la indeterminación del concepto, admite ser precisado en el momento de la aplicación. La Ley utiliza conceptos de experiencia (incapacidad para el ejercicio de sus funciones, premeditación, fuerza irresistible), o de valor (buena fe, estándar de conducta del buen padre de familia, justo precio), porque las realidades referidas no admiten otro tipo de determinación más precisa. Pero al estar refiriéndose a supuestos concretos y no a vaguedades imprecisas o contradictorias concretas no admite más que una solución: o se da o no se da el concepto; o hay buena fe o no la hay o el precio es justo o no lo es; o se ha faltado a la probidad o no se ha faltado. Esto es lo esencial del concepto jurídico indeterminado: la indeterminación del enunciado no se traduce en una indeterminación de las aplicaciones del mismo, las cuales sólo permiten una "unidad de solución justa" en cada caso.

La técnica de los conceptos jurídicos indeterminados es común a todas las esferas del Derecho. Así en el Derecho Civil (buena fe, diligencia del buen padre de familia, negligencia, etc.) o en el Penal (alevosía, etc.), o en el Procesal (conexión directa, pertinencia de los interrogatorios, medidas adecuadas para promover la ejecución, perjuicio irreparable, etc.). Es sencillamente, una técnica general e inexcusable de toda normación.

Tema 3

Las Leyes del Procedimiento Administrativo Común de las Administraciones Públicas y del Régimen Jurídico del Sector Público y su normativa de desarrollo. La iniciación, ordenación, instrucción y terminación del procedimiento administrativo. Medios de impugnación de la actuación administrativa. La revisión de oficio. Los recursos administrativos: concepto y clases. La jurisdicción contencioso-administrativa

Rodio ediciones

Índice esquemático

1. **Las Leyes del Procedimiento Administrativo Común de las Administraciones Públicas y del Régimen Jurídico del Sector Público y su normativa de desarrollo**
   1.1. Disposiciones generales
   1.2. Contenido y estructura de ambas leyes
2. **La iniciación, ordenación, instrucción,y terminación del procedimiento administrativo**
   2.1. Garantías
   2.2. Iniciación del procedimiento
   2.3. Ordenación del procedimiento
   2.4. Instrucción del procedimiento
   2.5. Finalización del procedimiento
   2.6. De la tramitación simplificada del Procedimiento Administrativo Común
   2.7. La ejecución: la ejecución forzosa de los actos administrativos
   2.8. Obligación administrativa de resolver
   2.9. Efectos del silencio administrativo
3. **Medios de impugnación de la actuación administrativa. La revisión de oficio. Los recursos administrativos: concepto y clases**
   3.1. Los recursos administrativos: concepto y clases
   3.2. Desarrollo del proceso contencioso administrativo: el procedimiento ordinario y el abreviado
   3.3. Procedimientos especiales
   3.4. Régimen de recursos
   3.5. La ejecución de la sentencia
4. **La jurisdicción contencioso-administrativa**
   4.1. Naturaleza
   4.2. Extensión
   4.3. Límites

1. Las Leyes del Procedimiento Administrativo Común de las Administraciones Públicas y del Régimen Jurídico del Sector Público y su normativa de desarrollo

Como sabemos la normativa relativa al procedimiento administrativo y al funcionamiento del sector público en general que antes se contenía en la ley 30/1992 LRJPAC, se regula ahora en sendas leyes, **la Ley del Procedimiento Administrativo Común Ley 39/2015, y la Ley de Régimen Jurídico del Sector Público Ley 40/2015.**

De forma muy sintética podríamos decir que la primera regula el procedimiento administrativo de todas las administraciones públicas, y la segunda la organización, funcionamiento y régimen jurídico de todo el sector público, por eso el contenido u objeto de cada una de ambas leyes es bastante diferente, aunque lógicamente su ámbito de aplicación subjetivo sea muy similar.

En primer lugar vamos a analizar el **contenido y ámbito de aplicación de la Ley 39/2015 LPAC, se encuentran en sus artículos 1 a 2 de la Ley** que establecen:

1.1. Disposiciones generales

Artículo 1. Objeto de la Ley

1. La presente Ley tiene por objeto regular los requisitos de validez y eficacia de los actos administrativos, el procedimiento administrativo común a todas las Administraciones Públicas, incluyendo el sancionador y el de reclamación de responsabilidad de las Administraciones Públicas, así como los principios a los que se ha de ajustar el ejercicio de la iniciativa legislativa y la potestad reglamentaria.

2. Solo mediante ley, cuando resulte eficaz, proporcionado y necesario para la consecución de los fines propios del procedimiento, y de manera motivada, podrán incluirse trámites adicionales o distintos a los contemplados en esta Ley. Reglamentariamente podrán establecerse especialidades del procedimiento referidas a los órganos competentes, plazos propios del concreto procedimiento por razón de la materia, formas de iniciación y terminación, publicación e informes a recabar. (aplicación del principio de Reserva de Ley, para cualquier modificación del procedimiento administrativo).

Artículo 2. Ámbito subjetivo de aplicación

1. La presente Ley **se aplica al sector público, que comprende**:

a) La Administración General del Estado.

b) Las Administraciones de las Comunidades Autónomas.

c) Las Entidades que integran la Administración Local.

d) El sector público institucional.

2. **El sector público institucional se integra por**:

a) Cualesquiera organismos públicos y entidades de derecho público vinculados o dependientes de las Administraciones Públicas.

b) Las entidades de derecho privado vinculadas o dependientes de las Administraciones Públicas, que quedarán sujetas a lo dispuesto en las normas de esta Ley que específicamente se refieran a las mismas, y en todo caso, cuando ejerzan potestades administrativas.

c) Las Universidades públicas, que se regirán por su normativa específica y supletoriamente por las previsiones de esta Ley.

3. Tienen la consideración de Administraciones Públicas la Administración General del Estado, las Administraciones de las Comunidades Autónomas, las Entidades que integran la Administración Local, así como los organismos públicos y entidades de derecho público previstos en la letra a) del apartado 2 anterior.

4. Las Corporaciones de Derecho Público se regirán por su normativa específica en el ejercicio de las funciones públicas que les hayan sido atribuidas por Ley o delegadas por una Administración Pública, y supletoriamente por la presente Ley.

Por su parte **la Ley de Régimen Jurídico del Sector Público Ley 40/2015,** LRSP, regula su objeto o contenido también en su artículo 1º, pero de forma bastante distinta que el de la ley anterior.

Artículo 1. Objeto

La presente Ley establece y regula las bases del régimen jurídico de las Administraciones Públicas, los principios del sistema de responsabilidad de las Administraciones Públicas y de la potestad sancionadora, así como la organización y funcionamiento de la Administración General del Estado y de su sector público institucional para el desarrollo de sus actividades.

El ámbito subjetivo es sin embargo bastante similar, así:

Artículo 2. Ámbito Subjetivo

1. La presente Ley se aplica al sector público que comprende:

a) La Administración General del Estado.

b) Las Administraciones de las Comunidades Autónomas.

c) Las Entidades que integran la Administración Local.

d) El sector público institucional.

2. El sector público institucional se integra por:

a) Cualesquiera organismos públicos y entidades de derecho público vinculados o dependientes de las Administraciones Públicas.

b) Las entidades de derecho privado vinculadas o dependientes de las Administraciones Públicas que quedarán sujetas a lo dispuesto en las normas de esta Ley que específicamente se refieran a las mismas, en particular a los principios previstos en el artículo 3, y en todo caso, cuando ejerzan potestades administrativas.

c) Las Universidades públicas que se regirán por su normativa específica y supletoriamente por las previsiones de la presente Ley.

3. Tienen la consideración de Administraciones Públicas la Administración General del Estado, las Administraciones de las Comunidades Autónomas, las Entidades que integran la Administración Local, así como los organismos públicos y entidades de derecho público previstos en la letra a) del apartado 2.

Te hago notar que en esta Ley no hay punto 4º referido a las Corporaciones de derecho público como en la Ley 39/2015, además la La LPSP añade los siguientes:

Artículo 3. Principios generales

1. Las Administraciones Públicas sirven con objetividad los intereses generales y actúan de acuerdo con los principios de **eficacia, jerarquía, descentralización, desconcentración y coordinación, con sometimiento pleno a la Constitución, a la Ley y al Derecho.** (Como ves este precepto transcribe literalmente el art. 103 de la CE), pero añade:

Deberán respetar en su actuación y relaciones los siguientes principios:

a) Servicio efectivo a los ciudadanos.

b) Simplicidad, claridad y proximidad a los ciudadanos.

c) Participación, objetividad y transparencia de la actuación administrativa.
d) Racionalización y agilidad de los procedimientos administrativos y de las actividades materiales de gestión.
e) Buena fe, confianza legítima y lealtad institucional.
f) Responsabilidad por la gestión pública.
g) Planificación y dirección por objetivos y control de la gestión y evaluación de los resultados de las políticas públicas.
h) Eficacia en el cumplimiento de los objetivos fijados.
i) Economía, suficiencia y adecuación estricta de los medios a los fines institucionales.
j) Eficiencia en la asignación y utilización de los recursos públicos.
k) Cooperación, colaboración y coordinación entre las Administraciones Públicas.

Las Administraciones Públicas se relacionarán entre sí y con sus órganos, organismos públicos y entidades vinculados o dependientes *a través de medios electrónicos*, que aseguren la interoperabilidad y seguridad de los sistemas y soluciones adoptadas por cada una de ellas, garantizarán la protección de los datos de carácter personal, y facilitarán preferentemente la prestación conjunta de servicios a los interesados.

3. Bajo la dirección del Gobierno de la Nación, de los órganos de gobierno de las Comunidades Autónomas y de los correspondientes de las Entidades Locales, la actuación de la Administración Pública respectiva se desarrolla para alcanzar los objetivos que establecen las leyes y el resto del ordenamiento jurídico.

4. **Cada una de las Administraciones Públicas del artículo 2 actúa para el cumplimiento de sus fines con personalidad jurídica única.**

Artículo 4. Principios de intervención de las Administraciones Públicas para el desarrollo de una actividad

1. Las Administraciones Públicas que, en el ejercicio de sus respectivas competencias, establezcan medidas que limiten el ejercicio de derechos individuales o colectivos o exijan el cumplimiento de requisitos para el desarrollo de una actividad, deberán aplicar el principio de proporcionalidad y elegir la medida menos restrictiva, motivar su necesidad para la protección del interés público así como justificar su adecuación para lograr los fines que se persiguen, sin que en ningún caso se produzcan diferencias de trato discriminatorias. Asimismo deberán evaluar periódicamente los efectos y resultados obtenidos.

2. Las Administraciones Públicas velarán por el cumplimiento de los requisitos previstos en la legislación que resulte aplicable, para lo cual podrán, en el ámbito de sus respectivas competencias y con los límites establecidos en la legislación de protección de datos de carácter personal, comprobar, verificar, investigar e inspeccionar los hechos, actos, elementos, actividades, estimaciones y demás circunstancias que fueran necesarias.

1.2. Contenido y estructura de ambas leyes

Ley del Procedimiento Administrativo Común

La ley cuenta con 133 artículos, estructurados en 6 títulos, 5 disposiciones adicionales, 5 disposiciones transitorias, 1 disposición derogatoria y 7 disposiciones finales.

- Título Preliminar. Disposiciones generales.
- Título I. De los interesados en el procedimiento.
  - Capítulo I. La capacidad de obrar y el concepto de interesado.
  - Capítulo II. Identificación y firma de los interesados en el procedimiento administrativo.
- Título II. De la actividad de las Administraciones Públicas.
  - Capítulo I. Normas generales de actuación.
  - Capítulo II. Términos y plazos.
- Título III. De los actos administrativos.
  - Capítulo I. Requisitos de los actos administrativos.
  - Capítulo II. Eficacia de los actos.
  - Capítulo III. Nulidad y anulabilidad
- Título IV. De las disposiciones sobre el procedimiento administrativo común.
  - Capítulo I. Garantías del procedimiento.
  - Capítulo II. Iniciación del procedimiento.
  - Capítulo III. Ordenación del procedimiento.
  - Capítulo IV. Instrucción del procedimiento.
  - Capítulo V. Finalización del procedimiento.

  - ▷ Capítulo VI. De la tramitación simplificada del procedimiento administrativo común.
  - ▷ Capítulo VII. Ejecución.
- Título V. De la revisión de los actos en vía administrativa.
  - ▷ Capítulo I. Revisión de oficio.
  - ▷ Capítulo II. Recursos administrativos.
- Título VI. De la iniciativa legislativa y de la potestad para dictar reglamentos y otras disposiciones.

Ley de Régimen Jurídico del Sector Público

La Ley se estructura en 158 artículos (previo al articulado, como introducción figura un Preámbulo), distribuidos en: 4 Títulos (Incluyendo el Título Preliminar); 22 disposiciones adicionales; 4 disposiciones transitorias; 1 disposición derogatoria y 18 disposiciones finales.

- Título Preliminar. Disposiciones generales, principios de actuación y funcionamiento del sector público.
  - ▷ Capítulo I. Disposiciones generales.
  - ▷ Capítulo II. De los órganos de las Administraciones Públicas.
  - ▷ Capítulo III. Principios de la potestad sancionadora.
  - ▷ Capítulo IV. De la responsabilidad patrimonial de las administraciones públicas.
  - ▷ Capítulo V. Funcionamiento electrónico del Sector Público.
  - ▷ Capítulo VI. De los convenios.
- Título I. Administración General del Estado.
  - ▷ Capítulo I. Organización administrativa.
  - ▷ Capítulo II. Los Ministerios y su estructura interna.
  - ▷ Capítulo III. Órganos territoriales.
  - ▷ Capítulo IV. De la Administración General del estado en el exterior.
- Título II. Organización y funcionamiento del Sector Público Institucional.
  - ▷ Capítulo I. Del Sector Público Institucional.
  - ▷ Capítulo II. ORganización y funcionamiento del Sector Público Institucional Estatal.

  - ▹ Capítulo III. De los organismos públicos estatales.
  - ▹ Capítulo IV. Las autoridades administrativas independientes de ámbito estatal.
  - ▹ Capítulo V. De las Sociedades Mercantiles Estatales.
  - ▹ Capítulo VI. De los consorcios.
  - ▹ Capítulo VII. De las fundaciones del Sector Público Estatal.
  - ▹ Capítulo VIII. De los fondos carentes de personalidad jurídica del Sector Público Estatal.
- Título III. Relaciones Interadministrativas.
  - ▹ Capítulo I. Principios generales de las Relaciones Interadministrativas.
  - ▹ Capítulo II. Deber de colaboración.
  - ▹ Capítulo III. Relaciones de cooperación.
  - ▹ Capítulo IV. Relaciones electrónicas entre las administraciones.

2. La iniciación, ordenación, instrucción,y terminación del procedimiento administrativo

2.1. Garantías

Como garantías se recogen los derechos del interesado en el procedimiento regulados en el artículo 53 de la LPAC, que establece:

1. Además del resto de derechos previstos en esta Ley, **los interesados en un procedimiento administrativo, tienen los siguientes derechos:**

a) *A conocer, en cualquier momento, el estado de la tramitación de los procedimientos en los que tengan la condición de interesados*; el sentido del silencio administrativo que corresponda, en caso de que la Administración no dicte ni notifique resolución expresa en plazo; el órgano competente para su instrucción, en su caso, y resolución; y los actos de trámite dictados. Asimismo, también tendrán derecho a acceder y a obtener copia de los documentos contenidos en los citados procedimientos.

Quienes se relacionen con las Administraciones Públicas a través de medios electrónicos, tendrán derecho a consultar la información a la que se refiere el párrafo anterior, en el Punto de Acceso General electrónico de la Administración que funcionará como un portal de acceso. Se entenderá cumplida la obligación de la Administración de facilitar copias de los documentos contenidos en los procedimientos mediante la puesta a disposición de las mismas en el Punto de Acceso General electrónico de la Administración competente o en las sedes electrónicas que correspondan.

b) *A identificar a las autoridades y al personal* al servicio de las Administraciones Públicas bajo cuya responsabilidad se tramiten los procedimientos.

c) *A no presentar documentos originales salvo que, de manera excepcional, la normativa reguladora aplicable establezca lo contrario.* En caso de que, excepcionalmente, deban presentar un documento original, tendrán derecho a obtener una copia autenticada de éste.

d) *A no presentar datos y documentos no exigidos por las normas aplicables* al procedimiento de que se trate, que ya se encuentren en poder de las Administraciones Públicas o que hayan sido elaborados por éstas.

e) *A formular alegaciones*, utilizar los medios de defensa admitidos por el Ordenamiento Jurídico, y a aportar documentos *en cualquier fase del procedimiento anterior al trámite de audiencia*, que deberán ser tenidos en cuenta por el órgano competente al redactar la propuesta de resolución.

f) *A obtener información y orientación acerca de los requisitos jurídicos o técnicos* que las disposiciones vigentes impongan a los proyectos, actuaciones o solicitudes que se propongan realizar.

g) *A actuar asistidos de asesor* cuando lo consideren conveniente en defensa de sus intereses.

h) A *cumplir las obligaciones de pago a través de los medios electrónicos* previstos en el artículo 98.2.

i) Cualesquiera otros que les reconozcan la Constitución y las leyes.

2. **Además** de los derechos previstos en el apartado anterior, en el caso de **procedimientos administrativos de naturaleza sancionadora,** los presuntos responsables tendrán los siguientes derechos:

a) A *ser notificado de los hechos que se le imputen, de las infracciones que tales hechos puedan constituir y de las sanciones que, en su caso, se les pudieran imponer, así como de la identidad del instructor, de la autoridad competente para imponer la sanción y de la norma que atribuya tal competencia.*

b) A la presunción de no existencia de responsabilidad administrativa mientras no se demuestre lo contrario. (También conocida como presunción de inocencia).

2.2. Iniciación del procedimiento

2.2.1. Disposiciones Generales

Artículo 54. Clases de iniciación

Los procedimientos podrán iniciarse de **oficio o a solicitud del interesado.**

Artículo 55. Información y actuaciones previas

1. Con anterioridad al inicio del procedimiento, el órgano competente podrá abrir un período de información o actuaciones previas con el fin de conocer las circunstancias del caso concreto y la conveniencia o no de iniciar el procedimiento.

2. En el caso de procedimientos de naturaleza sancionadora las actuaciones previas se orientarán a determinar, con la mayor precisión posible, los hechos susceptibles de motivar la incoación del procedimiento, la identificación de la persona o personas que pudieran resultar responsables y las circunstancias relevantes que concurran en unos y otros.

Las actuaciones previas serán realizadas por los órganos que tengan atribuidas funciones de investigación, averiguación e inspección en la materia y, en defecto de éstos, por la persona u órgano administrativo que se determine por el órgano competente para la iniciación o resolución del procedimiento.

Artículo 56. Medidas provisionales

1. Iniciado el procedimiento, el órgano administrativo competente para resolver, podrá adoptar, de oficio o a instancia de parte y de forma motivada, las medidas provisionales que estime oportunas para asegurar la eficacia de la resolución que pudiera recaer, si existiesen elementos de juicio suficientes para ello, de acuerdo con los principios de proporcionalidad, efectividad y menor onerosidad.

2. Antes de la iniciación del procedimiento administrativo, el órgano competente para iniciar o instruir el procedimiento, de oficio o a instancia de parte, en los casos de urgencia inaplazable y para la protección provisional de los intereses implicados, podrá adoptar de forma motivada las medidas provisionales que resulten necesarias y proporcionadas. Las medidas provisionales deberán ser confirmadas, modificadas o levantadas en el acuerdo de iniciación del procedimiento, que deberá efectuarse dentro de los quince días siguientes a su adopción, el cual podrá ser objeto del recurso que proceda.

En todo caso, dichas medidas quedarán sin efecto si no se inicia el procedimiento en dicho plazo o cuando el acuerdo de iniciación no contenga un pronunciamiento expreso acerca de las mismas.

3. De acuerdo con lo previsto en los dos apartados anteriores, podrán acordarse las **siguientes medidas provisionales,** en los términos previstos en la Ley 1/2000, de 7 de enero, de Enjuiciamiento Civil:

a) *Suspensión temporal de actividades.*
b) *Prestación de fianzas.*
c) *Retirada o intervención de bienes productivos* o suspensión temporal de servicios por razones de sanidad, higiene o seguridad, el cierre temporal del establecimiento por estas u otras causas previstas en la normativa reguladora aplicable.
d) *Embargo preventivo de bienes*, rentas y cosas fungibles computables en metálico por aplicación de precios ciertos.
e) *El depósito, retención o inmovilización de cosa mueble.*
f) *La intervención y depósito de ingresos* obtenidos mediante una actividad que se considere ilícita y cuya prohibición o cesación se pretenda.
g) *Consignación o constitución de depósito* de las cantidades que se reclamen.
h) *La retención de ingresos a cuenta* que deban abonar las Administraciones Públicas.
i) Aquellas otras medidas que, para la protección de los derechos de los interesados, prevean expresamente las leyes, o que se estimen necesarias para asegurar la efectividad de la resolución.

4. No se podrán adoptar medidas provisionales que puedan causar perjuicio de difícil o imposible reparación a los interesados o que impliquen violación de derechos amparados por las leyes.

5. Las medidas provisionales podrán ser alzadas o modificadas durante la tramitación del procedimiento, de oficio o a instancia de parte, en virtud de circunstancias sobrevenidas o que no pudieron ser tenidas en cuenta en el momento de su adopción.

En todo caso, se extinguirán cuando surta efectos la resolución administrativa que ponga fin al procedimiento correspondiente.

Artículo 57. Acumulación

El órgano administrativo que inicie o tramite un procedimiento, cualquiera que haya sido la forma de su iniciación, podrá disponer, de oficio o a instancia de parte, su acumulación a otros con los que guarde identidad sustancial o íntima conexión, siempre que sea el mismo órgano quien deba tramitar y resolver el procedimiento.

Contra el acuerdo de acumulación no procederá recurso alguno.

2.2.2. *Iniciación del procedimiento de oficio*

Artículo 58. Iniciación de oficio

Los procedimientos **se iniciarán de oficio** por *acuerdo del órgano competente, bien por propia iniciativa* o *como consecuencia de orden superior*, a *petición razonada de otros órganos* o por *denuncia*.

Artículo 59. Inicio del procedimiento a propia iniciativa

Se entiende por propia iniciativa, la actuación derivada del conocimiento directo o indirecto de las circunstancias, conductas o hechos objeto del procedimiento por el órgano que tiene atribuida la competencia de iniciación.

Artículo 60. Inicio del procedimiento como consecuencia de orden superior

1. Se entiende por orden superior, la emitida por un órgano administrativo superior jerárquico del competente para la iniciación del procedimiento.

2. En los procedimientos de naturaleza sancionadora, la orden expresará, en la medida de lo posible, la persona o personas presuntamente responsables; las conductas o hechos que pudieran constituir infracción administrativa y su tipificación; así como el lugar, la fecha, fechas o período de tiempo continuado en que los hechos se produjeron.

Artículo 61. Inicio del procedimiento por petición razonada de otros órganos

1. Se entiende por petición razonada, la propuesta de iniciación del procedimiento formulada por cualquier órgano administrativo que no tiene competencia para iniciar el mismo y que ha tenido conocimiento de las circunstancias, conductas o hechos objeto del procedimiento, bien ocasionalmente o bien por tener atribuidas funciones de inspección, averiguación o investigación.

2. La petición no vincula al órgano competente para iniciar el procedimiento, si bien deberá comunicar al órgano que la hubiera formulado los motivos por los que, en su caso, no procede la iniciación.

3. En los procedimientos de naturaleza sancionadora, las peticiones deberán especificar, en la medida de lo posible, la persona o personas presuntamente responsables; las conductas o hechos que pudieran constituir infracción administrativa y su tipificación; así como el lugar, la fecha, fechas o período de tiempo continuado en que los hechos se produjeron.

4. En los procedimientos de responsabilidad patrimonial, la petición deberá individualizar la lesión producida en una persona o grupo de personas, su relación de causalidad con el funcionamiento del servicio público, su evaluación económica si fuera posible, y el momento en que la lesión efectivamente se produjo.

Artículo 62. Inicio del procedimiento por denuncia

1. Se entiende por denuncia, el acto por el que cualquier persona, en cumplimiento o no de una obligación legal, pone en conocimiento de un órgano administrativo la existencia de un determinado hecho que pudiera justificar la iniciación de oficio de un procedimiento administrativo.

2. Las denuncias deberán expresar la identidad de la persona o personas que las presentan y el relato de los hechos que se ponen en conocimiento de la Administración. Cuando dichos hechos pudieran constituir una infracción administrativa, recogerán la fecha de su comisión y, cuando sea posible, la identificación de los presuntos responsables.

3. Cuando la denuncia invocara un perjuicio en el patrimonio de las Administraciones Públicas la no iniciación del procedimiento deberá ser motivada y se notificará a los denunciantes la decisión de si se ha iniciado o no el procedimiento.

4. Cuando el denunciante haya participado en la comisión de una infracción de esta naturaleza y existan otros infractores, el órgano competente para resolver el procedimiento deberá eximir al denunciante del pago de la multa que le correspondería u otro tipo de sanción de carácter no pecuniario, cuando sea el primero en aportar elementos de prueba que permitan iniciar el procedimiento o comprobar la infracción, siempre y cuando en el momento de aportarse aquellos no se disponga de elementos suficientes para ordenar la misma y se repare el perjuicio causado.

Asimismo, el órgano competente para resolver deberá reducir el importe del pago de la multa que le correspondería o, en su caso, la sanción de carácter no pecuniario, cuando no cumpliéndose alguna de las condiciones anteriores, el denunciante facilite elementos de prueba que aporten un valor añadido significativo respecto de aquellos de los que se disponga.

En ambos casos será necesario que el denunciante cese en la participación de la infracción y no haya destruido elementos de prueba relacionados con el objeto de la denuncia.

5. La presentación de una denuncia no confiere, por sí sola, la condición de interesado en el procedimiento.

Artículo 63. Especialidades en el inicio de los procedimientos de naturaleza sancionadora

1. Los procedimientos de naturaleza sancionadora se iniciarán siempre de oficio por acuerdo del órgano competente y establecerán la debida separación entre la fase instructora y la sancionadora, que se encomendará a órganos distintos.

Se considerará que un órgano es competente para iniciar el procedimiento cuando así lo determinen las normas reguladoras del mismo.

2. En ningún caso se podrá imponer una sanción sin que se haya tramitado el oportuno procedimiento.

3. No se podrán iniciar nuevos procedimientos de carácter sancionador por hechos o conductas tipificadas como infracciones en cuya comisión el infractor persista de forma continuada, en tanto no haya recaído una primera resolución sancionadora, con carácter ejecutivo.

Artículo 64. Acuerdo de iniciación en los procedimientos de naturaleza sancionadora

1. El acuerdo de iniciación se comunicará al instructor del procedimiento, con traslado de cuantas actuaciones existan al respecto, y se notificará a los interesados, entendiendo en todo caso por tal al inculpado.

Asimismo, la incoación se comunicará al denunciante cuando las normas reguladoras del procedimiento así lo prevean.

2. *El acuerdo de iniciación deberá contener al menos:*

a) Identificación de la persona o personas presuntamente responsables.

b) Los hechos que motivan la incoación del procedimiento, su posible calificación y las sanciones que pudieran corresponder, sin perjuicio de lo que resulte de la instrucción.

c) Identificación del instructor y, en su caso, Secretario del procedimiento, con expresa indicación del régimen de recusación de los mismos.

d) Órgano competente para la resolución del procedimiento y norma que le atribuya tal competencia, indicando la posibilidad de que el presunto responsable pueda reconocer voluntariamente su responsabilidad, con los efectos previstos en el artículo 85.

e) Medidas de carácter provisional que se hayan acordado por el órgano competente para iniciar el procedimiento sancionador, sin perjuicio de las que se puedan adoptar durante el mismo de conformidad con el artículo 56.

f) Indicación del derecho a formular alegaciones y a la audiencia en el procedimiento y de los plazos para su ejercicio, así como indicación de que, en caso de no efectuar alegaciones en el plazo previsto sobre el contenido del acuerdo de iniciación, éste podrá ser considerado propuesta de resolución cuando contenga un pronunciamiento preciso acerca de la responsabilidad imputada.

3. Excepcionalmente, cuando en el momento de dictar el acuerdo de iniciación no existan elementos suficientes para la calificación inicial de los hechos que motivan la incoación del procedimiento, la citada calificación podrá realizarse en una fase posterior mediante la elaboración de un Pliego de cargos, que deberá ser notificado a los interesados.

Artículo 65. Especialidades en el inicio de oficio de los procedimientos de responsabilidad patrimonial

1. Cuando las Administraciones Públicas decidan iniciar de oficio un procedimiento de responsabilidad patrimonial será necesario que no haya prescrito el derecho a la reclamación del interesado al que se refiere el artículo 67.

2. El acuerdo de iniciación del procedimiento se notificará a los particulares presuntamente lesionados, concediéndoles un plazo de diez días para que aporten cuantas alegaciones, documentos o información estimen conveniente a su derecho y propongan cuantas pruebas sean pertinentes para el reconocimiento del mismo. El procedimiento iniciado se instruirá aunque los particulares presuntamente lesionados no se personen en el plazo establecido.

2.2.3. Inicio del procedimiento a solicitud del interesado

Artículo 66. Solicitudes de iniciación

1. **Las solicitudes que se formulen deberán contener:**

a) Nombre y apellidos del interesado y, en su caso, de la persona que lo represente.

b) Identificación del medio electrónico, o en su defecto, lugar físico en que desea que se practique la notificación. Adicionalmente, los interesados podrán aportar su dirección de correo electrónico y/o dispositivo electrónico con el fin de que las Administraciones Públicas les avisen del envío o puesta a disposición de la notificación.

c) Hechos, razones y petición en que se concrete, con toda claridad, la solicitud.

d) Lugar y fecha.

e) Firma del solicitante o acreditación de la autenticidad de su voluntad expresada por cualquier medio.

f) Órgano, centro o unidad administrativa a la que se dirige y su correspondiente código de identificación.

Las oficinas de asistencia en materia de registros estarán obligadas a facilitar a los interesados el código de identificación si el interesado lo desconoce. Asimismo, las Administraciones Públicas deberán mantener y actualizar en la sede electrónica correspondiente un listado con los códigos de identificación vigentes.

2. Cuando las pretensiones correspondientes a una pluralidad de personas tengan un contenido y fundamento idéntico o sustancialmente similar, podrán ser formuladas en una única solicitud, salvo que las normas reguladoras de los procedimientos específicos dispongan otra cosa.

3. De las solicitudes, comunicaciones y escritos que presenten los interesados electrónicamente o en las oficinas de asistencia en materia de registros de la Administración, podrán éstos exigir el correspondiente recibo que acredite la fecha y hora de presentación.

4. Las Administraciones Públicas deberán establecer modelos y sistemas de presentación masiva que permitan a los interesados presentar simultáneamente varias solicitudes. Estos modelos, de uso voluntario, estarán a disposición de los interesados en las correspondientes sedes electrónicas y en las oficinas de asistencia en materia de registros de las Administraciones Públicas.

Los solicitantes podrán acompañar los elementos que estimen convenientes para precisar o completar los datos del modelo, los cuales deberán ser admitidos y tenidos en cuenta por el órgano al que se dirijan.

5. Los sistemas normalizados de solicitud podrán incluir comprobaciones automáticas de la información aportada respecto de datos almacenados en sistemas propios o pertenecientes a otras Administraciones u ofrecer el formulario cumplimentado, en todo o en parte, con objeto de que el interesado verifique la información y, en su caso, la modifique y complete.

6. Cuando la Administración en un procedimiento concreto establezca expresamente modelos específicos de presentación de solicitudes, éstos serán de uso obligatorio por los interesados.

Artículo 67. Solicitudes de iniciación en los procedimientos de responsabilidad patrimonial

1. Los interesados sólo podrán solicitar el inicio de un procedimiento de responsabilidad patrimonial, cuando no haya prescrito su derecho a reclamar. El *derecho a reclamar prescribirá al año de producido el hecho* o el acto que motive la indemnización o se manifieste su efecto lesivo. En caso de daños de carácter fí-

sico o psíquico a las personas, el plazo empezará a computarse desde la curación o la determinación del alcance de las secuelas.

En los casos en que proceda reconocer derecho a indemnización por anulación en vía administrativa o contencioso-administrativa de un acto o disposición de carácter general, el derecho a reclamar prescribirá al año de haberse notificado la resolución administrativa o la sentencia definitiva.

En los casos de responsabilidad patrimonial a que se refiere el artículo 32, apartados 4 y 5, de la Ley de Régimen Jurídico del Sector Público, el derecho a reclamar prescribirá al año de la publicación en el «Boletín Oficial del Estado» o en el «Diario Oficial de la Unión Europea», según el caso, de la sentencia que declare la inconstitucionalidad de la norma o su carácter contrario al Derecho de la Unión Europea.

2. Además de lo previsto en el artículo 66, en la solicitud que realicen los interesados se deberán especificar las lesiones producidas, la presunta relación de causalidad entre éstas y el funcionamiento del servicio público, la evaluación económica de la responsabilidad patrimonial, si fuera posible, y el momento en que la lesión efectivamente se produjo, e irá acompañada de cuantas alegaciones, documentos e informaciones se estimen oportunos y de la proposición de prueba, concretando los medios de que pretenda valerse el reclamante.

Artículo 68. Subsanación y mejora de la solicitud

1. Si la solicitud de iniciación no reúne los requisitos que señala el artículo 66, y, en su caso, los que señala el artículo 67 u otros exigidos por la legislación específica aplicable, se requerirá al interesado para que, *en un plazo de diez días*, subsane la falta o acompañe los documentos preceptivos, con indicación de que, si así no lo hiciera, se le tendrá por desistido de su petición, previa resolución que deberá ser dictada en los términos previstos en el artículo 21.

2. Siempre que no se trate de procedimientos selectivos o de concurrencia competitiva, este plazo podrá ser ampliado prudencialmente, hasta cinco días, a petición del interesado o a iniciativa del órgano, cuando la aportación de los documentos requeridos presente dificultades especiales.

3. En los procedimientos iniciados a solicitud de los interesados, el órgano competente podrá recabar del solicitante la modificación o mejora voluntarias de los términos de aquélla. De ello se levantará acta sucinta, que se incorporará al procedimiento.

4. Si alguno de los sujetos a los que hace referencia el artículo 14.2 y 14.3 presenta su solicitud presencialmente, las Administraciones Públicas requerirán al interesado para que la subsane a través de su presentación electrónica. A estos efectos, se considerará como fecha de presentación de la solicitud aquella en la que haya sido realizada la subsanación.

Artículo 69. Declaración responsable y comunicación

1. A los efectos de esta Ley, *se entenderá por declaración responsable* el documento suscrito por un interesado en el que éste manifiesta, bajo su responsabilidad, que cumple con los requisitos establecidos en la normativa vigente para obtener el reconocimiento de un derecho o facultad o para su ejercicio, que dispone de la documentación que así lo acredita, que la pondrá a disposición de la Administración cuando le sea requerida, y que se compromete a mantener el cumplimiento de las anteriores obligaciones durante el período de tiempo inherente a dicho reconocimiento o ejercicio.

Los requisitos a los que se refiere el párrafo anterior deberán estar recogidos de manera expresa, clara y precisa en la correspondiente declaración responsable. Las Administraciones podrán requerir en cualquier momento que se aporte la documentación que acredite el cumplimiento de los mencionados requisitos y el interesado deberá aportarla.

2. A los efectos de esta Ley, *se entenderá por comunicación* aquel documento mediante el que los interesados ponen en conocimiento de la Administración Pública competente sus datos identificativos o cualquier otro dato relevante para el inicio de una actividad o el ejercicio de un derecho.

3. Las declaraciones responsables y las comunicaciones permitirán, el reconocimiento o ejercicio de un derecho o bien el inicio de una actividad, desde el día de su presentación, sin perjuicio de las facultades de comprobación, control e inspección que tengan atribuidas las Administraciones Públicas.

No obstante lo dispuesto en el párrafo anterior, la comunicación podrá presentarse dentro de un plazo posterior al inicio de la actividad cuando la legislación correspondiente lo prevea expresamente.

4. La inexactitud, falsedad u omisión, de carácter esencial, de cualquier dato o información que se incorpore a una declaración responsable o a una comunicación, o la no presentación ante la Administración competente de la declaración responsable, la documentación que sea en su caso requerida para acreditar el cumplimiento de lo declarado, o la comunicación, determinará la imposibilidad de continuar con el ejercicio del derecho o actividad afectada desde el momento en que se tenga constancia de tales hechos, sin perjuicio de las responsabilidades penales, civiles o administrativas a que hubiera lugar.

Asimismo, la resolución de la Administración Pública que declare tales circunstancias podrá determinar la obligación del interesado de restituir la situación jurídica al momento previo al reconocimiento o al ejercicio del derecho o al inicio de la actividad correspondiente, así como la imposibilidad de instar un nuevo procedimiento con el mismo objeto durante un período de tiempo determinado por la ley, todo ello conforme a los términos establecidos en las normas sectoriales de aplicación.

5. Las Administraciones Públicas tendrán permanentemente publicados y actualizados modelos de declaración responsable y de comunicación, fácilmente accesibles a los interesados.

6. Únicamente será exigible, bien una declaración responsable, bien una comunicación para iniciar una misma actividad u obtener el reconocimiento de un mismo derecho o facultad para su ejercicio, sin que sea posible la exigencia de ambas acumulativamente.

2.3. Ordenación del procedimiento

Artículo 70. Expediente Administrativo

1. **Se entiende por expediente administrativo** *el conjunto ordenado de documentos y actuaciones que sirven de antecedente y fundamento a la resolución administrativa, así como las diligencias encaminadas a ejecutarla.*

2. *Los expedientes tendrán formato electrónico* y se formarán mediante la agregación ordenada de cuantos documentos, pruebas, dictámenes, informes, acuerdos, notificaciones y demás diligencias deban integrarlos, así como un índice numerado de todos los documentos que contenga cuando se remita. Asimismo, deberá constar en el expediente copia electrónica certificada de la resolución adoptada.

3. Cuando en virtud de una norma sea preciso remitir el expediente electrónico, se hará de acuerdo con lo previsto en el Esquema Nacional de Interoperabilidad y en las correspondientes Normas Técnicas de Interoperabilidad, y se enviará completo, foliado, autentificado y acompañado de un índice, asimismo autentificado, de los documentos que contenga. La autenticación del citado índice garantizará la integridad e inmutabilidad del expediente electrónico generado desde el momento de su firma y permitirá su recuperación siempre que sea preciso, siendo admisible que un mismo documento forme parte de distintos expedientes electrónicos.

4. No formará parte del expediente administrativo la información que tenga carácter auxiliar o de apoyo, como la contenida en aplicaciones, ficheros y bases de datos informáticas, notas, borradores, opiniones, resúmenes, comunicaciones e informes internos o entre órganos o entidades administrativas, así como los juicios de valor emitidos por las Administraciones Públicas, salvo que se trate de informes, preceptivos y facultativos, solicitados antes de la resolución administrativa que ponga fin al procedimiento.

Artículo 71. Impulso

1. El procedimiento, sometido al principio de celeridad, s**e impulsará de oficio en todos sus trámites y a través de medios electrónicos, respetando los principios de transparencia y publicidad.**

2. En el despacho de los expedientes se guardará el orden riguroso de incoación en asuntos de homogénea naturaleza, salvo que por el titular de la unidad administrativa se dé orden motivada en contrario, de la que quede constancia.

El incumplimiento de lo dispuesto en el párrafo anterior dará lugar a la exigencia de responsabilidad disciplinaria del infractor y, en su caso, será causa de remoción del puesto de trabajo.

3. Las personas designadas como órgano instructor o, en su caso, los titulares de las unidades administrativas que tengan atribuida tal función serán responsables directos de la tramitación del procedimiento y, en especial, del cumplimiento de los plazos establecidos.

Artículo 72. Concentración de trámites

1. De acuerdo con el principio de simplificación administrativa, *se acordarán en un solo acto todos los trámites que, por su naturaleza, admitan un impulso simultáneo* y no sea obligado su cumplimiento sucesivo.

2. Al solicitar los trámites que deban ser cumplidos por otros órganos, deberá consignarse en la comunicación cursada el plazo legal establecido al efecto.

Artículo 73. Cumplimiento de trámites

1. Los trámites que deban ser cumplimentados por los interesados deberán realizarse *en el plazo de diez días* a partir del siguiente al de la notificación del correspondiente acto, salvo en el caso de que en la norma correspondiente se fije plazo distinto.

2. En cualquier momento del procedimiento, cuando la Administración considere que alguno de los actos de los interesados no reúne los requisitos necesarios, lo pondrá en conocimiento de su autor, concediéndole un plazo de diez días para cumplimentarlo.

3. A los interesados que no cumplan lo dispuesto en los apartados anteriores, se les podrá declarar decaídos en su derecho al trámite correspondiente. No obstante, se admitirá la actuación del interesado y producirá sus efectos legales, si se produjera antes o dentro del día que se notifique la resolución en la que se tenga por transcurrido el plazo.

Artículo 74. Cuestiones incidentales

Las cuestiones incidentales que se susciten en el procedimiento, incluso las que se refieran a la nulidad de actuaciones, *no suspenderán la tramitación del mismo, salvo la recusación.*

2.4. Instrucción del procedimiento

Artículo 75. Actos de instrucción

1. Los actos de instrucción necesarios para la determinación, conocimiento y comprobación de los hechos en virtud de los cuales deba pronunciarse la resolución, *se realizarán de oficio y a través de medios electrónicos, por el órgano que tramite el procedimiento,* sin perjuicio del derecho de los interesados a proponer aquellas actuaciones que requieran su intervención o constituyan trámites legal o reglamentariamente establecidos.

2. Las aplicaciones y sistemas de información utilizados para la instrucción de los procedimientos deberán garantizar el control de los tiempos y plazos, la identificación de los órganos responsables y la tramitación ordenada de los expedientes, así como facilitar la simplificación y la publicidad de los procedimientos.

3. Los actos de instrucción que requieran la intervención de los interesados habrán de practicarse en la forma que resulte más conveniente para ellos y sea compatible, en la medida de lo posible, con sus obligaciones laborales o profesionales.

4. En cualquier caso, el órgano instructor adoptará las medidas necesarias para lograr el pleno respeto a los principios de contradicción y de igualdad de los interesados en el procedimiento.

Artículo 76. Alegaciones

1. Los *interesados podrán, en cualquier momento del procedimiento anterior al trámite de audiencia, aducir alegaciones y aportar documentos* u otros elementos de juicio.

Unos y otros serán tenidos en cuenta por el órgano competente al redactar la correspondiente propuesta de resolución.

2. En todo momento podrán los interesados alegar los defectos de tramitación y, en especial, los que supongan paralización, infracción de los plazos preceptivamente señalados o la omisión de trámites que pueden ser subsanados antes de la resolución definitiva del asunto. Dichas alegaciones podrán dar lugar, si hubiere razones para ello, a la exigencia de la correspondiente responsabilidad disciplinaria.

Artículo 77. Medios y período de prueba

1. Los hechos relevantes para la decisión de un procedimiento podrán acreditarse por cualquier medio de prueba admisible en Derecho, cuya valoración se realizará de acuerdo con los criterios establecidos en la Ley 1/2000, de 7 de enero, de Enjuiciamiento Civil.

2. Cuando la Administración no tenga por ciertos los hechos alegados por los interesados o la naturaleza del procedimiento lo exija, el instructor del mismo acordará la apertura de un período de prueba por un plazo **no superior a treinta días ni inferior a diez,** a fin de que puedan practicarse cuantas juzgue pertinentes. Asimismo, cuando lo considere necesario, el instructor, a petición de los interesados, podrá decidir la apertura de un período extraordinario de prueba por un plazo no superior a diez días.

3. El instructor del procedimiento sólo podrá rechazar las pruebas propuestas por los interesados cuando sean manifiestamente improcedentes o innecesarias, mediante resolución motivada.

4. En los procedimientos de carácter sancionador, los hechos declarados probados por resoluciones judiciales penales firmes vincularán a las Administraciones Públicas respecto de los procedimientos sancionadores que substancien.

5. Los documentos formalizados por los funcionarios a los que se reconoce la condición de autoridad y en los que, observándose los requisitos legales correspondientes se recojan los hechos constatados por aquéllos harán prueba de éstos salvo que se acredite lo contrario.

6. Cuando la prueba consista en la emisión de un informe de un órgano administrativo, organismo público o Entidad de derecho público, se entenderá que éste tiene carácter preceptivo.

7. Cuando la valoración de las pruebas practicadas pueda constituir el fundamento básico de la decisión que se adopte en el procedimiento, por ser pieza imprescindible para la correcta evaluación de los hechos, deberá incluirse en la propuesta de resolución.

Artículo 78. Práctica de prueba

1. La Administración comunicará a los interesados, con antelación suficiente, el inicio de las actuaciones necesarias para la realización de las pruebas que hayan sido admitidas.

2. En la notificación se consignará el lugar, fecha y hora en que se practicará la prueba, con la advertencia, en su caso, de que el interesado puede nombrar técnicos para que le asistan.

3. En los casos en que, a petición del interesado, deban efectuarse pruebas cuya realización implique gastos que no deba soportar la Administración, ésta podrá exigir el anticipo de los mismos, a reserva de la liquidación definitiva, una vez practicada la prueba. La liquidación de los gastos se practicará uniendo los comprobantes que acrediten la realidad y cuantía de los mismos.

Artículo 79. Petición de Informes

1. A efectos de la resolución del procedimiento, *se solicitarán aquellos informes que sean preceptivos por las disposiciones legales, y los que se juzguen necesarios para resolver,* citándose el precepto que los exija o fundamentando, en su caso, la conveniencia de reclamarlos.

2. En la petición de informe se concretará el extremo o extremos acerca de los que se solicita.

Artículo 80. Emisión de informes

1. Salvo disposición expresa en contrario, **los informes serán facultativos y no vinculantes.**

2. Los informes serán emitidos a través de medios electrónicos y de acuerdo con los requisitos que señala el artículo 26 en **el plazo de diez días,** salvo que una disposición o el cumplimiento del resto de los plazos del procedimiento permita o exija otro plazo mayor o menor.

3. De no emitirse el informe en el plazo señalado, y sin perjuicio de la responsabilidad en que incurra el responsable de la demora, se podrán proseguir las actuaciones salvo cuando se trate de un informe preceptivo, en cuyo caso se podrá suspender el transcurso del plazo máximo legal para resolver el procedimiento en los términos establecidos en la letra d) del apartado 1 del artículo 22.

4. Si el informe debiera ser emitido por una Administración Pública distinta de la que tramita el procedimiento en orden a expresar el punto de vista correspondiente a sus competencias respectivas, y transcurriera el plazo sin que aquél se hubiera emitido, se podrán proseguir las actuaciones.

El informe emitido fuera de plazo podrá no ser tenido en cuenta al adoptar la correspondiente resolución.

Artículo 81. Solicitud de informes y dictámenes en los procedimientos de responsabilidad patrimonial

1. En el caso de los procedimientos de responsabilidad patrimonial será preceptivo solicitar informe al servicio cuyo funcionamiento haya ocasionado la presunta lesión indemnizable, no pudiendo exceder de diez días el plazo de su emisión.

2. Cuando las indemnizaciones reclamadas sean de **cuantía igual o superior a 50.000** euros o a la que se establezca en la correspondiente legislación autonómica, así como en aquellos casos que disponga la Ley Orgánica 3/1980, de 22 de abril, del Consejo de Estado, será preceptivo s**olicitar dictamen del Consejo de Estado o, en su caso, del órgano consultivo de la Comunidad Autónoma.**

A estos efectos, el órgano instructor, en el plazo de diez días a contar desde la finalización del trámite de audiencia, remitirá al órgano competente para solicitar el dictamen una propuesta de resolución, que se ajustará a lo previsto en el artículo 91, o, en su caso, la propuesta de acuerdo por el que se podría terminar convencionalmente el procedimiento.

El dictamen se emitirá en el plazo de dos meses y deberá pronunciarse sobre la existencia o no de relación de causalidad entre el funcionamiento del servicio público y la lesión producida y, en su caso, sobre la valoración del daño causado y la cuantía y modo de la indemnización de acuerdo con los criterios establecidos en esta Ley.

3. En el caso de reclamaciones en materia de responsabilidad patrimonial del Estado por el funcionamiento anormal de la Administración de Justicia, será preceptivo el informe del Consejo General del Poder Judicial que será evacuado en el plazo máximo de dos meses. El plazo para dictar resolución quedará suspendido por el tiempo que medie entre la solicitud, del informe y su recepción, no pudiendo exceder dicho plazo de los citados dos meses.

Artículo 82. Trámite de audiencia

1. *Instruidos los procedimientos, e inmediatamente antes de redactar la propuesta de resolución, se pondrán de manifiesto a los interesados o, en su caso, a sus representantes,* para lo que se tendrán en cuenta las limitaciones previstas en su caso en la Ley 19/2013, de 9 de diciembre.

La audiencia a los interesados será anterior a la solicitud del informe del órgano competente para el asesoramiento jurídico o a la solicitud del Dictamen del Consejo de Estado u órgano consultivo equivalente de la Comunidad Autónoma, en el caso que éstos formaran parte del procedimiento.

2. Los interesados, e**n un plazo no inferior a diez días ni superior a quince**, podrán alegar y presentar los documentos y justificaciones que estimen pertinentes.

3. Si antes del vencimiento del plazo los interesados manifiestan su decisión de no efectuar alegaciones ni aportar nuevos documentos o justificaciones, se tendrá por realizado el trámite.

4. Se podrá prescindir del trámite de audiencia cuando no figuren en el procedimiento ni sean tenidos en cuenta en la resolución otros hechos ni otras alegaciones y pruebas que las aducidas por el interesado.

5. En los procedimientos de responsabilidad patrimonial a los que se refiere el artículo 32.9 de la Ley de Régimen Jurídico del Sector Público, será necesario en todo caso dar audiencia al contratista, notificándole cuantas actuaciones se realicen en el procedimiento, al efecto de que se persone en el mismo, exponga lo que a su derecho convenga y proponga cuantos medios de prueba estime necesarios.

Artículo 83. Información pública

1. *El órgano al que corresponda la resolución del procedimiento, cuando la naturaleza de éste lo requiera, podrá acordar un período de información pública.*

2. A tal efecto, se publicará un anuncio en el Diario oficial correspondiente a fin de que cualquier persona física o jurídica pueda examinar el expediente, o la parte del mismo que se acuerde.

El anuncio señalará el lugar de exhibición, debiendo estar en todo caso a disposición de las personas que lo soliciten a través de medios electrónicos en la sede electrónica correspondiente, y d**eterminará el plazo para formular alegaciones, que en ningún caso podrá ser inferior a veinte días.**

3. La incomparecencia en este trámite no impedirá a los interesados interponer los recursos procedentes contra la resolución definitiva del procedimiento.

La comparecencia en el trámite de información pública no otorga, por sí misma, la condición de interesado. No obstante, quienes presenten alegaciones u observaciones en este trámite tienen derecho a obtener de la Administración una respuesta razonada, que podrá ser común para todas aquellas alegaciones que planteen cuestiones sustancialmente iguales.

4. Conforme a lo dispuesto en las leyes, las Administraciones Públicas podrán establecer otras formas, medios y cauces de participación de las personas, directamente o a través de las organizaciones y asociaciones reconocidas por la ley en el procedimiento en el que se dictan los actos administrativos.

2.5. Finalización del procedimiento

2.5.1. Introducción

La doctrina administrativa acoge la distinción entre forma normal y formas anormales de terminación del procedimiento, que es usual en la teoría del proceso. La terminación normal del procedimiento administrativo se produce por la resolución, entendida en un sentido estricto como decisión de las cuestiones en él planteadas o que derivan del mismo.

Como formas anormales, el artículo 84.1. de la LPAC menciona: el desistimiento; la renuncia al derecho en que se funde la solicitud, cuando tal renuncia no estuviera prohibida por el ordenamiento jurídico; y la declaración de caducidad.

A dicha enumeración, que la doctrina consideraba no exhaustiva, de los modos anormales de terminación del procedimiento, el párrafo 2 del mismo precepto añade la imposibilidad material de continuarlo por causas sobrevenidas; si bien son también posibles circunstancias jurídicas producidas durante la sustanciación del procedimiento que priven a éste de su sentido originario. Así, González Pérez menciona la extinción y transformación de los interesados, cuando el derecho o interés ejercitado son de naturaleza estrictamente personal, y determinadas reformas legislativas que priven al procedimiento de su razón de ser.

Por otra parte, la nueva Ley incorpora, en el articulo 86 la terminación convencional, que puede resultar, en algún modo, contradictoria con la idea de potestad administrativa, cuyo origen legal hace que sea indisponible para quien le está atribuida por el Derecho objetivo.

Por último debemos considerar la terminación presunta, producida por el silencio administrativo.

2.5.2. Formas de terminación del procedimiento

Artículo 84. Terminación

1. Pondrán fin al procedimiento la **resolución, el desistimiento, la renuncia al derecho en que se funde la solicitud, cuando tal renuncia no esté prohibida por el ordenamiento jurídico, y la declaración de caducidad.**

2. También producirá la terminación del procedimiento **la imposibilidad material de continuarlo por causas sobrevenidas.** La resolución que se dicte deberá ser motivada en todo caso.

Artículo 85. Terminación en los procedimientos sancionadores

1. Iniciado un procedimiento sancionador, si el infractor reconoce su responsabilidad, se podrá resolver el procedimiento con la imposición de la sanción que proceda.

2. Cuando la sanción tenga únicamente carácter pecuniario o bien quepa imponer una sanción pecuniaria y otra de carácter no pecuniario pero se ha justificado la

improcedencia de la segunda, el pago voluntario por el presunto responsable, en cualquier momento anterior a la resolución, implicará la terminación del procedimiento, salvo en lo relativo a la reposición de la situación alterada o a la determinación de la indemnización por los daños y perjuicios causados por la comisión de la infracción.

3. En ambos casos, cuando la sanción tenga únicamente carácter pecuniario, el órgano competente para resolver el procedimiento aplicará reducciones de, al menos, el 20 % sobre el importe de la sanción propuesta, siendo éstos acumulables entre sí. Las citadas reducciones, deberán estar determinadas en la notificación de iniciación del procedimiento y su efectividad estará condicionada al desistimiento o renuncia de cualquier acción o recurso en vía administrativa contra la sanción.

El porcentaje de reducción previsto en este apartado podrá ser incrementado reglamentariamente.

2.5.2.1. Resolución

Se trata de la forma normal de terminación del procedimiento. La administración está obligada a dictar resolución expresa y a notificarla salvo en los supuestos de terminación del procedimiento por pacto o convenio, así como los procedimientos relativos al ejercicio de derechos sometidos únicamente al deber de comunicación previa a la administración.

Artículo 87. Actuaciones complementarias

Antes de dictar resolución, el órgano competente para resolver podrá decidir, mediante acuerdo motivado, la realización de las actuaciones complementarias indispensables para resolver el procedimiento. No tendrán la consideración de actuaciones complementarias los informes que preceden inmediatamente a la resolución final del procedimiento.

El acuerdo de realización de actuaciones complementarias se notificará a los interesados, concediéndoseles un plazo de siete días para formular las alegaciones que tengan por pertinentes tras la finalización de las mismas. Las actuaciones complementarias deberán practicarse en un plazo no superior a quince días. El plazo para resolver el procedimiento quedará suspendido hasta la terminación de las actuaciones complementarias.

Artículo 88. Contenido

1. La resolución que ponga fin al procedimiento decidirá todas las cuestiones planteadas por los interesados y aquellas otras derivadas del mismo.

Cuando se trate de cuestiones conexas que no hubieran sido planteadas por los interesados, el órgano competente podrá pronunciarse sobre las mismas, poniéndolo antes de manifiesto a aquéllos por un plazo no superior a quince días, para que formulen las alegaciones que estimen pertinentes y aporten, en su caso, los medios de prueba.

2. En los procedimientos tramitados a solicitud del interesado, la resolución será congruente con las peticiones formuladas por éste, sin que en ningún caso pueda agravar su situación inicial y sin perjuicio de la potestad de la Administración de incoar de oficio un nuevo procedimiento, si procede.

3. Las resoluciones contendrán la decisión, que será motivada en los casos a que se refiere el artículo 35. Expresarán, además, los recursos que contra la misma procedan, órgano administrativo o judicial ante el que hubieran de presentarse y plazo para interponerlos, sin perjuicio de que los interesados puedan ejercitar cualquier otro que estimen oportuno.

4. Sin perjuicio de la forma y lugar señalados por el interesado para la práctica de las notificaciones, la resolución del procedimiento se dictará electrónicamente y garantizará la identidad del órgano competente, así como la autenticidad e integridad del documento que se formalice mediante el empleo de alguno de los instrumentos previstos en esta Ley.

5. En ningún caso podrá la Administración abstenerse de resolver so pretexto de silencio, oscuridad o insuficiencia de los preceptos legales aplicables al caso, aunque podrá acordarse la inadmisión de las solicitudes de reconocimiento de derechos no previstos en el ordenamiento jurídico o manifiestamente carentes de fundamento, sin perjuicio del derecho de petición previsto por el artículo 29 de la Constitución.

6. La aceptación de informes o dictámenes servirá de motivación a la resolución cuando se incorporen al texto de la misma.

7. Cuando la competencia para instruir y resolver un procedimiento no recaiga en un mismo órgano, será necesario que el instructor eleve al órgano competente para resolver un propuesta de resolución.

En los procedimientos de carácter sancionador, la propuesta de resolución deberá ser notificada a los interesados en los términos previstos en el artículo siguiente.

Artículo 89. Propuesta de resolución en los procedimientos de carácter sancionador

1. El órgano instructor resolverá la finalización del procedimiento, con archivo de las actuaciones, sin que sea necesaria la formulación de la propuesta de

resolución, cuando en la instrucción procedimiento se ponga de manifiesto que concurre alguna de las siguientes circunstancias:

a) La inexistencia de los hechos que pudieran constituir la infracción.

b) Cuando lo hechos no resulten acreditados.

c) Cuando los hechos probados no constituyan, de modo manifiesto, infracción administrativa.

d) Cuando no exista o no se haya podido identificar a la persona o personas responsables o bien aparezcan exentos de responsabilidad.

e) Cuando se concluyera, en cualquier momento, que ha prescrito la infracción.

2. En el caso de procedimientos de carácter sancionador, una vez concluida la instrucción del procedimiento, el órgano instructor formulará una propuesta de resolución que deberá ser notificada a los interesados. La propuesta de resolución deberá indicar la puesta de manifiesto del procedimiento y el plazo para formular alegaciones y presentar los documentos e informaciones que se estimen pertinentes.

3. En la propuesta de resolución se fijarán de forma motivada los hechos que se consideren probados y su exacta calificación jurídica, se determinará la infracción que, en su caso, aquéllos constituyan, la persona o personas responsables y la sanción que se proponga, la valoración de las pruebas practicadas, en especial aquellas que constituyan los fundamentos básicos de la decisión, así como las medidas provisionales que, en su caso, se hubieran adoptado. Cuando la instrucción concluya la inexistencia de infracción o responsabilidad y no se haga uso de la facultad prevista en el apartado primero, la propuesta declarará esa circunstancia.

Artículo 90. Especialidades de la resolución en los procedimientos sancionadores

1. En el caso de procedimientos de carácter sancionador, además del contenido previsto en los dos artículos anteriores, *la resolución incluirá la valoración de las pruebas practicadas, en especial aquellas que constituyan los fundamentos básicos de la decisión, fijarán los hechos y, en su caso, la persona o personas responsables, la infracción o infracciones cometidas y la sanción o sanciones que se imponen, o bien la declaración de no existencia de infracción o responsabilidad.*

2. En la resolución no se podrán aceptar hechos distintos de los determinados en el curso del procedimiento, con independencia de su diferente valoración jurídica. No obstante, cuando el órgano competente para resolver considere que la infracción o la sanción revisten mayor gravedad que la determinada en la propuesta de resolución, se notificará al inculpado para que aporte cuantas alegaciones estime convenientes en el plazo de quince días.

3. La resolución que ponga fin al procedimiento será ejecutiva cuando no quepa contra ella ningún recurso ordinario en vía administrativa, pudiendo adoptarse en la misma las disposiciones cautelares precisas para garantizar su eficacia en tanto no sea ejecutiva y que podrán consistir en el mantenimiento de las medidas provisionales que en su caso se hubieran adoptado.

Cuando la resolución sea ejecutiva, se podrá suspender cautelarmente, si el interesado manifiesta a la Administración su intención de interponer recurso contencioso-administrativo contra la resolución firme en vía administrativa. Dicha suspensión cautelar finalizará cuando:

a) Haya transcurrido el plazo legalmente previsto sin que el interesado haya interpuesto recurso contencioso administrativo.

b) Habiendo el interesado interpuesto recurso contencioso-administrativo:

   1. No se haya solicitado en el mismo trámite la suspensión cautelar de la resolución impugnada.

   2. El órgano judicial se pronuncie sobre la suspensión cautelar solicitada, en los términos previstos en ella.

4. Cuando las conductas sancionadas hubieran causado daños o perjuicios a las Administraciones y la cuantía destinada a indemnizar estos daños no hubiera quedado determinada en el expediente, se fijará mediante un procedimiento complementario, cuya resolución será inmediatamente ejecutiva. Este procedimiento será susceptible de terminación convencional, pero ni ésta ni la aceptación por el infractor de la resolución que pudiera recaer implicarán el reconocimiento voluntario de su responsabilidad. La resolución del procedimiento pondrá fin a la vía administrativa.

Artículo 91. Especialidades de la resolución en los procedimientos en materia de responsabilidad patrimonial

1. Una vez recibido, en su caso, el dictamen al que se refiere el artículo 81.2 o, cuando éste no sea preceptivo, una vez finalizado el trámite de audiencia, el órgano competente resolverá o someterá la propuesta de acuerdo para su formalización por el interesado y por el órgano administrativo competente para suscribirlo. Cuando no se estimase procedente formalizar la propuesta de terminación convencional, el órgano competente resolverá en los términos previstos en el apartado siguiente.

2. Además de lo previsto en el artículo 88, en los casos de procedimientos de responsabilidad patrimonial, será necesario que la resolución se pronuncie sobre la existencia o no de la relación de causalidad entre el funcionamiento del servicio público y la lesión producida y, en su caso, sobre la valoración del daño

causado, la cuantía y el modo de la indemnización, cuando proceda, de acuerdo con los criterios que para calcularla y abonarla se establecen en el artículo 34 de la Ley de Régimen Jurídico del Sector Público.

3. Transcurridos seis meses desde que se inició el procedimiento sin que haya recaído y se notifique resolución expresa o, en su caso, se haya formalizado el acuerdo, podrá entenderse que la resolución es contraria a la indemnización del particular.

Artículo 92. Competencia para la resolución de los procedimientos de responsabilidad patrimonial

En el ámbito de la Administración General del Estado, los procedimientos de responsabilidad patrimonial se resolverán **por el Ministro respectivo o por el Consejo de Ministros** en los casos del artículo 32.3 de la Ley de Régimen Jurídico del Sector Público o cuando una ley así lo disponga.

En el ámbito autonómico y local, los procedimientos de responsabilidad patrimonial se resolverán por los órganos correspondientes de las Comunidades Autónomas o de las Entidades que integran la Administración Local.

En el caso de las Entidades de Derecho Público, las normas que determinen su régimen jurídico podrán establecer los órganos a quien corresponde la resolución de los procedimientos de responsabilidad patrimonial. En su defecto, se aplicarán las normas previstas en este artículo.

2.5.2.2. La terminación convencional

Artículo 86. Terminación convencional

1. Las Administraciones Públicas *podrán celebrar acuerdos, pactos, convenios o contratos con personas tanto de Derecho público como privado, siempre que no sean contrarios al ordenamiento jurídico ni versen sobre materias no susceptibles de transacción* y tengan por objeto satisfacer el interés público que tienen encomendado, con el alcance, efectos y régimen jurídico específico que, en su caso, prevea la disposición que lo regule, pudiendo tales actos tener la consideración de finalizadores de los procedimientos administrativos o insertarse en los mismos con carácter previo, vinculante o no, a la resolución que les ponga fin.

2. Los citados instrumentos deberán establecer como contenido mínimo la identificación de las partes intervinientes, el ámbito personal, funcional y territorial, y el plazo de vigencia, debiendo publicarse o no según su naturaleza y las personas a las que estuvieran destinados.

3. Requerirán en todo caso la aprobación expresa del Consejo de Ministros u órgano equivalente de las Comunidades Autónomas, los acuerdos que versen sobre materias de la competencia directa de dicho órgano.

4. Los acuerdos que se suscriban no supondrán alteración de las competencias atribuidas a los órganos administrativos, ni de las responsabilidades que correspondan a las autoridades y funcionarios, relativas al funcionamiento de los servicios públicos.

5. En los casos de procedimientos de responsabilidad patrimonial, el acuerdo alcanzado entre las partes deberá fijar la cuantía y modo de indemnización de acuerdo con los criterios que para calcularla y abonarla establece el artículo 34 de la Ley de Régimen Jurídico del Sector Público.

2.5.2.3. El desistimiento y la renuncia

Artículo 93. Desistimiento por la Administración

En los procedimientos *iniciados de oficio, la Administración podrá desistir*, motivadamente, en los supuestos y con los requisitos previstos en las Leyes.

Artículo 94. Desistimiento y renuncia por los interesados

1. **Todo interesado podrá desistir de su solicitud o, cuando ello no esté prohibido por el ordenamiento jurídico, renunciar a sus derechos.**

2. Si el escrito de iniciación se hubiera formulado por dos o más interesados, el desistimiento o la renuncia sólo afectará a aquellos que la hubiesen formulado.

3. Tanto el desistimiento como la renuncia podrán hacerse por cualquier medio que permita su constancia, siempre que incorpore las firmas que correspondan de acuerdo con lo previsto en la normativa aplicable.

4. La Administración aceptará de plano el desistimiento o la renuncia, y declarará concluso el procedimiento salvo que, habiéndose personado en el mismo terceros interesados, instasen éstos su continuación en el plazo de diez días desde que fueron notificados del desistimiento o renuncia.

5. Si la cuestión suscitada por la incoación del procedimiento entrañase interés general o fuera conveniente sustanciarla para su definición y esclarecimiento, la Administración podrá limitar los efectos del desistimiento o la renuncia al interesado y seguirá el procedimiento.

Para ver la distinción entre una y otra figura, se ha de hacer notar que, a través del desistimiento, el articular manifiesta su voluntad de abandonar un concreto procedimiento, pero conservando el derecho en que se ampara que, si no ha prescrito, puede hacer valer en otro procedimiento, mientras que, si opta por la renuncia, pierde el propio derecho, sin poderlo ejercitar en lo sucesivo.

En cualquier caso, como se expuso, producido el desistimiento o la renuncia, la Administración, lejos de la rutinaria e ilegal práctica de archivar el expediente sin más, deberá adoptar resolución declarando la forma anormal de terminación del procedimiento que se haya producido, lo que notificará a los interesados en la forma legalmente prevista.

2.5.2.4. La caducidad

Artículo 95. Requisitos y efectos

1. **En los procedimientos iniciados a solicitud del interesado**, *cuando se produzca su paralización por causa imputable al mismo, la Administración le advertirá que, transcurridos tres meses, se producirá la caducidad del procedimiento.* Consumido este plazo sin que el particular requerido realice las actividades necesarias para reanudar la tramitación, la Administración acordará el archivo de las actuaciones, notificándoselo al interesado. Contra la resolución que declare la caducidad procederán los recursos pertinentes.

2. No podrá acordarse la caducidad por la simple inactividad del interesado en la cumplimentación de trámites, siempre que no sean indispensables para dictar resolución. Dicha inactividad no tendrá otro efecto que la pérdida de su derecho al referido trámite.

3. La caducidad no producirá por sí sola la prescripción de las acciones del particular o de la Administración, pero los procedimientos caducados no interrumpirán el plazo de prescripción.

En los casos en los que sea posible la iniciación de un nuevo procedimiento por no haberse producido la prescripción, podrán incorporarse a éste los actos y trámites cuyo contenido se hubiera mantenido igual de no haberse producido la caducidad. En todo caso, en el nuevo procedimiento deberán cumplimentarse los trámites de alegaciones, proposición de prueba y audiencia al interesado.

4. Podrá no ser aplicable la caducidad en el supuesto de que la cuestión suscitada afecte al interés general, o fuera conveniente sustanciarla para su definición y esclarecimiento.

2.5.2.5. Imposibilidad material de continuarlo por causas sobrevenidas

También producirá la terminación del procedimiento la imposibilidad material de continuarlo por causas sobrevenidas. La resolución que se dicte deberá ser motivada en todo caso.

FORMAS DE TERMINACIÓN		
– Terminación Normal	⟶	RESOLUCIÓN
– Terminación Convencional	⟶	PACTO O ACUERDO
– Terminación Anormal	⟶	– Desistimiento – Renuncia – Caducidad
– Terminación Presunta	⟶	Silencio Administrativo
– Terminación Excepcional	⟶	Imposibilidad material de finalización

2.6. De la tramitación simplificada del Procedimiento Administrativo Común

Artículo 96. Tramitación simplificada del Procedimiento Administrativo Común

1. Cuando **razones de interés público o la falta de complejidad del procedimiento así lo aconsejen,** las Administraciones Públicas podrán acordar, de oficio o a solicitud del interesado, la tramitación simplificada del procedimiento.

En cualquier momento del procedimiento anterior a su resolución, el órgano competente para su tramitación podrá acordar continuar con arreglo a la tramitación ordinaria.

2. Cuando la Administración acuerde de oficio la tramitación simplificada del procedimiento deberá notificarlo a los interesados. Si alguno de ellos manifestara su oposición expresa, la Administración deberá seguir la tramitación ordinaria.

3. Los interesados podrán solicitar la tramitación simplificada del procedimiento. Si el órgano competente para la tramitación aprecia que no concurre

alguna de las razones previstas en el apartado 1, podrá desestimar dicha solicitud, en el plazo de cinco días desde su presentación, sin que exista posibilidad de recurso por parte del interesado. Transcurrido el mencionado plazo de cinco días se entenderá desestimada la solicitud.

4. En el caso de procedimientos en materia de responsabilidad patrimonial de las Administraciones Públicas, si una vez iniciado el procedimiento administrativo el órgano competente para su tramitación considera inequívoca la relación de causalidad entre el funcionamiento del servicio público y la lesión, así como la valoración del daño y el cálculo de la cuantía de la indemnización, podrá acordar de oficio la suspensión del procedimiento general y la iniciación de un procedimiento simplificado.

5. En el caso de procedimientos de naturaleza sancionadora, se podrá adoptar la tramitación simplificada del procedimiento cuando el órgano competente para iniciar el procedimiento considere que, de acuerdo con lo previsto en su normativa reguladora, existen elementos de juicio suficientes para calificar la infracción como leve, sin que quepa la oposición expresa por parte del interesado prevista en el apartado 2.

6. Salvo que reste menos para su tramitación ordinaria, los procedimientos administrativos tramitados de manera simplificada deberán ser resueltos en treinta días, a contar desde el siguiente al que se notifique al interesado el acuerdo de tramitación simplificada del procedimiento, y constarán únicamente de los siguientes trámites:

a) Inicio del procedimiento de oficio o a solicitud del interesado.

b) Subsanación de la solicitud presentada, en su caso.

c) Alegaciones formuladas al inicio del procedimiento durante el plazo de cinco días.

d) Trámite de audiencia, únicamente cuando la resolución vaya a ser desfavorable para el interesado.

e) Informe del servicio jurídico, cuando éste sea preceptivo.

f) Informe del Consejo General del Poder Judicial, cuando éste sea preceptivo.

g) Dictamen del Consejo de Estado u órgano consultivo equivalente de la Comunidad Autónoma en los casos en que sea preceptivo. Desde que se solicite el Dictamen al Consejo de Estado, u órgano equivalente, hasta que éste sea emitido, se producirá la suspensión automática del plazo para resolver.

   El órgano competente solicitará la emisión del Dictamen en un plazo tal que permita cumplir el plazo de resolución del procedimiento. El Dictamen podrá ser emitido en el plazo de quince días si así lo solicita el órgano competente.

En todo caso, en el expediente que se remita al Consejo de Estado u órgano consultivo equivalente, se incluirá una propuesta de resolución. Cuando el Dictamen sea contrario al fondo de la propuesta de resolución, con independencia de que se atienda o no este criterio, el órgano competente para resolver acordará continuar el procedimiento con arreglo a la tramitación ordinaria, lo que se notificará a los interesados. En este caso, se entenderán convalidadas todas las actuaciones que se hubieran realizado durante la tramitación simplificada del procedimiento, a excepción del Dictamen del Consejo de Estado u órgano consultivo equivalente.

h) Resolución.

7. En el caso que un procedimiento exigiera la realización de un trámite no previsto en el apartado anterior, deberá ser tramitado de manera ordinaria.

2.7. La ejecución: la ejecución forzosa de los actos administrativos

Artículo 97. Título

1. Las Administraciones Públicas *no iniciarán ninguna actuación material de ejecución de resoluciones que limite derechos de los particulares* **sin que previamente haya sido adoptada la resolución que le sirva de fundamento jurídico**.

2. El órgano que ordene un acto de ejecución material de resoluciones estará obligado a notificar al particular interesado la resolución que autorice la actuación administrativa.

Artículo 98. Ejecutoriedad

1. **Los actos de las Administraciones Públicas sujetos al Derecho Administrativo serán inmediatamente ejecutivos**, *salvo que:*

a) Se produzca la suspensión de la ejecución del acto.

b) Se trate de una resolución de un procedimiento de naturaleza sancionadora contra la que quepa algún recurso en vía administrativa, incluido el potestativo de reposición.

c) Una disposición establezca lo contrario.

d) Se necesite aprobación o autorización superior.

2. Cuando de una resolución administrativa, o de cualquier otra forma de finalización del procedimiento administrativo prevista en esta ley, nazca una

obligación de pago derivada de una sanción pecuniaria, multa o cualquier otro derecho que haya de abonarse a la Hacienda pública, éste se efectuará preferentemente, salvo que se justifique la imposibilidad de hacerlo, utilizando alguno de los medios electrónicos siguientes:

a) Tarjeta de crédito y débito.
b) Transferencia bancaria.
c) Domiciliación bancaria.
d) Cualesquiera otros que se autoricen por el órgano competente en materia de Hacienda Pública.

Artículo 99. Ejecución forzosa

Las Administraciones Públicas, a través de sus órganos competentes en cada caso, podrán proceder, previo apercibimiento, a la ejecución forzosa de los actos administrativos, salvo en los supuestos en que se suspenda la ejecución de acuerdo con la Ley, o cuando la Constitución o la Ley exijan la intervención de un órgano judicial.

Artículo 100. Medios de ejecución forzosa

1. La ejecución forzosa por las Administraciones Públicas se efectuará, respetando siempre el *principio de proporcionalidad*, por los siguientes medios:

a) Apremio sobre el patrimonio.
b) Ejecución subsidiaria.
c) Multa coercitiva.
d) Compulsión sobre las personas.

2. Si fueran varios los medios de ejecución admisibles se elegirá el menos restrictivo de la libertad individual.

3. Si fuese necesario entrar en el domicilio del afectado o en los restantes lugares que requieran la autorización de su titular, las Administraciones Públicas deberán obtener el consentimiento del mismo o, en su defecto, la oportuna autorización judicial.

Artículo 101. Apremio sobre el patrimonio

1. Si en virtud de acto administrativo hubiera de satisfacerse cantidad líquida se seguirá el procedimiento previsto en las normas reguladoras del procedimiento de apremio.

2. En cualquier caso no podrá imponerse a los administrados una obligación pecuniaria que no estuviese establecida con arreglo a una norma de rango legal.

Artículo 102. Ejecución subsidiaria

1. Habrá lugar a la ejecución subsidiaria cuando se trate de actos que por no ser personalísimos puedan ser realizados por sujeto distinto del obligado.

2. En este caso, las Administraciones Públicas realizarán el acto, por sí o a través de las personas que determinen, a costa del obligado.

3. El importe de los gastos, daños y perjuicios se exigirá conforme a lo dispuesto en el artículo anterior.

4. Dicho importe podrá liquidarse de forma provisional y realizarse antes de la ejecución, a reserva de la liquidación definitiva.

Artículo 103. Multa coercitiva

1. Cuando así lo autoricen las Leyes, y en la forma y cuantía que éstas determinen, las Administraciones Públicas pueden, para la ejecución de determinados actos, imponer multas coercitivas, reiteradas por lapsos de tiempo que sean suficientes para cumplir lo ordenado, en los siguientes supuestos:

a) Actos personalísimos en que no proceda la compulsión directa sobre la persona del obligado.

b) Actos en que, procediendo la compulsión, la Administración no la estimara conveniente.

c) Actos cuya ejecución pueda el obligado encargar a otra persona.

2. La multa coercitiva es independiente de las sanciones que puedan imponerse con tal carácter y compatible con ellas.

Artículo 104. Compulsión sobre las personas

1. Los actos administrativos que impongan una obligación personalísima de no hacer o soportar podrán ser ejecutados por compulsión directa sobre las personas en los casos en que la ley expresamente lo autorice, y dentro siempre del respeto debido a su dignidad y a los derechos reconocidos en la Constitución.

2. Si, tratándose de obligaciones personalísimas de hacer, no se realizase la prestación, el obligado deberá resarcir los daños y perjuicios, a cuya liquidación y cobro se procederá en vía administrativa.

Artículo 105. Prohibición de acciones posesorias

No se admitirán a trámite acciones posesorias contra las actuaciones de los órganos administrativos realizadas en materia de su competencia y de acuerdo con el procedimiento legalmente establecido.

2.8. Obligación administrativa de resolver

Artículo 21. Obligación de resolver

1. *La Administración está obligada a dictar resolución expresa y a notificarla en todos los procedimientos cualquiera que sea su forma de iniciación.*

En los casos de prescripción, renuncia del derecho, caducidad del procedimiento o desistimiento de la solicitud, así como de desaparición sobrevenida del objeto del procedimiento, la resolución consistirá en la declaración de la circunstancia que concurra en cada caso, con indicación de los hechos producidos y las normas aplicables.

Se exceptúan de la obligación a que se refiere el párrafo primero, los supuestos de terminación del *procedimiento por pacto o convenio*, así como los procedimientos relativos al ejercicio de derechos sometidos únicamente al deber de declaración responsable o comunicación a la Administración.

2. El plazo máximo en el que debe notificarse la resolución expresa será el fijado por la norma reguladora del correspondiente procedimiento.

Este plazo no podrá exceder de seis meses salvo que una norma con rango de Ley establezca uno mayor o así venga previsto en el Derecho de la Unión Europea.

3. Cuando las normas reguladoras de los procedimientos no fijen el plazo máximo, éste será de tres meses. Este plazo y los previstos en el apartado anterior se contarán:

a) En los procedimientos iniciados de oficio, desde la fecha del acuerdo de iniciación.

b) En los iniciados a solicitud del interesado, desde la fecha en que la solicitud haya tenido entrada en el registro electrónico de la Administración u Organismo competente para su tramitación.

4. Las Administraciones Públicas deben publicar y mantener actualizadas en el portal web, a efectos informativos, las relaciones de procedimientos de su competencia, con indicación de los plazos máximos de duración de los mismos, así como de los efectos que produzca el silencio administrativo.

En todo caso, las Administraciones Públicas informarán a los interesados del plazo máximo establecido para la resolución de los procedimientos y para la notificación de los actos que les pongan término, así como de los efectos que pueda producir el silencio administrativo. Dicha mención se incluirá en la notificación o publicación del acuerdo de iniciación de oficio, o en la comunicación que se dirigirá al efecto al interesado dentro de los diez días siguientes a la recepción de la solicitud iniciadora del procedimiento en el registro electrónico de la Administración u Organismo competente para su tramitación. En este último caso, la comunicación indicará además la fecha en que la solicitud ha sido recibida por el órgano competente.

5. Cuando el número de las solicitudes formuladas o las personas afectadas pudieran suponer un incumplimiento del plazo máximo de resolución, el órgano competente para resolver, a propuesta razonada del órgano instructor, o el superior jerárquico del órgano competente para resolver, a propuesta de éste, podrán habilitar los medios personales y materiales para cumplir con el despacho adecuado y en plazo.

6. El personal al servicio de las Administraciones Públicas que tenga a su cargo el despacho de los asuntos, así como los titulares de los órganos administrativos competentes para instruir y resolver son directamente responsables, en el ámbito de sus competencias del cumplimiento de la obligación legal de dictar resolución expresa en plazo.

El incumplimiento de dicha obligación dará lugar a la exigencia de responsabilidad disciplinaria, sin perjuicio de la que hubiere lugar de acuerdo con la normativa aplicable.

Artículo 22. Suspensión del plazo máximo para resolver

1. El transcurso del plazo máximo legal para resolver un procedimiento y notificar la resolución se podrá suspender en los siguientes casos:

a) Cuando deba requerirse a cualquier interesado para la subsanación de deficiencias o la aportación de documentos y otros elementos de juicio necesarios, por el tiempo que medie entre la notificación del requerimiento y su efectivo cumplimiento por el destinatario, o, en su defecto, por el del plazo concedido, todo ello sin perjuicio de lo previsto en el artículo 68 de la presente Ley.

b) Cuando deba obtenerse un pronunciamiento previo y preceptivo de un órgano de la Unión Europea, por el tiempo que medie entre la petición, que habrá de comunicarse a los interesados, y la notificación del pronunciamiento a la Administración instructora, que también deberá serles comunicada.

c) Cuando exista un procedimiento no finalizado en el ámbito de la Unión Europea que condicione directamente el contenido de la resolución de que se trate, desde que se tenga constancia de su existencia, lo que deberá ser comunicado a los interesados, hasta que se resuelva, lo que también habrá de ser notificado.

d) Cuando se soliciten informes preceptivos a un órgano de la misma o distinta Administración, por el tiempo que medie entre la petición, que deberá comunicarse a los interesados, y la recepción del informe, que igualmente deberá ser comunicada a los mismos. Este plazo de suspensión no podrá exceder en ningún caso de tres meses. En caso de no recibirse el informe en el plazo indicado, proseguirá el procedimiento.

e) Cuando deban realizarse pruebas técnicas o análisis contradictorios o dirimentes propuestos por los interesados, durante el tiempo necesario para la incorporación de los resultados al expediente.

f) Cuando se inicien negociaciones con vistas a la conclusión de un pacto o convenio en los términos previstos en el artículo 86 de esta Ley, desde la declaración formal al respecto y hasta la conclusión sin efecto, en su caso, de las referidas negociaciones, que se constatará mediante declaración formulada por la Administración o los interesados.

g) Cuando para la resolución del procedimiento sea indispensable la obtención de un previo pronunciamiento por parte de un órgano jurisdiccional, desde el momento en que se solicita, lo que habrá de comunicarse a los interesados, hasta que la Administración tenga constancia del mismo, lo que también deberá serles comunicado.

2. **El transcurso del plazo máximo legal para resolver un procedimiento y notificar la resolución se suspenderá en los siguientes casos:**

a) Cuando una Administración Pública requiera a otra para que anule o revise un acto que entienda que es ilegal y que constituya la base para el que la primera haya de dictar en el ámbito de sus competencias, en el supuesto al que se refiere el apartado 5 del artículo 39 de esta Ley, desde que se realiza el requerimiento hasta que se atienda o, en su caso, se resuelva el recurso interpuesto ante la jurisdicción contencioso administrativa. Deberá ser comunicado a los interesados tanto la realización del requerimiento, como su cumplimiento o, en su caso, la resolución del correspondiente recurso contencioso-administrativo.

b) Cuando el órgano competente para resolver decida realizar alguna actuación complementaria de las previstas en el artículo 87, desde el momento en que se notifique a los interesados el acuerdo motivado del inicio de las actuaciones hasta que se produzca su terminación.

c) Cuando los interesados promuevan la recusación en cualquier momento de la tramitación de un procedimiento, desde que ésta se plantee hasta que sea resuelta por el superior jerárquico del recusado.

Artículo 23. Ampliación del plazo máximo para resolver y notificar

1. Excepcionalmente, cuando se hayan agotado los medios personales y materiales disponibles a los que se refiere el apartado 5 del artículo 21, el órgano competente para resolver, a propuesta, en su caso, del órgano instructor o el superior jerárquico del órgano competente para resolver, podrá acordar de manera motivada la ampliación del plazo máximo de resolución y notificación, no pudiendo ser éste superior al establecido para la tramitación del procedimiento.

2. Contra el acuerdo que resuelva sobre la ampliación de plazos, que deberá ser notificado a los interesados, no cabrá recurso alguno.

2.9. Efectos del silencio administrativo

Artículo 24. Silencio administrativo en procedimientos iniciados a solicitud del interesado

1. En los procedimientos iniciados a solicitud del interesado, sin perjuicio de la resolución que la Administración debe dictar en la forma prevista en el apartado 3 de este artículo, **el vencimiento del plazo máximo sin haberse notificado resolución expresa, legitima al interesado o interesados para entenderla estimada por silencio administrativo**, *excepto* en los supuestos en los *que una norma con rango de ley o una norma de Derecho de la Unión Europea o de Derecho internacional aplicable en España establezcan lo contrario.* Cuando el procedimiento tenga por objeto el acceso a actividades o su ejercicio, la ley que disponga el carácter desestimatorio del silencio deberá fundarse en la concurrencia de razones imperiosas de interés general.

El silencio tendrá efecto desestimatorio en los *procedimientos relativos al ejercicio del derecho de petición,* a que se refiere el artículo 29 de la Constitución, *aquellos cuya estimación tuviera como consecuencia que se transfirieran al solicitante o a terceros facultades relativas al dominio público* o al servicio público, impliquen el ejercicio de actividades que puedan *dañar el medio ambiente y en los procedimientos de responsabilidad patrimonial de las Administraciones Públicas.*

El sentido del silencio *también será desestimatorio en los procedimientos de impugnación de actos y disposiciones y en los de revisión de oficio* iniciados a solicitud de los interesados. No obstante, cuando el recurso de alzada se haya interpuesto contra la desestimación por silencio administrativo de una solicitud por el transcurso del plazo, se entenderá estimado el mismo si, llegado el plazo de resolución, el órgano administrativo competente no dictase y notificase resolución expresa, siempre que no se refiera a las materias enumeradas en el párrafo anterior de este apartado.

2. La estimación por silencio administrativo tiene a todos los efectos la consideración de acto administrativo finalizador del procedimiento. La desestimación por silencio administrativo tiene los solos efectos de permitir a los interesados la interposición del recurso administrativo o contencioso-administrativo que resulte procedente.

3. La obligación de dictar resolución expresa a que se refiere el apartado primero del artículo 21 se sujetará al siguiente régimen:

a) En los casos de estimación por silencio administrativo, la resolución expresa posterior a la producción del acto sólo podrá dictarse de ser confirmatoria del mismo.

b) En los casos de desestimación por silencio administrativo, la resolución expresa posterior al vencimiento del plazo se adoptará por la Administración sin vinculación alguna al sentido del silencio.

4. Los actos administrativos producidos por silencio administrativo se podrán hacer valer tanto ante la Administración como ante cualquier persona física o jurídica, pública o privada. Los mismos producen efectos desde el vencimiento del plazo máximo en el que debe dictarse y notificarse la resolución expresa sin que la misma se haya expedido, y su existencia puede ser acreditada por cualquier medio de prueba admitido en Derecho, incluido el certificado acreditativo del silencio producido. Este certificado se expedirá de oficio por el órgano competente para resolver en el plazo de quince días desde que expire el plazo máximo para resolver el procedimiento. Sin perjuicio de lo anterior, el interesado podrá pedirlo en cualquier momento, computándose el plazo indicado anteriormente desde el día siguiente a aquél en que la petición tuviese entrada en el registro electrónico de la Administración u Organismo competente para resolver.

Artículo 25. Falta de resolución expresa en procedimientos iniciados de oficio

1. En los procedimientos iniciados de oficio, el vencimiento del plazo máximo establecido sin que se haya dictado y notificado resolución expresa no exime a la Administración del cumplimiento de la obligación legal de resolver, produciendo los siguientes efectos:

a) En el caso de procedimientos de los que pudiera derivarse el reconocimiento o, en su caso, la constitución de derechos u otras situaciones jurídicas favorables, los interesados que hubieren comparecido podrán entender desestimadas sus pretensiones por silencio administrativo.

b) En los procedimientos en que la Administración ejercite potestades sancionadoras o, en general, de intervención, susceptibles de producir efectos desfavorables o de gravamen, se producirá la caducidad. En estos casos, la resolución que declare la caducidad ordenará el archivo de las actuaciones, con los efectos previstos en el artículo 95.

2. En los supuestos en los que el procedimiento se hubiera paralizado por causa imputable al interesado, se interrumpirá el cómputo del plazo para resolver y notificar la resolución.

3. Medios de impugnación de la actuación administrativa. La revisión de oficio. Los recursos administrativos: concepto y clases

3.1. Los recursos administrativos: concepto y clases

Como se dijo, la presunción de validez de los actos administrativos es *iuris tantum*, es decir, que admite prueba en contrario por parte del interesado cuando entable el correspondiente recurso administrativo y, en su caso, contencioso-administrativo, de forma que, si demuestra que la Administración ha incurrido en ilegalidad al dictar el acto, éste debe ser anulado.

A este fin, y al margen de los supuestos de la revisión de oficio, que estudiamos en el tema 1, la Ley ha concedido al particular diversos cauces para poder llegar a esta anulación, que no son otros que los recursos administrativos o, en su caso, el acceso a los órganos jurisdiccionales para conseguir una satisfacción a sus pretensiones, a través del recurso contencioso-administrativo.

Concepto: Para GARCÍA DE ENTERRÍA, los recursos administrativos son **"actos del administrado mediante los que este pide a la propia Administración la revocación o reforma de un acto suyo o de una disposición de carácter general de rango inferior a la Ley en base a su título jurídico específico".**

Siguiendo al autor citado, puede señalarse que el recurso administrativo es una garantía para los afectados por la resolución administrativa, en cuanto les aseguran la posibilidad de reaccionar contra ella y, eventualmente, de eliminar el perjuicio que comporta, alcanzando a todo tipo de actos administrativos.

Siguiendo con lo desarrollado en los dos tema anteriores, y para terminar el contenido de los recursos administrativos se encuentra en la Ley de Procedimiento Administrativo Común de las Administraciones Públicas, ley 39/2015, a la que denominaremos LPAC, la cual tras establecer los principios generales comunes a todos los recursos regula tres tipos:

- Recurso de Alzada.
- Recurso potestativo de Reposición.
- Recurso extraordinario de Revisión.

3.1.1. Principios generales

Artículo 112. Objeto y clases

1. Contra las resoluciones y los actos de trámite, si estos últimos deciden directa o indirectamente el fondo del asunto, determinan la imposibilidad de continuar el procedimiento, producen indefensión o perjuicio irreparable a derechos e intereses legítimos, podrán interponerse por los interesados los **recursos de alzada** y **potestativo de reposición**, que **cabrá fundar en cualquiera de los motivos de nulidad o anulabilidad previstos en los artículos 47 y 48 de esta Ley.**

La oposición a los restantes actos de trámite podrá alegarse por los interesados para su consideración en la resolución que ponga fin al procedimiento.

2. Las leyes podrán sustituir el recurso de alzada, en supuestos o ámbitos sectoriales determinados, y cuando la especificidad de la materia así lo justifique, por otros procedimientos de impugnación, reclamación, conciliación, mediación y arbitraje, ante órganos colegiados o Comisiones específicas no sometidas a instrucciones jerárquicas, con respeto a los principios, garantías y plazos que la presente Ley reconoce a las personas y a los interesados en todo procedimiento administrativo.

En las mismas condiciones, el recurso de reposición podrá ser sustituido por los procedimientos a que se refiere el párrafo anterior, respetando su carácter potestativo para el interesado.

La aplicación de estos procedimientos en el ámbito de la Administración Local no podrá suponer el desconocimiento de las facultades resolutorias reconocidas a los órganos representativos electos establecidos por la Ley.

3. *Contra las disposiciones administrativas de carácter general no cabrá recurso en vía administrativa.*

Los recursos contra un acto administrativo que se funden únicamente en la nulidad de alguna disposición administrativa de carácter general podrán interponerse directamente ante el órgano que dictó dicha disposición.

4. Las reclamaciones económico-administrativas se ajustarán a los procedimientos establecidos por su legislación específica.

Artículo 113. Recurso extraordinario de revisión

Contra los actos firmes en vía administrativa, sólo procederá el recurso extraordinario de revisión cuando concurra alguna de las circunstancias previstas en el artículo 125.1.

Artículo 114. Fin de la vía administrativa

1. *Ponen fin a la vía administrativa:*

a) Las resoluciones de los recursos de alzada.

b) Las resoluciones de los procedimientos a que se refiere el artículo 112.2.

c) Las resoluciones de los órganos administrativos que carezcan de superior jerárquico, salvo que una Ley establezca lo contrario.

d) Los acuerdos, pactos, convenios o contratos que tengan la consideración de finalizadores del procedimiento.

e) La resolución administrativa de los procedimientos de responsabilidad patrimonial, cualquiera que fuese el tipo de relación, pública o privada, de que derive.

f) La resolución de los procedimientos complementarios en materia sancionadora a los que se refiere el artículo 90.4.

g) Las demás resoluciones de órganos administrativos cuando una disposición legal o reglamentaria así lo establezca.

2. Además de lo previsto en el apartado anterior, *en el ámbito estatal ponen fin a la vía administrativa los actos y resoluciones siguientes*:

a) Los actos administrativos de los miembros y órganos del Gobierno.

b) Los emanados de los Ministros y los Secretarios de Estado en el ejercicio de las competencias que tienen atribuidas los órganos de los que son titulares.

c) Los emanados de los órganos directivos con nivel de Director general o superior, en relación con las competencias que tengan atribuidas en materia de personal.

d) En los Organismos públicos y entidades derecho público vinculados o dependientes de la Administración General del Estado, los emanados de los máximos órganos de dirección unipersonales o colegiados, de acuerdo con lo que establezcan sus estatutos, salvo que por ley se establezca otra cosa.

Artículo 115. Interposición de recurso

1. *La interposición del recurso deberá expresar:*

a) El nombre y apellidos del recurrente, así como la identificación personal del mismo.

b) El acto que se recurre y la razón de su impugnación.

c) Lugar, fecha, firma del recurrente, identificación del medio y, en su caso, del lugar que se señale a efectos de notificaciones.

d) Órgano, centro o unidad administrativa al que se dirige y su correspondiente código de identificación.

e) Las demás particularidades exigidas, en su caso, por las disposiciones específicas.

2. El error o la ausencia de la calificación del recurso por parte del recurrente no será obstáculo para su tramitación, siempre que se deduzca su verdadero carácter.

3. Los vicios y defectos que hagan anulable un acto no podrán ser alegados por quienes los hubieren causado.

Artículo 116. Causas de inadmisión

Serán causas de inadmisión las siguientes:

a) Ser incompetente el órgano administrativo, cuando el competente perteneciera a otra Administración Pública. El recurso deberá remitirse al órgano competente, de acuerdo con lo establecido en el artículo 14.1 de la Ley de Régimen Jurídico del Sector Público.

b) Carecer de legitimación el recurrente.

c) Tratarse de un acto no susceptible de recurso.

d) Haber transcurrido el plazo para la interposición del recurso.

e) Carecer el recurso manifiestamente de fundamento.

Artículo 117. Suspensión de la ejecución

1. La interposición de cualquier recurso, excepto en los casos en que una disposición establezca lo contrario, no suspenderá la ejecución del acto impugnado.

2. No obstante lo dispuesto en el apartado anterior, el órgano a quien competa resolver el recurso, previa ponderación, suficientemente razonada, entre el perjuicio que causaría al interés público o a terceros la suspensión y el ocasionado al recurrente como consecuencia de la eficacia inmediata del acto recurrido, podrá suspender, de oficio o a solicitud del recurrente, la ejecución del acto impugnado cuando concurran alguna de las siguientes circunstancias:

a) Que la ejecución pudiera causar perjuicios de imposible o difícil reparación.

b) Que la impugnación se fundamente en alguna de las causas de nulidad de pleno derecho previstas en el artículo 47.1 de esta Ley.

3. La ejecución del acto impugnado se entenderá suspendida si transcurrido un mes desde que la solicitud de suspensión haya tenido entrada en el registro

electrónico de la Administración u Organismo competente para decidir sobre la misma, el órgano a quien competa resolver el recurso no ha dictado y notificado resolución expresa al respecto. En estos casos, no será de aplicación lo establecido en el artículo 21.4 segundo párrafo, de esta Ley.

4. Al dictar el acuerdo de suspensión podrán adoptarse las medidas cautelares que sean necesarias para asegurar la protección del interés público o de terceros y la eficacia de la resolución o el acto impugnado.

Cuando de la suspensión puedan derivarse perjuicios de cualquier naturaleza, aquélla sólo producirá efectos previa prestación de caución o garantía suficiente para responder de ellos, en los términos establecidos reglamentariamente.

La suspensión se prolongará después de agotada la vía administrativa cuando, habiéndolo solicitado previamente el interesado, exista medida cautelar y los efectos de ésta se extiendan a la vía contencioso-administrativa. Si el interesado interpusiera recurso contencioso-administrativo, solicitando la suspensión del acto objeto del proceso, se mantendrá la suspensión hasta que se produzca el correspondiente pronunciamiento judicial sobre la solicitud.

5. Cuando el recurso tenga por objeto la impugnación de un acto administrativo que afecte a una pluralidad indeterminada de personas, la suspensión de su eficacia habrá de ser publicada en el periódico oficial en que aquél se insertó.

Artículo 118. Audiencia de los interesados

1. Cuando hayan de tenerse en cuenta nuevos hechos o documentos no recogidos en el expediente originario, se pondrán de manifiesto a los interesados para que, en un plazo no inferior a diez días ni superior a quince, formulen las alegaciones y presenten los documentos y justificantes que estimen procedentes.

No se tendrán en cuenta en la resolución de los recursos, hechos, documentos o alegaciones del recurrente, cuando habiendo podido aportarlos en el trámite de alegaciones no lo haya hecho. Tampoco podrá solicitarse la práctica de pruebas cuando su falta de realización en el procedimiento en el que se dictó la resolución recurrida fuera imputable al interesado.

2. Si hubiera otros interesados se les dará, en todo caso, traslado del recurso para que en el plazo antes citado, aleguen cuanto estimen procedente.

3. El recurso, los informes y las propuestas no tienen el carácter de documentos nuevos a los efectos de este artículo. Tampoco lo tendrán los que los interesados hayan aportado al expediente antes de recaer la resolución impugnada.

Artículo 119. Resolución

1. La resolución del recurso estimará en todo o en parte o desestimará las pretensiones formuladas en el mismo o declarará su inadmisión.

2. Cuando existiendo vicio de forma no se estime procedente resolver sobre el fondo se ordenará la retroacción del procedimiento al momento en el que el vicio fue cometido, sin perjuicio de que eventualmente pueda acordarse la convalidación de actuaciones por el órgano competente para ello, de acuerdo con lo dispuesto en el artículo 52.

3. El órgano que resuelva el recurso decidirá cuantas cuestiones, tanto de forma como de fondo, plantee el procedimiento, hayan sido o no alegadas por los interesados. En este último caso se les oirá previamente. No obstante, la resolución será congruente con las peticiones formuladas por el recurrente, sin que en ningún caso pueda agravarse su situación inicial.

Artículo 120. Pluralidad de recursos administrativos

1. Cuando deban resolverse una pluralidad de recursos administrativos que traigan causa de un mismo acto administrativo y se hubiera interpuesto un recurso judicial contra una resolución administrativa o bien contra el correspondiente acto presunto desestimatorio, el órgano administrativo podrá acordar la suspensión del plazo para resolver hasta que recaiga pronunciamiento judicial.

2. El acuerdo de suspensión deberá ser notificado a los interesados, quienes podrán recurrirlo.

La interposición del correspondiente recurso por un interesado, no afectará a los restantes procedimientos de recurso que se encuentren suspendidos por traer causa del mismo acto administrativo.

3. Recaído el pronunciamiento judicial, será comunicado a los interesados y el órgano administrativo competente para resolver podrá dictar resolución sin necesidad de realizar ningún trámite adicional, salvo el de audiencia, cuando proceda.

3.1.2. Recurso de alzada

Artículo 121. Objeto

1. Las resoluciones y actos a que se refiere el artículo 112.1, **cuando no pongan fin a la vía administrativa, podrán ser recurridos en alzada** *ante el órgano superior jerárquico del que los dictó.* A estos efectos, los Tribunales y órganos de selección del personal al servicio de las Administraciones Públicas y cualesquiera otros que, en el seno de éstas, actúen con autonomía funcional, se

considerarán dependientes del órgano al que estén adscritos o, en su defecto, del que haya nombrado al presidente de los mismos.

2. El recurso podrá interponerse ante el órgano que dictó el acto que se impugna o ante el competente para resolverlo.

Si el recurso se hubiera interpuesto ante el órgano que dictó el acto impugnado, éste deberá remitirlo al competente en el plazo de diez días, con su informe y con una copia completa y ordenada del expediente.

El titular del órgano que dictó el acto recurrido será responsable directo del cumplimiento de lo previsto en el párrafo anterior.

Artículo 122. Plazos

1. El plazo para la interposición del recurso de alzada será de **un mes,** si el acto fuera expreso. Transcurrido dicho plazo sin haberse interpuesto el recurso, la resolución será firme a todos los efectos.

Si el acto no fuera expreso el solicitante y otros posibles interesados podrán interponer recurso de alzada en cualquier momento a partir del día siguiente a aquel en que, de acuerdo con su normativa específica, se produzcan los efectos del silencio administrativo.

2. El plazo máximo para **dictar y notificar la resolución será de tres meses**. Transcurrido este plazo sin que recaiga resolución, se podrá entender desestimado el recurso, salvo en el supuesto previsto en el artículo 24.1, tercer párrafo.

3. Contra la resolución de un recurso de alzada no cabrá ningún otro recurso administrativo, salvo el recurso extraordinario de revisión, en los casos establecidos en el artículo 125.1.

3.1.3. Recurso potestativo de reposición

Artículo 123. Objeto y naturaleza

1. Los **actos administrativos que pongan fin a la vía administrativa podrán ser recurridos potestativamente en reposición** *ante el mismo órgano* que los hubiera dictado o ser impugnados directamente ante el orden jurisdiccional contencioso-administrativo.

2. No se podrá interponer recurso contencioso-administrativo hasta que sea resuelto expresamente o se haya producido la desestimación presunta del recurso de reposición interpuesto.

Artículo 124. Plazos

1. El plazo para la interposición del recurso de reposición **será de un mes**, si el acto fuera expreso. Transcurrido dicho plazo, únicamente podrá interponerse recurso contencioso-administrativo, sin perjuicio, en su caso, de la procedencia del recurso extraordinario de revisión.

Si el acto no fuera expreso, el solicitante y otros posibles interesados podrán interponer recurso de reposición en cualquier momento a partir del día siguiente a aquel en que, de acuerdo con su normativa específica, se produzca el acto presunto.

2. El plazo máximo **para dictar y notificar la resolución del recurso será de un mes.**

3. Contra la resolución de un recurso de reposición no podrá interponerse de nuevo dicho recurso.

3.1.4. Recurso extraordinario de revisión

Artículo 125. Objeto y plazos

1. **Contra los actos firmes en vía administrativa** podrá interponerse el recurso extraordinario de revisión ante el órgano administrativo que los dictó, que también será el competente para su resolución, cuando concurra alguna de las circunstancias siguientes:

a) Que al dictarlos se hubiera incurrido en **error de hecho,** que resulte de los propios documentos incorporados al expediente.

b) Que **aparezcan documentos** de valor esencial para la resolución del asunto que, aunque sean posteriores, evidencien el error de la resolución recurrida.

c) Que en la resolución hayan influido esencialmente documentos o **testimonios declarados falsos por sentencia judicial firme**, anterior o posterior a aquella resolución.

d) Que la resolución se hubiese dictado **como consecuencia de prevaricación, cohecho, violencia, maquinación fraudulenta** u otra conducta punible y se haya declarado así en virtud de sentencia judicial firme.

2. El recurso extraordinario de revisión se interpondrá, cuando se trate de la **causa a) del apartado anterior, dentro del plazo de cuatro años** siguientes a la fecha de la notificación de la resolución impugnada. En **los demás casos, el plazo será de tres meses a contar desde el conocimiento de los documentos o** desde que la sentencia judicial quedó firme.

3. Lo establecido en el presente artículo no perjudica el derecho de los interesados a formular la solicitud y la instancia a que se refieren los artículos 106 y 109.2 de la presente Ley ni su derecho a que las mismas se sustancien y resuelvan.

Artículo 126. Resolución

1. El órgano competente para la resolución del recurso podrá acordar motivadamente la inadmisión a trámite, sin necesidad de recabar dictamen del Consejo de Estado u órgano consultivo de la Comunidad Autónoma, cuando el mismo no se funde en alguna de las causas previstas en el apartado 1 del artículo anterior o en el supuesto de que se hubiesen desestimado en cuanto al fondo otros recursos sustancialmente iguales.

2. El órgano al que corresponde conocer del recurso extraordinario de revisión debe pronunciarse no sólo sobre la procedencia del recurso, sino también, en su caso, sobre el fondo de la cuestión resuelta por el acto recurrido.

3. Transcurrido el plazo de tres meses desde la interposición del recurso extraordinario de revisión sin haberse dictado y notificado la resolución, se entenderá desestimado, quedando expedita la vía jurisdiccional contencioso-administrativa.

3.2. Desarrollo del proceso contencioso administrativo: el procedimiento ordinario y el abreviado

3.2.1. Procedimiento ordinario

Una de las novedades más importantes de la nueva LJCA ha consistido en la introducción de un procedimiento abreviado para determinadas materias de cuantía determinada limitada, basado en el principio de oralidad, razón por la cual, y prescindiendo de los procedimientos especiales por razón de materia, que enumeraremos más adelante, existen dos procedimientos: el que pudiéramos llamar *ordinario*, denominado en la ley *de primera o única instancia*, y el procedimiento *abreviado*.

El llamado procedimiento *de primera o única instancia* consta de los siguientes trámites:

1. Diligencias preliminares

Solo hay dos casos en el que la ley exige diligencias preliminares:

La vigente LJCA señala como único requisito previo a la impugnación en vía jurisdiccional la declaración de lesividad, estableciendo que cuando la propia

Administración autora de algún acto pretendiere demandar su anulación ante la jurisdicción contencioso-administrativa, deberá previamente declararlo lesivo para el interés público.

El segundo se ha introducido, por el recurso especial en materia de contratación administrativa por la Ley de Contratos del Sector Público, y así el artículo 44. 2 de LJCA establece:

"Cuando la Administración contratante, el contratista o terceros pretendan recurrir las decisiones adoptadas por los órganos administrativos a los que corresponde resolver los recursos especiales y las reclamaciones en materia de contratación a que se refiere la legislación de Contratos del Sector Público interpondrán el recurso directamente y sin necesidad de previo requerimiento o recurso administrativo."

2. Interposición del recurso y reclamación del expediente

El recurso contencioso-administrativo, cuando no sea la propia Administración autora del acto quien lo interponga, se iniciará por un escrito reducido a citar la disposición, acto, inactividad o actuación constitutiva de vía de hecho que se impugne y a solicitar que se tenga por interpuesto el recurso, salvo cuando la LJCA disponga otra cosa (art. 45).

A este escrito se acompañará:

- El documento que acredite la representación del compareciente, salvo si figurase unido a las actuaciones de otro recurso pendiente ante el mismo Juzgado o Tribunal, en cuyo caso podrá solicitarse que se expida certificación para su unión a los autos.
- El documento o documentos que acrediten la legitimación del actor cuando la ostente por habérsela transmitido otro por herencia o por cualquier otro título.
- La copia o traslado de la disposición o del acto expreso que se recurran, o indicación del expediente en que haya recaído el acto o el periódico oficial en que la disposición se haya publicado. Si el objeto del recurso fuera la inactividad de la Administración o una vía de hecho, se mencionará el órgano o dependencia al que se atribuya una u otra, en su caso, el expediente en que tuvieran origen, o cualesquiera otros datos que sirvan para identificar suficientemente el objeto del recurso.
- El documento o documentos que acrediten el cumplimiento de los requisitos exigidos para entablar acciones las personas jurídicas con arreglo a las normas o estatutos que les sean de aplicación, salvo que se hubieran incorporado o insertado en lo pertinente dentro del cuerpo del documento que acredite la representación del compareciente.

El Secretario judicial examinará de oficio la validez de la comparecencia tan pronto como se haya presentado el escrito de interposición (art. 45.3). Si con éste no se acompañan los documentos expresados en el apartado anterior o los presentados son incompletos y, en general, siempre que el Secretario judicial estime que no concurren los requisitos exigidos por esta Ley para la validez de la comparecencia, requerirá inmediatamente la subsanación de los mismos, señalando un plazo de diez días para que el recurrente pueda llevarla a efecto, y si no lo hace, se ordenará el archivo de las actuaciones.

El recurso contencioso-administrativo formalizado por la propia Administración autora de algún acto declarado lesivo se iniciará con la presentación de la demanda, que fijará con precisión la persona o personas demandadas y su sede o domicilio si constara. A esta demanda se acompañará en todo caso la declaración de lesividad y el expediente administrativo.

Plazos (art. 46 LJCA).

- **Acto expreso:** 2 meses desde el día siguiente a:
  - ▹ Publicación de la disposición impugnada.
  - ▹ Notificación o publicación del acto que ponga fin a la vía administrativa.
  - ▹ Inactividad:
    - 3 meses desde el requerimiento en caso de inactividad prestacional.
    - 1 mes desde el requerimiento en caso de inejecución de actos administrativos.
  - ▹ Recurso de lesividad: Fecha declaración de lesividad.
  - ▹ Litigios entre administraciones: Cuando hay requerimiento desde aquel en que se reciba la comunicación del acuerdo expreso o se entienda presuntamente rechazado.
- **Acto presunto:** 6 meses a partir del día siguiente al que se produzca el acto presunto según su normativa.
- **Vía de hecho:**
  - ▹ Si hubo requerimiento: 10 días desde el día siguiente a la terminación del plazo de 10 días siguientes al requerimiento.
  - ▹ Si no hubo requerimiento: 20 días desde que se inició la actuación administrativa en vía de hecho.

3. Demanda, contestación y alegaciones previas

Recibido el expediente administrativo en el Juzgado o Tribunal y comprobados, y en su caso completados, los emplazamientos, se acordará que se entregue al recurrente para que se deduzca la demanda en el plazo de veinte días. El emplazamiento de la Administración se entenderá efectuado por la reclamación del expediente.

Si la demanda no se hubiera presentado dentro del plazo, el juzgado o sala, de oficio, declarará por auto la caducidad del recurso. No obstante, se admitirá el escrito de demanda, y producirá sus efectos legales, si se presentare dentro del día que se notifique el auto.

Presentada la demanda, se dará traslado de la misma, con entrega del expediente administrativo, a las partes demandadas que hubieran comparecido, para que la contesten en el plazo de veinte días.

4. Alegaciones previas

Las partes demandadas podrán alegar, dentro de los primeros cinco días del plazo para contestar la demanda, los motivos que pudieren determinar la incompetencia del órgano jurisdiccional o la inadmisibilidad del recurso con arreglo a lo dispuesto en el artículo 69, sin perjuicio de que tales motivos, salvo la incompetencia del órgano jurisdiccional, puedan ser alegados en la contestación, incluso si hubiesen sido desestimados como alegación previa.

Del escrito formulando alegaciones previas se dará traslado por cinco días al actor, el cual podrá subsanar el defecto, si procediera, en el plazo de diez días.

El auto desestimatorio de las alegaciones previas no será susceptible de recurso y dispondrá que se conteste la demanda en el plazo que reste.

Una vez firme el auto estimatorio de las alegaciones previas, se declarará la inadmisibilidad del recurso y se ordenará la devolución del expediente administrativo a la oficina de donde procediere.

5. Prueba

Solamente se podrá pedir el recibimiento del proceso a prueba por medio de otrosí, en los escritos de demanda y contestación y en los de alegaciones complementarias. Si de la contestación a la demanda resultaran nuevos hechos de trascendencia para la resolución del pleito, el recurrente podrá pedir el recibimiento a prueba dentro de los tres días siguientes a aquel en que se haya dado traslado de la misma.

La prueba se desarrollará con arreglo a las normas generales establecidas para el proceso civil, si bien el plazo será de treinta días para practicarla.

6. Vista y conclusiones

Salvo que en esta Ley se disponga otra cosa, las partes podrán solicitar que se celebre vista, que se presenten conclusiones o que el pleito sea declarado concluso, sin más trámites, para sentencia.

7. Sentencia

La sentencia se dictará en el plazo de diez días desde que el pleito haya sido declarado concluso y decidirá todas las cuestiones controvertidas en el proceso.

La sentencia pronunciará alguno de los fallos siguientes:

a) Inadmisibilidad del recurso contencioso-administrativo.

b) Estimación o desestimación del recurso contencioso-administrativo.

La sentencia contendrá además el pronunciamiento que corresponda respecto de las costas.

La sentencia declarará la inadmisibilidad del recurso o de alguna de las pretensiones en los casos siguientes:

a) Que el Juzgado o Tribunal Contencioso-administrativo carezca de jurisdicción.

b) Que se hubiera interpuesto por persona incapaz, no debidamente representada o no legitimada.

c) Que tuviera por objeto disposiciones, actos o actuaciones no susceptibles de impugnación.

d) Que recayera sobre cosa juzgada o existiera litispendencia.

e) Que se hubiera presentado el escrito inicial del recurso fuera del plazo establecido.

La sentencia desestimará el recurso cuando se ajusten a Derecho la disposición, acto o actuación impugnados.

La sentencia estimará el recurso contencioso-administrativo cuando la disposición, la actuación o el acto incurrieran en cualquier infracción del ordenamiento jurídico, incluida la desviación de poder. Se entiende por desviación de poder el ejercicio de potestades administrativas para fines distintos de los fijados por el ordenamiento jurídico.

8. Otras formas de terminación del procedimiento

Además de por sentencia, como forma normal de terminación del procedimiento contencioso-administrativo, éste puede concluir también por:

- Desistimiento.
- Allanamiento.
- Reconocimiento de la pretensión en vía administrativa.
- Terminación convencional.

3.2.2. Procedimiento abreviado

Como antes se dijo, este procedimiento fue introducido por vez primera en la LJCA de 1998 para determinadas materias de cuantía determinada limitada, procedimiento basado en el principio de oralidad.

Los Juzgados de lo Contencioso-Administrativo de este Orden Jurisdiccional conocen por el procedimiento abreviado de los asuntos de su competencia que se susciten sobre cuestiones de personal al servicio de las Administraciones Públicas, sobre extranjería y sobre inadmisión de peticiones de asilo político, asuntos de disciplina deportiva en materia de dopaje, así como todas aquellas cuya cuantía no supere los 30.000 euros. (Párrafo modificado por la Ley 37/2011).

Se inicia mediante **demanda**; el Secretario judicial ordenará su traslado al demandado, la reclamación del expediente a la Administración demandada y la citación a las partes para el acto de la vista oral, fijando el día y hora de la misma.

Acto de la vista:

a) La vista se inicia con la intervención del demandante, siguiendo la exposición del demandado; si éste formulase cuestiones previas de orden formal que impidiesen dictar sentencia sobre el fondo, se oirá nuevamente al demandante, resolviéndolas el Juez en el acto (art. 78.6 a 8 LJCA);

b) Acto seguido, el Juez dará la palabra a las partes para fijar con claridad los hechos en que fundamenten sus pretensiones; si no hubiere conformidad sobre ellos, se propondrán las pruebas y, una vez admitidas, se practicarán seguidamente (art. 78.10 LJCA);

c) Tras la práctica de la prueba, se dará la palabra a los Letrados para fijar sus conclusiones; y si asisten las personas que sean parte en el proceso (no sus representantes) podrán solicitar del Juez exponer de palabra lo que crean oportuno para su defensa (art. 78.19 LJCA).

Terminada la vista, se firmará el acta, debiendo el Juez dictar **sentencia dentro de los 10 días siguientes** (art. 78.20 y 22 LJCA).

3.3. Procedimientos especiales

Desaparecido como proceso especial el relacionado con los casos de personal, se contemplan como especiales los siguientes:

1. El de protección de los derechos fundamentales de la persona.
2. La cuestión de ilegalidad.
3. El de suspensión administrativa previa de acuerdos.
4. El contencioso-electoral.
5. Procedimiento para la garantía de la unidad de mercado.
6. Procedimiento para la declaración judicial de extinción de partidos políticos.

3.3.1. Procedimiento para la protección de los derechos fundamentales

Como especialidad destaca: El plazo para interponer este recurso será de **10 días**, que se computarán:

- Desde el día siguiente al de notificación del acto, publicación de la disposición impugnada, requerimiento para el cese de la vía de hecho, o transcurso del plazo fijado para la resolución.
- Transcurridos veinte días desde la reclamación, la presentación del recurso o el inicio de la actuación administrativa en vía de hecho, respectivamente, cuando la lesión tuviera su origen en la inactividad administrativa, se hubiera interpuesto potestativamente un recurso administrativo, o vía de hecho, sin requerimiento.

En el mismo día de la presentación del recurso o en el siguiente el secretario judicial requerirá con carácter urgente al órgano administrativo correspondiente, acompañando copia del escrito de interposición, para que en el plazo máximo de cinco días, a contar desde la recepción del requerimiento, remita el expediente. Si se recibe después de este plazo se dará traslado a las partes para alegaciones en 48 horas.

Al remitir el expediente, el órgano administrativo lo comunicará a todos los que aparezcan como interesados en el mismo, acompañando copia del escrito de interposición y emplazándoles para que puedan comparecer como demandados ante el Juzgado o Sala en el plazo de cinco días.

Acordada la prosecución del procedimiento especial de este capítulo, se pondrán de manifiesto al recurrente el expediente y demás actuaciones para que en el **plazo improrrogable de ocho días pueda formalizar la demanda** y acompañar los documentos.

Formalizada la demanda, se dará traslado al Ministerio Fiscal y a las demás partes para que presenten alegaciones y documentos en el plazo de 8 días.

La prueba se propondrá y practicará en el plazo máximo de 20 días.

Conclusas las actuaciones, el órgano jurisdiccional dictará sentencia en el plazo de cinco días, contra la que procederá la apelación en un solo efecto si proviene del Juzgado de lo Contencioso Administrativo.

3.3.2. Cuestión de ilegalidad

El Juez o Tribunal planteará, mediante auto, la cuestión de ilegalidad prevista en el art. 27.1 **dentro de los 5 días siguientes a que conste en las actuaciones la firmeza de la sentencia**... En este Auto se emplazará a las partes para que formulen alegaciones en el plazo de 15 días.

Terminado el plazo de personación y alegaciones, se declarará concluso el procedimiento. **La sentencia se dictará en los 10 días siguientes a dicha declaración**. No obstante, podrá el Tribunal rechazar, en trámite de admisión, mediante auto y sin necesidad de audiencia de las partes, la cuestión de ilegalidad cuando faltaren las condiciones procesales.

3.3.3. Suspensión administrativa previa de acuerdos

En el plazo de los diez días siguientes a la fecha en que se hubiera dictado el acto de suspensión o en el que la Ley establezca, deberá interponerse el recurso contencioso-administrativo requiriéndose a la Administración que hubiese dictado el acto para que aporte el expediente, realice alegaciones y convoque a todo interesado para su personación en el Juzgado o Tribunal.

Recibido el expediente se convocará a los interesados a una vista que se celebrará en el plazo mínimo de 10 días y que podrá ser sustituida por la presentación de conclusiones. Celebrada la vista se dictará Sentencia.

3.3.4. Procedimiento contencioso-electoral

Se regula en los artículos 109 y siguientes de la Ley Orgánica 5/1985, del Régimen Electoral General (LOREG), destacándose las siguientes cuestiones:

Objeto del recurso contencioso electoral

Pueden ser objeto de recurso contencioso electoral los acuerdos de las Juntas Electorales sobre proclamación de electos, así como la elección y proclamación de los Presidentes de las Corporaciones Locales.

Legitimación para interposición del recurso contencioso electoral.

Están legitimados para interponer el recurso contencioso electoral o para oponerse a los que se interpongan:

a) Los candidatos proclamados o no proclamados.
b) Los representantes de las candidaturas concurrentes en la circunscripción.
c) Los partidos políticos, asociaciones, federaciones, y coaliciones que hayan presentado candidaturas en la circunscripción.

Interposición del recurso contencioso electoral

1. El recurso contencioso electoral **se interpone** ante la Junta Electoral correspondiente **dentro de los tres días siguientes al acto de proclamación de electos** y se formaliza en el mismo escrito, en el que se consignan los hechos, los fundamentos de Derecho y la petición que se deduzca.

2. El Tribunal competente para la resolución de los recursos contencioso-electorales que se refieren a elecciones generales o al Parlamento Europeo es la Sala de lo Contencioso-Administrativo del Tribunal Supremo. En el supuesto de elecciones autonómicas o locales el Tribunal competente es la Sala de lo Contencioso-Administrativo del Tribunal Superior de Justicia de la respectiva Comunidad Autónoma.

3. Al día siguiente de su presentación, el Presidente de la Junta ha de remitir a la Sala competente el escrito de interposición, el expediente electoral y un informe de la Junta en el que se consigne cuanto se estime procedente como fundamento del acuerdo impugnado. La resolución que ordena la remisión se notificará, inmediatamente después de su cumplimiento, a los representantes de las candidaturas concurrentes en la circunscripción, emplazándoles para que puedan comparecer ante la Sala dentro de los dos días siguientes.

4. La Sala, al día siguiente de la finalización del término para la comparecencia de los interesados, dará traslado del escrito de interposición y de los documentos que lo acompañen al Ministerio Fiscal y a las partes que se hubieran personado en el proceso, poniéndoles de manifiesto el expediente electoral y el informe de la Junta Electoral, para que en el plazo común e improrrogable de cuatro días puedan formular las alegaciones que estimen convenientes. A los escritos de alegaciones se pueden acompañar los documentos que, a su juicio, puedan servir para apoyar o desvirtuar los fundamentos de la impugnación. Asimismo, se puede solicitar el recibimiento a prueba y proponer aquellas que se consideren oportunas.

5. Transcurrido el período de alegaciones, la Sala, dentro del día siguiente, podrá acordar de oficio o a instancia de parte el recibimiento a prueba y la práctica de las que declara pertinentes. La fase probatoria se desarrollará con arreglo

a las normas establecidas para el proceso contencioso-administrativo, si bien el plazo no podrá exceder de cinco días.

Sentencia del recurso contencioso electoral

1. Concluido el período probatorio, en su caso, la Sala, sin más trámite, dictará Sentencia en el plazo de cuatro días.

Artículo 114. Notificación y recurso contra la sentencia.

1. La Sentencia se notifica a los interesados **no más tarde del día trigésimo séptimo posterior a las elecciones.**

2. Contra la misma no procede recurso contencioso alguno, ordinario ni extraordinario, salvo el de aclaración, y sin perjuicio del recurso de amparo ante el Tribunal Constitucional. El amparo debe solicitarse en el plazo de tres días y el Tribunal Constitucional debe resolver sobre el mismo en los quince días siguientes.

Carácter del recurso contencioso electoral

1. Los recursos contencioso-electorales tienen carácter de urgentes y gozan de preferencia absoluta en su sustanciación y fallo ante las Salas de lo contencioso-administrativo competentes.

2. En todo lo no expresamente regulado por esta Ley en materia contencioso-electoral será de aplicación la Ley de la Jurisdicción Contencioso Administrativa.

3.3.5. Procedimiento para la garantia de la unidad de mercado

Capítulo IV del Título V introducido por el apartado tres de la disposición final primera de la Ley 20/2013, de 9 de diciembre, de garantía de la unidad de mercado («B.O.E.» 10 diciembre; corrección de errores «B.O.E.» 8 abril 2014), que introduce los artículos 127 bis y ter, que establecen:

1. Cuando la Comisión Nacional de los Mercados y la Competencia considere que una disposición, acto, actuación, inactividad o vía de hecho procedente de cualquier Administración pública sea contraria a la libertad de establecimiento o de circulación en los términos previstos en la Ley 20/2013, de 9 de diciembre, de garantía de la unidad de mercado , podrá presentar el recurso contencioso-administrativo regulado en este Capítulo.

2. El plazo para interponer el recurso contencioso-administrativo para la garantía de la unidad de mercado será de dos meses conforme a lo previsto en los apartados 1 a 3 del artículo 46. Cuando el recurso se interponga a solicitud de un

operador económico el plazo de dos meses se computará desde la presentación de la solicitud ante la Comisión Nacional de los Mercados y la Competencia.

Artículo 127 ter

1. En el mismo día de la interposición del recurso por la Comisión Nacional de los Mercados y la Competencia en garantía de la unidad de mercado o en el siguiente, el Secretario judicial requerirá con carácter urgente al órgano administrativo correspondiente, acompañando copia del escrito de interposición, para que en el plazo máximo de cinco días a contar desde la recepción del requerimiento remita el expediente acompañado de los informes y datos que se soliciten en el recurso, con apercibimiento de cuanto se establece en el artículo 48.

2. La falta de envío del expediente administrativo dentro del plazo previsto en el apartado anterior no suspenderá el curso de los autos.

3. El Secretario judicial pondrá de manifiesto al recurrente el expediente y demás actuaciones para que en el plazo improrrogable de diez días pueda formalizar la demanda y acompañar los documentos oportunos. Si el expediente administrativo se recibiese una vez formalizada la demanda, se concederá un trámite adicional de alegaciones a las partes.

4. Formalizada la demanda, el Secretario judicial dará traslado de la misma a las partes demandadas para que, a la vista del expediente, presenten contestación en el plazo común e improrrogable de diez días y acompañen los documentos que estimen oportunos.

5. Evacuado el trámite de contestación, el órgano jurisdiccional decidirá en el siguiente día sobre el recibimiento a prueba, con arreglo a las normas generales establecidas en la presente Ley, y sin perjuicio de lo dispuesto en el artículo 57. El período de práctica de prueba no será en ningún caso superior a veinte días.

6. Conclusas las actuaciones, el órgano jurisdiccional dictará sentencia en el plazo de cinco días. La sentencia estimará el recurso cuando la disposición, la actuación o el acto incurrieran en cualquier infracción del ordenamiento jurídico que afecte a la libertad de establecimiento o de circulación, incluida la desviación de poder.

Conforme a lo dispuesto en el artículo 71, la sentencia que estime el recurso implicará la corrección de la conducta infractora, así como el resarcimiento de los daños y perjuicios, incluido el lucro cesante, que dicha conducta haya causado.

Cuando se trate de asuntos en los que no quepa ulterior recurso, el órgano jurisdiccional podrá convocar a las partes a una comparecencia con la finalidad de dictar su sentencia de viva voz, exponiendo verbalmente los razonamientos en que sustente su decisión, resolviendo sobre los motivos que fundamenten el recurso y la oposición y pronunciando su fallo, de acuerdo con lo dispuesto en los artículos 68 a 71.

La no comparecencia de todas o alguna de las partes no impedirá el dictado de la sentencia de viva voz.

En cuanto se refiere a la grabación de la comparecencia y a su documentación, serán aplicables las disposiciones contenidas en el artículo 63.

Caso de haberse dictado la Sentencia de forma oral, el Secretario judicial expedirá certificación que recoja todos los pronunciamientos del fallo, con expresa indicación de su firmeza y de la actuación administrativa a que se refiera. Dicha certificación será expedida en el plazo máximo de cinco días notificándose a las partes.

La anterior certificación se registrará e incorporará al Libro de Sentencias del órgano judicial. El soporte videográfico de la comparecencia quedará unido al procedimiento.

7. Durante la tramitación del procedimiento, podrá solicitar su intervención, como parte recurrente, cualquier operador económico que tuviere interés directo en la anulación del acto, actuación o disposición impugnada y no la hubiera recurrido de forma independiente.

La solicitud del operador se resolverá por medio de auto, previa audiencia de las partes personadas, en el plazo común de cinco días.

Admitida la intervención, no se retrotraerán las actuaciones, pero el interviniente será considerado parte en el proceso a todos los efectos y podrá defender las pretensiones formuladas o las que el propio interviniente formule, si tuviere oportunidad procesal para ello.

El interviniente podrá utilizar los recursos que procedan contra las resoluciones que estime perjudiciales para su interés, aunque las consienta la Comisión Nacional de los Mercados y la Competencia o las demás partes personadas.

8. La Sala de lo Contencioso-Administrativo de la Audiencia Nacional acordará la acumulación al promovido por la Comisión Nacional de los Mercados y la Competencia de todo procedimiento que, iniciado por un operador económico ante el mismo u otro órgano jurisdiccional, se dirija frente a la misma disposición o actuación y se funde en la vulneración de la libertad de establecimiento o de circulación conforme a lo previsto en esta Ley.

9. A todos los efectos, la tramitación de estos recursos tendrá carácter preferente.

10. El procedimiento para la garantía de la unidad de mercado, en lo no dispuesto en este Capítulo, se regirá por las normas generales de la presente Ley.

3.3.6. Procedimiento para la declaración judicial de extinción de partidos politicos

Se añade por la disposición final 2.2. de la Ley Orgánica 3/2015 que añade a la LJCA un artículo 127 quinquies que establece:

Artículo 127. Quinquies

1. El procedimiento para la declaración judicial de extinción de un partido político se regirá por lo dispuesto en el artículo 78, con las siguientes especialidades:

a) En la demanda, deberá especificarse en cuál o cuáles de los motivos recogidos en el artículo 12 bis.1 de la Ley Orgánica 6/2002, de 27 de junio, de Partidos Políticos, se fundamenta la petición de declaración judicial de extinción.
b) El plazo de dos meses para la presentación de la demanda se contará a partir del día siguiente al vencimiento del plazo señalado en el artículo 12 bis.2 de la misma ley.
c) Cuando la sentencia declare la extinción del partido, será notificada al registro para que éste proceda a la cancelación de la inscripción.

2. El Ministerio Fiscal será parte del proceso.

3.4. Régimen de recursos

3.4.1. Contra providencias y autos

1. Contra las providencias y los autos no susceptibles de apelación o casación podrá interponerse **recurso de reposición.**

2. No es admisible el recurso de reposición contra las resoluciones expresamente exceptuadas del mismo en esta Ley, ni contra los autos que resuelvan los recursos de reposición, los de aclaración y las solicitudes de revisión de diligencias de ordenación.

3. El recurso de reposición **se interpondrá en el plazo de 5 días** a contar desde el siguiente al de la notificación de la resolución impugnada.

4. Interpuesto el recurso en tiempo y forma, se dará traslado de las copias del escrito a las demás partes, por término común de tres días, a fin de que puedan impugnarlo si lo estiman conveniente. Transcurrido dicho plazo, el órgano jurisdiccional resolverá por auto dentro del tercer día.

Se podrá interponer el **recurso de apelación frente a los autos** dictados por los Juzgados de lo Contencioso-administrativo y los Juzgados Centrales de lo Contencioso-administrativo, en procesos de los que conozcan en primera instancia, en los siguientes casos:

a) Los que pongan término a la pieza separada de medidas cautelares.
b) Los recaídos en ejecución de sentencia.
c) Los que declaren la inadmisión del recurso contencioso-administrativo o hagan imposible su continuación.
d) Los recaídos sobre las autorizaciones previstas en el artículo 8.6 y en los artículos 9.2 y 122 bis.
e) Los recaídos en aplicación de los artículos 83 y 84.

La tramitación se ajustará a lo establecido para el recurso de apelación frente a Sentencias.

3.4.2. Contra sentencias

3.4.2.1. Recurso ordinario de apelación

1. Las sentencias de los Juzgados de lo Contencioso-administrativo y de los Juzgados Centrales de lo Contencioso-administrativo serán susceptibles de recurso de apelación, **salvo** que se hubieran dictado en los asuntos siguientes:

a) Aquellos cuya cuantía no exceda de 30.000 euros.
b) Los relativos a materia electoral comprendidos en el art. 8.4.

2. Serán siempre susceptibles de apelación las sentencias siguientes:

a) Las que declaren la inadmisibilidad del recurso en el caso de la letra a) del apartado anterior.
b) Las dictadas en el procedimiento para la protección de los derechos fundamentales de la persona.
c) Las que resuelvan litigios entre Administraciones públicas.
d) Las que resuelvan impugnaciones indirectas de disposiciones generales.

El recurso de apelación **se interpondrá** ante el Juzgado que hubiere dictado la sentencia que se apele, **dentro de los 15 días siguientes al de su notificación**... Transcurrido el plazo de 15 días sin haberse interpuesto el recurso de apelación, la sentencia quedará firme.

El Juzgado elevará los autos y el expediente administrativo a la Sala de lo Contencioso-administrativo competente.

La Sala dictará **sentencia en el plazo de 10 días** desde la declaración de que el pleito está concluso para sentencia.

3.4.2.2. Recurso de casación

a) Recurso de casación ordinario

Las sentencias dictadas en única instancia por la Sala de lo Contencioso-administrativo de la Audiencia Nacional y por las Salas de lo Contencioso-administrativo de los Tribunales Superiores de Justicia serán susceptibles de recurso de casación ante la Sala de lo Contencioso-administrativo del Tribunal Supremo.

Se exceptúan de lo establecido en el apartado anterior:

a) Las sentencias que se refieran a cuestiones de personal al servicio de las Administraciones públicas, salvo que afecten al nacimiento o a la extinción de la relación de servicio de funcionarios de carrera.

b) Las recaídas, cualquiera que fuere la materia, en asuntos cuya cuantía no exceda de 600.000 euros, excepto cuando se trate del procedimiento especial para la defensa de los derechos fundamentales, en cuyo caso procederá el recurso cualquiera que sea la cuantía del asunto litigioso.

c) Las dictadas en el procedimiento para la protección del derecho fundamental de reunión.

d) Las dictadas en materia electoral.

El recurso de casación **se preparará ante la Sala que hubiere dictado la resolución recurrida en el plazo de 10 días**, contados desde el siguiente al de la notificación de aquélla...

Si el escrito de preparación cumple los requisitos previstos en el artículo anterior, y se refiere a una resolución susceptible de casación, se tendrá por preparado el recurso ordenándose el emplazamiento de las partes para su comparecencia e **interposición del recurso dentro del plazo de 30 días ante la Sala de lo Contencioso-administrativo del Tribunal Supremo**.

Si se estimare el recurso por todos o alguno de los motivos aducidos, la Sala casará la Sentencia.

b) Recurso de casación para la unificación de doctrina

Este Recurso ha sido suprimido por la disposición final 3.1 de la Ley Orgánica 7/2015 de 21 de Julio.

c) Recurso de casación en interés de Ley

Este Recurso ha sido suprimido por la disposición final 3.1 de la Ley Orgánica 7/2015 de 21 de Julio.

3.4.2.3. Recurso de revisión

Habrá lugar a la revisión de una sentencia firme:

a) Si después de pronunciada se recobraren documentos decisivos.

b) Si hubiere recaído en virtud de documentos declarados falsos o cuya falsedad se reconociese o declarase después.

c) Si habiéndose dictado en virtud de prueba testifical, los testigos hubieren sido condenados por falso testimonio.

d) Si se hubiere dictado sentencia en virtud de cohecho, prevaricación, violencia u otra maquinación fraudulenta.

En lo referente a plazos, procedimiento y efectos de las sentencias dictadas en este recurso, regirán las disposiciones de la Ley de Enjuiciamiento Civil.

3.5. La ejecución de la sentencia

Según proclama el art. 117.3 de la Constitución, el ejercicio de la potestad jurisdiccional en todo tipo de procesos, juzgando y haciendo ejecutar lo juzgado, corresponde exclusivamente a los Juzgados y Tribunales determinados por las leyes, según las normas de competencia y procedimiento que las mismas establezcan.

En consonancia con lo anterior, en el art. 103 de la LJCA se establece que:

1. La potestad de hacer ejecutar las sentencias y demás resoluciones judiciales corresponde exclusivamente a los Juzgados y Tribunales de este orden jurisdiccional, y su ejercicio compete al que haya conocido del asunto en primera o única instancia.

2. Las partes están obligadas a cumplir las sentencias en la forma y términos que en éstas se consignen.

3. Todas las personas y entidades públicas y privadas están obligadas a prestar la colaboración requerida por los Jueces y Tribunales de lo Contencioso-administrativo para la debida y completa ejecución de lo resuelto.

4. Serán nulos de pleno derecho los actos y disposiciones contrarios a los pronunciamientos de las sentencias, que se dicten con la finalidad de eludir su cumplimiento.

5. El órgano jurisdiccional a quien corresponda la ejecución de la sentencia declarará, a instancia de parte, la nulidad de los actos y disposiciones a que se refiere el apartado anterior, por los trámites previstos en los apartados 2 y 3 del artículo 109, salvo que careciese de competencia para ello conforme a lo dispuesto en esta Ley.

Continúa el artículo 104 señalando que:

1. Luego que sea firme una sentencia, se comunicará en el plazo de diez días al órgano que hubiera realizado la actividad objeto del recurso, a fin de que, una vez acusado recibo de la comunicación en idéntico plazo desde la recepción, la lleve a puro y debido efecto y practique lo que exija el cumplimiento de las declaraciones contenidas en el fallo y en el mismo plazo indique el órgano responsable del cumplimiento de aquél.

2. Transcurridos dos meses a partir de la comunicación de la sentencia o el plazo fijado en ésta para el cumplimiento del fallo conforme al artículo 71.1.c), cualquiera de las partes y personas afectadas podrá instar su ejecución forzosa.

3. Atendiendo a la naturaleza de lo reclamado y a la efectividad de la Sentencia, ésta podrá fijar un plazo inferior para el cumplimiento, cuando lo dispuesto en el apartado anterior lo haga ineficaz o cause grave perjuicio.

4. La jurisdicción contencioso-administrativa

4.1. Naturaleza

Al iniciar el estudio de la jurisdicción contencioso-administrativa, el principal problema que se plantea acerca de su naturaleza es el de considerarla como una jurisdicción ordinaria o especial. A este respecto, señala González Pérez que "aun cuando, en ocasiones, parece haberse puesto en tela de juicio el carácter especial de la jurisdicción contencioso-administrativa, la mayoría de la doctrina no duda al afirmar tal característica de esta jurisdicción".

Estimamos, no obstante, que de la misma forma que en los orígenes del Derecho Administrativo se calificaba a este sector del ordenamiento jurídico como una rama especial en relación con el Derecho común, que sería el Derecho privado, debido a la falta de madurez de la doctrina administrativa, es también el abandono por parte de los procesalistas de la parte del Derecho procesal que regula el proceso administrativo la razón de que el señalado enfoque haya continuado hasta nuestros días. Y así como, andando el tiempo, el Derecho Administrativo ha venido a ser considerado como el ordenamiento jurídico común de las Administraciones Públicas –que sólo excepcional e instrumentalmente se valen del

Derecho privado-, también la jurisdicción contencioso-administrativa debe dejar de ser calificada como una jurisdicción especial, para asignarle el carácter de una de las distintas clases en que se divide la jurisdicción ordinaria. Ésta parece ser, por otra parte, la actual postura de Guasp, quien rectificando anteriores concepciones, admite hoy la existencia de jurisdicciones ordinarias y especiales, tanto en la jurisdicción civil como en la penal, la administrativa, la canónica y la internacional.

Por lo tanto, podemos establecer las siguientes conclusiones sobre **la naturaleza de la jurisdicción contencioso-administrativa:**

1. *Es una auténtica jurisdicción*, considerable como la jurisdicción ordinaria, a quien corresponde la función de satisfacer pretensiones, a través de un auténtico proceso, cuyo conocimiento se reserva a órganos judiciales especializados por su competencia y su personal.
2. **La necesidad de que antes de acudir a la Jurisdicción Contencioso-Administrativa exista un acto administrativo.** No obstante, el objeto del proceso contencioso-administrativo no es el acto previo, sino las pretensiones que se deduzcan en relación con el mismo (carácter revisor de la Jurisdicción Contencioso-Administrativa).

La norma actual que regula esta jurisdicción es la **Ley 29/1998 de 13 de Julio reguladora de la Jurisdicción Contencioso-Administrativa.**

La Jurisdicción Contencioso-administrativa es aquella, como ordena la Constitución (arts. 106 y 153), que **tiene por objeto controlar la potestad reglamentaria y la legalidad de la actividad administrativa, así como el sometimiento de ésta a los fines que la justifiquen**, concepto que reitera la Ley 29/1998 Reguladora de la Jurisdicción Contencioso Administrativa.

Los órganos del orden jurisdiccional contencioso administrativo son:

- Los Juzgados unipersonales de lo Contencioso-administrativo, de los que habrá uno o más en cada provincia, con jurisdicción en toda ella y sede en su capital.
- Las Salas (2ª) de lo Contencioso-administrativo de los Tribunales Superiores de Justicia de las Comunidades Autónomas, pudiendo crearse también Salas con competencia reducida a una o varias provincias de la Comunidad Autónoma.
- Los Juzgados centrales de lo Contencioso-administrativo.
- La Sala de lo Contencioso-administrativo de la Audiencia Nacional.
- La Sala Tercera de lo Contencioso-administrativo del Tribunal Supremo.

Por encima de la Sala Tercera del Tribunal Supremo está aún la Sala Especial de Revisión que conoce básicamente de la revisión de las sentencias de la Sala Tercera.

4.2. Extensión

4.2.1. Ámbito subjetivo

Los Juzgados y Tribunales del orden contencioso-administrativo **conocerán de las pretensiones que se deduzcan en relación con la actuación de las Administraciones Públicas sujeta al Derecho Administrativo, con las disposiciones generales de rango inferior a la ley y con los Decretos Legislativos cuando excedan los límites de la delegación.**

Se entenderá a estos efectos por Administraciones Públicas:

a) La Administración General del Estado.

b) Las Administraciones de las Comunidades Autónomas.

c) Las Entidades que integran la Administración Local.

d) Las Entidades de Derecho público que sean dependientes o estén vinculadas al Estado, las Comunidades Autónomas o las Entidades Locales.

Conocerán también de las pretensiones que se deduzcan en relación con:

a) Los actos y disposiciones en materia de personal, administración y gestión patrimonial sujetos al Derecho público adoptados por los órganos competentes del Congreso de los Diputados, del Senado, del Tribunal Constitucional, del Tribunal de Cuentas y del Defensor del Pueblo, así como de las Asambleas Legislativas de las Comunidades Autónomas y de las instituciones autonómicas análogas al Tribunal de Cuentas y al Defensor del Pueblo.

b) Los actos y disposiciones del Consejo General del Poder Judicial y la actividad administrativa de los órganos de gobierno de los Juzgados y Tribunales, en los términos de la Ley Orgánica del Poder Judicial.

c) La actuación de la Administración electoral, en los términos previstos en la Ley Orgánica del Régimen Electoral General.

4.2.1. Ámbito objetivo

El orden jurisdiccional contencioso-administrativo conocerá de las cuestiones que se susciten en relación con:

a) La protección jurisdiccional de los derechos fundamentales, los elementos reglados y la determinación de las indemnizaciones que fueran procedentes, todo ello en relación con los actos del Gobierno o de los Consejos de Gobierno de las Comunidades Autónomas, cualquiera que fuese la naturaleza de dichos actos.

b) Los contratos administrativos y los actos de preparación y adjudicación de los demás contratos sujetos a la legislación de contratación de las Administraciones Públicas.

c) Los actos y disposiciones de las Corporaciones de Derecho público, adoptados en el ejercicio de funciones públicas.

d) Los actos administrativos de control o fiscalización dictados por la Administración concedente, respecto de los dictados por los concesionarios de los servicios públicos que impliquen el ejercicio de potestades administrativas conferidas a los mismos, así como los actos de los propios concesionarios cuando puedan ser recurridos directamente ante este orden jurisdiccional de conformidad con la legislación sectorial correspondiente.

e) La responsabilidad patrimonial de las Administraciones Públicas, cualquiera que sea la naturaleza de la actividad o el tipo de relación de que derive, no pudiendo ser demandadas aquéllas por este motivo ante los órdenes jurisdiccionales civil o social, aun cuando en la producción del daño concurran con particulares o cuenten con un seguro de responsabilidad.

f) Las restantes materias que le atribuya expresamente una ley.

La competencia del orden jurisdiccional contencioso-administrativo se extiende al conocimiento y decisión de las cuestiones prejudiciales e incidentales no pertenecientes al orden administrativo, directamente relacionadas con un recurso contencioso-administrativo, salvo las de carácter constitucional y penal y lo dispuesto en los Tratados Internacionales.

4.3. Límites

No corresponden al orden jurisdiccional contencioso-administrativo:

a) Las cuestiones expresamente atribuidas a los órdenes jurisdiccionales civil, penal y social, aunque estén relacionadas con la actividad de la Administración Pública.

b) El recurso contencioso-disciplinario militar.

c) Los conflictos de jurisdicción entre los Juzgados y Tribunales y la Administración Pública y los conflictos de atribuciones entre órganos de una misma Administración.

d) Los recursos directos o indirectos que se interpongan contra las Normas Forales fiscales de las Juntas Generales de los Territorios Históricos de Álava, Guipúzcoa y Vizcaya, que corresponderán, en exclusiva, al Tribunal Constitucional. en los términos establecidos por la disposición adicional quinta de su Ley Orgánica.

Los actos políticos o de Gobierno han desaparecido como excluidos, especialmente de la LJCA, porque la exclusión del control judicial es inadmisible en un Estado de Derecho.

Tema 4

Los contratos del Sector Público: concepto y clases. Procedimiento de adjudicación. Su cumplimiento. La revisión de precios y otras alteraciones contractuales. Incumplimiento de los contratos del Sector Público

eRodio ediciones

Índice esquemático

1. Introducción: definición de Sector Público a efectos de la aplicación de la ley

2. Tipología y Régimen Jurídico: clases de contratos

2.1. Contratos administrativos

2.2. Contratos mixtos

2.3. Contratos privados de la Administración

3. Disposiciones generales aplicables a los mismos

3.1. Perfección de los contratos

3.2. Formalización de los contratos

3.3. Contratos menores

4. Los elementos estructurales de los contratos: las partes en el contrato

4.1. Órganos de contratación

4.2. La capacidad y solvencia del empresario

4.3. Personas jurídicas

4.4. Prohibiciones de contratar

4.5. Exigencia de solvencia

4.6. Clasificación de las empresas

4.7. Órgano competente

4.8. Plazo de vigencia y revisión de las clasificaciones

4.9. Comprobación de los elementos de la clasificación

5. Organización administrativa para la gestión de los contratos

6. La preparación de los contratos: el expediente de contratación y su tramitación

6.1. El expediente de contratación

6.2. De los pliegos de clausulas administrativas y de prescripciones técnicas

7. Selección del contratista y adjudicación de los contratos

7.1. Normas generales

7.2. Procedimiento abierto

7.3. Procedimiento restringido

7.4. Procedimiento negociado

7.5. Dialogo competitivo

7.6. Procedimiento de asociación para la innovación

8. Normas generales aplicables a los efectos, cumplimiento y ejecución de los contratos. Incumplimiento de los contratos del Sector Publico

8.1. Efectos y ejecución de los contratos

8.2. Modificación de los contratos

8.3. Suspensión y extinción de los contratos

8.4. Cesión de los contratos y subcontratación

9. La revisión de precios y otras alteraciones contractuales

1. Introducción: definición de Sector Público a efectos de la aplicación de la ley

La normativa de Contratación de las Administraciones ha sufrido una nueva modificación, como consecuencia de la adaptación de la normativa española a las directivas de la Unión Europea, 2014/23/UE y 2014/24/UE de 26 de febrero de 2014, y que culminó con la aprobación de la **Ley 9/2017 de 8 de noviembre, de contratos del sector público, por la que se trasponen al ordenamiento jurídico español las Directivas del Parlamento Europeo y del Consejo 2014/23/UE y 2014/24/UE de 26 de febrero de 2014,** que dispone del siguiente Indice resumido a nivel de Títulos y Capítulos.

Ley 9/2017 de 8 de noviembre de Contratos del Sector Público

- **Título preliminar**. Disposiciones Generales.
  - ▹ Capítulo I. Objeto y Ámbito de aplicación de la Ley.
  - ▹ Capítulo II. Contratos del Sector Público.

LIBRO PRIMERO. Configuración general de la contratación del Sector Público y elementos estructurales de los contratos.

- **Título I**. Disposiciones Generales sobre la Contratación del sector público.
  - ▹ Capítulo I. Racionalidad y consistencia de la contratación del sector público.
  - ▹ Capítulo II. Libertad de pactos y contenido mínimo del contrato.
  - ▹ Capítulo III. Perfección y forma del contrato.
  - ▹ Capítulo IV. Régimen de invalidez.
  - ▹ Capítulo V. Del Recurso Especial.
- **Título II**. Partes del contrato.
  - ▹ Capítulo I. Órgano de contratación.
  - ▹ Capítulo II. Capacidad y solvencia del empresario.
  - ▹ Capítulo III. Sucesión en la persona del contratista.
- **Título III**. Objeto, Presupuesto, Base de licitación, Valor estimado, Precio del contrato y su revisión.
  - ▹ Capítulo I. Normas Generales.
  - ▹ Capítulo II. Revisión de precios en los contratos de las entidades del sector público.

- **Título IV**. Garantías exigibles en la contratación del sector público.
  - ▷ Capítulo I. Garantías exigibles en los contratos celebrados con las Administraciones Públicas.
  - ▷ Capítulo II. Garantías exigibles en otros contratos del sector público.

LIBRO SEGUNDO. De los contratos de las Administraciones Públicas.

- **Título I**. Disposiciones Generales.
  - ▷ Capítulo I. De las actuaciones relativas a la contratación de las Administraciones Públicas.
  - ▷ Capítulo II. Racionalización técnica de la contratación.
- **Título II**. De los distintos tipos de contratos de las Administraciones Públicas.
  - ▷ Capítulo I. Del contrato de obras.
  - ▷ Capítulo II. Del contrato de concesión de obras.
  - ▷ Capítulo III. Del contrato de concesión de servicios.
  - ▷ Capítulo IV. Del contrato de suministro.
  - ▷ Capítulo V. Del contrato de servicios.

LIBRO TERCERO. De los contratos de otros entes del Sector Público.

- **Título I**. Contratos de los poderes adjudicadores que no tengan la condición de Administración Pública.
- **Título II**. Contratos de las entidades del sector público que no tengan el carácter de poderes adjudicadores.

LIBRO CUARTO. Organización administrativa para la gestión de la contratación.

- **Título I**. Órganos competentes en materia de contratación.
  - ▷ Capítulo I. Órganos de contratación.
  - ▷ Capítulo II. Órganos de asistencia.
  - ▷ Capítulo III. Órganos consultivos.
  - ▷ Capítulo IV. Elaboración y revisión de información.
- **Título II**. Registros oficiales.
  - ▷ Capítulo I. Registros oficiales de licitadores y empresas clasificadas.
  - ▷ Capítulo II. Registro de contratos del sector público.
- **Título III**. Gestión de la publicidad contractual por medios electrónicos, informáticos y telemáticos.

- 53 Disposiciones Adicionales.
- 5 Disposiciones Transitorias.
- 1 Disposición Derogatoria.
- 16 Disposiciones Finales.
- 6 Anexos.

Se entiende que están sujetos a la LCSP, **porque la ley les considera que forman parte del sector público,** conforme el art. 3º de la misma los siguientes entidades:

a) La Administración General del Estado, las Administraciones de las Comunidades Autónomas, las Ciudades Autónomas de Ceuta y Melilla y las Entidades que integran la Administración Local.

b) Las Entidades Gestoras y los Servicios Comunes de la Seguridad Social.

c) Los Organismos Autónomos, las Universidades Públicas y las autoridades administrativas independientes.

d) Los consorcios dotados de personalidad jurídica propia a los que se refiere la Ley 40/2015, de 1 de octubre, de Régimen Jurídico del Sector Público, y la legislación de régimen local, así como los consorcios regulados por la legislación aduanera.

e) Las fundaciones públicas. A efectos de esta Ley, se entenderá por fundaciones públicas aquellas que reúnan alguno de los siguientes requisitos:

   1. Que se constituyan de forma inicial, con una aportación mayoritaria, directa o indirecta, de una o varias entidades integradas en el sector público, o bien reciban dicha aportación con posterioridad a su constitución.
   2. Que el patrimonio de la fundación esté integrado en más de un 50 por ciento por bienes o derechos aportados o cedidos por sujetos integrantes del sector público con carácter permanente.
   3. Que la mayoría de derechos de voto en su patronato corresponda a representantes del sector público.

f) Las Mutuas colaboradoras con la Seguridad Social.

g) Las Entidades Públicas Empresariales a las que se refiere la Ley 40/2015, de 1 de octubre, de Régimen Jurídico del Sector Público, y cualesquiera entidades de derecho público con personalidad jurídica propia vinculadas a un sujeto que pertenezca al sector público o dependientes del mismo.

h) Las sociedades mercantiles en cuyo capital social la participación, directa o indirecta, de entidades de las mencionadas en las letras a), b), c), d), e), g) y h) del presente apartado sea superior al 50 por 100, o en los casos en que sin superar ese porcentaje, se encuentre respecto de las referidas entidades en el supuesto previsto en el artículo 5 del texto refundido de la Ley del Mercado de Valores, aprobado por Real Decreto Legislativo 4/2015, de 23 de octubre.

i) Los fondos sin personalidad jurídica.

j) Cualesquiera entidades con personalidad jurídica propia, que hayan sido creadas específicamente para satisfacer necesidades de interés general que no tengan carácter industrial o mercantil, siempre que uno o varios sujetos pertenecientes al sector público financien mayoritariamente su actividad, controlen su gestión, o nombren a más de la mitad de los miembros de su órgano de administración, dirección o vigilancia.

k) Las asociaciones constituidas por las entidades mencionadas en las letras anteriores.

l) A los efectos de esta Ley, se entiende que también forman parte del sector público las Diputaciones Forales y las Juntas Generales de los Territorios Históricos del País Vasco en lo que respecta a su actividad de contratación.

2. **Dentro del sector público, y a los efectos de esta Ley, tendrán la consideración de Administraciones Públicas las siguientes entidades**:

a) Las mencionadas en las letras a), b), c), y l) del apartado primero del presente artículo.

b) Los consorcios y otras entidades de derecho público, en las que dándose las circunstancias establecidas en la letra d) del apartado siguiente para poder ser considerados poder adjudicador y estando vinculados a una o varias Administraciones Públicas o dependientes de las mismas, no se financien mayoritariamente con ingresos de mercado. Se entiende que se financian mayoritariamente con ingresos de mercado cuando tengan la consideración de productor de mercado de conformidad con el Sistema Europeo de Cuentas.

3. Se considerarán poderes adjudicadores, a efectos de esta Ley, las siguientes entidades:

a) Las Administraciones Públicas.

b) Las fundaciones públicas.

c) Las Mutuas colaboradoras con la Seguridad Social.

d) Todas las demás entidades con personalidad jurídica propia distintas de las expresadas en las letras anteriores que hayan sido creadas específicamente para satisfacer necesidades de interés general que no tengan carácter industrial o mercantil, siempre que uno o varios sujetos que deban considerarse poder adjudicador de acuerdo con los criterios de este apartado 3, bien financien mayoritariamente su actividad; bien controlen su gestión; o bien nombren a más de la mitad de los miembros de su órgano de administración, dirección o vigilancia.

e) Las asociaciones constituidas por las entidades mencionadas en las letras anteriores.

4. Los partidos políticos, en el sentido definido en el artículo 1 de la Ley Orgánica 8/2007, de Financiación de los Partidos Políticos; así como las organizaciones sindicales reguladas en la Ley Orgánica 11/1985, de 2 de agosto, de Libertad Sindical, y las organizaciones empresariales y asociaciones profesionales a las que se refiere la Ley 19/1977, de 1 de abril, sobre regulación del derecho de asociación sindical, además de las fundaciones y asociaciones vinculadas a cualquiera de ellos, cuando cumplan los requisitos para ser poder adjudicador de acuerdo con la letra d) del apartado 3 del presente artículo, y respecto de los contratos sujetos a regulación armonizada deberán actuar conforme a los principios de publicidad, concurrencia, transparencia, igualdad y no discriminación sin perjuicio del respeto a la autonomía de la voluntad y de la confidencialidad cuando sea procedente. Los sujetos obligados deberán aprobar unas instrucciones internas en materia de contratación que se adecuarán a lo previsto en el párrafo anterior y a la normativa comunitaria, y que deberán ser informadas antes de su aprobación por el órgano al que corresponda su asesoramiento jurídico. Estas instrucciones deberán publicarse en sus respectivas páginas web.

5. Asimismo, quedarán sujetos a esta Ley **las Corporaciones de derecho público** cuando cumplan los requisitos para ser poder adjudicador de acuerdo con el apartado tercero, letra d) del presente artículo.

2. Tipología y Régimen Jurídico: clases de contratos

El artículo 12 de la LCSP establece: **Artículo 12. Calificación de los contratos**.

1. Los contratos de obras, concesión de obras, concesión de servicios, suministro y servicios que celebren las entidades pertenecientes al sector público se calificarán de acuerdo con las normas contenidas en la presente sección.

2. Los restantes contratos del sector público se calificarán según las normas de derecho administrativo o de derecho privado que les sean de aplicación

A la vista del artículo anterior, podemos establecer que los contratos que pueden celebrar las administraciones públicas pueden ser de tres categorías:

A. Contratos Administrativos:

- Contrato de Obras.
- Contrato de Concesión de Obras.
- Contrato de Concesión de Servicios.

- ▹ Contrato de Suministro.
- ▹ Contrato de Servicios.

B. Contratos Mixtos.

C. Contratos Privados.

2.1. Contratos administrativos

Como hemos visto anteriormente, son los siguientes:

A) Contrato de obras

1. Son contratos de obras aquellos que tienen por objeto uno de los siguientes:

a) La ejecución de una obra, aislada o conjuntamente con la redacción del proyecto, o la realización de alguno de los trabajos enumerados en el Anexo I.

b) La realización, por cualquier medio, de una obra que cumpla los requisitos fijados por la entidad del sector público contratante que ejerza una influencia decisiva en el tipo o el proyecto de la obra.

2. **Por «obra» se entenderá** el resultado de un conjunto de trabajos de construcción o de ingeniería civil, destinado a cumplir por sí mismo una función económica o técnica, que tenga por objeto un bien inmueble. También se considerará «obra» la realización de trabajos que modifiquen la forma o sustancia del terreno o de su vuelo, o de mejora del medio físico o natural.

3. **Los contratos de obras se referirán a una obra completa,** entendiendo por esta la susceptible de ser entregada al uso general o al servicio correspondiente, sin perjuicio de las ampliaciones de que posteriormente pueda ser objeto y comprenderá todos y cada uno de los elementos que sean precisos para la utilización de la obra.

B) Contrato de concesión de obras

1. **La concesión de obras es un contrato que tiene por objeto la realización por el concesionario de algunas de las prestaciones a que se refiere el artículo anterio**r, incluidas las de restauración y reparación de construcciones existentes, así como la conservación y mantenimiento de los elementos construidos, y en el que la contraprestación a favor de aquel consiste, o bien únicamente en el derecho a explotar la obra en el sentido del apartado cuarto siguiente, o bien en dicho derecho acompañado del de percibir un precio.

2. El contrato podrá comprender, además, el siguiente contenido:

a) La adecuación, reforma y modernización de la obra para adaptarla a las características técnicas y funcionales requeridas para la correcta prestación de los servicios o la realización de las actividades económicas a las que sirve de soporte material.

b) Las actuaciones de reposición y gran reparación que sean exigibles en relación con los elementos que ha de reunir cada una de las obras para mantenerse apta a fin de que los servicios y actividades a los que aquellas sirven puedan ser desarrollados adecuadamente de acuerdo con las exigencias económicas y las demandas sociales.

3. El contrato de concesión de obras podrá también prever que el concesionario esté obligado a proyectar, ejecutar, conservar, reponer y reparar aquellas obras que sean accesorias o estén vinculadas con la principal y que sean necesarias para que esta cumpla la finalidad determinante de su construcción y que permitan su mejor funcionamiento y explotación, así como a efectuar las actuaciones ambientales relacionadas con las mismas que en ellos se prevean. En el supuesto de que las obras vinculadas o accesorias puedan ser objeto de explotación o aprovechamiento económico, estos corresponderán al concesionario conjuntamente con la explotación de la obra principal, en la forma determinada por los pliegos respectivos.

4. El derecho de explotación de las obras, a que se refiere el apartado primero de este artículo, deberá implicar la transferencia al concesionario de un riesgo operacional en la explotación de dichas obras abarcando el riesgo de demanda o el de suministro, o ambos. Se entiende por riesgo de demanda el que se debe a la demanda real de las obras o servicios objeto del contrato y riesgo de suministro el relativo al suministro de las obras o servicios objeto del contrato, en particular el riesgo de que la prestación de los servicios no se ajuste a la demanda.

C) Contrato de gestión de servicios

1. **El contrato de concesión de servicios es aquel en cuya virtud uno o varios poderes adjudicadores encomiendan a título oneroso a una o varias personas, naturales o jurídicas, la gestión de un servicio** cuya prestación sea de su titularidad o competencia, y cuya contrapartida venga constituida bien por el derecho a explotar los servicios objeto del contrato o bien por dicho derecho acompañado del de percibir un precio.

2. El derecho de explotación de los servicios implicará la transferencia al concesionario del riesgo operacional, en los términos señalados en el apartado cuarto del artículo anterior.

D) Contrato de suministro

1. Son contratos de suministro los que tienen por objeto **la adquisición, el arrendamiento financiero, o el arrendamiento, con o sin opción de compra, de productos o bienes muebles.**

2. Sin perjuicio de lo dispuesto en la letra b) del apartado 3 de este artículo respecto de los contratos que tengan por objeto programas de ordenador, no tendrán la consideración de contrato de suministro los contratos relativos a propiedades incorporales o valores negociables.

3. **En todo caso, se considerarán contratos de suministro los siguientes:**

a) Aquellos en los que el empresario se obligue a entregar una pluralidad de bienes de forma sucesiva y por precio unitario sin que la cuantía total se defina con exactitud al tiempo de celebrar el contrato, por estar subordinadas las entregas a las necesidades del adquirente.

b) Los que tengan por objeto la adquisición y el arrendamiento de equipos y sistemas de telecomunicaciones o para el tratamiento de la información, sus dispositivos y programas, y la cesión del derecho de uso de estos últimos, en cualquiera de sus modalidades de puesta a disposición, a excepción de los contratos de adquisición de programas de ordenador desarrollados a medida, que se considerarán contratos de servicios.

c) Los de fabricación, por los que la cosa o cosas que hayan de ser entregadas por el empresario deban ser elaboradas con arreglo a características peculiares fijadas previamente por la entidad contratante, aun cuando esta se obligue a aportar, total o parcialmente, los materiales precisos.

d) Los que tengan por objeto la adquisición de energía primaria o energía transformada

E) Contrato de servicios

Son contratos de servicios aquellos cuyo objeto son prestaciones de hacer consistentes en el desarrollo de una actividad o dirigidas a la obtención de un resultado distinto de una obra o suministro, incluyendo aquellos en que el adjudicatario se obligue a ejecutar el servicio de forma sucesiva y por precio unitario. No podrán ser objeto de estos contratos los servicios que impliquen ejercicio de la autoridad inherente a los poderes públicos.

Régimen jurídico de los contratos administrativos

Articulo 25 LCSP

1. Tendrán carácter administrativo los contratos siguientes, siempre que se celebren por una Administración Pública:

a) **Los contratos de obra, concesión de obra, concesión de servicios, suministro y servicios**. No obstante, tendrán carácter privado los siguientes contratos:
   1. Los contratos de servicios que tengan por objeto servicios financieros con número de referencia CPV de 66100000-1 a 66720000-3 y los que tengan por objeto la creación e interpretación artística y literaria y los de espectáculos con número de referencia CPV de 79995000-5 a 79995200-7, y de 92000000-1 a 92700000-8, excepto 92230000-2, 92231000-9 y 92232000-6.
   2. Aquellos cuyo objeto sea la suscripción a revistas, publicaciones periódicas y bases de datos.

b) Los contratos declarados así expresamente por una Ley, y aquellos otros de objeto distinto a los expresados en la letra anterior, pero que tengan naturaleza administrativa especial por estar vinculados al giro o tráfico específico de la Administración contratante o por satisfacer de forma directa o inmediata una finalidad pública de la específica competencia de aquella.

2. Los contratos administrativos se regirán, en cuanto a su preparación, adjudicación, efectos, modificación y extinción, por esta Ley y sus disposiciones de desarrollo; supletoriamente se aplicarán las restantes normas de derecho administrativo y, en su defecto, las normas de derecho privado. No obstante, a los contratos administrativos especiales a que se refiere la letra b) del apartado anterior les serán de aplicación, en primer término, sus normas específicas.

2.2. Contratos mixtos

Artículo 18. Contratos mixtos

1. Se entenderá por contrato mixto aquel que contenga prestaciones correspondientes a otro u otros de distinta clase. Únicamente podrán celebrarse contratos mixtos en las condiciones establecidas en el artículo 34.2 de la presente Ley. El régimen jurídico de la preparación y adjudicación de los contratos mixtos se determinará de conformidad con lo establecido en este artículo; y el de sus efectos, cumplimiento y extinción se determinará de acuerdo con lo dispuesto en el artículo 122.2. Para la determinación de las normas que regirán la adjudicación de los contratos mixtos cuyo objeto contenga prestaciones de varios contratos regulados en esta Ley, se estará a las siguientes reglas:

a) Cuando un contrato mixto comprenda prestaciones propias de dos o más contratos de obras, suministros o servicios se atenderá al carácter de la prestación principal. En el caso de los contratos mixtos que comprendan en parte servicios especiales del anexo IV, y en parte otros servicios, o en el caso de los contratos mixtos compuestos en parte por servicios y en parte por suministros, el objeto principal se determinará en función de cuál sea el mayor de los valores estimados de los respectivos servicios o suministros.

b) Cuando el contrato mixto contenga prestaciones de los contratos de obras, suministros o servicios, por una parte, y contratos de concesiones de obra o concesiones de servicios, de otra, se actuará del siguiente modo:

   1. Si las distintas prestaciones no son separables se atenderá al carácter de la prestación principal.

   2. Si las distintas prestaciones son separables y se decide adjudicar un contrato único, se aplicarán las normas relativas a los contratos de obras, suministros o servicios cuando el valor estimado de las prestaciones correspondientes a estos contratos supere las cuantías establecidas en los artículos 20, 21 y 22 de la presente Ley, respectivamente. En otro caso, se aplicarán las normas relativas a los contratos de concesión de obras y concesión de servicios.

2. Cuando el contrato mixto contemple prestaciones de contratos regulados en esta Ley con prestaciones de otros contratos distintos de los regulados en la misma, para determinar las normas aplicables a su adjudicación se atenderá a las siguientes reglas:

a) Si las distintas prestaciones no son separables se atenderá al carácter de la prestación principal.

b) Si las prestaciones son separables y se decide celebrar un único contrato, se aplicará lo dispuesto en esta Ley

2.3. Contratos privados de la Administración

Artículo 26 LCSP

1. **Tendrán la consideración de contratos privados:**

a) Los que celebren las Administraciones Públicas cuyo objeto sea distinto de los referidos en las letras a) y b) del apartado primero del artículo anterior.

b) Los celebrados por entidades del sector público que siendo poder adjudicador no reúnan la condición de Administraciones Públicas.

c) Los celebrados por entidades del sector público que no reúnan la condición de poder adjudicador.

2. Los contratos privados que celebren las Administraciones Públicas se regirán, en cuanto a su preparación y adjudicación, en defecto de normas específicas, por las Secciones 1.ª y 2.ª del Capítulo I del Título I del Libro Segundo de la presente Ley con carácter general, y por sus disposiciones de desarrollo, aplicándose supletoriamente las restantes normas de derecho administrativo o, en su caso, las normas de derecho privado, según corresponda por razón del sujeto o entidad contratante. En lo que respecta a su efectos, modificación y extinción, estos contratos se regirán por el derecho privado.

No obstante lo establecido en el párrafo anterior, a los contratos mencionados en los números 1.º y 2.º de la letra a) del apartado primero del artículo anterior, les resultarán de aplicación, además del Libro Primero de la presente Ley, el Libro Segundo de la misma en cuanto a su preparación y adjudicación. En cuanto a sus efectos y extinción les serán aplicables las normas de derecho privado, salvo lo establecido en los artículos de esta Ley relativos a las condiciones especiales de ejecución, modificación, cesión, subcontratación y resolución de los contratos, que les serán de aplicación cuando el contrato esté sujeto a regulación armonizada.

3. Los contratos privados que celebren los poderes adjudicadores que no pertenezcan a la categoría de Administraciones Públicas mencionados en la letra b) del apartado primero del presente artículo, cuyo objeto esté comprendido en el ámbito de la presente Ley, se regirán por lo dispuesto en el Título I del Libro Tercero de la misma, en cuanto a su preparación y adjudicación. En cuanto a sus efectos y extinción les serán aplicables las normas de derecho privado, y aquellas normas a las que se refiere el párrafo primero del artículo 319 en materia medioambiental, social o laboral, de condiciones especiales de ejecución, de modificación del contrato, de cesión y subcontratación, de racionalización técnica de la contratación; y la causa de resolución del contrato referida a la imposibilidad de ejecutar la prestación en los términos inicialmente pactados, cuando no sea posible modificar el contrato conforme a los artículos 204 y 205.

4. Los contratos que celebren las Entidades del Sector Público que no posean la condición de poder adjudicador, se regirán por lo dispuesto en los artículos 321 y 322. En lo que se refiere a sus efectos, modificación y extinción se regularán por las normas de derecho privado que les resulten de aplicación.

Contratos sujetos a regulación armonizada

Artículo 19. Delimitación general. Contratos sujetos a una regulación armonizada

1. Son contratos sujetos a una regulación armonizada los contratos de obras, los de concesión de obras, los de concesión de servicios, los de suministro, y los de servi-

cios, cuyo valor estimado, calculado conforme a las reglas que se establecen en el artículo 101, sea igual o superior a las cuantías que se indican en los artículos siguientes, siempre que la entidad contratante tenga el carácter de poder adjudicador. Tendrán también la consideración de contratos sujetos a regulación armonizada **los contratos subvencionados por estas entidades** a los que se refiere el artículo 23.

Artículo 20. Contratos de obras, de concesión de obras y de concesión de servicios sujetos a una regulación armonizada: umbral

1. Están sujetos a regulación armonizada los contratos de obras, de concesión de obras y de concesión de servicios cuyo valor estimado **sea igual o superior a 5.225.000 euros.**

2. En el supuesto previsto en el artículo 101.12 relativo al cálculo del valor estimado en los contratos de obras que se adjudiquen por lotes separados, cuando el valor acumulado de los lotes en que se divida la obra iguale o supere la cantidad indicada en el apartado anterior, se aplicarán las normas de la regulación armonizada a la adjudicación de cada lote. No obstante lo dispuesto en el párrafo anterior, los órganos de contratación podrán exceptuar de estas normas a los lotes cuyo valor estimado sea inferior a un millón de euros, siempre que el importe acumulado de los lotes exceptuados no sobrepase el 20 por 100 del valor acumulado de la totalidad de los mismos.

Artículo 21. Contratos de suministro sujetos a una regulación armonizada: umbral

1. Están sujetos a regulación armonizada los contratos de suministro cuyo valor estimado sea igual o superior a las siguientes cantidades:

a) **144.000 euros**, cuando se trate de contratos adjudicados por la Administración General del Estado, sus Organismos Autónomos, o las Entidades Gestoras y Servicios Comunes de la Seguridad Social. No obstante, cuando los contratos se adjudiquen por órganos de contratación que pertenezcan al sector de la defensa, este umbral solo se aplicará respecto de los contratos de suministro que tengan por objeto los productos enumerados en el anexo II.

b) **221.000 euros,** cuando se trate de contratos de suministro distintos, por razón del sujeto contratante o por razón de su objeto, de los contemplados en la letra anterior

Artículo 22. Contratos de servicios sujetos a una regulación armonizada: umbral

1. Están sujetos a regulación armonizada los contratos de servicios cuyo valor estimado sea igual o superior a las siguientes cantidades:

a) **144.000 euros,** cuando los contratos hayan de ser adjudicados por la Administración General del Estado, sus Organismos Autónomos, o las Entidades Gestoras y Servicios Comunes de la Seguridad Social.

b) **221.000 euros**, cuando los contratos hayan de adjudicarse por entidades del sector público distintas a la Administración General del Estado, sus Organismos Autónomos o las Entidades Gestoras y Servicios Comunes de la Seguridad Social.

c) **750.000 euros,** cuando se trate de contratos que tengan por objeto los servicios sociales y otros servicios específicos enumerados en el anexo IV.

Artículo 23. Contratos subvencionados sujetos a una regulación armonizada

1. Son contratos subvencionados sujetos a una regulación armonizada los contratos de obras y los contratos de servicios definidos conforme a lo previsto en los artículos 13 y 17, respectivamente, que sean subvencionados, de forma directa y en más de un 50 por 100 de su importe, por entidades que tengan la consideración de poderes adjudicadores, siempre que pertenezcan a alguna de las categorías siguientes:

a) Contratos de obras que tengan por objeto actividades de ingeniería civil de la sección F, división 45, grupo 45.2 de la Nomenclatura General de Actividades Económicas de las Comunidades Europeas (NACE), o la construcción de hospitales, centros deportivos, recreativos o de ocio, edificios escolares o universitarios y edificios de uso administrativo, siempre que su valor estimado sea igual o superior a **5.225.000 euros**.

b) Contratos de servicios vinculados a un contrato de obras de los definidos en la letra a), cuyo valor estimado sea igual o superior a **209.000 euros**.

3. Disposiciones generales aplicables a los mismos

Con carácter general el art. 28 de la LCSP exige que las entidades del sector público no podrán celebrar otros contratos que aquellos **que sean necesarios para el cumplimiento y realización de sus fines institucionales**. A tal efecto, la naturaleza y extensión de las necesidades que pretenden cubrirse mediante el contrato proyectado, así como la idoneidad de su objeto y contenido para satisfacerlas, cuando se adjudique por un procedimiento abierto, restringido o negociado sin publicidad, deben ser determinadas con precisión, dejando constancia de ello en la documentación preparatoria, antes de iniciar el procedimiento encaminado a su adjudicación.

A continuación la Nueva ley, de forma muy farragosa incluye varios artículos dedicados a los Plazos de duración de los contratos, y su ejecución, y a regular todos los mecanismos de encargos de las prestaciones a otras administraciones públicas u otros poderes adjudicadores

Finalmente el art. 34 de la misma Ley, establece una regla general que es la de **Libertad de pactos**, al establecer que: 1. En los contratos del sector público podrán incluirse cualesquiera pactos, cláusulas y condiciones, siempre que no sean contrarios al interés público, al ordenamiento jurídico y a los principios de buena administración.

2. Solo podrán fusionarse prestaciones correspondientes a diferentes contratos en un contrato mixto cuando esas prestaciones se encuentren directamente vinculadas entre sí y mantengan relaciones de complementariedad que exijan su consideración y tratamiento como una unidad funcional dirigida a la satisfacción de una determinada necesidad o a la consecución de un fin institucional propio de la entidad contratante.

El Contenido mínimo de los contratos, se especifica en el art. 35, que establece:

1. Los documentos en los que se formalicen los contratos que celebren las entidades del sector público, salvo que ya se encuentren recogidas en los pliegos, **deberán incluir, necesariamente, las siguientes menciones:**

a) La identificación de las partes.

b) La acreditación de la capacidad de los firmantes para suscribir el contrato.

c) Definición del objeto y tipo del contrato, teniendo en cuenta en la definición del objeto las consideraciones sociales, ambientales y de innovación.

d) Referencia a la legislación aplicable al contrato.

e) La enumeración de los documentos que integran el contrato. Si así se expresa en el contrato, esta enumeración podrá estar jerarquizada, ordenándose según el orden de prioridad acordado por las partes, en cuyo supuesto, y salvo caso de error manifiesto, el orden pactado se utilizará para determinar la prevalencia respectiva, en caso de que existan contradicciones entre diversos documentos.

f) El precio cierto, o el modo de determinarlo.

g) La duración del contrato o las fechas estimadas para el comienzo de su ejecución y para su finalización, así como la de la prórroga o prórrogas, si estuviesen previstas.

h) Las condiciones de recepción, entrega o admisión de las prestaciones.

i) Las condiciones de pago.

j) Los supuestos en que procede la modificación, en su caso.

k) Los supuestos en que procede la resolución.

l) El crédito presupuestario o el programa o rúbrica contable con cargo al que se abonará el precio, en su caso.

m) La extensión objetiva y temporal del deber de confidencialidad que, en su caso, se imponga al contratista.

n) La obligación de la empresa contratista de cumplir durante todo el periodo de ejecución de contrato las normas y condiciones fijadas en el convenio colectivo de aplicación.

2. El documento contractual no podrá incluir estipulaciones que establezcan derechos y obligaciones para las partes distintos de los previstos en los pliegos, concretados, en su caso, en la forma que resulte de la proposición del adjudicatario, o de los precisados en el acto de adjudicación del contrato de acuerdo con lo actuado en el procedimiento, de no existir aquellos.

3.1. Perfección de los contratos

Conforme el artículo 36 de la LCSP:

1. L**os contratos que celebren los poderes adjudicadores,** a excepción de los contratos menores y de los contratos basados en un acuerdo marco y los contratos específicos en el marco de un sistema dinámico de adquisición a los que se refiere el apartado 3 de este artículo, **se perfeccionan con su formalización.**

2. **Los contratos subvencionado**s que, de conformidad con lo dispuesto en el artículo 23 de esta Ley, deban considerarse sujetos a regulación armonizada, **se perfeccionarán de conformidad con la legislación por la que se rijan.** Las partes deberán notificar su formalización al órgano que otorgó la subvención.

3. **Los contratos basados en un acuerdo marco y los contratos específicos en el marco de un sistema dinámico de adquisición, se perfeccionan con su adjudicación.**

4. Salvo que se indique otra cosa en su clausulado, los contratos del sector público se entenderán celebrados en el lugar donde se encuentre la sede del órgano de contratación.

3.2. Formalización de los contratos

1. Las entidades del sector público no podrán contratar verbalmente, salvo que el contrato tenga, conforme a lo señalado en el artículo 120.1, carácter de emergencia.

2. Los contratos que celebren las Administraciones Públicas se formalizarán de acuerdo con lo previsto en el artículo 153, sin perjuicio de lo señalado para los contratos menores en el artículo 118.

3. Los contratos que celebren los poderes adjudicadores que no tengan la consideración de Administraciones Públicas cuando sean susceptibles de recurso especial en materia de contratación conforme al artículo 44 deberán formalizarse en los plazos establecidos en el artículo 153.

3.3. Contratos menores

El art.131.3 de la LCSP establece que:

L**os contratos menores podrán adjudicarse directamente a cualquier empresario con capacidad de obrar y que cuente con la habilitación profesional necesaria para realizar la prestación, cumpliendo con las normas establecidas en el artículo 118.**

En los contratos relativos a la prestación de asistencia sanitaria en supuestos de urgencia y con un valor estimado inferior a 30.000 euros, no serán de aplicación las disposiciones de esta Ley relativas a la preparación y adjudicación del contrato.

Para proceder a la contratación en estos casos bastará con que, además de justificarse la urgencia, se determine el objeto de la prestación, se fije el precio a satisfacer por la asistencia y se designe por el órgano de contratación la empresa a la que corresponderá la ejecución.

Y el art 118 sobre los contratos menores establece:

1. Se consideran c**ontratos menores los contratos de valor estimado inferior a 40.000 euros, cuando se trate de contratos de obras, o a 15.000 euros, cuando se trate de contratos de suministro o de servicios,** sin perjuicio de lo dispuesto en el artículo 229 en relación con las obras, servicios y suministros centralizados en el ámbito estatal.

En los contratos menores **la tramitación del expediente exigirá** el informe del órgano de contratación motivando la necesidad del contrato. Asimismo se requerirá la aprobación del gasto y la incorporación al mismo de la factura correspondiente, que deberá reunir los requisitos que las normas de desarrollo de esta Ley establezcan.

2. **En el contrato menor de obras, deberá añadirse**, además, el presupuesto de las obras, sin perjuicio de que deba existir el correspondiente proyecto cuando normas específicas así lo requieran. Deberá igualmente solicitarse el informe de las oficinas o unidades de supervisión a que se refiere el artículo 235 cuando el trabajo afecte a la estabilidad, seguridad o estanqueidad de la obra.

3. En el expediente se justificará que no se está alterando el objeto del contrato para evitar la aplicación de las reglas generales de contratación, y que el contratista no ha suscrito más contratos menores que individual o conjuntamente superen la cifra que consta en el apartado primero de este artículo. El órgano de contratación comprobará el cumplimiento de dicha regla. Quedan excluidos los supuestos encuadrados en el artículo 168.a).2.º

4. Los contratos menores se publicarán en la forma prevista en el artículo 63.4.(que dice: La publicación de la información relativa a los contratos menores deberá realizarse al menos trimestralmente. La información a publicar para este tipo de contratos será, al menos, su objeto, duración, el importe de adjudicación, incluido el Impuesto sobre el Valor Añadido, y la identidad del adjudicatario, ordenándose los contratos por la identidad del adjudicatario.

Quedan exceptuados de la publicación a la que se refiere el párrafo anterior, aquellos contratos cuyo valor estimado fuera inferior a cinco mil euros, siempre que el sistema de pago utilizado por los poderes adjudicadores fuera el de anticipo de caja fija u otro sistema similar para realizar pagos menores.)

4. Los elementos estructurales de los contratos: las partes en el contrato

4.1. Órganos de contratación

El artículo 61 de la LCSP establece que:

La representación de las entidades del sector público en materia contractual **corresponde a los órganos de contratación, unipersonales o colegiados que, en virtud de norma legal o reglamentaria o disposición estatutaria, tengan atribuida la facultad de celebrar contratos en su nombre.**

Los órganos de contratación podrán delegar o desconcentrar sus competencias y facultades en esta materia con cumplimiento de las normas y formalidades aplicables en cada caso para la delegación o desconcentración de competencias, en el caso de que se trate de órganos administrativos, o para el otorgamiento de poderes, cuando se trate de órganos societarios o de una fundación.

Entendemos que este artículo, no altera la competencia fijada por tanto en normas sectoriales y presupuestarias anteriores, que otorga la competencia a:

En la Administración del Estado: a Los Ministros y Secretarios de Estado, hasta 12 millones de euros. A partir de ahí el expediente necesita autorización del Consejo de Ministros.

En las Entidades Locales, el alcalde hasta 6 millones de euros, siempre que el importe tampoco supere el 10% de los recursos ordinarios del presupuesto, y a partir de ahí el Pleno.

Añadiendo a continuación la figura del responsable del contrato, y del **perfil del contratante obligando a que** Los órganos de contratación difundirán exclusivamente a través de Internet su perfil de contratante, como elemento que agrupa la información y documentos relativos a su actividad contractual al objeto de asegurar la transparencia y el acceso público a los mismos. La forma de acceso al perfil de contratante deberá hacerse constar en los pliegos y documentos equivalentes, así como en los anuncios de licitación en todos los casos. La difusión del perfil de contratante no obstará la utilización de otros medios de publicidad adicionales en los casos en que así se establezca.

El acceso a la información del perfil de contratante será libre, no requiriendo identificación previa. No obstante, podrá requerirse esta para el acceso a servicios personalizados asociados al contenido del perfil de contratante tales como suscripciones, envío de alertas, comunicaciones electrónicas y envío de ofertas, entre otras. Toda la información contenida en los perfiles de contratante se publicará en formatos abiertos y reutilizables, y permanecerá accesible al público durante un periodo de tiempo no inferior a 5 años, sin perjuicio de que se permita el acceso a expedientes anteriores ante solicitudes de información.

4.2. La capacidad y solvencia del empresario

Se regula en el artículo 65 de la LCSP que establece, **Condiciones de aptitud:**

1. Solo podrán contratar con el sector público las personas naturales o jurídicas, españolas o extranjeras, que tengan plena capacidad de obrar, no estén incursas en alguna prohibición de contratar, y acrediten su solvencia económica y financiera y técnica o profesional o, en los casos en que así lo exija esta Ley, se encuentren debidamente clasificadas.

Cuando, por así determinarlo la normativa aplicable, se le requirieran al contratista determinados requisitos relativos a su organización, destino de sus beneficios, sistema de financiación u otros para poder participar en el correspondiente procedimiento de adjudicación, estos deberán ser acreditados por el licitador al concurrir en el mismo.

2. Los contratistas deberán contar, asimismo, con la habilitación empresarial o profesional que, en su caso, sea exigible para la realización de las prestaciones que constituyan el objeto del contrato.

3. En los contratos subvencionados a que se refiere el artículo 23 de esta Ley, el contratista

4.3. Personas jurídicas

1. Las personas jurídicas solo podrán ser adjudicatarias de contratos cuyas prestaciones estén comprendidas dentro de los fines, objeto o ámbito de actividad que, a tenor de sus estatutos o reglas fundacionales, les sean propios.

2. Quienes concurran individual o conjuntamente con otros a la licitación de una concesión de obras o de servicios, podrán hacerlo con el compromiso de constituir una sociedad que será la titular de la concesión. La constitución y, en su caso, la forma de la sociedad deberán ajustarse a lo que establezca, para determinados tipos de concesiones, la correspondiente legislación específica.

4.4. Prohibiciones de contratar

1. No podrán contratar con las entidades previstas en el artículo 3 de la presente Ley con los efectos establecidos en el artículo 73, las personas en quienes concurra alguna de las siguientes circunstancias:

a) Haber sido **condenadas mediante sentencia firme** por delitos de terrorismo, constitución o integración de una organización o grupo criminal, asociación ilícita, financiación ilegal de los partidos políticos, trata de seres humanos, corrupción en los negocios, tráfico de influencias, cohecho, fraudes, delitos contra la Hacienda Pública y la Seguridad Social, delitos contra los derechos de los trabajadores, prevaricación, malversación, negociaciones prohibidas a los funcionarios, blanqueo de capitales, delitos relativos a la ordenación del territorio y el urbanismo, la protección del patrimonio histórico y el medio ambiente, o a la pena de inhabilitación especial para el ejercicio de profesión, oficio, industria o comercio.

   La prohibición de contratar alcanzará a las personas jurídicas que sean declaradas penalmente responsables, y a aquellas cuyos administradores o representantes, lo sean de hecho o de derecho, vigente su cargo o representación y hasta su cese, se encontraran en la situación mencionada en este apartado.

b) Haber sido s**ancionadas con carácter firme por infracción grave** en materia profesional que ponga en entredicho su integridad, de disciplina de mercado, de falseamiento de la competencia, de integración laboral y de igualdad de oportunidades y no discriminación de las personas con discapacidad, o de extranjería, de conformidad con lo establecido en la normativa vigente; o por infracción muy grave en materia medioambiental de conformidad con lo establecido en la normativa vigente, o por infracción muy grave en materia laboral o social, de acuerdo con lo dispuesto en el texto refundido de la Ley sobre Infracciones y Sanciones en el Orden Social, aprobado por el Real Decreto Legislativo 5/2000, de 4 de agosto, así como por la infracción grave prevista en el artículo 22.2 del citado texto.

c) **Haber solicitado la declaración de concurso voluntario,** haber sido declaradas insolventes en cualquier procedimiento, hallarse declaradas en concurso, salvo que en este haya adquirido eficacia un convenio o se haya iniciado un expediente de acuerdo extrajudicial de pagos, estar sujetos a intervención judicial o haber sido inhabilitados conforme a la Ley 22/2003, de 9 de julio, Concursal, sin que haya concluido el período de inhabilitación fijado en la sentencia de calificación del concurso.

d) **No hallarse al corriente en el cumplimiento de las obligaciones tributarias o de Seguridad Social** impuestas por las disposiciones vigentes, en los términos que reglamentariamente se determinen; o en el caso de empresas de 50 o más trabajadores, no cumplir el requisito de que al menos el 2 por ciento de sus empleados sean trabajadores con discapacidad, de conformidad con el artículo 42 del Real Decreto Legislativo 1/2013, de 29 de noviembre, por el que se aprueba el texto refundido de la Ley General de derechos de las personas con discapacidad y de su inclusión social, en las condiciones que reglamentariamente se determinen; o en el caso de empresas de más de 250 trabajadores, no cumplir con la obligación de contar con un plan de igualdad conforme a lo dispuesto en el artículo 45 de la Ley Orgánica 3/2007, de 22 de marzo, para la igualdad de mujeres y hombres.

En relación con el cumplimiento de sus obligaciones tributarias o con la Seguridad Social, se considerará que las empresas se encuentran al corriente en el mismo cuando las deudas estén aplazadas, fraccionadas o se hubiera acordado su suspensión con ocasión de la impugnación de tales deudas.

La acreditación del cumplimiento de la cuota de reserva de puestos de trabajo del 2 por ciento para personas con discapacidad y de la obligación de contar con un plan de igualdad a que se refiere el primer párrafo de esta letra se hará mediante la presentación de la declaración responsable a que se refiere el artículo 140.

No obstante lo dispuesto en el párrafo anterior, el Consejo de Ministros, mediante Real Decreto, podrá establecer una forma alternativa de acreditación que, en todo caso, será bien mediante certificación del órgano administrativo correspondiente, con vigencia mínima de seis meses, o bien mediante certificación del correspondiente Registro de Licitadores, en los casos en que dicha circunstancia figure inscrita en el mismo.

e) Haber **incurrido en falsedad al efectuar la declaración responsable** a que se refiere el artículo 140 o al facilitar cualesquiera otros datos relativos a su capacidad y solvencia, o haber incumplido, por causa que le sea imputable, la obligación de comunicar la información prevista en el artículo 82.4 y en el artículo 343.1.

f) Estar **afectado por una prohibición de contratar** impuesta en virtud de sanción administrativa firme, con arreglo a lo previsto en la Ley 38/2003, de 17 de noviembre, General de Subvenciones, o en la Ley 58/2003, de 17 de diciembre, General Tributaria.

La presente causa de prohibición de contratar dejará de aplicarse cuando el órgano de contratación, en aplicación de lo dispuesto en el artículo 72.1, compruebe que la empresa ha cumplido sus obligaciones de pago o celebrado un acuerdo vinculante con vistas al pago de las cantidades adeudadas, incluidos en su caso los intereses acumulados o las multas impuestas.

g) **Estar incursa la persona física o los administradores** de la persona jurídica en alguno de los supuestos de la Ley 3/2015, de 30 de marzo, reguladora del ejercicio del alto cargo de la Administración General del Estado o las respectivas normas de las Comunidades Autónomas, de la Ley 53/1984, de 26 de diciembre, **de Incompatibilidades del Personal al Servicio de las Administraciones Públicas** o tratarse de cualquiera de los cargos electivos regulados en la Ley Orgánica 5/1985, de 19 de junio, del Régimen Electoral General, en los términos establecidos en la misma.

La prohibición alcanzará a las personas jurídicas en cuyo capital participen, en los términos y cuantías establecidas en la legislación citada, el personal y los altos cargos a que se refiere el párrafo anterior, así como los cargos electos al servicio de las mismas.

La prohibición se extiende igualmente, en ambos casos, a los cónyuges, personas vinculadas con análoga relación de convivencia afectiva, ascendientes y descendientes, así como a parientes en segundo grado por consanguineidad o afinidad de las personas a que se refieren los párrafos anteriores, cuando se produzca conflicto de intereses con el titular del órgano de contratación o los titulares de los órganos en que se hubiere delegado la facultad para contratar o los que ejerzan la sustitución del primero.

h) **Haber contratado a personas** respecto de las que se haya publicado en el «Boletín Oficial del Estado» el incumplimiento a que se refiere el artículo 15.1 de la Ley 3/2015, de 30 de marzo, reguladora del ejercicio del alto cargo de la Administración General del Estado o en las respectivas normas de las Comunidades Autónomas, **por haber pasado a prestar**

servicios en empresas o sociedades privadas directamente relacionadas con las competencias del cargo desempeñado durante los dos años siguientes a la fecha de cese en el mismo. La prohibición de contratar se mantendrá durante el tiempo que permanezca dentro de la organización de la empresa la persona contratada con el límite máximo de dos años a contar desde el cese como alto cargo.

2. Además de las previstas en el apartado anterior, son circunstancias que impedirán a los empresarios contratar con las entidades comprendidas en el artículo 3 de la presente Ley, en las condiciones establecidas en el artículo 73 las siguientes:

a) Haber retirado indebidamente su proposición o candidatura en un procedimiento de adjudicación, o haber imposibilitado la adjudicación del contrato a su favor por no cumplimentar lo establecido en el apartado 2 del artículo 150 dentro del plazo señalado mediando dolo, culpa o negligencia.
b) Haber dejado de formalizar el contrato, que ha sido adjudicado a su favor, en los plazos previstos en el artículo 153 por causa imputable al adjudicatario.
c) Haber incumplido las cláusulas que son esenciales en el contrato, incluyendo las condiciones especiales de ejecución establecidas de acuerdo con lo señalado en el artículo 202, cuando dicho incumplimiento hubiese sido definido en los pliegos o en el contrato como infracción grave, concurriendo dolo, culpa o negligencia en el empresario, y siempre que haya dado lugar a la imposición de penalidades o a la indemnización de daños y perjuicios.
d) Haber dado lugar, por causa de la que hubiesen sido declarados culpables, a la resolución firme de cualquier contrato celebrado con una entidad de las comprendidas en el artículo 3 de la presente Ley.

3. Las prohibiciones de contratar afectarán también a aquellas empresas de las que, por razón de las personas que las rigen o de otras circunstancias, pueda presumirse que son continuación o que derivan, por transformación, fusión o sucesión, de otras empresas en las que hubiesen concurrido aquellas.

4.5. Exigencia de solvencia

1. Para celebrar contratos con el sector público los empresarios deberán acreditar estar en posesión de las condiciones mínimas de solvencia económica y financiera y profesional o técnica que se determinen por el órgano de contratación. Este requisito será sustituido por el de la clasificación, cuando esta sea exigible conforme a lo dispuesto en esta Ley.

2. Los requisitos mínimos de solvencia que deba reunir el empresario y la documentación requerida para acreditar los mismos se indicarán en el anuncio de licitación y se especificarán en el pliego del contrato, debiendo estar vinculados a su objeto y ser proporcionales al mismo.

Integración de la solvencia con medios externos: para acreditar la solvencia necesaria para celebrar un contrato determinado, el empresario podrá basarse en la solvencia y medios de otras entidades, independientemente de la naturaleza jurídica de los vínculos que tenga con ellas, siempre que demuestre que durante toda la duración de la ejecución del contrato dispondrá efectivamente de esa solvencia y medios, y la entidad a la que recurra no esté incursa en una prohibición de contratar.

En las mismas condiciones, los empresarios que concurran agrupados en las uniones temporales a que se refiere el artículo 69, podrán recurrir a las capacidades de entidades ajenas a la unión temporal.

4.6. Clasificación de las empresas

4.6.1. Obligatoriedad

1. La clasificación de los empresarios como contratistas de obras o como contratistas de servicios de los poderes adjudicadores será exigible y surtirá efectos para la acreditación de su solvencia para contratar en los siguientes casos y términos:

a) **Para los contratos de obras cuyo valor estimado sea igual o superior a 500.000 euros** será requisito indispensable que el empresario se encuentre debidamente clasificado como contratista de obras de los poderes adjudicadores. Para dichos contratos, la clasificación del empresario en el grupo o subgrupo que en función del objeto del contrato corresponda, con categoría igual o superior a la exigida para el contrato, acreditará sus condiciones de solvencia para contratar.

   Para los contratos de obras cuyo valor estimado sea inferior a 500.000 euros la clasificación del empresario en el grupo o subgrupo que en función del objeto del contrato corresponda, y que será recogido en los pliegos del contrato, acreditará su solvencia económica y financiera y solvencia técnica para contratar. En tales casos, el empresario podrá acreditar su solvencia indistintamente mediante su clasificación como contratista de obras en el grupo o subgrupo de clasificación correspondiente al contrato o bien acreditando el cumplimiento de los requisitos específicos de solvencia exigidos en el anuncio de licitación o en la invitación a participar en el procedimiento y detallados en los pliegos del contrato. Si los pliegos no concretaran los requisitos de solvencia económica y financiera o los requisitos de solvencia técnica o profesional, la acreditación de la solvencia se efectuará conforme a los criterios, requisitos y medios recogidos en el segundo inciso del apartado 3 del artículo 87, que tendrán carácter supletorio de lo que al respecto de los mismos haya sido omitido o no concretado en los pliegos.

b) **Para los contratos de servicios no será exigible la clasificación del empresario**. En el anuncio de licitación o en la invitación a participar en el procedimiento y en los pliegos del contrato se establecerán los criterios y requisitos mínimos de solvencia económica y financiera y de solvencia técnica o profesional tanto en los términos establecidos en los artículos 87 y 90 de la Ley como en términos de grupo o subgrupo de clasificación y de categoría mínima exigible, siempre que el objeto del contrato esté incluido en el ámbito de clasificación de alguno de los grupos o subgrupos de clasificación vigentes, atendiendo para ello al código CPV del contrato, según el Vocabulario común de contratos públicos aprobado por Reglamento (CE) 2195/2002, del Parlamento Europeo y del Consejo, de 5 de noviembre de 2002.

   En tales casos, el empresario podrá acreditar su solvencia indistintamente mediante su clasificación en el grupo o subgrupo de clasificación y categoría de clasificación correspondientes al contrato o bien acreditando el cumplimiento de los requisitos específicos de solvencia exigidos en el anuncio de licitación o en la invitación a participar en el procedimiento y detallados en los pliegos del contrato. Si los pliegos no concretaran los requisitos de solvencia económica y financiera o los requisitos de solvencia técnica o profesional, la acreditación de la solvencia se efectuará conforme a los criterios, requisitos y medios recogidos en el segundo inciso del apartado 3 del artículo 87, que tendrán carácter supletorio de lo que al respecto de los mismos haya sido omitido o no concretado en los pliegos.

c) **La clasificación no será exigible para los demás tipos de contratos**. Para dichos contratos, los requisitos específicos de solvencia exigidos se indicarán en el anuncio de licitación o en la invitación a participar en el procedimiento y se detallarán en los pliegos del contrato.

2. La clasificación será exigible igualmente al cesionario de un contrato en el caso en que hubiese sido requerida al cedente.

3. Por Real Decreto podrá exceptuarse la necesidad de clasificación para determinados tipos de contratos de obras en los que este requisito sea exigible, debiendo motivarse dicha excepción en las circunstancias especiales y excepcionales concurrentes en los mismos.

4. Cuando no haya concurrido ninguna empresa clasificada en un procedimiento de adjudicación de un contrato para el que se requiera clasificación, el

órgano de contratación podrá excluir la necesidad de cumplir este requisito en el siguiente procedimiento que se convoque para la adjudicación del mismo contrato, siempre y cuando no se alteren sus condiciones, precisando en el pliego de cláusulas y en el anuncio, en su caso, los medios de acreditación de la solvencia que deban ser utilizados de entre los especificados en los artículos 87 y 88.

4.6.2. Excepciones de clasificación y certificados comunitarios de clasificación

1. No será exigible la clasificación a los empresarios no españoles de Estados miembros de la Unión Europea o de Estados signatarios del Acuerdo sobre el Espacio Económico Europeo, ya concurran al contrato aisladamente o integrados en una unión, sin perjuicio de la obligación de acreditar su solvencia.

2. Excepcionalmente, cuando así sea conveniente para los intereses públicos, la contratación de la Administración General del Estado y los entes organismos y entidades de ella dependientes con personas que no estén clasificadas podrá ser autorizada por el Consejo de Ministros, previo informe de la Junta Consultiva de Contratación Pública del Estado. En el ámbito de las Comunidades Autónomas, la autorización será otorgada por los órganos que estas designen como competentes

4.7. Órgano competente

1. Los acuerdos relativos a la clasificación de las empresas se adoptarán, con eficacia general frente a todos los órganos de contratación, por las Comisiones Clasificadoras de **la Junta Consultiva de Contratación Pública del Estado.** Estos acuerdos podrán ser objeto de recurso de alzada ante el Ministro de Hacienda y Función Pública.

2. Los órganos competentes de las Comunidades Autónomas podrán adoptar decisiones sobre clasificación de las empresas que serán eficaces, únicamente, a efectos de contratar con la Comunidad Autónoma que las haya adoptado, con las Entidades locales incluidas en su ámbito territorial, y con los entes, organismos y entidades del sector público dependientes de una y otras. En la adopción de estos acuerdos, deberán respetarse, en todo caso, las reglas y criterios establecidos en esta Ley y en sus disposiciones de desarrollo.

No obstante, una empresa no podrá disponer simultáneamente de clasificación en un determinado grupo o subgrupo otorgada por las Comisiones Clasificadoras de la Junta Consultiva de Contratación Pública del Estado y por una o más Comunidades Autónomas, o por dos o más Comunidades Autónomas, con distintas categorías de clasificación. A tal efecto, las empresas indicarán en sus solicitudes de clasificación o de revisión de clasificación las clasificaciones que tienen vigentes y que hayan sido otorgadas por otras Administraciones distintas de aquella a la que dirigen su solicitud, no pudiendo otorgarse a la empresa solicitante una categoría superior en subgrupo alguno a aquella de la que ya disponga, otorgada por cualquier otra Administración, en dicho subgrupo.

Reglamentariamente se articularán los mecanismos necesarios para evitar la coexistencia sobrevenida de clasificaciones en vigor contradictorias para una misma empresa en un mismo grupo o subgrupo de clasificación.

4.8. Plazo de vigencia y revisión de las clasificaciones

1. La clasificación de las empresas **tendrá una vigencia indefinida en tanto se mantengan por el empresario las condiciones y circunstancias** en que se basó su concesión.

2. No obstante, y sin perjuicio de lo señalado en el apartado 3 de este artículo y en el artículo siguiente, para la conservación de la clasificación deberá justificarse **anualmente** el mantenimiento de la solvencia económica y financiera y, **cada tres años**, el de la solvencia técnica y profesional, a cuyo efecto el empresario aportará la correspondiente declaración responsable o en su defecto la documentación actualizada en los términos que se establezcan reglamentariamente.

La no aportación en los plazos reglamentariamente establecidos de las declaraciones o documentos a los que se refiere el párrafo anterior dará lugar a la suspensión automática de las clasificaciones ostentadas, así como a la apertura de expediente de revisión de clasificación. La suspensión de las clasificaciones se levantará por la aportación de dichas declaraciones o documentos, si aún no se ha comunicado al interesado el inicio del expediente de revisión, o por el acuerdo de revisión de clasificación adoptado por el órgano competente, en caso contrario.

3. La clasificación será revisable a petición de los interesados o de oficio por la Administración en cuanto varíen las circunstancias tomadas en consideración para concederla.

4.9. Comprobación de los elementos de la clasificación

Los órganos competentes en materia de clasificación podrán solicitar en cualquier momento de las empresas clasificadas o pendientes de clasificación los documentos que estimen necesarios para comprobar las declaraciones y hechos manifestados por las mismas en los expedientes que tramiten, así como pedir informe a cualquier órgano de las Administraciones públicas sobre estos extremos.

5. Organización administrativa para la gestión de los contratos

Viene establecida en el libro Cuarto de la Ley que se llama precisamente "Organización Administrativa para la gestión de la contratación" , que establece:

Artículo 323. Órganos de contratación estatales

1. **Los Ministros y los Secretarios de Estado son los órganos de contratación de la Administración General del Estado** y, en consecuencia, están facultados para celebrar en su nombre los contratos en el ámbito de su competencia.

En los departamentos ministeriales en los que existan varios órganos de contratación, la competencia para celebrar los contratos de suministro y de servicios que afecten al ámbito de más de uno de ellos corresponderá al Ministro, salvo en los casos en que la misma se atribuya a la Junta de Contratación.

2. Los Presidentes o Directores de los organismos autónomos, entidades públicas empresariales y demás entidades públicas integrantes del sector público estatal y los Directores generales de las distintas Entidades Gestoras y Servicios Comunes de la Seguridad Social, son los órganos de contratación de unos y otros, a falta de disposición específica sobre el particular, recogida en las correspondientes normas de creación o reguladoras del funcionamiento de esas entidades.

3. Corresponden al Ministerio de Hacienda y Función Pública, a través de la Junta de Contratación Centralizada, las funciones de órgano de contratación del sistema estatal de contratación centralizada regulado en los artículos 229 y 230 de la presente Ley.

4. En los departamentos ministeriales y en los organismos autónomos, entidades públicas empresariales y demás entidades públicas integrantes del sector público estatal, así como en las Entidades Gestoras y Servicios Comunes de la Seguridad Social, podrán constituirse Juntas de Contratación, que actuarán como órganos de contratación, con los límites cuantitativos o referentes a las características de los contratos que determine el titular del departamento, en los siguientes contratos:

a) Contratos de obras comprendidas en las letras b) y c) del apartado 1 del artículo 232, salvo que las mismas hayan sido declaradas de contratación centralizada.

b) Contratos de suministro que se refieran a bienes consumibles o de fácil deterioro por el uso, salvo los relativos a bienes declarados de adquisición centralizada.

c) Contratos de servicios no declarados de contratación centralizada.

d) Contratos de suministro y de servicios, distintos de los atribuidos a la competencia de la Junta con arreglo a las dos letras anteriores que afecten a más de un órgano de contratación, exceptuando los que tengan por objeto bienes o servicios de contratación centralizada.

La composición de las Juntas de Contratación se fijará reglamentariamente, debiendo figurar entre sus vocales un funcionario que tenga atribuido, legal o reglamentariamente, el asesoramiento jurídico del órgano de contratación y un interventor. En ningún caso podrán formar parte de las Juntas de Contratación ni emitir informes de valoración de las ofertas los cargos públicos representativos, los altos cargos, el personal de elección o designación política ni el personal eventual. Podrá formar parte de las Juntas de Contratación personal funcionario interino únicamente cuando no existan funcionarios de carrera suficientemente cualificados y así se acredite en el expediente. Tampoco podrá formar parte de las Juntas de Contratación el personal que haya participado en la redacción de la documentación técnica del contrato de que se trate.

En el supuesto de contratos en que el procedimiento de adjudicación utilizado sea el procedimiento abierto simplificado, la Junta de Contratación en todo caso se entenderá válidamente constituida cuando asistan el Presidente, el Secretario, el funcionario que tenga atribuido, legal o reglamentariamente, el asesoramiento jurídico del órgano de contratación y el interventor, salvo en el supuesto del artículo 159.6, en el que no será obligatoria la constitución de la Mesa conforme a lo dispuesto en el artículo 326.1.

Las Juntas de Contratación podrán solicitar el asesoramiento de técnicos o expertos independientes con conocimientos acreditados en las materias relacionadas con el objeto del contrato. Dicha asistencia deberá ser reflejada expresamente en el expediente, con referencia a las identidades de los técnicos o expertos asistentes, su formación y su experiencia profesional.

5. Cuando el contrato resulte de interés para varias entidades o departamentos ministeriales y la tramitación del expediente deba efectuarse por un único órgano de contratación, las demás entidades o departamentos interesados podrán contribuir a su financiación, en los términos que se establezcan reglamentariamente y con respeto a la normativa presupuestaria, en la forma que se determine en convenios o protocolos de actuación.

6. La capacidad para contratar de los representantes legales de las sociedades y fundaciones del sector público estatal se regirá por lo dispuesto en los estatutos de estas entidades y por las normas de derecho privado que sean en cada caso de aplicación.

Artículo 324. Autorización para contratar

1. **Los órganos de contratación de las entidades del sector público estatal que tengan la consideración de poder adjudicador en virtud de lo establecido en el apartado 3 del artículo 3 de la presente Ley necesitarán la autorización del Consejo de Ministros para celebrar contratos en los siguientes supuestos:**

a) Cuando el valor estimado del contrato, calculado conforme a lo señalado en el artículo 101, sea igual o superior a **doce millones de euros**.

b) Cuando el pago de los contratos se concierte mediante el sistema de **arrendamiento financiero o mediante el sistema de arrendamiento con opción de compra y el número de anualidades supere cuatro años.**

c) En los a**cuerdos marco cuyo valor estimado sea igual o superior a doce millones** de euros. Una vez autorizada la celebración de estos acuerdos marco, no será necesaria autorización del Consejo de Ministros para la celebración de los contratos basados en dicho acuerdo marco.

2. La autorización del Consejo de Ministros a que se refiere el apartado anterior deberá obtenerse antes de la aprobación del expediente. A efectos de obtener la citada autorización, los órganos de contratación deberán remitir al menos los siguientes documentos:

a) Justificación sobre la necesidad e idoneidad del contrato a que se refiere el artículo 28 de esta Ley.

b) Certificado de existencia de crédito o, en el caso de entidades del sector público estatal con presupuesto estimativo, documento equivalente que acredite la existencia de financiación.

c) El pliego de cláusulas administrativas particulares.

d) El informe del servicio jurídico al pliego.

e) Y, de resultar preceptivo, el informe previsto en el apartado 6 de este artículo.

La autorización que otorgue el Consejo de Ministros será genérica para la celebración del contrato, sin que en ningún caso implique una validación de los trámites realizados por el órgano de contratación, ni exima de la responsabilidad que corresponda a este respecto de la tramitación y aprobación de los distintos documentos que conformen el expediente.

Con carácter posterior a la obtención de la autorización del Consejo de Ministros, al órgano de contratación le corresponderá la aprobación del expediente y la aprobación del gasto.

3. El Consejo de Ministros podrá reclamar discrecionalmente el conocimiento y autorización de cualquier otro contrato.

4. En los casos en que el Consejo de Ministros autorice la celebración de un contrato deberá autorizar igualmente sus modificaciones, siempre que, no encontrándose las mismas previstas en el pliego, representen un porcentaje, aislada o conjuntamente, superior al 10 por ciento del precio inicial del contrato, IVA excluido; así como la resolución misma, en su caso.

Esta información se publicará en las referencias del Consejo de Ministros del día de su aprobación.

5. Los Secretarios de Estado, o en su defecto, los titulares de los departamentos ministeriales a que se hallen adscritas las entidades que tengan la consideración de poder adjudicador en virtud de lo establecido en el apartado 3 del artículo 3 de la presente Ley podrán fijar el importe del valor estimado a partir del cual será necesaria su autorización para la celebración de los contratos.

A tal efecto, dichas entidades podrán elevar a la Secretaría de Estado a la que se hallen adscritas, o en su defecto, al titular del departamento ministerial de adscripción, la correspondiente propuesta.

Artículo 325. Desconcentración

Las competencias en materia de contratación podrán ser desconcentradas por Real Decreto acordado en Consejo de Ministros, en cualesquiera órganos, sean o no dependientes del órgano de contratación.

En las Entidades Gestoras y Servicios Comunes de la Seguridad Social, las competencias en materia de contratación de sus Directores podrán desconcentrarse en la forma y con los requisitos establecidos en el texto refundido de la Ley General de la Seguridad Social, aprobado por Real Decreto Legislativo 8/2015, de 30 de octubre.

Artículo 326. Mesas de contratación

1. Salvo en el caso en que la competencia para contratar corresponda a una Junta de Contratación, **en los procedimientos abiertos, abierto simplificado, restringidos, de diálogo competitivo, de licitación con negociación y de asociación para la innovación, los órganos de contratación de las Administraciones Públicas estarán asistidos por una mesa de contratación.** En los procedimientos negociados en que no sea necesario publicar anuncios de licitación, la constitución de la mesa será potestativa para el órgano de contratación, salvo cuando se fundamente en la existencia de una

imperiosa urgencia prevista en la letra b) 1.º del artículo 168, en el que será obligatoria la constitución de la mesa. En los procedimientos a los que se refiere el artículo 159.6 será igualmente potestativa la constitución de la mesa.

2. La mesa de contratación, como órgano de asistencia técnica especializada, ejercerá las siguientes funciones, entre otras que se le atribuyan en esta Ley y en su desarrollo reglamentario:

a) La calificación de la documentación acreditativa del cumplimiento de los requisitos previos a que se refieren los artículos 140 y 141, y, en su caso, acordar la exclusión de los candidatos o licitadores que no acrediten dicho cumplimiento, previo trámite de subsanación.

b) La valoración de las proposiciones de los licitadores.

c) En su caso, la propuesta sobre la calificación de una oferta como anormalmente baja, previa tramitación del procedimiento a que se refiere el artículo 149 de la presente Ley.

d) La propuesta al órgano de contratación de adjudicación del contrato a favor del licitador que haya presentado la mejor oferta, de conformidad con lo dispuesto en el artículo 145, según proceda de conformidad con el pliego de cláusulas administrativas particulares que rija la licitación.

e) En el procedimiento restringido, en el diálogo competitivo, en el de licitación con negociación y en el de asociación para la innovación, la selección de los candidatos cuando así se delegue por el órgano de contratación, haciéndolo constar en el pliego de cláusulas administrativas particulares.

3. La mesa estará constituida por un Presidente, los vocales que se determinen reglamentariamente, y un Secretario.

La composición de la mesa se publicará en el perfil de contratante del órgano de contratación correspondiente.

4. Los miembros de la mesa serán nombrados por el órgano de contratación.

5. El Secretario deberá ser designado entre funcionarios o, en su defecto, otro tipo de personal dependiente del órgano de contratación, y entre los vocales deberán figurar necesariamente un funcionario de entre quienes tengan atribuido legal o reglamentariamente **el asesoramiento jurídico del órgano de contratación y un interventor,** o, a falta de éstos, una persona al servicio del órgano de contratación que tenga atribuidas las funciones correspondientes a su asesoramiento jurídico, y otra que tenga atribuidas las relativas a su control económico-presupuestario.

Por resolución del titular de la Intervención General correspondiente podrá acordarse los supuestos en que, en sustitución del Interventor, podrán formar parte de las mesas de contratación funcionarios del citado Centro específicamente habilitados para ello.

En ningún caso podrán formar parte de las Mesas de contratación ni emitir informes de valoración de las ofertas los cargos públicos representativos ni el personal eventual. Podrá formar parte de la Mesa personal funcionario interino únicamente cuando no existan funcionarios de carrera suficientemente cualificados y así se acredite en el expediente. Tampoco podrá formar parte de las Mesas de contratación el personal que haya participado en la redacción de la documentación técnica del contrato de que se trate, salvo en los supuestos a que se refiere la Disposición adicional segunda.

Las Mesas de contratación podrán, asimismo, solicitar el asesoramiento de técnicos o expertos independientes con conocimientos acreditados en las materias relacionadas con el objeto del contrato. Dicha asistencia será autorizada por el órgano de contratación y deberá ser reflejada expresamente en el expediente, con referencia a las identidades de los técnicos o expertos asistentes, su formación y su experiencia profesional.

6. Salvo lo dispuesto en el apartado 1 del presente artículo, la mesa de contratación que intervenga en el procedimiento abierto simplificado regulado en el artículo 159 de la presente Ley se considerará válidamente constituida si lo está por el Presidente, el Secretario, un funcionario de entre quienes tengan atribuido legal o reglamentariamente el asesoramiento jurídico del órgano de contratación y un funcionario que tenga atribuidas las funciones relativas a su control económico-presupuestario.

Las Leyes de las Comunidades Autónomas y la legislación de desarrollo podrán establecer que las mesas de contratación puedan ejercer también aquellas competencias relativas a la adjudicación que esta Ley atribuye a los órganos de contratación.

Artículo 327. Mesa especial del diálogo competitivo o del procedimiento de asociación para la innovación

Para asistir al órgano de contratación en los procedimientos de diálogo competitivo o de asociación para la innovación que se sigan por las Administraciones Públicas, se constituirá una mesa con la composición señalada en el apartado 3 del artículo anterior a la que se incorporarán personas especialmente cualificadas en la materia sobre la que verse el diálogo o la asociación para la innovación, designadas por el órgano de contratación. El número de estas personas será igual o superior a un tercio de los componentes de la Mesa y participarán en las deliberaciones con voz y voto.

Artículo 328. Junta Consultiva de Contratación Pública del Estado

1. **La Junta Consultiva de Contratación Pública del Estado es el órgano específico de regulación y consulta en materia de contratación pública del sector público estatal**, con independencia de que las entidades contratantes operen en los sectores a que se refiere la disposición adicional octava.

2. **La Junta Consultiva de Contratación Pública del Estado es un órgano colegiado con composición abierta a la participación del sector privado, adscrito al Ministerio de Hacienda y Función Pública,** al que serán de aplicación las disposiciones relativas a órganos colegiados de la Ley 40/2015, de 1 de octubre, de Régimen Jurídico del Sector Público.

Su composición y régimen jurídico se establecerán reglamentariamente, teniendo en cuenta que el Presidente de la Oficina Independiente de Regulación y Supervisión de la Contratación y un representante de la Comisión Nacional de los Mercados y la Competencia formarán parte de la misma como vocales natos, con voz pero sin voto.

3. La Junta Consultiva de la Contratación Pública del Estado tiene las **funciones** que le atribuyen esta Ley y su desarrollo reglamentario, y, en todo caso, las que se señalan a continuación:

a) Promover la adopción de las normas o medidas de carácter general que considere procedentes para la mejora del sistema de contratación en sus aspectos administrativos, técnicos y económicos.

b) Aprobar recomendaciones generales o particulares a los órganos de contratación que serán publicadas, si de los estudios sobre contratación administrativa o de un contrato particular se dedujeran conclusiones de interés para la Administración.

c) Informar sobre las cuestiones que se sometan a su consideración y, con carácter preceptivo, sobre todas las disposiciones normativas de rango legal y reglamentario en materia de contratación pública de competencia estatal.

d) Coordinar el cumplimiento de las obligaciones de información que imponen las Directivas de Contratación.

4. Igualmente, la Junta Consultiva de Contratación Pública del Estado elaborará y remitirá a la Comisión Europea cada tres años un informe referido a todos los poderes adjudicadores estatales, autonómicos y locales que, respecto de la licitación pública y ejecución de los contratos de obras, suministros, servicios, concesión de obras y concesión de servicios que estén sujetos a regulación armonizada, comprenda, entre otras, si procede, las siguientes cuestiones:

a) La información contenida en el informe de supervisión a que se refiere el apartado 8 del artículo 332 que remita la Oficina Independiente de Regulación y Supervisión de la Contratación.

b) Información sobre el nivel de participación de las PYME en la contratación pública.

c) Un informe estadístico sobre los contratos públicos de obras, suministros y servicios no sujetos a regulación armonizada por no superar los umbrales establecidos en los artículos 20, 21 y 22, haciendo una estimación del valor agregado total de dichos contratos durante el periodo de que se trate. Esa estimación podrá basarse, en particular, en los datos disponibles en virtud de los requisitos de publicación, o bien en estimaciones realizadas a partir de muestras.

d) Información sobre cuáles son los órganos encargados de dar cumplimiento a las obligaciones asumidas en virtud del derecho de la Unión Europea en materia de la contratación pública.

e) Información sobre las iniciativas adoptadas para proporcionar orientación o ayuda gratuita en la aplicación de la normativa de la Unión Europea en materia de contratación pública o para dar respuesta a las dificultades que plantee su aplicación, así como para planificar y llevar a cabo procedimientos de contratación.

Los informes serán remitidos a la Comisión Europea en los quince días que siguen a su adopción. La Junta Consultiva hará público el contenido de los informes nacionales en el plazo de un mes a contar desde su remisión a la Comisión Europea, publicándolos en los correspondientes portales de transparencia y en la Plataforma de Contratación del Sector Público.

5. A todos los efectos, se designa a la Junta Consultiva de Contratación Pública del Estado como punto de referencia para la cooperación con la Comisión Europea en lo que se refiere a la aplicación de la legislación relativa a la contratación pública. Asimismo, se encargará de prestar asistencia recíproca y de cooperar con el resto de Estados miembros de la Unión Europea, con el fin de garantizar el intercambio de información sobre las cuestiones que se establecen en la normativa comunitaria, garantizando su confidencialidad.

6. La Junta Consultiva de Contratación Pública del Estado dispondrá de los recursos económicos y humanos suficientes y adecuados para el cumplimiento de sus funciones.

Artículo 329. Comité de cooperación en materia de contratación pública

1. Se crea, en el seno de la Junta Consultiva de Contratación Pública del Estado, el Comité de cooperación en materia de contratación pública para asumir, en ejercicio de sus competencias, compromisos específicos en áreas de acción común de las distintas Administraciones Públicas, conforme a los princi-

pios del artículo 140 de la Ley 40/2015, de 1 de octubre, de Régimen Jurídico del Sector Público. En particular, entre otros, la cooperación tendrá por objeto:

a) Coordinar los criterios de interpretación seguidos por las Administraciones Públicas en relación con las normas de la contratación pública.

b) Elaborar la propuesta de Estrategia Nacional de Contratación Pública que se someterá a la aprobación de la Oficina de Supervisión de la Contratación, conforme al apartado 6 a) del artículo 332.

c) Proponer los criterios de selección de actuaciones de supervisión de la contratación, así como elaborar una metodología básica común para las mismas.

d) Supervisar el funcionamiento de la Plataforma de Contratación del Sector Público y del Registro Oficial de Licitadores y Empresas Clasificadas del Sector Público.

e) Analizar las cuestiones relativas a la contratación pública que resulten de interés común; y

f) Recopilar la información a la que se refieren las letras b), c), d) y e) del apartado 4 del artículo 328, a cuyo efecto podrán establecer las instrucciones necesarias, y ponerla a disposición de la Junta Consultiva de Contratación Pública del Estado.

El Comité de Cooperación en materia de contratación pública, asimismo, es el encargado de coordinar el impulso de la contratación electrónica en el ámbito del sector público y de promover el cumplimiento de los mandatos y objetivos de las directivas comunitarias en la materia.

El Comité de Cooperación es un órgano colegiado que actúa en Pleno o en Secciones. Asimismo, podrán crearse en su seno, para el adecuado desarrollo de sus funciones, los grupos de trabajo que se decida por el Pleno o por cada una de las Secciones. El Pleno del Comité de Cooperación elaborará un reglamento interno de funcionamiento.

2. Corresponden al Pleno del Comité de Cooperación el ejercicio de las funciones necesarias para el cumplimiento de los objetivos expuestos en el apartado anterior y el conocimiento de aquellos asuntos que el presidente considere en atención a su importancia,

El Pleno del Comité está presidido por el Director General del Patrimonio del Estado del Ministerio de Hacienda y Función Pública, y lo integran tanto representantes de la Administración General del Estado, como de las Comunidades y Ciudades Autónomas, así como de las organizaciones representativas de las Entidades locales, en los términos que se detallan a continuación:

a) En representación de la Administración General del Estado, se nombrarán cinco vocales: uno en representación de la Intervención General de la Administración del Estado, a propuesta de la misma; uno en representación de la Abogacía General del Estado, a propuesta de la misma; uno en representación de la Dirección General de Racionalización y Centralización de la Contratación del Ministerio de Hacienda y Función Pública, a propuesta de la misma; uno en representación de la Dirección General de Coordinación de competencias con las Comunidades Autónomas y Entidades Locales del Ministerio de Presidencia y para las Administraciones Territoriales, a propuesta de la misma; y el titular del órgano de apoyo técnico de la Junta Consultiva de Contratación Pública del Estado al que correspondan las materias referidas en el apartado 4 del artículo anterior.

Formará parte asimismo, como vocal nato, el Presidente de la Oficina Independiente de Regulación y Supervisión de la Contratación.

b) En representación de las Comunidades Autónomas y de las Ciudades Autónomas de Ceuta y Melilla, integran el Pleno, un representante designado por cada una de ellas. Uno de los representantes, según su elección, ocupará la Vicepresidencia del Pleno del Comité.

c) En representación de las Entidades Locales, un representante de la asociación o federación de Entidades Locales con mayor implantación, designado por la misma.

La secretaría recaerá en el titular de la Secretaría de la Junta Consultiva de Contratación Pública del Estado, tendrá voz, pero no así voto.

Sin perjuicio de la composición establecida anteriormente, en función de los asuntos a tratar, podrán asistir a las reuniones del Pleno los expertos o representantes de otros Ministerios, entidades u organismos que fueran convocados al efecto.

Asimismo, participarán en las sesiones del Comité de Cooperación y sus Secciones, cuando proceda, los vocales de la Oficina Independiente de Regulación y Supervisión de la Contratación, con voz y sin voto.

3. Las Secciones se encargarán de la preparación de los asuntos para su toma en consideración por el Pleno, bien por iniciativa propia, en el ámbito que les corresponde, o bien por indicación del Presidente.

El Comité de Cooperación tendrá las Secciones que se determinen reglamentariamente, contando en todo caso con las cinco siguientes:

a) Sección relativa a la regulación de la contratación, en los términos de las letras a) y b) del apartado 3 del artículo 328 de esta Ley.

b) Sección relativa a la información cuantitativa y estadística en materia de contratación pública para el cumplimiento de las obligaciones establecidas en la letra d) del apartado 3 del artículo 328 y de la obligación de información a que se refiere la letra c) del apartado 4 del artículo 328.

c) Sección relativa a la supervisión de la contratación pública para el cumplimiento de las obligaciones establecidas en los apartados 6, 8 y 9 del artículo 332.

d) Sección de contratación pública electrónica, encargada de ejecutar las competencias del Comité de Cooperación en esta materia y de la supervisión del funcionamiento de la Plataforma de Contratación del Sector Público; y

e) Sección relativa a la supervisión del funcionamiento del Registro Oficial de Licitadores y Empresas Clasificadas del Sector Público.

4. La Sección relativa a la regulación estará presidida por el titular de la Secretaría de la Junta Consultiva de Contratación Pública del Estado y ejercerá la secretaría de esta Sección el Vicesecretario de la Junta Consultiva. La Sección relativa a la supervisión estará presidida por el Vicepresidente del Comité de Cooperación en materia de contratación pública.

Cada una de las restantes Secciones del Comité estará presidida por el Subdirector General de la Dirección General del Patrimonio del Estado del Ministerio de Hacienda y Función Pública que resulte competente respecto a la materia de que se trate.

5. Cada una de las secciones estará integrada por representantes de la Administración General del Estado, de las Comunidades y Ciudades Autónomas y, cuando proceda, de las organizaciones representativas de las Entidades Locales en los siguientes términos:

a) Por parte de la Administración General del Estado, los vocales que formen parte del Pleno del Comité en representación de la Oficina de Regulación y Supervisión de la Contratación, de la Intervención General de la Administración del Estado y de la Abogacía General del Estado; y el titular del órgano de apoyo técnico de la Junta Consultiva de Contratación Pública del Estado al que correspondan las materias referidas en el apartado 4 del artículo 328, en las Secciones que no presida; así como el Secretario de la indicada Junta Consultiva que ejercerá la secretaría de la Sección, que contará con voz y voto en la misma.

b) Por parte de las Comunidades Autónomas, tres representantes designados rotatoriamente por periodos de un año, en función del orden de creación de las mismas.

c) Además de los indicados en las letras a) y b) anteriores, el representante de la asociación o federación de Entidades Locales con mayor implantación, designado por la misma, que forme parte del Pleno, formará parte, a su vez, de las siguientes secciones: Sección relativa a la supervisión de la contratación pública, Sección relativa a la información cuantitativa y estadística y Sección de contratación pública electrónica.

d) En el caso de la Sección de contratación pública electrónica, además de los indicados en las letras a), b) y c) anteriores, se incorporarán como vocales un representante del Ministerio de Energía, Turismo y Agenda Digital y un representante del Ministerio de la Presidencia y para las Administraciones Territoriales.

e) Los representantes de las Comunidades Autónomas en esta Sección serán cinco, designados según lo previsto en la letra b) anterior. Tres de ellos serán designados entre las Comunidades Autónomas que hubieran firmado con la Administración General del Estado el correspondiente convenio para la utilización de los servicios que ofrece la Plataforma de Contratación del Sector Público y los dos restantes representarán al resto de las Comunidades Autónomas.

f) En el caso de la Sección que tiene por objeto la supervisión del funcionamiento del Registro Oficial de Licitadores y Empresas Clasificadas del Sector Público, los tres representantes de las Comunidades Autónomas serán designados entre las que hubieran firmado con la Administración General del Estado el correspondiente convenio de utilización de los servicios que ofrece el mencionado Registro Oficial.

La Vicepresidencia de cada Sección corresponde a uno de los representantes de las Comunidades Autónomas, elegidos entre ellos.

6. Sin perjuicio de la composición establecida anteriormente, en función de los asuntos a tratar, podrán asistir a las reuniones de cada una de las Secciones los expertos o representantes de otros Ministerios, entidades u organismos que fueran convocados al efecto. En el caso de la Sección que tenga por objeto la información cuantitativa y estadística para el cumplimiento de las obligaciones establecidas en la letra d) del apartado 3 del artículo 328, y de la obligación de información a que se refiere la letra c) del apartado 4 del artículo 328, cuando los asuntos a tratar así lo requieran, y sean convocados al efecto, podrán asistir a sus reuniones representantes de todas las Comunidades Autónomas.

7. El funcionamiento del Comité de cooperación en materia de contratación pública será atendido con los medios personales, técnicos y presupuestarios asignados a la Junta Consultiva de Contratación Pública del Estado.

6. La preparación de los contratos: el expediente de contratación y su tramitación

6.1. El expediente de contratación

Artículo 116. Expediente de contratación: iniciación y contenido

1. **La celebración de contratos por parte de las Administraciones Públicas requerirá la previa tramitación del correspondiente expediente, que se iniciará por el órgano de contratación motivando la necesidad del contrato en los términos previstos en el artículo 28 de esta Ley y que deberá ser publicado en el perfil de contratante**.

2. El expediente deberá referirse a la totalidad del objeto del contrato, sin perjuicio de lo previsto en el apartado 7 del artículo 99 para los contratos adjudicados por lotes.

3. **Al expediente se incorporarán el pliego de cláusulas administrativas particulares y el de prescripciones técnicas que hayan de regir el contrato**. En el caso de que el procedimiento elegido para adjudicar el contrato sea el de diálogo competitivo regulado en la subsección 5.ª, de la Sección 2.ª, del Capítulo I, del Título I, del Libro II, los pliegos de cláusulas administrativas y de prescripciones técnicas serán sustituidos por el documento descriptivo a que hace referencia el apartado 1 del artículo 174. En el caso de procedimientos para adjudicar los contratos basados en acuerdos marco invitando a una nueva licitación a las empresas parte del mismo, regulados en el artículo 221.4, los pliegos de cláusulas administrativas y de prescripciones técnicas serán sustituidos por el documento de licitación a que hace referencia el artículo 221.5 último párrafo.

Asimismo, deberá incorporarse el certificado de existencia de crédito o, en el caso de entidades del sector público estatal con presupuesto estimativo, documento equivalente que acredite la existencia de financiación, y la fiscalización previa de la intervención, en su caso, en los términos previstos en la Ley 47/2003, de 26 de noviembre, General Presupuestaria.

4. En el expediente se justificará adecuadamente:

a) La elección del procedimiento de licitación.

b) La clasificación que se exija a los participantes.

c) Los criterios de solvencia técnica o profesional, y económica y financiera, y los criterios que se tendrán en consideración para adjudicar el contrato, así como las condiciones especiales de ejecución del mismo.

d) El valor estimado del contrato con una indicación de todos los conceptos que lo integran, incluyendo siempre los costes laborales si existiesen.

e) La necesidad de la Administración a la que se pretende dar satisfacción mediante la contratación de las prestaciones correspondientes; y su relación con el objeto del contrato, que deberá ser directa, clara y proporcional.

f) En los contratos de servicios, el informe de insuficiencia de medios.

g) La decisión de no dividir en lotes el objeto del contrato, en su caso.

5. Si la financiación del contrato ha de realizarse con aportaciones de distinta procedencia, aunque se trate de órganos de una misma Administración pública, se tramitará un solo expediente por el órgano de contratación al que corresponda la adjudicación del contrato, debiendo acreditarse en aquel la plena disponibilidad de todas las aportaciones y determinarse el orden de su abono, con inclusión de una garantía para su efectividad.

Artículo 117. Aprobación del expediente

1. Completado el expediente de contratación, s**e dictará resolución motivada por el órgano de contratación aprobando el mismo y disponiendo la apertura del procedimiento de adjudicación. Dicha resolución implicará también la aprobación del gasto,** salvo en el supuesto excepcional de que el presupuesto no hubiera podido ser establecido previamente, o que las normas de desconcentración o el acto de delegación hubiesen establecido lo contrario, en cuyo caso deberá recabarse la aprobación del órgano competente. Esta resolución deberá ser objeto de publicación en el perfil de contratante.

2. Los expedientes de contratación podrán ultimarse incluso con la adjudicación y formalización del correspondiente contrato, aun cuando su ejecución, ya se realice en una o en varias anualidades, deba iniciarse en el ejercicio siguiente. A estos efectos podrán comprometerse créditos con las limitaciones que se determinen en las normas presupuestarias de las distintas Administraciones Públicas sujetas a esta Ley.

Artículo 118. Expediente de contratación en contratos menores

Transcrito en la pregunta 3.1.3. de este mismo tema.

1. Se consideran contratos menores los contratos de valor estimado inferior a 40.000 euros, cuando se trate de contratos de obras, o a 15.000 euros, cuando se trate de contratos de suministro o de servicios, sin perjuicio de lo dispuesto en el artículo 229 en relación con las obras, servicios y suministros centralizados en el ámbito estatal.

En los contratos menores la tramitación del expediente exigirá el informe del órgano de contratación motivando la necesidad del contrato. Asimismo se requerirá la aprobación del gasto y la incorporación al mismo de la factura correspondiente, que deberá reunir los requisitos que las normas de desarrollo de esta Ley establezcan.

2. En el contrato menor de obras, deberá añadirse, además, el presupuesto de las obras, sin perjuicio de que deba existir el correspondiente proyecto cuando normas específicas así lo requieran. Deberá igualmente solicitarse el informe de las oficinas o unidades de supervisión a que se refiere el artículo 235 cuando el trabajo afecte a la estabilidad, seguridad o estanqueidad de la obra.

3. En el expediente se justificará que no se está alterando el objeto del contrato para evitar la aplicación de las reglas generales de contratación, y que el contratista no ha suscrito más contratos menores que individual o conjuntamente superen la cifra que consta en el apartado primero de este artículo. El órgano de contratación comprobará el cumplimiento de dicha regla. Quedan excluidos los supuestos encuadrados en el artículo 168.a).2.º

4. Los contratos menores se publicarán en la forma prevista en el artículo 63.4.

Artículo 119. Tramitación urgente del expediente

1. Podrán ser objeto de tramitación urgente los expedientes correspondientes a los contratos cuya celebración responda a una necesidad inaplazable o cuya adjudicación sea preciso acelerar por razones de interés público. A tales efectos el expediente deberá contener la declaración de urgencia hecha por el órgano de contratación, debidamente motivada.

2. Los expedientes calificados de urgentes se tramitarán siguiendo el mismo procedimiento que los ordinarios, con las siguientes especialidades:

a) Los expedientes gozarán de preferencia para su despacho por los distintos órganos que intervengan en la tramitación, que dispondrán de un plazo de cinco días para emitir los respectivos informes o cumplimentar los trámites correspondientes.

   Cuando la complejidad del expediente o cualquier otra causa igualmente justificada impida cumplir el plazo antes indicado, los órganos que deban evacuar el trámite lo pondrán en conocimiento del órgano de contratación que hubiese declarado la urgencia. En tal caso el plazo quedará prorrogado hasta diez días.

b) Acordada la apertura del procedimiento de adjudicación, los plazos establecidos en esta Ley para la licitación, adjudicación y formalización del contrato se reducirán a la mitad, salvo los siguientes:

   1. El plazo de quince días hábiles establecido en el apartado 3 del artículo 153, como período de espera antes de la formalización del contrato.

2. El plazo de presentación de proposiciones en el procedimiento abierto en los contratos de obras, suministros y servicios sujetos a regulación armonizada, que se podrá reducir de conformidad con lo indicado en la letra b) del apartado 3) del artículo 156.
3. Los plazos de presentación de solicitudes y de proposiciones en los procedimientos restringido y de licitación con negociación en los contratos de obras, suministros y servicios sujetos a regulación armonizada, que se podrán reducir según lo establecido en el segundo párrafo del apartado 1 del artículo 161 y en la letra b) del apartado 1 del artículo 164, según el caso.
4. Los plazos de presentación de solicitudes en los procedimientos de diálogo competitivo y de asociación para la innovación en contratos de obras, suministros y servicios sujetos a regulación armonizada, no serán susceptibles de reducirse.
5. El plazo de 6 días a más tardar antes de que finalice el plazo fijado para la presentación de ofertas, para que los servicios dependientes del órgano de contratación faciliten al candidato o licitador la información adicional solicitada, será de 4 días a más tardar antes de que finalice el citado plazo en los contratos de obras, suministros y servicios sujetos a regulación armonizada siempre que se adjudiquen por procedimientos abierto y restringido.

   La reducción anterior no se aplicará a los citados contratos cuando el procedimiento de adjudicación sea uno distinto del abierto o del restringido.
6. Los plazos establecidos en el artículo 159 respecto a la tramitación del procedimiento abierto simplificado, de conformidad con lo señalado en el apartado 5 de dicho artículo.

Las reducciones de plazo establecidas en los puntos 2.º, 3.º y 5.º anteriores no se aplicarán en la adjudicación de los contratos de concesiones de obras y concesiones de servicios sujetos a regulación armonizada cualquiera que sea el procedimiento de adjudicación utilizado, no siendo los plazos a que se refieren dichos puntos, en estos contratos, susceptibles de reducción alguna.

c) El plazo de inicio de la ejecución del contrato no podrá exceder de un mes, contado desde la formalización.

Artículo 120. Tramitación de emergencia

1. Cuando la Administración tenga que actuar de manera inmediata a causa de **acontecimientos catastróficos, de situaciones que supongan grave**

peligro o de necesidades que afecten a la defensa nacional, se estará al siguiente régimen excepcional:

a) El órgano de contratación, sin obligación de tramitar expediente de contratación, podrá ordenar la ejecución de lo necesario para remediar el acontecimiento producido o satisfacer la necesidad sobrevenida, o contratar libremente su objeto, en todo o en parte, sin sujetarse a los requisitos formales establecidos en la presente Ley, incluso el de la existencia de crédito suficiente. En caso de que no exista crédito adecuado y suficiente, una vez adoptado el acuerdo, se procederá a su dotación de conformidad con lo establecido en la Ley General Presupuestaria.

b) Si el contrato ha sido celebrado por la Administración General del Estado, sus Organismos Autónomos, Entidades Gestoras y Servicios Comunes de la Seguridad Social o demás entidades públicas estatales, se dará cuenta de dichos acuerdos al Consejo de Ministros en el plazo máximo de treinta días.

c) El plazo de inicio de la ejecución de las prestaciones no podrá ser superior a un mes, contado desde la adopción del acuerdo previsto en la letra a). Si se excediese este plazo, la contratación de dichas prestaciones requerirá la tramitación de un procedimiento ordinario.

d) Ejecutadas las actuaciones objeto de este régimen excepcional, se observará lo dispuesto en esta Ley sobre cumplimiento de los contratos, recepción y liquidación de la prestación.

En el supuesto de que el libramiento de los fondos necesarios se hubiera realizado a justificar, transcurrido el plazo establecido en la letra c) anterior, se rendirá la cuenta justificativa del mismo, con reintegro de los fondos no invertidos.

6.2. De los pliegos de clausulas administrativas y de prescripciones técnicas

Artículo 121. Pliegos de cláusulas administrativas generales

1. El Consejo de Ministros, a iniciativa de los Ministerios interesados, a propuesta del Ministro de Hacienda y Función Pública, y previo dictamen del Consejo de Estado, podrá aprobar pliegos de cláusulas administrativas generales, que deberán ajustarse en su contenido a los preceptos de esta Ley y de sus disposiciones de desarrollo, para su utilización en los contratos que se celebren por los órganos de contratación de la Administración General del Estado, sus Organismos Autónomos, Entidades Gestoras y Servicios Comunes de la Segu-

ridad Social y demás entidades que gocen de la condición de Administraciones Públicas integrantes del sector público estatal.

2. Las Comunidades Autónomas y las entidades que integran la Administración Local podrán aprobar pliegos de cláusulas administrativas generales, de acuerdo con sus normas específicas, previo dictamen del Consejo de Estado u órgano consultivo equivalente de la Comunidad Autónoma respectiva, si lo hubiera.

Artículo 122. Pliegos de cláusulas administrativas particulares

1. Los pliegos de cláusulas administrativas particulares deberán aprobarse previamente a la autorización del gasto o conjuntamente con ella, y siempre antes de la licitación del contrato, o de no existir esta, antes de su adjudicación, y solo podrán ser modificados con posterioridad por error material, de hecho o aritmético. En otro caso, la modificación del pliego conllevará la retroacción de actuaciones.

2. **En los pliegos de cláusulas administrativas particulares se incluirán los criterios de solvencia y adjudicación del contrato; las consideraciones sociales, laborales y ambientales que como criterios de solvencia, de adjudicación o como condiciones especiales de ejecución se establezcan; los pactos y condiciones definidores de los derechos y obligaciones de las partes del contrato;** la previsión de cesión del contrato salvo en los casos en que la misma no sea posible de acuerdo con lo establecido en el segundo párrafo del artículo 214.1; la obligación del adjudicatario de cumplir las condiciones salariales de los trabajadores conforme al Convenio Colectivo sectorial de aplicación; y las demás menciones requeridas por esta Ley y sus normas de desarrollo. En el caso de contratos mixtos, se detallará el régimen jurídico aplicable a sus efectos, cumplimiento y extinción, atendiendo a las normas aplicables a las diferentes prestaciones fusionadas en ellos.

Los pliegos podrán también especificar si va a exigirse la transferencia de derechos de propiedad intelectual o industrial, sin perjuicio de lo establecido en el artículo 308 respecto de los contratos de servicios.

3. Los pliegos de cláusulas administrativas particulares podrán establecer penalidades, conforme a lo prevenido en el apartado 1 del artículo192, para los casos de incumplimiento o de cumplimiento defectuoso de la prestación que afecten a características de la misma, en especial cuando se hayan tenido en cuenta para definir los criterios de adjudicación, o atribuir a la puntual observancia de estas características el carácter de obligación contractual esencial a los efectos señalados en la letra f) del apartado 1 del artículo 211. Asimismo, para los casos de incumplimiento de lo prevenido en los artículos 130 y 201.

4. Los contratos se ajustarán al contenido de los pliegos de cláusulas administrativas particulares, cuyas cláusulas se consideran parte integrante de los mismos.

5. La aprobación de los pliegos de cláusulas administrativas particulares corresponderá al órgano de contratación, que podrá, asimismo, aprobar modelos de pliegos particulares para determinadas categorías de contratos de naturaleza análoga.

6. La Junta Consultiva de Contratación Pública del Estado deberá informar con carácter previo todos los pliegos de cláusulas administrativas particulares en que se proponga la inclusión de estipulaciones contrarias a los correspondientes pliegos generales.

7. En la Administración General del Estado, sus Organismos Autónomos, Entidades Gestoras y Servicios Comunes de la Seguridad Social y demás Administraciones Públicas integrantes del sector público estatal, la aprobación de los pliegos y de los modelos requerirá el informe previo del Servicio Jurídico respectivo. Este informe no será necesario cuando el pliego de cláusulas administrativas particulares se ajuste a un modelo de pliego que haya sido previamente objeto de este informe.

Artículo 123. Pliego de prescripciones técnicas generales

Previo informe de la Junta Consultiva de Contratación Pública del Estado, el Consejo de Ministros, a propuesta del Ministro correspondiente, podrá establecer los pliegos de prescripciones técnicas generales a que hayan de ajustarse la Administración General del Estado, sus Organismos Autónomos, Entidades Gestoras y Servicios Comunes de la Seguridad Social y demás entidades que gocen de la condición de Administraciones Públicas integrantes del sector público estatal.

Artículo 124. Pliego de prescripciones técnicas particulares

El órgano de contratación aprobará con anterioridad a la autorización del gasto o conjuntamente con ella, y siempre antes de la licitación del contrato, o de no existir esta, antes de su adjudicación, los pliegos y documentos que contengan las prescripciones técnicas particulares que hayan de regir la realización de la prestación y definan sus calidades, sus condiciones sociales y ambientales, de conformidad con los requisitos que para cada contrato establece la presente Ley, y solo podrán ser modificados con posterioridad por error material, de hecho o aritmético. En otro caso, la modificación del pliego conllevará la retroacción de actuaciones.

7. Selección del contratista y adjudicación de los contratos

7.1. Normas generales

Dentro del Libro segundo "De los contratos de las Administraciones públicas"en su Titulo I, Capítulo 1º denominado "De las actuaciones relativas a la contratación de las Administraciones" se regula en su sección 2ª de la adjudicación de los contratos de las Administraciones Públicas , habiéndose producido a mi juicio uno de los mayores cambios legales, en esta materia, así lo explica la exposición de motivos: En la parte correspondiente a los procedimientos de adjudicación, además de los procedimientos existentes hasta la actualidad, como el abierto, el negociado, el dialogo competitivo y el restringido, que es un procedimiento, este último, especialmente apto para la adjudicación de los contratos cuyo objeto tenga prestaciones de carácter intelectual, como los servicios de ingeniería y arquitectura, s**e introduce un nuevo procedimiento denominado asociación para la innovación**, al que más adelante se hará referencia.

En el ámbito del procedimiento abierto, se crea la figura del procedimiento abierto simplificado, que resultará de aplicación hasta unos umbrales determinados, y nace con la vocación de convertirse en un procedimiento muy ágil que por su diseño debería permitir que el contrato estuviera adjudicado en el plazo de un mes desde que se convocó la licitación. Sus trámites se simplifican al máximo, por ejemplo, se presentará la documentación en un solo sobre; no se exigirá la constitución de garantía provisional; resultará obligatoria la inscripción en el Registro de Licitadores; y la fiscalización del compromiso del gasto se realizará en un solo momento, antes de la adjudicación.

Respecto del procedimiento negociado, se suprime la posibilidad del uso del procedimiento negociado con y sin publicidad por razón de la cuantía y se suprime la aplicación de este procedimiento respecto a las obras y servicios complementarios; y aparece una nueva regulación de las primas y compensaciones que se pueden entregar a los licitadores en el diálogo competitivo.

La adjudicación se realizará, ordinariamente utilizando una pluralidad de criterios de adjudicación basados en el principio de mejor relación calidad-precio, y utilizando el procedimiento abierto o el procedimiento restringido, salvo los contratos de concesión de servicios especiales del Anexo IV, que se adjudicarán mediante este último procedimiento.

En los supuestos del artículo 168 podrá seguirse el procedimiento negociado sin publicidad; en los casos previstos en el artículo 167 podrá recurrirse al diálogo competitivo o a la licitación con negociación, y en los indicados en el artículo 177 podrá emplearse el procedimiento de asociación para la innovación.

Los contratos menores podrán adjudicarse directamente a cualquier empresario con capacidad de obrar y que cuente con la habilitación profesional necesaria para realizar la prestación, cumpliendo con las normas establecidas en el artículo118.

En los contratos relativos a la prestación de asistencia sanitaria en supuestos de urgencia y con un valor estimado inferior a 30.000 euros, no serán de aplicación las disposiciones de esta Ley relativas a la preparación y adjudicación del contrato.

Para proceder a la contratación en estos casos bastará con que, además de justificarse la urgencia, se determine el objeto de la prestación, se fije el precio a satisfacer por la asistencia y se designe por el órgano de contratación la empresa a la que corresponderá la ejecución.

Artículo 132. Principios de igualdad, transparencia y libre competencia

1. Los órganos de contratación darán a los licitadores y candidatos un tratamiento igualitario y no discriminatorio y ajustarán su actuación a los principios de transparencia y proporcionalidad.

En ningún caso podrá limitarse la participación por la forma jurídica o el ánimo de lucro en la contratación, salvo en los contratos reservados para entidades recogidas en la disposición adicional cuarta.

2. La contratación no será concebida con la intención de eludir los requisitos de publicidad o los relativos al procedimiento de adjudicación que corresponda, ni de restringir artificialmente la competencia, bien favoreciendo o perjudicando indebidamente a determinados empresarios.

Artículo 133. Confidencialidad

1. Sin perjuicio de lo dispuesto en la legislación vigente en materia de acceso a la información pública y de las disposiciones contenidas en la presente Ley relativas a la publicidad de la adjudicación y a la información que debe darse a los candidatos y a los licitadores, **los órganos de contratación no podrán divulgar la información facilitada por los empresarios que estos hayan designado como confidencial en el momento de presentar su oferta. El carácter de confidencial afecta, entre otros, a los secretos técnicos o comerciales, a los aspectos confidenciales de las ofertas y a cualesquiera otras informaciones cuyo contenido pueda ser utilizado para**

falsear la competencia, ya sea en ese procedimiento de licitación o en otros posteriores.

El deber de confidencialidad del órgano de contratación así como de sus servicios dependientes no podrá extenderse a todo el contenido de la oferta del adjudicatario ni a todo el contenido de los informes y documentación que, en su caso, genere directa o indirectamente el órgano de contratación en el curso del procedimiento de licitación. Únicamente podrá extenderse a documentos que tengan una difusión restringida, y en ningún caso a documentos que sean públicamente accesibles.

Artículo 134. Anuncio de información previa

1. **Los órganos de contratación podrán publicar un anuncio de información previa con el fin de dar a conocer aquellos contratos de obras, suministros o servicios que, estando sujetos a regulación armonizada**, tengan proyectado adjudicar en el plazo a que se refiere el apartado 5 del presente artículo.

2. Los anuncios de información previa a que se refiere el apartado anterior se publicarán, con el contenido establecido en el Anexo III. A, a elección del órgano de contratación, en el «Diario Oficial de la Unión Europea» o en el perfil de contratante del órgano de contratación a que se refiere el artículo 63 que se encuentre alojado en la Plataforma de Contratación del Sector Público o servicio de información equivalente a nivel autonómico.

3. Los anuncios de información previa se enviarán a la Oficina de Publicaciones de la Unión Europea o, en su caso, se publicarán en el perfil de contratante, lo antes posible, una vez tomada la decisión por la que se autorice el programa en el que se contemple la celebración de los correspondientes contratos, en el caso de los de obras, o una vez iniciado el ejercicio presupuestario, en los restantes.

En cualquier caso, los poderes adjudicadores deberán poder demostrar la fecha de envío del anuncio de información previa.

La Oficina de Publicaciones de la Unión Europea confirmará al poder adjudicador la recepción del anuncio y la publicación de la información enviada, indicando la fecha de dicha publicación. Esta confirmación constituirá prueba de la publicación.

4. En el caso de que el anuncio de información previa se publique en el «Diario Oficial de la Unión Europea», no se publicará a nivel nacional antes de aquella publicación. No obstante, podrá en todo caso publicarse a nivel nacional si los poderes adjudicadores no han recibido notificación de su publicación a las

cuarenta y ocho horas de la confirmación de la recepción del anuncio por parte de la Oficina de Publicaciones de la Unión Europea.

Artículo 135. Anuncio de licitación

1. **El anuncio de licitación para la adjudicación de contratos de las Administraciones Públicas, a excepción de los procedimientos negociados sin publicidad, se publicará en el perfil de contratante.** En los contratos celebrados por la Administración General del Estado, o por las entidades vinculadas a la misma que gocen de la naturaleza de Administraciones Públicas, **el anuncio de licitación se publicará además en el «Boletín Oficial del Estado».**

Cuando l**os contratos estén sujetos a regulación armonizada la licitación deberá publicarse, además, en el «Diario Oficial de la Unión Europea»,** debiendo los poderes adjudicadores poder demostrar la fecha de envío del anuncio de licitación.

La Oficina de Publicaciones de la Unión Europea confirmará al poder adjudicador la recepción del anuncio y la publicación de la información enviada, indicando la fecha de dicha publicación. Esta confirmación constituirá prueba de la publicación.

2. Cuando el órgano de contratación lo estime conveniente, los procedimientos para la adjudicación de contratos de obras, suministros, servicios, concesiones de obras y concesiones de servicios no sujetos a regulación armonizada podrán ser anunciados, además, en el «Diario Oficial de la Unión Europea».

3. Los anuncios de licitación y los anuncios de información previa a que se refiere la disposición adicional trigésima sexta no se publicarán en los lugares indicados en el primer párrafo del apartado primero anterior antes de su publicación en el «Diario Oficial de la Unión Europea», en el caso en que deban ser publicados en dicho Diario Oficial, debiendo indicar la fecha de aquel envío, de la que los servicios dependientes del órgano de contratación dejarán prueba suficiente en el expediente, y no podrán contener indicaciones distintas a las incluidas en dicho anuncio. No obstante, en todo caso podrán publicarse si el órgano de contratación no ha recibido notificación de su publicación a las 48 horas de la confirmación de la recepción del anuncio enviado.

Artículo 136. Plazos de presentación de las solicitudes de participación y de las proposiciones

1. Los órganos de contratación fijarán los plazos de presentación de las ofertas y solicitudes de participación teniendo en cuenta el tiempo que razonable-

mente pueda ser necesario para preparar aquellas, atendida la complejidad del contrato, y respetando, en todo caso, los plazos mínimos fijados en esta Ley.

2. Los órganos de contratación deberán ampliar el plazo inicial de presentación de las ofertas y solicitudes de participación, de forma que todos los posibles interesados en la licitación puedan tener acceso a toda la información necesaria para elaborar estas, cuando por cualquier razón los servicios dependientes del órgano de contratación no hubieran atendido el requerimiento de información que el interesado hubiera formulado con la debida antelación, en los términos señalados en el apartado 3 del artículo 138.

Esta causa no se aplicará cuando la información adicional solicitada tenga un carácter irrelevante a los efectos de poder formular una oferta o solicitud que sean válidas.

En todo caso se considerará información relevante a los efectos de este artículo la siguiente:

a) Cualquier información adicional trasmitida a un licitador.

b) Cualquier información asociada a elementos referidos en los pliegos y documentos de contratación.

Los órganos de contratación deberán ampliar el plazo inicial de presentación de las ofertas y solicitudes de participación, asimismo, en el caso en que se introduzcan modificaciones significativas en los pliegos de la contratación, sin perjuicio de lo señalado en los artículos 122.1 y 124.

En todo caso se considerará modificación significativa de los pliegos la que afecte a:

a) La clasificación requerida.

b) El importe y plazo del contrato.

c) Las obligaciones del adjudicatario.

d) Al cambio o variación del objeto del contrato.

La duración de la prórroga en todo caso será proporcional a la importancia de la información solicitada por el interesado.

Artículo 137. Reducción de plazos en caso de tramitación urgente

En caso de que el expediente de contratación haya sido declarado de tramitación urgente, los plazos establecidos en esta Sección se reducirán en la forma prevista en la letra b) del apartado 2 del artículo 119 y en las demás disposiciones de esta Ley.

Artículo 138. Información a interesados

1. Los órganos de contratación ofrecerán acceso a los pliegos y demás documentación complementaria por medios electrónicos a través del perfil de contratante, acceso que será libre, directo, completo y gratuito, y que deberá poder efectuarse desde la fecha de la publicación del anuncio de licitación o, en su caso, del envío de la invitación a los candidatos seleccionados.

2. Excepcionalmente, en los casos que se señalan a continuación, los órganos de contratación podrán dar acceso a los pliegos y demás documentación complementaria de la licitación, valiéndose de medios no electrónicos. En ese caso el anuncio de licitación o la invitación a los candidatos seleccionados advertirán de esta circunstancia; y el plazo de presentación de las proposiciones o de las solicitudes de participación se prolongará cinco días, salvo en el supuesto de tramitación urgente del expediente a que se refiere el artículo 119.

El acceso no electrónico a los pliegos y demás documentación complementaria de la licitación estará justificado cuando concurra alguno de los siguientes supuestos:

a) Cuando se den circunstancias técnicas que lo impidan, en los términos señalados en la Disposición adicional decimoquinta.

b) Por razones de confidencialidad, en aplicación de lo dispuesto en el artículo 133.

c) En el caso de las concesiones de obras y de servicios, por motivos de seguridad excepcionales.

Artículo 139. Proposiciones de los interesados

1. **Las proposiciones de los interesados deberán ajustarse a los pliegos y documentación que rigen la licitación, y su presentación supone la aceptación incondicionada por el empresario del contenido de la totalidad de sus cláusulas o condiciones, sin salvedad o reserva alguna,** así como la autorización a la mesa y al órgano de contratación para consultar los datos recogidos en el Registro Oficial de Licitadores y Empresas Clasificadas del Sector Público o en las listas oficiales de operadores económicos de un Estado miembro de la Unión Europea.

2. **Las proposiciones serán secretas** y se arbitrarán los medios que garanticen tal carácter hasta el momento de apertura de las proposiciones, sin perjuicio de lo dispuesto en los artículos 143, 175 y 179 en cuanto a la información que debe facilitarse a los participantes en una subasta electrónica, en un diálogo competitivo, o en un procedimiento de asociación para la innovación.

3. Cada licitador no podrá presentar más de una proposición, sin perjuicio de lo dispuesto en el artículo 142 sobre admisibilidad de variantes y en el artículo 143 sobre presentación de nuevos precios o valores en el seno de una subasta electrónica. Tampoco podrá suscribir ninguna propuesta en unión temporal con otros si lo ha hecho individualmente o figurar en más de una unión temporal. La infracción de estas normas dará lugar a la no admisión de todas las propuestas por él suscritas.

4. En la proposición deberá indicarse, como partida independiente, el importe del Impuesto sobre el Valor Añadido que deba ser repercutido.

Artículo 140. Presentación de la documentación acreditativa del cumplimiento de los requisitos previos

1. En relación con la presentación de la documentación acreditativa del cumplimiento de los requisitos previos, se observarán las reglas establecidas a continuación:

a) Las proposiciones en el procedimiento abierto deberán ir acompañadas de una declaración responsable que se ajustará al formulario de documento europeo único de contratación de conformidad con lo indicado en el artículo siguiente, que deberá estar firmada y con la correspondiente identificación, en la que el licitador ponga de manifiesto lo siguiente:

   1. Que la sociedad está válidamente constituida y que conforme a su objeto social puede presentarse a la licitación, así como que el firmante de la declaración ostenta la debida representación para la presentación de la proposición y de aquella.
   2. Que cuenta con la correspondiente clasificación, en su caso, o que cumple los requisitos de solvencia económica, financiera y técnica o profesional exigidos, en las condiciones que establezca el pliego de conformidad con el formulario normalizado del documento europeo único de contratación a que se refiere el artículo siguiente.
   3. Que no está incursa en prohibición de contratar por sí misma ni por extensión como consecuencia de la aplicación del artículo 71.3 de esta Ley.
   4. La designación de una dirección de correo electrónico en que efectuar las notificaciones, que deberá ser «habilitada» de conformidad con lo dispuesto en la disposición adicional decimoquinta, en los casos en que el órgano de contratación haya optado por realizar las notificaciones a través de la misma. Esta circunstancia deberá recogerse en el pliego de cláusulas administrativas particulares.

b) En el caso de solicitudes de participación en los procedimientos restringido, de licitación con negociación, en el diálogo competitivo y en el de asociación para la innovación, la declaración responsable a que se refiere la letra a) anterior pondrá de manifiesto adicionalmente que se cumple con los requisitos objetivos que se hayan establecido de acuerdo con el artículo 162 de la presente Ley, en las condiciones que establezca el pliego de conformidad con el formulario normalizado del documento europeo único de contratación a que se refiere el artículo siguiente.

c) En los casos en que el empresario recurra a la solvencia y medios de otras empresas de conformidad con el artículo 75 de la presente Ley, cada una de ellas también deberá presentar una declaración responsable en la que figure la información pertinente para estos casos con arreglo al formulario normalizado del documento europeo único de contratación a que se refiere el artículo siguiente.

   La presentación del compromiso a que se refiere el apartado 2 del artículo 75 se realizará de conformidad con lo dispuesto en el apartado tercero del presente artículo.

d) En todos los supuestos en que en el procedimiento se exija la constitución de garantía provisional, se aportará el documento acreditativo de haberla constituido.

e) En todos los supuestos en que varios empresarios concurran agrupados en una unión temporal, se aportará una declaración responsable por cada empresa participante en la que figurará la información requerida en estos casos en el formulario del documento europeo único de contratación a que se refiere el artículo siguiente.

   Adicionalmente a la declaración o declaraciones a que se refiere el párrafo anterior se aportará el compromiso de constituir la unión temporal por parte de los empresarios que sean parte de la misma de conformidad con lo exigido en el apartado 3 del artículo 69 de esta Ley.

f) Además de la declaración responsable a que se refiere la letra a) anterior, las empresas extranjeras, en los casos en que el contrato vaya a ejecutarse en España, deberán aportar una declaración de sometimiento a la jurisdicción de los juzgados y tribunales españoles de cualquier orden, para todas las incidencias que de modo directo o indirecto pudieran surgir del contrato, con renuncia, en su caso, al fuero jurisdiccional extranjero que pudiera corresponder al licitante.

g) Cuando el pliego prevea la división en lotes del objeto del contrato, si los requisitos de solvencia económica y financiera o técnica y profesional exigidos variaran de un lote a otro, se aportará una declaración responsable por cada lote o grupo de lotes al que se apliquen los mismos requisitos de solvencia.

Artículo 141. Declaración responsable y otra documentación

1. **Los órganos de contratación incluirán en el pliego, junto con la exigencia de declaración responsable, el modelo al que deberá ajustarse la misma.** El modelo que recoja el pliego seguirá el formulario de documento europeo único de contratación aprobado en el seno de la Unión Europea, sin perjuicio de lo establecido en la letra c) del apartado 4 del artículo 159.

2. En los casos en que se establezca la intervención de mesa de contratación, esta calificará la declaración responsable y la documentación a la que se refiere el artículo anterior.

Cuando esta aprecie defectos subsanables, dará un plazo de tres días al empresario para que los corrija.

Artículo 142. Admisibilidad de variantes

1. **Cuando en la adjudicación hayan de tenerse en cuenta criterios distintos del precio, el órgano de contratación podrá tomar en consideración las variantes que ofrezcan los licitadores, siempre que las variantes se prevean en los pliegos.** Se considerará que se cumple este requisito cuando se expresen los requisitos mínimos, modalidades, y características de las mismas, así como su necesaria vinculación con el objeto del contrato.

2. La posibilidad de que los licitadores ofrezcan variantes se indicará en el anuncio de licitación del contrato precisando sobre qué elementos y en qué condiciones queda autorizada su presentación.

Las precisiones de las variantes que se puedan admitir podrán hacer referencia a determinadas funcionalidades que puedan tener los bienes, obras o servicios objeto del contrato, o a la satisfacción adecuada de determinadas necesidades.

3. En los procedimientos de adjudicación de contratos de suministro o de servicios, los órganos de contratación que hayan autorizado la presentación de variantes no podrán rechazar una de ellas por el único motivo de que, de ser elegida, daría lugar a un contrato de servicios en vez de a un contrato de suministro o a un contrato de suministro en vez de a un contrato de servicios.

Artículo 143. Subasta electrónica

1. A efectos de la adjudicación del contrato podrá celebrarse una subasta electrónica, articulada como un proceso electrónico repetitivo, que tiene lugar tras una primera evaluación completa de las ofertas, para la presentación de mejoras en los precios o de nuevos valores relativos a determinados elementos de las ofertas que las mejoren en su conjunto, basado en un dispositivo electrónico

que permita su clasificación a través de métodos de evaluación automatizados, debiendo velarse por que el mismo permita un acceso no discriminatorio y disponible de forma general, así como el registro inalterable de todas las participaciones en el proceso de subasta.

2. **La subasta electrónica podrá emplearse en los procedimientos abiertos, en los restringidos, y en las licitaciones con negociación**, siempre que las especificaciones del contrato que deba adjudicarse puedan establecerse de manera precisa en los pliegos que rigen la licitación y que las prestaciones que constituyen su objeto no tengan carácter intelectual, como los servicios de ingeniería, consultoría y arquitectura. No podrá recurrirse a las subastas electrónicas de forma abusiva o de modo que se obstaculice, restrinja o falsee la competencia o que se vea modificado el objeto del contrato.

3. **La subasta electrónica se basará en uno de los siguientes criterios**:

a) **Únicamente en los precios**, cuando el contrato se adjudique atendiendo exclusivamente al precio;

b) **O bien en los precios y en nuevos valores de los elementos objetivos de la oferta** que sean cuantificables y susceptibles de ser expresados en cifras o en porcentajes, cuando el contrato se adjudique basándose en varios criterios de adjudicación.

4. Los órganos de contratación que decidan recurrir a una subasta electrónica deberán indicarlo en el anuncio de licitación e incluir en el pliego de condiciones, como mínimo, la siguiente información:

a) Los elementos objetivos a cuyos valores se refiera la subasta electrónica.

b) En su caso, los límites de los valores que podrán presentarse, tal como resulten de las especificaciones relativas al objeto del contrato.

c) La información que se pondrá a disposición de los licitadores durante la subasta electrónica y, cuando proceda, el momento en que se facilitará.

d) La forma en que se desarrollará la subasta.

e) Las condiciones en que los licitadores podrán pujar y, en particular, las mejoras mínimas que se exigirán, en su caso, para cada puja.

f) El dispositivo electrónico utilizado y las modalidades y especificaciones técnicas de conexión.

5. Antes de proceder a la subasta electrónica, el órgano de contratación efectuará una primera evaluación completa de las ofertas de conformidad con los criterios de adjudicación y, a continuación, invitará simultáneamente, por medios electrónicos, a todos los licitadores que hayan presentado ofertas admisibles a que participen en la subasta electrónica.

Una oferta se considerará admisible cuando haya sido presentada por un licitador que no haya sido excluido y que cumpla los criterios de selección, y cuya oferta sea conforme con las especificaciones técnicas sin que sea irregular o inaceptable, o inadecuada, en los términos de los artículos 167 y 168 de la presente Ley.

6. La invitación incluirá toda la información pertinente para la conexión individual al dispositivo electrónico utilizado y precisará la fecha y la hora de comienzo de la subasta electrónica.

Igualmente se indicará en la invitación el resultado de la evaluación completa de la oferta del licitador de que se trate y la fórmula matemática que se utilizará para la reclasificación automática de las ofertas en función de los nuevos precios, revisados a la baja, o de los nuevos valores, que mejoren la oferta, que se presenten.

Excepto en el supuesto de que la oferta más ventajosa económicamente se determine sobre la base del precio exclusivamente, esta fórmula incorporará la ponderación de todos los criterios fijados para determinar la oferta económicamente más ventajosa, tal como se haya indicado en el anuncio de licitación o en la invitación inicialmente enviada a los candidatos seleccionados y en el pliego, para lo cual, las eventuales bandas de valores deberán expresarse previamente con un valor determinado.

En caso de que se autorice la presentación de variantes, se proporcionará una fórmula para cada una de ellas.

7. Entre la fecha de envío de las invitaciones y el comienzo de la subasta electrónica habrán de transcurrir, al menos, dos días hábiles.

8. La subasta electrónica podrá desarrollarse en varias fases sucesivas.

A lo largo de cada fase de la subasta, y de forma continua e instantánea, se comunicará a los licitadores, como mínimo, la información que les permita conocer su respectiva clasificación en cada momento.

Adicionalmente, se podrán facilitar otros datos relativos a los precios o valores presentados por los restantes licitadores, siempre que ello esté contemplado en el pliego que rige la licitación, y anunciarse el número de los que están participando en la correspondiente fase de la subasta, sin que en ningún caso pueda divulgarse su identidad.

9. El cierre de la subasta se fijará por referencia a uno o varios de los siguientes criterios:

a) Mediante el señalamiento de una fecha y hora concretas, que deberán ser indicadas en la invitación a participar en la subasta.

b) Atendiendo a la falta de presentación de nuevos precios o de nuevos valores que cumplan los requisitos establecidos en relación con la formulación de mejoras mínimas.

De utilizarse esta referencia, en la invitación a participar en la subasta se especificará el plazo que deberá transcurrir a partir de la recepción de la última puja antes de declarar su cierre.

c) Por finalización del número de fases establecido en la invitación a participar en la subasta. Cuando el cierre de la subasta deba producirse aplicando este criterio, la invitación a participar en la misma indicará el calendario a observar en cada una de sus fases.

10. Una vez concluida la subasta electrónica, el contrato se adjudicará de conformidad con lo establecido en el artículo 150, en función de sus resultados.

11. No se adjudicarán mediante subasta electrónica los contratos cuyo objeto tenga relación con la calidad alimentaria.

Artículo 144. Sucesión en el procedimiento

Si durante la tramitación de un procedimiento y antes de la formalización del contrato se produjese una operación de fusión, escisión, transmisión del patrimonio empresarial o de una rama de la actividad, le sucederá a la empresa licitadora o candidata en su posición en el procedimiento la sociedad absorbente, la resultante de la fusión, la beneficiaria de la escisión o la adquirente del patrimonio empresarial o de la correspondiente rama de actividad, siempre que reúna las condiciones de capacidad y ausencia de prohibición de contratar y acredite su solvencia y clasificación en las condiciones exigidas en el pliego de cláusulas administrativas particulares para poder participar en el procedimiento de adjudicación.

Artículo 145. Requisitos y clases de criterios de adjudicación del contrato

1. La adjudicación de los contratos se realizará utilizando una pluralidad de criterios de adjudicación en base a la mejor relación calidad-precio.

Previa justificación en el expediente, los contratos se podrán adjudicar con arreglo a criterios basados en un planteamiento que atienda a la mejor relación coste-eficacia, sobre la base del precio o coste, como el cálculo del coste del ciclo de vida con arreglo al artículo 148.

2. **La mejor relación calidad-precio se evaluará con arreglo a criterios económicos y cualitativos.**

Los criterios cualitativos que establezca el órgano de contratación para evaluar la mejor relación calidad-precio podrán incluir aspectos medioambientales o sociales, vinculados al objeto del contrato en la forma establecida en el apartado 6 de este artículo, que podrán ser, entre otros, los siguientes:

1. La calidad, incluido el valor técnico, las características estéticas y funcionales, la accesibilidad, el diseño universal o diseño para todas las personas usuarias, las características sociales, medioambientales e innovadoras, y la comercialización y sus condiciones;

   Las características medioambientales podrán referirse, entre otras, a la reducción del nivel de emisión de gases de efecto invernadero; al empleo de medidas de ahorro y eficiencia energética y a la utilización de energía procedentes de fuentes renovables durante la ejecución del contrato; y al mantenimiento o mejora de los recursos naturales que puedan verse afectados por la ejecución del contrato.

   Las características sociales del contrato se referirán, entre otras, a las siguientes finalidades: al fomento de la integración social de personas con discapacidad, personas desfavorecidas o miembros de grupos vulnerables entre las personas asignadas a la ejecución del contrato y, en general, la inserción sociolaboral de personas con discapacidad o en situación o riesgo de exclusión social; la subcontratación con Centros Especiales de Empleo o Empresas de Inserción; los planes de igualdad de género que se apliquen en la ejecución del contrato y, en general, la igualdad entre mujeres y hombres; el fomento de la contratación femenina; la conciliación de la vida laboral, personal y familiar; la mejora de las condiciones laborales y salariales; la estabilidad en el empleo; la contratación de un mayor número de personas para la ejecución del contrato; la formación y la protección de la salud y la seguridad en el trabajo; la aplicación de criterios éticos y de responsabilidad social a la prestación contractual; o los criterios referidos al suministro o a la utilización de productos basados en un comercio equitativo durante la ejecución del contrato.

2. La organización, cualificación y experiencia del personal adscrito al contrato que vaya a ejecutar el mismo, siempre y cuando la calidad de dicho personal pueda afectar de manera significativa a su mejor ejecución.

3. El servicio posventa y la asistencia técnica y condiciones de entrega tales como la fecha en que esta última debe producirse, el proceso de entrega, el plazo de entrega o ejecución y los compromisos relativos a recambios y seguridad del suministro.

Los criterios cualitativos deberán ir acompañados de un criterio relacionado con los costes el cual, a elección del órgano de contratación, podrá ser el precio o un planteamiento basado en la rentabilidad, como el coste del ciclo de vida calculado de conformidad con lo dispuesto en el artículo 148.

3. La aplicación de más de un criterio de adjudicación procederá, en todo caso, en la adjudicación de los siguientes contratos:

a) Aquellos cuyos proyectos o presupuestos no hayan podido ser establecidos previamente y deban ser presentados por los candidatos o licitadores.
b) Cuando el órgano de contratación considere que la definición de la prestación es susceptible de ser mejorada por otras soluciones técnicas o por reducciones en su plazo de ejecución.
c) Aquellos para cuya ejecución facilite el órgano, organismo o entidad contratante materiales o medios auxiliares cuya buena utilización exija garantías especiales por parte de los contratistas.
d) Aquellos que requieran el empleo de tecnología especialmente avanzada o cuya ejecución sea particularmente compleja.
e) Contratos de concesión de obras y de concesión de servicios.
f) Contratos de suministros, salvo que los productos a adquirir estén perfectamente definidos y no sea posible variar los plazos de entrega ni introducir modificaciones de ninguna clase en el contrato, siendo por consiguiente el precio el único factor determinante de la adjudicación.
g) Contratos de servicios, salvo que las prestaciones estén perfectamente definidas técnicamente y no sea posible variar los plazos de entrega ni introducir modificaciones de ninguna clase en el contrato, siendo por consiguiente el precio el único factor determinante de la adjudicación.

   En los contratos de servicios que tengan por objeto prestaciones de carácter intelectual, como los servicios de ingeniería y arquitectura, y en los contratos de prestación de servicios sociales si fomentan la integración social de personas desfavorecidas o miembros de grupos vulnerables entre las personas asignadas a la ejecución del contrato, promueven el empleo de personas con dificultades particulares de inserción en el mercado laboral o cuando se trate de los contratos de servicios sociales, sanitarios o educativos a que se refiere la Disposición adicional cuadragésima octava, o de servicios intensivos en mano de obra, el precio no podrá ser el único factor determinante de la adjudicación. Igualmente, en el caso de los contratos de servicios de seguridad privada deberá aplicarse más de un criterio de adjudicación.
h) Contratos cuya ejecución pueda tener un impacto significativo en el medio ambiente, en cuya adjudicación se valorarán condiciones ambientales mensurables, tales como el menor impacto ambiental, el ahorro y el uso eficiente del agua y la energía y de los materiales, el coste ambiental del ciclo de vida, los procedimientos y métodos de producción ecológicos, la generación y gestión de residuos o el uso de materiales reciclados o reutilizados o de materiales ecológicos.

4. Los órganos de contratación velarán por que se establezcan criterios de adjudicación que permitan obtener obras, suministros y servicios de gran calidad que respondan lo mejor posible a sus necesidades; y, en especial, en los procedimientos de contratos de servicios que tengan por objeto prestaciones de carácter intelectual, como los servicios de ingeniería y arquitectura.

En los contratos de servicios del Anexo IV, así como en los contratos que tengan por objeto prestaciones de carácter intelectual, los criterios relacionados con la calidad deberán representar, al menos, el 51 por ciento de la puntuación asignable en la valoración de las ofertas, sin perjuicio de lo dispuesto en el apartado 2.a) del artículo 146.

5. Los criterios a que se refiere el apartado 1 que han de servir de base para la adjudicación del contrato se establecerán en los pliegos de cláusulas administrativas particulares o en el documento descriptivo, y deberá figurar en el anuncio que sirva de convocatoria de la licitación, debiendo cumplir los siguientes requisitos:

a) En todo caso estarán vinculados al objeto del contrato, en el sentido expresado en el apartado siguiente de este artículo.

b) Deberán ser formulados de manera objetiva, con pleno respeto a los principios de igualdad, no discriminación, transparencia y proporcionalidad, y no conferirán al órgano de contratación una libertad de decisión ilimitada.

c) Deberán garantizar la posibilidad de que las ofertas sean evaluadas en condiciones de competencia efectiva e irán acompañados de especificaciones que permitan comprobar de manera efectiva la información facilitada por los licitadores con el fin de evaluar la medida en que las ofertas cumplen los criterios de adjudicación. En caso de duda, deberá comprobarse de manera efectiva la exactitud de la información y las pruebas facilitadas por los licitadores.

6. Se considerará que un criterio de adjudicación está vinculado al objeto del contrato cuando se refiera o integre las prestaciones que deban realizarse en virtud de dicho contrato, en cualquiera de sus aspectos y en cualquier etapa de su ciclo de vida, incluidos los factores que intervienen en los siguientes procesos:

a) En el proceso específico de producción, prestación o comercialización de, en su caso, las obras, los suministros o los servicios, con especial referencia a formas de producción, prestación o comercialización medioambiental y socialmente sostenibles y justas.

b) En el proceso específico de otra etapa de su ciclo de vida, incluso cuando dichos factores no formen parte de su sustancia material.

7. En el caso de que se establezcan las mejoras como criterio de adjudicación, estas deberán estar suficientemente especificadas. Se considerará que se cumple esta exigencia cuando se fijen, de manera ponderada, con concreción:

los requisitos, límites, modalidades y características de las mismas, así como su necesaria vinculación con el objeto del contrato.

En todo caso, en los supuestos en que su valoración se efectúe de conformidad con lo establecido en el apartado segundo, letra a) del artículo siguiente, no podrá asignársele una valoración superior al 2,5 por ciento.

Se entiende por mejoras, a estos efectos, las prestaciones adicionales a las que figuraban definidas en el proyecto y en el pliego de prescripciones técnicas, sin que aquellas puedan alterar la naturaleza de dichas prestaciones, ni del objeto del contrato.

Las mejoras propuestas por el adjudicatario pasarán a formar parte del contrato y no podrán ser objeto de modificación.

Artículo 146. Aplicación de los criterios de adjudicación

1. Sin perjuicio de lo dispuesto en los apartados primero y tercero del artículo anterior, cuando solo se utilice un criterio de adjudicación, este deberá estar relacionado con los costes, pudiendo ser el precio o un criterio basado en la rentabilidad, como el coste del ciclo de vida calculado de acuerdo con lo indicado en el artículo 148.

2. Cuando se utilicen una pluralidad de criterios de adjudicación, en su determinación, siempre y cuando sea posible, se dará preponderancia a aquellos que hagan referencia a características del objeto del contrato que puedan valorarse mediante cifras o porcentajes obtenidos a través de la mera aplicación de las fórmulas establecidas en los pliegos.

La aplicación de los criterios de adjudicación se efectuará por los siguientes órganos:

a) En los procedimientos de adjudicación, abierto o restringido, celebrados por los órganos de las Administraciones Públicas, la valoración de los criterios cuya cuantificación dependa de un juicio de valor corresponderá, en los casos en que proceda por tener atribuida una ponderación mayor que la correspondiente a los criterios evaluables de forma automática, a un comité formado por expertos con cualificación apropiada, que cuente con un mínimo de tres miembros, que podrán pertenecer a los servicios dependientes del órgano de contratación, pero en ningún caso podrán estar adscritos al órgano proponente del contrato, al que corresponderá realizar la evaluación de las ofertas; o encomendar esta a un organismo técnico especializado, debidamente identificado en los pliegos.

b) En los restantes supuestos, la valoración de los criterios cuya cuantificación dependa de un juicio de valor, así como, en todo caso, la de los criterios evaluables mediante la utilización de fórmulas, se efectuará por la mesa de contratación, si interviene, o por los servicios dependientes del órgano de contratación en caso contrario, a cuyo efecto se podrán solicitar los informes técnicos que considere precisos de conformidad con lo previsto en el artículo 150.1 y 157.5 de la presente Ley.

La elección de las fórmulas se tendrán que justificar en el expediente.

En todo caso, la evaluación de las ofertas conforme a los criterios cuantificables mediante la mera aplicación de fórmulas se realizará tras efectuar previamente la de aquellos otros criterios en que no concurra esta circunstancia, dejándose constancia documental de ello.

La citada evaluación previa se hará pública en el acto en el que se proceda a la apertura del sobre que contenga los elementos de la oferta que se valoraran mediante la mera aplicación de fórmulas.

Cuando en los contratos de concesión de obras o de concesión de servicios se prevea la posibilidad de que se efectúen aportaciones públicas a la construcción o explotación así como cualquier tipo de garantías, avales u otro tipo de ayudas a la empresa, en todo caso figurará como un criterio de adjudicación evaluable de forma automática la cuantía de la reducción que oferten los licitadores sobre las aportaciones previstas en el expediente de contratación.

3. Salvo cuando se tome en consideración el precio exclusivamente, deberá precisarse en el pliego de cláusulas administrativas particulares o en el documento descriptivo la ponderación relativa atribuida a cada uno de los criterios de valoración, que podrá expresarse fijando una banda de valores con una amplitud máxima adecuada.

En el caso de que el procedimiento de adjudicación se articule en varias fases, se indicará igualmente en cuales de ellas se irán aplicando los distintos criterios, estableciendo un umbral mínimo del 50 por ciento de la puntuación en el conjunto de los criterios cualitativos para continuar en el proceso selectivo.

Cuando, por razones objetivas debidamente justificadas, no sea posible ponderar los criterios elegidos, estos se enumerarán por orden decreciente de importancia.

Artículo 147. Criterios de desempate

1. Los órganos de contratación podrán establecer en los pliegos de cláusulas administrativas particulares criterios de adjudicación específicos para el desempate en los casos en que, tras la aplicación de los criterios de adjudicación, se produzca un empate entre dos o más ofertas.

Dichos criterios de adjudicación específicos para el desempate deberán estar vinculados al objeto del contrato y se referirán a:

a) Proposiciones presentadas por aquellas empresas que, al vencimiento del plazo de presentación de ofertas, tengan en su plantilla un porcentaje de trabajadores con discapacidad superior al que les imponga la normativa.

En este supuesto, si varias empresas licitadoras de las que hubieren empatado en cuanto a la proposición más ventajosa acreditan tener relación laboral con personas con discapacidad en un porcentaje superior al que les imponga la normativa, tendrá preferencia en la adjudicación del contrato el licitador que disponga del mayor porcentaje de trabajadores fijos con discapacidad en su plantilla.

b) Proposiciones de empresas de inserción reguladas en la Ley 44/2007, de 13 de diciembre, para la regulación del régimen de las empresas de inserción, que cumplan con los requisitos establecidos en dicha normativa para tener esta consideración.

c) En la adjudicación de los contratos relativos a prestaciones de carácter social o asistencial, las proposiciones presentadas por entidades sin ánimo de lucro, con personalidad jurídica, siempre que su finalidad o actividad tenga relación directa con el objeto del contrato, según resulte de sus respectivos estatutos o reglas fundacionales y figuren inscritas en el correspondiente registro oficial.

d) Las ofertas de entidades reconocidas como Organizaciones de Comercio Justo para la adjudicación de los contratos que tengan como objeto productos en los que exista alternativa de Comercio Justo.

e) Proposiciones presentadas por las empresas que, al vencimiento del plazo de presentación de ofertas, incluyan medidas de carácter social y laboral que favorezcan la igualdad de oportunidades entre mujeres y hombres.

La documentación acreditativa de los criterios de desempate a que se refiere el presente apartado será aportada por los licitadores en el momento en que se produzca el empate, y no con carácter previo.

2. En defecto de la previsión en los pliegos a la que se refiere el apartado anterior, el empate entre varias ofertas tras la aplicación de los criterios de adjudicación del contrato se resolverá mediante la aplicación por orden de los siguientes criterios sociales, referidos al momento de finalizar el plazo de presentación de ofertas:

a) Mayor porcentaje de trabajadores con discapacidad o en situación de exclusión social en la plantilla de cada una de las empresas, primando en caso de igualdad, el mayor número de trabajadores fijos con discapacidad en plantilla, o el mayor número de personas trabajadoras en inclusión en la plantilla.

b) Menor porcentaje de contratos temporales en la plantilla de cada una de las empresas.

c) Mayor porcentaje de mujeres empleadas en la plantilla de cada una de las empresas.

d) El sorteo, en caso de que la aplicación de los anteriores criterios no hubiera dado lugar a desempate.

Artículo 148. Definición y cálculo del ciclo de vida

1. A los efectos de esta Ley se entenderán comprendidos dentro del «ciclo de vida» de un producto, obra o servicio todas las fases consecutivas o interrelacionadas que se sucedan durante su existencia y, en todo caso: la investigación y el desarrollo que deba llevarse a cabo, la fabricación o producción, la comercialización y las condiciones en que esta tenga lugar, el transporte, la utilización y el mantenimiento, la adquisición de las materias primas necesarias y la generación de recursos; todo ello hasta que se produzca la eliminación, el desmantelamiento o el final de la utilización.

2. El cálculo de coste del ciclo de vida incluirá, según el caso, la totalidad o una parte de los costes siguientes en que se hubiere incurrido a lo largo del ciclo de vida de un producto, un servicio o una obra:

a) Los costes sufragados por el órgano de contratación o por otros usuarios, tales como:

   1. Los costes relativos a la adquisición.
   2. Los costes de utilización, como el consumo de energía y otros recursos.
   3. Los costes de mantenimiento.
   4. Los costes de final de vida, como los costes de recogida y reciclado.

b) Los costes imputados a externalidades medioambientales vinculadas al producto, servicio u obra durante su ciclo de vida, a condición de que su valor monetario pueda determinarse y verificarse; estos costes podrán incluir el coste de las emisiones de gases de efecto invernadero y de otras emisiones contaminantes, así como otros costes de mitigación del cambio climático.

En los casos en que una norma de la Unión Europea haga obligatorio un método común para calcular los costes del ciclo de vida, se aplicará el mismo a la evaluación de los citados costes.

3. Cuando los órganos de contratación evalúen los costes mediante un planteamiento basado en el cálculo del coste del ciclo de vida, indicarán en los pliegos los datos que deben facilitar los licitadores, así como el método que aquellos utilizarán para determinar los costes de ciclo de vida sobre la base de dichos datos.

El método utilizado para la evaluación de los costes imputados a externalidades medioambientales cumplirá todas las condiciones siguientes:

a) Estar basado en criterios verificables objetivamente y no discriminatorios; en particular, si no se ha establecido para una aplicación repetida o continuada, no favorecerá o perjudicará indebidamente a empresas determinadas.

b) Ser accesible para todas las partes interesadas.

c) La información necesaria debe poder ser facilitada con un esfuerzo razonable por parte de las empresas, incluidas aquellas procedentes de Estados signatarios del Acuerdo sobre Contratación Pública de la Organización Mundial de Comercio o de otros Estados signatarios de algún otro Acuerdo Internacional que vincule a España o a la Unión Europea.

4. Los órganos de contratación calcularán los costes a que se refieren los apartados primero y segundo del artículo 145 atendiendo, preferentemente, al coste del ciclo de vida.

Artículo 149. Ofertas anormalmente bajas

1. En los casos en que el órgano de contratación presuma que una oferta resulta inviable por haber sido formulada en términos que la hacen anormalmente baja, solo podrá excluirla del procedimiento de licitación previa tramitación del procedimiento que establece este artículo.

2. La mesa de contratación, o en su defecto, el órgano de contratación deberá identificar las ofertas que se encuentran incursas en presunción de anormalidad, d**ebiendo contemplarse en los pliegos, a estos efectos, los parámetros objetivos que deberán permitir identificar los casos en que una oferta se considere anormal.**

La mesa de contratación, o en su defecto, el órgano de contratación realizará la función descrita en el párrafo anterior **con sujeción a los siguientes criterios:**

a) Salvo que en los pliegos se estableciera otra cosa, cuando el único criterio de adjudicación sea el del precio, en defecto de previsión en aquellos se aplicarán los parámetros objetivos que se establezcan reglamentariamente y que, en todo caso, determinarán el umbral de anormalidad por referencia al conjunto de ofertas válidas que se hayan presentado, sin perjuicio de lo establecido en el apartado siguiente.

b) Cuando se utilicen una pluralidad de criterios de adjudicación, se estará a lo establecido en los pliegos que rigen el contrato, en los cuales se han de establecer los parámetros objetivos que deberán permitir identificar los casos en que una oferta se considere anormal, referidos a la oferta considerada en su conjunto.

3. Cuando hubieren presentado ofertas empresas que pertenezcan a un mismo grupo, en el sentido del artículo 42.1 del Código de Comercio, se tomará únicamente, para aplicar el régimen de identificación de las ofertas incursas en presunción de anormalidad, aquella que fuere más baja, y ello con independencia de que presenten su oferta en solitario o conjuntamente con otra empresa o empresas ajenas al grupo y con las cuales concurran en unión temporal.

4. Cuando la mesa de contratación, o en su defecto el órgano de contratación hubiere identificado una o varias ofertas incursas en presunción de anormalidad, deberá requerir al licitador o licitadores que las hubieren presentado dándoles plazo suficiente para que justifiquen y desglosen razonada y detalladamente el bajo nivel de los precios, o de costes, o cualquier otro parámetro en base al cual se haya definido la anormalidad de la oferta, mediante la presentación de aquella información y documentos que resulten pertinentes a estos efectos.

Artículo 150. Clasificación de las ofertas y adjudicación del contrato

1. La mesa de contratación o, en su defecto, el órgano de contratación clasificará, por orden decreciente, las proposiciones presentadas para posteriormente elevar la correspondiente propuesta al órgano de contratación, en el caso de que la clasificación se realice por la mesa de contratación.

Para realizar la citada clasificación, se atenderá a los criterios de adjudicación señalados en el pliego, pudiéndose solicitar para ello cuantos informes técnicos se estime pertinentes. Cuando el único criterio a considerar sea el precio, se entenderá que la mejor oferta es la que incorpora el precio más bajo.

Si en el ejercicio de sus funciones la mesa de contratación, o en su defecto, el órgano de contratación, tuviera indicios fundados de conductas colusorias en el procedimiento de contratación, en el sentido definido en el artículo 1 de la Ley 15/2007, de 3 de julio, de Defensa de la Competencia, los trasladará con carácter previo a la adjudicación del contrato a la Comisión Nacional de los Mercados y la Competencia o, en su caso, a la autoridad de competencia autonómica correspondiente, a efectos de que a través de un procedimiento sumarísimo se pronuncie sobre aquellos. La remisión de dichos indicios tendrá efectos suspensivos en el procedimiento de contratación. Si la remisión la realiza la mesa de contratación dará cuenta de ello al órgano de contratación. Reglamentariamente se regulará el procedimiento al que se refiere el presente párrafo.

2. Una vez aceptada la propuesta de la mesa por el órgano de contratación, los servicios correspondientes requerirán al licitador que haya presentado la mejor oferta, de conformidad con lo dispuesto en el artículo 145 para que, dentro del **plazo de diez días** hábiles, a contar desde el siguiente a aquel en que hubiera recibido el requerimiento, presente la documentación justificativa de las circunstancias a las que se refieren las letras a) a c) del apartado 1 del artículo 140 si no se hubiera aportado con anterioridad, tanto del licitador como de aquellas otras empresas a cuyas capacidades se recurra, sin perjuicio de lo establecido en el segundo párrafo del apartado 3 del citado artículo; de disponer efectivamente de los medios que se hubiese comprometido a dedicar o adscribir a la ejecución del contrato conforme al artículo 76.2; y de haber constituido la garantía definitiva que sea procedente. Los correspondientes certificados podrán ser expedidos

por medios electrónicos, informáticos o telemáticos, salvo que se establezca otra cosa en los pliegos.

De no cumplimentarse adecuadamente el requerimiento en el plazo señalado, se entenderá que el licitador ha retirado su oferta, procediéndose a exigirle el importe del 3 por ciento del presupuesto base de licitación, IVA excluido, en concepto de penalidad, que se hará efectivo en primer lugar contra la garantía provisional, si se hubiera constituido, sin perjuicio de lo establecido en la letra a) del apartado 2 del artículo 71.

En el supuesto señalado en el párrafo anterior, se procederá a recabar la misma documentación al licitador siguiente, por el orden en que hayan quedado clasificadas las ofertas.

3. El órgano de contratación adjudicará el contrato dentro de los cinco días hábiles siguientes a la recepción de la documentación. En los procedimientos negociados, de diálogo competitivo y de asociación para la innovación, la adjudicación concretará y fijará los términos definitivos del contrato.

No podrá declararse desierta una licitación cuando exista alguna oferta o proposición que sea admisible de acuerdo con los criterios que figuren en el pliego.

4. Si como consecuencia del contenido de la resolución de un recurso especial del artículo 44 fuera preciso que el órgano de contratación acordase la adjudicación del contrato a otro licitador, se concederá a este un plazo de diez días hábiles para que cumplimente los trámites que resulten oportunos.

Artículo 151. Resolución y notificación de la adjudicación

1. La resolución de adjudicación deberá ser motivada y se notificará a los candidatos y licitadores, debiendo ser publicada en el perfil de contratante en el plazo de 15 días.

2. Sin perjuicio de lo establecido en el apartado 1 del artículo 155, la notificación y la publicidad a que se refiere el apartado anterior deberán contener la información necesaria que permita a los interesados en el procedimiento de adjudicación interponer recurso suficientemente fundado contra la decisión de adjudicación, y entre ella en todo caso deberá figurar la siguiente:

a) En relación con los candidatos descartados, la exposición resumida de las razones por las que se haya desestimado su candidatura.

b) Con respecto a los licitadores excluidos del procedimiento de adjudicación, los motivos por los que no se haya admitido su oferta, incluidos, en los casos contemplados en el artículo 126, apartados 7 y 8, los motivos de la decisión de no equivalencia o de la decisión de que las obras, los suministros o los servicios no se ajustan a los requisitos de rendimiento o a las exigencias funcionales; y un desglose de las valoraciones asignadas a los distintos licitadores, incluyendo al adjudicatario.

c) En todo caso, el nombre del adjudicatario, las características y ventajas de la proposición del adjudicatario determinantes de que haya sido seleccionada la oferta de este con preferencia respecto de las que hayan presentado los restantes licitadores cuyas ofertas hayan sido admitidas; y, en su caso, el desarrollo de las negociaciones o el diálogo con los licitadores.

En la notificación se indicará el plazo en que debe procederse a la formalización del contrato conforme al apartado 3 del artículo 153 de la presente Ley.

3. La notificación se realizará por medios electrónicos de conformidad con lo establecido en la disposición adicional decimoquinta.

7.2. Procedimiento abierto

En el procedimiento abierto todo empresario interesado podrá presentar una proposición, quedando excluida toda negociación de los términos del contrato con los licitadores.

En procedimientos abiertos de adjudicación de contratos sujetos a regulación armonizada, el plazo de presentación de proposiciones no será inferior a treinta y cinco días, para los contratos de obras, suministros y servicios, y a treinta días para las concesiones de obras y servicios, contados desde la fecha de envío del anuncio de licitación a la Oficina de Publicaciones de la Unión Europea.

3. En los contratos de obras, suministros y servicios, el plazo general previsto en el apartado anterior podrá reducirse en los siguientes casos:

a) Si el órgano de contratación hubiese enviado un anuncio de información previa, el plazo general de presentación de proposiciones podrá reducirse a quince días. Esta reducción del plazo solo será admisible cuando el anuncio voluntario de información previa se hubiese enviado para su publicación con una antelación máxima de doce meses y mínima de treinta y cinco días antes de la fecha de envío del anuncio de licitación, siempre que en él se hubiese incluido, de estar disponible, toda la información exigida para este.

b) Cuando el plazo general de presentación de proposiciones sea impracticable por tratarse de una situación de urgencia, en los términos descritos en el artículo 119, el órgano de contratación podrá fijar otro plazo que no será inferior a quince días contados desde la fecha del envío del anuncio de licitación.

c) Si el órgano de contratación aceptara la presentación de ofertas por medios electrónicos, podrá reducirse el plazo general de presentación de proposiciones en cinco días.

4. En las concesiones de obras y de servicios solo se podrá reducir el plazo general cuando se dé la circunstancia establecida en la letra c) del apartado anterior.

5. Sin perjuicio de lo establecido en el apartado 3 del artículo 135 respecto de la obligación de publicar previamente en el «Diario Oficial de la Unión Europea», en los procedimientos abiertos la publicación del anuncio de licitación en el perfil de contratante deberá hacerse, en todo caso, con una antelación mínima equivalente al plazo fijado para la presentación de las proposiciones en el apartado siguiente.

6. En los contratos de las Administraciones Públicas que no estén sujetos a regulación armonizada, el plazo de presentación de proposiciones no será inferior a quince días, contados desde el día siguiente al de la publicación del anuncio de licitación del contrato en el perfil de contratante. En los contratos de obras y de concesión de obras y concesión de servicios, el plazo será, como mínimo, de veintiséis días.

Artículo 157. Examen de las proposiciones y propuesta de adjudicación

1. La Mesa de contratación calificará la documentación a que se refiere el artículo 140, que deberá presentarse por los licitadores en sobre o archivo electrónico distinto al que contenga la proposición.

Posteriormente, el mismo órgano procederá a la apertura y examen de las proposiciones, formulando la correspondiente propuesta de adjudicación al órgano de contratación, una vez ponderados los criterios que deban aplicarse para efectuar la selección del adjudicatario.

2. Cuando, de conformidad con lo establecido en el artículo 145 se utilicen una pluralidad de criterios de adjudicación, los licitadores deberán presentar la proposición en dos sobres o archivos electrónicos: uno con la documentación que deba ser valorada conforme a los criterios cuya ponderación depende de un juicio de valor, y el otro con la documentación que deba ser valorada conforme a criterios cuantificables mediante la mera aplicación de fórmulas.

3. En todo caso la apertura de las proposiciones deberá efectuarse en el plazo máximo de veinte días contado desde la fecha de finalización del plazo para presentar las mismas.

Si la proposición se contuviera en más de un sobre o archivo electrónico, de tal forma que estos deban abrirse en varios actos independientes, el plazo anterior se entenderá cumplido cuando se haya abierto, dentro del mismo, el primero de los sobres o archivos electrónicos que componen la proposición.

4. En todo caso, la apertura de la oferta económica **se realizará en acto público,** salvo cuando se prevea que en la licitación puedan emplearse medios electrónicos.

5. Cuando para la valoración de las proposiciones hayan de tenerse en cuenta criterios distintos al del precio, el órgano competente para ello podrá solicitar, antes de formular su propuesta, cuantos informes técnicos considere precisos. Igualmente, podrán solicitarse estos informes cuando sea necesario verificar que las ofertas cumplen con las especificaciones técnicas del pliego.

También se podrán requerir informes a las organizaciones sociales de usuarios destinatarios de la prestación, a las organizaciones representativas del ámbito de actividad al que corresponda el objeto del contrato, a las organizaciones sindicales, a las organizaciones que defiendan la igualdad de género y a otras organizaciones para la verificación de las consideraciones sociales y ambientales.

6. La propuesta de adjudicación no crea derecho alguno en favor del licitador propuesto frente a la Administración. No obstante, cuando el órgano de contratación no adjudique el contrato de acuerdo con la propuesta formulada deberá motivar su decisión.

Artículo 158. Adjudicación

1. Cuando el único criterio para seleccionar al adjudicatario del contrato sea el del precio, la adjudicación deberá recaer en el plazo máximo de quince días a contar desde el siguiente al de apertura de las proposiciones.

2. Cuando para la adjudicación del contrato deban tenerse en cuenta una pluralidad de criterios, o utilizándose un único criterio sea este el del menor coste del ciclo de vida, el plazo máximo para efectuar la adjudicación será de dos meses a contar desde la apertura de las proposiciones, salvo que se hubiese establecido otro en el pliego de cláusulas administrativas particulares.

Si la proposición se contuviera en más de un sobre o archivo electrónico, de tal forma que estos deban abrirse en varios actos independientes, el plazo anterior se computará desde el primer acto de apertura del sobre o archivo electrónico que contenga una parte de la proposición.

3. Los plazos indicados en los apartados anteriores se ampliarán en quince días hábiles cuando sea necesario seguir los trámites a que se refiere el apartado 4 del artículo 149 de la presente Ley.

4. De no producirse la adjudicación dentro de los plazos señalados, los licitadores tendrán derecho a retirar su proposición, y a la devolución de la garantía provisional, de existir esta.

Artículo 159. Procedimiento abierto simplificado

1. Los órganos de contratación podrán acordar la utilización de un procedimiento abierto simplificado en los contratos de obras, suministro y servicios cuando se cumplan las dos condiciones siguientes:

a) Que su valor estimado sea igual o inferior a 2.000.000 de euros en el caso de contratos de obras, y en el caso de contratos de suministro y de servicios, que su valor estimado sea igual o inferior a 100.000 euros.

b) Que entre los criterios de adjudicación previstos en el pliego no haya ninguno evaluable mediante juicio de valor o, de haberlos, su ponderación no supere el veinticinco por ciento del total, salvo en el caso de que el contrato tenga por objeto prestaciones de carácter intelectual, como los servicios de ingeniería y arquitectura, en que su ponderación no podrá superar el cuarenta y cinco por ciento del total.

2. El anuncio de licitación del contrato únicamente precisará de publicación en el perfil de contratante del órgano de contratación. Toda la documentación necesaria para la presentación de la oferta tiene que estar disponible por medios electrónicos desde el día de la publicación del anuncio en dicho perfil de contratante.

3. El plazo para la presentación de proposiciones no podrá ser inferior a quince días a contar desde el siguiente a la publicación en el perfil de contratante del anuncio de licitación. En los contratos de obras el plazo será como mínimo de veinte días.

4. La tramitación del procedimiento se ajustará a las siguientes especialidades:

a) Todos los licitadores que se presenten a licitaciones realizadas a través de este procedimiento simplificado deberán estar inscritos en el Registro Oficial de Licitadores y Empresas Clasificadas del Sector Público, o cuando proceda de conformidad con lo establecido en el apartado 2 del artículo 96 en el Registro Oficial de la correspondiente Comunidad Autónoma, en la fecha final de presentación de ofertas siempre que no se vea limitada la concurrencia.

b) No procederá la constitución de garantía provisional por parte de los licitadores.

c) Las proposiciones deberán presentarse necesaria y únicamente en el registro indicado en el anuncio de licitación.

La presentación de la oferta exigirá la declaración responsable del firmante respecto a ostentar la representación de la sociedad que presenta la oferta; a contar con la adecuada solvencia económica, financiera y técnica o, en su caso, la clasificación correspondiente; a contar con las autorizaciones necesarias para ejercer la actividad; a no estar incurso en prohibición de contratar alguna; y se pronunciará sobre la existencia del compromiso a que se refiere el artículo 75.2. A tales efectos, el modelo de oferta que figure como anexo al pliego recogerá esa declaración responsable.

Adicionalmente, en el caso de que la empresa fuera extranjera, la declaración responsable incluirá el sometimiento al fuero español.

En el supuesto de que la oferta se presentara por una unión temporal de empresarios, deberá acompañar a aquella el compromiso de constitución de la unión.

d) La oferta se presentará en un único sobre en los supuestos en que en el procedimiento no se contemplen criterios de adjudicación cuya cuantificación dependa de un juicio de valor. En caso contrario, la oferta se presentará en dos sobres.

La apertura de los sobres conteniendo la proposición se hará por el orden que proceda de conformidad con lo establecido en el artículo 145 en función del método aplicable para valorar los criterios de adjudicación establecidos en los pliegos. La apertura se hará por la mesa de contratación a la que se refiere el apartado 6 del artículo 326 de la presente Ley. En todo caso, será público el acto de apertura de los sobres que contengan la parte de la oferta evaluable a través de criterios cuantificables mediante la mera aplicación de fórmulas establecidas en los pliegos. A tal efecto, en el modelo de oferta que figure como anexo al pliego se contendrán estos extremos.

e) En los supuestos en que en el procedimiento se contemplen criterios de adjudicación cuya cuantificación dependa de un juicio de valor, la valoración de las proposiciones se hará por los servicios técnicos del órgano de contratación en un plazo no superior a siete días, debiendo ser suscritas por el técnico o técnicos que realicen la valoración.

f) En todo caso, la valoración a la que se refiere la letra anterior deberá estar efectuada con anterioridad al acto público de apertura del sobre que contenga la oferta evaluable a través de criterios cuantificables mediante la mera aplicación de fórmulas. En dicho acto público se procederá a la lectura del resultado de aquella.

Tras dicho acto público, en la misma sesión, la mesa procederá a:

1. Previa exclusión, en su caso, de las ofertas que no cumplan los requerimientos del pliego, evaluar y clasificar las ofertas.
2. Realizar la propuesta de adjudicación a favor del candidato con mejor puntuación.
3. Comprobar en el Registro Oficial de Licitadores y Empresas Clasificadas que la empresa está debidamente constituida, el firmante de la

proposición tiene poder bastante para formular la oferta, ostenta la solvencia económica, financiera y técnica o, en su caso la clasificación correspondiente y no está incursa en ninguna prohibición para contratar.

4. Requerir a la empresa que ha obtenido la mejor puntuación mediante comunicación electrónica para que constituya la garantía definitiva, así como para que aporte el compromiso al que se refiere el artículo 75.2 y la documentación justificativa de que dispone efectivamente de los medios que se hubiese comprometido a dedicar o adscribir a la ejecución del contrato conforme al artículo 76.2; y todo ello en el plazo de 7 días hábiles a contar desde el envío de la comunicación.

En el caso de que la oferta del licitador que haya obtenido la mejor puntuación se presuma que es anormalmente baja por darse los supuestos previstos en el artículo 149, la mesa, realizadas las actuaciones recogidas en los puntos 1.º y 2.º anteriores, seguirá el procedimiento previsto en el citado artículo, si bien el plazo máximo para que justifique su oferta el licitador no podrá superar los 5 días hábiles desde el envío de la correspondiente comunicación.

Presentada la garantía definitiva y, en los casos en que resulte preceptiva, previa fiscalización del compromiso del gasto por la Intervención en los términos previstos en la Ley 47/2003, de 26 de noviembre, General Presupuestaria en un plazo no superior a 5 días, se procederá a adjudicar el contrato a favor del licitador propuesto como adjudicatario, procediéndose, una vez adjudicado el mismo, a su formalización.

En caso de que en el plazo otorgado al efecto el candidato propuesto como adjudicatario no presente la garantía definitiva, se efectuará propuesta de adjudicación a favor del siguiente candidato en puntuación, otorgándole el correspondiente plazo para constituir la citada garantía definitiva.

En el supuesto de que el empresario tenga que presentar cualquier otra documentación que no esté inscrita en el Registro de Licitadores, la misma se tendrá que aportar en el plazo de 7 días hábiles establecido para presentar la garantía definitiva.

g) En los casos en que a la licitación se presenten empresarios extranjeros de un Estado miembro de la Unión Europea o signatario del Espacio Económico Europeo, la acreditación de su capacidad, solvencia y ausencia de prohibiciones se podrá realizar bien mediante consulta en la correspondiente lista oficial de operadores económicos autorizados de un Estado miembro, bien mediante la aportación de la documentación acreditativa de los citados extremos, que deberá presentar, en este último caso, en el plazo concedido para la presentación de la garantía definitiva.

h) En lo no previsto en este artículo se observarán las normas generales aplicables al procedimiento abierto.

5. En los casos de declaración de urgencia del expediente de contratación en el que el procedimiento de adjudicación utilizado sea el procedimiento abierto simplificado regulado en el presente artículo, no se producirá la reducción de plazos a la que se refiere la letra b) del apartado 2 del artículo 119.

6. En contratos de obras de valor estimado inferior a 80.000 euros, y en contratos de suministros y de servicios de valor estimado inferior a 35.000 euros, excepto los que tengan por objeto prestaciones de carácter intelectual a los que no será de aplicación este apartado, el procedimiento abierto simplificado podrá seguir la siguiente tramitación:

a) El plazo para la presentación de proposiciones no podrá ser inferior a diez días hábiles, a contar desde el siguiente a la publicación del anuncio de licitación en el perfil de contratante. No obstante lo anterior, cuando se trate de compras corrientes de bienes disponibles en el mercado el plazo será de 5 días hábiles.

b) Se eximirá a los licitadores de la acreditación de la solvencia económica y financiera y técnica o profesional.

c) La oferta se entregará en un único sobre o archivo electrónico y se evaluará, en todo caso, con arreglo a criterios de adjudicación cuantificables mediante la mera aplicación de fórmulas establecidas en los pliegos.

d) La valoración de las ofertas se podrá efectuar automáticamente mediante dispositivos informáticos, o con la colaboración de una unidad técnica que auxilie al órgano de contratación.

   Se garantizará, mediante un dispositivo electrónico, que la apertura de las proposiciones no se realiza hasta que haya finalizado el plazo para su presentación, por lo que no se celebrará acto público de apertura de las mismas.

e) Las ofertas presentadas y la documentación relativa a la valoración de las mismas serán accesibles de forma abierta por medios informáticos sin restricción alguna desde el momento en que se notifique la adjudicación del contrato.

f) No se requerirá la constitución de garantía definitiva.

g) La formalización del contrato podrá efectuarse mediante la firma de aceptación por el contratista de la resolución de adjudicación.

En todo lo no previsto en este apartado se aplicará la regulación general del procedimiento abierto simplificado prevista en este artículo.

7.3. Procedimiento restringido

Artículo 160. Caracterización

1. En el procedimiento restringido cualquier empresa interesada podrá presentar una solicitud de participación en respuesta a una convocatoria de licitación.

2. Solo podrán presentar proposiciones aquellos empresarios que, a su solicitud y en atención a su solvencia, sean seleccionados por el órgano de contratación.

Los pliegos de cláusulas administrativas particulares podrán contemplar primas o compensaciones por los gastos en que incurran los licitadores al presentar su oferta en contratos de servicios en los casos en los que su presentación implique la realización de determinados desarrollos.

3. En este procedimiento estará prohibida toda negociación de los términos del contrato con los solicitantes o candidatos.

4. Este procedimiento es especialmente adecuado cuando se trata de servicios intelectuales de especial complejidad, como es el caso de algunos servicios de consultoría, de arquitectura o de ingeniería.

Artículo 161. Solicitudes de participación

1. En los procedimientos de adjudicación de contratos sujetos a regulación armonizada, el plazo de presentación de las solicitudes de participación deberá ser el suficiente para el adecuado examen de los pliegos y de las circunstancias y condiciones relevantes para la ejecución del contrato, todo ello en atención al alcance y complejidad del contrato. En cualquier caso, no podrá ser inferior a treinta días, contados a partir de la fecha del envío del anuncio de licitación a la Oficina de Publicaciones de la Unión Europea.

Cuando el plazo general de presentación de solicitudes sea impracticable por tratarse de una situación de urgencia, en los términos descritos en el artículo 119, el órgano de contratación para los contratos de obras, suministros y servicios podrá fijar otro plazo que no será inferior a quince días contados desde la fecha del envío del anuncio de licitación.

2. Sin perjuicio de lo establecido en el apartado 3 del artículo 135 respecto de la obligación de publicar en primer lugar en el «Diario Oficial de la Unión Europea», en los procedimientos restringidos la publicación del anuncio de licitación en el perfil de contratante deberá hacerse con una antelación mínima equivalente al plazo fijado para la presentación de las solicitudes de participación en el apartado siguiente.

3. Si se trata de contratos no sujetos a regulación armonizada, el plazo para la presentación de solicitudes de participación será, como mínimo, de quince días, contados desde la publicación del anuncio de licitación.

4. Las solicitudes de participación deberán ir acompañadas de la documentación a que se refiere el artículo 140, con excepción del documento acreditativo de la constitución de la garantía provisional.

Artículo 162. Selección de candidatos

1. Con carácter previo al anuncio de licitación, el órgano de contratación deberá haber establecido los criterios objetivos de solvencia, de entre los señalados en los artículos 87 a 91, con arreglo a los cuales serán elegidos los candidatos que serán invitados a presentar proposiciones.

2. El órgano de contratación señalará el número mínimo de empresarios a los que invitará a participar en el procedimiento, **que no podrá ser inferior a cinco.** Cuando el número de candidatos que cumplan los criterios de selección sea inferior a ese número mínimo, el órgano de contratación podrá continuar el procedimiento con los que reúnan las condiciones exigidas, sin que pueda invitarse a empresarios que no hayan solicitado participar en el mismo, o a candidatos que no posean esas condiciones.

Si así lo estima procedente, el órgano de contratación podrá igualmente fijar el número máximo de candidatos a los que se invitará a presentar oferta.

En cualquier caso, el número de candidatos invitados debe ser suficiente para garantizar una competencia efectiva.

3. Los criterios o normas objetivos y no discriminatorios con arreglo a los cuales se seleccionará a los candidatos, así como el número mínimo y, en su caso, el número máximo de aquellos a los que se invitará a presentar proposiciones se indicarán en el anuncio de licitación.

4. El órgano de contratación, una vez comprobada la personalidad y solvencia de los solicitantes, seleccionará a los que deban pasar a la siguiente fase, a los que invitará, simultáneamente y por escrito, a presentar sus proposiciones en el plazo que proceda conforme a lo señalado en el artículo 164.

Artículo 163. Contenido de las invitaciones e información a los candidatos

1. Las invitaciones contendrán una referencia al anuncio de licitación publicado e indicarán la fecha límite para la recepción de ofertas; la dirección a la que deban enviarse y la lengua o lenguas en que deban estar redactadas; los documentos que, en su caso, se deban adjuntar complementariamente; los criterios de adjudicación del contrato que se tendrán en cuenta y su ponderación relativa o, en su caso, el orden decreciente de importancia atribuido a los mismos, si no figurasen en el anuncio de licitación; y el lugar, día y hora de la apertura de proposiciones.

2. La invitación a los candidatos contendrá las indicaciones pertinentes para permitir el acceso por medios electrónicos a los pliegos y demás documentación complementaria.

Cuando, con arreglo a lo dispuesto en el apartado 2 del artículo 138, estuviera permitido dar acceso por medios no electrónicos a los pliegos y demás documentación complementaria, la invitación indicará esta circunstancia y la forma en que la documentación será puesta a disposición de los candidatos. En este caso, si además la citada documentación obrase en poder de una entidad u órgano distinto del que tramita el procedimiento, la invitación precisará también la forma en que puede solicitarse dicha documentación y, en su caso, la fecha límite para ello, así como el importe y las modalidades de pago de la cantidad que, en su caso, haya de abonarse; los servicios competentes remitirán dicha documentación sin demora a los interesados tras la recepción de su solicitud.

Artículo 164. Proposiciones

1. **El plazo general de presentación de proposiciones en los procedimientos restringidos relativos a contratos sujetos a regulación armonizada será el suficiente para la adecuada elaboración de las proposiciones en función del alcance y complejidad del contrato.** En cualquier caso no será inferior a treinta días, contados a partir de la fecha de envío de la invitación escrita.

El plazo general previsto en el párrafo anterior podrá reducirse en los siguientes casos:

a) Si se hubiese enviado el anuncio de información previa, el plazo general podrá reducirse a diez días. Esta reducción del plazo solo será admisible cuando el anuncio de información previa se hubiese enviado cumpliéndose los requisitos que establece la letra a) del apartado 3 del artículo 156.

b) Cuando el plazo general de presentación de proposiciones sea impracticable por tratarse de una situación de urgencia, en los términos descritos en el artículo 119, el órgano de contratación podrá fijar otro plazo que no será inferior a diez días contados desde la fecha del envío de la invitación escrita.

c) Si el órgano de contratación aceptara la presentación de ofertas por medios electrónicos, podrá reducirse el plazo general de presentación de proposiciones en cinco días.

En las concesiones de obras y de servicios solo se podrá reducir el plazo general cuando se dé la circunstancia establecida en la letra c) anterior.

2. En los procedimientos restringidos relativos a contratos no sujetos a regulación armonizada, el plazo para la presentación de proposiciones no será inferior a diez días, contados desde la fecha de envío de la invitación.

Artículo 165. Adjudicación

En la adjudicación del contrato será de aplicación lo previsto en esta Ley para el procedimiento abierto, salvo lo que se refiere a la necesidad de calificar previamente la documentación a que se refiere el artículo 140.

7.4. Procedimiento negociado

Artículo 166. Caracterización y delimitación de la materia objeto de negociación

1. En los procedimientos con negociación la adjudicación recaerá en el licitador justificadamente elegido por el órgano de contratación, tras negociar las condiciones del contrato con uno o varios candidatos.

2. En el pliego de cláusulas administrativas particulares se determinarán los aspectos económicos y técnicos que, en su caso, hayan de ser objeto de negociación con las empresas; la descripción de las necesidades de los órganos de contratación y de las características exigidas para los suministros, las obras o los servicios que hayan de contratarse; el procedimiento que se seguirá para negociar, que en todo momento garantizará la máxima transparencia de la negociación, la publicidad de la misma y la no discriminación entre los licitadores que participen; los elementos de la prestación objeto del contrato que constituyen los requisitos mínimos que han de cumplir todas las ofertas; los criterios de adjudicación.

La información facilitada será lo suficientemente precisa como para que los operadores económicos puedan identificar la naturaleza y el ámbito de la contratación y decidir si solicitan participar en el procedimiento.

3. Los procedimientos con negociación podrán utilizarse en los casos enumerados en los artículos 167 y 168. Salvo que se dieran las circunstancias excepcionales que recoge el artículo 168, los órganos de contratación deberán publicar un anuncio de licitación.

Artículo 167. Supuestos de aplicación del procedimiento de licitación con negociación

Los órganos de contratación podrán adjudicar contratos utilizando el procedimiento de licitación con negociación en los contratos de obras, suministros, servicios, concesión de obras y concesión de servicios cuando se dé alguna de las siguientes situaciones:

a) Cuando para dar satisfacción a las necesidades del órgano de contratación resulte imprescindible que la prestación, tal y como se encuentra disponible en el mercado, sea objeto de un trabajo previo de diseño o de adaptación por parte de los licitadores.

b) Cuando la prestación objeto del contrato incluya un proyecto o soluciones innovadoras.

c) Cuando el contrato no pueda adjudicarse sin negociaciones previas debido a circunstancias específicas vinculadas a la naturaleza, la complejidad o la configuración jurídica o financiera de la prestación que constituya su objeto, o por los riesgos inherentes a la misma.

d) Cuando el órgano de contratación no pueda establecer con la suficiente precisión las especificaciones técnicas por referencia a una norma, evaluación técnica europea, especificación técnica común o referencia técnica, en los términos establecidos en esta Ley.

e) Cuando en los procedimientos abiertos o restringidos seguidos previamente solo se hubieren presentado ofertas irregulares o inaceptables.

   Se considerarán irregulares, en particular, las ofertas que no correspondan a los pliegos de la contratación, que se hayan recibido fuera de plazo, que muestren indicios de colusión o corrupción o que hayan sido consideradas anormalmente bajas por el órgano de contratación. Se considerarán inaceptables, en particular, las ofertas presentadas por licitadores que no posean la cualificación requerida y las ofertas cuyo precio rebase el presupuesto del órgano de contratación tal como se haya determinado y documentado antes del inicio del procedimiento de contratación.

f) Cuando se trate de contratos de servicios sociales personalísimos que tengan por una de sus características determinantes el arraigo de la persona en el entorno de atención social, siempre que el objeto del contrato consista en dotar de continuidad en la atención a las personas que ya eran beneficiarias de dicho servicio.

Artículo 168. Supuestos de aplicación del procedimiento negociado sin publicidad

Los órganos de contratación podrán adjudicar contratos utilizando el procedimiento negociado sin la previa publicación de un anuncio de licitación únicamente en los siguientes casos:

a) En los contratos de obras, suministros, servicios, concesión de obras y concesión de servicios, en los casos en que:

   1. No se haya presentado ninguna oferta; ninguna oferta adecuada; ninguna solicitud de participación; o ninguna solicitud de participación adecuada en respuesta a un procedimiento abierto o a un procedimiento restringido, siempre que las condiciones iniciales del

contrato no se modifiquen sustancialmente, sin que en ningún caso se pueda incrementar el presupuesto base de licitación ni modificar el sistema de retribución, y que se envíe un informe a la Comisión Europea cuando esta así lo solicite.

Se considerará que una oferta no es adecuada cuando no sea pertinente para el contrato, por resultar manifiestamente insuficiente para satisfacer, sin cambios sustanciales, las necesidades y los requisitos del órgano de contratación especificados en los pliegos que rigen la contratación. Se considerará que una solicitud de participación no es adecuada si el empresario de que se trate ha de ser o puede ser excluido en virtud de los motivos establecidos en la presente Ley o no satisface los criterios de selección establecidos por el órgano de contratación.

2. Cuando las obras, los suministros o los servicios solo puedan ser encomendados a un empresario determinado, por alguna de las siguientes razones: que el contrato tenga por objeto la creación o adquisición de una obra de arte o representación artística única no integrante del Patrimonio Histórico Español; que no exista competencia por razones técnicas; o que proceda la protección de derechos exclusivos, incluidos los derechos de propiedad intelectual e industrial.

   La no existencia de competencia por razones técnicas y la protección de derechos exclusivos, incluidos los derechos de propiedad intelectual e industrial solo se aplicarán cuando no exista una alternativa o sustituto razonable y cuando la ausencia de competencia no sea consecuencia de una configuración restrictiva de los requisitos y criterios para adjudicar el contrato.

3. **Cuando el contrato haya sido declarado secreto o reservado**, o cuando su ejecución deba ir acompañada de medidas de seguridad especiales conforme a la legislación vigente, o cuando lo exija la protección de los intereses esenciales de la seguridad del Estado y así se haya declarado de conformidad con lo previsto en la letra c) del apartado 2 del artículo 19.

b) En los contratos de obras, suministros y servicios, en los casos en que:

1. **Una imperiosa urgencia resultante de acontecimientos imprevisibles para el órgano de contratación y no imputables al mismo,** demande una pronta ejecución del contrato que no pueda lograrse mediante la aplicación de la tramitación de urgencia regulada en el artículo 119.

2. Cuando se dé la situación a que se refiere la letra e) del artículo 167, siempre y cuando en la negociación se incluya a todos los licitadores que, en el procedimiento antecedente, hubiesen presenta-

do ofertas conformes con los requisitos formales del procedimiento de contratación, y siempre que las condiciones iniciales del contrato no se modifiquen sustancialmente, sin que en ningún caso se pueda incrementar el precio de licitación ni modificar el sistema de retribución.

c) En los contratos de suministro, además, en los siguientes casos:

1. Cuando los productos se fabriquen exclusivamente para fines de investigación, experimentación, estudio o desarrollo; esta condición no se aplica a la producción en serie destinada a establecer la viabilidad comercial del producto o a recuperar los costes de investigación y desarrollo.
2. Cuando se trate de entregas adicionales efectuadas por el proveedor inicial que constituyan bien una reposición parcial de suministros o instalaciones de uso corriente, o bien una ampliación de los suministros o instalaciones existentes, si el cambio de proveedor obligase al órgano de contratación a adquirir material con características técnicas diferentes, dando lugar a incompatibilidades o a dificultades técnicas de uso y de mantenimiento desproporcionadas. La duración de tales contratos, no podrá, por regla general, ser superior a tres años.
3. Cuando se trate de la adquisición en mercados organizados o bolsas de materias primas de suministros que coticen en los mismos.
4. Cuando se trate de un suministro concertado en condiciones especialmente ventajosas con un proveedor que cese definitivamente en sus actividades comerciales, o con los administradores de un concurso, o a través de un acuerdo judicial o un procedimiento de la misma naturaleza.

d) **En los contratos de servicios**, además, en el supuesto de que el contrato en cuestión **sea la consecuencia de un concurso de proyectos y, con arreglo a las normas aplicables deba adjudicarse al ganador. En caso de que existan varios ganadores, se deberá invitar a todos ellos a participar en las negociaciones.**

Asimismo, cuando se trate de un servicio concertado en condiciones especialmente ventajosas con un proveedor que cese definitivamente en sus actividades comerciales, o con los administradores de un concurso, o a través de un acuerdo judicial o un procedimiento de la misma naturaleza.

e) En los contratos de obras y de servicios, además, cuando las obras o servicios que constituyan su objeto consistan en la repetición de otros similares adjudicados al mismo contratista mediante alguno de los procedimientos de licitación regulados en esta ley previa publicación del correspondiente anuncio de licitación, siempre que se ajusten a un proyecto base que haya sido objeto del contrato inicial adjudicado por dichos procedimientos, que la posibilidad de hacer uso de este procedimiento esté indicada en el anuncio de licitación del contrato inicial, que el importe de las nuevas obras o servicios se haya tenido en cuenta al calcular el valor estimado del contrato inicial, y que no hayan transcurrido más de tres años a partir de la celebración del contrato inicial. En el proyecto base se mencionarán necesariamente el número de posibles obras o servicios adicionales, así como las condiciones en que serán adjudicados estos.

Artículo 169. Tramitación del procedimiento de licitación con negociación

1. Cuando se acuda al procedimiento de licitación con negociación por concurrir las circunstancias previstas en el artículo 167, el órgano de contratación, en todo caso, deberá publicar un anuncio de licitación en la forma prevista en el artículo 135.

2. Serán de aplicación a la tramitación del procedimiento de licitación con negociación, las normas contenidas en el apartado 1 del artículo 160, y en los artículos 161, 162, 163 y 164.1 relativos al procedimiento restringido. No obstante, en caso de que se decida limitar el número de empresas a las que se invitará a negociar, el órgano de contratación y los servicios dependientes de él, en todo caso, deberán asegurarse de que el número mínimo de candidatos invitados será de tres. Cuando el número de candidatos que cumplan con los criterios de selección sea inferior a ese número mínimo, el órgano de contratación podrá continuar el procedimiento con los que reúnen las condiciones exigidas, sin que pueda invitarse a empresarios que no hayan solicitado participar en el mismo, o a candidatos que no posean esas condiciones.

3. Los órganos de contratación podrán articular el procedimiento regulado en el presente artículo en fases sucesivas, a fin de reducir progresivamente el número de ofertas a negociar mediante la aplicación de los criterios de adjudicación señalados en el anuncio de licitación o en el pliego de cláusulas administrativas particulares, indicándose en estos si se va a hacer uso de esta facultad. El número de soluciones que lleguen hasta la fase final deberá ser lo suficientemente amplio como para garantizar una competencia efectiva, siempre que se hayan presentado un número suficiente de soluciones o de candidatos adecuados.

4. Durante la negociación, las mesas de contratación y los órganos de contratación velarán porque todos los licitadores reciban igual trato. En particular no facilitarán, de forma discriminatoria, información que pueda dar ventajas a determinados licitadores con respecto al resto.

Los órganos de contratación informarán por escrito a todos los licitadores cuyas ofertas no hayan sido excluidas, de todo cambio en las especificaciones técnicas u otra documentación de la contratación que no establezca los requisitos mínimos a que se refiere el artículo 166, y les darán plazo suficiente para que presenten una nueva oferta revisada.

5. Los órganos de contratación, en su caso, a través de los servicios técnicos de ellos dependientes, negociarán con los licitadores las ofertas iniciales y todas las ofertas ulteriores presentadas por éstos, excepto las ofertas definitivas a que se refiere el apartado octavo del presente artículo, que estos hayan presentado para mejorar su contenido y para adaptarlas a los requisitos indicados en el pliego de cláusulas administrativas particulares y en el anuncio de licitación, en su caso, y en los posibles documentos complementarios, con el fin de identificar la mejor oferta, de conformidad con lo previsto en el artículo 145.

No se negociarán los requisitos mínimos de la prestación objeto del contrato ni tampoco los criterios de adjudicación.

6. En el expediente deberá dejarse constancia de las invitaciones cursadas, de las ofertas recibidas, de las razones para su aceptación o rechazo y de las ventajas obtenidas en la negociación.

7. En el curso del procedimiento las mesas de contratación y los órganos de contratación cumplirán con su obligación de confidencialidad en los términos establecidos en esta Ley, por lo que no revelarán a los demás participantes los datos designados como confidenciales que les haya comunicado un candidato o licitador sin el previo consentimiento de este. Este consentimiento no podrá tener carácter general, sino que deberá especificar a qué información se refiere.

8. Cuando el órgano de contratación decida concluir las negociaciones, informará a todos los licitadores y establecerá un plazo común para la presentación de ofertas nuevas o revisadas. A continuación, la mesa de contratación verificará que las ofertas definitivas se ajustan a los requisitos mínimos, y que cumplen todos los requisitos establecidos en el pliego; valorará las mismas con arreglo a los criterios de adjudicación; elevará la correspondiente propuesta; y el órgano de contratación procederá a adjudicar el contrato.

Artículo 170. Especialidades en la tramitación del procedimiento negociado sin publicidad

1. Los órganos de contratación únicamente harán uso del procedimiento negociado sin publicación previa de un anuncio de licitación cuando se dé alguna de las situaciones que establece el artículo 168 y lo tramitarán con arreglo a las normas que establece el artículo 169, en todo lo que resulten de aplicación según el número de participantes que concurran en cada caso, a excepción de lo relativo a la publicidad previa.

2. Cuando únicamente participe un candidato, la mesa de contratación, o en su defecto, el órgano de contratación, siempre y cuando sea posible, deberá negociar con él en los términos que se señalan en el apartado 5 del artículo 169.

7.5. Dialogo competitivo

Artículo 172. Caracterización

1. En el diálogo competitivo, la mesa especial de diálogo competitivo dirige un diálogo con los candidatos seleccionados, previa solicitud de los mismos, a fin de desarrollar una o varias soluciones susceptibles de satisfacer sus necesidades y que servirán de base para que los candidatos elegidos presenten una oferta.

2. Cualquier empresa interesada podrá presentar una solicitud de participación en respuesta a un anuncio de licitación, proporcionando la información y documentación para la selección cualitativa que haya solicitado el órgano de contratación.

3. El procedimiento de diálogo competitivo podrá utilizarse en los casos enumerados en el artículo 167 y deberá verse precedido de la publicación de un anuncio de licitación.

4. El órgano de contratación podrá acordar en el documento descriptivo la aplicación de lo dispuesto en los apartados 4 y 5 del artículo 234 a los contratos que se adjudiquen mediante dialogo competitivo.

Artículo 173. Primas o compensaciones

1. Con el objetivo de fomentar la participación de las empresas que puedan ofrecer las soluciones más apropiadas e innovadoras, los órganos de contratación podrán establecer en el documento descriptivo primas o compensaciones para todos o algunos de los participantes en el diálogo.

En el supuesto de que no se reconozcan primas o compensaciones para todos los participantes, estas se reconocerán a los que obtuvieron los primeros puestos en el orden de clasificación de las ofertas. Las cantidades que se fijen deberán ser suficientes para el cumplimiento del objetivo mencionado en el párrafo anterior.

2. En el caso en que se reconozcan primas o compensaciones, en el expediente de contratación se deberá acreditar la cobertura financiera necesaria para hacer frente al pago derivado de las mismas.

3. El pago de las cantidades a las que se refiere el primer apartado de este artículo, se efectuará de conformidad con lo establecido en el artículo 198, contándose los plazos previstos en él a partir del día siguiente a aquel en que se produjo la formalización del contrato.

Artículo 174. Apertura del procedimiento y solicitudes de participación

1. Los órganos de contratación darán a conocer sus necesidades y requisitos en el anuncio de licitación y los definirán en dicho anuncio o en un documento descriptivo, que no podrá ser modificado posteriormente. Al mismo tiempo y en los mismos documentos, los órganos de contratación también darán a conocer y definirán los criterios de adjudicación elegidos y darán un plazo de ejecución aproximado.

2. Serán de aplicación en este procedimiento las normas del procedimiento restringido contenidas en el primer párrafo del apartado 2 del artículo 160; en el artículo 161, excepto el segundo párrafo de su apartado primero; y en los apartados 1, 2, 3 y lo relativo a selección de los solicitantes del apartado 4, todos ellos del artículo 162. No obstante, en caso de que se decida limitar el número de empresas a las que se invitará a dialogar, el órgano de contratación en todo caso deberá asegurase de que el número mínimo de candidatos capacitados para ejecutar el objeto del contrato será de tres.

3. Las invitaciones a tomar parte en el diálogo contendrán una referencia al anuncio de licitación publicado e indicarán la fecha y el lugar de inicio de la fase de consulta, la lengua o lenguas que vayan a utilizarse, los documentos relativos a las condiciones de aptitud que, en su caso, se deban adjuntar, y la ponderación relativa de los criterios de adjudicación del contrato o, en su caso, el orden decreciente de importancia de dichos criterios.

La invitación a los candidatos contendrá las indicaciones pertinentes para permitir el acceso por medios electrónicos al documento descriptivo y demás documentación complementaria.

Cuando, con arreglo a lo dispuesto en el apartado 2 del artículo 138, estuviera permitido dar acceso por medios no electrónicos al documento descriptivo y demás documentación complementaria, la invitación indicará esta circunstancia y la forma en que la documentación será puesta a disposición de los candidatos. En este caso, si además la citada documentación obrase en poder de una entidad u órgano distinto del que tramita el procedimiento, la invitación precisará también la forma en que puede solicitarse dicha documentación y, en su caso, la fecha límite para ello, así como el importe y las modalidades de pago de la cantidad que, en su caso, haya de abonarse; los servicios competentes remitirán dicha documentación sin demora a los interesados tras la recepción de su solicitud.

Artículo 175. Diálogo con los candidatos

1. La mesa especial del diálogo competitivo desarrollará con los candidatos seleccionados un diálogo cuyo fin será determinar y definir los medios adecua-

dos para satisfacer sus necesidades. En el transcurso de este diálogo, podrán debatirse todos los aspectos del contrato con los candidatos seleccionados.

2. Durante el diálogo, la mesa dará un trato igual a todos los licitadores y, en particular, no facilitará, de forma discriminatoria, información que pueda dar ventajas a determinados licitadores con respecto al resto.

La mesa no podrá revelar a los demás participantes las soluciones propuestas por un participante u otros datos confidenciales que este les comunique sin previo consentimiento de este, en los términos establecidos en el apartado 7 del artículo 169.

3. El procedimiento podrá articularse en fases sucesivas, a fin de reducir progresivamente el número de soluciones a examinar durante la fase de diálogo mediante la aplicación de los criterios de adjudicación indicados en el anuncio de licitación o en el documento descriptivo, indicándose en estos si se va a hacer uso de esta posibilidad.

El número de soluciones que se examinen en la fase final deberá ser lo suficientemente amplio como para garantizar una competencia efectiva entre ellas, siempre que se hayan presentado un número suficiente de soluciones o de candidatos adecuados.

4. A petición del licitador que haya sido descartado en la fase de diálogo, la mesa informará lo antes posible y en todo caso dentro de los quince días siguientes al de recepción de la solicitud por escrito de aquel, del desarrollo del diálogo con los licitadores.

5. La mesa proseguirá el diálogo hasta que se encuentre en condiciones de determinar, después de compararlas, si es preciso, la solución o soluciones presentadas por cada uno de los participantes durante la fase de diálogo, que puedan responder a sus necesidades.

Una vez determinada la solución o soluciones que hayan de ser adoptadas para la última fase del proceso de licitación por el órgano de contratación, la mesa propondrá que se declare el fin del diálogo, así como las soluciones a adoptar, siendo invitados a la fase final los participantes que hayan presentado las mejores soluciones.

Tras declarar cerrado el diálogo por el órgano de contratación e informar de ello a todos los participantes, la mesa invitará a los participantes cuyas soluciones hayan sido ya adoptadas a que presenten su oferta definitiva, basada en su solución o soluciones viables especificadas durante la fase de diálogo, indicando la fecha límite, la dirección a la que deba enviarse y la lengua o lenguas en que puedan estar redactadas.

Artículo 176. Presentación, examen de las ofertas y adjudicación

1. Las ofertas deben incluir todos los elementos requeridos y necesarios para la realización del proyecto.

La mesa podrá solicitar precisiones o aclaraciones sobre las ofertas presentadas, ajustes en las mismas o información complementaria relativa a ellas, siempre que ello no suponga una modificación de los elementos fundamentales de la oferta o de la licitación pública, en particular de las necesidades y de los requisitos establecidos en el anuncio de licitación o en el documento descriptivo, cuando implique una variación que pueda falsear la competencia o tener un efecto discriminatorio.

2. La mesa evaluará las ofertas presentadas por los licitadores en función de los criterios de adjudicación establecidos en el anuncio de licitación o en el documento descriptivo y seleccionará la oferta que presente la mejor relación calidad precio de acuerdo con la letra b) del apartado 3 del artículo 145.

3. La mesa podrá llevar a cabo negociaciones con el licitador cuya oferta se considere que presenta la mejor relación calidad-precio de acuerdo con la letra b) del apartado 3 del artículo 145 con el fin de confirmar compromisos financieros u otras condiciones contenidas en la oferta, para lo cual se ultimarán las condiciones del contrato, siempre que con ello no se modifiquen elementos sustanciales de la oferta o de la licitación pública, en particular las necesidades y los requisitos establecidos en el anuncio de licitación o en el documento descriptivo, y no conlleve un riesgo de falseamiento de la competencia ni tenga un efecto discriminatorio.

4. Elevada la propuesta, el órgano de contratación procederá a la adjudicación del contrato.

7.6. Procedimiento de asociación para la innovación

Artículo 177. Caracterización del procedimiento de asociación para la innovación

1. La asociación para la innovación es un procedimiento que tiene como finalidad el desarrollo de productos, servicios u obras innovadores y la compra ulterior de los suministros, servicios u obras resultantes, siempre que correspondan a los niveles de rendimiento y a los costes máximos acordados entre los órganos de contratación y los participantes.

A tal efecto, en los pliegos de cláusulas administrativas particulares, el órgano de contratación determinará cuál es la necesidad de un producto, servicio u obra innovadores que no puede ser satisfecha mediante la adquisición de productos, servicios u obras ya disponibles en el mercado. Indicará asimismo qué elementos de la descripción constituyen los requisitos mínimos que han de cumplir todos los licitadores, y definirá las disposiciones aplicables a los derechos de propiedad intelectual e industrial. La información facilitada será lo suficientemente precisa como para que los empresarios puedan identificar la naturaleza y el ámbito de la solución requerida y decidir si solicitan participar en el procedimiento.

2. El órgano de contratación podrá decidir crear la asociación para la innovación con uno o varios socios que efectúen por separado actividades de investigación y desarrollo.

El socio o socios habrán sido previamente seleccionados en la forma regulada en los artículos 178 y 179 de esta Ley.

3. Los contratos que se adjudiquen por este procedimiento se regirán:

a) En la fase de investigación y desarrollo, por las normas que se establezcan reglamentariamente, así como por las prescripciones contenidas en los correspondientes pliegos, y supletoriamente por las normas del contrato de servicios.
b) En la fase de ejecución de las obras, servicios o suministros derivados de este procedimiento, por las normas correspondientes al contrato relativo a la prestación de que se trate.

Artículo 178. Selección de candidatos

1. En las asociaciones para la innovación, cualquier empresario podrá presentar una solicitud de participación en respuesta a una convocatoria de licitación, proporcionando la información sobre los criterios objetivos de solvencia que haya solicitado el órgano de contratación.

2. El plazo mínimo para la recepción de las solicitudes de participación será de treinta días a partir de la fecha de envío del anuncio de licitación, cuando el contrato esté sujeto a regulación armonizada. En otro caso, dicho plazo no podrá ser inferior a veinte días contados desde la publicación del anuncio de licitación en el perfil de contratante.

3. A los efectos de seleccionar a los candidatos, los órganos de contratación aplicarán, en particular, criterios objetivos de solvencia relativos a la capacidad de los candidatos en los ámbitos de la investigación y del desarrollo, así como en la elaboración y aplicación de soluciones innovadoras.

Solo los empresarios a los que invite el órgano de contratación tras evaluar la información solicitada podrán presentar proyectos de investigación e innovación destinados a responder a las necesidades señaladas por el órgano de contratación que no puedan satisfacerse con las soluciones existentes.

Los órganos de contratación podrán limitar el número de candidatos aptos que hayan de ser invitados a participar en el procedimiento, de conformidad con el artículo 162.2, siendo tres el número mínimo de empresarios a los que se invitará a negociar.

Artículo 179. Negociación y adjudicación de la asociación

1. Concluida la selección de los candidatos, el órgano de contratación les invitará a presentar sus proyectos de investigación e innovación para responder a las necesidades a cubrir.

2. Los contratos se adjudicarán únicamente con arreglo al criterio de la mejor relación calidad-precio, según lo dispuesto en el artículo 145.2.

3. Salvo que se disponga de otro modo, los órganos de contratación negociarán con los candidatos seleccionados las ofertas iniciales y todas las ofertas ulteriores presentadas por estos, excepto la oferta definitiva, con el fin de mejorar su contenido.

No se negociarán los requisitos mínimos ni los criterios de adjudicación.

4. Las negociaciones durante los procedimientos de las asociaciones para la innovación podrán desarrollarse en fases sucesivas, a fin de reducir el número de ofertas que haya que negociar, aplicando los criterios de adjudicación especificados en los pliegos de cláusulas administrativas particulares y recogidos en el anuncio de licitación. El órgano de contratación indicará claramente en el anuncio de licitación y en los pliegos de cláusulas administrativas particulares si va a hacer uso de esta opción.

5. Durante la negociación, los órganos de contratación velarán por que todos los licitadores reciban igual trato. Con ese fin, no facilitarán, de forma discriminatoria, información que pueda dar ventajas a determinados licitadores con respecto a otros. Informarán por escrito a todos los licitadores cuyas ofertas no hayan sido eliminadas de conformidad con el apartado anterior de todo cambio en las especificaciones técnicas u otros documentos de la contratación que no sea la que establece los requisitos mínimos. A raíz de tales cambios, los órganos de contratación darán a los licitadores tiempo suficiente para que puedan modificar y volver a presentar ofertas modificadas, según proceda.

6. Los órganos de contratación no revelarán a los demás participantes los datos confidenciales que les hayan sido comunicados por un candidato o licitador participante en la negociación sin el acuerdo previo de este. Este acuerdo no podrá adoptar la forma de una renuncia general, sino que deberá referirse a la comunicación intencionada de información específica.

8. Normas generales aplicables a los efectos, cumplimiento y ejecución de los contratos. Incumplimiento de los contratos del Sector Público

8.1. Efectos y ejecución de los contratos

Viene recogida en La sección 3ª del Capitulo I del titulo primero del libro Segundo, en el que se recoge"De los efectos , cumplimiento y extinción de los contratos admin istrativos", artículos 188 y siguientes que establecen que: **Artículo 188. Régimen jurídico.**

Los efectos de los contratos administrativos se regirán por las normas a que hace referencia el apartado 2 del artículo 25 y por los pliegos de cláusulas administrativas y de prescripciones técnicas, generales y particulares, o documento descriptivo que sustituya a éstos.

Artículo 189. Vinculación al contenido contractual

Los contratos deberán cumplirse a tenor de sus cláusulas, sin perjuicio de las prerrogativas establecidas por la legislación en favor de las Administraciones Públicas.

Prerrogativas de la Administración Pública en los contratos administrativos

Artículo 190. Enumeración

Dentro de los límites y con sujeción a los requisitos y efectos señalados en la presente Ley, **el órgano de contratación ostenta la prerrogativa de interpretar los contratos administrativos, resolver las dudas que ofrezca su cumplimiento, modificarlos por razones de interés público, declarar la responsabilidad imputable al contratista a raíz de la ejecución del contrato, suspender la ejecución del mismo, acordar su resolución y determinar los efectos de esta.**

Igualmente, el órgano de contratación ostenta las facultades de inspección de las actividades desarrolladas por los contratistas durante la ejecución del contrato, en los términos y con los límites establecidos en la presente Ley para cada tipo de contrato. En ningún caso dichas facultades de inspección podrán implicar un derecho general del órgano de contratación a inspeccionar las instalaciones, oficinas y demás emplazamientos en los que el contratista desarrolle sus actividades, salvo que tales emplazamientos y sus condiciones técnicas sean determinantes para el desarrollo de las prestaciones objeto del contrato. En tal caso, el órgano de contratación deberá justificarlo de forma expresa y detallada en el expediente administrativo.

Artículo 191. Procedimiento de ejercicio

1. En los procedimientos que se instruyan para la adopción de acuerdos relativos a las prerrogativas establecidas en el artículo anterior, **deberá darse audiencia al contratista.**

2. En la Administración General del Estado, sus Organismos Autónomos, Entidades Gestoras y Servicios Comunes de la Seguridad Social y demás Administraciones Públicas integrantes del sector público estatal, los acuerdos a que se refiere el apartado anterior deberán ser adoptados previo informe del Servicio Jurídico correspondiente, salvo en los casos previstos en los artículos 109 y 195.

3. No obstante lo anterior, **será preceptivo el dictamen del Consejo de Estado** u órgano consultivo equivalente de la Comunidad Autónoma respectiva en los casos y respecto de los contratos que se indican a continuación:

a) La interpretación, nulidad y resolución de los contratos, cuando se formule oposición por parte del contratista.

b) Las modificaciones de los contratos cuando no estuvieran previstas en el pliego de cláusulas administrativas particulares y su cuantía, aislada o conjuntamente, sea superior a un 20 por ciento del precio inicial del contrato, IVA excluido, y su precio sea igual o superior a 6.000.000 de euros.

c) Las reclamaciones dirigidas a la Administración con fundamento en la responsabilidad contractual en que esta pudiera haber incurrido, en los casos en que las indemnizaciones reclamadas sean de cuantía igual o superior a 50.000 euros. Esta cuantía se podrá rebajar por la normativa de la correspondiente Comunidad Autónoma.

4. Los acuerdos que adopte el órgano de contratación pondrán fin a la vía administrativa y serán inmediatamente ejecutivos.

Artículo 192. Incumplimiento parcial o cumplimiento defectuoso

1. Los pliegos o el documento descriptivo podrán prever **penalidades para el caso de cumplimiento defectuoso de la prestación objeto del mismo** o para el supuesto de incumplimiento de los compromisos o de las condiciones especiales de ejecución del contrato que se hubiesen establecido conforme al apartado 2 del artículo 76 y al apartado 1 del artículo 202. Estas penalidades deberán ser proporcionales a la gravedad del incumplimiento y las cuantías de cada una de ellas **no podrán ser superiores al 10 por ciento del precio del contrato, IVA excluido, ni el total de las mismas superar el 50 por cien del precio del contrato.**

2. Cuando el contratista, por causas imputables al mismo, hubiere incumplido parcialmente la ejecución de las prestaciones definidas en el contrato, la Admi-

nistración podrá optar, atendidas las circunstancias del caso, por su resolución o por la imposición de las penalidades que, para tales supuestos, se determinen en el pliego de cláusulas administrativas particulares o en el documento descriptivo.

3. Los pliegos reguladores de los acuerdos marco podrán prever las penalidades establecidas en el presente artículo en relación con las obligaciones derivadas del acuerdo marco y de los contratos en él basados.

Artículo 193. Demora en la ejecución

1. **El contratista está obligado a cumplir el contrato dentro del plazo total fijado para la realización** del mismo, así como de los plazos parciales señalados para su ejecución sucesiva.

2. La constitución en mora del contratista no precisará intimación previa por parte de la Administración.

3. Cuando el contratista, por causas imputables al mismo, hubiere incurrido en demora respecto al cumplimiento del plazo total, la Administración podrá optar, atendidas las circunstancias del caso, por la resolución del contrato o por la **imposición de las penalidades diarias en la proporción de 0,60 euros por cada 1.000 euros del precio del contrato, IVA excluido.**

El órgano de contratación podrá acordar la inclusión en el pliego de cláusulas administrativas particulares de unas penalidades distintas a las enumeradas en el párrafo anterior cuando, atendiendo a las especiales características del contrato, se considere necesario para su correcta ejecución y así se justifique en el expediente.

4. Cada vez que las penalidades por demora **alcancen un múltiplo del 5 por 100 del preci**o del contrato, IVA excluido, el órgano de contratación estará facultado para proceder a la resolución del mismo o acordar la continuidad de su ejecución con imposición de nuevas penalidades.

5. La Administración tendrá las mismas facultades a que se refieren los apartados anteriores respecto al incumplimiento por parte del contratista de los plazos parciales, cuando se hubiese previsto en el pliego de cláusulas administrativas particulares o cuando la demora en el cumplimiento de aquellos haga presumir razonablemente la imposibilidad de cumplir el plazo total.

Artículo 194. Daños y perjuicios e imposición de penalidades

1. En los supuestos de incumplimiento parcial o cumplimiento defectuoso o de demora en la ejecución en que no esté prevista penalidad o en que estándolo la misma no cubriera los daños causados a la Administración, esta exigirá al contratista la indemnización por daños y perjuicios.

2. Las penalidades previstas en los dos artículos anteriores se impondrán por acuerdo del órgano de contratación, adoptado a propuesta del responsable del contrato si se hubiese designado, que será inmediatamente ejecutivo, y se harán efectivas mediante deducción de las cantidades que, en concepto de pago total o parcial, deban abonarse al contratista o sobre la garantía que, en su caso, se hubiese constituido, cuando no puedan deducirse de los mencionados pagos.

Artículo 195. Resolución por demora y ampliación del plazo de ejecución de los contratos

1. En el supuesto a que se refiere el artículo 193, si la Administración optase por la resolución esta deberá acordarse por el órgano de contratación o por aquel que tenga atribuida esta competencia en las Comunidades Autónomas, sin otro trámite preceptivo que la audiencia del contratista y, cuando se formule oposición por parte de este, el dictamen del Consejo de Estado u órgano consultivo equivalente de la Comunidad Autónoma respectiva.

2. Si el retraso fuese producido por motivos no imputables al contratista y este ofreciera cumplir sus compromisos si se le amplía el plazo inicial de ejecución, el órgano de contratación se lo concederá dándosele un plazo que será, por lo menos, igual al tiempo perdido, a no ser que el contratista pidiese otro menor. El responsable del contrato emitirá un informe donde se determine si el retraso fue producido por motivos imputables al contratista.

Artículo 196. Indemnización de daños y perjuicios causados a terceros

1. Será obligación del contratista indemnizar todos los daños y perjuicios que se causen a terceros como consecuencia de las operaciones que requiera la ejecución del contrato.

2. Cuando tales daños y perjuicios hayan sido ocasionados como consecuencia inmediata y directa de una orden de la Administración, será esta responsable dentro de los límites señalados en las leyes. También será la Administración responsable de los daños que se causen a terceros como consecuencia de los vicios del proyecto en el contrato de obras, sin perjuicio de la posibilidad de repetir contra el redactor del proyecto de acuerdo con lo establecido en el artículo 315, o en el contrato de suministro de fabricación.

3. Los terceros podrán requerir previamente, dentro del año siguiente a la producción del hecho, al órgano de contratación para que este, oído el contratista, informe sobre a cuál de las partes contratantes corresponde la responsabilidad de los daños. El ejercicio de esta facultad interrumpe el plazo de prescripción de la acción.

4. La reclamación de aquellos se formulará, en todo caso, conforme al procedimiento establecido en la legislación aplicable a cada supuesto.

Artículo 197. Principio de riesgo y ventura

La ejecución del contrato se realizará a riesgo y ventura del contratista, sin perjuicio de lo establecido para el contrato de obras en el artículo 239.

Artículo 198. Pago del precio

1. El contratista tendrá derecho al abono del precio convenido por la prestación realizada en los términos establecidos en esta Ley y en el contrato.

En el supuesto de los contratos basados en un acuerdo marco y de los contratos específicos derivados de un sistema dinámico de contratación, el pago del precio se podrá hacer por el peticionario.

2. El pago del precio podrá hacerse de manera total o parcial, mediante abonos a cuenta o, en el caso de contratos de tracto sucesivo, mediante pago en cada uno de los vencimientos que se hubiesen estipulado.

En los casos en que el importe acumulado de los abonos a cuenta sea igual o superior con motivo del siguiente pago al 90 por ciento del precio del contrato incluidas, en su caso, las modificaciones aprobadas, al expediente de pago que se tramite habrá de acompañarse, cuando resulte preceptiva, la comunicación efectuada a la Intervención correspondiente para su eventual asistencia a la recepción en el ejercicio de sus funciones de comprobación material de la inversión.

3. El contratista tendrá también derecho a percibir abonos a cuenta por el importe de las operaciones preparatorias de la ejecución del contrato y que estén comprendidas en el objeto del mismo, en las condiciones señaladas en los respectivos pliegos, debiéndose asegurar los referidos pagos mediante la prestación de garantía.

4. **La Administración tendrá la obligación de abonar el precio dentro de los treinta días siguientes a la fecha de aprobación de las certificaciones de obra o de los documentos que acrediten la conformidad** con lo dispuesto en el contrato de los bienes entregados o servicios prestados, sin perjuicio de lo establecido en el apartado 4 del artículo 210, y si se demorase, deberá abonar al contratista, a partir del cumplimiento de dicho plazo de treinta días los intereses de demora y la indemnización por los costes de cobro en los términos previstos en la Ley 3/2004, de 29 de diciembre, por la que se establecen medidas de lucha contra la morosidad en las operaciones comerciales. Para que haya lugar al inicio del cómputo de plazo para el devengo de intereses, el contratista deberá haber cumplido la obligación de presentar la factura ante el registro administrativo correspondiente en los términos establecidos en la normativa vigente sobre factura electrónica, en tiempo y forma, en el plazo de treinta días desde la fecha de entrega efectiva de las mercancías o la prestación del servicio.

Sin perjuicio de lo establecido en el apartado 4 del artículo 210 y en el apartado 1 del artículo 243, la Administración deberá aprobar las certificaciones de obra o los documentos que acrediten la conformidad con lo dispuesto en el contrato de los bienes entregados o servicios prestados dentro de los treinta días siguientes a la entrega efectiva de los bienes o prestación del servicio.

En todo caso, si el contratista incumpliera el plazo de treinta días para presentar la factura ante el registro administrativo correspondiente en los términos establecidos en la normativa vigente sobre factura electrónica, el devengo de intereses no se iniciará hasta transcurridos treinta días desde la fecha de la correcta presentación de la factura, sin que la Administración haya aprobado la conformidad, si procede, y efectuado el correspondiente abono.

5. **Si la demora en el pago fuese superior a cuatro meses, el contratista podrá proceder, en su caso, a la suspensión del cumplimiento del contrato,** debiendo comunicar a la Administración, con un mes de antelación, tal circunstancia, a efectos del reconocimiento de los derechos que puedan derivarse de dicha suspensión, en los términos establecidos en esta Ley.

6. **Si la demora de la Administración fuese superior a seis meses, el contratista tendrá derecho, asimismo, a resolver el contrato** y al resarcimiento de los perjuicios que como consecuencia de ello se le originen.

7. Sin perjuicio de lo establecido en las normas tributarias y de la Seguridad Social, los abonos a cuenta que procedan por la ejecución del contrato, solo podrán ser embargados en los siguientes supuestos:

a) Para el pago de los salarios devengados por el personal del contratista en la ejecución del contrato y de las cuotas sociales derivadas de los mismos.

b) Para el pago de las obligaciones contraídas por el contratista con los subcontratistas y suministradores referidas a la ejecución del contrato.

8. Las Comunidades Autónomas podrán reducir los plazos de treinta días, cuatro meses y seis meses establecidos en los apartados 4, 5 y 6 de este artículo.

Artículo 199. Procedimiento para hacer efectivas las deudas de las Administraciones Públicas

Transcurrido el plazo a que se refiere el apartado 4 del artículo 198 de esta Ley, los contratistas podrán reclamar por escrito a la Administración contratante el cumplimiento de la obligación de pago y, en su caso, de los intereses de demora. Si, transcurrido el plazo de un mes, la Administración no hubiera contestado, se entenderá reconocido el vencimiento del plazo de pago y los interesados podrán formular recurso contencioso-administrativo contra la inactividad de la Administración, pudiendo solicitar como medida cautelar el pago inmediato de la deuda. El órgano judicial adoptará la medida cautelar, salvo que la Administración acredite que no concurren las circunstancias que justifican el pago o que la cuantía reclamada no corresponde a la que es exigible, en cuyo caso la medida cautelar se limitará a esta última. La sentencia condenará en costas a la Administración demandada en el caso de estimación total de la pretensión de cobro.

Artículo 200. Transmisión de los derechos de cobro

1. Los contratistas que tengan derecho de cobro frente a la Administración, podrán ceder el mismo conforme a derecho.

2. Para que la cesión del derecho de cobro sea efectiva frente a la Administración, será requisito imprescindible la notificación fehaciente a la misma del acuerdo de cesión.

3. La eficacia de las segundas y sucesivas cesiones de los derechos de cobro cedidos por el contratista quedará condicionada al cumplimiento de lo dispuesto en el número anterior.

4. Una vez que la Administración tenga conocimiento del acuerdo de cesión, el mandamiento de pago habrá de ser expedido a favor del cesionario. Antes de que la cesión se ponga en conocimiento de la Administración, los mandamientos de pago a nombre del contratista o del cedente surtirán efectos liberatorios.

5. Las cesiones anteriores al nacimiento de la relación jurídica de la que deriva el derecho de cobro no producirán efectos frente a la Administración. En todo caso, la Administración podrá oponer frente al cesionario todas las excepciones causales derivadas de la relación contractual.

8.2. Modificación de los contratos

Artículo 203. Potestad de modificación del contrato

1. Sin perjuicio de los supuestos previstos en esta Ley respecto a la sucesión en la persona del contratista, cesión del contrato, revisión de precios y ampliación del plazo de ejecución, l**os contratos administrativos solo podrán ser modificados por razones de interés público en los casos y en la forma previstos en esta Subsección**, y de acuerdo con el procedimiento regulado en el artículo 191, con las particularidades previstas en el artículo 207.

2. Los contratos administrativos celebrados por los órganos de contratación solo podrán modificarse durante su vigencia cuando **se dé alguno de los siguientes supuestos**:

a) Cuando así se haya previsto en el pliego de cláusulas administrativas particulares, en los términos y condiciones establecidos en el artículo 204;

b) Excepcionalmente, cuando sea necesario realizar una modificación que no esté prevista en el pliego de cláusulas administrativas particulares, siempre y cuando se cumplan las condiciones que establece el artículo 205.

En cualesquiera otros supuestos, si fuese necesario que un contrato en vigor se ejecutase en forma distinta a la pactada, deberá procederse a su resolución y a la celebración de otro bajo las condiciones pertinentes, en su caso previa convocatoria y sustanciación de una nueva licitación pública de conformidad con lo establecido en esta Ley, sin perjuicio de lo dispuesto en el apartado 6 del artículo 213 respecto de la obligación del contratista de adoptar medidas que resulten necesarias por razones de seguridad, servicio público o posible ruina.

3. Las modificaciones del contrato deberán formalizarse conforme a lo dispuesto en el artículo 153, y deberán publicarse de acuerdo con lo establecido en los artículos 207 y 63.

Artículo 204. Modificaciones previstas en el pliego de cláusulas administrativas particulares

1. Los contratos de las Administraciones Públicas podrán modificarse durante su vigencia hasta **un máximo del veinte por ciento del precio inicial cuando en los pliegos de cláusulas administrativas particulares se hubiere advertido expresamente de esta posibilidad,** en la forma y con el contenido siguientes:

a) La cláusula de modificación deberá estar formulada de forma clara, precisa e inequívoca.

b) Asimismo, en lo que respecta a su contenido, la cláusula de modificación deberá precisar con el detalle suficiente: su alcance, límites y naturaleza; las condiciones en que podrá hacerse uso de la misma por referencia a circunstancias cuya concurrencia pueda verificarse de forma objetiva; y el procedimiento que haya de seguirse para realizar la modificación. La cláusula de modificación establecerá, asimismo, que la modificación no podrá suponer el establecimiento de nuevos precios unitarios no previstos en el contrato.

La formulación y contenido de la cláusula de modificación deberá ser tal que en todo caso permita a los candidatos y licitadores comprender su alcance exacto e interpretarla de la misma forma y que, por otra parte, permita al órgano de contratación comprobar efectivamente el cumplimiento por parte de los primeros de las condiciones de aptitud exigidas y valorar correctamente las ofertas presentadas por estos.

2. En ningún caso los órganos de contratación podrán prever en el pliego de cláusulas administrativas particulares modificaciones que puedan alterar la naturaleza global del contrato inicial. En todo caso, se entenderá que se altera esta si

se sustituyen las obras, los suministros o los servicios que se van a adquirir por otros diferentes o se modifica el tipo de contrato. No se entenderá que se altera la naturaleza global del contrato cuando se sustituya alguna unidad de obra, suministro o servicio puntual.

Artículo 205. Modificaciones no previstas en el pliego de cláusulas administrativas particulares: prestaciones adicionales, circunstancias imprevisibles y modificaciones no sustanciales

1. **Las modificaciones no previstas en el pliego** de cláusulas administrativas particulares o que, habiendo sido previstas, no se ajusten a lo establecido en el artículo anterior, **solo podrán realizarse cuando la modificación en cuestión cumpla los siguientes requisitos:**

a) Que encuentre su justificación en alguno de los supuestos que se relacionan en el apartado segundo de este artículo.

b) Que se limite a introducir las variaciones estrictamente indispensables para responder a la causa objetiva que la haga necesaria.

2. Los supuestos que eventualmente podrían justificar una modificación no prevista, siempre y cuando esta cumpla todos los requisitos recogidos en el apartado primero de este artículo, son los siguientes:

a) Cuando deviniera necesario añadir obras, suministros o servicios adicionales a los inicialmente contratados, siempre y cuando se den los dos requisitos siguientes:

   1. Que el cambio de contratista no fuera posible por razones de tipo económico o técnico, por ejemplo que obligara al órgano de contratación a adquirir obras, servicios o suministros con características técnicas diferentes a los inicialmente contratados, cuando estas diferencias den lugar a incompatibilidades o a dificultades técnicas de uso o de mantenimiento que resulten desproporcionadas; y, asimismo, que el cambio de contratista generara inconvenientes significativos o un aumento sustancial de costes para el órgano de contratación.

      En ningún caso se considerará un inconveniente significativo la necesidad de celebrar una nueva licitación para permitir el cambio de contratista.

   2. Que la modificación del contrato implique una alteración en su cuantía que no exceda, aislada o conjuntamente con otras modificaciones acordadas conforme a este artículo, del 50 por ciento de su precio inicial, IVA excluido.

b) Cuando la necesidad de modificar un contrato vigente se derive de circunstancias sobrevenidas y que fueran imprevisibles en el momento en que tuvo lugar la licitación del contrato, siempre y cuando se cumplan las tres condiciones siguientes:

   1. Que la necesidad de la modificación se derive de circunstancias que una Administración diligente no hubiera podido prever.
   2. Que la modificación no altere la naturaleza global del contrato.
   3. Que la modificación del contrato implique una alteración en su cuantía que no exceda, aislada o conjuntamente con otras modificaciones acordadas conforme a este artículo, del 50 por ciento de su precio inicial, IVA excluido.

c) Cuando las modificaciones no sean sustanciales. En este caso se tendrá que justificar especialmente la necesidad de las mismas, indicando las razones por las que esas prestaciones no se incluyeron en el contrato inicial.

   Una modificación de un contrato se considerará sustancial cuando tenga como resultado un contrato de naturaleza materialmente diferente al celebrado en un principio. En cualquier caso, una modificación se considerará sustancial cuando se cumpla una o varias de las condiciones siguientes:

   1. Que la modificación introduzca condiciones que, de haber figurado en el procedimiento de contratación inicial, habrían permitido la selección de candidatos distintos de los seleccionados inicialmente o la aceptación de una oferta distinta a la aceptada inicialmente o habrían atraído a más participantes en el procedimiento de contratación.

      En todo caso se considerará que se da el supuesto previsto en el párrafo anterior cuando la obra o el servicio resultantes del proyecto original o del pliego, respectivamente, más la modificación que se pretenda, requieran de una clasificación del contratista diferente a la que, en su caso, se exigió en el procedimiento de licitación original.

   2. Que la modificación altere el equilibrio económico del contrato en beneficio del contratista de una manera que no estaba prevista en el contrato inicial.

      En todo caso se considerará que se da el supuesto previsto en el párrafo anterior cuando, como consecuencia de la modificación que se pretenda realizar, se introducirían unidades de obra nuevas cuyo importe representaría más del 50 por ciento del presupuesto inicial del contrato.

   3. Que la modificación amplíe de forma importante el ámbito del contrato.

En todo caso se considerará que se da el supuesto previsto en el párrafo anterior cuando:

- El valor de la modificación suponga una alteración en la cuantía del contrato que exceda, aislada o conjuntamente, del 15 por ciento del precio inicial del mismo, IVA excluido, si se trata del contrato de obras o de un 10 por ciento, IVA excluido, cuando se refiera a los demás contratos, o bien que supere el umbral que en función del tipo de contrato resulte de aplicación de entre los señalados en los artículos 20 a 23.
- Las obras, servicios o suministros objeto de modificación se hallen dentro del ámbito de otro contrato, actual o futuro, siempre que se haya iniciado la tramitación del expediente de contratación.

Artículo 206. Obligatoriedad de las modificaciones del contrato

1. En los supuestos de modificación del contrato recogidas en el artículo 205, las modificaciones acordadas por el órgano de contratación serán obligatorias para los contratistas cuando impliquen, aislada o conjuntamente, una alteración en su cuantía que no exceda del 20 por ciento del precio inicial del contrato, IVA excluido.

2. Cuando de acuerdo con lo dispuesto en el apartado anterior la modificación no resulte obligatoria para el contratista, la misma solo será acordada por el órgano de contratación previa conformidad por escrito del mismo, resolviéndose el contrato, en caso contrario, de conformidad con lo establecido en la letra g) del apartado 1 del artículo 211.

8.3. Suspensión y extinción de los contratos

Artículo 208. Suspensión de los contratos

1. Si la Administración acordase la suspensión del contrato o aquella tuviere lugar por la aplicación de lo dispuesto en el artículo 198.5, se extenderá un acta, de oficio o a solicitud del contratista, en la que se consignarán las circunstancias que la han motivado y la situación de hecho en la ejecución de aquel.

2. Acordada la suspensión, la Administración abonará al contratista los daños y perjuicios efectivamente sufridos por este con sujeción a las siguientes reglas:

a) Salvo que el pliego que rija el contrato establezca otra cosa, dicho abono solo comprenderá, siempre que en los puntos 1.º a 4.º se acredite fehacientemente su realidad, efectividad e importe, los siguientes conceptos:

   1. Gastos por mantenimiento de la garantía definitiva.

2. Indemnizaciones por extinción o suspensión de los contratos de trabajo que el contratista tuviera concertados para la ejecución del contrato al tiempo de iniciarse la suspensión.
3. Gastos salariales del personal que necesariamente deba quedar adscrito al contrato durante el período de suspensión.
4. Alquileres o costes de mantenimiento de maquinaria, instalaciones y equipos siempre que el contratista acredite que estos medios no pudieron ser empleados para otros fines distintos de la ejecución del contrato suspendido.
5. Un 3 por 100 del precio de las prestaciones que debiera haber ejecutado el contratista durante el período de suspensión, conforme a lo previsto en el programa de trabajo o en el propio contrato.
6. Los gastos correspondientes a las pólizas de seguro suscritas por el contratista previstos en el pliego de cláusulas administrativas vinculados al objeto del contrato.

b) Solo se indemnizarán los períodos de suspensión que estuvieran documentados en la correspondiente acta. El contratista podrá pedir que se extienda dicha acta. Si la Administración no responde a esta solicitud se entenderá, salvo prueba en contrario, que se ha iniciado la suspensión en la fecha señalada por el contratista en su solicitud.

c) El derecho a reclamar prescribe en un año contado desde que el contratista reciba la orden de reanudar la ejecución del contrato.

Artículo 209. Extinción de los contratos

Los contratos se extinguirán por su cumplimiento o por resolución, acordada de acuerdo con lo regulado en esta Subsección 5.ª

Artículo 210. Cumplimiento de los contratos y recepción de la prestación

1. El contrato se entenderá cumplido por el contratista cuando este haya realizado, de acuerdo con los términos del mismo y a satisfacción de la Administración, la totalidad de la prestación.

2. En todo caso, su constatación exigirá por parte de la Administración un acto formal y positivo de recepción o conformidad dentro del mes siguiente a la entrega o realización del objeto del contrato, o en el plazo que se determine en el pliego de cláusulas administrativas particulares por razón de sus características. A la Intervención de la Administración correspondiente le será comunicado, cuando ello sea preceptivo, la fecha y lugar del acto, para su eventual asistencia en ejercicio de sus funciones de comprobación de la inversión.

3. En los contratos se fijará un plazo de garantía a contar de la fecha de recepción o conformidad, transcurrido el cual sin objeciones por parte de la Administración, salvo los supuestos en que se establezca otro plazo en esta Ley o en otras normas, quedará extinguida la responsabilidad del contratista. Se exceptúan del plazo de garantía aquellos contratos en que por su naturaleza o características no resulte necesario, lo que deberá justificarse debidamente en el expediente de contratación, consignándolo expresamente en el pliego.

4. Excepto en los contratos de obras, que se regirán por lo dispuesto en el artículo 243, dentro del plazo de treinta días a contar desde la fecha del acta de recepción o conformidad, deberá acordarse en su caso y cuando la naturaleza del contrato lo exija, y ser notificada al contratista la liquidación correspondiente del contrato, y abonársele, en su caso, el saldo resultante. No obstante, si la Administración Pública recibe la factura con posterioridad a la fecha en que tiene lugar dicha recepción, el plazo de treinta días se contará desde su correcta presentación por el contratista en el registro correspondiente en los términos establecidos en la normativa vigente en materia de factura electrónica. Si se produjera demora en el pago del saldo de liquidación, el contratista tendrá derecho a percibir los intereses de demora y la indemnización por los costes de cobro en los términos previstos en la Ley 3/2004, de 29 de diciembre, por la que se establecen medidas de lucha contra la morosidad en las operaciones comerciales.

Artículo 211. Causas de resolución

1. Son causas de resolución del contrato:

a) La muerte o incapacidad sobrevenida del contratista individual o la extinción de la personalidad jurídica de la sociedad contratista, sin perjuicio de lo previsto en el artículo 98 relativo a la sucesión del contratista.

b) La declaración de concurso o la declaración de insolvencia en cualquier otro procedimiento.

c) El mutuo acuerdo entre la Administración y el contratista.

d) La demora en el cumplimiento de los plazos por parte del contratista.

   En todo caso el retraso injustificado sobre el plan de trabajos establecido en el pliego o en el contrato, en cualquier actividad, por un plazo superior a un tercio del plazo de duración inicial del contrato, incluidas las posibles prórrogas.

e) La demora en el pago por parte de la Administración por plazo superior al establecido en el apartado 6 del artículo 198 o el inferior que se hubiese fijado al amparo de su apartado 8.

f) El incumplimiento de la obligación principal del contrato.

Serán, asimismo causas de resolución del contrato, el incumplimiento de las restantes obligaciones esenciales siempre que estas últimas hubiesen sido calificadas como tales en los pliegos o en el correspondiente documento descriptivo, cuando concurran los dos requisitos siguientes:

1. Que las mismas respeten los límites que el apartado 1 del artículo 34 establece para la libertad de pactos.
2. Que figuren enumeradas de manera precisa, clara e inequívoca en los pliegos o en el documento descriptivo, no siendo admisibles cláusulas de tipo general.

g) La imposibilidad de ejecutar la prestación en los términos inicialmente pactados, cuando no sea posible modificar el contrato conforme a los artículos 204 y 205; o cuando dándose las circunstancias establecidas en el artículo 205, las modificaciones impliquen, aislada o conjuntamente, alteraciones del precio del mismo, en cuantía superior, en más o en menos, al 20 por ciento del precio inicial del contrato, con exclusión del Impuesto sobre el Valor Añadido.

h) Las que se señalen específicamente para cada categoría de contrato en esta Ley.

i) El impago, durante la ejecución del contrato, de los salarios por parte del contratista a los trabajadores que estuvieran participando en la misma, o el incumplimiento de las condiciones establecidas en los Convenios colectivos en vigor para estos trabajadores también durante la ejecución del contrato.

2. En los casos en que concurran diversas causas de resolución del contrato con diferentes efectos en cuanto a las consecuencias económicas de la extinción, deberá atenderse a la que haya aparecido con prioridad en el tiempo.

Artículo 212. Aplicación de las causas de resolución

1. La resolución del contrato se acordará por el órgano de contratación, de oficio o a instancia del contratista, en su caso, siguiendo el procedimiento que en las normas de desarrollo de esta Ley se establezca.

No obstante lo anterior, la resolución del contrato por la causa a que se refiere la letra i) del artículo 211.1 solo se acordará, con carácter general, a instancia de los representantes de los trabajadores en la empresa contratista; excepto cuando los trabajadores afectados por el impago de salarios sean trabajadores en los que procediera la subrogación de conformidad con el artículo 130 y el importe de los salarios adeudados por la empresa contratista supere el 5 por ciento del precio de adjudicación del contrato, en cuyo caso la resolución podrá ser acordada directamente por el órgano de contratación de oficio.

2. La declaración de insolvencia en cualquier procedimiento y las modificaciones del contrato en los casos en que no se den las circunstancias establecidas en los artículos 204 y 205, darán siempre lugar a la resolución del contrato.

Serán potestativas para la Administración y para el contratista las restantes modificaciones no previstas en el contrato cuando impliquen, aislada o conjuntamente, una alteración en cuantía que exceda del 20 por ciento del precio inicial del contrato, IVA excluido.

En los restantes casos, la resolución podrá instarse por aquella parte a la que no le sea imputable la circunstancia que diera lugar a la misma.

3. Cuando la causa de resolución sea la muerte o incapacidad sobrevenida del contratista individual la Administración podrá acordar la continuación del contrato con sus herederos o sucesores.

4. La resolución por mutuo acuerdo solo podrá tener lugar cuando no concurra otra causa de resolución que sea imputable al contratista, y siempre que razones de interés público hagan innecesaria o inconveniente la permanencia del contrato.

5. En caso de declaración en concurso la Administración potestativamente continuará el contrato si razones de interés público así lo aconsejan, siempre y cuando el contratista prestare las garantías adicionales suficientes para su ejecución.

En todo caso se entenderá que son garantías suficientes:

a) Una garantía complementaria de al menos un 5 por 100 del precio del contrato, que deberá prestarse en cualquiera de las formas contempladas en el artículo 108.
b) El depósito de una cantidad en concepto de fianza, que se realizará de conformidad con lo establecido en el artículo 108.1, letra a), y que quedará constituida como cláusula penal para el caso de incumplimiento por parte del contratista.

6. En el supuesto de demora a que se refiere la letra d) del apartado primero del artículo anterior, si las penalidades a que diere lugar la demora en el cumplimiento del plazo alcanzasen un múltiplo del 5 por ciento del precio del contrato, IVA excluido, se estará a lo dispuesto en el apartado 4 del artículo 193.

7. El incumplimiento de las obligaciones derivadas del contrato por parte de la Administración originará la resolución de aquel solo en los casos previstos en esta Ley.

8. Los expedientes de resolución contractual deberán ser instruidos y resueltos en el plazo máximo de ocho meses.

Artículo 213. Efectos de la resolución

1. Cuando la resolución se produzca por mutuo acuerdo, los derechos de las partes se acomodarán a lo válidamente estipulado por ellas.

2. El incumplimiento por parte de la Administración de las obligaciones del contrato determinará para aquella, con carácter general, el pago de los daños y perjuicios que por tal causa se irroguen al contratista.

3. Cuando el contrato se resuelva por incumplimiento culpable del contratista le será incautada la garantía y deberá, además, indemnizar a la Administración los daños y perjuicios ocasionados en lo que excedan del importe de la garantía incautada.

4. Cuando la resolución se acuerde por las causas recogidas en la letra g) del artículo 211, el contratista tendrá derecho a una indemnización del 3 por ciento del importe de la prestación dejada de realizar, salvo que la causa sea imputable al contratista o este rechace la modificación contractual propuesta por la Administración al amparo del artículo 205.

5. En todo caso el acuerdo de resolución contendrá pronunciamiento expreso acerca de la procedencia o no de la pérdida, devolución o cancelación de la garantía que, en su caso, hubiese sido constituida.

6. Al tiempo de incoarse el expediente administrativo de resolución del contrato por las causas establecidas en las letras b), d), f) y g) del apartado 1 del artículo 211, podrá iniciarse el procedimiento para la adjudicación del nuevo contrato, si bien la adjudicación de este quedará condicionada a la terminación del expediente de resolución. Se aplicará la tramitación de urgencia a ambos procedimientos.

Hasta que se formalice el nuevo contrato, el contratista quedará obligado, en la forma y con el alcance que determine el órgano de contratación, a adoptar las medidas necesarias por razones de seguridad, o indispensables para evitar un grave trastorno al servicio público o la ruina de lo construido o fabricado. A falta de acuerdo, la retribución del contratista se fijará a instancia de este por el órgano de contratación, una vez concluidos los trabajos y tomando como referencia los precios que sirvieron de base para la celebración del contrato. El contratista podrá impugnar esta decisión ante el órgano de contratación que deberá resolver lo que proceda en el plazo de quince días hábiles.

Cuando el contratista no pueda garantizar las medidas indispensables establecidas en el párrafo anterior, la Administración podrá intervenir garantizando la realización de dichas medidas bien con sus propios medios, bien a través de un contrato con un tercero.

8.4. Cesión de los contratos y subcontratación

Artículo 214. Cesión de los contratos

1. Al margen de los supuestos de sucesión del contratista del artículo 98 y sin perjuicio de la subrogación que pudiera producirse a favor del acreedor hipotecario conforme al artículo 274.2 o del adjudicatario en el procedimiento de ejecución hipotecaria en virtud del artículo 275, **la modificación subjetiva de los contratos solamente será posible por cesión contractual, cuando obedezca a una opción inequívoca de los pliegos, dentro de los límites establecidos en el párrafo siguiente**.

A tales efectos, los pliegos establecerán necesariamente que los derechos y obligaciones dimanantes del contrato podrán ser cedidos por el contratista a un tercero siempre que las cualidades técnicas o personales del cedente no hayan sido razón determinante de la adjudicación del contrato, y de la cesión no resulte una restricción efectiva de la competencia en el mercado. Sin perjuicio de lo establecido en el apartado 2, letra b), no podrá autorizarse la cesión a un tercero cuando esta suponga una alteración sustancial de las características del contratista si estas constituyen un elemento esencial del contrato.

Cuando los pliegos prevean que los licitadores que resulten adjudicatarios constituyan una sociedad específicamente para la ejecución del contrato, establecerán la posibilidad de cesión de las participaciones de esa sociedad; así como el supuesto en que, por implicar un cambio de control sobre el contratista, esa cesión de participaciones deba ser equiparada a una cesión contractual a los efectos de su autorización de acuerdo con lo previsto en el presente artículo. Los pliegos podrán prever mecanismos de control de la cesión de participaciones que no impliquen un cambio de control en supuestos que estén suficientemente justificados.

2. Para que los contratistas puedan ceder sus derechos y obligaciones a terceros, los pliegos deberán contemplar, como mínimo, **la exigencia de los siguientes requisitos**:

a) Que el órgano de contratación autorice, de forma previa y expresa, la cesión. Dicha autorización se otorgará siempre que se den los requisitos previstos en las letras siguientes. El plazo para la notificación de la resolución sobre la solicitud de autorización será de dos meses, trascurrido el cual deberá entenderse otorgada por silencio administrativo.

b) Que el cedente tenga ejecutado al menos un 20 por 100 del importe del contrato o, cuando se trate de un contrato de concesión de obras o concesión de servicios, que haya efectuado su explotación durante al menos una quinta parte del plazo de duración del contrato. No será de aplicación este requisito si la cesión se produce encontrándose el contratista en concurso aunque se haya abierto la fase de liquidación, o ha puesto en conocimiento del juzgado competente para la declaración del concurso que ha iniciado negociaciones para alcanzar un acuerdo de refinanciación, o para obtener adhesiones a una propuesta anticipada de convenio, en los términos previstos en la legislación concursal.

No obstante lo anterior, el acreedor pignoraticio o el acreedor hipotecario podrá solicitar la cesión en aquellos supuestos en que los contratos de concesión de obras y de concesión de servicios los pliegos prevean, mediante cláusulas claras e inequívocas, la posibilidad de subrogación de un tercero en todos los derechos y obligaciones del concesionario en caso de concurrencia de algún indicio claro y predeterminado de la inviabilidad, presente o futura, de la concesión, con la finalidad de evitar su resolución anticipada.

c) Que el cesionario tenga capacidad para contratar con la Administración y la solvencia que resulte exigible en función de la fase de ejecución del contrato, debiendo estar debidamente clasificado si tal requisito ha sido exigido al cedente, y no estar incurso en una causa de prohibición de contratar.

d) Que la cesión se formalice, entre el adjudicatario y el cesionario, en escritura pública.

3. El cesionario quedará subrogado en todos los derechos y obligaciones que corresponderían al cedente.

Artículo 215. Subcontratación

1. El contratista podrá concertar con terceros la realización parcial de la prestación con sujeción a lo que dispongan los pliegos, salvo que conforme a lo establecido en las letras d) y e) del apartado 2.º de este artículo, la prestación o parte de la misma haya de ser ejecutada directamente por el primero.

En ningún caso la limitación de la subcontratación podrá suponer que se produzca una restricción efectiva de la competencia, sin perjuicio de lo establecido en la presente Ley respecto a los contratos de carácter secreto o reservado, o aquellos cuya ejecución deba ir acompañada de medidas de seguridad especiales de acuerdo con disposiciones legales o reglamentarias o cuando lo exija la protección de los intereses esenciales de la seguridad del Estado.

2. La celebración de los subcontratos estará sometida al cumplimiento de los siguientes requisitos:

a) Si así se prevé en los pliegos, los licitadores deberán indicar en la oferta la parte del contrato que tengan previsto subcontratar, señalando su importe, y el nombre o el perfil empresarial, definido por referencia a las condiciones de solvencia profesional o técnica, de los subcontratistas a los que se vaya a encomendar su realización.

b) En todo caso, el contratista deberá comunicar por escrito, tras la adjudicación del contrato y, a más tardar, cuando inicie la ejecución de este, al órgano de contratación la intención de celebrar los subcontratos, señalando la parte de la prestación que se pretende subcontratar y la identidad, datos de contacto y representante o representantes legales del subcontratista, y justificando suficientemente la aptitud de este para ejecutarla por referencia a los elementos técnicos y humanos de que dispone y a su experiencia, y acreditando que el mismo no se encuentra incurso en prohibición de contratar de acuerdo con el artículo 71.

   El contratista principal deberá notificar por escrito al órgano de contratación cualquier modificación que sufra esta información durante la ejecución del contrato principal, y toda la información necesaria sobre los nuevos subcontratistas.

   En el caso que el subcontratista tuviera la clasificación adecuada para realizar la parte del contrato objeto de la subcontratación, la comunicación de esta circunstancia será suficiente para acreditar la aptitud del mismo.

   La acreditación de la aptitud del subcontratista podrá realizarse inmediatamente después de la celebración del subcontrato si esta es necesaria para atender a una situación de emergencia o que exija la adopción de medidas urgentes y así se justifica suficientemente.

c) Si los pliegos hubiesen impuesto a los licitadores la obligación de comunicar las circunstancias señaladas en la letra a) del presente apartado, los subcontratos que no se ajusten a lo indicado en la oferta, por celebrarse con empresarios distintos de los indicados nominativamente en la misma o por referirse a partes de la prestación diferentes a las señaladas en ella, no podrán celebrarse hasta que transcurran veinte días desde que se hubiese cursado la notificación y aportado las justificaciones a que se refiere la letra b) de este apartado, salvo que con anterioridad hubiesen sido autorizados expresamente, siempre que la Administración no hubiese notificado dentro de este plazo su oposición a los mismos. Este régimen será igualmente aplicable si los subcontratistas hubiesen sido identificados en la oferta mediante la descripción de su perfil profesional.

   Bajo la responsabilidad del contratista, los subcontratos podrán concluirse sin necesidad de dejar transcurrir el plazo de veinte días si su celebración es necesaria para atender a una situación de emergencia o que exija la adopción de medidas urgentes y así se justifica suficientemente.

d) En los contratos de carácter secreto o reservado, o en aquellos cuya ejecución deba ir acompañada de medidas de seguridad especiales de acuerdo con disposiciones legales o reglamentarias o cuando lo exija la protección de los intereses esenciales de la seguridad del Estado, la subcontratación requerirá siempre autorización expresa del órgano de contratación.

e) De conformidad con lo establecido en el apartado 4 del artículo 75, en los contratos de obras, los contratos de servicios o los servicios o trabajos de colocación o instalación en el contexto de un contrato de suministro, los órganos de contratación podrán establecer en los pliegos que determinadas tareas críticas no puedan ser objeto de subcontratación, debiendo ser estas ejecutadas directamente por el contratista principal. La determinación de las tareas críticas deberá ser objeto de justificación en el expediente de contratación.

3. La infracción de las condiciones establecidas en el apartado anterior para proceder a la subcontratación, así como la falta de acreditación de la aptitud del subcontratista o de las circunstancias determinantes de la situación de emergencia o de las que hacen urgente la subcontratación, tendrá, entre otras previstas en esta Ley, y en función de la repercusión en la ejecución del contrato, alguna de las siguientes consecuencias, cuando así se hubiera previsto en los pliegos:

a) La imposición al contratista de una penalidad de hasta un 50 por 100 del importe del subcontrato.

b) La resolución del contrato, siempre y cuando se cumplan los requisitos establecidos en el segundo párrafo de la letra f) del apartado 1 del artículo 211.

4. Los subcontratistas quedarán obligados solo ante el contratista principal que asumirá, por tanto, la total responsabilidad de la ejecución del contrato frente a la Administración, con arreglo estricto a los pliegos de cláusulas administrativas particulares o documento descriptivo, y a los términos del contrato, incluido el cumplimiento de las obligaciones en materia medioambiental, social o laboral a que se refiere el artículo 201.

El conocimiento que tenga la Administración de los subcontratos celebrados en virtud de las comunicaciones a que se refieren las letras b) y c) del apartado 2 de este artículo, o la autorización que otorgue en el supuesto previsto en la letra d) de dicho apartado, no alterarán la responsabilidad exclusiva del contratista principal.

5. En ningún caso podrá concertarse por el contratista la ejecución parcial del contrato con personas inhabilitadas para contratar de acuerdo con el ordenamiento jurídico o comprendidas en alguno de los supuestos del artículo 71.

6. El contratista deberá informar a los representantes de los trabajadores de la subcontratación, de acuerdo con la legislación laboral.

7. Los subcontratos y los contratos de suministro a que se refieren los artículos 215 a 217 tendrán en todo caso naturaleza privada.

8. Sin perjuicio de lo establecido en la disposición adicional quincuagésima primera los subcontratistas no tendrán acción directa frente a la Administración contratante por las obligaciones contraídas con ellos por el contratista como consecuencia de la ejecución del contrato principal y de los subcontratos.

Artículo 216. Pagos a subcontratistas y suministradores

1. El contratista está obligado a abonar a los subcontratistas o suministradores el precio pactado en los plazos y condiciones que se indican a continuación.

2. Los plazos fijados no podrán ser más desfavorables que los previstos en la Ley 3/2004, de 29 de diciembre, por la que se establecen medidas de lucha contra la morosidad en las operaciones comerciales, y se computarán desde la fecha en que tiene lugar la aceptación o verificación de los bienes o servicios por el contratista principal, siempre que el subcontratista o el suministrador hayan entregado la factura en los plazos legalmente establecidos.

3. La aceptación deberá efectuarse en un plazo máximo de treinta días desde la entrega de los bienes o la prestación del servicio. Dentro del mismo plazo deberán formularse, en su caso, los motivos de disconformidad a la misma. En el caso de que no se realizase en dicho plazo, se entenderá que se han aceptado los bienes o verificado de conformidad la prestación de los servicios.

4. El contratista deberá abonar las facturas en el plazo fijado de conformidad con lo previsto en el apartado 2. En caso de demora en el pago, el subcontratista o el suministrador tendrá derecho al cobro de los intereses de demora y la indemnización por los costes de cobro en los términos previstos en la Ley 3/2004, de 29 de diciembre, por la que se establecen medidas de lucha contra la morosidad en las operaciones comerciales.

5. Sin perjuicio de lo dispuesto en el art. 69 bis del Reglamento del Impuesto sobre el Valor Añadido, aprobado por Real Decreto 1624/1992, de 29 de diciembre, sobre la remisión electrónica de los registros de facturación, los subcontratistas que se encuentren en los supuestos establecidos en el apartado 1 del artículo 4 de la Ley 25/2013, de 27 de diciembre, de impulso a la factura electrónica y creación del registro contable de facturas del sector público, deberán utilizar en su relación con el contratista principal la factura electrónica, cuando el importe de la misma supere los 5.000 euros, que deberán presentar al contratista principal a través del Registro a que se refiere el apartado 3 de la disposición adicional trigésima segunda, a partir de la fecha prevista en dicha disposición.

En supuestos distintos de los anteriores, será facultativo para los subcontratistas la utilización de la factura electrónica y su presentación en el Registro referido en el apartado 3 de la disposición adicional trigésima segunda.

La cuantía de 5.000 euros se podrá modificar mediante Orden del Ministro de Hacienda y Función Pública.

6. Los subcontratistas no podrán renunciar válidamente, antes o después de su adquisición, a los derechos que tengan reconocidos por este artículo, sin que sea de aplicación a este respecto el artículo 1110 del Código Civil.

9. La revisión de precios y otras alteraciones contractuales

Artículo 103. Procedencia y límites

1. Los precios de los contratos del sector público solo podrán ser objeto de revisión periódica y predeterminada en los términos establecidos en este Capítulo.

Salvo en los contratos no sujetos a regulación armonizada a los que se refiere el apartado 2 del artículo 19, no cabrá la revisión periódica no predeterminada o no periódica de los precios de los contratos.

Se entenderá por precio cualquier retribución o contraprestación económica del contrato, bien sean abonadas por la Administración o por los usuarios.

2. Previa justificación en el expediente y de conformidad con lo previsto en el Real Decreto al que se refieren los artículos 4 y 5 de la Ley 2/2015, de 30 de marzo, de desindexación de la economía española, la revisión periódica y predeterminada de precios solo se podrá llevar a cabo en los contratos de obra, en los contratos de suministros de fabricación de armamento y equipamiento de las Administraciones Públicas, en los contratos de suministro de energía y en aquellos otros contratos en los que el período de recuperación de la inversión sea igual o superior a cinco años. Dicho período se calculará conforme a lo dispuesto en el Real Decreto anteriormente citado.

No se considerarán revisables en ningún caso los costes asociados a las amortizaciones, los costes financieros, los gastos generales o de estructura ni el beneficio industrial. Los costes de mano de obra de los contratos distintos de los de obra, suministro de fabricación de armamento y equipamiento de las Administraciones Públicas, se revisarán cuando el período de recuperación de la inversión sea igual o superior a cinco años y la intensidad en el uso del factor trabajo sea considerada significativa, de acuerdo con los supuestos y límites establecidos en el Real Decreto.

3. En los supuestos en que proceda, el órgano de contratación podrá establecer el derecho a revisión periódica y predeterminada de precios y fijará la fórmula

de revisión que deba aplicarse, atendiendo a la naturaleza de cada contrato y la estructura y evolución de los costes de las prestaciones del mismo.

4. El pliego de cláusulas administrativas particulares deberá detallar, en tales casos, la fórmula de revisión aplicable, que será invariable durante la vigencia del contrato y determinará la revisión de precios en cada fecha respecto a la fecha de formalización del contrato, siempre que la formalización se produzca en el plazo de tres meses desde la finalización del plazo de presentación de ofertas, o respecto a la fecha en que termine dicho plazo de tres meses si la formalización se produce con posterioridad.

5. Salvo en los contratos de suministro de energía, cuando proceda, la revisión periódica y predeterminada de precios en los contratos del sector público tendrá lugar, en los términos establecidos en este Capítulo, cuando el contrato se hubiese ejecutado, al menos, en el 20 por ciento de su importe y hubiesen transcurrido dos años desde su formalización. En consecuencia, el primer 20 por ciento ejecutado y los dos primeros años transcurridos desde la formalización quedarán excluidos de la revisión.

No obstante, la condición relativa al porcentaje de ejecución del contrato no será exigible a efectos de proceder a la revisión periódica y predeterminada en los contratos de concesión de servicios.

6. El Consejo de Ministros podrá aprobar, previo informe de la Junta Consultiva de Contratación Pública del Estado y de la Comisión Delegada del Gobierno para Asuntos Económicos, fórmulas tipo de revisión periódica y predeterminada para los contratos previstos en el apartado 2.

A propuesta de la Administración Pública competente de la contratación, el Comité Superior de Precios de Contratos del Estado determinará aquellas actividades donde resulte conveniente contar con una fórmula tipo, elaborará las fórmulas y las remitirá para su aprobación al Consejo de Ministros.

Cuando para un determinado tipo de contrato, se hayan aprobado, por el procedimiento descrito, fórmulas tipo, el órgano de contratación no podrá incluir otra fórmula de revisión diferente a esta en los pliegos y contrato.

7. Las fórmulas tipo que se establezcan con sujeción a los principios y metodologías contenidos en el Real Decreto referido en el apartado 2 de la presente disposición reflejarán la ponderación en el precio del contrato de los componentes básicos de costes relativos al proceso de generación de las prestaciones objeto del mismo.

8. El Instituto Nacional de Estadística elaborará los índices mensuales de los precios de los componentes básicos de costes incluidos en las fórmulas tipo de revisión de precios de los contratos, los cuales serán aprobados por Orden del

Ministro de Hacienda y Función Pública, previo informe del Comité Superior de Precios de Contratos del Estado.

Los índices reflejarán, al alza o a la baja, las variaciones reales de los precios de la energía y materiales básicos observadas en el mercado y podrán ser únicos para todo el territorio nacional o particularizarse por zonas geográficas.

Reglamentariamente se establecerá la relación de componentes básicos de costes a incluir en las fórmulas tipo referidas en este apartado, relación que podrá ser ampliada por Orden del Ministro de Hacienda y Función Pública, previo informe de la Junta Consultiva de Contratación Pública del Estado cuando así lo exija la evolución de los procesos productivos o la aparición de nuevos materiales con participación relevante en el coste de determinados contratos o la creación de nuevas fórmulas tipo de acuerdo con lo dispuesto en esta Ley y su desarrollo.

Los indicadores o reglas de determinación de cada uno de los índices que intervienen en las fórmulas de revisión de precios serán establecidos por Orden del Ministerio de Hacienda y Función Pública, a propuesta del Comité Superior de Precios de Contratos del Estado.

9. Cuando resulte aplicable la revisión de precios mediante las fórmulas tipo referidas en el apartado 6 de la presente disposición, el resultado de aplicar las ponderaciones previstas en el apartado 7 a los índices de precios, que se determinen conforme al apartado 8, proporcionará en cada fecha, respecto a la fecha y períodos determinados en el apartado 4, un coeficiente que se aplicará a los importes líquidos de las prestaciones realizadas que tengan derecho a revisión a los efectos de calcular el precio que corresponda satisfacer.

10. Lo establecido en este artículo y en la Ley 2/2015, de 30 de marzo, de desindexación de la economía española, se entenderá, en todo caso, sin perjuicio de la posibilidad de mantener el equilibrio económico en las circunstancias previstas en los artículos 270 y 290.

Artículo 104. Revisión en casos de demora en la ejecución

Cuando la cláusula de revisión se aplique sobre períodos de tiempo en los que el contratista hubiese incurrido en mora y sin perjuicio de las penalidades que fueren procedentes, los índices de precios que habrán de ser tenidos en cuenta serán aquellos que hubiesen correspondido a las fechas establecidas en el contrato para la realización de la prestación en plazo, salvo que los correspondientes al período real de ejecución produzcan un coeficiente inferior, en cuyo caso se aplicarán estos últimos.

Artículo 105. Pago del importe de la revisión

El importe de las revisiones que procedan se hará efectivo, de oficio, mediante el abono o descuento correspondiente en las certificaciones o pagos parciales a cuyo efecto se tramitará a comienzo del ejercicio económico el oportuno expediente de gasto para su cobertura. Los posibles desajustes que se produjeran respecto del expediente de gasto aprobado en el ejercicio, tales como los derivados de diferencias temporales en la aprobación de los índices de precios aplicables al contrato, se podrán hacer efectivos en la certificación final o en la liquidación del contrato.

Tema 5

Procedimientos y formas de la actividad administrativa. La actividad de limitación, arbitral, de servicio público y de fomento. Formas de gestión de los servicios públicos

eRodio ediciones

Índice esquemático

1. Procedimiento y formas de la actividad administrativa

2. Las limitaciones administrativas de derechos. La actividad de policía

2.1. Concepto

2.2. El fundamento del poder de policía

2.3. Principios y límites que inspiran la actividad de policía

2.4. Las técnicas de intervención en la actividad de los particulares

3. La actividad de prestación de servicio público

3.1. Evolución histórica

3.2. Concepto

3.3. Principios generales

3.4. Creación y establecimiento

3.5. Clases

3.6. Formas de gestión de los servicios públicos

4. El fomento

4.1. Concepto

4.2. Los medios o técnicas de fomento

4.3. Las subvenciones públicas: concepto de subvención

1. Procedimiento y formas de la actividad administrativa

Las funciones encomendadas a las Administraciones Públicas, por la Constitución y el resto del sistema normativo, incluyendo el Derecho de la Unión Europea, pueden llevarse a cabo de muchas y variadas formas. Habitualmente, desde la perspectiva de la actividad administrativa se suelen mencionar la actividad de policía o de limitación u ordenación, la actuación de fomento o estimulante, la relativa a la prestación de servicios públicos y a la actividad de gestión económica.

En el desempeño de las actividades anteriores, las Administraciones Públicas ejercitan **potestades administrativas,** es decir, *poderes jurídicos reconocidos por el sistema normativo susceptibles de ser aplicados con carácter permanente a quienes se encuentren sometidos a la acción de la Administración,* correspondiendo su ejercicio exclusivamente a ésta. Estas potestades se reconocen siempre de modo genérico, siendo necesario que se produzcan determinadas circunstancias para su concreción o que existan necesidades de utilidad pública o interés general.

Por otra parte, estos modos de actuación de las Administraciones pueden analizarse desde la perspectiva de la responsabilidad que, por ellos, asumen éstas, incluso los funcionarios y personal que las integran, como consecuencia de su actuación o de su falta de acción, cuando están obligados a ello. Finalmente, debe destacarse que estos medios de actuación administrativa son compatibles entre sí, siendo utilizados todos en los diversos sectores de la misma. Veamos, brevemente, tales formas de actuación administrativa:

a) **Actividad de policía o de limitación u ordenación.** Las Administraciones Públicas, en el ejercicio de las funciones previstas en el Ordenamiento Jurídico, intervienen en las actividades de los ciudadanos condicionando o limitando el ejercicio de los derechos subjetivos o intereses legítimos, por razones de interés general, siempre mediante el empleo de potestades singulares de intervención, conferidas en cada caso por la Ley.

   Las actividades de policía más visibles y habituales son las relativas a la protección de la seguridad pública y la potestad sancionadora, pero no son las únicas, pues existen otras formas de intervención en la utilidad privada menos perturbadoras de los derechos e intereses de los ciudadanos. Entre estas, y como fórmula típica del Derecho Administrativo, se encuentran las **autorizaciones, las licencias o los permisos**, que sirven de condicionante para el ejercicio de derechos o la consolidación de intereses de los ciudadanos. Es decir, algunos derechos e intereses necesitan, para ser ejercitados de forma completa y válida, el permiso o la autorización de la Administración Pública competente , la cual, previamente a su otorgamiento, comprueba la adecuación a la legalidad.

En esta actuación administrativa, es destacable la faceta de control, por parte de la Administración, de una actividad material respecto a su compatibilidad y ajuste a la normativa vigente.

b) **Actividad de fomento.** Esta actividad administrativa supone el ofrecimiento de estímulos positivos a los ciudadanos y a las empresas para conseguir, o contribuir a ello, determinados fines, fijados en el ordenamiento de acuerdo con el interés general.

En esta actividad, pues, es esencial la idea de la colaboración del sector privado, al decidir los ciudadanos o las empresas libremente si contribuyen o no a la consecución de los objetivos fijados. Las medidas de fomento son variadas, si bien las más habituales son las de carácter honorífico (premios y distinciones, en la actualidad de carácter claramente secundario), jurídico (p.ej., mediante el reconocimiento de situaciones de cierto privilegio jurídico, como en el caso del beneficiario de la expropiación forzosa), y en particular, las de carácter económico-financiero (p.ej., de carácter fiscal, con desgravaciones o exenciones, o ayudas financiera directas, es decir, las subvenciones, que constituyen un importante instrumento de fomento).

Con claridad reconoce esta actividad la STS de 27 de mayo de 1977, al señalar que la actividad de fomento es una "actividad en la que el dirigismo y el intervencionismo quedan suplantados por otros medios tendentes a que sean los propios administrados los que libremente colaboren en el cumplimiento de fines considerados convenientes y deseables, mediante orientaciones y persuasiones efectuadas por incentivos de carácter económico, en nuestro caso, mediante préstamos y subvenciones".

c) **Actividad prestacional o de servicio público.** Mediante esta actividad, las Administraciones Públicas prestan o ejercen determinados servicios y funciones a los ciudadanos que se consideran esenciales o importantes para la sociedad; prestándose esos servicios o ejercitándose estas funciones de forma obligatoria, regular y con continuidad.

d) **Actividad económica directa.** Supone el ejercicio, por parte de las Administraciones Públicas, de una actividad de producción de bienes o de prestación de servicios de carácter económico; en particular, destacan las actividades comerciales e industriales. Esta actividad se reconoce directamente en el art. 128 de la Constitución.

e) **Actividad arbitral.** Mediante la cual determinados órganos administrativos intervienen, entre particulares, arbitrando fórmulas de solución a sus conflictos.

Todas estas actividades citadas ,variadas y complejas, se llevan a cabo por las Administraciones Públicas a través del ejercicio de potestades administrativas, es decir, como hemos dicho, poderes jurídicos previstos en el Ordenamiento Jurídico para conseguir determinados objetivos y fines; serían, pues, la traducción concreta y específica del poder público genérico.

2. Las limitaciones administrativas de derechos. La actividad de policía

2.1. Concepto

La actividad de Limitación u ordenación, es a la que nos hemos referido como actividad de policía.

Garrido Falla define a la actividad de Policía como el conjunto de medidas coactivas utilizables por la Administración para que el particular ajuste su actividad a un fin de utilidad pública.

La nota de la **coactividad** aparece, así, como característica del concepto de Policía, mientas que la nota que caracteriza al Fomento es el estímulo. Así, se ha dicho que la Policía previene y reprime, y el Fomento protege y promueve.

No obstante, otros autores como Santamaría Pastor, afirman que el concepto de policía debe evolucionar hacia el de actividad de ordenación, cuyo fin último no consiste en la consecución de un supuesto interés general, sino justamente en el principio opuesto, que es el respeto de libertad de los ciudadanos. Es decir, en un régimen político como el Estado social y democrático de Derecho, no hay un supuesto poder general de policía o capacidad indeterminada para limitar la libertad de los ciudadanos, sino sólo un conjunto más o menos amplio de potestades singulares de intervención, conferidas en cada caso por la Ley.

2.2. El fundamento del poder de policía

Está en la situación general de supremacía en que la Administración Pública se encuentra y de la que deriva, correlativamente, la situación de sumisión de los administrados frente al ejercicio de la actividad de policía administrativa.

2.3. Principios y límites que inspiran la actividad de policía

2.3.1. Principios de carácter formal

Desde un punto de vista formal, el establecimiento de poderes de intervención y ordenación se halla sometido a dos principios:

a) De una parte, el **principio de reserva de ley,** por el que, cualesquiera supuestos de intervención, limitación o ablación de la libertad de conducta de los ciudadanos, deben legitimarse necesariamente en una habilitación conferida por norma con rango de ley, sin perjuicio de las concreciones que se puedan recoger reglamentariamente, siempre que no supongan la creación de nuevos supuestos.

b) De otra parte, el **principio de especificación,** según el cual las previsiones legislativas de poderes de intervención han de ser tasadas y singularizadas respecto de categorías de supuestos de hecho claramente individualizadas; no cabe el establecimiento por vía normativa de poderes generales de intervención, ni con carácter general y de alcance sectorial.

2.3.2. Principios de carácter material

a) En primer lugar, el **principio de proporcionalidad,** que entraña una exigencia de adecuación cuantitativa entre la finalidad que debe perseguir la técnica de ordenación que se establezca y el diseño concreto de las facultades que la integren.

b) Y, en segundo lugar, el **principio pro libertate o favor libertatis**, según el cual, cuando la norma que establece la potestad de intervención puede razonablemente optar entre varias medidas alternativas para conseguir su finalidad ordenadora, debe necesariamente elegir la que resulte menos restrictiva de la libertad individual de los sujetos sobre los que vaya a ser empleada.

2.4. Las técnicas de intervención en la actividad de los particulares

Las técnicas de ordenación generadas por el régimen administrativo a lo largo de su historia son realmente innumerables. En su origen, todas ellas se centraron en torno a un puñado de categorías de una extraordinaria simplicidad (y ambigüedad): las autorizaciones, las órdenes, las sanciones y las prestaciones forzosas. Sin embargo, el crecimiento de la actividad ordenadora del Estado, unido a la rigidez conceptual de dichas categorías, ha determinado una proliferación realmente anormal de técnicas diversas, de las que es preciso dar cuenta somera.

Entre las principales manifestaciones jurídicas de la policía que amplían o reducen la capacidad del destinatario, figuran las siguientes:

2.4.1. Las técnicas de información

2.4.1.1. Deberes de identificación

La captura por la Administración de datos relativos a la identidad de las *personas físicas* posee en nuestro ordenamiento jurídico manifestaciones múltiples: todos los ciudadanos debemos ser inscritos, a nuestro nacimiento, en el Registro Civil, somos también inscritos en el Padrón Municipal de habitantes y, partiendo de éste, en el Censo Electoral.

Estos deberes de comunicación pesan, con igual o mayor fuerza, sobre las *personas jurídicas* que han de inscribirse en uno o varios Registros públicos.

En la actualidad y con la aprobación de la Ley Orgánica de Protección de Datos de Carácter Personal toda captura de datos identificativos de los ciudadanos deben someterse a lo establecido en dicha ley Orgánica que protege de forma intensiva la intimidad de los datos personales de los ciudadanos.

2.4.1.2. Deberes formales y documentales

Cada vez con mayor frecuencia, el objetivo de captura de información se realiza mediante la imposición a los sujetos privados del deber de hacer constar determinados datos relativos a su actividad en cuerpos documentales que los mismos sujetos deben formalizar, cumplimentar y conservar, y a cuyo conocimiento pueden acceder los correspondientes servicios de la Administración cuando resulte necesario para el desempeño de sus funciones.

La imposición de estos deberes documentales opera con especial intensidad en dos campos: de una parte, en el ámbito fiscal, en el que pesa sobre determinados contribuyentes el deber de llevar determinados libros-registro relativos a sus actividades; y, de otra, en el ámbito de los comerciantes individuales y sociales, los cuales han de llevar la contabilidad de sus operaciones con arreglo a lo prevenido en el Código de Comercio.

2.4.1.3. Deberes de comunicación

Son también cada vez más frecuentes las normas, legales y reglamentarias, que imponen a los sujetos privados el deber de comunicar a la Administración competente el acaecimiento de determinados hechos o circunstancias, como por ejemplo el deber de las Sociedades Rectoras de las Bolsas de Valores de poner en conocimiento de la Comisión Nacional del Mercado de Valores las infracciones de la legislación de que tengan conocimiento.

2.4.2. Las técnicas de condicionamiento

2.4.2.1. Las comprobaciones

Se refieren a que, en algunos supuestos, las normas jurídicas condicionan la actividad de los particulares a la realización, por parte de los servicios de un ente público, de un trámite de mera comprobación del cumplimiento de determinados requisitos de aptitud o idoneidad que ha de reunir una persona o un objeto; requisitos que son necesarios para la realización para la realización de una concreta actividad o profesión, o para la utilización o circulación del bien y que, por su carácter, objetivo, son objeto de una constatación puramente reglada

2.4.2.2. La autorización administrativa

A) Concepto

En sentido amplio, la autorización comprende una serie de figuras jurídicas que, con unos u otros matices y bajo una terminología muy variada –autorizaciones, licencias, permisos, visados, habilitaciones, censuras, dispensas, etc.– expresan ideas muy próximas entre sí. En todos esos casos, se trata de *"una declaración de voluntad mediante la cual la Administración consiente una actividad privada a la luz del interés público que el sujeto autorizante debe tutelar"*.

El italiano Ranellet-Ti, la configuraba como un acto administrativo con el que se elimina un obstáculo impuesto al ejercicio de un derecho preexistente; tendría, en consecuencia, un carácter meramente declarativo del contenido de dicho derecho.

Por el contrario, Otto Mayer consideraba la autorización como una técnica policial que regulaba actividades de por sí peligrosas. Para facilitar su control se establece una prohibición general, pero se autoriza que la Administración la levante.

Modernamente se considera como una técnica intermedia entre la permisión general y la prohibición general, técnica que facilita notablemente el control administrativo sin excesivo perjuicio para los particulares.

B) Caracteres

De todo lo anterior podemos deducir que:

1. *La autorización es una acto habilitante,* lo cual indica que constituye una "conditio iuris" del ejercicio de una situación jurídica propia del particular. En este sentido, la autorización no se refiere solamente a derechos subjetivos preexistentes, sino que, en ocasiones, el particular no cuenta más que con un interés legítimo a obtener la autorización. Asimismo, la autorización se refiere, en ocasiones, no a un derecho subjetivo, en el sentido estricto y técnico del término, sino a una libertad, como por ejemplo al ejercicio de la libertad de empresa.
2. *La habilitación viene referida a una situación jurídica activa del particular,* en la que incide, bien respetándola en su integridad o bien despojándola de aquellas facultades o contenidos que sean contrarios al interés público.
3. *Es un acto discrecional o reglado.* Al respecto, la jurisprudencia ha insistido en que determinados tipos de autorización tienen un carácter estrictamente reglado, lo cual indica que la Administración, para expedirla, ha de limitarse a constatar la existencia del supuesto de hecho que legitima la autorización. Ahora bien, la presencia del interés público y la valoración del mismo no puede hacerse siempre y en todo caso por el propio legislador. De ahí que, frecuentemente, la autorización sea fruto de un previo juicio de valor realizado por la propia Administración en el ejercicio de facultades auténticamente discrecionales; piénsese, pongamos por caso, en la concesión de licencias de armas.

C) Diferencia con la concesión

La autorización se distingue de la "concesión" porque en ésta se transmite al ciudadano algo que originariamente pertenecía a la Administración, mientras que la autorización restablece simplemente una libertad particular que se había prohibido ejercitar con carácter general.

D) Naturaleza jurídica

Al tratarse de un acto jurídico negocial que amplía la esfera jurídica de los particulares, restableciendo su libertad natural de acción, consecuentemente las autorizaciones:

1. *Son intransmisibles,* pues no generan ningún nuevo derecho. Sin embargo, esta afirmación no puede ser absoluta. Según Garrido Falla, cuando la autorización se concede "intuitu personale" –como es el caso del permiso de conducir o de portar armas de fuego–, entonces son intransmi-

sibles; pero si la autorización viene condicionada por la existencia de circunstancias objetivas, ajenas al sujeto, termina por incorporarse a la actividad y en cuanto ésta tenga de transmisible, la autorización se hará también transmisible.

2. *No afectan a terceras personas.* No obstante, como es posible que determinados intereses legítimos de tales terceros –como, por ejemplo, los ya autorizados para una misma actividad– se vean afectados por el otorgamiento de la autorización, se prescribe, con frecuencia, un previo procedimiento contradictorio.
3. *Son*, en principio, *irrevocables*. El profesor Nieto, después de afirmar que habrá de estar a lo dispuesto en la teoría general de los actos administrativos sobre la materia, manifiesta que *deben revocarse* cuando desaparezcan las circunstancias que motivaron su otorgamiento –ilegalidad sobrevenida– y que *pueden revocarse* cuando se adopten nuevos criterios de apreciación –pero, en este caso, puede tenerse derecho a indemnización–, cuando contradicen derechos de terceros, cuando surge una modificación jurídica y hasta entonces no se había hecho uso de la autorización, cuando posteriormente se descubren circunstancias, que de haber sido conocidas, hubieran justificado la denegación y, por último, cuando hubiera reserva de revocación.

E) Clases

Siguiendo el esquema que plantea García de Enterría, podemos distinguir entre:

1. Simples y Operativas

Las primeras se proponen únicamente controlar la actividad autorizada y, como mucho, acotarla negativamente dentro de unos límites determinados. Su ámbito más propio es por ello el del orden público y las zonas más o menos próximas al mismo (por ejemplo, las licencias de armas o los permisos de circulación).

Las operativas, en cambio, sin renunciar a la función primaria de control, que también canalizan, pretender ir más allá de ella, encauzando y orientando positivamente la actividad de su titular en la dirección previamente definida por planes o programas sectoriales, o bien por la propia norma aplicable en cada caso (las licencias de establecimientos o actividades potencialmente nocivos o peligrosos para las personas o las cosas). En estos casos, suele ser frecuente que la norma reserve a la Administración facultades discrecionales en orden al otorgamiento de las licencias, posibilitando también su sujeción a determinadas condiciones cuyo incumplimiento puede dar lugar a la imposición de sanciones y a la propia revocación de la autorización otorgada, como señala el art. 16 RSCL.

2. Por Operación y de Funcionamiento

Esta distinción se basa en el hecho de que se refieran a una operación determinada (la edificación de un edificio) o al ejercicio de una actividad llamada a prolongarse indefinidamente en el tiempo (la instalación de una industria).

En el primer caso, la relación que se entabla entre la Administración y el sujeto autorizado es episódica y no crea vínculo estable entre ellos, mientras que en el segundo la licencia prolonga su vigencia tanto como dure la actividad autorizada (como señala el art. 15 RSCL: "las licencias relativas a las condiciones de una obra o instalación tendrán vigencia mientras subsistan aquéllas"), haciendo surgir una relación permanente con el fin de proteger en todo caso el interés público frente a las vicisitudes y circunstancias que puedan darse a lo largo del tiempo.

3. Regladas y Discrecionales

En las primeras, la Administración se limita a comprobar si se dan las circunstancias que posibilitan la expedición legal de la licencia, mientras que en las segundas se le reconoce unos poderes de decisión más amplios, permitiendo su condicionamiento.

4. Personales, Reales y Mixtas

Esta distinción, formulada por Mayer, se basa en el centro de interés en que se sitúa la norma aplicable.

Si el centro de atención se sitúa en la persona del peticionario, en sus cualidades personales, es natural que los efectos de la autorización se hagan depender de ese dato, exigiéndose que la actividad de que se trate se ejercite precisamente por el titular de la autorización, debiendo ser expresamente aprobadas por la Administración las excepciones a esta regla, previa comprobación de la concurrencia en el representante de las mismas cualidades exigidas al titular. Un ejemplo de las mismas es el permiso de conducir.

En las reales, lo decisivo son las condiciones del objeto.

En las mixtas, el centro de atención es doble, por lo que vienen a sumarse las limitaciones propias de los dos tipos anteriores.

F) Otorgamiento

Las autorizaciones administrativas se otorgan por naturaleza, como consecuencia de procedimientos iniciados a instancia del sujeto interesado en su obtención.

Por lo que se refiere a las autorizaciones de la Administración General del Estado, han sido desarrolladas por el Real Decreto 1778/1994, de 5 de agosto, por el que se adecúan a la Ley 30/1992 las normas reguladoras de los procedimientos de otorgamiento, modificación y extinción de autorizaciones.

De dicha norma reglamentaria cabe sólo destacar la previsión de que el régimen de silencio aplicable a las autorizaciones es, por regla general, de carácter positivo, aunque en el anexo de la norma hay una extensa relación de los concretos tipos de autorizaciones en las que el silencio es negativo.

2.4.2.3. Las licencias

A) Concepto

Santi Romano la define como "el acto administrativo en virtud del cual la Administración consiente el ejercicio por el peticionario de un derecho propio preexistente, pero que no puede ejercitarse sin el permiso de la autoridad competente, una vez contrastadas por la Administración las circunstancias que justifican ese ejercicio".

García de Enterría, por su parte, las define como "un acto de la Administración por el que ésta consiente a un particular el ejercicio de una actividad inicialmente prohibida constituyendo al propio tiempo la situación jurídica correspondiente".

B) Régimen jurídico de las licencias

Con carácter general, el art. 8 del reglamento de Servicios de las Corporaciones Locales (RSCL) dispone que "las Corporaciones podrán sujetar a sus administrados al deber de obtener previa licencia en los casos previstos por la Ley, el presente Reglamento u otras disposiciones de carácter general".

En cuanto a su **duración**, el art. 15 RSCL, dispone que "las licencias relativas a las condiciones de una obra o instalación tendrán vigencia mientras subsistan aquéllas. La referentes a actividades personales podrán limitarse a plazo determinado".

Respecto a su **transmisibilidad**, establece el art. 13 RSCL que:

1. Las licencias relativas a las condiciones de una obra, instalación o servicio serán transmisibles, pero el antiguo y nuevo constructor o empresario deberán comunicarlo por escrito a la Corporación, sin lo cual quedarán ambos sujetos a todas las responsabilidades que se derivaren para el titular.
2. Las licencias concernientes a las cualidades de un sujeto o al ejercicio de actividades sobre bienes de dominio público serán o no transmisibles, según se prevea reglamentariamente o, en su defecto, al otorgarlas.
3. No serán transmisibles las licencias cuando el número de las otorgables fuere limitado.

Con relación a las licencias personales, por lo demás, establece el art. 14 RSCL que habrán de ser desarrolladas personalmente por sus titulares y no mediante representación por un tercero, salvo disposición reglamentaria o acuerdo en contrario. Cuando se permitiere la representación, el que la ejerciere deberá reunir las cualidades necesarias para conseguir por sí mismo una licencia y obtener la aprobación del Organismo que la hubiere otorgado.

En cuanto a sus efectos, según el art. 10 RSCL, las licencias producirán efectos entre las Corporación y el sujeto a cuya actividad se refieran, pero no alterarán las situaciones jurídicas privadas entre éste y las demás personas. Por ello, conforme al art. 12 RSCL, se entenderán otorgadas salvo el derecho de propiedad y sin perjuicio del de terceros, sin que puedan ser invocadas para excluir o disminuir la responsabilidad civil o penal en la que hubieran incurrido los beneficiarios en el ejercicio de sus actividades.

Finalmente, las licencias quedarán sin efecto por:

a) Cumplimiento del plazo.

b) Incumplimiento de las condiciones.

c) Cambio de circunstancias.

d) Erróneo otorgamiento y nuevos criterios de apreciación, en cuyos supuestos la Administración deberá resarcir daños y perjuicios.

2.4.3. Las técnicas ablatorias

El ámbito de mayor intensidad de intervención administrativa sobre la actividad de los sujetos privados está constituido por las técnicas que no se limitan a condicionar el ejercicio de dicha actividad, sino que inciden directamente en su esfera jurídica, tanto en sus aspectos de libertad como patrimoniales, operando en la misma una ablación o disminución neta de su contenido.

Como ejemplos de técnicas ablatorias se pueden destacar las expropiaciones, transferencias coactivas de bienes de naturaleza no expropiatoria (reparcelaciones), los comisos, la imposición de obligaciones (antiguamente el servicio militar o prestación social sustitutoria), destacando especialmente la actividad de mantenimiento del orden público o la seguridad ciudadana.

La noción de policía de la seguridad pública, también llamada de seguridad ciudadana, la encontramos en el art. 104 de la Constitución, donde se establece que las Fuerzas y Cuerpos de seguridad, bajo la dependencia del Gobierno, tendrán como misión proteger el libre ejercicio de los derechos y libertades y garantizar la seguridad ciudadana.

Asimismo, en el art. 149.23 se atribuye al Estado competencia exclusiva sobre Seguridad pública, pero ya se nos advierte que tal competencia lo es sin perjuicio de la posibilidad de creación de Policías por parte de las Comunidades Autónomas.

El concepto de seguridad pública contiene un núcleo sustancial y un halo marcado por una característica residual: se trata de la protección de personas y bienes y el mantenimiento de la tranquilidad cuando uno y otro objetivo no puedan conseguirse mediante el ejercicio de otras potestades.

En este sentido, el Tribunal Constitucional se ha venido refiriendo a la noción de seguridad pública señalando que incluye, como "finalidades inseparables y mutuamente condicionadas" de la misma, la "actividad dirigida a la protección de las personas y bienes y al mantenimiento de la tranquilidad en el orden ciudadano".

Por otra parte, la estructura de la policía de la seguridad pública reposa sobre los principios de descentralización, cooperación y jerarquización.

Asimismo, las policías autonómicas y locales han de asumir una tarea de cooperación con la policía del Estado, aunque se trate de actividades de la rigurosa responsabilidad estatal.

De conformidad con lo dispuesto en los artículos 1 y siguientes de la Ley Orgánica 2/1986, de 13 de marzo, de Fuerzas y Cuerpos de Seguridad:

1. La Seguridad pública es competencia exclusiva del Estado. Su mantenimiento corresponde al Gobierno de la Nación.
2. Las Comunidades Autónomas participarán en el mantenimiento de la seguridad pública en los términos que establezcan los respectivos Estatutos y en el marco de esta Ley.
3. Las Corporaciones Locales participarán en el mantenimiento de la seguridad pública en los términos establecidos en la Ley reguladora de las Bases de Régimen Local y en el marco de esta Ley.
4. El mantenimiento de la seguridad pública se ejercerá por las distintas Administraciones Públicas a través de las Fuerzas y Cuerpos de Seguridad.

A los efectos anteriores, son Fuerzas y Cuerpos de Seguridad:

- Las Fuerza y Cuerpos de Seguridad del Estado dependientes del Gobierno de la Nación.
- Los Cuerpos de Policía dependientes de las Comunidades Autónomas.
- Los Cuerpos de Policía dependientes de las Corporaciones Locales.

3. La actividad de prestación de servicio público

3.1. Evolución histórica

Dentro de las formas de acción administrativa, el *servicio público* o, en su caso, la llamada por Garrido Falla *actividad administrativa de prestación de servicios*, ocupa un lugar preferente. Este tipo de actividad, a través de la cual la Administración proporciona bienes y servicios a los administrados, surge paradójicamente en el siglo XIX, siglo liberal para el que el Estado abstencionista debía limitarse a la función policial de mantener el orden público y dejar la satisfacción de otras necesidades colectivas a la iniciativa privada. Pero desde el nacimiento de esta nueva actividad social hasta nuestros días cabe distinguir, según el citado profesor, tres etapas fundamentales:

Primera. Etapa en la que la Administración Pública asume y gestiona directamente los servicios asistenciales o sociales –beneficencia, sanidad, enseñanza-, a causa, sobre todo, de la pérdida de capacidad económica que sufren, por motivos diversos, las fuerzas sociales que como la Iglesia o la nobleza realizaban antes dichos servicios. No obstante, la gestión estatal de estos servicios públicos no se produce en régimen de monopolio, sino que se mantienen las actividades privadas dirigidas al cumplimiento de los mismos fines, aun cuando se las someta, por razones del "interés público", a las técnicas policiales del intervencionismo, mermando así su libertad.

Segunda. La Administración Pública aparece ahora como titular de servicios, no ya de tipo asistencial o social, como antes, sino de servicios de marcado carácter económico. A juicio de García de Enterría, ello es consecuencia obligada de la revolución industrial y del descubrimiento de nuevas técnicas de inmediata aplicación social, como el ferrocarril, el telégrafo, etc. No obstante, los postulados políticos liberales todavía vigentes impidieron la gestión directa por la Administración de estos servicios e hicieron acudir a la fórmula de concesión a particulares. Tal fórmula, puntualiza Garrido Falla, que era consustancial al sistema, vino a suponer la obligada solución de compromiso en estos casos: respetaba la explotación del servicio, en cuanto empresa económica, en manos del particular–concesionario y simultáneamente establecía el dogma de la titularidad administrativa del servicio a favor de la administración concedente. Por otra parte, el abandono del intervencionismo policial sobre estas nuevas explotaciones económicas y su sustitución por la calificación de las mismas como "servicios públicos", atribuibles en monopolio exclusivo a la Administración Pública, se debió a la necesidad de que ésta no se limitase a una mera función de reglamentación y vigilancia sobre ellas, sino que tuviera además su disponibilidad, para lo que era preciso integrarlas en su propio patrimonio jurídico, y precisamente porque la Administración podía así disponer de dichas actividades como de algo propio, se justifica jurídicamente la técnica de su concesión a particulares.

Tercera. En esta etapa, la Administración Pública, fundamentalmente por tres motivos que indica W. Friedman –necesidad de suplir las inversiones privadas en países de escasa capitalización, extensión de las concepciones socialistas, y exigencias prácticas como la de controlar las industrias de vital importancia-, aparece cada vez más como gestora directa de empresas económicas. No obstante, en épocas anteriores la Administración ya había venido explotando, excepcionalmente, determinadas empresas económicas, bien por tratarse de antiguas propiedades de la Corona, bien como monopolios fiscales que proporcionaban ciertos ingresos al Tesoro, pero estas actividades, escasas y equiparadas a las de los particulares, no fueron objeto de estudio por la doctrina jurídico-administrativa. En la actualidad, en cambio, la Administración lleva normalmente a cabo una actividad económica empresarial, ya lo haga sobre explotaciones –servicios públicos- cuya titularidad se atribuía en régimen de monopolio en la etapa anterior, o ya se trate de actividades a realizar en concurrencia con otras análogas a cargo de los particulares. Nace de esta forma el moderno concepto de "empresa pública" que, como más comprensivo que el de "servicio público", tiende a reemplazar a éste y es causa de su crisis actual.

Cuarta. La crisis del concepto de servicio público y la aparición de la llamada actividad industrial y mercantil de la administración pública.

Villar Palasí, con el apoyo de García de Enterría, propone una revisión a fondo de la materia, ya que, para él, con la aparición de la actividad administrativa en el campo económico, toda la estructura categorial resulta insuficiente, por lo que, junto a la policía, fomento y servicio público, es preciso introducir y añadir un nuevo concepto: la noción de gestión económica.

Por tanto, frente a la prestación de bienes materiales que realizan los servicios públicos propiamente dichos, la gestión económica constituye una actividad administrativa dirigida "a la producción de bienes económicos materiales", a la "dación de bienes al mercado". La característica de esta actividad, añade García de Enterría, radica en la circunstancia de que se presta en concurrencia con la de los particulares, sin suplantarla ni restringirla.

Ahora bien, la posición de los autores mencionados es criticada por Garrido Falla, quien aduce:

1. Que el monopolio no es signo inequívoco de los servicios públicos, como lo demuestra la prestación por el Estado de los servicios asistenciales en concurrencia con los particulares.

2. Que dicho monopolio sólo ha caracterizado los servicios que implican una explotación económica, y ello, no como nota esencial de su concepto, sino a título de garantía económica que la Administración se tomaba de cara a la ulterior explotación de aquéllos.
3. Que, a la inversa, la idea monopolística aparece también en la gestión económica –como en las llamadas "concesiones industriales".
4. Que existen servicios públicos sometidos al Derecho privado y, viceversa, aspectos de la gestión económica regidos por el Derecho público.

De lo expuesto se deduce la consideración en bloque y unitaria de la actividad de la Administración prestadora de bienes y servicios. Abona además tal conclusión el amplio concepto de servicio público que tienen nuestra jurisprudencia y nuestras leyes, como, por ejemplo, en el artículo 339 del Código Civil sobre el dominio público.

Resumiendo todo lo anterior, Garrido Falla formula las siguientes conclusiones que configuran adecuadamente al servicio público como la actividad administrativa de prestación:

1. Existe una actividad de prestación de la Administración de la que una parte, la más importante, ha sido asumida como competencia exclusiva por razones directas de interés público, es decir, porque con tal actividad se satisface directamente una necesidad pública. Es en esta hipótesis donde aparece la actividad clásica del servicio público, siendo indiferente que consista en "proporcionar un servicio", o en "una dación de bienes al mercado" a través de las llamadas empresas públicas. Del mismo modo, García Oviedo y Martínez Useros hacen coincidir la empresa industrial y el servicio público.
2. Hay otra parte de la actividad administrativa, que se desarrolla cabalmente en el sector industrial y mercantil, que no es asumida por las Administraciones públicas por razón de servicio público sino por consideraciones de tipo fiscal –es el caso de los monopolios fiscales, explotaciones agrícolas, propiedades públicas urbanas, etc.-. Se trata, pues, de la explotación del propio patrimonio y no de una actividad de prestación o de servicio público.
3. Existe una actividad de prestación, esto es, de servicio público, sometida al Derecho público y, junto a ésta, otra también de interés público, sometida al Derecho privado.
4. Dicha actividad de prestación o servicio público consiste, en definitiva, en una actividad técnica, prestadora y asistencial, que es asumida por la Administración con carácter necesario, es decir, por exigencias del interés público.

3.2. Concepto

La actividad de prestación se puede definir como un "*servicio técnico prestado al público de una manera regular y constante mediante una organización de medios personales y materiales cuya titularidad pertenece a una Administración pública y bajo un régimen jurídico especial*". Es por tanto:

a) **Un servicio técnico**, en el sentido de que no es una actividad jurídica: los administrados no reciben un acto administrativo (órdenes, licencias, sanciones), sino prestaciones técnicas (de contenido económico o no). En una universidad se imparten enseñanzas; en un hospital se reciben atenciones médicas, etc.

b) **Se presta al público**, es decir, a los ciudadanos en general y con respeto al principio de igualdad ante la ley, lo cual no implica que en determinados casos se exijan cualificaciones especiales para acceder a determinados servicios públicos, sino que el acceso no ha de ser discriminatorio.

c) **De una manera regular y continua**, lo que deriva de la condición de indispensables para la colectividad de las prestaciones a satisfacer por la Administración y que motiva precisamente que sean asumidas por ésta.

d) **La titularidad pública es nota inherente a la definición**, con la que no es incompatible su gestión por entidades privadas, puesto que la titularidad del servicio sigue siendo pública, habiendo quedado disociado titularidad y gestión.

3.3. Principios generales

Como se desprende de la definición apuntada, son principios que rigen en nuestro derecho la actividad de prestación de la Administración en régimen de servicio público:

- **El principio de continuidad y regularidad** en la prestación.
- **El principio de universalidad**, por cuanto tiende a asegurar la cobertura a todos los que lo soliciten, conforme a lo establecido legalmente.
- **El principio de igualdad**, que exige la igualdad en el acceso, funcionamiento y utilización del servicio.
- **El principio de adaptación del servicio público**, conforme al cual éste debe ser adaptado permanentemente a las exigencias del interés general.
- **El principio de participación de los usuarios** en la definición, organización e incluso gestión del servicio público.

- **El principio de responsabilidad de los poderes públicos** por su funcionamiento, conforme al régimen general de la responsabilidad patrimonial.

3.4. Creación y establecimiento

La facultad de la Administración para establecer servicios públicos sobre las materias que tenga atribuida competencia, es una manifestación más de su potestad organizatoria. No obstante si ese establecimiento conlleva su reserva al sector público, requerirá una Ley específica como establece el artículo 128.2 de la Constitución y si el servicio va a ser objeto de gestión indirecta, requerirá el previo reconocimiento de que la actividad de que se trate queda asumida por la Administración como propia.

3.5. Clases

El servicio público admite diversas clasificaciones:

a) Según quién sea el sujeto titular, los servicios públicos pueden ser estatales, autonómicos y locales.

b) Por su importancia, pueden ser esenciales para el mantenimiento del ente público que los presta, y secundarios. Entre los primeros suelen citarse los servicios de justicia y defensa nacional; entre los secundarios, los de sanidad, enseñanza, transportes, beneficencia, etc.

c) Por a necesidad de su prestación, los servicios públicos pueden ser obligatorios y facultativos, según que la Administración esté o no obligada a prestarlos.

d) En atención a la intensidad de participación de los usuarios en sus ventajas, se distingue entre servicios universales y singulares. Los primeros benefician a la colectividad en general; los segundos, más directamente a determinados ciudadanos.

e) Por su relación con la actividad de los particulares, unos servicios se prestan en régimen de libre concurrencia y otros en régimen de monopolio.

f) Finalmente, según sea el contenido de la prestación, los servicios públicos pueden ser asistenciales –beneficencia, sanidad, enseñanza, etc.- o de carácter económico –abastecimiento de agua, gas, electricidad, ferrocarriles, etc.-

3.6. Formas de gestión de los servicios públicos

Tradicionalmente la doctrina ha admitido que existían dos formas de gestión de los servicios públicos: la gestión directa y la gestión indirecta, a las que la legislación de los años cincuenta añadía la gestión mixta.

Estos medios de gestión están perfectamente sistematizados en el artículo 85 de la Ley reguladora de las Bases de Régimen Local (LRBRL), que prescribe que *los servicios públicos de la competencia local podrán gestionarse mediante alguna de las siguientes formas:*

A) Gestión directa

a) *Gestión por la propia entidad local.*

b) *Organismo autónomo local.*

c) *Entidad pública empresarial local.*

d) *Sociedad mercantil local, cuyo capital social pertenezca íntegramente a la entidad local o a un ente público de la misma.*

B) Gestión indirecta

Mediante las distintas formas previstas para el contrato de gestión de servicios públicos en la Ley de Contratos del Sector Público, en adelante LCSP.

En ningún caso podrán prestarse por gestión indirecta ni mediante sociedad mercantil de capital social exclusivamente local los servicios públicos que impliquen ejercicio de autoridad.

En la actualidad la legislación tiende a regular con minuciosidad las distintas formas de gestión, y en particular la gestión directa en la LRJSP y la gestión indirecta en la LCSP.

3.6.1. Modos de gestión directa

El artículo 2 de la Ley de Régimen Jurídico del Sector Público , ley 40/2015 (LRJSP) establece que el ámbito subjetivo de aplicación de la Ley es para.

"La presente Ley se aplica al sector público que comprende:

a) La Administración General del Estado.

b) Las Administraciones de las Comunidades Autónomas.

c) Las Entidades que integran la Administración Local.

d) El sector público institucional.

2. El sector público institucional se integra por:

a) Cualesquiera organismos públicos y entidades de derecho público vinculados o dependientes de las Administraciones Públicas.

b) **Las entidades de derecho privado vinculadas o dependientes de las Administraciones Públicas que quedarán sujetas a lo dispuesto en las normas de esta Ley que específicamente se refieran a las mismas, en particular a los principios previstos en el artículo 3, y en todo caso, cuando ejerzan potestades administrativas.**

c) Las Universidades públicas que se regirán por su normativa específica y supletoriamente por las previsiones de la presente Ley".

Y concreta el artículo 84:

1. **Integran el sector público institucional estatal las siguientes entidades:**

a) Los **organismos públicos** vinculados o dependientes de la Administración General del Estado, los cuales se clasifican en:

   1. **Organismos autónomos.**
   2. **Entidades Públicas Empresariales.**

b) Las autoridades administrativas independientes.

c) Las sociedades mercantiles estatales.

d) Los consorcios.

e) Las fundaciones del sector público.

f) Los fondos sin personalidad jurídica.

g) Las universidades públicas no transferidas.

3.6.1.1. Gestión por la propia Administración del Estado

A la misma dedica la Ley 40/2015 Ley de Régimen Jurídico del Sector Público (LRJSP) integramente su Titulo I, que organiza la Administración General del Estado de la siguiente manera

ADMINISTRACIÓN CENTRAL.

- Órganos Superiores:
  - Ministros.
  - Secretarios de Estado.

- Órganos Directivos:
  - ▹ Subsecretarios y Secretarios Generales
  - ▹ Directores Generales y Secretarios Generales Técnicos.
  - ▹ Subdirectores Generales.

ADMINISTRACIÓN TERRITORIAL O PERIFÉRICA.

- Órganos Directivos:
  - ▹ Delegados del Gobierno en las CCAA.
  - ▹ Subdelegados del Gobierno en las provincias.
- Otros:
  - ▹ Directores Insulares en las Islas.

ADMINISTRACIÓN DEL ESTADO EN EL EXTERIOR.

- Misiones Diplomáticas.
- Representantes Permanentes.
- Las Delegaciones.
- Las Oficinas Consulares.
- Etc.

A cuyo estudio pormenorizado se dedica otro tema del presente temario al que nos remitimos.

3.6.1.2. Organismos autónomos

1. Los organismos autónomos son entidades de derecho público, con personalidad jurídica propia, tesorería y patrimonio propios y autonomía en su gestión, que desarrollan actividades propias de la Administración Pública, tanto actividades de fomento, prestacionales, de gestión de servicios públicos o de producción de bienes de interés público, susceptibles de contraprestación, en calidad de organizaciones instrumentales diferenciadas y dependientes de ésta.

2. Los organismos autónomos dependen de la Administración General del Estado a la que corresponde su dirección estratégica, la evaluación de los resultados de su actividad y el control de eficacia.

3. Con independencia de cuál sea su denominación, cuando un organismo público tenga la naturaleza jurídica de organismo autónomo deberá figurar en su denominación la indicación «organismo autónomo» o su abreviatura «O.A.».

3.6.1.3. Entidades públicas empresariales

1. Las entidades públicas empresariales son entidades de Derecho público, con personalidad jurídica propia, patrimonio propio y autonomía en su gestión, que se financian mayoritariamente con ingresos de mercado y que junto con el ejercicio de potestades administrativas desarrollan actividades prestacionales, de gestión de servicios o de producción de bienes de interés público, susceptibles de contraprestación.

2. Las entidades públicas empresariales dependen de la Administración General del Estado o de un Organismo autónomo vinculado o dependiente de ésta, al que le corresponde la dirección estratégica, la evaluación de los resultados de su actividad y el control de eficacia.

3. Con independencia de cuál sea su denominación, cuando un organismo público tenga naturaleza jurídica de entidad pública empresarial deberá figurar en su denominación la indicación de «entidad pública empresarial» o su abreviatura «E.P.E».

3.6.1.4. Las autoridades administrativas independientes de ámbito estatal

1. Son autoridades administrativas independientes de ámbito estatal las entidades de derecho público que, vinculadas a la Administración General del Estado y con personalidad jurídica propia, tienen atribuidas funciones de regulación o supervisión de carácter externo sobre sectores económicos o actividades determinadas, por requerir su desempeño de independencia funcional o una especial autonomía respecto de la Administración General del Estado, lo que deberá determinarse en una norma con rango de Ley.

2. Las autoridades administrativas independientes actuarán, en el desarrollo de su actividad y para el cumplimiento de sus fines, con independencia de cualquier interés empresarial o comercial.

3. Con independencia de cuál sea su denominación, cuando una entidad tenga la naturaleza jurídica de autoridad administrativa independiente deberá figurar en su denominación la indicación «autoridad administrativa independiente» o su abreviatura «A.A.I.».

3.6.1.5. Sociedades mercantiles estatales

1. Se entiende por sociedad mercantil estatal aquella sociedad mercantil sobre la que se ejerce control estatal:

a) Bien porque la participación directa, en su capital social de la Administración General del Estado o alguna de las entidades que, conforme a lo dispuesto en el artículo 84, integran el sector público institucional estatal, incluidas las sociedades mercantiles estatales, sea superior al 50 por100. Para la determinación de este porcentaje, se sumarán las participaciones correspondientes a la Administración General del Estado y a todas las entidades integradas en el sector público institucional estatal, en el caso de que en el capital social participen varias de ellas.

b) Bien porque la sociedad mercantil se encuentre en el supuesto previsto en el artículo 4 de la Ley 24/1988, de 28 de julio, del Mercado de Valores respecto de la Administración General del Estado o de sus organismos públicos vinculados o dependientes.

2. En la denominación de las sociedades mercantiles que tengan la condición de estatales deberá figurar necesariamente la indicación «sociedad mercantil estatal» o su abreviatura «S.M.E.».

3.6.1.6. De los consorcios

1. Los consorcios son entidades de derecho público, con personalidad jurídica propia y diferenciada, creadas por varias Administraciones Públicas o entidades integrantes del sector público institucional, entre sí o con participación de entidades privadas, para el desarrollo de actividades de interés común a todas ellas dentro del ámbito de sus competencias.

2. Los consorcios podrán realizar actividades de fomento, prestacionales o de gestión común de servicios públicos y cuantas otras estén previstas en las leyes.

3. Los consorcios podrán utilizarse para la gestión de los servicios públicos, en el marco de los convenios de cooperación transfronteriza en que participen las Administraciones españolas, y de acuerdo con las previsiones de los convenios internacionales ratificados por España en la materia.

4. En la denominación de los consorcios deberá figurar necesariamente la indicación «consorcio» o su abreviatura «C».

3.6.1.7. fundaciones del sector público estatal

1. Son fundaciones del sector público estatal aquellas que reúnan alguno de los requisitos siguientes:

a) Que se constituyan de forma inicial, con una aportación mayoritaria, directa o indirecta, de la Administración General del Estado o cualquiera de los sujetos integrantes del sector público institucional estatal, o bien reciban dicha aportación con posterioridad a su constitución.

b) Que el patrimonio de la fundación esté integrado en más de un 50 por ciento por bienes o derechos aportados o cedidos por sujetos integrantes del sector público institucional estatal con carácter permanente.

c) La mayoría de derechos de voto en su patronato corresponda a representantes del sector público institucional estatal.

2. Son actividades propias de las fundaciones del sector público estatal las realizadas, sin ánimo de lucro, para el cumplimiento de fines de interés general, con independencia de que el servicio se preste de forma gratuita o mediante contraprestación.

Únicamente podrán realizar actividades relacionadas con el ámbito competencial de las entidades del sector público fundadoras, debiendo coadyuvar a la consecución de los fines de las mismas, sin que ello suponga la asunción de sus competencias propias, salvo previsión legal expresa. Las fundaciones no podrán ejercer potestades públicas.

En la denominación de las fundaciones del sector público estatal deberá figurar necesariamente la indicación «fundación del sector público» o su abreviatura «F.S.P.».

3.6.1.8. Fondos carentes de personalidad jurídica del sector público estatal

1. La creación de fondos carentes de personalidad jurídica en el sector público estatal se efectuará por Ley. La norma de creación determinará expresamente su adscripción a la Administración General del Estado.

2. Con independencia de su creación por Ley se extinguirán por norma de rango reglamentario.

3. En la denominación de los fondos carentes de personalidad jurídica deberá figurar necesariamente la indicación «fondo carente de personalidad jurídica» o su abreviatura «F.C.P.J».

3.6.2. Modos de gestión indirecta

La gestión indirecta de los servicios públicos engloba una serie de figuras por las que la Administración encomienda a los particulares la prestación de servicios públicos. Es esencial, por ello, en estas formas de gestión una disociación entre titularidad y gestión del servicio público. La primera ha de quedar siempre en poder de la Administración, lo que le permite, entre otros poderes, el de policía controlando la ejecución del servicio y definiendo las prestaciones que han de darse a los particulares.

Se regula actualmente en la **Ley 9/2017, de 8 de noviembre, de Contratos del Sector Público,** por la que se transponen al ordenamiento jurídico español las Directivas del Parlamento Europeo y del Consejo 2014/23/UE y 2014/24/UE, de 26 de febrero de 2014, la cual regula en su libro segundo de los contratos de de las administraciones públicas, regulando el contrato de concesión de servicios, estableciendo en su artículo 284 que:

"1. **La Administración podrá gestionar indirectamente, mediante contrato de concesión de servicios, los servicios de su titularidad o competencia siempre que sean susceptibles de explotación económica por particulares.** *En ningún caso podrán prestarse mediante concesión de servicios los que impliquen ejercicio de la autoridad inherente a los poderes públicos.*

2. Antes de proceder a la contratación de una concesión de servicios, en los casos en que se trate de servicios públicos, deberá haberse establecido su régimen jurídico, que declare expresamente que la actividad de que se trata queda asumida por la Administración respectiva como propia de la misma, determine el alcance de las prestaciones en favor de los administrados, y regule los aspectos de carácter jurídico, económico y administrativo relativos a la prestación del servicio.

3. El contrato expresará con claridad, en todo caso, el ámbito de la concesión, tanto en el orden funcional, como en el territorial." añadiendo los artículos 287 y 288:

Artículo 287. Ejecución del contrato de concesión de servicios

1. El concesionario está obligado a organizar y prestar el servicio con estricta sujeción a las características establecidas en el contrato y dentro de los plazos señalados en el mismo, y, en su caso, a la ejecución de las obras conforme al proyecto aprobado por el órgano de contratación.

2. En el caso de que la concesión recaiga sobre un servicio público, la Administración conservará los poderes de policía necesarios para asegurar la buena marcha de los servicios de que se trate.

3. Las concesiones de servicios únicamente podrán ser objeto de hipoteca en los casos en que conlleven la realización de obras o instalaciones fijas necesarias para la prestación del servicio, y exclusivamente en garantía de deudas que guarden relación con la concesión.

Artículo 288. Obligaciones generales

El concesionario estará sujeto al cumplimiento de las siguientes obligaciones:

a) Prestar el servicio con la continuidad convenida y garantizar a los particulares el derecho a utilizarlo en las condiciones que hayan sido establecidas y mediante el abono, en su caso, de la contraprestación económica comprendida en las tarifas aprobadas. En caso de extinción del contrato por cumplimiento del mismo, el contratista deberá seguir prestando el servicio hasta que se formalice el nuevo contrato.

b) Cuidar del buen orden del servicio, pudiendo dictar las oportunas instrucciones, sin perjuicio de los poderes de policía a los que se refiere el artículo anterior.

c) Indemnizar los daños que se causen a terceros como consecuencia de las operaciones que requiera el desarrollo del servicio, excepto cuando el daño sea producido por causas imputables a la Administración.

d) Respetar el principio de no discriminación por razón de nacionalidad, respecto de las empresas de Estados miembros de la Comunidad Europea o signatarios del Acuerdo sobre Contratación Pública de la Organización Mundial del Comercio, en los contratos de suministro consecuencia del de concesión de servicios.

e) Cualesquiera otras previstas en la legislación, en el pliego de cláusulas administrativas particulares y en el resto de la documentación contractual.

Además del contrato de concesión de servicios, la nueva ley y como novedad absoluta regula dentro del Contrato de servicios, un contrato de servicios, que lleve aparejado, la prestación directa a favor de la ciudadanía en su artículo 312 que establece:

Especialidades de los contratos de servicios que conlleven prestaciones directas a favor de la ciudadanía.

En los contratos de servicios que conlleven prestaciones directas a favor de la ciudadanía se deberán cumplir las siguientes prescripciones:

a) Antes de proceder a la contratación de un servicio de esta naturaleza deberá haberse establecido su régimen jurídico, que declare expresamente que la actividad de que se trata queda asumida por la Administración respectiva como propia de la misma, determine el alcance de las prestaciones en favor de los administrados, y regule los aspectos de carácter jurídico, económico y administrativo relativos a la prestación del servicio.

b) El adjudicatario de un contrato de servicios de este tipo estará sujeto a las obligaciones de prestar el servicio con la continuidad convenida y garantizar a los particulares el derecho a utilizarlo en las condiciones que hayan sido establecidas y mediante el abono en su caso de la contraprestación económica fijada; de cuidar del buen orden del servicio; de indemnizar los daños que se causen a terceros como consecuencia de las operaciones que requiera el desarrollo del servicio, con la salvedad de aquellos que sean producidos por causas imputables a la Administración;

y de entregar, en su caso, las obras e instalaciones a que esté obligado con arreglo al contrato en el estado de conservación y funcionamiento adecuados.

c) Los bienes afectos a los servicios regulados en el presente artículo no podrán ser objeto de embargo.

d) Si del incumplimiento por parte del contratista se derivase perturbación grave y no reparable por otros medios en el servicio y la Administración no decidiese la resolución del contrato, podrá acordar el secuestro o intervención del mismo hasta que aquella desaparezca. En todo caso, el contratista deberá abonar a la Administración los daños y perjuicios que efectivamente le haya ocasionado.

e) La Administración conservará los poderes de policía necesarios para asegurar la buena marcha de los servicios que conlleven prestaciones directas a favor de la ciudadanía de que se trate.

f) Con carácter general, la prestación de los servicios que conlleven prestaciones directas a favor de la ciudadanía se efectuará en dependencias o instalaciones diferenciadas de las de la propia Administración contratante. Si ello no fuera posible, se harán constar las razones objetivas que lo motivan. En estos casos, a efectos de evitar la confusión de plantillas, se intentará que los trabajadores de la empresa contratista no compartan espacios y lugares de trabajo con el personal al servicio de la Administración, y los trabajadores y los medios de la empresa contratista se identificarán mediante los correspondientes signos distintivos, tales como uniformidad o rotulaciones.

g) Además de las causas de resolución del contrato establecidas en el artículo 313, serán causas de resolución de los contratos de servicios tratados en el presente artículo, las señaladas en las letras c), d), y f) del artículo 294.

4. El fomento

Como postura intermedia entre la teoría individualista o liberal, para la que el Estado, distinto y separado de la sociedad, debe limitarse sólo y exclusivamente a garantizar el orden necesario para que se cumplan espontánea y libremente los fines humanos, y la socialista, que propugna la integración del Estado en la sociedad de forma que debe cumplir para sí los fines de ésta última, se encuentra la teoría intervencionista, fundada en la creencia de que el orden social establecido por la teoría liberal es injusto, razón por la cual pretende configurar la sociedad con arreglo a criterios de justicia.

Según esta última teoría, el Estado debe intervenir directamente en la ordenación de la sociedad y, además, cuando así resulte necesario, participar activamente en la realización de los fines sociales, convirtiéndose de esta manera en productor, comerciante, etc. De esta forma, el Estado garantiza, encauza, estimula y, en su caso, suple la iniciativa privada: en definitiva, da contenido al denominado principio de subsidiaridad.

En este orden de cosas, la configuración de España como un Estado social y democrático de Derecho, habilita a los poderes públicos, tal como se desprende del art. 9 de la Constitución, a promover las condiciones para que la libertad y la igualdad de los ciudadanos y grupos en que se integran sean reales y efectivas; a remover los obstáculos que dificulten o impidan su plenitud, y a facilitar la participación de los ciudadanos en la vida política, económica, cultural y social. En definitiva, como vemos, se plasma en nuestra Constitución una tipología de Estado necesariamente intervencionista.

4.1. Concepto

La acepción vulgar del fomento lo identifica con cualquier actividad pública que se encamine a mejorar en algún aspecto, especialmente en lo económico, las condiciones de vida del país, cualesquiera que sean los medios que para ello se utilicen.

Así, Jordana de Pozas, define el fomento como "la acción de la Administración encaminada a proteger o promover aquellas actividades, establecimientos o riquezas debidos a los particulares y que satisfacen necesidades públicas o se estiman de utilidad general, sin usar la coacción ni crear servicios públicos". No obstante, Garrido Falla y Entrena Cuesta, aún aceptando dicho concepto, lo corrigen levemente al estimar que la actividad fomentada no ha de ser exclusivamente de los particulares o privada, sino que puede ser también actividad de otros entes públicos.

Por su parte, García de Enterría lo define como la actividad jurídica de la Administración que comporta el otorgamiento de auxilios directos o indirectos para servicios o actividades que complementen o suplan los atribuidos al ente público.

La actividad de fomento responde, pues, a las siguientes características:

Se trata de una actividad protagonizada por la Administración Pública.

Su finalidad es la de proteger o promover servicios, actividades, establecimientos o riquezas consideradas de carácter público.

Por lo general, sus destinatarios son los particulares, aunque también pueden serlo los entes públicos, los cuales, sin sentirse coaccionados, cooperan voluntariamente en la satisfacción de necesidades públicas o de utilidad general.

4.2. Los medios o técnicas de fomento

A pesar de sus múltiples variedades, Jordana de Pozas contempla las técnicas de fomento con arreglo a un doble criterio:

1. **Según la forma de actuación sobre la voluntad de los sujetos fomentados, los medios pueden ser positivos y negativos.**

   Los primeros otorgan prestaciones, bienes o ventajas a favor del titular al que se trata de estimular, mientras que los negativos imponen obstáculos o cargas que dificultan indirectamente aquellas actividades opuestas a las que se quieren fomentar, como puede ser un impuesto sobre las bebidas alcohólicas o sobre el tabaco, siempre que tal gravamen no se imponga con fines fiscales sino con fines disuasorios.

   No obstante lo anterior, hay que aceptar con reservas que los medios negativos, por su naturaleza indirectamente coactiva y negativa, puedan ser considerados, en sentido estricto, medios de fomento.

2. **Según el tipo de ventajas que otorgan, los medios de fomento pueden ser de tres clases: honoríficos, económicos y jurídicos**, correspondiéndose con los tres tipos principales de estímulos que mueven la acción humana: el honor, el provecho y el derecho.

Medios honoríficos

Dentro de la categoría de los honoríficos se encuentran todos aquellos medios de fomento que tienen su base fundamental en el sentimiento del honor y la natural tendencia hacia la diferenciación y distinción, hablándose en este caso de concesión de títulos honoríficos, condecoraciones civiles y militares, y menciones especiales que se otorgan a individuos concretos.

Ahora bien, un sector de la doctrina pone de manifiesto que con este tipo de medidas, más que de técnicas administrativas de fomento cabría hablar de facultades de la Administración para recompensar a sus ciudadanos distinguidos, paralela y de signo contrario a la potestad sancionadora.

Los diferentes títulos y recompensas susceptibles de concederse en la actualidad son los siguientes:

- Títulos nobiliarios.
- Condecoraciones civiles y militares.
- Admisiones en una Orden o Colectividad determinada.
- Menciones especiales a empresas y particulares (títulos de "empresa ejemplar", "hijo adoptivo", "hijo predilecto", etc).

- Calificaciones o menciones especiales en centros docentes ("sobresaliente cum laude", "profesor emérito", etc).

No obstante la imposibilidad de unificar el variado régimen jurídico de los diversos medios honoríficos de fomento, podemos decir que el acto de concesión suele ser discrecional, aun cuando pueda exigirse la previa incoación de un expediente o se reserve aquél a las más altas autoridades u órganos del Estado, como sucede en el caso de concesión de títulos nobiliarios y que el beneficiario adquiere, no sólo derechos, sino también determinadas obligaciones.

A decir verdad, los medios honoríficos, a pesar de ser los más antiguos medios de fomento que se conocen, hoy en día han perdido la eficacia que tuvieron antaño, dada la nueva conciencia social de los hombres.

Medios económicos

Dentro de las ventajas económicas cabe distinguir, a su vez, entre:

- Aquellas de carácter real, consistentes en el uso o aprovechamiento de una cosa de dominio público o de propiedad administrativa, y
- Las que tienen carácter financiero, o aquellas que reciben determinados sujetos, bien porque la Administración acuerda un desembolso económico a favor de ellos o bien porque les exime de ciertas obligaciones de carácter fiscal.

De aquí la distinción entre auxilios financieros directos e indirectos. Entre los primeros se encuentran:

Anticipos. Son préstamos sin interés o a tipos más reducidos que los del mercado.

Premios y primas a la producción. Se trata de auxilios a los que el beneficiario tiene derecho si reúne determinados requisitos legalmente establecidos.

Subsidios. No son otra cosa que premios o primas de percepción periódica.

Subvenciones. Aunque en sentido amplio todas las ventajas económicas puede decirse que son subvenciones, en sentido estricto la subvención se caracteriza por la entrega, normalmente discrecional, de una cantidad de dinero a fondo perdido, esto es, sin obligación de reintegro.

El principal auxilio financiero indirecto lo constituyen las exenciones tributarias.

Sin duda alguna, la subvención es en la actualidad el medio de fomento más empleado.

4.3. Las subvenciones públicas: concepto de subvención

Para la concepción administrativista tradicional la subvención es una técnica propia de la administración de fomento que consiste en una atribución patrimonial, con el fin de llevar a cabo determinados comportamientos considerados de interés general a cuya consecución queda vinculado el beneficiario. En virtud del incentivo recibido el administrado se adhiere de una manera voluntaria a la realización de programas o planes que la Administración considera convenientes a los intereses generales.

La conexión de la idea de la subvención, como uno de los instrumentos o medios de la actividad de FOMENTO de las Administraciones Públicas, es generalmente admitida por la doctrina.

Para Fernández Farreres, la subvención sería la atribución patrimonial, principalmente entrega de dinero, que se recibe de una Administración a fondo perdido y que moralmente debe ser aplicado a una determinada finalidad. Nos interesa destacar de esta definición que la entrega de fondos públicos no es nota esencial del instituto de la subvención. "Basta, afirma el expresado autor, con que se produzca un desplazamiento patrimonial efectivo de los bienes que constituyen la ayuda sin necesidad de que sea siempre una ayuda dineraria. Por esta vía se produce un ensanchamiento del concepto ya que no se constriñe necesariamente a la entrega de fondos públicos. No obstante las diferencias con el concepto amplio son notables.

"Al quedar definida la subvención como atribución patrimonial no devolutiva, comprendiendo tanto las atribuciones dinerarias como las simplemente patrimoniales – en especie o in natura-, quedan claramente excluidas del concepto aquellas otras figuras como las exenciones, con fines de incentivo, más allá de las estrictamente fiscales" (G. Fernández Farreres: "La Subvención: concepto y régimen jurídico. IEF 1983).

En el ámbito del Derecho presupuestario las aportaciones doctrinales han sido escasas, pero en todo caso se ha subrayado el carácter de gasto público de las mismas, y, en último extremo, su traducción en una aportación dineraria con cargo a los Presupuestos.

Subvención en sentido amplio equivale a gasto de transferencia. Estos gastos aparecen presupuestados en los capítulos 4 y 7 de los Presupuestos Generales del Estado, destinados, respectivamente, a agrupar los créditos para transferencias corrientes y transferencias de capital.

El "concepto legal" de Subvención lo formula la nueva LEY GENERAL DE SUBVENCIONES Ley 38/2003, de 17 de noviembre, en su artículo 2 estableciendo:

Artículo 2. Concepto de subvención

1. Se entiende por subvención, a los efectos de esta ley, toda disposición dineraria realizada por cualesquiera de los sujetos contemplados en el artículo 3 de esta ley, a favor de personas públicas o privadas, y que cumpla los siguientes requisitos:

a) Que la entrega se realice sin contraprestación directa de los beneficiarios.

b) Que la entrega esté sujeta al cumplimiento de un determinado objetivo, la ejecución de un proyecto, la realización de una actividad, la adopción de un comportamiento singular, ya realizados o por desarrollar, o la concurrencia de una situación, debiendo el beneficiario cumplir las obligaciones materiales y formales que se hubieran establecido.

c) Que el proyecto, la acción, conducta o situación financiada tenga por objeto el fomento de una actividad de utilidad pública o interés social o de promoción de una finalidad pública.

2. No están comprendidas en el ámbito de aplicación de esta ley las aportaciones dinerarias entre diferentes Administraciones públicas, para financiar globalmente la actividad de la Administración a la que vayan destinadas, y las que se realicen entre los distintos agentes de una Administración cuyos presupuestos se integren en los Presupuestos Generales de la Administración a la que pertenezcan, tanto si se destinan a financiar globalmente su actividad como a la realización de actuaciones concretas a desarrollar en el marco de las funciones que tenga atribuidas, siempre que no resulten de una convocatoria pública.

3. Tampoco estarán comprendidas en el ámbito de aplicación de esta ley las aportaciones dinerarias que en concepto de cuotas, tanto ordinarias como extraordinarias, realicen las entidades que integran la Administración local a favor de las asociaciones a que se refiere la disposición adicional quinta de la Ley 7/1985, de 2 de abril, Reguladora de las Bases del Régimen Local.

4. **No tienen carácter de subvenciones los siguientes supuestos:**

a) Las prestaciones contributivas y no contributivas del Sistema de la Seguridad Social.

b) Las pensiones asistenciales por ancianidad a favor de los españoles no residentes en España, en los términos establecidos en su normativa reguladora.

c) También quedarán excluidas, en la medida en que resulten asimilables al régimen de prestaciones no contributivas del Sistema de Seguridad Social, las prestaciones asistenciales y los subsidios económicos a favor de españoles no residentes en España, así como las prestaciones a favor de los afectados por el virus de inmunodeficiencia humana y de los minusválidos.

d) Las prestaciones a favor de los afectados por el síndrome tóxico y las ayudas sociales a las personas con hemofilia u otras coagulopatías congénitas que hayan desarrollado la hepatitis C reguladas en la Ley 14/2002, de 5 de junio.

e) Las prestaciones derivadas del sistema de clases pasivas del Estado, pensiones de guerra y otras pensiones y prestaciones por razón de actos de terrorismo.

f) Las prestaciones reconocidas por el Fondo de Garantía Salarial.

g) Los beneficios fiscales y beneficios en la cotización a la Seguridad Social.

h) El crédito oficial, salvo en los supuestos en que la Administración pública subvencione al prestatario la totalidad o parte de los intereses u otras contraprestaciones de la operación de crédito.

4.3.1. Principios que rigen la concesión de subvenciones

Ya la exposición de motivos cita como primer principio que orienta la legislación en materia de subvenciones, el principio de transparencia, dicho principio junto con otros se recoge en el artículo 8º de la LGS que establece:

Artículo 8. Principios generales

1. Los órganos de las Administraciones públicas o cualesquiera entes que propongan el establecimiento de subvenciones, con carácter previo, deberán concretar en un plan estratégico de subvenciones los objetivos y efectos que se pretenden con su aplicación, el plazo necesario para su consecución, los costes previsibles y sus fuentes de financiación, **supeditándose en todo caso al cumplimiento de los objetivos de estabilidad presupuestaria**.

2. Cuando los objetivos que se pretenden conseguir afecten al mercado, su orientación debe dirigirse a corregir fallos claramente identificados y sus efectos deben ser mínimamente distorsionadores.

3. La gestión de las subvenciones a que se refiere esta Ley se realizará de acuerdo con los siguientes principios:

a) Publicidad, transparencia, concurrencia, objetividad, igualdad y no discriminación.

b) Eficacia en el cumplimiento de los objetivos fijados por la Administración otorgante.

c) Eficiencia en la asignación y utilización de los recursos públicos.

4.3.3. Requisitos para el otorgamiento de subvenciones

Los requisitos que la nueva Ley General de Subvenciones establece, para que se otorguen subvenciones, vienen recogidos en el artículo 9º, que establece:

1. En aquellos casos en los que, de acuerdo con los artículos 87 a 89 del Tratado Constitutivo de la Unión Europea , deban comunicarse los proyectos para el establecimiento, la concesión o la modificación de una subvención, las Administraciones públicas o cualesquiera entes deberán comunicar a la Comisión de la Unión Europea los oportunos proyectos de acuerdo con el artículo 10 de la Ley 30/1992, de 26 de noviembre , de Régimen Jurídico de las Administraciones Públicas y del Procedimiento Administrativo Común, y en los términos que se establezcan reglamentariamente, al objeto que se declare la compatibilidad de las mismas. En estos casos, no se podrá hacer efectiva una subvención en tanto no sea considerada compatible con el mercado común.

2. Con carácter previo al otorgamiento de las subvenciones, deberán aprobarse las normas que establezcan las bases reguladoras de concesión en los términos establecidos en esta Ley.

3. Las bases reguladoras de cada tipo de subvención se publicarán en el «Boletín Oficial del Estado» o en el diario oficial correspondiente.

4. Adicionalmente, el otorgamiento de una subvención debe cumplir los siguientes requisitos:

a) La competencia del órgano administrativo concedente.

b) La existencia de crédito adecuado y suficiente para atender las obligaciones de contenido económico que se derivan de la concesión de la subvención.

c) La tramitación del procedimiento de concesión de acuerdo con las normas que resulten de aplicación.

d) La fiscalización previa de los actos administrativos de contenido económico, en los términos previstos en las Leyes.

e) La aprobación del gasto por el órgano competente para ello.

4.3.4. Órganos competentes para conceder subvenciones

1. **Los Ministros y los Secretarios de Estado en la Administración General del Estado y los presidentes o directores de los organismos y las entidades públicas vinculados o dependientes de la Administración General del Estado,** cualquiera que sea el régimen jurídico a que hayan de sujetar su actuación, son los órganos competentes para conceder subvenciones, en sus respectivos ámbitos, previa consignación presupuestaria para este fin.

2. No obstante lo dispuesto en el apartado anterior, para autorizar la concesión de subvenciones **de cuantía superior a 12 millones de euros será necesario acuerdo del Consejo de Ministros** o, en el caso de que así lo establezca la normativa reguladora de la subvención, de la Comisión Delegada del Gobierno para Asuntos Económicos.

En el caso de subvenciones concedidas en régimen de concurrencia competitiva, la autorización del Consejo de Ministros a que se refiere el párrafo anterior deberá obtenerse antes de la aprobación de la convocatoria cuya cuantía supere el citado límite.

La autorización a que se refiere el párrafo anterior no implicará la aprobación del gasto, que, en todo caso, corresponderá al órgano competente.

3. Las facultades para conceder subvenciones, a que se refiere este artículo, podrán ser objeto de desconcentración mediante real decreto acordado en Consejo de Ministros.

4. La competencia para conceder subvenciones en las corporaciones locales corresponde a los órganos que tengan atribuidas tales funciones en la legislación de régimen local.

4.3.5. Beneficiarios

1. Tendrá la consideración de beneficiario de subvenciones la persona que haya de realizar la actividad que fundamentó su otorgamiento o que se encuentre en la situación que legitima su concesión.

2. Cuando el beneficiario sea una persona jurídica, y siempre que así se prevea en las bases reguladoras, los miembros asociados del beneficiario que se comprometan a efectuar la totalidad o parte de las actividades que fundamentan la concesión de la subvención en nombre y por cuenta del primero tendrán igualmente la consideración de beneficiarios.

Requisitos para obtener la condición de beneficiario

Dichos requisitos vienen recogidos en los artículos 13 y 14 de la Ley general de Subvenciones que establecen:

Artículo 13. Requisitos para obtener la condición de beneficiario o entidad colaboradora

1. *Podrán obtener la condición de beneficiario o entidad colaboradora las personas o entidades que se encuentren en la situación que fundamenta la concesión de la subvención o en las que concurran las circunstancias previstas en las bases reguladoras y en la convocatoria.*

2. **No podrán obtener la condición de beneficiario** o entidad colaboradora de las subvenciones reguladas en esta ley las personas o entidades en quienes concurra alguna de las circunstancias siguientes, salvo que por la naturaleza de la subvención se exceptúe por su normativa reguladora:

a) Haber sido condenadas mediante sentencia firme a la pena de pérdida de la posibilidad de obtener subvenciones o ayudas públicas o por delitos de prevaricación, cohecho, malversación de caudales públicos, tráfico de influencias, fraudes y exacciones ilegales o delitos urbanísticos.

b) Haber solicitado la declaración de concurso voluntario, haber sido declarados insolventes en cualquier procedimiento, hallarse declarados en concurso, salvo que en éste haya adquirido la eficacia un convenio, estar sujetos a intervención judicial o haber sido inhabilitados conforme a la Ley 22/2003, de 9 de julio, Concursal, sin que haya concluido el período de inhabilitación fijado en la sentencia de calificación del concurso.

c) Haber dado lugar, por causa de la que hubiesen sido declarados culpables, a la resolución firme de cualquier contrato celebrado con la Administración.

d) Estar incursa la persona física, los administradores de las sociedades mercantiles o aquellos que ostenten la representación legal de otras personas jurídicas, en alguno de los supuestos de la Ley 3/2015, de 30 de marzo, reguladora del ejercicio del alto cargo de la Administración General del Estado, de la Ley 53/1984, de 26 de diciembre, de incompatibilidades del Personal al Servicio de las Administraciones Públicas, o tratarse de cualquiera de los cargos electivos regulados en la Ley Orgánica 5/1985, de 19 de junio, del Régimen Electoral General, en los términos establecidos en la misma o en la normativa autonómica que regule estas materias.

e) No hallarse al corriente en el cumplimiento de las obligaciones tributarias o frente a la Seguridad Social impuestas por las disposiciones vigentes, en la forma que se determine reglamentariamente.

f) Tener la residencia fiscal en un país o territorio calificado reglamentariamente como paraíso fiscal.

g) No hallarse al corriente de pago de obligaciones por reintegro de subvenciones en los términos que reglamentariamente se determinen.

h) Haber sido sancionado mediante resolución firme con la pérdida de la posibilidad de obtener subvenciones conforme a ésta u otras leyes que así lo establezcan.

i) No podrán acceder a la condición de beneficiarios las agrupaciones previstas en el artículo 11.3, párrafo segundo cuando concurra alguna de las prohibiciones anteriores en cualquiera de sus miembros.

j) Las prohibiciones de obtener subvenciones afectarán también a aquellas empresas de las que, por razón de las personas que las rigen o de otras circunstancias, pueda presumirse que son continuación o que derivan, por transformación, fusión o sucesión, de otras empresas en las que hubiesen concurrido aquéllas.

3. En ningún caso podrán obtener la condición de beneficiario o entidad colaboradora de las subvenciones reguladas en esta ley las asociaciones incursas en las causas de prohibición previstas en los apartados 5 y 6 del artículo 4 de la Ley Orgánica 1/2002, de 22 de marzo, reguladora del Derecho de Asociación.

Tampoco podrán obtener la condición de beneficiario o entidad colaboradora las asociaciones respecto de las que se hubiera suspendido el procedimiento administrativo de inscripción por encontrarse indicios racionales de ilicitud penal, en aplicación de lo dispuesto en el artículo 30.4 de la Ley Orgánica 1/2002, en tanto no recaiga resolución judicial firme en cuya virtud pueda practicarse la inscripción en el correspondiente registro.

4. Las prohibiciones contenidas en los párrafos b), d), e), f), g), h), i) y j) del apartado 2 y en el apartado 3 de este artículo se apreciarán de forma automática y subsistirán mientras concurran las circunstancias que, en cada caso, las determinen.

5. Las prohibiciones contenidas en los párrafos a) y h) del apartado 2 de este artículo se apreciarán de forma automática. El alcance de la prohibición será el que determine la sentencia o resolución firme. En su defecto, el alcance se fijará de acuerdo con el procedimiento determinado reglamentariamente, sin que pueda exceder de cinco años en caso de que la prohibición no derive de sentencia firme.

6. La apreciación y alcance de la prohibición contenida en el párrafo c) del apartado 2 de este artículo se determinará de acuerdo con lo establecido en el artículo 21, en relación con el artículo 20.c) del texto refundido de la Ley de Contratos de las Administraciones Públicas, aprobado por el Real Decreto Legislativo 2/2002, de 16 de junio.

7. La justificación por parte de las personas o entidades de no estar incursos en las prohibiciones para obtener la condición de beneficiario o entidad colaboradora, señaladas en los apartados 2 y 3 de este artículo, podrá realizarse mediante testimonio judicial, certificados telemáticos o transmisiones de datos, de acuerdo con lo establecido en la normativa reglamentaria que regule la utilización de técnicas electrónicas, informáticas y telemáticas por la Administración General del Estado o de las comunidades autónomas, o certificación administrativa, según los casos, y cuando dicho documento no pueda ser expedido por la autoridad competente, podrá ser sustituido por una declaración responsable otorgada ante una autoridad administrativa o notario público.

Entidades colaboradoras

1. Será entidad colaboradora aquella que, actuando en nombre y por cuenta del órgano concedente a todos los efectos relacionados con la subvención, entregue y distribuya los fondos públicos a los beneficiarios cuando así se establezca en las bases reguladoras, o colabore en la gestión de la subvención sin que se produzca la previa entrega y distribución de los fondos recibidos. Estos fondos, en ningún caso, se considerarán integrantes de su patrimonio.

Igualmente tendrán esta condición los que habiendo sido denominados beneficiarios conforme a la normativa comunitaria tengan encomendadas, exclusivamente, las funciones enumeradas en el párrafo anterior.

2. Podrán ser consideradas entidades colaboradoras los organismos y demás entes públicos, las sociedades mercantiles participadas íntegra o mayoritariamente por las Administraciones públicas, organismos o entes de derecho público y las asociaciones a que se refiere la disposición adicional quinta de la Ley 7/1985, de 2 de abril, Reguladora de las Bases del Régimen Local, así como las demás personas jurídicas públicas o privadas que reúnan las condiciones de solvencia y eficacia que se establezcan.

3. Las Comunidades Autónomas y las corporaciones locales podrán actuar como entidades colaboradoras de las subvenciones concedidas por la Administración General del Estado, sus organismos públicos y demás entes que tengan que ajustar su actividad al derecho público. De igual forma, y en los mismos términos, la Administración General del Estado y sus organismos públicos podrán actuar como entidades colaboradoras respecto de las subvenciones concedidas por las Comunidades Autónomas y corporaciones locales.

4.3.6. Procedimiento de adjudicación de las subvenciones

El artículo 22 de la LGS, establece los distintos procedimientos de concesión de subvenciones estableciendo al efecto:

1. **El procedimiento ordinario de concesión de subvenciones se tramitará en régimen de concurrencia competitiva.** A efectos de esta ley, tendrá la consideración de concurrencia competitiva el procedimiento mediante el cual la concesión de las subvenciones se realiza mediante la comparación de las solicitudes presentadas, a fin de establecer una prelación entre las mismas de acuerdo con los criterios de valoración previamente fijados en las bases reguladoras y en la convocatoria, y adjudicar, con el límite fijado en la convocatoria dentro del crédito disponible, aquellas que hayan obtenido mayor valoración en aplicación de los citados criterios.

En este supuesto, y sin perjuicio de las especialidades que pudieran derivarse de la capacidad de autoorganización de las Administraciones públicas, la propuesta de concesión se formulará al órgano concedente por un órgano colegiado a través del órgano instructor. La composición del órgano colegiado será la que establezcan las correspondientes bases reguladoras.

Excepcionalmente, siempre que así se prevea en las bases reguladoras, el órgano competente procederá al prorrateo, entre los beneficiarios de la subvención, del importe global máximo destinado a las subvenciones.

2. **Podrán concederse de forma directa las siguientes subvenciones:**

a) Las previstas nominativamente en los Presupuestos Generales del Estado, de las Comunidades Autónomas o de las Entidades Locales, en los términos recogidos en los convenios y en la normativa reguladora de estas subvenciones.

   A efectos de lo establecido en el párrafo anterior, se entiende por subvención prevista nominativamente en los Presupuestos Generales del Estado aquella en que al menos su dotación presupuestaria y beneficiario aparezcan determinados en los estados de gasto del Presupuesto. El objeto de estas subvenciones deberá quedar determinado expresamente en el correspondiente convenio de colaboración o resolución de concesión que, en todo caso, deberá ser congruente con la clasificación funcional y económica del correspondiente crédito presupuestario.

b) Aquellas cuyo otorgamiento o cuantía venga impuesto a la Administración por una norma de rango legal, que seguirán el procedimiento de concesión que les resulte de aplicación de acuerdo con su propia normativa.

c) Con carácter excepcional, aquellas otras subvenciones en que se acrediten razones de interés público, social, económico o humanitario, u otras debidamente justificadas que dificulten su convocatoria pública.

3. No podrán otorgarse subvenciones por cuantía superior a la que se determine en la convocatoria.

Procedimiento de concesión en régimen de concurrencia competitiva.

1. El procedimiento para la concesión de subvenciones se inicia siempre de oficio.

2. La iniciación de oficio se realizará siempre mediante convocatoria aprobada por el órgano competente, que desarrollará el procedimiento para la concesión de las subvenciones convocadas según lo establecido en este capítulo y de acuerdo con los principios de la Ley 30/1992, de 26 de noviembre, de Régimen

Jurídico de las Administraciones Públicas y del Procedimiento Administrativo Común. La convocatoria deberá publicarse en la BDNS y un extracto de la misma, en el "Boletín Oficial del Estado" de acuerdo con el procedimiento establecido en el artículo 20.8. La convocatoria tendrá necesariamente el siguiente contenido:

a) Indicación de la disposición que establezca, en su caso, las bases reguladoras y del diario oficial en que está publicada, salvo que en atención a su especificidad éstas se incluyan en la propia convocatoria.

b) Créditos presupuestarios a los que se imputa la subvención y cuantía total máxima de las subvenciones convocadas dentro de los créditos disponibles o, en su defecto, cuantía estimada de las subvenciones.

c) Objeto, condiciones y finalidad de la concesión de la subvención.

d) Expresión de que la concesión se efectúa mediante un régimen de concurrencia competitiva.

e) Requisitos para solicitar la subvención y forma de acreditarlos.

f) Indicación de los órganos competentes para la instrucción y resolución del procedimiento.

g) Plazo de presentación de solicitudes, a las que serán de aplicación las previsiones contenidas en el apartado 3 de este artículo.

h) Plazo de resolución y notificación.

i) Documentos e informaciones que deben acompañarse a la petición.

j) En su caso, posibilidad de reformulación de solicitudes de conformidad con lo dispuesto en el artículo 27 de esta ley.

k) Indicación de si la resolución pone fin a la vía administrativa y, en caso contrario, órgano ante el que ha de interponerse recurso de alzada.

l) Criterios de valoración de las solicitudes.

m) Medio de notificación o publicación, de conformidad con lo previsto en el artículo 59 de la Ley 30/1992, de 26 de noviembre, de Régimen Jurídico de las Administraciones Públicas y del Procedimiento Administrativo Común.

3. Las solicitudes de los interesados acompañarán los documentos e informaciones determinados en la norma o convocatoria, salvo que los documentos exigidos ya estuvieran en poder de cualquier órgano de la Administración actuante, en cuyo caso el solicitante podrá acogerse a lo establecido en el párrafo f) del artículo 35 de la Ley 30/1992, de 26 de noviembre, de Régimen Jurídico de las Administraciones Públicas y del Procedimiento Administrativo Común, siempre que se haga constar la fecha y el órgano o dependencia en que fueron presentados o, en su caso, emitidos, y cuando no hayan transcurrido más de cinco años desde la finalización del procedimiento al que correspondan.

En los supuestos de imposibilidad material de obtener el documento, el órgano competente podrá requerir al solicitante su presentación, o, en su defecto, la acreditación por otros medios de los requisitos a que se refiere el documento, con anterioridad a la formulación de la propuesta de resolución.

La presentación telemática de solicitudes y documentación complementaria se realizará en los términos previstos en la disposición adicional decimoctava de la Ley 30/1992, de 26 de noviembre, de Régimen Jurídico de las Administraciones Públicas y del Procedimiento Administrativo Común.

A efectos de lo previsto en el apartado 3 de la citada disposición adicional decimoctava, la presentación de la solicitud por parte del beneficiario conllevará la autorización al órgano gestor para recabar los certificados a emitir por la Agencia Estatal de Administración Tributaria y por la Tesorería General de la Seguridad Social.

4. A efectos de lo dispuesto en los apartados anteriores, la normativa reguladora de la subvención podrá admitir la sustitución de la presentación de determinados documentos por una declaración responsable del solicitante. En este caso, con anterioridad a la propuesta de resolución de concesión de la subvención se deberá requerir la presentación de la documentación que acredite la realidad de los datos contenidos en la citada declaración, en un plazo no superior a 15 días.

5. Si la solicitud no reúne los requisitos establecidos en la norma de convocatoria, el órgano competente requerirá al interesado para que la subsane en el plazo máximo e improrrogable de 10 días, indicándole que si no lo hiciese se le tendrá por desistido de su solicitud, previa resolución que deberá ser dictada en los términos previstos en el artículo 71 de la Ley 30/1992, de 26 de noviembre, de Régimen Jurídico de las Administraciones Públicas y del Procedimiento Administrativo Común.

Procedimiento de concesión directa

1. La resolución de concesión y, en su caso, los convenios a través de los cuales se canalicen estas subvenciones establecerán las condiciones y compromisos aplicables de conformidad con lo dispuesto en esta ley.

Los convenios serán el instrumento habitual para canalizar las subvenciones previstas nominativamente en los Presupuestos Generales del Estado, o en los de las corporaciones locales, sin perjuicio de lo que a este respecto establezca su normativa reguladora.

2. El Gobierno aprobará por real decreto, a propuesta del ministro competente y previo informe del Ministerio de Hacienda, las normas especiales reguladoras de las subvenciones reguladas en el párrafo c) del apartado 2 del artículo 22 de esta ley.

3. El real decreto a que se hace referencia en el apartado anterior deberá ajustarse a las previsiones contenidas en esta ley, salvo en lo que afecte a la aplicación de los principios de publicidad y concurrencia, y contendrá como mínimo los siguientes extremos:

a) Definición del objeto de las subvenciones, con indicación del carácter singular de las mismas y las razones que acreditan el interés público, social, económico o humanitario y aquéllas que justifican la dificultad de su convocatoria pública.
b) Régimen jurídico aplicable.
c) Beneficiarios y modalidades de ayuda.
d) Procedimiento de concesión y régimen de justificación de la aplicación dada a las subvenciones por los beneficiarios y, en su caso, entidades colaboradoras.

4.3.7. Reintegro de subvenciones

Como **causas de reintegro**, la LGS establece, además de las de nulidad y anulabilidad conforme a la LPAC, las siguientes (art. 37):

a) Obtención de la subvención falseando las condiciones requeridas para ello u ocultando aquéllas que lo hubieran impedido.
b) Incumplimiento total o parcial del objetivo, de la actividad, del proyecto o la no adopción del comportamiento que fundamentan la concesión de la subvención.
c) Incumplimiento de la obligación de justificación o la justificación insuficiente, en los términos establecidos en el artículo 30 de esta ley, y en su caso, en las normas reguladoras de la subvención.
d) Incumplimiento de la obligación de adoptar las medidas de difusión contenidas en el apartado 4 del artículo 18 de esta ley.
e) Resistencia, excusa, obstrucción o negativa a las actuaciones de comprobación y control financiero previstas en los artículos 14 y 15 de esta ley, así como el incumplimiento de las obligaciones contables, registrales o de conservación de documentos cuando de ello se derive la imposibilidad de verificar el empleo dado a los fondos percibidos, el cumplimiento del objetivo, la realidad y regularidad de las actividades subvencionadas, o la concurrencia de subvenciones, ayudas, ingresos o recursos para la misma finalidad, procedentes de cualesquiera Administraciones o entes públicos o privados, nacionales, de la Unión Europea o de organismos internacionales.

f) Incumplimiento de las obligaciones impuestas por la Administración a las entidades colaboradoras y beneficiarios, así como de los compromisos por éstos asumidos, con motivo de la concesión de la subvención, siempre que afecten o se refieran al modo en que se han de conseguir los objetivos, realizar la actividad, ejecutar el proyecto o adoptar el comportamiento que fundamenta la concesión de la subvención.

g) Incumplimiento de las obligaciones impuestas por la Administración a las entidades colaboradoras y beneficiarios, así como de los compromisos por éstos asumidos, con motivo de la concesión de la subvención, distintos de los anteriores, cuando de ello se derive la imposibilidad de verificar el empleo dado a los fondos percibidos, el cumplimiento del objetivo, la realidad y regularidad de las actividades subvencionadas, o la concurrencia de subvenciones, ayudas, ingresos o recursos para la misma finalidad, procedentes de cualesquiera Administraciones o entes públicos o privados, nacionales, de la Unión Europea o de organismos internacionales.

h) La adopción, en virtud de lo establecido en los artículos 87 a 89 del Tratado de la Unión Europea, de una decisión de la cual se derive una necesidad de reintegro.

i) En los demás supuestos previstos en la normativa reguladora de la subvención.

2. Cuando el cumplimiento por el beneficiario o, en su caso, entidad colaboradora se aproxime de modo significativo al cumplimiento total y se acredite por éstos una actuación inequívocamente tendente a la satisfacción de sus compromisos, la cantidad a reintegrar vendrá determinada por la aplicación de los criterios enunciados en el párrafo n) del apartado 3 del artículo 17 de esta ley o, en su caso, las establecidas en la normativa autonómica reguladora de la subvención.

3. Igualmente, en el supuesto contemplado en el apartado 3 del artículo 19 de esta ley procederá el reintegro del exceso obtenido sobre el coste de la actividad subvencionada, así como la exigencia del interés de demora correspondiente.

Tema 6

La responsabilidad patrimonial de las Administraciones públicas. Concepto y clases. Requisitos generales. Efectos

eRodio ediciones

Índice esquemático

1. **La responsabilidad patrimonial de la Administración**
2. **Principios de la responsabilidad patrimonial**
   - 2.1. La responsabilidad patrimonial de las Administraciones Públicas
   - 2.2. Responsabilidad de las autoridades y personal al servicio de las Administraciones Públicas
3. **La efectividad de la reparación: la acción de responsabilidad**
   - 3.1. Especialidades en cuanto a la iniciación
   - 3.2. Especialidades en la Instrucción del expediente
   - 3.3. Especialidades en la finalización del procedimiento
   - 3.4. Especialidades en la Tramitación simplificada de procedimientos

1. La responsabilidad patrimonial de la Administración

La responsabilidad patrimonial de la Administración fue reconocida por primera vez en nuestro país mediante la Ley de Expropiación Forzosa, de 16 de diciembre de 1954,(en adelante LEF) la cual en su artículo 121, estableció con carácter general la responsabilidad objetiva y siempre directa de la Administración. Posteriormente, la Ley de Régimen Jurídico de la Administración del Estado de 1957, completó y precisó el sistema en la esfera estatal.

Con estos precedentes, la Constitución de 1978 elevó al máximo rango la responsabilidad patrimonial de la Administración al decir en su artículo 106.2 que "los particulares, en los términos establecidos en la ley, tendrán derecho a ser indemnizados por toda lesión que sufran en cualesquiera de sus bienes y derechos, salvo en los casos de fuerza mayor, siempre que la lesión sea consecuencia del funcionamiento de los servicios públicos".

La determinación legal a que hace referencia el artículo trascrito, se encuentra contenida en LPAC, que ya en su artículo 1° al regular el objeto de la ley, establece que la Ley 39/2015, LPAC "tiene por objeto regular los requisitos de validez y eficacia de los actos administrativos, el procedimiento administrativo común a todas las Administraciones Públicas, incluyendo el sancionador y el de reclamación de responsabilidad de las Administraciones Públicas,"

Dicho lo cual tenemos que hacer una precisión, efectivamente la ley 39/2015 LPAC, recoge lo que podríamos considerar la tramitación administrativa, y sus especialidades en el procedimiento de Responsabilidad Patrimonial, pero dichas normas deben verse necesariamente completadas con las de la Ley de Régimen Jurídico del Sector Público , Ley 40/2015, que establece los Principios de la Responsabilidad Patrimonial, que vemos a continuación.

2. Principios de la responsabilidad patrimonial

2.1. La responsabilidad patrimonial de las Administraciones Públicas

El art 32 de la Ley 40/2015 establece como Principios de la responsabilidad, los siguientes:

1. Los particulares tendrán derecho a ser indemnizados por las Administraciones Públicas correspondientes, de toda lesión que sufran en cualquiera de sus bie-

nes y derechos, siempre que la lesión sea consecuencia del funcionamiento normal o anormal de los servicios públicos salvo en los casos de fuerza mayor o de daños que el particular tenga el deber jurídico de soportar de acuerdo con la Ley.

La anulación en vía administrativa o por el orden jurisdiccional contencioso administrativo de los actos o disposiciones administrativas no presupone, por sí misma, derecho a la indemnización.

2. En todo caso, el daño alegado habrá de ser efectivo, evaluable económicamente e individualizado con relación a una persona o grupo de personas.

3. Asimismo, los particulares tendrán derecho a ser indemnizados por las Administraciones Públicas de toda lesión que sufran en sus bienes y derechos como consecuencia de la aplicación de actos legislativos de naturaleza no expropiatoria de derechos que no tengan el deber jurídico de soportar cuando así se establezca en los propios actos legislativos y en los términos que en ellos se especifiquen.

La responsabilidad del Estado legislador podrá surgir también en los siguientes supuestos, siempre que concurran los requisitos previstos en los apartados anteriores:

a) Cuando los daños deriven de la aplicación de una norma con rango de ley declarada inconstitucional, siempre que concurran los requisitos del apartado 4.
b) Cuando los daños deriven de la aplicación de una norma contraria al Derecho de la Unión Europea, de acuerdo con lo dispuesto en el apartado 5.

4. Si la lesión es consecuencia de la aplicación de una norma con rango de ley declarada inconstitucional, procederá su indemnización cuando el particular haya obtenido, en cualquier instancia, sentencia firme desestimatoria de un recurso contra la actuación administrativa que ocasionó el daño, siempre que se hubiera alegado la inconstitucionalidad posteriormente declarada.

5. Si la lesión es consecuencia de la aplicación de una norma declarada contraria al Derecho de la Unión Europea, procederá su indemnización cuando el particular haya obtenido, en cualquier instancia, sentencia firme desestimatoria de un recurso contra la actuación administrativa que ocasionó el daño, siempre que se hubiera alegado la infracción del Derecho de la Unión Europea posteriormente declarada. Asimismo, *deberán cumplirse todos los requisitos siguientes:*

a) La norma ha de tener por objeto conferir derechos a los particulares.
b) El incumplimiento ha de estar suficientemente caracterizado.
c) Ha de existir una relación de causalidad directa entre el incumplimiento de la obligación impuesta a la Administración responsable por el Derecho de la Unión Europea y el daño sufrido por los particulares.

6. La sentencia que declare la inconstitucionalidad de la norma con rango de ley o declare el carácter de norma contraria al Derecho de la Unión Europea producirá efectos desde la fecha de su publicación en el «Boletín Oficial del Estado» o en el «Diario Oficial de la Unión Europea», según el caso, salvo que en ella se establezca otra cosa.

7. La responsabilidad patrimonial del Estado por el funcionamiento de la Administración de Justicia se regirá por la Ley Orgánica 6/1985, de 1 de julio, del Poder Judicial.

8. El Consejo de Ministros fijará el importe de las indemnizaciones que proceda abonar cuando el Tribunal Constitucional haya declarado, a instancia de parte interesada, la existencia de un funcionamiento anormal en la tramitación de los recursos de amparo o de las cuestiones de inconstitucionalidad.

El procedimiento para fijar el importe de las indemnizaciones se tramitará por el Ministerio de Justicia, con audiencia al Consejo de Estado.

9. Se seguirá el procedimiento previsto en la Ley de Procedimiento Administrativo Común de las Administraciones Públicas para determinar la responsabilidad de las Administraciones Públicas por los daños y perjuicios causados a terceros durante la ejecución de contratos cuando sean consecuencia de una orden inmediata y directa de la Administración o de los vicios del proyecto elaborado por ella misma sin perjuicio de las especialidades que, en su caso establezca el Real Decreto Legislativo 3/2011, de 14 de noviembre, por el que se aprueba el texto refundido de la Ley de Contratos del Sector Público.

Artículo 33. Responsabilidad concurrente de las Administraciones Públicas

1. Cuando de la gestión dimanante de *fórmulas conjuntas de actuación entre varias Administraciones públicas se derive responsabilidad* en los términos previstos en la presente Ley, las Administraciones intervinientes responderán frente al particular, en todo caso, de forma solidaria. El instrumento jurídico regulador de la actuación conjunta podrá determinar la distribución de la responsabilidad entre las diferentes Administraciones públicas.

2. En otros supuestos de concurrencia de varias Administraciones en la producción del daño, la responsabilidad se fijará para cada Administración atendiendo a los criterios de competencia, interés público tutelado e intensidad de la intervención. La responsabilidad será solidaria cuando no sea posible dicha determinación.

3. En los casos previstos en el apartado primero, la Administración competente para incoar, instruir y resolver los procedimientos en los que exista una responsabilidad concurrente de varias Administraciones Públicas, será la fijada

en los Estatutos o reglas de la organización colegiada. En su defecto, la competencia vendrá atribuida a la Administración Pública con mayor participación en la financiación del servicio.

4. Cuando se trate de procedimientos en materia de responsabilidad patrimonial, la Administración Pública competente a la que se refiere el apartado anterior, deberá consultar a las restantes Administraciones implicadas para que, en el plazo de quince días, éstas puedan exponer cuanto consideren procedente.

Artículo 34. Indemnización

1. Sólo serán indemnizables las lesiones producidas al particular provenientes de daños que éste no tenga el deber jurídico de soportar de acuerdo con la Ley. No *serán indemnizables los daños que se deriven de hechos o circunstancias que no se hubiesen podido prever o evitar según el estado de los conocimientos de la ciencia o de la técnica existentes en el momento de producción de aquéllos,* todo ello sin perjuicio de las prestaciones asistenciales o económicas que las leyes puedan establecer para estos casos.

En los casos de responsabilidad patrimonial a los que se refiere los apartados 4 y 5 del artículo 32, serán indemnizables los daños producidos en el plazo de los cinco años anteriores a la fecha de la publicación de la sentencia que declare la inconstitucionalidad de la norma con rango de ley o el carácter de norma contraria al Derecho de la Unión Europea, salvo que la sentencia disponga otra cosa.

2. La indemnización se calculará con arreglo a los criterios de valoración establecidos en la legislación fiscal, de expropiación forzosa y demás normas aplicables, ponderándose, en su caso, las valoraciones predominantes en el mercado. En los casos de muerte o lesiones corporales se podrá tomar como referencia la valoración incluida en los baremos de la normativa vigente en materia de Seguros obligatorios y de la Seguridad Social.

3. La cuantía de la indemnización se calculará con referencia al día en que la lesión efectivamente se produjo, sin perjuicio de su actualización a la fecha en que se ponga fin al procedimiento de responsabilidad con arreglo al Índice de Garantía de la Competitividad, fijado por el Instituto Nacional de Estadística, y de los intereses que procedan por demora en el pago de la indemnización fijada, los cuales se exigirán con arreglo a lo establecido en la Ley 47/2003, de 26 de noviembre, General Presupuestaria, o, en su caso, a las normas presupuestarias de las Comunidades Autónomas.

4. La indemnización procedente podrá sustituirse por una compensación en especie o ser abonada mediante pagos periódicos, cuando resulte más adecuado para lograr la reparación debida y convenga al interés público, siempre que exista acuerdo con el interesado.

Artículo 35. Responsabilidad de Derecho Privado

Cuando las Administraciones Públicas actúen, directamente o a través de una entidad de derecho privado, en relaciones de esta naturaleza, su responsabilidad se exigirá de conformidad con lo previsto en los artículos 32 y siguientes, incluso cuando concurra con sujetos de derecho privado o la responsabilidad se exija directamente a la entidad de derecho privado a través de la cual actúe la Administración o a la entidad que cubra su responsabilidad.

2.2. Responsabilidad de las autoridades y personal al servicio de las Administraciones Públicas

Artículo 36. Exigencia de la responsabilidad patrimonial de las autoridades y personal al servicio de las Administraciones Públicas

1. Para hacer efectiva la responsabilidad patrimonial a que se refiere esta Ley, los particulares exigirán directamente a la Administración Pública correspondiente las indemnizaciones por los daños y perjuicios causados por las autoridades y personal a su servicio.

2. La Administración correspondiente, cuando hubiere indemnizado a los lesionados, exigirá de oficio en vía administrativa de sus autoridades y demás personal a su servicio la responsabilidad en que hubieran incurrido por dolo, o culpa o negligencia graves, previa instrucción del correspondiente procedimiento.

Para la exigencia de dicha responsabilidad y, en su caso, para su cuantificación, se ponderarán, entre otros, los siguientes criterios: el resultado dañoso producido, el grado de culpabilidad, la responsabilidad profesional del personal al servicio de las Administraciones públicas y su relación con la producción del resultado dañoso.

3. Asimismo, la Administración instruirá igual procedimiento a las autoridades y demás personal a su servicio por los daños y perjuicios causados en sus bienes o derechos cuando hubiera concurrido dolo, o culpa o negligencia graves.

4. El procedimiento para la exigencia de la responsabilidad al que se refieren los apartados 2 y 3, se sustanciará conforme a lo dispuesto en la Ley de Procedimiento Administrativo Común de las Administraciones Públicas y se iniciará por acuerdo del órgano competente que se notificará a los interesados y que constará, al menos, de los siguientes trámites:

a) Alegaciones durante un plazo de quince días.

b) Práctica de las pruebas admitidas y cualesquiera otras que el órgano competente estime oportunas durante un plazo de quince días.

c) Audiencia durante un plazo de diez días.

d) Formulación de la propuesta de resolución en un plazo de cinco días a contar desde la finalización del trámite de audiencia.

e) Resolución por el órgano competente en el plazo de cinco días.

5. La resolución declaratoria de responsabilidad pondrá fin a la vía administrativa.

6. Lo dispuesto en los apartados anteriores, se entenderá sin perjuicio de pasar, si procede, el tanto de culpa a los Tribunales competentes.

Artículo 37. Responsabilidad penal

1. La responsabilidad penal del personal al servicio de las Administraciones Públicas, así como la responsabilidad civil derivada del delito se exigirá de acuerdo con lo previsto en la legislación correspondiente.

2. La exigencia de responsabilidad penal del personal al servicio de las Administraciones Públicas no suspenderá los procedimientos de reconocimiento de responsabilidad patrimonial que se instruyan, salvo que la determinación de los hechos en el orden jurisdiccional penal sea necesaria para la fijación de la responsabilidad patrimonial.

3. La efectividad de la reparación: la acción de responsabilidad

Como dijimos al principio del tema en cuanto al ejercicio de la acción de responsabilidad ésta se regula en la mismaLPAC ley 39/2015, que establece el procedimiento administrativo común. Pero a la vez va indicando las especialidades que tiene éste procedimiento, entre las cuales se encuentran:

3.1. Especialidades en cuanto a la iniciación

3.1.1. En el inicio de oficio de los procedimientos de responsabilidad patrimonial

1. Cuando las Administraciones Públicas decidan iniciar de oficio un procedimiento de responsabilidad patrimonial será necesario que no haya

prescrito el derecho a la reclamación del interesado al que se refiere el artículo 67.

2. El acuerdo de iniciación del procedimiento se notificará a los particulares presuntamente lesionados, concediéndoles un plazo de diez días para que aporten cuantas alegaciones, documentos o información estimen conveniente a su derecho y propongan cuantas pruebas sean pertinentes para el reconocimiento del mismo. El procedimiento iniciado se instruirá aunque los particulares presuntamente lesionados no se personen en el plazo establecido.

3.1.2. En el inicio del expediente a instancia de parte

Artículo 67. Solicitudes de iniciación en los procedimientos de responsabilidad patrimonial

1. Los interesados sólo podrán solicitar el inicio de un procedimiento de responsabilidad patrimonial, cuando no haya prescrito su derecho a reclamar. El derecho a reclamar prescribirá al año de producido el hecho o el acto que motive la indemnización o se manifieste su efecto lesivo. *En caso de daños de carácter físico o psíquico a las personas, el plazo empezará a computarse desde la curación o la determinación del alcance de las secuelas.*

En los casos en que proceda reconocer derecho a indemnización por anulación en vía administrativa o contencioso-administrativa de un acto o disposición de carácter general, el derecho a reclamar prescribirá al año de haberse notificado la resolución administrativa o la sentencia definitiva.

En los casos de responsabilidad patrimonial a que se refiere el artículo 32, apartados 4 y 5, de la Ley de Régimen Jurídico del Sector Público, el derecho a reclamar *prescribirá al año de la publicación en el «Boletín Oficial del Estado» o en el «Diario Oficial de la Unión Europea», según el caso, de la sentencia que declare la inconstitucionalidad de la norma* o su carácter contrario al Derecho de la Unión Europea.

2. Además de lo previsto en el artículo 66, en la solicitud que realicen los interesados se deberán especificar las lesiones producidas, la presunta relación de causalidad entre éstas y el funcionamiento del servicio público, la evaluación económica de la responsabilidad patrimonial, si fuera posible, y el momento en que la lesión efectivamente se produjo, e irá acompañada de cuantas alegaciones, documentos e informaciones se estimen oportunos y de la proposición de prueba, concretando los medios de que pretenda valerse el reclamante.

3.2. Especialidades en la Instrucción del expediente

Artículo 81. Solicitud de informes y dictámenes en los procedimientos de responsabilidad patrimonial

1. En el caso de los procedimientos de responsabilidad patrimonial será preceptivo solicitar informe al servicio cuyo funcionamiento haya ocasionado la presunta lesión indemnizable, no pudiendo exceder de diez días el plazo de su emisión.

2. Cuando las indemnizaciones reclamadas sean de cuantía igual o superior a 50.000 euros o a la que se establezca en la correspondiente legislación autonómica, así como en aquellos casos que disponga la Ley Orgánica 3/1980, de 22 de abril, del Consejo de Estado, será preceptivo solicitar dictamen del Consejo de Estado o, *en su caso, del órgano consultivo de la Comunidad Autónoma.*

A estos efectos, el órgano instructor, en el plazo de diez días a contar desde la finalización del trámite de audiencia, remitirá al órgano competente para solicitar el dictamen una propuesta de resolución, que se ajustará a lo previsto en el artículo 91, o, en su caso, la propuesta de acuerdo por el que se podría terminar convencionalmente el procedimiento.

El dictamen se emitirá en el plazo de dos meses y deberá pronunciarse sobre la existencia o no de relación de causalidad entre el funcionamiento del servicio público y la lesión producida y, en su caso, sobre la valoración del daño causado y la cuantía y modo de la indemnización de acuerdo con los criterios establecidos en esta Ley.

3. En el caso de reclamaciones en materia de responsabilidad patrimonial del Estado por el funcionamiento anormal de la Administración de Justicia, será preceptivo el informe del Consejo General del Poder Judicial que será evacuado en el plazo máximo de dos meses. El plazo para dictar resolución quedará suspendido por el tiempo que medie entre la solicitud, del informe y su recepción, no pudiendo exceder dicho plazo de los citados dos meses.

3.3. Especialidades en la finalización del procedimiento

Artículo 86. Terminación convencional

1. Las Administraciones Públicas podrán celebrar acuerdos, pactos, convenios o contratos con personas tanto de Derecho público como privado, siempre que no sean contrarios al ordenamiento jurídico ni versen sobre materias no susceptibles de transacción y tengan por objeto satisfacer el interés público

que tienen encomendado, con el alcance, efectos y régimen jurídico específico que, en su caso, prevea la disposición que lo regule, pudiendo tales actos tener la consideración de finalizadores de los procedimientos administrativos o insertarse en los mismos con carácter previo, vinculante o no, a la resolución que les ponga fin.

5. En los casos de procedimientos de responsabilidad patrimonial, el acuerdo alcanzado entre las partes deberá fijar la cuantía y modo de indemnización de acuerdo con los criterios que para calcularla y abonarla establece el artículo 34 de la Ley de Régimen Jurídico del Sector Público.

Artículo 91. Especialidades de la resolución en los procedimientos en materia de responsabilidad patrimonial

1. Una vez recibido, en su caso, el dictamen al que se refiere el artículo 81.2 o, cuando éste no sea preceptivo, una vez finalizado el trámite de audiencia, el órgano competente resolverá o someterá la propuesta de acuerdo para su formalización por el interesado y por el órgano administrativo competente para suscribirlo. Cuando no se estimase procedente formalizar la propuesta de terminación convencional, el órgano competente resolverá en los términos previstos en el apartado siguiente.

2. Además de lo previsto en el artículo 88, en los casos de procedimientos de responsabilidad patrimonial, será necesario que la resolución se pronuncie sobre la existencia o no de la relación de causalidad entre el funcionamiento del servicio público y la lesión producida y, en su caso, sobre la valoración del daño causado, la cuantía y el modo de la indemnización, cuando proceda, de acuerdo con los criterios que para calcularla y abonarla se establecen en el artículo 34 de la Ley de Régimen Jurídico del Sector Público.

La Resolución por otra parte debe ser motivada tal y como indica el artículo Artículo 35 LPAC que establece que: Serán motivados, con sucinta referencia de hechos y fundamentos de derecho:

h) Las propuestas de resolución en los procedimientos** de carácter sancionador, así como los actos que resuelvan procedimientos de carácter sancionador **o de responsabilidad patrimonial.

Motivación que lógicamente tiene que incluir todos los pronunciamientos del apartado 2 citado.

3. Transcurridos seis meses desde que se inició el procedimiento sin que haya recaído y se notifique resolución expresa o, en su caso, se haya formalizado el acuerdo, podrá entenderse que la resolución es contraria a la indemnización del particular.

Artículo 92. Competencia para la resolución de los procedimientos de responsabilidad patrimonial

En el ámbito de la Administración General del Estado, los procedimientos de responsabilidad patrimonial se resolverán por el Ministro respectivo o por el Consejo de Ministros en los casos del artículo 32.3 de la Ley de Régimen Jurídico del Sector Público o cuando una ley así lo disponga.

En el ámbito autonómico y local, los procedimientos de responsabilidad patrimonial se resolverán por los órganos correspondientes de las Comunidades Autónomas o de las Entidades que integran la Administración Local.

En el caso de las Entidades de Derecho Público, las normas que determinen su régimen jurídico podrán establecer los órganos a quien corresponde la resolución de los procedimientos de responsabilidad patrimonial. En su defecto, se aplicarán las normas previstas en este artículo.

3.4. Especialidades en la Tramitación simplificada de procedimientos

Artículo 96. Tramitación simplificada del procedimiento administrativo común

4. En el caso de procedimientos en materia de responsabilidad patrimonial de las Administraciones Públicas, si una vez iniciado el procedimiento administrativo el órgano competente para su tramitación *considera inequívoca la relación de causalidad entre el funcionamiento del servicio público y la lesión, así como la valoración del daño y el cálculo de la cuantía de la indemnización,* podrá acordar de oficio la suspensión del procedimiento general y la iniciación de un procedimiento simplificado.

6. Salvo que reste menos para su tramitación ordinaria, los procedimientos administrativos tramitados de manera simplificada deberán ser resueltos en treinta días.

Tema 7

Políticas de Igualdad de Género. La Ley Orgánica 3/2007, de 22 de marzo, para la Igualdad efectiva en mujeres y hombres. Políticas contra la Violencia de Género. La Ley Orgánica 1/2004, de 28 de diciembre, de Medidas de Protección Integral contra la Violencia de Género. Discapacidad y dependencia

eRodio ediciones

Índice esquemático

1. La igualdad de género en la Constitución Española: la igualdad formal

2. El desarrollo del principio constitucional, la Ley Orgánica para la Igualdad efectiva de mujeres y hombres: la igualdad material o real

2.1. Igualdad de oportunidades y discriminación por razón de sexo. Conceptos previos

2.2. Políticas públicas para la igualdad

2.3. Igualdad y medios de comunicación

2.4. El derecho al trabajo en igualdad de oportunidades

2.5. El principio de igualdad en el empleo público

3. La protección de las mujeres contra la violencia de género

3.1. La Ley Orgánica de medidas de protección contra la violencia de género

3.2. Los derechos de las mujeres víctimas de la violencia de género

3.3. Formas de tutelar y vigilar el cumplimiento de las políticas contra la violencia de género

4. Discapacidad y dependencia: la Ley de Promoción de la Autonomía Personal y Atención a las personas en situación de dependencia

4.1. Exposición de motivos y estructura de la ley

4.2. Título competencial

4.3. El sistema para la autonomía y atención a la dependencia

4.4. Desarrollo reglamentario

4.5. Aplicación de la ley

1. La igualdad de género en la Constitución Española: la igualdad formal

La Constitución Española de 1978, recoge el principio de igualdad en su artículo 14 que establece:

"Los españoles son iguales ante la ley, sin que pueda prevalecer discriminación alguna por razón de nacimiento, raza, sexo, religión, opinión o cualquier otra condición o circunstancia personal o social".

Tres cuestiones hay que destacar de este artículo:

a) El carácter preeminente que la Constitución ha otorgado a la igualdad, que declara como un valor superior del ordenamiento jurídico, artículo 1° CE, y que desarrolla en el artículo 14, como frontispicio de todo el capítulo II del Título I, presidiendo incluso a los Derechos Fundamentales y libertades públicas.

b) Que la igualdad como valor superior se concreta en la "ausencia de discriminación".

c) Que en el presente tema nos vamos a referir en exclusiva, a la igualdad por razón de sexo, es decir entre el hombre y la mujer.

Sentadas estas premisas tenemos que decir, que el poder constituyente, y una vez consagrado este principio de igualdad de sexos, debió pensar que ya estaba todo hecho. Reflejado el valor en el texto constitucional, no había más que esperar que esto fuera una realidad social. Es lo que llamamos igualdad "formal", para referirnos, al hecho de que la igualdad de género, estaba ya formalmente recogida desde el año 1978, en nuestra máxima norma.

Pero la cuestión era, ¿Y esta igualdad formal, se ha trasladado a la realidad social? Es decir, materialmente ¿nuestra sociedad es igualitaria, entre hombres y mujeres? Al darse cuenta nuestro legislador que por más que lo consagrara la Constitución, la igualdad de género no progresaba en nuestro país, es por lo que se decidió que era necesaria una norma de desarrollo, que estableciera las bases para que la sociedad caminara hacia una igualdad "real", y se hizo a través de La Ley Orgánica para la igualdad efectiva de mujeres y hombres, Ley Orgánica 3/2007, ¡29 años después de aprobarse el texto constitucional!

2. El desarrollo del principio constitucional, la Ley Orgánica para la Igualdad efectiva de mujeres y hombres: la igualdad material o real

La igualdad de género o sexo, se desarrolla **en la Ley Orgánica 3/2007 de 22 de marzo, Ley Orgánica de Igualdad efectiva de mujeres y hombres,** que como he hemos dicho más arriba pretende conseguir y llevar al terreno de la realidad, la igualdad que formalmente ya existía, pero que no era real.

Así lo recoge la exposición de motivos de la Ley, cuando dice: "*el pleno reconocimiento de **la igualdad formal ante la ley, aun habiendo comportado, sin duda, un paso decisivo, ha resultado ser insuficiente**. La violencia de género, la discriminación salarial, la discriminación en las pensiones de viudedad, el mayor desempleo femenino, la todavía escasa presencia de las mujeres en puestos de responsabilidad política, social, cultural y económica, o los problemas de conciliación entre la vida personal, laboral y familiar muestran cómo **la igualdad plena, efectiva, entre mujeres y hombres**, aquella «perfecta igualdad que no admitiera poder ni privilegio para unos ni incapacidad para otros», en palabras escritas por John Stuart Mill hace casi 140 años, **es todavía hoy una tarea pendiente** que precisa de nuevos instrumentos jurídicos.*

*Resulta necesaria, en efecto, **una acción normativa dirigida a combatir todas las manifestaciones aún subsistentes de discriminación**, directa o indirecta, por razón de sexo y a promover la igualdad real entre mujeres y hombres, con remoción de los obstáculos y estereotipos sociales que impiden alcanzarla. Esta exigencia se deriva de nuestro ordenamiento constitucional e integra un genuino derecho de las mujeres, pero es a la vez un elemento de enriquecimiento de la propia sociedad española, que contribuirá al desarrollo económico y al aumento del empleo.*

Se contempla, asimismo, una especial consideración con los supuestos de doble discriminación y las singulares dificultades en que se encuentran las mujeres que presentan especial vulnerabilidad, como son las que pertenecen a minorías, las mujeres inmigrantes y las mujeres con discapacidad."

La Ley se estructura en un Título preliminar, ocho Títulos, treinta y una disposiciones adicionales, once disposiciones transitorias, una disposición derogatoria y ocho disposiciones finales.

El Título Preliminar establece el objeto y el ámbito de aplicación de la Ley.

El Título Primero define, siguiendo las indicaciones de las Directivas de referencia, los conceptos y categorías jurídicas básicas relativas a la igualdad, como las de discriminación directa e indirecta, acoso sexual y acoso por razón de sexo, y acciones positivas.

En el Título Segundo, Capítulo Primero, se establecen las pautas generales de actuación de los poderes públicos en relación con la igualdad, se define el principio de transversalidad y los instrumentos para su integración en la elaboración, ejecución y aplicación de las normas. También se consagra el principio de presencia equilibrada de mujeres y hombres en las listas electorales y en los nombramientos realizados por los poderes públicos.

El Título III contiene medidas de fomento de la igualdad en los medios de comunicación social, con reglas específicas para los de titularidad pública, así como instrumentos de control de los supuestos de publicidad de contenido discriminatorio.

El Título IV se ocupa del derecho al trabajo en igualdad de oportunidades, incorporando medidas para garantizar la igualdad entre mujeres y hombres en el acceso al empleo, en la formación y en la promoción profesionales, y en las condiciones de trabajo. Se incluye además, entre los derechos laborales de los trabajadores y las trabajadoras, la protección frente al acoso sexual y al acoso por razón de sexo.

El Título V, en su Capítulo I regula el principio de igualdad en el empleo público, estableciéndose los criterios generales de actuación a favor de la igualdad para el conjunto de las Administraciones públicas y, en su Capítulo II, la presencia equilibrada de mujeres y hombres en los nombramientos de órganos directivos de la Administración General del Estado.

El Título VI de la Ley está dedicado a la igualdad de trato en el acceso a bienes y servicios, con especial referencia a los seguros.

El Título VII contempla la realización voluntaria de acciones de responsabilidad social por las empresas en materia de igualdad.

El Título VIII de la Ley establece una serie de disposiciones organizativas, con la creación de una Comisión Interministerial de Igualdad entre mujeres y hombres y de las Unidades de Igualdad en cada Ministerio.

A modo de resumen para preguntas tipo test te plasmamos el siguiente resumen de la estructura de la Ley:

Ley Orgánica 3/2007 de igualdad efectiva de mujeres y hombres, de 22 de marzo

- Título I. El principio de igualdad y tutela contra la discriminación.
- Título II. Políticas Públicas para la igualdad.
- Título III. Igualdad y medios de comunicación.
- Título IV. El derecho al trabajo en igualdad de oportunidades.
- Título V. El principio de igualdad en el empleo público.
- Título VI. Igualdad de trato en acceso a bienes y servicios.

- Título VII. Igualdad en la responsabilidad social de las empresas.
- Título VIII. Disposiciones organizativas.

31 disposiciones adicionales, 11 transitorias, 1 derogatoria, y 8 finales.

2.1. Igualdad de oportunidades y discriminación por razón de sexo. Conceptos previos

2.1.1. Objeto de la ley

Se describe en el artículo 1° de la Ley que establece:

1. *Las mujeres y los hombres* ***son iguales en dignidad humana, e iguales en derechos y deberes. Esta Ley tiene por objeto hacer efectivo el derecho de igualdad de trato y de oportunidades entre mujeres y hombres, en particular mediante la eliminación de la discriminación de la mujer,*** *sea cual fuere su circunstancia o condición, en cualesquiera de los ámbitos de la vida y, singularmente, en las esferas política, civil, laboral, económica, social y cultural para, en el desarrollo de los artículos 9.2 y 14 de la Constitución, alcanzar una sociedad más democrática, más justa y más solidaria.*

2. *A estos efectos, la Ley establece principios de actuación de los Poderes Públicos, regula derechos y deberes de las personas físicas y jurídicas, tanto públicas como privadas, y prevé medidas destinadas a eliminar y corregir en los sectores público y privado, toda forma de discriminación por razón de sexo.*

Con la Ley de Igualdad se produce el reconocimiento de una igualdad efectiva o real. La exigencia de que exista una igualdad real entre hombres y mujeres no solo se deriva de nuestro Ordenamiento Jurídico, sino que también forma parte de una exigencia social, que contribuye al desarrollo económico.

La Ley de Igualdad supone un paso más en la lucha contra la discriminación de las mujeres y en el aseguramiento de una igualdad efectiva. Aunque la ley es muy decisiva, no debería ser el único paso que se haya de adoptar.

2.1.2. El principio de igualdad y la tutela contra la discriminación

La Ley orgánica define a tal efecto que el principio de igualdad de trato entre mujeres y hombres **supone la ausencia de toda discriminación, directa o indirecta**, por razón de sexo, y, especialmente, las derivadas de la maternidad, la asunción de obligaciones familiares y el estado civil.

La igualdad de trato y de oportunidades entre mujeres y hombres es un principio informador del ordenamiento jurídico y, como tal, se integrará y observará en la interpretación y aplicación de las normas jurídicas.

El principio de igualdad de trato y de oportunidades entre mujeres y hombres, aplicable en el ámbito del empleo privado y en el del empleo público, se garantizará, en los términos previstos en la normativa aplicable, en el acceso al empleo, incluso al trabajo por cuenta propia, en la formación profesional, en la promoción profesional, en las condiciones de trabajo, incluidas las retributivas y las de despido, y en la afiliación y participación en las organizaciones sindicales y empresariales, o en cualquier organización cuyos miembros ejerzan una profesión concreta, incluidas las prestaciones concedidas por las mismas.

No constituirá discriminación en el acceso al empleo, incluida la formación necesaria, una diferencia de trato basada en una característica relacionada con el sexo cuando, debido a la naturaleza de las actividades profesionales concretas o al contexto en el que se lleven a cabo, dicha característica constituya un requisito profesional esencial y determinante, siempre y cuando el objetivo sea legítimo y el requisito proporcionado.

Discriminación directa e indirecta: se **considera discriminación directa** por razón de sexo la situación en que se encuentra una persona que sea, haya sido o pudiera ser tratada, en atención a su sexo, de manera menos favorable que otra en situación comparable.

Se **considera discriminación indirecta** por razón de sexo la situación en que una disposición, criterio o práctica aparentemente neutros pone a personas de un sexo en desventaja particular con respecto a personas del otro, salvo que dicha disposición, criterio o práctica puedan justificarse objetivamente en atención a una finalidad legítima y que los medios para alcanzar dicha finalidad sean necesarios y adecuados.

En cualquier caso, se considera discriminatoria toda orden de discriminar, directa o indirectamente, por razón de sexo.

Acoso sexual y acoso por razón de sexo: sin perjuicio de lo establecido en el Código Penal, a los efectos de esta Ley **constituye acoso sexual cualquier comportamiento, verbal o físico, de naturaleza sexual que tenga el propósito o produzca el efecto de atentar contra la dignidad** de una persona, en particular cuando se crea un entorno intimidatorio, degradante u ofensivo.

Constituye **acoso por razón de sexo cualquier comportamiento realizado en función del sexo de una persona**, con el propósito o el efecto de atentar contra su dignidad y de crear un entorno intimidatorio, degradante u ofensivo.

Se considerarán en todo caso discriminatorios el acoso sexual y el acoso por razón de sexo.

El condicionamiento de un derecho o de una expectativa de derecho a la aceptación de una situación constitutiva de acoso sexual o de acoso por razón de sexo se considerará también acto de discriminación por razón de sexo.

Constituye discriminación directa por razón de sexo todo trato desfavorable a las mujeres relacionado con el embarazo o la maternidad.

2.1.3. El principio de transversalidad: el mainstreaming

La Ley de Igualdad implica la proyección del principio de igualdad sobre los diversos ámbitos del ordenamiento de la realidad social, cultural y artística en que pueda generarse o perpetuarse la desigualdad.

A este respecto conviene recordar que el artículo 9.2 de la Constitución Española, establece un mandato a los Poderes públicos, para que hagan real y efectivo lo que digan las normas, establece:

"Corresponde a los Poderes Públicos promover las condiciones para que la libertad ***y la igualdad del individuo*** *y de los grupos en que se integra* ***sean reales y efectivas; remover los obstáculos que impidan o dificulten su plenitud*** *y facilitar la participación de todos los ciudadanos en la vida política, económica, cultural y social".*

Este mandato constitucional, se concreta en el principio de transversalidad que establece el artículo 15 de la ley,

El principio de igualdad de trato y oportunidades entre mujeres y hombres ***informará, con carácter transversal, la actuación de todos los Poderes Públicos.*** *Las Administraciones públicas lo integrarán, de forma activa, en la adopción y ejecución de sus disposiciones normativas, en la definición y presupuestación de políticas públicas en todos los ámbitos y en el desarrollo del conjunto de todas sus actividades.*

Entendemos que lo quiere la transversalidad, es que la idea de la igualdad atraviese toda la actuación administrativa, desde los que hacen normas jurídicas en todos los ministerios, a quienes las aplican. Sea de lo que sea, el tipo de Proyecto de ley, o Reglamento, o Política publica en la que se esté trabajando, quien lo haga se tiene que plantear, ¿Esto que estamos haciendo puede afectar a la igualdad?¿Y en ese caso, como lo puedo hacer para que mejore la situación?

La idea de transversalidad es contraria a que en un ministerio haya un pequeño equipo o servicio que se dedique a la igualdad. La transversalidad quiere que TODOS en el ministerio o Ayuntamiento, o Consejería, estemos trabajando por la igualdad. (A modo de ejemplo: se está trabajando en un tema de seguridad social en el Ministerio de Agricultura, y alguien podía pensar "este tema es muy específico y no tiene nada que ver con la igualdad", o alguien aplicando la transversalidad se preocupó de pensar ¿Esto puede afectar a la Igualdad? ¿Cómo se hace ahora? Y de esa reflexión nació una formidable política pública, por la que se modificó el régimen especial agrario de los trabajadores del campo, permitiendo que las mujeres (Copropietarias de las explotaciones agrarias, al estar en régimen de gananciales) se pudieran dar de alta en la seguridad social.)

Estableciendo en el artículo 14 los siguientes criterios generales de actuación de los poderes públicos:

1. El compromiso con la efectividad del derecho constitucional de igualdad entre mujeres y hombres.
2. **La integración del principio de igualdad de trato y de oportunidades en el conjunto de las políticas económica, laboral, social, cultural y artística, con el fin de evitar la segregación laboral** y eliminar las diferencias retributivas, así como potenciar el crecimiento del empresariado femenino en todos los ámbitos que abarque el conjunto de políticas y el valor del trabajo de las mujeres, incluido el doméstico.
3. La colaboración y cooperación entre las distintas Administraciones públicas en la aplicación del principio de igualdad de trato y de oportunidades.
4. **La participación equilibrada de mujeres y hombres en las candidaturas electorales** y en la toma de decisiones.
5. La adopción de las **medidas necesarias para la erradicación de la violencia de género, la violencia familiar** y todas las formas de acoso sexual y acoso por razón de sexo.
6. La consideración de las singulares dificultades en que se encuentran las mujeres de colectivos de especial vulnerabilidad como son las que pertenecen **a minorías**, las mujeres inmigrantes, las niñas, las mujeres con discapacidad, las mujeres mayores, las mujeres viudas y las mujeres víctimas de violencia de género, para las cuales los poderes públicos podrán adoptar, igualmente, medidas de acción positiva.
7. La **protección de la maternidad**, con especial atención a la asunción por la sociedad de los efectos derivados del embarazo, parto y lactancia.
8. El establecimiento de medidas que aseguren **la conciliación del trabajo y de la vida personal y familiar de las mujeres y los hombres**, así como el fomento de la corresponsabilidad en las labores domésticas y en la atención a la familia.

9. El fomento de instrumentos de colaboración entre las distintas Administraciones públicas y los agentes sociales, las asociaciones de mujeres y otras entidades privadas.
10. El fomento de la efectividad del principio de igualdad entre mujeres y hombres en las relaciones entre particulares.
11. La implantación de un **lenguaje no sexista** en el ámbito administrativo y su fomento en la totalidad de las relaciones sociales, culturales y artísticas.
12. Todos los puntos considerados en este artículo se promoverán e integrarán de igual manera en la política española de cooperación internacional para el desarrollo.

2.2. Políticas públicas para la igualdad

El Gobierno, en las materias que sean de la competencia del Estado, aprobará periódicamente **un Plan Estratégico de Igualdad de Oportunidades, que incluirá medidas para alcanzar el objetivo de igualdad entre mujeres y hombres** y eliminar la discriminación por razón de sexo.

En los términos que reglamentariamente se determinen, el Gobierno elaborará **un informe periódico sobre el conjunto de sus actuaciones** en relación con la efectividad del principio de igualdad entre mujeres y hombres. De este informe se dará cuenta a las Cortes Generales.

Los proyectos de disposiciones de carácter general y los planes de especial relevancia económica, social, cultural y artística que se sometan a la aprobación del Consejo de Ministros **deberán incorporar un informe sobre su impacto por razón de género.** (Es decir todos los proyectos de ley, o de reglamentos, deben incorporar entre la documentación a aportar este informe de impacto por razón de género de la norma que se pretende aprobar).

Al objeto de hacer efectivas las disposiciones contenidas en esta Ley y que se garantice la integración de modo efectivo de la perspectiva de género en su actividad ordinaria**, los poderes públicos, en la elaboración de sus estudios y estadísticas, deberán**:

a) Incluir sistemáticamente la variable de sexo en las estadísticas, encuestas y recogida de datos que lleven a cabo.
b) Establecer e incluir en las operaciones estadísticas nuevos indicadores que posibiliten un mejor conocimiento de las diferencias en los valores, roles, situaciones, condiciones, aspiraciones y necesidades de mujeres y hombres, su manifestación e interacción en la realidad que se vaya a analizar.

c) Diseñar e introducir los indicadores y mecanismos necesarios que permitan el conocimiento de la incidencia de otras variables cuya concurrencia resulta generadora de situaciones de discriminación múltiple en los diferentes ámbitos de intervención.

d) Realizar muestras lo suficientemente amplias como para que las diversas variables incluidas puedan ser explotadas y analizadas en función de la variable de sexo.

e) Explotar los datos de que disponen de modo que se puedan conocer las diferentes situaciones, condiciones, aspiraciones y necesidades de mujeres y hombres en los diferentes ámbitos de intervención.

f) Revisar y, en su caso, adecuar las definiciones estadísticas existentes con objeto de contribuir al reconocimiento y valoración del trabajo de las mujeres y evitar la estereotipación negativa de determinados colectivos de mujeres.

Sólo excepcionalmente, y mediante informe motivado y aprobado por el órgano competente, podrá justificarse el incumplimiento de alguna de las obligaciones anteriormente especificadas.

Respecto a la **Colaboración entre las Administraciones públicas** el Artículo 21de la Ley establece que la Administración General del Estado y las Administraciones de las Comunidades Autónomas cooperarán para integrar el derecho de igualdad entre mujeres y hombres en el ejercicio de sus respectivas competencias y, en especial, en sus actuaciones de planificación. **En el seno de la Conferencia Sectorial de la Mujer podrán adoptarse planes y programas conjuntos de actuación con esta finalidad.**

Las Entidades Locales integrarán el derecho de igualdad en el ejercicio de sus competencias y colaborarán, a tal efecto, con el resto de las Administraciones públicas.

La Ley prevé **acciones específicas para la igualdad** en los siguientes ámbitos:

- En la Política educativa.
- En la creación y producción artística.
- En la salud.
- En la sociedad de la información.
- En deportes.
- En el desarrollo rural.
- En la ordenación del territorio y vivienda.

- En la cooperación al desarrollo.
- En contratos y subvenciones públicas.
- Etc.

2.3. Igualdad y medios de comunicación

La Ley orgánica de Igualdad establece que los medios de comunicación social de **titularidad pública velarán por la transmisión de una imagen igualitaria, plural y no estereotipada de mujeres y hombres en la sociedad**, y promoverán el conocimiento y la difusión del principio de igualdad entre mujeres y hombres.

A tal efecto, la Corporación RTVE, en el ejercicio de su función de servicio público, perseguirá en su programación los siguientes objetivos:

a) Reflejar adecuadamente la presencia de las mujeres en los diversos ámbitos de la vida social.

b) Utilizar el **lenguaje en forma no sexista**.

c) Adoptar, mediante la autorregulación, códigos de conducta tendentes a transmitir el contenido del principio de igualdad.

d) Colaborar con las campañas institucionales dirigidas a fomentar la igualdad entre mujeres y hombres y a erradicar la violencia de género.

En el mismo sentido que lo anterior, la Agencia EFE velará por el respeto del principio de igualdad entre mujeres y hombres y, en especial, por la utilización no sexista del lenguaje.

Respecto de los **medios de comunicación social de titularidad privada**, la Ley Orgánica de Igualdad establece:

- Todos los medios de comunicación **respetarán la igualdad** entre mujeres y hombres, evitando cualquier forma de discriminación.
- Las Administraciones públicas promoverán la adopción por parte de los medios de comunicación de acuerdos de autorregulación que contribuyan al cumplimiento de la legislación en materia de igualdad entre mujeres y hombres, incluyendo las actividades de venta y publicidad que en aquellos se desarrollen.
- La publicidad que comporte una conducta discriminatoria de acuerdo con esta Ley se considerará publicidad ilícita, de conformidad con lo previsto en la legislación general de publicidad y de publicidad y comunicación institucional.

2.4. El derecho al trabajo en igualdad de oportunidades

Las políticas de empleo tendrán como uno de sus objetivos prioritarios aumentar la participación de las mujeres en el mercado de trabajo y avanzar en la igualdad efectiva entre mujeres y hombres. Para ello, se mejorará la empleabilidad y la permanencia en el empleo de las mujeres, potenciando su nivel formativo y su adaptabilidad a los requerimientos del mercado de trabajo.

Los Programas de inserción laboral activa comprenderán todos los niveles educativos y edad de las mujeres, incluyendo los de Formación Profesional, Escuelas Taller y Casas de Oficios, dirigidos a personas en desempleo, se podrán destinar prioritariamente a colectivos específicos de mujeres o contemplar una determinada proporción de mujeres.

De acuerdo con lo establecido legalmente, **mediante la negociación colectiva** se podrán establecer **medidas de acción positiva para favorecer el acceso de las mujeres al empleo** y la aplicación efectiva del principio de igualdad de trato y no discriminación en las condiciones de trabajo entre mujeres y hombres.

Los derechos de *conciliación de la vida personal, familiar y laboral* se reconocerán a los trabajadores y las trabajadoras en forma que fomenten la asunción equilibrada de las responsabilidades familiares, evitando toda discriminación basada en su ejercicio.

El permiso y la prestación por maternidad se concederán en los términos previstos en la normativa laboral y de Seguridad Social.

Para contribuir a un reparto más equilibrado de las responsabilidades familiares, se reconoce a los padres el derecho a un permiso y una prestación por paternidad, en los términos previstos en la normativa laboral y de Seguridad Social.

Las empresas están obligadas a respetar la igualdad de trato y de oportunidades en el ámbito laboral y, con esta finalidad, deberán adoptar medidas dirigidas a evitar cualquier tipo de discriminación laboral entre mujeres y hombres, medidas que deberán negociar, y en su caso acordar, con los representantes legales de los trabajadores en la forma que se determine en la legislación laboral.

En el caso de las empresas de más de doscientos cincuenta trabajadores, las medidas de igualdad a que se refiere el apartado anterior deberán dirigirse a la **elaboración y aplicación de un plan de igualdad, con el alcance y contenido establecidos en este capítulo, que deberá ser asimismo objeto de negociación** en la forma que se determine en la legislación laboral.

Los planes de igualdad de las empresas son un conjunto ordenado de medidas, adoptadas después de realizar un diagnóstico de situación, tendentes a alcanzar en la empresa la igualdad de trato y de oportunidades entre mujeres y hombres y a eliminar la discriminación por razón de sexo.

Los planes de igualdad fijarán los concretos objetivos de igualdad a alcanzar, las estrategias y prácticas a adoptar para su consecución, así como el establecimiento de sistemas eficaces de seguimiento y evaluación de los objetivos fijados.

Para la consecución de los objetivos fijados, los planes de igualdad podrán contemplar, entre otras, las materias de acceso al empleo, clasificación profesional, promoción y formación, retribuciones, ordenación del tiempo de trabajo para favorecer, en términos de igualdad entre mujeres y hombres, la conciliación laboral, personal y familiar, y prevención del acoso sexual y del acoso por razón de sexo.

Los planes de igualdad incluirán la totalidad de una empresa, sin perjuicio del establecimiento de acciones especiales adecuadas respecto a determinados centros de trabajo.

Se garantiza el acceso de la representación legal de los trabajadores y trabajadoras o, en su defecto, de los propios trabajadores y trabajadoras, a la información sobre el contenido de los Planes de igualdad y la consecución de sus objetivos.

Lo previsto en el párrafo anterior se entenderá sin perjuicio del seguimiento de la evolución de los acuerdos sobre planes de igualdad por parte de las comisiones paritarias de los convenios colectivos a las que éstos atribuyan estas competencias.

Las empresas deberán promover condiciones de trabajo que eviten el acoso sexual y el acoso por razón de sexo y arbitrar procedimientos específicos para su prevención y para dar cauce a las denuncias o reclamaciones que puedan formular quienes hayan sido objeto del mismo.

Con esta finalidad se podrán establecer medidas que deberán negociarse con los representantes de los trabajadores, tales como la elaboración y difusión de códigos de buenas prácticas, la realización de campañas informativas o acciones de formación.

El Ministerio de Trabajo y Asuntos Sociales creará un distintivo para reconocer a aquellas empresas que destaquen por la aplicación de políticas de igualdad de trato y de oportunidades con sus trabajadores y trabajadoras, que podrá ser utilizado en el tráfico comercial de la empresa y con fines publicitarios.

Con el fin de obtener este distintivo, cualquier empresa, sea de capital público o privado, podrá presentar al Ministerio de Trabajo y Asuntos Sociales un balance sobre los parámetros de igualdad implantados respecto de las relaciones de trabajo y la publicidad de los productos y servicios prestados.

2.5. El principio de igualdad en el empleo público

Las Administraciones públicas, en el ámbito de sus respectivas competencias y en aplicación del principio de igualdad entre mujeres y hombres, deberán:

a) Remover los obstáculos que impliquen la pervivencia de cualquier tipo de discriminación con el fin de ofrecer condiciones de igualdad efectiva entre mujeres y hombres en el acceso al empleo público y en el desarrollo de la carrera profesional.

b) Facilitar la conciliación de la vida personal, familiar y laboral, sin menoscabo de la promoción profesional.

c) Fomentar la formación en igualdad, tanto en el acceso al empleo público como a lo largo de la carrera profesional.

d) Promover la presencia equilibrada de mujeres y hombres en los órganos de selección y valoración.

e) Establecer medidas efectivas de protección frente al acoso sexual y al acoso por razón de sexo.

f) Establecer medidas efectivas para eliminar cualquier discriminación retributiva, directa o indirecta, por razón de sexo.

g) Evaluar periódicamente la efectividad del principio de igualdad en sus respectivos ámbitos de actuación.

Además el Gobierno atenderá al principio de **presencia equilibrada de mujeres y hombres en el nombramiento de las personas titulares de los órganos directivos de la Administración General del Estado** y de los organismos públicos vinculados o dependientes de ella, considerados en su conjunto, cuya designación le corresponda.

Todos los tribunales y órganos de selección del personal de la Administración General del Estado y de los organismos públicos vinculados o dependientes de ella responderán al principio de presencia equilibrada de mujeres y hombres, salvo por razones fundadas y objetivas, debidamente motivadas.

La aprobación de **convocatorias de pruebas selectivas** para el acceso al empleo público **deberá acompañarse de un informe de impacto de género**, salvo en casos de urgencia y siempre sin perjuicio de la prohibición de discriminación por razón de sexo.

Sin perjuicio de las mejoras que pudieran derivarse de acuerdos suscritos entre la Administración General del Estado o los organismos públicos vinculados o dependientes de ella con los representantes del personal al servicio de la Administración Pública, la normativa aplicable a los mismos establecerá un régimen de excedencias, reducciones de jornada, permisos u otros beneficios **con el fin de proteger la maternidad y facilitar la conciliación de la vida personal, familiar y laboral.** Con la misma finalidad se reconocerá un permiso de paternidad, en los términos que disponga dicha normativa.

En las bases de los concursos para la provisión de puestos de trabajo se computará, a los efectos de valoración del trabajo desarrollado y de los correspondientes méritos, el tiempo que las personas candidatas hayan permanecido en las situaciones a que se refiere el artículo anterior.

Cuando las condiciones del puesto de trabajo de una funcionaria incluida en el ámbito de aplicación del mutualismo administrativo pudieran influir negativamente en la salud de la mujer, del hijo e hija, **podrá concederse licencia por riesgo durante el embarazo, en los mismos términos y condiciones previstas en la normativa aplicable.** En estos casos, se garantizará la plenitud de los derechos económicos de la funcionaria durante toda la duración de la licencia, de acuerdo con lo establecido en la legislación específica.

Sin perjuicio de las mejoras que pudieran derivarse de acuerdos suscritos entre la Administración General del Estado o los organismos públicos vinculados o dependientes de ella con la representación de los empleados y empleadas al servicio de la Administración Pública, **cuando el periodo de vacaciones coincida con una incapacidad temporal derivada del embarazo, parto o lactancia natural, o con el permiso de maternidad, o con su ampliación por lactancia, la empleada pública tendrá derecho a disfrutar las vacaciones en fecha distinta**, aunque haya terminado el año natural al que correspondan.

Gozarán de este mismo derecho quienes estén disfrutando de permiso de paternidad.

Con el objeto de actualizar los conocimientos de los empleados y empleadas públicas, **se otorgará preferencia, durante un año**, en la adjudicación de plazas para participar en los cursos de formación **a quienes se hayan incorporado al servicio activo procedentes del permiso de maternidad o paternidad,** o hayan reingresado desde la situación de excedencia por razones de guarda legal y atención a personas mayores dependientes o personas con discapacidad.

Todas las pruebas de acceso al empleo público de la Administración General del Estado y de los organismos públicos vinculados o dependientes de ella **contemplarán el estudio y la aplicación del principio de igualdad entre mujeres y hombres** en los diversos ámbitos de la función pública.

Para la **prevención del acoso sexual y del acoso por razón de sexo**, las Administraciones públicas negociarán con la representación legal de las trabajadoras y trabajadores, un protocolo de actuación que comprenderá, al menos, los siguientes principios:

a) El compromiso de la Administración General del Estado y de los organismos públicos vinculados o dependientes de ella de prevenir y no tolerar el acoso sexual y el acoso por razón de sexo.

b) La instrucción a todo el personal de su deber de respetar la dignidad de las personas y su derecho a la intimidad, así como la igualdad de trato entre mujeres y hombres.

c) El tratamiento reservado de las denuncias de hechos que pudieran ser constitutivos de acoso sexual o de acoso por razón de sexo, sin perjuicio de lo establecido en la normativa de régimen disciplinario.

d) La identificación de las personas responsables de atender a quienes formulen una queja o denuncia.

El Gobierno aprobará, al inicio de cada legislatura, un Plan para la Igualdad entre mujeres y hombres en la Administración General del Estado y en los organismos públicos vinculados o dependientes de ella. El Plan establecerá los objetivos a alcanzar en materia de promoción de la igualdad de trato y oportunidades en el empleo público, así como las estrategias o medidas a adoptar para su consecución. El Plan será objeto de negociación, y en su caso acuerdo, con la representación legal de los empleados públicos en la forma que se determine en la legislación sobre negociación colectiva en la Administración Pública y su cumplimiento será evaluado anualmente por el Consejo de Ministros.

3. La protección de las mujeres contra la violencia de género

3.1. La Ley Orgánica de medidas de protección contra la violencia de género

La exposición de motivos de la **Ley Orgánica 1/2004 de 28 de diciembre de medidas de protección contra la violencia de género,** nos indica que La violencia de género no es un problema que afecte al ámbito privado. Al contrario, se manifiesta como el símbolo más brutal de la desigualdad existente en nuestra sociedad. Se trata de una violencia que se dirige sobre las mujeres por el hecho mismo de serlo, por ser consideradas, por sus agresores, carentes de los derechos mínimos de libertad, respeto y capacidad de decisión.

Nuestra Constitución incorpora en su **artículo 15 el derecho de todos a la vida y a la integridad física y moral, sin que en ningún caso puedan**

ser sometidos a torturas ni a penas o tratos inhumanos o degradantes. Además, continúa nuestra Carta Magna, estos derechos vinculan a todos los poderes públicos y sólo por ley puede regularse su ejercicio.

Los poderes públicos no pueden ser ajenos a la violencia de género, que constituye uno de los ataques más flagrantes a derechos fundamentales como la libertad, la igualdad, la vida, la seguridad y la no discriminación proclamados en nuestra Constitución. Esos mismos poderes públicos tienen, conforme a lo dispuesto en el artículo 9.2 de la Constitución, la obligación de adoptar medidas de acción positiva para hacer reales y efectivos dichos derechos, removiendo los obstáculos que impiden o dificultan su plenitud.

La presente Ley tiene por *objeto*: actuar contra la violencia que, como manifestación de la discriminación, la situación de desigualdad y las relaciones de poder de los hombres sobre las mujeres, se ejerce sobre éstas por parte de quienes sean o hayan sido sus cónyuges o de quienes estén o hayan estado ligados a ellas por relaciones similares de afectividad, aun sin convivencia.

Por esta Ley se establecen medidas de protección integral cuya finalidad es prevenir, sancionar y erradicar esta violencia y prestar asistencia a sus víctimas.

La violencia de género a que se refiere la presente Ley comprende todo acto de violencia física y psicológica, incluidas las agresiones a la libertad sexual, las amenazas, las coacciones o la privación arbitraria de libertad.

Principios rectores: a través de esta Ley se articula un conjunto integral de medidas encaminadas a alcanzar los siguientes fines:

a) Fortalecer las medidas de sensibilización ciudadana de prevención, dotando a los poderes públicos de instrumentos eficaces en el ámbito educativo, servicios sociales, sanitario, publicitario y mediático.

b) Consagrar derechos de las mujeres víctimas de violencia de género, exigibles ante las Administraciones Públicas, y así asegurar un acceso rápido, transparente y eficaz a los servicios establecidos al efecto.

c) Reforzar hasta la consecución de los mínimos exigidos por los objetivos de la ley los servicios sociales de información, de atención, de emergencia, de apoyo y de recuperación integral, así como establecer un sistema para la más eficaz coordinación de los servicios ya existentes a nivel municipal y autonómico.

d) Garantizar derechos en el ámbito laboral y funcionarial que concilien los requerimientos de la relación laboral y de empleo público con las circunstancias de aquellas trabajadoras o funcionarias que sufran violencia de género.

e) Garantizar derechos económicos para las mujeres víctimas de violencia de género, con el fin de facilitar su integración social.

f) Establecer un sistema integral de tutela institucional en el que la Administración General del Estado, a través de la Delegación Especial del Gobierno contra la Violencia sobre la Mujer, en colaboración con el Observatorio Estatal de la Violencia sobre la Mujer, impulse la creación de políticas públicas dirigidas a ofrecer tutela a las víctimas de la violencia contemplada en la presente Ley.

g) Fortalecer el marco penal y procesal vigente para asegurar una protección integral, desde las instancias jurisdiccionales, a las víctimas de violencia de género.

h) Coordinar los recursos e instrumentos de todo tipo de los distintos poderes públicos para asegurar la prevención de los hechos de violencia de género y, en su caso, la sanción adecuada a los culpables de los mismos.

i) Promover la colaboración y participación de las entidades, asociaciones y organizaciones que desde la sociedad civil actúan contra la violencia de género.

j) Fomentar la especialización de los colectivos profesionales que intervienen en el proceso de información, atención y protección a las víctimas.

k) Garantizar el principio de transversalidad de las medidas, de manera que en su aplicación se tengan en cuenta las necesidades y demandas específicas de todas las mujeres víctimas de violencia de género.

3.2. Los derechos de las mujeres víctimas de la violencia de género

Todas las mujeres víctimas de violencia de género, con independencia de su origen, religión o cualquier otra condición o circunstancia personal o social, tienen garantizados los derechos reconocidos en esta Ley.

La información, la asistencia social integral y la asistencia jurídica a las víctimas de la violencia de género, en los términos regulados en este capítulo, contribuyen a hacer reales y efectivos sus derechos constitucionales a la integridad física y moral, a la libertad y seguridad y a la igualdad y no discriminación por razón de sexo.

3.2.1. Derecho a la información

Las mujeres víctimas de violencia de género tienen derecho a recibir plena información y asesoramiento adecuado a su situación personal, a través de los servicios, organismos u oficinas que puedan disponer las Administraciones Públicas.

Dicha información comprenderá las medidas contempladas en esta Ley relativas a su protección y seguridad, y los derechos y ayudas previstos en la misma, así como la referente al lugar de prestación de los servicios de atención, emergencia, apoyo y recuperación integral.

3.2.2. Derecho a la asistencia social integral

Las mujeres víctimas de violencia de género **tienen derecho a servicios sociales de atención, de emergencia, de apoyo y acogida y de recuperación integral.** La organización de estos servicios por parte de **las Comunidades Autónomas y las Corporaciones Locales**, responderá a los principios de atención permanente, actuación urgente, especialización de prestaciones y multidisciplinariedad profesional.

La atención multidisciplinar implicará especialmente:

a) Información a las víctimas.

b) Atención psicológica.

c) Apoyo social.

d) Seguimiento de las reclamaciones de los derechos de la mujer.

e) Apoyo educativo a la unidad familiar.

f) Formación preventiva en los valores de igualdad dirigida a su desarrollo personal y a la adquisición de habilidades en la resolución no violenta de conflictos.

g) Apoyo a la formación e inserción laboral.

Los servicios adoptarán fórmulas organizativas que, por la especialización de su personal, por sus características de convergencia e integración de acciones, garanticen la efectividad de los indicados principios.

Estos servicios actuarán coordinadamente y en colaboración con los Cuerpos de Seguridad, los Jueces de Violencia sobre la Mujer, los servicios sanitarios y las instituciones encargadas de prestar asistencia jurídica a las víctimas, del ámbito geográfico correspondiente. Estos servicios podrán solicitar al Juez las medidas urgentes que consideren necesarias.

3.2.3. Asistencia jurídica

Las mujeres víctimas de violencia de género que acrediten insuficiencia de recursos para litigar, en los términos establecidos en la Ley 1/1996, de 10 enero, de **Asistencia Jurídica Gratuita, tienen derecho a la defensa y representación gratuitas por abogado y procurador en todos los procesos y**

procedimientos administrativos que tengan causa directa o indirecta en la violencia padecida. En estos supuestos una misma dirección letrada asumirá la defensa de la víctima. Este derecho asistirá también a los causahabientes en caso de fallecimiento de la víctima. En todo caso, se garantizará la defensa jurídica, gratuita y especializada de forma inmediata a todas las víctimas de violencia de género que lo soliciten, sin perjuicio de que si no se les reconoce con posterioridad el derecho a la asistencia jurídica gratuita, éstas deberán abonar al abogado los honorarios devengados por su intervención.

3.2.4. Derechos laborales y de Seguridad Social

La trabajadora víctima de violencia de género tendrá derecho, en los términos previstos en el Estatuto de los Trabajadores, **a la reducción o a la reordenación de su tiempo de trabajo, a la movilidad geográfica, al cambio de centro de trabajo, a la suspensión de la relación laboral** con reserva de puesto de trabajo y a la extinción del contrato de trabajo.

En los términos previstos en la Ley General de la Seguridad Social, la suspensión y la extinción del contrato de trabajo previstas en el apartado anterior darán lugar a situación legal de desempleo. El tiempo de suspensión se considerará como período de cotización efectiva a efectos de las prestaciones de Seguridad Social y de desempleo.

Las ausencias o faltas de puntualidad al trabajo motivadas por la situación física o psicológica derivada de la violencia de género se considerarán justificadas, cuando así lo determinen los servicios sociales de atención o servicios de salud, según proceda, sin perjuicio de que dichas ausencias sean comunicadas por la trabajadora a la empresa a la mayor brevedad.

A las trabajadoras por cuenta propia víctimas de violencia de género que cesen en su actividad para hacer efectiva su protección o su derecho a la asistencia social integral, **se les suspenderá la obligación de cotización durante un período de seis meses, que les serán considerados como de cotización efectiva a efectos de las prestaciones de Seguridad Social**. Asimismo, su situación será considerada como asimilada al alta.

3.2.5. Derechos de las funcionarias públicas

La funcionaria víctima de violencia de género **tendrá derecho a la reducción o a la reordenación de su tiempo de trabajo, a la movilidad geográfica de centro de trabajo y a la excedencia** en los términos que se determinen en su legislación específica.

Las ausencias totales o parciales al trabajo motivadas por la situación física o psicológica derivada de la violencia de género sufrida por una mujer funcionaria se considerarán justificadas en los términos que se determine en su legislación específica.

Cuando las víctimas de violencia de género careciesen de rentas superiores, en cómputo mensual, al 75 por 100 del salario mínimo interprofesional, excluida la parte proporcional de dos pagas extraordinarias, **recibirán una ayuda de pago único,** siempre que se presuma que debido a su edad, falta de preparación general o especializada y circunstancias sociales, la víctima tendrá especiales dificultades para obtener un empleo y por dicha circunstancia no participará en los programas de empleo establecidos para su inserción profesional. **El importe de esta ayuda será equivalente al de seis meses de subsidio por desempleo**. Cuando la víctima de la violencia ejercida contra la mujer tuviera reconocida oficialmente una minusvalía en grado igual o superior al 33 por 100, el importe **sería equivalente a 12 meses de subsidio por desempleo.**

Estas ayudas, financiadas con cargo a los Presupuestos Generales del Estado, serán concedidas por las Administraciones competentes en materia de servicios sociales.

En el caso de que la víctima tenga responsabilidades familiares, su importe podrá alcanzar el de un período equivalente al de 18 meses de subsidio, o de 24 meses si la víctima o alguno de los familiares que conviven con ella tiene reconocida oficialmente una minusvalía en grado igual o superior al 33 por 100, en los términos que establezcan las disposiciones de desarrollo de la presente Ley.

Las mujeres víctimas de violencia de género serán consideradas colectivos prioritarios en el acceso a viviendas protegidas y residencias públicas para mayores, en los términos que determine la legislación aplicable.

3.3. Formas de tutelar y vigilar el cumplimiento de las políticas contra la violencia de género

3.3.1. Tutela institucional

Como tutela institucional la Ley orgánica de Medidas de protección contra la violencia de género crea dos organismos:

- La delegación especial del gobierno contra la violencia de género.
- El observatorio Estatal de violencia sobre la mujer.

La Delegación Especial del Gobierno contra la Violencia sobre la Mujer, adscrito al Ministerio de Trabajo y Asuntos Sociales, formulará

las políticas públicas en relación con la violencia de género a desarrollar por el Gobierno, y coordinará e impulsará cuantas acciones se realicen en dicha materia, trabajando en colaboración y coordinación con las Administraciones con competencia en la materia.

El titular de la Delegación Especial del Gobierno contra la Violencia sobre la Mujer estará legitimado ante los órganos jurisdiccionales para intervenir en defensa de los derechos y de los intereses tutelados en esta Ley en colaboración y coordinación con las Administraciones con competencias en la materia.

Se constituirá **el Observatorio Estatal de Violencia sobre la Mujer, como órgano colegiado adscrito al Ministerio de Trabajo y Asuntos Sociales, al que corresponderá el asesoramiento, evaluación, colaboración institucional, elaboración de informes y estudios, y propuesta**s de actuación en materia de violencia de género. Estos informes, estudios y propuestas considerarán de forma especial la situación de las mujeres con mayor riesgo de sufrir violencia de género o con mayores dificultades para acceder a los servicios. En cualquier caso, los datos contenidos en dichos informes, estudios y propuestas se consignarán desagregados por sexo.

El Observatorio Estatal de Violencia sobre la Mujer remitirá al Gobierno y a las Comunidades Autónomas, con periodicidad anual, un informe sobre la evolución de la violencia ejercida sobre la mujer en los términos a que se refiere el artículo 1 de la presente Ley, con determinación de los tipos penales que se hayan aplicado, y de la efectividad de las medidas acordadas para la protección de las víctimas. El informe destacará asimismo las necesidades de reforma legal con objeto de garantizar que la aplicación de las medidas de protección adoptadas puedan asegurar el máximo nivel de tutela para las mujeres.

3.3.2. Tutela Penal

Se refiere a las distintas medidas que se han introducido en el código penal para garantizar una eficaz respuesta en la lucha contra la violencia de género.

a) Suspensión de Penas

El párrafo segundo del apartado 1, 6.ª, del artículo 83 del Código Penal, en la redacción dada por la Ley Orgánica 15/2003, queda redactado de la forma siguiente:

«Si se tratase de delitos relacionados con la violencia de género, el Juez o Tribunal condicionará en todo caso la suspensión al cumplimiento de las obligaciones o deberes previstos en las reglas 1.ª, 2.ª y 5.ª de este apartado.» (Se refiere al alejamiento).

b) Comisión de delitos durante el período de suspensión de la pena

El apartado 3 del artículo 84 del Código Penal, en la redacción dada por la Ley Orgánica 15/2003, queda redactado de la forma siguiente:

«3. En el supuesto de que la pena suspendida fuera de prisión por la comisión de delitos relacionados con la violencia de género, el incumplimiento por parte del reo de las obligaciones o deberes previstos en las reglas 1.ª, 2.ª y 5.ª del apartado 1 del artículo 83 **determinará la revocación de la suspensión de la ejecución de la pena.**»

c) Sustitución de penas

El párrafo tercero del apartado 1 del artículo 88 del Código Penal, en la redacción dada por la Ley Orgánica 15/2003, queda redactado de la forma siguiente:

«**En el caso de que el reo hubiera sido condenado por un delito relacionado con la violencia de género, la pena de prisión sólo podrá ser sustituida por la de trabajos en beneficio de la comunidad**. En estos supuestos, el Juez o Tribunal impondrá adicionalmente, además de la sujeción a programas específicos de reeducación y tratamiento psicológico, la observancia de las obligaciones o deberes previstos en las reglas 1.ª y 2.ª, del apartado 1 del artículo 83 de este Código.»

d) Protección contra las lesiones

Se modifica el artículo 148 del Código Penal que queda redactado de la siguiente forma:

«**Las lesiones previstas en el apartado 1 del artículo anterior podrán ser castigadas con la pena de prisión de dos a cinco años, atendiendo al resultado causado o riesgo producido**:

1. Si en la agresión se hubieren utilizado armas, instrumentos, objetos, medios, métodos o formas concretamente peligrosas para la vida o salud, física o psíquica, del lesionado.
2. Si hubiere mediado ensañamiento o alevosía.
3. Si la víctima fuere menor de doce años o incapaz.
4. Si la víctima fuere o hubiere sido esposa, o mujer que estuviere o hubiere estado ligada al autor por una análoga relación de afectividad, aun sin convivencia.
5. Si la víctima fuera una persona especialmente vulnerable que conviva con el autor.»

e) Protección contra los malos tratos

El artículo 153 del Código Penal, queda redactado como sigue:

«**1.** El que por cualquier medio o procedimiento causare a otro menoscabo psíquico o una lesión no definidos como delito en este Código, o golpeare o maltratare de obra a otro **sin causarle lesión, cuando la ofendida sea o haya sido esposa, o mujer que esté o haya estado ligada a él por una análoga relación de afectividad aun sin convivencia, o persona especialmente vulnerable que conviva con el autor, será castigado con la pena de prisión de seis meses a un año o de trabajos en beneficios de la comunidad de treinta y uno a ochenta días y**, en todo caso, privación del derecho a la tenencia y porte de armas de un año y un día a tres años, así como, cuando el Juez o Tribunal lo estime adecuado al interés del menor o incapaz, inhabilitación para el ejercicio de la patria potestad, tutela, curatela, guarda o acogimiento hasta cinco años.

f) Protección contra las amenazas

Se añaden tres apartados, numerados como 4, 5 y 6, al artículo 171 del Código Penal, que tendrán la siguiente redacción:

«**4.** El que de modo leve amenace a quien **sea o haya sido su esposa, o mujer que esté o haya estado ligada a él por una análoga relación de afectividad aun sin convivencia, será castigado con la pena de prisión de seis meses a un año o de trabajos en beneficio de la comunidad de treinta y uno a ochenta días** y, en todo caso, privación del derecho a la tenencia y porte de armas de un año y un día a tres años, así como, cuando el Juez o Tribunal lo estime adecuado al interés del menor o incapaz, inhabilitación especial para el ejercicio de la patria potestad, tutela, curatela, guarda o acogimiento hasta cinco años.

Igual pena se impondrá al que de modo leve amenace a una persona especialmente vulnerable que conviva con el autor.

5. El que de modo leve amenace con armas u otros instrumentos peligrosos a alguna de las personas a las que se refiere el artículo 173.2, exceptuadas las contempladas en el apartado anterior de este artículo, será castigado con la pena de prisión de tres meses a un año o trabajos en beneficio de la comunidad de treinta y uno a ochenta días y, en todo caso, privación del derecho a la tenencia y porte de armas de uno a tres años, así como, cuando el Juez o Tribunal lo estime adecuado al interés del menor o incapaz, inhabilitación especial para el ejercicio de la patria potestad, tutela, curatela, guarda o acogimiento por tiempo de seis meses a tres años.

g) Protección contra las coacciones

El contenido actual del artículo 172 del Código Penal queda numerado como apartado 1 y se añade un apartado 2 a dicho artículo con la siguiente redacción:

«**2.** El que de **modo leve coaccione a quien sea o haya sido su esposa, o mujer que esté o haya estado ligada a él por una análoga relación de afectividad, aun sin convivencia, será castigado con la pena de prisión de seis meses a un año o de trabajos en beneficio de la comunidad de treinta y uno a ochenta días** y, en todo caso, privación del derecho a la tenencia y porte de armas de un año y un día a tres años, así como, cuando el Juez o Tribunal lo estime adecuado al interés del menor o incapaz, inhabilitación especial para el ejercicio de la patria potestad, tutela, curatela, guarda o acogimiento hasta cinco años.

h) Quebrantamiento de condena

Se modifica el artículo 468 del Código Penal que queda redactado de la siguiente forma:

«**1.** Los que quebrantaren su condena, medida de seguridad, prisión, medida cautelar, conducción o custodia serán castigados con la pena de prisión de seis meses a un año si estuvieran privados de libertad, y con la pena de multa de doce a veinticuatro meses en los demás casos.

2. Se impondrá en todo caso la pena de prisión de seis meses a un año a los que quebrantaren una pena de las contempladas en el artículo 48 de este Código o una medida cautelar o de seguridad de la misma naturaleza impuestas en procesos criminales en los que el ofendido sea alguna de las personas a las que se refiere el artículo 173.2.»

i) Protección contra las vejaciones leves

El artículo 620 del Código Penal queda redactado como sigue:

«Serán castigados con la pena de multa de diez a veinte días:

1. Los que de modo leve amenacen a otro con armas u otros instrumentos peligrosos, o los saquen en riña, como no sea en justa defensa, salvo que el hecho sea constitutivo de delito.
2. Los que causen a otro una amenaza, coacción, injuria o vejación injusta de carácter leve, salvo que el hecho sea constitutivo de delito.

3.3.3. Tutela Judicial

Dentro de la tutela Judicial quiero destacar dos aspectos importantes, en primer lugar **la Creación de los Juzgados de violencia sobre la mujer, y en segundo lugar la creación de la Fiscalía de violencia sobre la mujer**.

a) De los Juzgados de Violencia sobre la Mujer

En cada partido (judicial) habrá uno o más Juzgados de Violencia sobre la Mujer, con sede en la capital de aquél y jurisdicción en todo su ámbito territorial. Tomarán su designación del municipio de su sede.

El Consejo General del Poder Judicial podrá acordar, previo informe de las Salas de Gobierno, que, en aquellas circunscripciones donde sea conveniente en función de la carga de trabajo existente, el conocimiento de los asuntos referidos en el artículo 87 ter de la presente Ley Orgánica, corresponda a uno de los Juzgados de Primera Instancia e Instrucción, o de Instrucción en su caso, determinándose en esta situación que uno solo de estos Órganos conozca de todos estos asuntos dentro del partido judicial, ya sea de forma exclusiva o conociendo también de otras materias.

En los partidos judiciales en que exista un solo Juzgado de Primera Instancia e Instrucción será éste el que asuma el conocimiento de los asuntos a que se refiere esta Ley.

Competencia: los Juzgados de Violencia sobre la Mujer conocerán, en el orden penal, de conformidad en todo caso con los procedimientos y recursos previstos en la Ley de Enjuiciamiento Criminal, **de los siguientes supuestos:**

a) De la instrucción de los procesos para exigir responsabilidad penal por los delitos recogidos en los títulos del Código Penal relativos a homicidio, aborto, lesiones, lesiones al feto, delitos contra la libertad, delitos contra la integridad moral, contra la libertad e indemnidad sexuales o cualquier otro delito cometido con violencia o intimidación, siempre que se hubiesen cometido contra quien sea o haya sido su esposa, o mujer que esté o haya estado ligada al autor por análoga relación de afectividad, aun sin convivencia, así como de los cometidos sobre los descendientes, propios o de la esposa o conviviente, o sobre los menores o incapaces que con él convivan o que se hallen sujetos a la potestad, tutela, curatela, acogimiento o guarda de hecho de la esposa o conviviente, cuando también se haya producido un acto de violencia de género.

b) De la instrucción de los procesos para exigir responsabilidad penal por cualquier delito contra los derechos y deberes familiares, cuando la víctima sea alguna de las personas señaladas como tales en la letra anterior.

c) De la adopción de las correspondientes órdenes de protección a las víctimas, sin perjuicio de las competencias atribuidas al Juez de Guardia.

d) Del conocimiento y fallo de las faltas contenidas en los títulos I y II del libro III del Código Penal, cuando la víctima sea alguna de las personas señaladas como tales en la letra a) de este apartado.

Los Juzgados de Violencia sobre la Mujer podrán conocer en el orden civil, en todo caso de conformidad con los procedimientos y recursos previstos en la Ley de Enjuiciamiento Civil, de los siguientes asuntos:

a) Los de filiación, maternidad y paternidad.

b) Los de nulidad del matrimonio, separación y divorcio.

c) Los que versen sobre relaciones paterno filiales.

d) Los que tengan por objeto la adopción o modificación de medidas de trascendencia familiar.

e) Los que versen exclusivamente sobre guarda y custodia de hijos e hijas menores o sobre alimentos reclamados por un progenitor contra el otro en nombre de los hijos e hijas menores.

f) Los que versen sobre la necesidad de asentimiento en la adopción.

g) Los que tengan por objeto la oposición a las resoluciones administrativas en materia de protección de menores.

Los Juzgados de Violencia sobre la Mujer tendrán de forma exclusiva y excluyente competencia en el orden civil cuando concurran simultáneamente los siguientes requisitos:

a) Que se trate de un proceso civil que tenga por objeto alguna de las materias indicadas en el número 2 del presente artículo.

b) Que alguna de las partes del proceso civil sea víctima de los actos de violencia de género, en los términos a que hace referencia el apartado 1 a) del presente artículo.

c) Que alguna de las partes del proceso civil sea imputado como autor, inductor o cooperador necesario en la realización de actos de violencia de género.

d) Que se hayan iniciado ante el Juez de Violencia sobre la Mujer actuaciones penales por delito o falta a consecuencia de un acto de violencia sobre la mujer, o se haya adoptado una orden de protección a una víctima de violencia de género.

El Gobierno, el Consejo General del Poder Judicial y las Comunidades Autónomas, en el ámbito de sus respectivas competencias, asegurarán una **forma-**

ción específica relativa a la igualdad y no discriminación por razón de sexo y sobre violencia de género en los cursos de formación de Jueces y Magistrados, Fiscales, Secretarios Judiciales, Fuerzas y Cuerpos de Seguridad y Médicos Forenses. En todo caso, en los cursos de formación anteriores se introducirá el enfoque de la discapacidad de las víctimas.

b) Del Fiscal contra la Violencia sobre la Mujer

El Fiscal General del Estado nombrará, oído el Consejo Fiscal, como delegado, un Fiscal contra la Violencia sobre la Mujer, con categoría de Fiscal de Sala, que ejercerá las siguientes **funciones:**

a) Practicar las diligencias a que se refiere el artículo 5 del Estatuto Orgánico del Ministerio Fiscal, e intervenir directamente en aquellos procesos penales de especial trascendencia apreciada por el Fiscal General del Estado, referentes a los delitos por actos de violencia de género comprendidos en el artículo 87 ter.1 de la Ley Orgánica del Poder Judicial.

b) Intervenir, por delegación del Fiscal General del Estado, en los procesos civiles comprendidos en el artículo 87 ter.2 de la Ley Orgánica del Poder Judicial.

c) Supervisar y coordinar la actuación de las Secciones contra la Violencia sobre la Mujer, y recabar informes de las mismas, dando conocimiento al Fiscal Jefe de las Fiscalías en que se integren.

d) Coordinar los criterios de actuación de las diversas Fiscalías en materias de violencia de género, para lo cual podrá proponer al Fiscal General del Estado la emisión de las correspondientes instrucciones.

e) Elaborar semestralmente, y presentar al Fiscal General del Estado, para su remisión a la Junta de Fiscales de Sala del Tribunal Supremo, y al Consejo Fiscal, un informe sobre los procedimientos seguidos y actuaciones practicadas por el Ministerio Fiscal en materia de violencia de género.

En la Fiscalía de la Audiencia Nacional y en cada Fiscalía de los Tribunales Superiores de Justicia y de las Audiencias Provinciales, existirá una Sección de Menores a la que se encomendarán las funciones y facultades que al Ministerio Fiscal atribuye la Ley Orgánica Reguladora de la Responsabilidad Penal de los Menores y otra Sección Contra la Violencia sobre la Mujer en cada Fiscalía de los Tribunales Superiores de Justicia y de las Audiencias Provinciales. A estas Secciones serán adscritos Fiscales que pertenezcan a sus respectivas plantillas, teniendo preferencia aquellos que por razón de las anteriores funciones desempeñadas, cursos impartidos o superados o por cualquier otra circunstancia análoga, se hayan especializado en la materia. No obstante, cuando las necesidades del servicio así lo aconsejen podrán actuar también en otros ámbitos o materias.

En las Fiscalías de los Tribunales Superiores de Justicia y en las Audiencias Provinciales podrán existir las adscripciones permanentes que se determinen reglamentariamente.

A la Sección Contra la Violencia sobre la Mujer se atribuyen las siguientes funciones:

a) Intervenir en los procedimientos penales por los hechos constitutivos de delitos o faltas cuya competencia esté atribuida a los Juzgados de Violencia sobre la Mujer.

b) Intervenir directamente en los procesos civiles cuya competencia esté atribuida a los Juzgados de Violencia sobre la Mujer.

En la Sección Contra la Violencia sobre la Mujer deberá llevarse un registro de los procedimientos que se sigan relacionados con estos hechos que permitirá la consulta de los Fiscales cuando conozcan de un procedimiento de los que tienen atribuida la competencia, al efecto en cada caso procedente.

4. Discapacidad y dependencia: la Ley de Promoción de la Autonomía Personal y Atención a las personas en situación de dependencia

Dos mil siete fue un año fundamental en la construcción, mediante medidas concretas y determinadas del Estado Social y Democrático Social de Derecho, con la entrada en vigor de la ley 39/2006, de 14 de Diciembre, de **Promoción de la Autonomía Personal y Atención a las personas en situación de dependencia** conocida ya cariñosamente por muchos como la Ley de Dependencia.

Y es una ley importante que está incluida en la agenda de todos los países europeos, como una de las políticas más importantes para perfilar el estado del bienestar en el siglo XXI.

Como todos sabemos la concreción del artículo 1 de la Constitución Española en un Estado Social y Democrático de Derecho se reafirma en el 9.2 cuando establece de forma imperativa que "corresponde a los poderes públicos promover las condiciones para que la libertad y la igualdad del individuo y de los grupos en que se integran sean reales y efectivos; removiendo los obstáculos que impidan o dificulten su plenitud y facilitar la participación de todos los ciudadanos en la vida política, económica, cultural y social".

4.1. Exposición de motivos y estructura de la ley

La exposición de motivos es suficientemente aleccionadora de los objetivos que acomete dicha ley destacando, "*La atención a las personas en situación de dependencia* y la promoción de su autonomía personal constituye uno de los principales retos de la política social de los países desarrollados. **El reto no es otro que atender las necesidades de aquellas personas que por encontrarse en situación de especial vulnerabilidad, requieren apoyos para desarrollar las actividades esenciales de la vida diaria, alcanzar una mayor autonomía personal y poder ejercer plenamente sus derechos de ciudadanía"**.

Es importante destacar que la filosofía que impregna la Ley, configura el derecho de asistencia a personas en situación de dependencia, c**omo un auténtico derecho de la ciudadanía sistema que se presta en base a los criterios de universalidad, alta calidad y sostenibilidad en el tiempo**.

La Ley es corta, 47 artículos divididos en 3 títulos: el primero, el título preliminar que incluye las disposiciones generales, definición y principios generales de la ley; a continuación, el Título I configura el Sistema para la autonomía y atención a la dependencia (SAAD) estableciendo como se configura el Sistema, que prestaciones y catálogos de servicios va a dar, en qué grados se establece la valoración de la dependencia, como se reconoce ésta y finalmente como se financia, en tercer lugar el Título II regula ciertas medidas para garantizar la calidad y eficacia del sistema para la autonomía y atención a la dependencia. Y por último, el Título III regula las infracciones y sanciones, que se puedan ejercer respecto del ámbito de aplicación de la ley.

4.2. Título competencial

Aunque todos sabemos que la asistencia social se incluye en el artículo 148.2, es decir, competencias de las Comunidades Autónomas, también es cierto que el artículo 149.1 regula que es competencia exclusiva del Estado, la regulación de las condiciones básicas que garanticen la igualdad de todos los españoles en el ejercicio de los derechos y en el cumplimiento de los deberes constitucionales. En este artículo el 149.1.1ª CE basa la disposición final 8ª, el fundamento constitucional de la Ley, que no obstante haber tenido una tremenda adhesión parlamentaria, (se aprobó con más de 300 votos a favor).

Realmente la competencia primera del artículo 149 ha sido muy desarrollada por el Tribunal Constitucional, en el sentido de que dicho artículo habilita al Estado al establecimiento por entero de las condiciones básicas que garanticen la igualdad; condiciones básicas que se predicarían de los derechos y deberes en si mismos considerados, no de los sectores o materias en que aquellos se insertan.

En este sentido el propio artículo 1º de la Ley establece que **"La presente Ley tiene por objeto regular las condiciones básicas que garanticen la igualdad en el ejercicio del derecho subjetivo de ciudadanía a la promoción de la autonomía personal y atención a las personas en situación de dependencia**... creando a tal efecto un sistema para la autonomía y atención a la dependencia", al que me referiré a lo largo de este trabajo como **"El Sistema o el SAAD**" indistintamente.

4.3. El sistema para la autonomía y atención a la dependencia

El sistema se configura como una red de utilización pública que integra de forma coordinada todos los centros y servicios tanto sean públicos como privados. Su finalidad en consecuencia es servir de cauce de colaboración y participación de las administraciones públicas, en el ejercicio de sus respectivas competencias, optimizando los recursos públicos y privados disponibles y por último contribuir a la mejora de las condiciones de vida de los ciudadanos.

El sistema establece **3 niveles de protección**:

a) **Nivel mínimo:** es el establecido y garantizado por la Administración General del Estado.

b) **Nivel acordado**: es el nivel de protección que se acuerde entre la AGE y la administración de cada una de las Comunidades Autónomas a través de los correspondientes convenios.

c) **Nivel adicional:** es el que adicionalmente a lo anterior puede añadir cada Comunidad Autónoma.

Literalmente al articulo 7 de la Ley los define así: la protección de la situación de dependencia por parte del Sistema se prestará en los términos establecidos en esta Ley y de acuerdo con los siguientes niveles:

1. El nivel de protección mínimo establecido por la Administración General del Estado en aplicación del artículo 9.
2. El nivel de protección que se acuerde entre la Administración General del Estado y la Administración de cada una de las Comunidades Autónomas a través de los Convenios previstos en el artículo 10.
3. El nivel adicional de protección que pueda establecer cada Comunidad Autónoma.

Simplemente añadir que desde 2012, la aplicación del nivel 2 se va aplazando sucesivamente, dejándose sin efecto su aplicación en la Ley de presupuestos de cada año, así en este año: se suspende para el año 2017 la aplicación del apartado 2 por la disposición adicional 91 de la Ley 3/2017, de 27 de junio .

El órgano de cooperación para la articulación del sistema es el Consejo Territorial del Sistema para la autonomía y atención para la dependencia. Está constituido por el titular del Ministerio de Trabajo, representantes de los Departamentos Ministeriales, representantes de las Comunidades Autónomas y de las Entidades Locales.

El **catálogo de servicios que el sistema va a ofrecer** son los siguientes:

1. Servicios de prevención de situaciones de dependencia.
2. Servicios de teleasistencia.
3. Servicio de ayuda a domicilio.
    - Atención a las necesidades del hogar.
    - Cuidados personales.
4. Centros de día y de noche.
    - Centros de día para mayores.
    - Centros de día para menores de 65 años.
    - Centros de día de atención especializada.
    - Centros de noche.
5. Residencias.
    - Residencia de personas mayores dependientes.
    - Centros de atención a personas discapacitadas.

La red de centros estará formada tanto por los centros públicos, de la AGE, de las Comunidades Autónomas y de las Entidades Locales; como de Centros Privados concertados debidamente acreditados. La acreditación a los centros privados la otorga la Comunidad Autónoma.

Este catálogo de servicios es el objetivo prioritario de la Ley, es decir, entre las alternativas posibles de soluciones al problema, referidas a la posibilidad de prestar servicios, a transferir prestaciones económicas y que el usuario utilice el servicio que desee, la Ley se inclina decididamente por los servicios; pero no obstante mantiene la posibilidad de realizar transferencias mediante prestaciones económicas de carácter periódico cuando al usuario no le sea posible el acceso a un servicio público concertado por razones geográficas o de cualquier otra índole o naturaleza y normalmente referidas para la prestación de cuidados en el entorno familiar y el apoyo a través de cuidadores no profesionales.

Se establecen **tres grados de dependencia:**

a) **Grado I. Dependencia moderada**: cuando la persona necesita Ayuda para realizar varias actividades básicas para la vida diaria, al menos una vez al día o tiene necesidades de apoyo intermitente o limitado para su autonomía personal.

b) **Grado II. Dependencia severa:** cuando la persona necesita ayuda para realizar varias actividades básicas de la vida diaria dos o tres veces al día pero no quiere el apoyo permanente de un cuidador o tiene necesidades de apoyo generalizado para su autonomía personal.

c) **Grado III. Gran dependencia:** cuando la persona necesita ayuda para realizar varias actividades básicas de la vida diaria varias veces al día, y por su pérdida total de autonomía física, mental, intelectual o sensorial, necesita el apoyo indispensable y continuo de otra persona o tiene necesidades de apoyo generalizado para su autonomía personal.

Pues bien, la determinación de en qué grado de dependencia se encuentra cada persona se establece en un baremo que va del 1 al 100 y que implica que en cada Comunidad Autónoma deberá haber unos órganos de valoración, órganos que serán multidisciplinares que a la vista de la solicitud del interesado baremarán en que grado de dependencia se encuentra.

Estos grados de dependencia se han establecido en el Real Decreto 504/2007 de 20 de Abril con el siguiente baremo.

PUNTOS	PUNTOS
Grado I 25-49	Nivel 1 25-39 Nivel 2 40-49
Grado II 50-74	Nivel 1 50-64 Nivel 2 65-74
Grado III 74-100	Nivel 1 75-89 Nivel 2 90-100

Como hemos dicho anteriormente el procedimiento para el reconocimiento del derecho se inicia a instancia de la persona que pueda estar afectada por algún grado de dependencia o por quien ostente su representación. Su tramitación se ajustará a las normas procedimentales de la Ley de Procedimiento Administrativo, y el reconocimiento de la situación de dependencia se efectuará mediante resolución expedida por la administración autonómica correspondiente, la cual deberá determinar los servicios o prestaciones que corresponden al solicitante según el grado y nivel de dependencia.

4.4. Desarrollo reglamentario

Como desarrollo de la Ley y a lo largo del año 2007 se han dictado los siguientes Reales Decretos de desarrollo de la misma:

- Real Decreto 504/2007 de 20 de Abril, por el que se aprueba el baremo de valoración de la situación de dependencia establecida en la ley 39/2006.
- Real Decreto 614/2007 de 11 de Mayo, sobre el nivel mínimo de protección del sistema para la autonomía y atención a la dependencia garantizado por la Administración General del Estado.
- Real Decreto 615/2007 de 11 de Mayo por el que se regula la Seguridad Social de los cuidadores de las personas en situación de dependencia.
- Real Decreto 727/2007 de 8 de Junio, sobre criterios para determinar las intensidades de protección de los servicios, y la cuantía de las prestaciones económicas de la Ley.

4.5. Aplicación de la ley

Aunque la ley ha recibido una adhesión parlamentaría arrolladora, no significa que desde diversos foros no se hayan planteado algunas cuestiones pendientes de vital importancia para la correcta aplicación de la Ley, entre los que se pueden señalar:

A) Financiación

Las Comunidades Autónomas se quejan de que con la aplicación de la Ley al final la responsabilidad de la financiación va a ser suya ya que va a ser la Administración que los ciudadanos vamos a visualizar como prestadora del servicio cuando el Estado, solo garantiza unos mínimos que algunas Comunidades Autónomas han tachado de insuficientes.

B) El copago

La participación de los beneficiarios en el coste de las prestaciones no se concreta en forma alguna en la Ley, ya que el artículo 33 sólo establece que los beneficiarios participarán también en la financiación de las mismas pero no se establece como, ni en base a que criterios, debiéndose establecer si es con criterios de renta o de patrimonio o mixtos y a mi juicio debiendo establecer criterios que no sean excluyentes.

C) Escasa relevancia de las entidades locales

Aunque la competencia de los servicios sociales corresponde a las Comunidades Autónomas, los grandes prestadores directos de los servicios sociales a través de los planes concertados son los Ayuntamientos a los que se menciona ocasionalmente y de pasada una vez más olvidando la autonomía municipal.

D) Los cuidados familiares

Sin duda será la cuestión más difícil y conflictiva y es el desarrollo de en qué circunstancias se van a producir las ayudas económicas cuando es un familiar el que se hace cargo de la atención; los flecos sin resolver de aspectos relativos al alta en la Seguridad Social cuando el cuidador sea jubilado o persona en alta y qué mecanismos se van a establecer para garantizar que la transferencia económica se dedique al cuidado de la persona dependiente y no a otros aspectos.

E) La suspensión de los acuerdos

La suspensión de los acuerdos o convenios con las Comunidades Autónomas que cada año la Ley de Presupuestos hace para la aplicación del nivel 2 de dependencia, hacen que se esté retrasando une efectiva y plena aplicación de la Ley en la realidad social, para la que fue aprobada.

IV. Gestión de personal (I)

eRodio ediciones

Tema 1

El personal al servicio de las Administraciones Públicas. Régimen jurídico. El texto refundido del Estatuto Básico del Empleado Público y demás normativa vigente. Las competencias en materia de personal. El Registro Central de Personal

eRodio ediciones

Índice esquemático

1. El personal al servicio de las Administraciones Públicas

2. El Estatuto Básico del Empleado Público: Régimen Jurídico del personal al servicio de las Administraciones Públicas

2.1. Estructura de la ley

2.2. Objeto y ámbito de aplicación de la Ley

3. El registro central de personal: registros de personal y gestión integrada de recursos humanos

1. El personal al servicio de las Administraciones Públicas

La materia del personal al servicio de las Administraciones Públicas es muy compleja por varios motivos: en primer lugar porque al personal al servicio de las Administraciones públicas se le aplica dos regímenes de naturaleza jurídica distinta, el laboral o social a nuestro personal laboral (que es esencialmente derecho privado), y el de función pública a los funcionarios (que es un derecho público).

El segundo motivo de dificultad estriba en que la normativa está compartida por la legislación básica del Estado, y la que en desarrollo de la misma dicten las Comunidades Autónomas, todo ello en los términos del artículo 149.1.18 de la Constitución Española que establece que es competencia exclusiva del Estado establecer "Las bases del régimen jurídico de las Administraciones Públicas y del régimen estatutario de sus funcionarios".

Así las cosas, las Cortes Generales aprobaron un Estatuto Básico del Empleado Público mediante la Ley 7/2007, de 12 de abril, que por primera vez intentaba realizar una regulación conjunta de los aspectos comunes al personal laboral y funcionario, extendiendo el concepto al más genérico de empleado público; pero en los años sucesivos fue muy modificado, de manera que se hizo necesaria la refundición en un texto refundido de la Ley original y sus modificaciones, promulgándose el **Real Decreto Legislativo 5/2015 de 30 de octubre por el que se aprueba el Texto Refundido de la ley del Estatuto Básico del empleado Público.**

2. El Estatuto Básico del Empleado Público: Régimen Jurídico del personal al servicio de las Administraciones Públicas

2.1. Estructura de la ley

El Real Decreto Legislativo 5/2015 de 30 de octubre, por el que se aprueba el Texto refundido de la Ley del Estatuto Básico del Empleado Público (TREBEP) tiene la siguiente estructura:

- Título I. Objeto y ámbito de aplicación.
- Título II. Personal al servicio de las Administraciones Públicas.
- Título III. Derechos y deberes. Código de conducta de los empleados públicos.
    - ▹ Capítulo I. Derechos de los empleados públicos.
    - ▹ Capítulo II. Derecho a la carrera profesional y a la promoción interna. La evaluación del desempeño.

    - ▹ Capítulo III. Derechos retributivos.
    - ▹ Capítulo IV. Derecho a la negociación colectiva, representación y participación institucional. Derecho de reunión.
    - ▹ Capítulo V. Derecho a la jornada de trabajo, permisos y vacaciones.
    - ▹ Capítulo VI. Deberes de los empleados públicos. Código de Conducta.
- Título IV. Adquisición y pérdida de la relación de servicio.
    - ▹ Capítulo I. Acceso al empleo público y adquisición de la relación de servicio.
    - ▹ Capítulo II. Pérdida de la relación de servicio.
- Título V. Ordenación de la actividad profesional.
    - ▹ Capítulo I. Planificación de recursos humanos.
    - ▹ Capítulo II. Estructuración del empleo público.
    - ▹ Capítulo III. Provisión de puestos de trabajo y movilidad.
- Título VI. Situaciones administrativas .
- Título VII. Régimen disciplinario.
- Título VIII. Cooperación entre las Administraciones Públicas.

Tiene un total 100 artículos, 16 Disposiciones adicionales, 8 disposiciones transitorias, 1 derogatoria, y 4 disposiciones finales.

2.2. Objeto y ámbito de aplicación de la Ley

El presente Estatuto tiene por objeto establecer las bases del régimen estatutario de los funcionarios públicos incluidos en su ámbito de aplicación.

Asimismo tiene por objeto determinar las normas aplicables al personal laboral al servicio de las Administraciones Públicas.

Este Estatuto refleja, del mismo modo, los siguientes **fundamentos de actuación o Principios**:

a) Servicio a los ciudadanos y a los intereses generales.

b) Igualdad, mérito y capacidad en el acceso y en la promoción profesional.

c) Sometimiento pleno a la ley y al Derecho.

d) Igualdad de trato entre mujeres y hombres.

e) Objetividad, profesionalidad e imparcialidad en el servicio garantizadas con la inamovilidad en la condición de funcionario de carrera.

f) Eficacia en la planificación y gestión de los recursos humanos.

g) Desarrollo y cualificación profesional permanente de los empleados públicos.
h) Transparencia.
i) Evaluación y responsabilidad en la gestión.
j) Jerarquía en la atribución, ordenación y desempeño de las funciones y tareas.
k) Negociación colectiva y participación, a través de los representantes, en la determinación de las condiciones de empleo.
l) Cooperación entre las Administraciones Públicas en la regulación y gestión del empleo público.

Ámbito de aplicación

Este Estatuto se aplica al personal funcionario y en lo que proceda al personal laboral al servicio de las siguientes Administraciones Públicas:

- La Administración General del Estado.
- Las Administraciones de las Comunidades Autónomas y de las Ciudades de Ceuta y Melilla.
- Las Administraciones de las Entidades Locales.
- Los Organismos Públicos, Agencias y demás Entidades de derecho público con personalidad jurídica propia, vinculadas o dependientes de cualquiera de las Administraciones Públicas.
- Las Universidades Públicas.

En la aplicación de este Estatuto al personal investigador se podrán dictar normas singulares para adecuarlo a sus peculiaridades.

El personal docente y el personal estatutario de los Servicios de Salud se regirán por la legislación específica dictada por el Estado y por las Comunidades Autónomas en el ámbito de sus respectivas competencias y por lo previsto en el presente Estatuto, excepto el Capítulo II del Título III, salvo el artículo 20, y los artículos 22.3, 24 y 84.

Cada vez que este Estatuto haga mención al personal funcionario de carrera se entenderá comprendido el personal estatutario de los Servicios de Salud.

El presente Estatuto tiene carácter supletorio para todo el personal de las Administraciones Públicas no incluido en su ámbito de aplicación.

Personal funcionario de las Entidades Locales

1. El personal funcionario de las Entidades Locales se rige por la legislación estatal que resulte de aplicación, de la que forma parte este Estatuto y por la legislación de las Comunidades Autónomas, con respeto a la autonomía local.

2. Los Cuerpos de Policía Local se rigen también por este Estatuto y por la legislación de las Comunidades Autónomas, excepto en lo establecido para ellos en la Ley Orgánica 2/1986, de 13 de marzo, de Fuerzas y Cuerpos de Seguridad.

Personal con legislación específica propia

Las disposiciones de este Estatuto sólo se aplicarán directamente cuando así lo disponga su legislación específica al siguiente personal:

a) Personal funcionario de las Cortes Generales y de las Asambleas Legislativas de las Comunidades Autónomas.
b) Personal funcionario de los demás Órganos Constitucionales del Estado y de los Órganos Estatutarios de las Comunidades Autónomas.
c) Jueces, Magistrados, Fiscales y demás personal funcionario al servicio de la Administración de Justicia.
d) Personal militar de las Fuerzas Armadas.
e) Personal de las Fuerzas y Cuerpos de Seguridad.
f) Personal retribuido por arancel.
g) Personal del Centro Nacional de Inteligencia.
h) Personal del Banco de España y Fondos de Garantía de Depósitos en Entidades de Crédito.

Personal de la Sociedad Estatal Correos y Telégrafos

El personal funcionario de la Sociedad Estatal Correos y Telégrafos se regirá por sus normas específicas y supletoriamente por lo dispuesto en este Estatuto.

Su personal laboral se regirá por la legislación laboral y demás normas convencionalmente aplicables.

Leyes de Función Pública

En desarrollo de este Estatuto, las Cortes Generales y las Asambleas Legislativas de las Comunidades Autónomas aprobarán, en el ámbito de sus competencias, las Leyes reguladoras de la Función Pública de la Administración General del Estado y de las Comunidades Autónomas.

Normativa aplicable al personal laboral

El personal laboral al servicio de las Administraciones Públicas se rige, además de por la legislación laboral y por las demás normas convencionalmente aplicables, por los preceptos de este Estatuto que así lo dispongan.

3. El registro central de personal: registros de personal y gestión integrada de recursos humanos

Cada Administración Pública constituirá un Registro en el que se inscribirán los datos relativos al personal contemplado en los artículos 2 y 5 del presente Estatuto y que tendrá en cuenta las peculiaridades de determinados colectivos.

Los Registros podrán disponer también de la información agregada sobre los restantes recursos humanos de su respectivo sector público.

Mediante convenio de Conferencia Sectorial se establecerán los contenidos mínimos comunes de los Registros de personal y los criterios que permitan el intercambio homogéneo de la información entre Administraciones, con respeto a lo establecido en la legislación de protección de datos de carácter personal.

Las Administraciones Públicas impulsarán la gestión integrada de recursos humanos.

Cuando las Entidades Locales no cuenten con la suficiente capacidad financiera o técnica, la Administración General del Estado y las Comunidades Autónomas cooperarán con aquéllas a los efectos contemplados en este artículo.

Además de lo contenido en el TREBEP para los registros de personal en general, decir que para la Administración General del Estado, el **Real Decreto 2073/1999, de 30 de diciembre, por el que se modifica el Reglamento del Registro Central de Personal y las normas de coordinación con los de las restantes Administraciones públicas, establece:**

Capítulo I.
El Registro Central de Personal

Artículo 1. Naturaleza y fines del Registro Central de Personal

1. El Registro Central de Personal es **el registro administrativo de la Administración General del Estado en el que se inscribe el personal a que se refiere el artículo 5 del presente Reglamento,** y en el que se anotan preceptivamente los actos que afecten a su vida administrativa.

2. El Registro Central de Personal cumple las siguientes finalidades:

a) Garantizar la constancia registral de los expedientes personales u hojas de servicio del personal en él inscrito, mediante las correspondientes inscripciones y anotaciones, como garantía para los interesados y como instrumento de ayuda a la gestión de los recursos humanos comprendidos dentro de su ámbito de inscripción.

b) Disponer de la información sobre los recursos humanos del sector público estatal que los órganos responsables de su planificación necesiten para el análisis y seguimiento de su evolución.

3. El Registro Central de Personal tiene la condición de registro único del personal comprendido en su ámbito de aplicación, sin perjuicio de que, dentro de dicho ámbito, aquellos órganos que ostenten competencias en materia de personal puedan establecer sistemas complementarios de información sobre recursos humanos para el adecuado ejercicio de sus funciones, garantizando en todo caso la coherencia de sus datos con los obrantes en el Registro Central de Personal.

Artículo 2. Funciones del Registro Central de Personal

El **Registro Central de Personal realizará las siguientes funciones**:

a) Inscribir y anotar los actos administrativos relativos al personal comprendido en su ámbito de aplicación.

b) Llevar a cabo las actuaciones precisas para que los órganos responsables de la ordenación, planificación y gestión de los recursos humanos del sector público estatal dispongan de la información necesaria al efecto.

c) Desarrollar las acciones necesarias para coordinar el Registro Central de Personal con los Registros de Personal de las restantes Administraciones públicas.

d) Desarrollar la gestión informática del Sistema de Información del Registro Central de Personal.

e) Impulsar la implantación y el desarrollo de procesos informáticos de ayuda a la gestión de recursos humanos.

Artículo 3. Organización del Registro Central de Personal

1. **El Registro Central de Personal estará integrado en el Ministerio de Administraciones Públicas a través de la Dirección General que determine su Real Decreto de estructura.**

2. La jefatura del Registro Central de Personal corresponderá al titular del órgano que se determine en el Real Decreto de estructura del Ministerio de Administraciones Públicas.

3. El Registro Central de Personal actúa a través de su oficina central y sus oficinas delegadas. Éstas existirán en todos los Departamentos ministeriales y en aquellos organismos públicos en los que el volumen o complejidad del trabajo así lo aconsejen.

4. Los Ministerios y organismos deberán habilitar los medios materiales y el personal de apoyo necesarios para que las oficinas delegadas puedan ejercer adecuadamente sus funciones.

5. Las oficinas delegadas actúan bajo la supervisión del Registro Central de Personal y en cumplimiento de sus directrices. Los jefes de dichas oficinas dependerán funcionalmente, en todo caso, de la jefatura del Registro Central de Personal.

Artículo 4. Soporte informatizado al Registro Central de Personal

1. El sistema de información del Registro Central de Personal es el instrumento técnico para el soporte informatizado a la gestión del Registro Central de Personal y está formado, en todo caso, por los siguientes subsistemas:

a) Base de datos de expedientes personales.

b) Base de datos de gestión de recursos humanos, que integrará las estructuras orgánicas y las relaciones de puestos de trabajo, catálogos y plazas de la Administración General del Estado y sus organismos públicos con los expedientes personales de los efectivos inscritos en el Registro Central de Personal.

c) Base de datos de información sobre recursos humanos del sector público, que almacenará indicadores e información acerca de los efectivos empleados por el sector público estatal y las restantes Administraciones públicas.

2. El Sistema de información del Registro Central de Personal establecerá y garantizará el correcto funcionamiento de los medios técnicos necesarios para:

a) Permitir la realización de las inscripciones y anotaciones registrales y la consulta de los datos registrados por medios de transmisión electrónica, de conformidad con los procedimientos y garantías establecidos en este Reglamento.

b) Garantizar que las certificaciones emitidas por el Registro Central de Personal se correspondan íntegra y auténticamente con el contenido de los expedientes personales conservados en soporte óptico o electrónico, y éstos, a su vez, con los documentos originales.

c) Permitir a los órganos competentes en materia de personal la consulta y utilización de las tablas y formatos vigentes en cada momento, utilizando para ello medios de transmisión electrónica.

d) Recoger y facilitar la información necesaria sobre los recursos humanos de las Administraciones públicas y el sector público a los órganos responsables de su planificación y gestión.

e) Dar cumplimiento a lo dispuesto en la Ley Orgánica 15/1999, de 13 de diciembre, de Protección de datos de carácter personal y su normativa de desarrollo.

Capítulo II.
Funciones registral y de ayuda a la gestión de los recursos humanos

Artículo 5. Ámbito registral

1. De acuerdo con las previsiones de los apartados 1 y 4 del artículo 13 de la Ley 30/1984, en el Registro Central de Personal deberá inscribirse:

a) El personal incluido en el ámbito de aplicación del artículo 1.1 de la Ley 30/1984.

b) El personal funcionario no comprendido en el párrafo anterior, cuando ocupe puestos en las relaciones de puestos de trabajo de personal funcionario de la Administración General del Estado y sus organismos públicos, sin perjuicio de las anotaciones que procediera realizar, en su caso, en sus respectivos registros.

c) El personal a que se refiere la disposición transitoria cuarta de la Ley 30/1984, cuando ocupe puestos en las relaciones de puestos de trabajo de personal funcionario de la Administración General del Estado y sus organismos públicos, sin perjuicio de las anotaciones que procediera realizar, en su caso, en sus respectivos registros.

d) El personal no incluido en los párrafos a), b) y c) anteriores que se rija por la Ley 30/1984, en virtud de su normativa específica.

2. Asimismo, se inscribirán en el Registro Central de Personal los funcionarios pertenecientes a los Cuerpos Docentes Universitarios regulados por el Estado, en tanto no se constituya el Registro de Personal específico al que hace referencia el artículo 42 de la Ley Orgánica 11/1983, de 25 de agosto, de Reforma Universitaria.(Redactado el apartado 2 conforme a la corrección de erratas publicada en BOE núm. 29, de 3 de febrero de 2000. Ref. BOE-A-2000-2187)

3. El personal de órganos, organismos o universidades no dependientes de la Administración General del Estado que no estuviera incluido en los dos apartados anteriores podrá inscribirse en el Registro Central de Personal si así se acordase en convenios suscritos a tal efecto entre el Ministerio de Administraciones Públicas y la Administración de que se trate. En éstos se especificarán el régimen regulador de las inscripciones y anotaciones y los actos administrativos, resoluciones y datos que deberán ser objeto de anotación.

Artículo 6. Delegación de competencias del Registro Central de Personal

La jefatura del Registro Central de Personal podrá delegar en los órganos competentes en materia de personal de los Ministerios u organismos la realización de inscripciones y anotaciones, estableciendo las medidas necesarias para que pueda aplicarse el procedimiento para la práctica de asientos establecido en este Reglamento.

Artículo 7. Documentos registrales

1. El Secretario de Estado para la Administración Pública aprobará los formatos normalizados de los documentos registrales para facilitar los asientos y garantizar su homogeneidad.

2. Los documentos registrales recogerán los datos personales, administrativos y de destino del interesado, la fecha de la formalización del acto o resolución, la fecha o condición de inicio de sus efectos, el plazo o condición de finalización de los mismos y la fecha de publicación en el «Boletín Oficial del Estado», si procediera, junto con todos los restantes datos que sean necesarios para que los actos, resoluciones y cualquier otra información que deba ser registrada queden perfectamente determinados.

3. Los documentos registrales normalizados podrán adoptar la forma de transacciones informáticas o documentos informáticos susceptibles de ser firmados electrónicamente, transmitirse por medios telemáticos y conservarse en soporte óptico, magnético o electrónico, siempre que se garanticen la integridad y seguridad de las transmisiones, la inalterabilidad del contenido de los documentos, la fecha y hora de la transacción y la identidad de emisores, receptores y firmantes.

Artículo 8. El número de registro de personal

1. La estructura del número de registro de personal se ajustará a lo establecido en el artículo 3 del Reglamento del Registro Central de Personal y normas de coordinación con los de las restantes Administraciones públicas, aprobado por el Real Decreto 1405/1986, de 6 de junio.

2. El número de registro de personal se asigna por el Registro Central de Personal previamente a la inscripción, y sirve para identificar la relación existente entre una persona y la correspondiente Administración.

3. A una misma persona le corresponderán tantos números de registro de personal como nombramientos como funcionario de Cuerpos o Escalas o personal eventual haya tenido, o contratos

Artículo 9. El número de identificación personal

1. El Registro Central de Personal asignará un número de identificación personal, que estará basado en el número del documento nacional de identidad cuando inscriba ciudadanos españoles. Este número será el mismo durante toda la vida administrativa de los interesados, por lo que no podrá ser modificado una vez asignado, salvo para corregir errores materiales.

En ningún caso podrán figurar inscritas dos personas con el mismo número, ni podrá reutilizarse uno que hubiera sido asignado anteriormente a otra persona, aunque ésta ya no estuviera de alta en el Registro.

2. Quienes al inscribirse por primera vez en el Registro Central de Personal hubieran aportado un documento identificativo distinto del documento nacional de identidad, por carecer de él, conservarán durante toda su vida administrativa el número de identificación personal que se les hubiera asignado en su primera inscripción. Antes de la formalización de nuevos contratos o nombramientos deberán indicar ese número de identificación personal, con el fin de evitar que se les pudiera asignar otro distinto.

3. Cuando un órgano gestor detecte la asignación de varios números de identificación distintos a una misma persona, comunicará esta circunstancia de forma inmediata al Registro Central de Personal. Éste procederá de oficio a anular los números inválidos y efectuará las correcciones oportunas.

4. La asignación o alteración fraudulentas del número de identificación personal o el incumplimiento de la obligación indicada en el apartado 2 de este artículo podrán dar lugar a la exigencia de responsabilidad, de acuerdo con lo previsto en la normativa que resulte de aplicación.

Artículo 10. Asientos registrales

1. Los actos relativos al personal comprendido en el ámbito del presente Reglamento darán lugar a dos tipos de asientos registrales: inscripciones y anotaciones.

a) Son inscripciones aquellos asientos en los que se registra el establecimiento de cualquier relación laboral o funcionarial de una persona con la Administración.

b) Son anotaciones aquellos asientos por los que se registran los actos administrativos, resoluciones y otros datos relevantes para las personas inscritas. Las anotaciones registrales podrán ser ordinarias, provisionales y marginales.

2. La inscripción o anotación de actos o resoluciones en el Registro Central de Personal no presupone ni condiciona su eficacia constitutiva, ni podrá convalidar sus posibles contenidos ilícitos o irregulares.

3. Deberá justificarse la previa comunicación al Registro Central de Personal de los actos o resoluciones que comporten efectos económicos en nómina, de acuerdo con las instrucciones para la confección de nóminas dictadas conjuntamente por los Ministros de Economía y Hacienda y de Administraciones Públicas.

Artículo 11. Procedimiento para la práctica de los asientos

1. Las resoluciones, actos o informaciones que deban ser objeto de asiento en el Registro Central de Personal podrán llegar a su conocimiento de alguna de las formas siguientes:

a) A través de la comunicación efectuada por el órgano competente.

b) En ausencia de comunicación por el órgano competente para ello, cuando se cumplan las condiciones indicadas en el artículo 13, apartado 6, para las anotaciones ordinarias, o en el artículo 14, apartado 1, para las anotaciones provisionales.

c) A través del propio interesado en ejercicio de los derechos de rectificación y cancelación, en los términos establecidos por la normativa que los regula.

2. Los órganos competentes en materia de personal comunicarán al Registro Central de Personal los actos, resoluciones o cualquier otra información que deba ser registrada dentro del plazo máximo de tres días desde la fecha en que fueran dictados o desde que tuvieran conocimiento de los mismos. Una vez comunicados, se practicarán en el Registro los asientos en un plazo máximo de tres días desde la recepción de la comunicación, devolviendo ésta estampillada con el sello del Registro a la unidad gestora.

3. La omisión por el órgano competente de la obligación de comunicar al Registro Central de Personal aquellos actos o resoluciones que deban ser registrados podrá dar lugar a la exigencia de responsabilidad en los términos previstos en el régimen disciplinario que sea de aplicación.

4. La comunicación se efectuará utilizando los documentos registrales normalizados, que deberán ser debidamente cumplimentados, de modo que el acto o resolución y sus efectos queden perfectamente determinados. En el asiento se hará constar la fecha de su realización.

5. Antes de proceder a realizar un asiento, el Registro Central de Personal comprobará que la información a registrar es completa y veraz, que no contradice la información previamente registrada, y que es coherente con ella. Además, deberá superar los controles de calidad incorporados al sistema basados en reglas de gestión derivadas de la normativa vigente.

6. Si al registrar un acto o resolución el Registro Central de Personal detectase la posible existencia de vicios o errores que pudieran determinar su nulidad o anulabilidad, lo notificará a la Dirección General de la Función Pública o, en su caso, a la Dirección General de Enseñanza Superior e Investigación Científica, para que trasladen este hecho al órgano que hubiera dictado el acto.

7. El Registro Central de Personal devolverá sin registrar, para su corrección, aquellos documentos que no se ajusten a los modelos normalizados o cuyo contenido no pudiera determinarse con certeza por estar incompletos, deteriorados o ser ilegibles. Asimismo, podrá anotar aclaraciones, observaciones o cautelas respecto de aquellos asientos en los que concurriera alguna de las circunstancias indicadas en los tres apartados anteriores.

8. A efectos de asientos registrales, los datos del destino asignado a una persona serán los correspondientes a la provincia y localidad y, en su caso, al Ministerio, organismo, unidad orgánica, clase de centro docente, universidad, departamento y área. Los datos de un puesto de trabajo o plaza serán los correspondientes al destino, junto con el identificativo del puesto de trabajo o plaza.

9. El Secretario de Estado para la Administración Pública podrá establecer procedimientos especiales de inscripción y anotación para los contratos de duración determinada, interinidad o sustitución inferiores a seis meses y para el personal militar y miembros de las Fuerzas y Cuerpos de Seguridad del Estado incluidos en el ámbito registral definidos en el artículo 5 del presente Reglamento. (Redactado el apartado 6 conforme a la corrección de erratas publicada en BOE núm. 29, de 3 de febrero de 2000. Ref. BOE-A-2000-2187)

Artículo 12. Inscripciones registrales

1. Serán objeto de inscripción las resoluciones de nombramiento de funcionarios de carrera, en prácticas, interinos, las de personal eventual, las integraciones en otros Cuerpos o Escalas y la formalización de contratos laborales.

2. El procedimiento de inscripción de los funcionarios de carrera de la Administración General del Estado será el siguiente:

a) Antes de proceder a la formalización del nombramiento, los órganos competentes en materia de personal comunicarán al Registro Central de Personal los datos necesarios para la inscripción. Para ello utilizarán el correspondiente documento registral normalizado, en el que se recogerán los datos personales, administrativos y de destino del interesado.

b) A continuación, el Registro Central de Personal asignará a la persona un número de identificación personal si se inscribiera por primera vez y determinará el número de registro de personal que corresponda a la inscripción, dando traslado inmediato de ambos al órgano correspondiente.

c) Una vez formalizado el nombramiento y comunicado al Registro Central de Personal, éste procederá a efectuar la inscripción.

3. La asignación del número de registro de personal y del número de identificación personal del resto del personal contemplado en el apartado 1 de este artículo, podrá hacerse una vez se haya comunicado al Registro la formalización del nombramiento o contrato origen de la relación de servicios.

4. Una vez efectuadas las inscripciones correspondientes, el Registro Central de Personal confeccionará los títulos administrativos de los funcionarios de carrera y las hojas de servicio del personal laboral, funcionarios interinos y personal eventual de la Administración General del Estado sometido al régimen de la Ley 30/1984, sin perjuicio de las competencias establecidas para su expedición y con las salvedades que pudieran derivarse de las normas específicas que recoge el apartado 2 del artículo 1 de la Ley 30/1984. Una copia de los mismos se incorporará al expediente personal del interesado.

Artículo 13. Anotaciones registrales ordinarias

1. Serán objeto de anotación en el Registro Central de Personal los actos administrativos, resoluciones y datos de las personas inscritas que a continuación se relacionan:

a) **Para el personal funcionario de carrera, en prácticas o interino y el personal eventual, los que les sean de aplicación de entre los siguientes:**

1. Tomas de posesión en plazas, destinos y puestos de trabajo.
2. Ceses en plazas, destinos y puestos de trabajo.
3. Supresión o modificación en las características de los puestos de trabajo ocupados.
4. Cambios de situación administrativa.
5. Adquisición de grados personales y sus modificaciones.
6. Adquisición de especialidades dentro de los Cuerpos o Escalas.
7. Pérdidas de la condición de funcionario.

8. Jubilaciones.
9. Prolongaciones de la permanencia en servicio activo.
10. Reconocimientos de trienios.
11. Reconocimientos de servicios previos.
12. Autorizaciones o reconocimientos de compatibilidad.
13. Titulaciones, diplomas y cursos recibidos o impartidos.
14. Premios, sanciones, condecoraciones y menciones.
15. Licencias y permisos que tuvieran repercusión en nómina o en el cómputo del tiempo de servicio activo.
16. Reducciones de jornada.
17. Reconocimientos del derecho al incremento en el complemento de destino conforme a lo establecido por el artículo 33 de la Ley 31/1990, de 27 de diciembre.
18. Reconocimientos de la condición de catedrático de personal docente.
19. Reconocimientos del componente por formación permanente de personal docente.
20. Sentencias firmes relacionadas con su condición de funcionario.

b) **Para el personal laboral:**

1. Incorporaciones a plazas o puestos de trabajo.
2. Bajas temporales.
3. Cambios de destino.
4. Cambios de convenio, categoría, grupo profesional, área funcional o especialidad.
5. Reconocimientos de trienios u otros períodos establecidos en los respectivos convenios colectivos.
6. Reconocimientos de antigüedad.
7. Jubilaciones.
8. Autorizaciones o reconocimientos de compatibilidad.
9. Titulaciones, diplomas o cursos recibidos e impartidos.
10. Premios, sanciones, condecoraciones y menciones.
11. Licencias y permisos que tuvieran repercusión en nómina o en el cómputo del tiempo de servicio activo.
12. Reducciones de jornada.
13. Prórrogas de contratos.

14. Prolongaciones de permanencia en servicio activo.
15. Sentencias firmes relacionadas con su condición de personal laboral.
16. Finalización o resolución del contrato.

2. Asimismo, se anotarán en el Registro Central de Personal cualesquiera otros actos, resoluciones y datos cuya anotación esté legal o reglamentariamente establecida o así se determine por la Secretaría de Estado para la Administración Pública.

3. El Secretario de Estado para la Administración Pública determinará los títulos, diplomas, cursos y aquellas modificaciones en las características de los puestos de trabajo que deban ser objeto de anotación.

4. Las resoluciones y actos administrativos a registrar como anotaciones ordinarias podrán haber empezado a surtir efectos desde el momento en que se dictaron, de forma diferida en el tiempo, estar sujetos al cumplimiento de una condición o tener efectos retroactivos.

5. El Registro Central de Personal anotará las sentencias firmes que le sean comunicadas por los órganos competentes en materia de personal, por los órganos jurisdiccionales o por los propios interesados cuando lo hagan en ejercicio de los derechos de rectificación y cancelación. Los actos administrativos o resoluciones emitidos en ejecución de una sentencia sólo podrán inscribirse o anotarse cuando hayan sido debidamente formalizados y comunicados por los órganos competentes en materia de personal, de acuerdo con el procedimiento general establecido para las inscripciones y anotaciones registrales.

6. El Registro Central de Personal practicará la anotación de aquellos actos o sucesos de los que tenga la certeza de que se han producido porque se deriven directamente de actos ya anotados o inscritos, o porque estuvieran sujetos a una condición o fecha de vencimiento ya cumplida, sin necesidad de que le sean formalmente comunicados.

Artículo 14. Anotaciones provisionales

1. Se podrán anotar en el Registro Central de Personal con carácter provisional aquellas resoluciones o actos administrativos a que se refiere el artículo 13, apartado 1, que aún no le hubieran sido formalmente comunicados, y que fueran necesarios para mantener la coherencia entre los datos ya obrantes en el Registro y nuevos actos o resoluciones que le hubieran sido comunicados para su anotación. También podrán anotarse provisionalmente aquellos actos o resoluciones en los que la documentación formalmente comunicada presente defectos no contemplados en el artículo 11, apartado 7, siempre y cuando su contenido pueda determinarse con certeza y sea coherente con los datos ya obrantes en el Registro.

2. Estas anotaciones no surtirán los efectos del artículo 13, apartado 4, de la Ley 30/1984.

3. Una vez que el Registro Central de Personal reciba comunicación formal de los actos anotados provisionalmente o compruebe que éstos se han producido, sustituirá las anotaciones provisionales por anotaciones ordinarias, corrigiendo aquellos datos que pudieran diferir de los recogidos provisionalmente.

4. Las anotaciones provisionales sólo podrán mantenerse durante el plazo de noventa días naturales. Transcurrido dicho plazo sin que se hubiera recibido la comunicación formal, el Registro Central de Personal requerirá su remisión al órgano correspondiente, prorrogando el plazo en otros noventa días naturales. Transcurrido el plazo de prórroga sin que la comunicación formal se hubiera producido, la anotación provisional será cancelada.

Artículo 15. Anotaciones marginales

1. El Registro Central de Personal podrá efectuar anotaciones marginales con las que se amplíen, aclaren, detallen o documenten otros asientos, con el fin de mejorar la calidad e integridad de la información.

2. Asimismo, se podrán realizar anotaciones marginales referentes a inscripciones o anotaciones afectadas por otras posteriores correspondientes a actos o resoluciones que tuvieran efectos retroactivos, con el fin de señalar esta circunstancia.

Artículo 16. Cancelación, sustitución y modificación de asientos

1. Serán canceladas las inscripciones y anotaciones registrales en los casos previstos en el presente Reglamento o cuando los actos que acrediten hayan sido anulados por la Administración o por sentencia firme. La cancelación se registrará mediante una anotación marginal referida al asiento cancelado.

2. La sustitución de inscripciones o anotaciones se llevará a cabo cancelando los asientos a sustituir y anotando a continuación los nuevos asientos que los sustituyen.

3. La cancelación o sustitución de inscripciones o anotaciones sólo podrá ser instada por el órgano que dictó el acto cuyo asiento se pretende cancelar o sustituir, o por el propio Registro Central de Personal en los casos previstos por este Reglamento.

4. Los interesados podrán ejercer los derechos de cancelación y rectificación de los asientos registrales en los términos establecidos por la normativa que regula su ejercicio.

5. Únicamente podrán modificarse las inscripciones o anotaciones que figuran en el Registro Central de Personal con el fin de subsanar errores materiales, de hecho o aritméticos. En este caso se añadirán anotaciones marginales describiendo las correcciones realizadas.

Artículo 17. Anotaciones relativas a la ocupación de puestos o plazas

1. Los órganos de la Administración General del Estado y los organismos públicos competentes para la creación, modificación o supresión de puestos de trabajo, comunicarán al Registro Central de Personal cuantas modificaciones realicen en las relaciones de puestos, al objeto de garantizar la coherencia entre las anotaciones registrales y la ocupación efectiva de los puestos por parte de las personas inscritas.

2. Las modificaciones en las características de puestos de trabajo ocupados darán lugar a las correspondientes anotaciones en los expedientes personales de sus ocupantes, de acuerdo con lo establecido en el artículo 13 de este Reglamento. Estas anotaciones serán practicadas por el Registro, una vez le sean comunicadas las modificaciones realizadas en los puestos por el órgano competente para acordar dichas modificaciones.

3. Si una modificación en las relaciones de puestos de trabajo afectase a anotaciones anteriores en las que figuren datos de ocupación de puestos, se actuará de acuerdo con lo que dispone el presente Reglamento para la modificación de anotaciones por otras posteriores con efectos retroactivos.

4. Cuando se comuniquen actos administrativos o resoluciones al Registro para su asiento, y éstos hagan referencia a puestos de trabajo que hubieran sido creados, modificados o suprimidos sin comunicarlo al Registro Central de Personal, éste actuará de acuerdo con lo que establece el artículo 11, apartados 5, 6 y 7 del presente Reglamento.

5. En el caso de supresión de puestos de trabajo, incluidos los derivados de reestructuraciones administrativas, se dará cuenta al Registro Central de Personal de los efectos producidos en materia de situaciones administrativas y provisión de puestos de trabajo, para su anotación, dentro del plazo de tres días indicado en el artículo 11, apartado 2 de este Reglamento. El Registro Central de Personal mantendrá a efectos registrales los puestos de trabajo ocupados que se supriman, en tanto no se le comuniquen los correspondientes ceses de sus ocupantes.

6. Las anotaciones de tomas de posesión en puestos para los que aún no se hubieran comunicado los ceses de sus ocupantes anteriores se acompañarán de asientos marginales en los que se haga constar esta circunstancia, y que serán cancelados una vez se anoten los correspondientes ceses.

7. Cuando se modifique la denominación de Departamentos ministeriales, organismos, centros directivos o unidades administrativas, o se produzca una reestructuración que no afecte a sus relaciones de puestos de trabajo, el Registro Central de Personal realizará las correspondientes adaptaciones con el fin de garantizar la coherencia entre las anotaciones registrales y las ocupaciones efectivas de puestos por las personas inscritas.

8. Cuando se apruebe una reestructuración administrativa que afecte a sus relaciones de puestos de trabajo, los correspondientes Departamentos ministeriales, Organismos autónomos y Entidades gestoras de la Seguridad Social, así como las entidades públicas empresariales y entes públicos que cuenten con funcionarios en servicio activo, comunicarán, lo antes posible, al órgano competente para la aprobación de sus relaciones de puestos, la nueva adscripción de los puestos que hubieran sido afectados por la reestructuración, sin perjuicio de que posteriormente puedan proponerle otras modificaciones. Esa información deberá aportarse, en todo caso, dentro del plazo de dos meses desde la entrada en vigor de la nueva estructura, de modo que el Registro Central de Personal pueda garantizar la coherencia entre las anotaciones registrales y las ocupaciones efectivas de puestos por parte de las personas inscritas.

9. Transcurrido el plazo previsto en el apartado anterior sin que se hubiera producido la adscripción de puestos de trabajo a que refiere dicho apartado, y si esta circunstancia estuviera dificultando o impidiendo la coherencia de los asientos registrales, el Registro Central de Personal podrá requerir el cumplimiento de esta obligación al respectivo órgano competente en materia de personal, poniéndolo en conocimiento del órgano competente para la aprobación de sus relaciones de puestos por si procediera su actuación.

10. En el Registro Central de Personal se anotarán las tomas de posesión de los titulares de órganos directivos creados por Real Decreto, aun cuando todavía no se hubiera formalizado la aprobación de los puestos de trabajo correspondientes. Estas anotaciones deberán ser regularizadas una vez se efectúe la correspondiente formalización.

Artículo 18. Expedientes personales, certificaciones y derecho de acceso

1. A los efectos del presente Reglamento, se entiende por expediente personal u hoja de servicios al conjunto de asientos obrantes en el Registro Central de Personal relativos a una persona.

2. El Registro Central de Personal deberá garantizar que los asientos que conforman un expediente personal se correspondan con la información que le haya sido comunicada para su asiento, de acuerdo con lo establecido en este Reglamento. En los expedientes personales no podrán figurar ninguno de los datos

a que hace referencia el artículo 7, apartados 2 y 3, de la Ley Orgánica 15/1999, de 13 de diciembre, de Protección de datos de carácter personal.

3. El Jefe del Registro Central de Personal expedirá a los interesados que los requieran, certificación de sus expedientes personales.

4. Los interesados podrán ejercer el derecho de acceso a sus datos de carácter personal, solicitándolo en la oficina central o en las oficinas delegadas del Registro Central de Personal, en los términos establecidos por la normativa reguladora de esta materia.

5. Los órganos de la Administración General del Estado y sus organismos públicos con competencia en materia de personal podrán consultar el Registro Central de Personal, solicitar aquellos datos que necesiten, acceder a los expedientes personales y obtener certificaciones de las inscripciones y anotaciones registradas, cuando lo hagan en el ejercicio de sus competencias y en los términos previstos por las leyes.

Artículo 19. Coordinación con otros sistemas de información en materia de recursos humanos de la Administración General del Estado

Los sistemas de información de recursos humanos de la Administración General del Estado facilitarán el acceso al Registro Central de Personal, con objeto de realizar las consultas y transferencias de información necesarias para el mejor cumplimiento de sus fines.

Capítulo III. Obtención y disposición de información sobre recursos humanos del sector público estatal

Artículo 20. Ámbito y naturaleza de la información

1. En cumplimiento de lo previsto en la disposición final cuarta de la Ley 13/1996, de 30 de diciembre, de Medidas fiscales, administrativas y del orden social, el Registro Central de Personal dispondrá de la información necesaria a que se refiere dicha disposición, para el mejor conocimiento de los recursos humanos del sector público estatal y de su evolución.

2. A tal efecto, se entiende por información necesaria aquella que, sin contener datos de personas identificadas o identificables, recoja periódicamente el número de efectivos del sector público estatal, su distribución, su coste, la procedencia de las altas, la causa de las bajas y aquellos otros indicadores que puedan precisarse para el cumplimiento de los fines indicados en el apartado anterior.

Artículo 21. Obtención de la información

1. El Registro Central de Personal obtendrá la información indicada en el artículo anterior del siguiente modo:

a) La correspondiente a los recursos humanos comprendidos en su ámbito de inscripción, a partir de los datos contenidos en el propio Registro, complementados, si fuera preciso, por aquella información adicional que pudiera solicitarse a los órganos gestores correspondientes.

b) La información acerca de los recursos humanos no comprendidos dentro del ámbito de inscripción del Registro, mediante remisiones trimestrales por parte de los órganos responsables de los recursos humanos de los Ministerios, organismos y entidades del sector público estatal.

2. El Registro Central de Personal establecerá los formatos y contenidos detallados a los que deberán ajustarse las remisiones trimestrales de información, así como los soportes y medios de transmisión que deberán utilizarse.

3. Los órganos responsables de los recursos humanos de los Ministerios, organismos y entidades del sector público estatal serán responsables de la exactitud de la información aportada.

4. El Ministerio de Administraciones Públicas podrá establecer con otras Administraciones convenios para intercambiar información sobre recursos humanos, con el fin de poder disponer de la información indicada en el artículo anterior para la totalidad del sector público.

Artículo 22. Destinatarios de la información

El Registro Central de Personal pondrá esta información a disposición de los órganos responsables del análisis y seguimiento de la evolución de los recursos humanos y su coste, para el cumplimiento de los fines que tengan encomendados, y especialmente de la Comisión Interministerial de Recursos Humanos del Sector Público Estatal, creada en la disposición final cuarta de la Ley 13/1996, de 30 de diciembre, de Medidas fiscales, administrativas y del orden social.

Tema 2

Selección de personal. Los procesos selectivos en la Administración pública y su conexión con la Oferta de Empleo Público. Principios constitucionales. Acceso al empleo público y provisión de puestos de trabajo de las personas con discapacidad

eRodio ediciones

Índice esquemático

1. Programación y oferta de empleo público
   1.1. Objetivos e instrumentos de la planificación
   1.2. Oferta de empleo público

2. Estructuración del empleo público

3. Acceso al empleo público y provisión de puestos de trabajo de las personas con discapacidad

1. Programación y oferta de empleo público

El TREBEP, regula en su Titulo V la ordenación de la actividad profesional de los empleados públicos en tres capítulos , el primero dedicado a la Planificación de Recursos humanos, el segundo referido a la estructuración del empleo público, ambos veremos a continuación; y el tercero referido a la provisión de puestos de trabajo y movilidad, que veremos en el tema 3º.

1.1. Objetivos e instrumentos de la planificación

La planificación de los recursos humanos en las Administraciones Públicas tendrá como objetivo contribuir a la consecución de la eficacia en la prestación de los servicios y de la eficiencia en la utilización de los recursos económicos disponibles mediante la dimensión adecuada de sus efectivos, su mejor distribución, formación, promoción profesional y movilidad.

Las Administraciones Públicas podrán aprobar **Planes para la ordenación de sus recursos humanos,** que incluyan, entre otras, algunas de las siguientes medidas:

a) Análisis de las disponibilidades y necesidades de personal, tanto desde el punto de vista del número de efectivos, como del de los perfiles profesionales o niveles de cualificación de los mismos.
b) Previsiones sobre los sistemas de organización del trabajo y modificaciones de estructuras de puestos de trabajo.
c) Medidas de movilidad, entre las cuales podrá figurar la suspensión de incorporaciones de personal externo a un determinado ámbito o la convocatoria de concursos de provisión de puestos limitados a personal de ámbitos que se determinen.
d) Medidas de promoción interna y de formación del personal y de movilidad forzosa de conformidad con lo dispuesto en el Capítulo III del presente Título de este Estatuto.
e) La previsión de la incorporación de recursos humanos a través de la Oferta de empleo público, de acuerdo con lo establecido en el artículo siguiente.

Cada Administración Pública planificará sus recursos humanos de acuerdo con los sistemas que establezcan las normas que les sean de aplicación.

1.2. Oferta de empleo público

Las necesidades de recursos humanos, con asignación presupuestaria, que deban proveerse mediante la incorporación de personal de nuevo ingreso serán objeto de la Oferta de empleo público, o a través de otro instrumento similar de gestión de la provisión de las necesidades de personal, lo que comportará la obligación de convocar los correspondientes procesos selectivos para las plazas comprometidas y hasta un diez por cien adicional, fijando el plazo máximo para la convocatoria de los mismos. En todo caso, la ejecución de la oferta de empleo público o instrumento similar deberá desarrollarse dentro del plazo improrrogable de tres años.

La Oferta de empleo público o instrumento similar, que se aprobará anualmente por los órganos de Gobierno de las Administraciones Públicas, deberá ser publicada en el Diario oficial correspondiente.

La Oferta de empleo público o instrumento similar podrá contener medidas derivadas de la planificación de recursos humanos.

2. Estructuración del empleo público

Estructuración de los recursos humanos

En el marco de sus competencias de autoorganización, las Administraciones Públicas estructuran sus recursos humanos de acuerdo con las normas que regulan la selección, la promoción profesional, la movilidad y la distribución de funciones y conforme a lo previsto en este Capítulo.

Desempeño y agrupación de puestos de trabajo

Los empleados públicos tienen derecho al desempeño de un puesto de trabajo de acuerdo con el sistema de estructuración del empleo público que establezcan las leyes de desarrollo del presente Estatuto.

Las Administraciones Públicas podrán asignar a su personal funciones, tareas o responsabilidades distintas a las correspondientes al puesto de trabajo que desempeñen siempre que resulten adecuadas a su clasificación, grado o categoría, cuando las necesidades del servicio lo justifiquen sin merma en las retribuciones.

Los puestos de trabajo podrán agruparse en función de sus características para ordenar la selección, la formación y la movilidad.

Ordenación de los puestos de trabajo

Las Administraciones Públicas estructurarán su organización a través de **relaciones de puestos de trabajo** (RPT) u otros instrumentos organizativos similares que comprenderán, al menos, la denominación de los puestos, los grupos de clasificación profesional, los cuerpos o escalas, en su caso, a que estén adscritos, los sistemas de provisión y las retribuciones complementarias. Dichos instrumentos serán públicos.

Cuerpos y escalas

Los funcionarios se agrupan en cuerpos, escalas, especialidades u otros sistemas que incorporen competencias, capacidades y conocimientos comunes acreditados a través de un proceso selectivo.

Los cuerpos y escalas de funcionarios se crean, modifican y suprimen por Ley de las Cortes Generales o de las Asambleas Legislativas de las Comunidades Autónomas.

Cuando en esta Ley se hace referencia a cuerpos y escalas se entenderá comprendida igualmente cualquier otra agrupación de funcionarios.

Grupos de clasificación profesional del personal funcionario de carrera

Los cuerpos y escalas se clasifican, de acuerdo con la titulación exigida para el acceso a los mismos, en los siguientes grupos:

Grupo A

Dividido en dos Subgrupos A1 y A2. Para el acceso a los cuerpos o escalas de este Grupo se exigirá estar en posesión del **título universitario de Grado**. En aquellos supuestos en los que la Ley exija otro título universitario será éste el que se tenga en cuenta (Es decir incluye aquí, todos los titulados universitarios, tanto los antiguos superiores como los técnicos o diplomaturas actuales).

La clasificación de los cuerpos y escalas en cada Subgrupo estará en función del nivel de responsabilidad de las funciones a desempeñar y de las características de las pruebas de acceso.

Grupo B

Para el acceso a los cuerpos o escalas del Grupo B se exigirá estar en posesión del **título de Técnico Superior** (Esta titulación es nueva y se implantará con los nuevos planes de estudio y titulaciones, previstas).

Grupo C

Dividido en dos Subgrupos, C1 y C2, según la titulación exigida para el ingreso.

- **C1:** título de bachiller o técnico.
- **C2:** título de graduado en educación secundaria obligatoria.

Sobre esta clasificación, hay que hacer dos precisiones, la primera la existencia a demás de los anteriores del Personal Directivo, y además que a ésta clasificación hay que añadir lo que la Disposición Adicional 7ª denomina "Otras Agrupaciones", al establecer: "Otras agrupaciones profesionales sin requisito de titulación.

1. Además de los Grupos clasificatorios establecidos en el artículo 76 del presente Estatuto, las Administraciones Públicas podrán establecer otras agrupaciones diferentes de las enunciadas anteriormente, para cuyo acceso no se exija estar en posesión de ninguna de las titulaciones previstas en el sistema educativo.
2. Los funcionarios que pertenezcan a estas agrupaciones cuando reúnan la titulación exigida podrán promocionar de acuerdo con lo establecido en el artículo 18 de este Estatuto".

Por último señalar que la Disposición Transitoria 3.ª, establece las equivalencias entre estos grupos, y los antiguos, A, B, C, D, y E:

Entrada en vigor de la nueva clasificación profesional:

1. Hasta tanto no se generalice la implantación de los nuevos títulos universitarios a que se refiere el artículo 76, para el acceso a la función pública seguirán siendo válidos los títulos universitarios oficiales vigentes a la entrada en vigor de este Estatuto.
2. Transitoriamente, los Grupos de clasificación existentes a la entrada en vigor del presente Estatuto se integrarán en los Grupos de clasificación profesional de funcionarios previstos en el artículo 76, de acuerdo con las siguientes equivalencias:
   - Grupo A: Subgrupo A1
   - Grupo B: Subgrupo A2
   - Grupo C: Subgrupo C1
   - Grupo D: Subgrupo C2
   - Grupo E: Agrupaciones Profesionales a que hace referencia la disposición adicional séptima.

3. Los funcionarios del Subgrupo C1 que reúnan la titulación exigida podrán promocionar al Grupo A sin necesidad de pasar por el nuevo Grupo B, de acuerd o con lo establecido en el artículo 18 de este Estatuto.

El resultado de esta modificación no puede ser más decepcionante ya que cuando se ha estado hablando siempre de reducir los cinco grupos de funcionarios, ahora el resultado es la existencia de 7 niveles de funcionarios:

- Por arriba los Directivos.
- En medio, A1, A2, B, C1, C2.
- Por abajo las Agrupaciones Profesionales.

Clasificación del personal laboral

El personal laboral se clasificará de conformidad con la legislación laboral.

3. Acceso al empleo público y provisión de puestos de trabajo de las personas con discapacidad

Se regula en el **Artículo 59 del TREBEP** referido al acceso al empleo público de las Personas con discapacidad, estableciendo:

1. En las ofertas de empleo público se reservará un **cupo no inferior al siete por ciento** de las vacantes para ser cubiertas entre personas con discapacidad, considerando como tales las definidas en el apartado 2 del artículo 4 del texto refundido de la Ley General de derechos de las personas con discapacidad y de su inclusión social, aprobado por el Real Decreto Legislativo 1/2013, de 29 de noviembre, siempre que superen los procesos selectivos y acrediten su discapacidad y la compatibilidad con el desempeño de las tareas, de modo que progresivamente se alcance el dos por ciento de los efectivos totales en cada Administración Pública.

La reserva del mínimo del siete por ciento se realizará de manera que, **al menos, el dos por ciento de las plazas ofertadas lo sea para ser cubiertas por personas que acrediten discapacidad intelectual y el resto de las plazas ofertadas lo sea para personas que acrediten cualquier otro tipo de discapacidad.**

2. Cada Administración Pública adoptará las medidas precisas para establecer las adaptaciones y ajustes razonables de tiempos y medios en el proceso selectivo y, una vez superado dicho proceso, las adaptaciones en el puesto de trabajo a las necesidades de las personas con discapacidad.

Tema 3

El personal funcionario al servicio de las Administraciones públicas: funcionarios de carrera y funcionarios interinos. La selección de los funcionarios

Rodio ediciones

Índice esquemático

1. Clases de personal al servicio de las Administraciones Públicas
- 1.1. Funcionarios de carrera
- 1.2. Funcionarios interinos
- 1.3. Personal laboral
- 1.4. Personal eventual
- 1.5. Personal directivo profesional

2. La selección de los funcionarios
- 2.1. Normas generales y oferta de empleo público
- 2.2. Órganos de selección
- 2.3. Funcionarios interinos
- 2.4. Selección del personal laboral

1. Clases de personal al servicio de las Administraciones Públicas

Concepto y clases de empleados públicos. Son empleados públicos quienes desempeñan funciones retribuidas en las Administraciones Públicas al servicio de los intereses generales.

Los empleados públicos se clasifican en:

a) Funcionarios de carrera.

b) Funcionarios interinos.

c) Personal laboral, ya sea fijo, por tiempo indefinido o temporal.

d) Personal eventual.

1.1. Funcionarios de carrera

Son funcionarios de carrera quienes, en virtud de nombramiento legal, están vinculados a una Administración Pública por una relación estatutaria regulada por el Derecho Administrativo para el desempeño de servicios profesionales retribuidos de carácter permanente.

En todo caso, el ejercicio de las funciones que impliquen la participación directa o indirecta en el ejercicio de las potestades públicas o en la salvaguardia de los intereses generales del Estado y de las Administraciones Públicas corresponden exclusivamente a los funcionarios públicos, en los términos que en la ley de desarrollo de cada Administración Pública se establezca.

1.2. Funcionarios interinos

Son funcionarios interinos los que, por razones expresamente justificadas de necesidad y urgencia, son nombrados como tales para el desempeño de funciones propias de funcionarios de carrera, cuando se dé alguna de las siguientes circunstancias:

a) La existencia de plazas vacantes cuando no sea posible su cobertura por funcionarios de carrera.

b) La sustitución transitoria de los titulares.

c) La ejecución de *programas de carácter temporal, que no podrán tener una duración superior a tres años, ampliable hasta doce meses más* por las leyes de Función Pública que se dicten en desarrollo de este Estatuto.

d) El exceso o *acumulación de tareas por plazo máximo de seis meses, dentro de un periodo de doce meses.*

La selección de funcionarios interinos habrá de realizarse mediante procedimientos ágiles que respetarán en todo caso los principios de igualdad, mérito, capacidad y publicidad.

El cese de los funcionarios interinos se producirá, además de por las causas previstas en el artículo 63, cuando finalice la causa que dio lugar a su nombramiento.

En el supuesto previsto en la letra a) del apartado 1 de este artículo, las plazas vacantes desempeñadas por funcionarios interinos deberán incluirse en la oferta de empleo correspondiente al ejercicio en que se produce su nombramiento y, si no fuera posible, en la siguiente, salvo que se decida su amortización.

A los funcionarios interinos les será aplicable, en cuanto sea adecuado a la naturaleza de su condición, el régimen general de los funcionarios de carrera.

El personal interino cuya designación sea consecuencia de la ejecución de programas de carácter temporal o del exceso o acumulación de tareas por plazo máximo de seis meses, dentro de un período de doce meses, podrá prestar los servicios que se le encomienden en la unidad administrativa en la que se produzca su nombramiento o en otras unidades administrativas en las que desempeñe funciones análogas, siempre que, respectivamente, dichas unidades participen en el ámbito de aplicación del citado programa de carácter temporal, con el límite de duración señalado en este artículo, o estén afectadas por la mencionada acumulación de tareas.

1.3. Personal laboral

Es personal laboral el que en virtud de contrato de trabajo formalizado por escrito, en cualquiera de las modalidades de contratación de personal previstas en la legislación laboral, presta servicios retribuidos por las Administraciones Públicas. En función de la duración del contrato *éste podrá ser fijo, por tiempo indefinido o temporal.*

Las Leyes de Función Pública que se dicten en desarrollo de este Estatuto establecerán los criterios para la determinación de los puestos de trabajo que pueden ser desempeñados por personal laboral, respetando en todo caso lo establecido en el artículo.

1.4. Personal eventual

Es personal eventual el que, en virtud de nombramiento y con carácter no permanente, sólo realiza funciones expresamente calificadas como de confianza o asesoramiento especial, siendo retribuido con cargo a los créditos presupuestarios consignados para este fin.

Las leyes de Función Pública que se dicten en desarrollo de este Estatuto determinarán los órganos de gobierno de las Administraciones Públicas que podrán disponer de este tipo de personal. El número máximo se establecerá por los respectivos órganos de gobierno. Este número y las condiciones retributivas serán públicas.

El nombramiento y cese serán libres. El cese tendrá lugar, en todo caso, cuando se produzca el de la autoridad a la que se preste la función de confianza o asesoramiento.

La condición de personal eventual no podrá constituir mérito para el acceso a la Función Pública o para la promoción interna.

Al personal eventual le será aplicable, en lo que sea adecuado a la naturaleza de su condición, el régimen general de los funcionarios de carrera.

1.5. Personal directivo profesional

Una de las mayores novedades del nuevo Estatuto Básico, es la aparición de este tipo de personal, que viene regulado en el artículo 13 de la Ley, que establece:

El Gobierno y los Órganos de Gobierno de las Comunidades Autónomas podrán establecer, en desarrollo de este Estatuto, el régimen jurídico específico del personal directivo así como los criterios para determinar su condición, de acuerdo, entre otros, con los siguientes principios:

- Es personal directivo el que desarrolla funciones directivas profesionales en las Administraciones Públicas, definidas como tales en las normas específicas de cada Administración.

  Su designación atenderá a principios de *mérito y capacidad y a criterios de idoneidad*, y se llevará a cabo mediante procedimientos que garanticen la publicidad y concurrencia.
- El personal directivo estará sujeto a evaluación con arreglo a los criterios de eficacia y eficiencia, responsabilidad por su gestión y control de resultados en relación con los objetivos que les hayan sido fijados.

  La determinación de las condiciones de empleo del personal directivo no tendrá la consideración de materia objeto de negociación colectiva a los efectos de esta Ley. Cuando el personal directivo reúna la condición de personal laboral estará sometido a la relación laboral de carácter especial de alta dirección.

Tal y como el TREBEP regula el Personal Directivo, es evidente que puede ser tanto funcionario, como laboral; sin embargo te señalo que el artículo 9, que define a los funcionarios de carrera, reserva esta categoría para aquellos puestos de trabajo que "impliquen la participación directa o indirecta en el ejercicio de las potestades públicas", de forma que cuando el puesto de trabajo del Directivo, incluya entre sus tareas el ejercicio de potestades administrativas, sólo puede ser funcionario.

2. La selección de los funcionarios

Analizaremos ahora los artículos referidos a la Selección de los funcionarios y del personal laboral contenidos, en el **RD 364/1995 de 10 de marzo, por el que se aprueba el reglamento general de Ingreso del personal al servicio de la Administración General del Estado,** artículos 3 a 35, en la medida en que estén todavía vigentes en relación con el TREBEP, y la legislación que en desarrollo del mismo se hubiera adoptado.

2.1. Normas generales y oferta de empleo público

Artículo 3. Régimen aplicable

El ingreso en los Cuerpos y Escalas de funcionarios se realizará **mediante convocatoria pública y se regirá por las bases de la convocatoria respectiva,** que se ajustarán en todo caso a lo dispuesto en este Reglamento y en las normas específicas de aplicación a los mismos.

Artículo 4. Sistemas selectivos

1. El ingreso del personal funcionario se llevará a cabo a través de **los sistemas de oposición, concurso oposición o concurso libres,** en los que se garanticen, en todo caso, **los principios de igualdad, mérito y capacidad, así como el de publicidad.** La oposición será el sistema ordinario de ingreso, salvo cuando, por la naturaleza de las funciones a desempeñar, sea más adecuada la utilización del concurso-oposición y, excepcionalmente, del concurso.

2. **La oposición consiste en** la celebración de una o más pruebas para determinar la capacidad y la aptitud de los aspirantes y fijar su orden de pre-

lación; **el concurso, en** la comprobación y calificación de los méritos de los aspirantes y en el establecimiento del orden de prelación de los mismos, **y el concurso-oposición, en** la sucesiva celebración de los dos sistemas anteriores.

Artículo 5. Características de las pruebas selectivas

1. Los procedimientos de selección serán adecuados al conjunto de puestos de trabajo que pueden ser desempeñados por los funcionarios de carrera de los Cuerpos o Escalas correspondientes.

2. A tal efecto, los procedimientos de selección deberán consistir en pruebas de conocimientos generales o específicos. Pueden incluir la realización de «test» psicotécnicos, entrevistas y cualesquiera otros sistemas que aseguren la objetividad y racionalidad del proceso selectivo. Salvo excepciones debidamente justificadas, en los procedimientos de selección que consten de varios ejercicios, al menos uno deberá tener carácter práctico.

Artículo 6. Descentralización de las pruebas

Las convocatorias podrán determinar que en aquellos procesos selectivos en que concurran circunstancias especiales, la totalidad o parte de las pruebas se celebren de forma descentralizada.

De la Oferta de empleo público

Artículo 7. Objeto

Las necesidades de recursos humanos que no puedan ser cubiertas con los efectivos de personal existentes serán objeto de oferta de empleo público, siempre que exista crédito presupuestario y se considere conveniente su cobertura durante el ejercicio.

Artículo 8. Aprobación

1. **La oferta de empleo público será aprobada, en su caso, por el Gobierno** a propuesta del Ministro para las Administraciones Públicas con informe favorable del Ministerio de Economía y Hacienda, **en el primer trimestre de cada año.**

2. Excepcionalmente, cuando existan necesidades urgentes de incorporaciones de personal, el Gobierno podrá aprobar ofertas de empleo público para ámbitos administrativos específicos.

Artículo 9. Competencia para convocar

Aprobada la oferta de empleo público, los Departamentos a los que figuren adscritos los correspondientes Cuerpos y Escalas de funcionarios procederán a la convocatoria de los procedimientos selectivos de acceso para las vacantes previstas de dichos Cuerpos o Escalas, previo informe favorable de la Dirección General de la Función Pública.

2.2. Órganos de selección

Artículo 10. Clases

Son órganos de selección **los Tribunales y las Comisiones Permanentes de Selección**.

Artículo 11. Tribunales

Los Tribunales serán nombrados, salvo excepción justificada, en cada orden de convocatoria y con arreglo a la misma les corresponderá el desarrollo y la calificación de las pruebas selectivas. Estarán constituidos por un **número impar de miembros,** *funcionarios de carrera, no inferior a cinco*, debiendo designarse el mismo número de miembros suplentes y en su composición se velará por el cumplimiento del principio de especialidad. La totalidad de los miembros deberá poseer un nivel de titulación igual o superior al exigido para el ingreso en el Cuerpo o Escala de que se trate.

Artículo 12. Comisiones Permanentes de Selección

1. A las Comisiones Permanentes de Selección se encomienda el desarrollo y la calificación de las pruebas selectivas para el acceso a aquellos Cuerpos y Escalas en los que **el elevado número de aspirantes y el nivel de titulación o especialización exigidos así lo aconseje.**

2. Las Comisiones Permanentes de Selección se establecerán por Orden del Ministerio para las Administraciones Públicas, previo acuerdo, en su caso, con el Departamento a que estén adscritos los Cuerpos o Escalas objeto de selección.

3. Las Comisiones Permanentes de Selección estarán constituidas por un número impar de miembros, funcionarios de carrera, con nivel de titulación igual o superior al del Cuerpo o Escala en cuya selección vayan a intervenir, que serán designados libremente de acuerdo con lo previsto en la Orden ministerial por la que se creen tales comisiones y en su composición se velará por el cumplimiento del principio de especialidad.

4. Cuando los procesos selectivos se realicen de forma descentralizada, en las convocatorias respectivas se podrá disponer la incorporación con carácter temporal a las Comisiones Permanentes de Selección de funcionarios que colaboren en el desarrollo de los procesos de selección, bajo la dirección de la correspondiente comisión.

Artículo 13. Reglas adicionales sobre su composición y funcionamiento

1. Los órganos de selección no podrán estar formados mayoritariamente por funcionarios pertenecientes al mismo Cuerpo o Escala objeto de la selección, salvo las peculiaridades contenidas en las normas específicas a que se refiere el artículo 1.2 de este Reglamento.

2. *No podrán formar parte de los órganos de selección aquellos funcionarios que hubiesen realizado tareas de preparación de aspirantes a pruebas selectivas en los cinco años anteriores* a la publicación de la correspondiente convocatoria.

3. Los Tribunales y las Comisiones Permanentes de Selección podrán disponer la incorporación a sus trabajos de asesores especialistas, para todas o algunas de las pruebas, de acuerdo con lo previsto en las correspondientes convocatorias. Dichos asesores colaborarán con el órgano de selección exclusivamente en el ejercicio de sus especialidades técnicas.

4. Los miembros de los órganos de selección deberán abstenerse cuando concurran las circunstancias previstas en el artículo 28 de la Ley de Régimen Jurídico de las Administraciones Públicas y del Procedimiento Administrativo Común. Los aspirantes podrán recusarlos cuando concurra alguna de dichas circunstancias.

Artículo 14. Revisión e impugnación

1. Las resoluciones de los Tribunales o Comisiones Permanentes de Selección vinculan a la Administración, sin perjuicio de que ésta, en su caso, pueda proceder a su revisión, conforme a lo previsto en los artículos 102 y siguientes de la Ley de Régimen Jurídico de las Administraciones Públicas y del Procedimiento Administrativo Común.

2. Contra las resoluciones y actos de los órganos de selección y sus actos de trámite que impidan continuar el procedimiento o produzcan indefensión podrá interponerse recurso ordinario ante la autoridad que haya nombrado a su presidente.

Convocatorias y procedimiento selectivo

Artículo 15. Convocatorias

1. *Las convocatorias, juntamente con sus bases, se publicarán en el «Boletín Oficial del Estado».*

2. Las convocatorias podrán ser de carácter unitario, o para ingreso en Cuerpos o Escalas determinados.

3. El Departamento convocante podrá aprobar, con el informe favorable de la Dirección General de la Función Pública, bases generales en las que se determine el sistema selectivo, pruebas a superar, programas y formas de calificación aplicables a sucesivas convocatorias.

4. Las bases de las convocatorias vinculan a la Administración y a los Tribunales o Comisiones Permanentes de Selección que han de juzgar las pruebas selectivas y a quienes participen en las mismas.

5. Las convocatorias o sus bases, una vez publicadas, solamente podrán ser modificadas con sujeción estricta a las normas de la Ley de Régimen Jurídico de las Administraciones Públicas y del Procedimiento Administrativo Común.(Hoy LPAC).

Artículo 16. Contenido de las convocatorias

Las convocatorias deberán contener, al menos, las siguientes circunstancias:

a) Número y características de las plazas convocadas.

b) Declaración expresa de que no se podrá declarar superado el proceso selectivo a un número de aspirantes superior al de plazas convocadas.

c) Órgano, centro o unidad administrativa a que deben dirigirse las solicitudes de participación.

d) Condiciones o requisitos que deben reunir o cumplir los aspirantes.

e) Sistema selectivo.

f) Pruebas selectivas que hayan de celebrarse y, en su caso, relación de méritos que han de ser tenidos en cuenta en la selección.

g) Designación del Tribunal calificador o indicación de la Comisión Permanente de Selección que haya de actuar, sin perjuicio de lo dispuesto en el artículo 11 del presente Reglamento.

h) Sistema de calificación.

i) Programa que ha de regir las pruebas o indicación del «Boletín Oficial del Estado» en que se haya publicado con anterioridad.

j) Duración máxima del proceso de celebración de los ejercicios. Desde la total conclusión de un ejercicio o prueba hasta el comienzo del siguiente deberá transcurrir un plazo mínimo de setenta y dos horas y máximo de cuarenta y cinco días naturales.

k) Orden de actuación de los aspirantes según el resultado del sorteo a que se refiere el artículo 17 de este Reglamento.

l) Determinación, en su caso, de las características, duración, plazo máximo para el comienzo y centro u órgano responsable de la evaluación del período de prácticas o curso selectivo.

Artículo 17. Orden de actuación de los aspirantes

Con anterioridad al inicio de los ejercicios o pruebas de los procesos de selección, la Secretaría de Estado para la Administración Pública determinará, mediante un único sorteo público celebrado previo anuncio en el «Boletín Oficial del Estado», el orden de actuación de los aspirantes en todas las pruebas selectivas de ingreso que se celebren durante el año. El resultado del sorteo se publicará en dicho periódico oficial.

Artículo 18. Solicitudes

1. La solicitud para participar en los procedimientos de ingreso, ajustada al modelo oficial aprobado por la Secretaría de Estado para la Administración Pública, deberá presentarse en el plazo de veinte días naturales a partir del siguiente al de publicación de la convocatoria respectiva en el «Boletín Oficial del Estado».

2. Para ser admitido y, en su caso, tomar parte en las pruebas selectivas correspondientes, bastará con que los aspirantes manifiesten en sus solicitudes de participación que reúnen todas y cada una de las condiciones exigidas, referidas siempre a la fecha de expiración del plazo de presentación.

3. La autoridad convocante, por sí o a propuesta del Presidente del Tribunal o de la Comisión Permanente de Selección, deberá dar cuenta a los órganos competentes de las inexactitudes o falsedades en que hubieran podido incurrir los aspirantes, a los efectos procedentes.

Artículo 20. Listas de admitidos y excluidos

1. Expirado el plazo de presentación de solicitudes, la autoridad convocante dictará resolución, en el plazo máximo de un mes, declarando aprobada la lista de admitidos y excluidos. En dicha resolución, que deberá publicarse en el «Boletín Oficial del Estado», se indicarán los lugares en que se encuentran expuestas

al público las listas certificadas completas de aspirantes admitidos y excluidos, señalándose un plazo de diez días hábiles para subsanación y determinándose el lugar y fecha de comienzo de los ejercicios y, en su caso, el orden de actuación de los aspirantes. Las citadas listas deberán ponerse de manifiesto, en todo caso, en la Dirección general de la Función Pública, en el Centro de Información Administrativa del Ministerio para las Administraciones Públicas y en las Delegaciones del Gobierno y Gobiernos Civiles.

2. Cuando el procedimiento selectivo lo permita, no será preceptiva la exposición al público de las listas de aspirantes admitidos, debiendo especificarse así en la correspondiente convocatoria. En estos casos, la resolución, que debe publicarse en el «Boletín Oficial del Estado», deberá recoger el lugar y la fecha de comienzo de los ejercicios, así como la relación de los aspirantes excluidos con indicación de las causas y del plazo de subsanación de defectos.

3. La publicación de la Resolución en el «Boletín Oficial del Estado» será determinante de los plazos a efectos de posibles impugnaciones o recursos.

Artículo 21. Anuncios de celebración de las pruebas

Una vez comenzados los procesos selectivos no será obligatoria la publicación de los sucesivos anuncios de la celebración de las restantes pruebas en el «Boletín Oficial del Estado». En dicho supuesto estos anuncios deberán hacerse públicos por el órgano de selección en los locales donde se haya celebrado la prueba anterior, con doce horas, al menos, de antelación al comienzo de éste, si se trata del mismo ejercicio, o de veinticuatro horas, si se trata de uno nuevo.

Artículo 22. Relación de aprobados

1. Una vez terminada la calificación de los aspirantes, los Tribunales o las Comisiones Permanentes de Selección harán pública la relación de aprobados por orden de puntuación en los locales en donde se haya celebrado la última prueba, siendo de aplicación, en su caso, lo dispuesto en el artículo 14.2 de este Reglamento. Dicha relación se elevará a la autoridad competente, que la publicará en el «Boletín Oficial del Estado».

2. Los actos que pongan fin a los procedimientos selectivos deberán ser motivados. La motivación de los actos de los órganos de selección dictados en virtud de discrecionalidad técnica en el desarrollo de su cometido de valoración estará referida al cumplimiento de las normas reglamentarias y de las bases de la convocatoria.

3. El proceso selectivo podrá comprender, además de las pruebas selectivas, un curso selectivo o un período de prácticas. Sólo en el primer caso el número de aprobados en las pruebas selectivas podrá ser superior al de plazas convocadas.

Artículo 23. Aportación de documentación

1. Los aspirantes propuestos aportarán ante la Administración, dentro del plazo de veinte días naturales desde que se publiquen en el «Boletín Oficial del Estado» las relaciones definitivas de aprobados a que se refiere el artículo anterior, los documentos acreditativos de las condiciones de capacidad y requisitos exigidos en la convocatoria.

2. Quienes dentro del plazo indicado, y salvo los casos de fuerza mayor, no presentasen la documentación o de la misma se dedujese que carecen de alguno de los requisitos exigidos, no podrán ser nombrados, quedando anuladas todas sus actuaciones, sin perjuicio de la responsabilidad en que pudieran haber incurrido por falsedad en sus solicitudes de participación.

3. Los que tuvieran la condición de funcionarios públicos estarán exentos de justificar las condiciones y requisitos ya acreditados para obtener su anterior nombramiento, debiendo presentar únicamente certificación del Ministerio u organismo del que dependan, acreditando su condición y demás circunstancias que consten en su expediente personal.

Artículo 24. Período de prácticas y curso selectivo

1. Cuando la convocatoria hubiese establecido un período de prácticas o un curso selectivo, la autoridad que la haya efectuado nombrará funcionarios en prácticas a los aspirantes propuestos.

Los aspirantes que no superen el curso selectivo de acuerdo con el procedimiento de calificación previsto en la convocatoria perderán el derecho a su nombramiento como funcionarios de carrera, mediante resolución motivada de la autoridad que haya efectuado la convocatoria, a propuesta del órgano responsable de la evaluación del curso selectivo.

2. Quienes no pudieran realizar el curso selectivo o el período de prácticas por cumplimiento del servicio militar o prestación social sustitutoria, o por causa de fuerza mayor debidamente justificada y apreciada por la Administración, podrán efectuarlo con posterioridad, intercalándose en el lugar correspondiente a la puntuación obtenida.

Artículo 25. Nombramientos

1. Concluido el proceso selectivo, los aspirantes que lo hubieran superado, cuyo número no podrá exceder en ningún caso al de plazas convocadas, serán nombrados funcionarios de carrera por el Secretario de Estado para la Administración Pública. Cualquier resolución que contravenga lo anteriormente establecido será nula de pleno derecho.

2. Los nombramientos deberán publicarse en el «Boletín Oficial del Estado».

Artículo 26. Asignación inicial de puestos de trabajo

1. La adjudicación de puestos de trabajo a los funcionarios de nuevo ingreso se efectuará de acuerdo con las peticiones de los interesados entre los puestos ofertados a los mismos, según el orden obtenido en el proceso selectivo, siempre que reúnan los requisitos objetivos determinados para cada puesto en las relaciones de puestos de trabajo.

Estos destinos tendrán carácter definitivo, equivalente a todos los efectos a los obtenidos por concurso.

2.3. Funcionarios interinos

Artículo 27. Selección y nombramiento

1. El nombramiento del personal funcionario interino se efectuará, con arreglo a los principios de mérito y capacidad, por el Subsecretario del Departamento al que figuren adscritos los correspondientes Cuerpos y Escalas o por el Director general de la Función Pública, cuando se trate de Cuerpos y Escalas dependientes de la Secretaría de Estado para la Administración Pública.

El procedimiento deberá posibilitar la máxima agilidad en la selección, en razón a la urgencia requerida para cubrir transitoriamente los puestos de trabajo en tanto se destina a los mismos a funcionarios de carrera.

2. Los funcionarios interinos deberán reunir, en todo caso, los requisitos generales de titulación y las demás condiciones exigidas para participar en las pruebas de acceso a los correspondientes Cuerpos o Escalas como funcionarios de carrera.

3. Las normas sobre selección de los funcionarios de carrera serán de aplicación supletoria a la selección de los funcionarios interinos en cuanto resulte adecuado a la naturaleza de éstos.

2.4. Selección del personal laboral

Artículo 28. Régimen aplicable

1. Los Departamentos ministeriales convocarán, previo informe favorable de la Dirección General de la Función Pública, los procesos selectivos para el acceso a las plazas vacantes adscritas a los mismos que deban cubrirse con personal laboral fijo de nuevo ingreso, de acuerdo con lo previsto en la oferta de empleo público.

2. La promoción interna o de cobertura de vacantes del personal laboral que no sea de nuevo ingreso se regirá por sus convenios colectivos o normativa

específica. Las correspondientes convocatorias precisarán del informe favorable de la Dirección General de la Función Pública.

Artículo 29. Convocatorias y sistemas selectivos

Las convocatorias deberán someterse a lo previsto en el Título I del presente Reglamento y a los criterios generales de selección que se fijen por el Ministerio para las Administraciones Públicas. En el «Boletín Oficial del Estado» se anunciarán, al menos, el número de plazas por categorías y el lugar en que figuren expuestas las bases de las convocatorias.

Los sistemas selectivos serán la oposición, el concurso-oposición y el concurso.

Artículo 30. Órganos de selección

Los órganos de selección se constituirán en cada convocatoria y deberán estar formados por un número impar de miembros, uno de los cuales, al menos, será designado a propuesta de la representación de los trabajadores.

Artículo 31. Solicitudes y anuncio de las pruebas

1. Los aspirantes deberán presentar su solicitud en el modelo oficial aprobado por la Secretaría de Estado para la Administración Pública.

2. En el plazo máximo de un mes, a partir de la fecha de terminación del plazo previsto en cada convocatoria para la presentación de instancias, se publicará en el «Boletín Oficial del Estado» la fecha, lugar y hora de realización de las pruebas, indicándose en este anuncio el lugar donde se encuentren expuestas las listas de admitidos.

Artículo 32. Propuesta de aprobados

Concluidas las pruebas, se elevará al órgano competente propuesta de candidatos para la formalización de los contratos, que en ningún caso podrá exceder del número de plazas convocadas. Cualquier propuesta de aprobados que contravenga lo anteriormente establecido será nula de pleno derecho.

Artículo 33. Adquisición de la condición de personal laboral fijo

1. El órgano competente procederá a la formalización de los contratos previa justificación de las condiciones de capacidad y requisitos exigidos en la convocatoria. Hasta que se formalicen los mismos y se incorporen a los puestos de trabajo correspondientes, los aspirantes no tendrán derecho a percepción económica alguna.

2. Transcurrido el período de prueba que se determine en cada convocatoria, el personal que lo supere satisfactoriamente adquirirá la condición de personal laboral fijo.

Artículo 35. Contratación de personal laboral no permanente

1. Los Departamentos ministeriales podrán proceder a la contratación de personal laboral no permanente para la realización de trabajos que no puedan ser atendidos por personal laboral fijo, previo informe favorable de los Ministerios para las Administraciones Públicas y de Economía y Hacienda.

Dichos contratos se celebrarán conforme a los principios de mérito y capacidad, y ajustándose a las normas de general aplicación en la contratación de este tipo de personal laboral y de acuerdo con los criterios de selección que se determinen por el Ministerio para las Administraciones Públicas.

2. En cada Departamento existirá un Registro de Personal laboral no permanente. Sus inscripciones y anotaciones deberán comunicarse, en todo caso, al Registro Central de Personal.

Tema 4

Adquisición y pérdida de la condición de funcionario. Situaciones administrativas de los funcionarios. Supuestos y efectos de cada una de ellas

eRodio ediciones

Índice esquemático

1. Adquisición y pérdida de la condición de funcionario
- 1.1. Acceso al empleo público y adquisición de la relación de servicio
- 1.2. Pérdida de la relación de servicio

2. Situaciones administrativas
- 2.1. Servicio activo
- 2.2. Servicios especiales
- 2.3. Servicio en otras administraciones públicas
- 2.4. Excedencias
- 2.5. Suspensión de funciones
- 2.6. Reingreso al servicio activo
- 2.7. Situaciones del personal laboral

3. Supuestos y efectos de cada una de ellas

1. Adquisición y pérdida de la condición de funcionario

1.1. Acceso al empleo público y adquisición de la relación de servicio

1.1.1. Principios rectores

Todos los ciudadanos tienen derecho al acceso al empleo público de acuerdo con los principios constitucionales de igualdad, mérito y capacidad, y de acuerdo con lo previsto en el presente Estatuto y en el resto del ordenamiento jurídico.

Las Administraciones Públicas, entidades y organismos a que se refiere el artículo 2 del presente Estatuto seleccionarán a su personal funcionario y laboral mediante procedimientos en los que se garanticen los principios constitucionales antes expresados, así como los establecidos a continuación:

a) Publicidad de las convocatorias y de sus bases.

b) Transparencia.

c) Imparcialidad y profesionalidad de los miembros de los órganos de selección.

d) Independencia y discrecionalidad técnica en la actuación de los órganos de selección.

e) Adecuación entre el contenido de los procesos selectivos y las funciones o tareas a desarrollar.

f) Agilidad, sin perjuicio de la objetividad, en los procesos de selección.

1.1.2. Requisitos generales para participar en procesos selectivos

Para poder participar en los procesos selectivos será necesario reunir los siguientes requisitos:

a) Tener la nacionalidad española, sin perjuicio de lo dispuesto en el artículo siguiente.

b) Poseer la capacidad funcional para el desempeño de las tareas.

c) Tener cumplidos **dieciséis años y no exceder, en su caso, de la edad máxima de jubilación forzosa**. Sólo por ley podrá establecerse otra edad máxima, distinta de la edad de jubilación forzosa, para el acceso al empleo público.

Llama muchísimo la atención en el EBEP esta reducción de la edad mínima para ser funcionario de los 18 años anteriores a los 16 años, edad con la que en múltiples convenios colectivos, sólo se podía ser aprendiz; y así mismo la limitación por arriba a los 55 años, ya que por arriba sólo se limita a la edad máxima de jubilación forzosa (hoy 65 años).

d) No haber sido separado mediante expediente disciplinario del servicio de cualquiera de las Administraciones Públicas o de los órganos constitucionales o estatutarios de las Comunidades Autónomas, ni hallarse en inhabilitación absoluta o especial para empleos o cargos públicos por resolución judicial, para el acceso al cuerpo o escala de funcionario, o para ejercer funciones similares a las que desempeñaban en el caso del personal laboral, en el que hubiese sido separado o inhabilitado. En el caso de ser nacional de otro Estado, no hallarse inhabilitado o en situación equivalente ni haber sido sometido a sanción disciplinaria o equivalente que impida, en su Estado, en los mismos términos el acceso al empleo público.

e) Poseer la titulación exigida.

Las Administraciones Públicas, en el ámbito de sus competencias, deberán prever la selección de empleados públicos debidamente capacitados para cubrir los puestos de trabajo en las Comunidades Autónomas que gocen de dos lenguas oficiales.

Podrá exigirse el cumplimiento de otros requisitos específicos que guarden relación objetiva y proporcionada con las funciones asumidas y las tareas a desempeñar. En todo caso, habrán de establecerse de manera abstracta y general.

1.1.3. Acceso al empleo público de nacionales de otros estados

Los nacionales de los Estados miembros de la Unión Europea podrán acceder, como personal funcionario, en igualdad de condiciones que los españoles a los empleos públicos, con excepción de aquellos que directa o indirectamente impliquen una participación en el ejercicio del poder público o en las funciones que tienen por objeto la salvaguardia de los intereses del Estado o de las Administraciones Públicas.

A tal efecto, los órganos de Gobierno de las Administraciones Públicas determinarán las agrupaciones de funcionarios contempladas en el artículo 76 a las que no puedan acceder los nacionales de otros Estados.

Las previsiones del apartado anterior serán de aplicación, cualquiera que sea su nacionalidad, al cónyuge de los españoles y de los nacionales de otros Estados miembros de la Unión Europea, siempre que no estén separados de derecho y a sus descendientes y a los de su cónyuge siempre que no estén separados de derecho, sean menores de veintiún años o mayores de dicha edad dependientes.

El acceso al empleo público como personal funcionario, se extenderá igualmente a las personas incluidas en el ámbito de aplicación de los Tratados Internaciones celebrados por la Unión Europea y ratificados por España en los que sea de aplicación la libre circulación de trabajadores, en los términos establecidos en el apartado 1 de este artículo.

Los extranjeros a los que se refieren los apartados anteriores, así como los extranjeros con residencia legal en España podrán acceder a las Administraciones Públicas, como personal laboral, en igualdad de condiciones que los españoles.

Sólo por ley de las Cortes Generales o de las Asambleas Legislativas de las Comunidades Autónomas podrá eximirse del requisito de la nacionalidad por razones de interés general para el acceso a la condición de personal funcionario.

1.1.4. Acceso al empleo público de funcionarios españoles de organismos internacionales

Las Administraciones Públicas establecerán los requisitos y condiciones para el acceso a las mismas de funcionarios de nacionalidad española de Organismos Internacionales, siempre que posean la titulación requerida y superen los correspondientes procesos selectivos. Podrán quedar exentos de la realización de aquellas pruebas que tengan por objeto acreditar conocimientos ya exigidos para el desempeño de su puesto en el organismo internacional correspondiente.

1.1.5. Personas con discapacidad

En las ofertas de empleo público se reservará un cupo no inferior **al siete por ciento de las vacantes para ser cubiertas entre personas con discapacidad,** considerando como tales las definidas en el apartado 2 del artículo 4 del texto refundido de la Ley General de derechos de las personas con discapacidad y de su inclusión social, aprobado por el Real Decreto Legislativo 1/2013, de 29 de noviembre, siempre que superen los procesos selectivos y acrediten su discapacidad y la compatibilidad con el desempeño de las tareas, de modo que progresivamente se alcance el dos por ciento de los efectivos totales en cada Administración Pública.

La reserva del mínimo del siete por ciento se realizará de manera que, al menos, el **dos por ciento de las plazas ofertadas lo sea para ser cubiertas por personas que acrediten discapacidad intelectua**l y **el resto de las plazas ofertadas lo sea para personas que acrediten cualquier otro tipo de discapacidad.**

Cada Administración Pública adoptará las medidas precisas para establecer las adaptaciones y ajustes razonables de tiempos y medios en el proceso selectivo y, una vez superado dicho proceso, las adaptaciones en el puesto de trabajo a las necesidades de las personas con discapacidad.

1.1.6. Órganos de selección

Los órganos de selección serán colegiados y su composición deberá ajustarse a los principios de imparcialidad y profesionalidad de sus miembros, y se tenderá, asimismo, a la paridad entre mujer y hombre.

El personal de elección o de designación política, los funcionarios interinos y el personal eventual no podrán formar parte de los órganos de selección.

La pertenencia a los órganos de selección será siempre a título individual, no pudiendo ostentarse ésta en representación o por cuenta de nadie.

1.1.7. Sistemas selectivos

Los procesos selectivos tendrán carácter abierto y garantizarán la libre concurrencia, sin perjuicio de lo establecido para la promoción interna y de las medidas de discriminación positiva previstas en este Estatuto.

Los órganos de selección velarán por el cumplimiento del principio de igualdad de oportunidades entre sexos.

Los procedimientos de selección cuidarán especialmente la conexión entre el tipo de pruebas a superar y la adecuación al desempeño de las tareas de los puestos de trabajo convocados, incluyendo, en su caso, las pruebas prácticas que sean precisas.

Las pruebas podrán consistir en la comprobación de los conocimientos y la capacidad analítica de los aspirantes, expresados de forma oral o escrita, en la realización de ejercicios que demuestren la posesión de habilidades y destrezas, en la comprobación del dominio de lenguas extranjeras y, en su caso, en la superación de pruebas físicas.

Los procesos selectivos que incluyan, además de las preceptivas pruebas de capacidad, la valoración de méritos de los aspirantes sólo podrán otorgar a dicha valoración una puntuación proporcionada que no determinará, en ningún caso, por sí misma el resultado del proceso selectivo.

Las Administraciones Públicas podrán crear órganos especializados y permanentes para la organización de procesos selectivos, pudiéndose encomendar estas funciones a los Institutos o Escuelas de Administración Pública.

Para asegurar la objetividad y la racionalidad de los procesos selectivos, las pruebas podrán completarse con la superación de cursos, de periodos de prácticas, con la exposición curricular por los candidatos, con pruebas psicotécnicas o con la realización de entrevistas. Igualmente podrán exigirse reconocimientos médicos.

Los sistemas selectivos de funcionarios de carrera serán los de **oposición** y **concurso-oposición** que deberán incluir, en todo caso, una o varias pruebas para determinar la capacidad de los aspirantes y establecer el orden de prelación.

Sólo en virtud de ley podrá aplicarse, con carácter excepcional, el sistema de concurso que consistirá únicamente en la valoración de méritos.

Los sistemas selectivos de personal laboral fijo serán los de **oposición**, **concurso-oposición,** con las características establecidas en el apartado anterior, o **concurso** de valoración de méritos.

Las Administraciones Públicas podrán negociar las formas de colaboración que en el marco de los convenios colectivos fijen la actuación de las Organizaciones Sindicales en el desarrollo de los procesos selectivos.

Los órganos de selección no podrán proponer el acceso a la condición de funcionario de un número superior de aprobados al de plazas convocadas, excepto cuando así lo prevea la propia convocatoria.

No obstante lo anterior, siempre que los órganos de selección hayan propuesto el nombramiento de igual número de aspirantes que el de plazas convocadas, y con el fin de asegurar la cobertura de las mismas, cuando se produzcan renuncias de los aspirantes seleccionados, antes de su nombramiento o toma de posesión, el órgano convocante podrá requerir del órgano de selección relación complementaria de los aspirantes que sigan a los propuestos, para su posible nombramiento como funcionarios de carrera.

1.1.8. Adquisición de la condición de funcionario de carrera

La condición de funcionario de carrera se adquiere por el cumplimiento sucesivo de los siguientes requisitos:

a) Superación del proceso selectivo.

b) Nombramiento por el órgano o autoridad competente, que será publicado en el Diario Oficial correspondiente.

c) Acto de acatamiento de la Constitución y, en su caso, del Estatuto de Autonomía correspondiente y del resto del Ordenamiento Jurídico.

d) Toma de posesión dentro del plazo que se establezca.

A efectos de lo dispuesto en el apartado b) anterior, no podrán ser funcionarios y quedarán sin efecto las actuaciones relativas a quienes no acrediten, una vez superado el proceso selectivo, que reúnen los requisitos y condiciones exigidos en la convocatoria.

1.2. Pérdida de la relación de servicio

1.2.1. Causas de pérdida de la condición de funcionario de carrera

Son causas de pérdida de la condición de funcionario de carrera:

a) La renuncia a la condición de funcionario.

b) La pérdida de la nacionalidad.

c) La jubilación total del funcionario.

d) La sanción disciplinaria de separación del servicio que tuviere carácter firme.

e) La pena principal o accesoria de inhabilitación absoluta o especial para cargo público que tuviere carácter firme.

1.2.2. Renuncia

La renuncia voluntaria a la condición de funcionario habrá de ser manifestada por escrito y será aceptada expresamente por la Administración, salvo lo dispuesto en el apartado siguiente.

No podrá ser aceptada la renuncia cuando el funcionario esté sujeto a expediente disciplinario o haya sido dictado en su contra auto de procesamiento o de apertura de juicio oral por la comisión de algún delito.

La renuncia a la condición de funcionario no inhabilita para ingresar de nuevo en la Administración Pública a través del procedimiento de selección establecido.

1.2.3. Pérdida de la nacionalidad

La pérdida de la nacionalidad española o la de cualquier otro Estado miembro de la Unión Europea o la de aquellos Estados a los que, en virtud de Tratados Internacionales celebrados por la Unión Europea y ratificados por España, les sea de aplicación la libre circulación de trabajadores, que haya sido tenida en cuenta para el nombramiento, determinará la pérdida de la condición de funcionario salvo que simultáneamente se adquiera la nacionalidad de alguno de dichos Estados.

1.2.4. Pena principal o accesoria de inhabilitación absoluta o especial para cargo público

La pena principal o accesoria de **inhabilitación absoluta** cuando hubiere adquirido firmeza la sentencia que la imponga produce la pérdida de la condición de funcionario respecto a todos los empleos o cargos que tuviere.

La pena principal o accesoria de **inhabilitación especial** cuando hubiere adquirido firmeza la sentencia que la imponga produce la pérdida de la condición de funcionario respecto de aquellos empleos o cargos especificados en la sentencia.

1.2.5. Jubilación

La jubilación de los funcionarios podrá ser:

a) Voluntaria, a solicitud del funcionario.

b) Forzosa, al cumplir la edad legalmente establecida.

c) Por la declaración de incapacidad permanente para el ejercicio de las funciones propias de su cuerpo o escala, o por el reconocimiento de una pensión de incapacidad permanente absoluta o, incapacidad permanente total en relación con el ejercicio de las funciones de su cuerpo o escala.

Procederá la jubilación voluntaria, a solicitud del interesado, siempre que el funcionario reúna los requisitos y condiciones establecidos en el Régimen de Seguridad Social que le sea aplicable.

La jubilación forzosa se declarará de oficio al cumplir el funcionario los **sesenta y cinco años de edad.**

No obstante, en los términos de las leyes de Función Pública que se dicten en desarrollo de este Estatuto, se podrá solicitar la **prolongación** de la permanencia en el servicio activo como máximo hasta que se cumpla **setenta años de edad.** La Administración Pública competente deberá de resolver de forma motivada la aceptación o denegación de la prolongación.

De lo dispuesto en los dos párrafos anteriores quedarán excluidos los funcionarios que tengan normas estatales específicas de jubilación.

1.2.6. Rehabilitación de la condición de funcionario

En caso de extinción de la relación de servicios como consecuencia de pérdida de la nacionalidad o jubilación por incapacidad permanente para el servicio, el interesado, una vez desaparecida la causa objetiva que la motivó, podrá solicitar la rehabilitación de su condición de funcionario, que le será concedida.

Los órganos de gobierno de las Administraciones Públicas podrán conceder, con carácter excepcional, la rehabilitación, a petición del interesado, de quien hubiera perdido la condición de funcionario por haber sido condenado a la pena principal o accesoria de inhabilitación, atendiendo a las circunstancias y entidad del delito cometido. Si transcurrido el plazo para dictar la resolución, no se hubiera producido de forma expresa, se entenderá desestimada la solicitud.

2. Situaciones administrativas

Los funcionarios de carrera se hallarán en alguna de las siguientes situaciones:

a) Servicio activo.

b) Servicios especiales.

c) Servicio en otras Administraciones Públicas.

d) Excedencia.

e) Suspensión de funciones.

Las Leyes de Función Pública que se dicten en desarrollo de este Estatuto podrán regular otras situaciones administrativas de los funcionarios de carrera, en los supuestos, en las condiciones y con los efectos que en las mismas se determinen, cuando concurra, entre otras, alguna de las circunstancias siguientes:

a) Cuando por razones organizativas, de reestructuración interna o exceso de personal, resulte una imposibilidad transitoria de asignar un puesto de trabajo o la conveniencia de incentivar la cesación en el servicio activo.

b) Cuando los funcionarios accedan, bien por promoción interna o por otros sistemas de acceso, a otros cuerpos o escalas y no les corresponda quedar en alguna de las situaciones previstas en este Estatuto, y cuando pasen a prestar servicios en organismos o entidades del sector público en régimen distinto al de funcionario de carrera.

Sorprende por tanto, que el EBEP suprima la excedencia por prestación de servicios en el Sector Público y lo sustituye por lo anterior que es a mi parecer, un indefinición de la situación de partida en la que se encuentran muchísimos funcionarios.

Dicha regulación, según la situación administrativa de que se trate, podrá conllevar garantías de índole retributiva o imponer derechos u obligaciones en relación con el reingreso al servicio activo.

2.1. Servicio activo

Se hallarán en situación de servicio activo quienes, conforme a la normativa de función pública dictada en desarrollo del presente Estatuto, presten servicios en su condición de funcionarios públicos cualquiera que sea la Administración u Organismo Público o entidad en el que se encuentren destinados y no les corresponda quedar en otra situación.

Los funcionarios de carrera en situación de servicio activo gozan de todos los derechos inherentes a su condición de funcionarios y quedan sujetos a los deberes y responsabilidades derivados de la misma. Se regirán por las normas de este Estatuto y por la normativa de función pública de la Administración Pública en que presten servicios.

2.2. Servicios especiales

Los funcionarios de carrera serán declarados en situación de servicios especiales:

a) Cuando sean designados miembros del Gobierno o de los órganos de gobierno de las Comunidades Autónomas y Ciudades de Ceuta y Melilla, miembros de las Instituciones de la Unión Europea o de las Organizaciones Internacionales, o sean nombrados altos cargos de las citadas Administraciones Públicas o Instituciones.

b) Cuando sean autorizados para realizar una misión por periodo determinado superior a seis meses en Organismos Internacionales, Gobiernos o Entidades Públicas extranjeras o en programas de cooperación internacional.

c) Cuando sean nombrados para desempeñar puestos o cargos en Organismos Públicos o entidades, dependientes o vinculados a las Administraciones Públicas que, de conformidad con lo que establezca la respectiva Administración Pública, estén asimilados en su rango administrativo a altos cargos.

d) Cuando sean adscritos a los servicios del Tribunal Constitucional o del Defensor del Pueblo o destinados al Tribunal de Cuentas en los términos previstos en el artículo 93.3 de la Ley 7/1988, de 5 de abril.

e) Cuando accedan a la condición de Diputado o Senador de las Cortes Generales, miembros de las Asambleas Legislativas de las Comunidades Autónomas si perciben retribuciones periódicas por la realización de la función. Aquellos que pierdan dicha condición por disolución de las correspondientes cámaras o terminación del mandato de las mismas podrán permanecer en la situación de servicios especiales hasta su nueva constitución.

f) Cuando se desempeñen cargos electivos retribuidos y de dedicación exclusiva en las Asambleas de las Ciudades de Ceuta y Melilla y en las Entidades Locales, cuando se desempeñen responsabilidades de órganos superiores y directivos municipales y cuando se desempeñen responsabilidades de miembros de los órganos locales para el conocimiento y la resolución de las reclamaciones económico-administrativas.

g) Cuando sean designados para formar parte del Consejo General del Poder Judicial o de los Consejos de Justicia de las Comunidades Autónomas.

h) Cuando sean elegidos o designados para formar parte de los Órganos Constitucionales o de los Órganos Estatutarios de las Comunidades Autónomas u otros cuya elección corresponda al Congreso de los Diputados, al Senado o a las Asambleas Legislativas de las Comunidades Autónomas.

i) Cuando sean designados como personal eventual por ocupar puestos de trabajo con funciones expresamente calificadas como de confianza o asesoramiento político y no opten por permanecer en la situación de servicio activo.

j) Cuando adquieran la condición de funcionarios al servicio de organizaciones internacionales.

k) Cuando sean designados asesores de los grupos parlamentarios de las Cortes Generales o de las Asambleas Legislativas de las Comunidades Autónomas.

l) Cuando sean activados como reservistas voluntarios para prestar servicios en las Fuerzas Armadas.

Quienes se encuentren en situación de servicios especiales percibirán las retribuciones del puesto o cargo que desempeñen y no las que les correspondan como funcionarios de carrera, sin perjuicio del derecho a percibir los trienios que tengan reconocidos en cada momento. El tiempo que permanezcan en tal situación se les computará a efectos de ascensos, reconocimiento de trienios, promoción interna y derechos en el régimen de Seguridad Social que les sea de aplicación. No será de aplicación a los funcionarios públicos que, habiendo ingresado al servicio de las instituciones Comunitarias Europeas, o al de Entidades y Organismos asimilados, ejerciten el derecho de transferencia establecido en el estatuto de los Funcionarios de las Comunidades Europeas.

Quienes se encuentren en situación de servicios especiales tendrán derecho, al menos, a reingresar al servicio activo en la misma localidad, en las condiciones y con las retribuciones correspondientes a la categoría, nivel o escalón de la carrera consolidados, de acuerdo con el sistema de carrera administrativa vigente en la Administración Pública a la que pertenezcan. Tendrán, asimismo, los derechos que cada Administración Pública pueda establecer en función del cargo que haya originado el pase a la mencionada situación. En este sentido, las Administraciones Públicas velarán para que no haya menoscabo en el derecho a la carrera profesional de los funcionarios públicos que hayan sido nombrados altos cargos, miembros del Poder Judicial o de otros órganos constitucionales o estatutarios o que hayan sido elegidos Alcaldes, retribuidos y con dedicación exclusiva, Presidentes de Diputaciones o de Cabildos o Consejos Insulares, Diputados o Senadores de las Cortes Generales y miembros de las Asambleas Legislativas de las Comunidades Autónomas. Como mínimo, estos funcionarios recibirán el mismo tratamiento en la consolidación del grado y conjunto de complementos que el que se establezca para quienes hayan sido Directores Generales y otros cargos superiores de la correspondiente Administración Pública.

La declaración de esta situación procederá en todo caso, en los supuestos que se determinen en el presente Estatuto y en las Leyes de Función Pública que se dicten en desarrollo del mismo.

2.3. Servicio en otras administraciones públicas

Los funcionarios de carrera que, en virtud de los procesos de transferencias o por los procedimientos de provisión de puestos de trabajo, obtengan destino en una Administración Pública distinta, serán declarados en la situación de servicio en otras Administraciones Públicas. Se mantendrán en esa situación en el caso de que por disposición legal de la Administración a la que acceden se integren como personal propio de ésta.

Los funcionarios transferidos a las Comunidades Autónomas se integran plenamente en la organización de la Función Pública de las mismas, hallándose en la situación de servicio activo en la Función Pública de la Comunidad Autónoma en la que se integran.

Las Comunidades Autónomas al proceder a esta integración de los funcionarios transferidos como funcionarios propios, respetarán el Grupo o Subgrupo del cuerpo o escala de procedencia, así como los derechos económicos inherentes a la posición en la carrera que tuviesen reconocido.

Los funcionarios transferidos mantienen todos sus derechos en la Administración Pública de origen como si se hallaran en servicio activo de acuerdo con lo establecido en los respectivos Estatutos de Autonomía.

Se reconoce la igualdad entre todos los funcionarios propios de las Comunidades Autónomas con independencia de su Administración de procedencia.

Los funcionarios de carrera en la situación de servicio en otras Administraciones Públicas que se encuentren en dicha situación por haber obtenido un puesto de trabajo mediante los sistemas de provisión previstos en este Estatuto, se rigen por la legislación de la Administración en la que estén destinados de forma efectiva y conservan su condición de funcionario de la Administración de origen y el derecho a participar en las convocatorias para la provisión de puestos de trabajo que se efectúen por esta última. El tiempo de servicio en la Administración Pública en la que estén destinados se les computará como de servicio activo en su cuerpo o escala de origen.

Los funcionarios que reingresen al servicio activo en la Administración de origen, procedentes de la situación de servicio en otras Administraciones Públicas, obtendrán el reconocimiento profesional de los progresos alcanzados en el sistema de carrera profesional y sus efectos sobre la posición retributiva conforme al procedimiento previsto en los Convenios de Conferencia Sectorial y demás instrumentos de colaboración que establecen medidas de movilidad interadministrativa, previstos en el artículo 84 del presente Estatuto. En defecto de tales Convenios o instrumentos de colaboración, el reconocimiento se realizará por la Administración Pública en la que se produzca el reingreso.

2.4. Excedencias

La excedencia de los funcionarios de carrera podrá adoptar las siguientes modalidades:

a) **Excedencia voluntaria por interés particular.**
b) **Excedencia voluntaria por agrupación familiar.**
c) **Excedencia por cuidado de familiares.**
d) **Excedencia por razón de violencia de género.**
e) **Excedencia por razón de violencia terrorista**

Los funcionarios de carrera podrán obtener la **excedencia voluntaria por interés particular** cuando hayan prestado servicios efectivos en cualquiera de las Administraciones Públicas durante un periodo mínimo de cinco años inmediatamente anteriores.

No obstante, las Leyes de Función Pública que se dicten en desarrollo del presente Estatuto podrán establecer una duración menor del periodo de prestación de servicios exigido para que el funcionario de carrera pueda solicitar la excedencia y se determinarán los periodos mínimos de permanencia en la misma.

La concesión de excedencia voluntaria por interés particular quedará subordinada a las necesidades del servicio debidamente motivadas. No podrá declararse cuando al funcionario público se le instruya expediente disciplinario.

Procederá declarar de oficio la excedencia voluntaria por interés particular cuando finalizada la causa que determinó el pase a una situación distinta a la de servicio activo, se incumpla la obligación de solicitar el reingreso al servicio activo en el plazo en que se determine reglamentariamente.

Quienes se encuentren en situación de excedencia por interés particular no devengarán retribuciones, ni les será computable el tiempo que permanezcan en tal situación a efectos de ascensos, trienios y derechos en el régimen de Seguridad Social que les sea de aplicación.

Podrá concederse la **excedencia voluntaria por agrupación familiar** sin el requisito de haber prestado servicios efectivos en cualquiera de las Administraciones Públicas durante el periodo establecido a los funcionarios cuyo cónyuge resida en otra localidad por haber obtenido y estar desempeñando un puesto de trabajo de carácter definitivo como funcionario de carrera o como laboral fijo en cualquiera de las Administraciones Públicas, Organismos públicos y Entidades de Derecho público dependientes o vinculados a ellas, en los Órganos Constitucionales o del Poder Judicial y Órganos similares de las Comunidades Autónomas, así como en la Unión Europea o en Organizaciones Internacionales.

Quienes se encuentren en situación de excedencia voluntaria por agrupación familiar no devengarán retribuciones, ni les será computable el tiempo que permanezcan en tal situación a efectos de ascensos, trienios y derechos en el régimen de Seguridad Social que les sea de aplicación.

Los funcionarios de carrera tendrán derecho a un **período de excedencia de duración no superior a tres años para atender al cuidado de cada hijo**, tanto cuando lo sea por naturaleza como por adopción o acogimiento permanente o preadoptivo, a contar desde la fecha de nacimiento o, en su caso, de la resolución judicial o administrativa.

También tendrán derecho a un período de excedencia de duración no superior a tres años, para atender al cuidado de un familiar que se encuentre a su cargo, hasta el segundo grado inclusive de consanguinidad o afinidad que por razones de edad, accidente, enfermedad o discapacidad no pueda valerse por sí mismo y no desempeñe actividad retribuida.

El período de excedencia será único por cada sujeto causante. Cuando un nuevo sujeto causante diera origen a una nueva excedencia, el inicio del período de la misma pondrá fin al que se viniera disfrutando.

En el caso de que dos funcionarios generasen el derecho a disfrutarla por el mismo sujeto causante, la Administración podrá limitar su ejercicio simultáneo por razones justificadas relacionadas con el funcionamiento de los servicios.

El tiempo de permanencia en esta situación será computable a efectos de trienios, carrera y derechos en el régimen de Seguridad Social que sea de aplicación. El puesto de trabajo desempeñado se reservará, al menos, durante dos años. Transcurrido este periodo, dicha reserva lo será a un puesto en la misma localidad y de igual retribución.

Los funcionarios en esta situación podrán participar en los cursos de formación que convoque la Administración.

Las funcionarias víctimas de violencia de género, para hacer efectiva su protección o su derecho a la asistencia social integral, tendrán derecho a solicitar la situación de excedencia sin tener que haber prestado un tiempo mínimo de servicios previos y sin que sea exigible plazo de permanencia en la misma.

Durante los seis primeros meses tendrán derecho a la reserva del puesto de trabajo que desempeñaran, siendo computable dicho período a efectos de antigüedad, carrera y derechos del régimen de Seguridad Social que sea de aplicación.

Cuando las actuaciones judiciales lo exigieran se podrá prorrogar este periodo por tres meses, con un máximo de dieciocho, con idénticos efectos a los señalados anteriormente, a fin de garantizar la efectividad del derecho de protección de la víctima.

Durante los dos primeros meses de esta excedencia la funcionaria tendrá derecho a percibir las retribuciones íntegras y, en su caso, las prestaciones familiares por hijo a cargo.

Los funcionarios que hayan sufrido daños físicos o psíquicos como consecuencia de la actividad terrorista, así como los amenazados en los términos del artículo 5 de la Ley 29/2011, de 22 de septiembre, de Reconocimiento y Protección Integral a las Víctimas del Terrorismo, previo reconocimiento del Ministerio del Interior o de sentencia judicial firme, tendrán derecho a disfrutar de un periodo de excedencia en las mismas condiciones que las víctimas de violencia de género.

Dicha excedencia será autorizada y mantenida en el tiempo en tanto que resulte necesaria para la protección y asistencia social integral de la persona a la que se concede, ya sea por razón de las secuelas provocadas por la acción terrorista, ya sea por la amenaza a la que se encuentra sometida, en los términos previstos reglamentariamente.

2.5. Suspensión de funciones

El funcionario declarado en la situación de suspensión quedará privado durante el tiempo de permanencia en la misma del ejercicio de sus funciones y de todos los derechos inherentes a la condición. La suspensión determinará la pérdida del puesto de trabajo *cuando exceda de seis meses.*

La suspensión firme se impondrá en virtud de sentencia dictada en causa criminal o en virtud de sanción disciplinaria. La suspensión firme por sanción disciplinaria *no podrá exceder de seis años.*

El funcionario declarado en la situación de suspensión de funciones no podrá prestar servicios en ninguna Administración Pública ni en los Organismos públicos, Agencias, o Entidades de derecho público dependientes o vinculadas a ellas durante el tiempo de cumplimiento de la pena o sanción.

Podrá acordarse la suspensión de funciones con carácter provisional con ocasión de la tramitación de un procedimiento judicial o expediente disciplinario, en los términos establecidos en este Estatuto.

2.6. Reingreso al servicio activo

Reglamentariamente se regularán los plazos, procedimientos y condiciones, según las situaciones administrativas de procedencia, para solicitar el reingreso al servicio activo de los funcionarios de carrera, con respeto al derecho a la reserva del puesto de trabajo en los casos en que proceda conforme al presente Estatuto.

2.7. Situaciones del personal laboral

El personal laboral se regirá por el Estatuto de los Trabajadores y por los Convenios Colectivos que les sean de aplicación.

Los convenios colectivos podrán determinar la aplicación de este Capítulo al personal incluido en su ámbito de aplicación en lo que resulte compatible con el Estatuto de los Trabajadores.

3. Supuestos y efectos de cada una de ellas

Se recogen en el **Reglamento de situaciones administrativas de los funcionarios civiles de la Administración General del Estado**, aprobado por RD. 365/1995, de 10 de marzo, que establece:

Capítulo I.
Disposiciones generales

Artículo 1. Ámbito de aplicación

1. El presente Reglamento será de aplicación a los funcionarios de la Administración general del Estado y sus Organismos autónomos comprendidos en el ámbito de aplicación de la Ley 30/1984, de 2 de agosto, de Medidas para la Reforma de la Función Pública.

2. No obstante lo dispuesto en el apartado anterior, no serán de aplicación a los funcionarios de los Cuerpos o Escalas en que se ordena la función pública docente las disposiciones del presente Reglamento relativas a las situaciones aludidas en el apartado 1, párrafo segundo de la disposición adicional decimoquinta de la Ley 30/1984, de 2 de agosto, de Medidas para la Reforma de la Función Pública, adicionado por la Ley 22/1993, de 29 de diciembre, de Medidas Fiscales, de Reforma del Régimen Jurídico de la Función Pública y de la Protección por desempleo.

Artículo 2. Situaciones administrativas

Los funcionarios pueden hallarse en alguna de las siguientes situaciones administrativas:

a) Servicio activo.
b) Servicios especiales.
c) Servicio en Comunidades Autónomas.
d) Expectativa de destino.
e) Excedencia forzosa.
f) Excedencia para el cuidado de hijos.
g) Excedencia voluntaria por servicios en el sector público.
h) Excedencia voluntaria por interés particular.
i) Excedencia voluntaria por agrupación familiar.
j) Excedencia voluntaria incentivada.
k) Suspensión de funciones.

Capítulo II. Servicio activo

Artículo 3. Servicio activo

Los funcionarios se hallan en situación de servicio activo:

a) Cuando desempeñen un puesto que, conforme a la correspondiente relación de puestos de trabajo, esté adscrito a los funcionarios comprendidos en el ámbito de aplicación de la Ley 30/1984, de 2 de agosto, de Medidas para la Reforma de la Función Pública.

b) Cuando desempeñen puestos en las Corporaciones Locales o las Universidades públicas que puedan ser ocupados por los funcionarios comprendidos en el ámbito de aplicación de la Ley 30/1984, de 2 de agosto, de Medidas para la Reforma de la Función Pública.

c) Cuando se encuentren en comisión de servicios.

d) Cuando presten servicios en puestos de trabajo de niveles incluidos en el intervalo correspondiente a su Cuerpo o Escala en los Gabinetes de la Presidencia del Gobierno, de los Ministros o de los Secretarios de Estado, y opten por permanecer en esta situación, conforme al artículo 29.2.i) de la Ley 30/1984, de 2 de agosto, de Medidas para la Reforma de la Función Pública. Asimismo, cuando presten servicios en puestos de niveles comprendidos en el intervalo correspondiente al Grupo en el que figure clasificado su Cuerpo o Escala en Gabinetes de Delegados del Gobierno o Gobernadores Civiles.

e) Cuando presten servicios en las Cortes Generales, de conformidad con lo dispuesto en el Estatuto del Personal de las mismas o en el Tribunal de Cuentas, y no les corresponda quedar en otra situación.

f) Cuando accedan a la condición de miembros de las Asambleas Legislativas de las Comunidades Autónomas y, no percibiendo retribuciones periódicas por el desempeño de la función, opten por permanecer en esta situación, conforme al artículo 29.2.g) de la Ley 30/1984, de 2 de agosto.

g) Cuando accedan a la condición de miembros de las Corporaciones Locales, conforme al régimen previsto por el artículo 74 de la Ley 7/1985, de 2 de abril, reguladora de las Bases de Régimen Local, salvo que desempeñen cargo retribuido y de dedicación exclusiva en las mismas.

h) Cuando queden a disposición del Subsecretario, Director del Organismo autónomo, Delegado del Gobierno o Gobernador Civil, de acuerdo con lo dispuesto en el artículo 21.2.b) de la Ley 30/1984, de 2 de agosto, de Medidas para la Reforma de la Función Pública.

i) Cuando cesen en un puesto de trabajo por haber obtenido otro mediante procedimientos de provisión de puestos de trabajo, durante el plazo posesorio.

j) Cuando se encuentren en las dos primeras fases de reasignación de efectivos.

k) Cuando, por razón de su condición de funcionario exigida por disposición legal, presten servicios en Organismos o Entes públicos.

l) En el supuesto de cesación progresiva de actividades.

Capítulo III.
Servicios especiales

Artículo 4. Servicios especiales

Los funcionarios públicos serán declarados en la situación de servicios especiales:

a) Cuando sean autorizados para realizar una misión por período determinado superior a seis meses en Organismos internacionales, Gobiernos o Entidades públicas extranjeras o en programas de cooperación internacional.

b) Cuando adquieran la condición de funcionarios al servicio de Organizaciones internacionales o de carácter supranacional.

c) Cuando sean nombrados miembros del Gobierno o de los órganos de gobierno de las Comunidades Autónomas o altos cargos de las respectivas Administraciones públicas que no deban ser provistos necesariamente por funcionarios públicos.

d) Cuando sean elegidos por las Cortes Generales para formar parte de los órganos Constitucionales u otros cuya elección corresponda a las Cámaras.

e) Cuando sean adscritos a los servicios del Tribunal Constitucional o del Defensor del Pueblo o destinados al Tribunal de Cuentas, en los términos previstos en el artículo 93.3 de la Ley 7/1988, de 5 de abril, o presten servicios en los Organos técnicos del Consejo General del Poder Judicial, de acuerdo con lo previsto en el artículo 146.3 de la Ley Orgánica 6/1985, de 1 de julio, del Poder Judicial, modificada por la Ley Orgánica 16/1994, de 8 de noviembre.

f) Cuando accedan a la condición de Diputado o Senador de las Cortes Generales.

g) Cuando accedan a la condición de miembros de las Asambleas Legislativas de las Comunidades Autónomas, si perciben retribuciones periódicas por el desempeño de la función.

   Cuando no perciban dichas retribuciones podrán optar entre permanecer en la situación de servicio activo o pasar a la de servicios especiales, sin perjuicio de la normativa que dicten las Comunidades Autónomas sobre incompatibilidades de los miembros de las Asambleas Legislativas.

h) Cuando desempeñen cargos electivos retribuidos y de dedicación exclusiva en las Corporaciones Locales.

i) Cuando presten servicios en puestos de trabajo de niveles incluidos en el intervalo correspondiente a su Cuerpo y Escala, en los Gabinetes de la Presidencia del Gobierno, de los Ministros o de los Secretarios de Estado, y opten por pasar a esta situación, conforme al artículo 29.2.i) de la Ley 30/1984, de 2 de agosto. Asimismo, cuando presten servicios en puestos de niveles no incluidos en el intervalo correspondiente al Grupo en el que figure clasificado su Cuerpo o Escala en los Gabinetes de la Presidencia del Gobierno, de los Ministros, Secretarios de Estado, Delegados del Gobierno y Gobernadores Civiles.

j) Cuando sean nombrados para cualquier cargo de carácter político del que se derive incompatibilidad para ejercer la función pública.

k) Cuando cumplan el servicio militar o prestación social sustitutoria equivalente.

l) Cuando sean elegidos miembros del Parlamento Europeo.

m) Cuando ostenten la condición de Comisionados parlamentarios de Comunidad Autónoma o Adjuntos de éstos, según lo dispuesto en la Ley 36/1985, de 6 de noviembre, de prerrogativas y garantías de las figuras similares al Defensor del Pueblo y régimen de colaboración y coordinación de las mismas.

n) Cuando así se determine en una norma con rango de Ley.

Artículo 5. Cargo de carácter político

Para declarar el pase a la situación de servicios especiales en el supuesto del apartado j) del artículo 29.2 de la Ley 30/1984 será necesario haber sido nombrado para el desempeño en el sector público de un cargo de carácter político, entendiendo por tal el cargo de confianza que no implique una relación profesional de carácter permanente, del que se derive incompatibilidad para ejercer la función pública y que, conforme a los criterios que establezca el Ministerio para las Administraciones Públicas, conlleve responsabilidades directivas o asesoramiento a nivel político.

Artículo 6. Declaración de la situación de servicios especiales

1. El pase a la situación de servicios especiales se declarará de oficio o a instancia del interesado, una vez verificado el supuesto que la ocasione, con efectos desde el momento en que se produjo.

2. En el supuesto previsto en el artículo 4 a) de este Reglamento, la autorización para realizar la misión de carácter internacional requerirá que conste el interés de la Administración, conforme a los criterios que establezca el Ministerio de Asuntos Exteriores.

Artículo 7. Reserva de puestos de trabajo

1. A los funcionarios que se hallen en situación de servicios especiales, procedentes de la situación de servicio activo, se les asignará, con ocasión del reingreso un puesto de trabajo, según los siguientes criterios y conforme al procedimiento que establezca el Ministerio para las Administraciones Públicas:

a) Cuando el puesto de trabajo desempeñado con anterioridad hubiere sido obtenido mediante el sistema de libre designación, se les adjudicará, con carácter provisional, en tanto no obtengan otro con carácter definitivo, un puesto de igual nivel y similares retribuciones en el mismo municipio.

b) En los restantes casos, se les adjudicará, con carácter definitivo, un puesto de igual nivel y similares retribuciones en el mismo Ministerio y municipio.

2. Cuando se hubiere accedido a la situación de servicios especiales desde situaciones que no conllevan el desempeño o reserva de puesto de trabajo no habrá lugar a la reserva de puesto de trabajo, sin perjuicio de lo dispuesto en el párrafo segundo del artículo 23 de este Reglamento.

Artículo 8. Efectos de la situación de servicios especiales

1. Los funcionarios en la situación de servicios especiales recibirán la retribución del puesto o cargo efectivo que desempeñen y no la que les corresponda como funcionarios. Excepcionalmente, y cuando las retribuciones por los trienios que tuviesen reconocidos no pudieran, por causa legal, ser percibidas con cargo a los correspondientes presupuestos, deberán ser retribuidos en tal concepto por el Departamento en el que desempeñaban su último puesto de trabajo en situación de servicio activo.

Asimismo, de darse estas circunstancias, respecto al abono de la cuota de Seguridad Social, deberá ser efectuado dicho abono por el referido Departamento.

2. A los funcionarios en situación de servicios especiales se les computará el tiempo que permanezcan en tal situación, a efectos de ascensos, consolidación de grado personal, trienios y derechos pasivos, así como a efectos del cómputo del período mínimo de servicios efectivos para solicitar el pase a la situación de excedencia voluntaria por interés particular.

Artículo 9. Solicitud de reingreso al servicio activo

1. Quienes pierdan la condición, en virtud de la cual hubieran sido declarados en la situación de servicios especiales deberán solicitar el reingreso al servicio activo en el plazo de un mes, declarándoseles, de no hacerlo en la situación de excedencia voluntaria por interés particular, con efectos desde el día en que perdieron aquella condición. El reingreso tendrá efectos económicos y administrativos desde la fecha de solicitud del mismo cuando exista derecho a la reserva de puesto.

2. Los Diputados, Senadores, miembros de las Asambleas Legislativas de las Comunidades Autónomas o del Parlamento Europeo que pierdan dicha condición por disolución de las correspondientes Cámaras o terminación del mandato de las mismas podrán permanecer en situación de servicios especiales hasta su nueva constitución.

Capítulo IV.
Servicio en Comunidades Autónomas

Artículo 10. Funcionarios transferidos

1. Los funcionarios transferidos a las Comunidades Autónomas se integran plenamente en la organización de las mismas y su situación administrativa es la de servicio activo en ellas.

En los Cuerpos o Escalas de la Administración del Estado de los que procedieran permanecerán en la situación administrativa especial de servicio en Comunidades Autónomas, que les permitirá mantener todos sus derechos como si se hallaran en servicio activo, de acuerdo con lo establecido en los respectivos Estatutos de Autonomía.

2. No obstante, la sanción de separación del servicio será acordada por el órgano competente de la Comunidad Autónoma, previo dictamen del Consejo de Estado, sin perjuicio de los informes que previamente deban solicitar éstas de acuerdo con lo previsto en su legislación específica.

Artículo 11. Funcionarios destinados a Comunidades Autónomas por otros procedimientos

1. Los funcionarios de la Administración del Estado que, mediante los sistemas de concurso, libre designación o reasignación de efectivos en los términos de los convenios que a tal efecto puedan suscribirse, pasen a ocupar puestos de trabajo en las Comunidades Autónomas, se someterán al régimen estatutario y les será de aplicación la legislación en materia de Función Pública de la Comunidad Autóno-

ma en que estén destinados, pero conservarán su condición de funcionarios de la Administración del Estado en la situación de servicio en Comunidades Autónomas.

2. En todo caso les serán aplicables las normas relativas a promoción profesional, promoción interna, régimen retributivo, situaciones administrativas, incompatibilidades y régimen disciplinario de la Administración pública en que se hallen destinados, con excepción de la sanción de separación del servicio, que se acordará por el Ministro del Departamento al que esté adscrito el Cuerpo o Escala al que pertenezca el funcionario, previa incoación de expediente disciplinario por la Administración de la Comunidad Autónoma de destino.

Capítulo V. Expectativa de destino

Artículo 12. Expectativa de destino

1. Los funcionarios afectados por un procedimiento de reasignación de efectivos, que no hayan obtenido puesto en las dos primeras fases previstas en el apartado g) del artículo 20.1 de la Ley 30/1984, de 2 de agosto, de Medidas para la Reforma de la Función Pública, pasarán a la situación de expectativa de destino. Los funcionarios en expectativa de destino se adscribirán al Ministerio para las Administraciones Públicas, a través de relaciones específicas de puestos en reasignación, pudiendo ser reasignados por éste en los términos establecidos en el mencionado artículo.

2. Los funcionarios permanecerán en esta situación un período máximo de un año, transcurrido el cual pasarán a la situación de excedencia forzosa.

3. Los funcionarios en situación de expectativa de destino estarán obligados a aceptar los puestos de características similares a los que desempeñaban que se les ofrezcan en la provincia donde estaban destinados; a participar en los concursos para la provisión de puestos de trabajo adecuados a su Cuerpo, Escala o Categoría que les sean notificados, situados en dichas provincias de destino, así como a participar en los cursos de capacitación a los que se les convoque, promovidos o realizados por el Instituto Nacional de Administración Pública y los Centros de formación reconocidos.

A efecto de lo dispuesto en el párrafo anterior, se entenderán como puestos de similares características aquellos que guarden similitud en su forma de provisión y retribuciones respecto al que se venía desempeñando.

El incumplimiento de estas obligaciones determinará el pase a la situación de excedencia forzosa.

4. Corresponde a la Secretaría de Estado para la Administración Pública efectuar la declaración y cese en esta situación administrativa y la gestión del personal afectado por la misma.

5. Los funcionarios en expectativa de destino percibirán las retribuciones básicas, el complemento de destino del grado personal que les corresponda, o en su caso, el del puesto de trabajo que desempeñaban, y el 50 por 100 del complemento específico que percibieran al pasar a esta situación.

A los restantes efectos, incluido el régimen de incompatibilidades, esta situación se equipara a la de servicio activo.

Capítulo VI.
Excedencia forzosa

Artículo 13. Excedencia forzosa

1. La excedencia forzosa se produce por las siguientes causas:

a) Para los funcionarios en situación de expectativa de destino, por el transcurso del período máximo establecido para la misma, o por el incumplimiento de las obligaciones determinadas en el párrafo segundo del apartado 5 del artículo 29 de la Ley 30/1984, de 2 de agosto, de Medidas para la Reforma de la Función Pública.

b) Cuando el funcionario declarado en la situación de suspensión firme, que no tenga reservado puesto de trabajo, solicite el reingreso y no se le conceda en el plazo de seis meses contados a partir de la extinción de la responsabilidad penal o disciplinaria, en los términos establecidos en el artículo 22 de este Reglamento.

2. En el supuesto contemplado en el párrafo a) del apartado anterior, el reingreso obligatorio deberá ser en puestos de características similares a las de los que desempeñaban los funcionarios afectados por el proceso de reasignación de efectivos. Estos funcionarios quedan obligados a participar en los cursos de capacitación que se les ofrezcan y a participar en los concursos para puestos adecuados a su Cuerpo, Escala o Categoría, que les sean notificados.

3. Los restantes excedentes forzosos estarán obligados a participar en los concursos que se convoquen para la provisión de puestos de trabajo cuyos requisitos de desempeño reúnan y que les sean notificados, así como a aceptar el reingreso obligatorio al servicio activo en puestos correspondientes a su Cuerpo o Escala.

4. El incumplimiento de las obligaciones recogidas en este artículo determinará el pase a la situación de excedencia voluntaria por interés particular.

5. Los excedentes forzosos no podrán desempeñar puestos de trabajo en el sector público bajo ningún tipo de relación funcionarial o contractual, sea ésta de naturaleza laboral o administrativa. Si obtienen puesto de trabajo en dicho sector pasarán a la situación de excedencia voluntaria regulada en el apartado 3.a) del artículo 29 de la Ley 30/1984, de 2 de agosto, de Medidas para la Reforma de la Función Pública.

6. Los funcionarios en esta situación tendrán derecho a percibir las retribuciones básicas y, en su caso, las prestaciones familiares por hijo a cargo, así como al cómputo del tiempo en dicha situación a efectos de derechos pasivos y de trienios.

7. Corresponde a la Secretaría de Estado para la Administración Pública acordar la declaración de la excedencia forzosa prevista en el párrafo a) del apartado 1 de este artículo, y, en su caso, el pase a la excedencia voluntaria por interés particular y la excedencia voluntaria regulada en el apartado 3.a) del artículo 29 de la Ley 30/1984 de estos excedentes forzosos, así como la gestión del personal afectado.

La declaración de excedencia forzosa prevista en el párrafo b) del apartado 1 y, en su caso, la de excedencia voluntaria por interés particular o por prestación de otros servicios en el sector público de estos excedentes forzosos, corresponderá a los Departamentos ministeriales en relación con los funcionarios de los Cuerpos o Escalas adscritos a los mismos, y a la Dirección General de la Función Pública en relación con los funcionarios de los Cuerpos y Escalas adscritos al Ministerio para las Administraciones Públicas y dependientes de la Secretaría de Estado para la Administración Pública.

Capítulo VII.
Excedencia para el cuidado de hijos

Artículo 14. Excedencia para el cuidado de hijos

1. Los funcionarios tendrán derecho a un período de excedencia para atender al cuidado de cada hijo, tanto cuando lo sea por naturaleza como por adopción. Cuando el padre y la madre trabajen, sólo uno de ellos podrá ejercitar este derecho.

La excedencia podrá solicitarse en cualquier momento posterior a la fecha del nacimiento o resolución judicial de adopción, teniendo, en todo caso, una duración máxima de tres años desde la fecha del nacimiento.

La concesión de esta excedencia se hará previa declaración del peticionario de que no desempeña actividad que pueda impedir o menoscabar el cuidado personal del hijo menor.

Cada sucesivo hijo dará derecho a un nuevo período de excedencia que, en su caso, pondrá fin al que se viniera disfrutando.

2. Los funcionarios en esta situación tendrán derecho a la reserva del puesto de trabajo y a su cómputo a efectos de trienios, consolidación de grado personal, derechos pasivos y solicitud de excedencia voluntaria por interés particular, de acuerdo con lo dispuesto en la Ley que regula esta figura.

3. Si antes de la finalización del período de excedencia por cuidado de hijos no solicita el reingreso al servicio activo, el funcionario será declarado de oficio en la situación de excedencia voluntaria por interés particular.

Capítulo VIII.
Excedencia voluntaria

Artículo 15. Excedencia voluntaria por prestación de servicios en el sector público

1. Procederá declarar, de oficio o a instancia de parte, en la situación regulada en este artículo a los funcionarios de carrera que se encuentren en servicio activo en otro cuerpo o escala de cualquiera de las Administraciones públicas, salvo que hubieran obtenido la oportuna compatibilidad, y a los que pasen a prestar servicios como personal laboral fijo en organismos o entidades del sector público y no les corresponda quedar en las situaciones de servicio activo o servicios especiales. El desempeño de puestos con carácter de funcionario interino o de personal laboral temporal no habilitará para pasar a esta situación administrativa.

A efectos de lo previsto en el párrafo anterior, deben considerarse incluidas en el sector público aquellas empresas controladas por las Administraciones públicas por cualquiera de los medios previstos en la legislación mercantil, y en las que la participación directa o indirecta de las citadas Administraciones públicas sea igual o superior al porcentaje legalmente establecido.

2. La declaración de excedencia voluntaria por prestación de servicios en el sector público procederá también en el caso de los funcionarios del Estado integrados en la función pública de las Comunidades Autónomas que ingresen voluntariamente en Cuerpos o Escalas de funcionarios propios de las mismas distintos a aquellos en que inicialmente se hubieran integrado.

3. Los funcionarios podrán permanecer en esta situación en tanto se mantenga la relación de servicios que dio origen a la misma. Una vez producido el cese como funcionario de carrera o personal laboral fijo deberán solicitar el reingreso al servicio activo en el plazo máximo de un mes, declarándoseles, de no hacerlo, en la situación de excedencia voluntaria por interés particular. (Se modifican los apartados 1 y 3 por el art. 2 del Real Decreto 255/2006, de 3 de marzo. Ref. BOE-A-2006-3875. Última actualización, publicada el 04/03/2006, en vigor a partir del 05/03/2006. Texto original, publicado el 10/04/1995, en vigor a partir del 11/04/1995.)

Artículo 16. Excedencia voluntaria por interés particular

1. La situación de excedencia voluntaria por interés particular se declarará a petición del funcionario o, de oficio, en los supuestos establecidos reglamentariamente.

2. Para solicitar la declaración de la situación de excedencia voluntaria por interés particular será preciso haber prestado servicios efectivos en cualquiera de las Administraciones Públicas durante los cinco años inmediatamente anteriores a la solicitud.

3. Cada período de excedencia tendrá una duración no inferior a dos años continuados ni superior a un número de años equivalente a los que el funcionario acredite haber prestado en cualquiera de las Administraciones Públicas, con un máximo de quince.

4. En las resoluciones por las que se declare esta situación se expresará el plazo máximo de duración de la misma. La falta de petición de reingreso al servicio activo dentro de dicho plazo comportará la pérdida de la condición de funcionario. 5. La concesión de esta excedencia quedará, en todo caso, subordinada a las necesidades del servicio. No podrá declararse a solicitud del funcionario cuando al mismo se le instruya expediente disciplinario.

Cuando el funcionario pertenezca a un Cuerpo o Escala que tenga reservados puestos en exclusiva, se dará conocimiento de las resoluciones de concesión de excedencia voluntaria por interés particular al Ministerio a que esté adscrito dicho Cuerpo o Escala.

6. La solicitud de reingreso al servicio activo condicionada a puestos o municipios concretos de funcionarios procedentes de esta situación no interrumpirá el cómputo del plazo máximo de duración de la misma.

Artículo 17. Excedencia voluntaria por agrupación familiar

1. Podrá concederse la excedencia voluntaria por agrupación familiar, con una duración mínima de dos años y máxima de quince, a los funcionarios cuyo cónyuge resida en otro municipio por haber obtenido y estar desempeñando un puesto de trabajo de carácter definitivo, como funcionario de carrera o como laboral, en cualquier Administración pública, Organismo autónomo o Entidad Gestora de la Seguridad Social, así como en Organos Constitucionales o del Poder Judicial.

2. Antes de finalizar el período de quince años de duración de esta situación deberá solicitarse el reingreso al servicio activo, declarándose, de no hacerlo, de oficio la situación de excedencia voluntaria por interés particular.

Artículo 18. Excedencia voluntaria incentivada

1. Los funcionarios afectados por un proceso de reasignación de efectivos que se encuentren en alguna de las dos primeras fases a que hace referencia el artículo 20.1.g) de la Ley 30/1984, de 2 de agosto, podrán ser declarados, a su solicitud, en situación de excedencia voluntaria incentivada.

2. Asimismo, quienes se encuentren en las situaciones de expectativa de destino o de excedencia forzosa como consecuencia de la aplicación de un Plan de Empleo tendrán derecho a pasar, a su solicitud, a dicha situación.

3. Corresponde a la Secretaría de Estado para la Administración Pública acordar la declaración de esta situación.

4. La excedencia voluntaria incentivada tendrá una duración de cinco años e impedirá desempeñar puestos de trabajo en el sector público, bajo ningún tipo de relación funcionarial o contractual, sea ésta de naturaleza laboral o administrativa. Si no se solicita el reingreso al servicio activo dentro del mes siguiente al de la finalización del período aludido, el Departamento ministerial al que esté adscrito el Cuerpo o Escala del funcionario le declarará en excedencia voluntaria por interés particular.

5. Quienes pasen a la situación de excedencia voluntaria incentivada tendrán derecho a una mensualidad de las retribuciones de carácter periódico, excluidas las pagas extraordinarias y el complemento de productividad, devengadas en el último puesto de trabajo desempeñado, por cada año completo de servicios efectivos y con un máximo de doce mensualidades.

Artículo 19. Efectos de la excedencia voluntaria

Las distintas modalidades de excedencia voluntaria no producen, en ningún caso, reserva de puesto de trabajo y los funcionarios que se encuentren en las mismas no devengarán retribuciones, salvo lo previsto en el apartado 5 del artículo anterior. No será computable el tiempo permanecido en esta situación a efectos de promoción, trienios y derechos pasivos.

Capítulo IX.
Suspensión de funciones

Artículo 20. Suspensión de funciones

1. La situación de suspensión de funciones podrá ser provisional o firme.

2. El funcionario declarado en suspensión firme de funciones deberá pasar a dicha situación en todos los Cuerpos o Escalas incluidos en el ámbito de aplica-

ción de este Reglamento a los que pertenezca, a cuyo fin el órgano que acuerde la declaración de esta situación deberá poner ésta en conocimiento de los Departamentos ministeriales a que dichos Cuerpos o Escalas estén adscritos.

Artículo 21. Suspensión provisional

1. La suspensión provisional podrá acordarse preventivamente durante la tramitación de un procedimiento judicial o disciplinario.

2. Si durante la tramitación de un procedimiento judicial se decreta la prisión provisional de un funcionario u otras medidas que determinen la imposibilidad de desempeñar su puesto de trabajo, se le declarará en suspensión provisional por el tiempo a que se extiendan dichas medidas.

3. La suspensión provisional como medida preventiva durante la tramitación de un expediente disciplinario podrá ser acordada por la autoridad que ordenó la incoación del expediente, no pudiendo exceder esta suspensión de seis meses, salvo en caso de paralización del procedimiento imputable al interesado.

4. El suspenso provisional tendrá derecho a percibir el 75 por 100 de su sueldo, trienios y pagas extraordinarias, así como la totalidad de la prestación económica por hijo a cargo, excepto en caso de paralización del expediente imputable al interesado, que comportará la pérdida de toda retribución mientras se mantenga dicha paralización. Asimismo, no se acreditará haber alguno en caso de incomparecencia en el procedimiento disciplinario o proceso penal.

5. Cuando la suspensión no sea declarada firme, el tiempo de duración de la misma se computará como de servicio activo, debiendo acordarse la inmediata incorporación del funcionario a su puesto de trabajo, con reconocimiento de los derechos económicos y demás que procedan desde la fecha de efectos de la suspensión.

Artículo 22. Suspensión firme

1. La suspensión tendrá carácter firme cuando se imponga en virtud de condena criminal o sanción disciplinaria. La condena y la sanción determinarán la pérdida del puesto de trabajo, excepto cuando la suspensión firme no exceda de seis meses.

2. En tanto no transcurra el plazo de suspensión de funciones no procederá ningún cambio de situación administrativa.

3. El funcionario que haya perdido su puesto de trabajo como consecuencia de condena o sanción deberá solicitar el reingreso al servicio activo con un mes de antelación a la finalización del período de duración de la suspensión. Dicho reingreso tendrá efectos económicos y administrativos desde la fecha de extinción de la responsabilidad penal o disciplinaria.

4. De no solicitarse el reingreso en el tiempo señalado en el párrafo anterior, se le declarará, de oficio, en la situación de excedencia voluntaria por interés particular, con efectos desde la fecha de finalización de la sanción.

5. Si una vez solicitado el reingreso al servicio activo no se concede en el plazo de seis meses, el funcionario será declarado, de oficio, en la situación de excedencia forzosa prevista en el artículo 13.1.b) con efectos de la fecha de extinción de la responsabilidad penal o disciplinaria.

Capítulo X.
Cambio de situaciones administrativas

Artículo 23. Requisitos y efectos

1. Los cambios de situaciones administrativas deberán ser siempre comunicados al Registro Central de Personal y podrán tener lugar, siempre que se reúnan los requisitos exigidos en cada caso, sin necesidad del reingreso previo al servicio activo.

2. En el supuesto de que la nueva situación conlleve el derecho a la reserva de un puesto de trabajo, los funcionarios podrán participar en convocatorias de concurso para la provisión de puestos de trabajo, permaneciendo en la situación que corresponda, y reservándoseles un puesto de igual nivel y similares retribuciones a las del puesto obtenido en el mismo Ministerio y Municipio.

Tema 5

Provisión de puestos de trabajo en la función pública. Los deberes y derechos de los funcionarios. La carrera administrativa. Promoción interna

eRodio ediciones

Índice esquemático

1. Provisión de puestos de trabajo
- 1.1. Provisión de puestos de trabajo y movilidad
- 1.2. La provisión de puestos de trabajo en su desarrollo reglamentario

2. De los derechos y deberes de los empleados públicos
- 2.1. Derechos de los empleados públicos
- 2.2. La carrera profesional, y la evaluación del desempeño
- 2.3. Derechos retributivos
- 2.4. Derecho a la negociación colectiva, representación y participación institucional
- 2.5. Derecho de reunión
- 2.6. Derecho a la jornada de trabajo, permisos y vacaciones
- 2.7. Deberes de los empleados públicos. Código de conducta

3. La promoción profesional

1. Provisión de puestos de trabajo

1.1. Provisión de puestos de trabajo y movilidad

Se regulan en el Capítulo III, del Título V del TREBEP artículos 78 a 84 que establecen:

A) Principios y procedimientos de provisión de puestos de trabajo del personal funcionario de carrera

Las Administraciones Públicas proveerán los puestos de trabajo mediante procedimientos basados en los principios de igualdad, mérito, capacidad y publicidad.

La provisión de puestos de trabajo en cada Administración Pública se llevará a cabo por los procedimientos de **concurso y de libre designación** con convocatoria pública.

Las Leyes de Función Pública que se dicten en desarrollo del presente Estatuto podrán establecer otros procedimientos de provisión en los supuestos de movilidad a que se refiere el artículo 81.2, **permutas** entre puestos de trabajo, movilidad por motivos de salud o rehabilitación del funcionario, reingreso al servicio activo, cese o remoción en los puestos de trabajo y supresión de los mismos.

B) Concurso de provisión de los puestos de trabajo del personal funcionario de carrera

El concurso, como procedimiento normal de provisión de puestos de trabajo, *consistirá en la valoración de los méritos y capacidades y, en su caso, aptitudes de los candidatos por órganos colegiados de carácter técnico.* La composición de estos órganos responderá al principio de profesionalidad y especialización de sus miembros y se adecuará al criterio de paridad entre mujer y hombre. Su funcionamiento se ajustará a las reglas de imparcialidad y objetividad.

Las Leyes de Función Pública que se dicten en desarrollo del presente Estatuto establecerán el plazo mínimo de ocupación de los puestos obtenidos por concurso para poder participar en otros concursos de provisión de puestos de trabajo.

En las convocatorias de concursos podrá establecerse una puntuación que, como máximo, podrá alcanzar la que se determine en las mismas para la antigüedad, para quienes tengan la condición de víctima del terrorismo o de amenazados, en los términos fijados en el artículo 35 de la Ley 29/2011, de 22 de septiembre, de Reconocimiento y Protección Integral a las Víctimas del Terrorismo, siempre que se acredite que la obtención del puesto sea preciso para la consecución de los fines de protección y asistencia social integral de estas personas.

Para la acreditación de estos extremos, reglamentariamente se determinarán los órganos competentes para la emisión de los correspondientes informes. En todo caso, cuando se trate de garantizar la protección de las víctimas será preciso el informe del Ministerio del Interior.

En el caso de supresión o remoción de los puestos obtenidos por concurso se deberá asignar un puesto de trabajo conforme al sistema de carrera profesional propio de cada Administración Pública y con las garantías inherentes de dicho sistema.

C) Libre designación con convocatoria pública del personal funcionario de carrera

La libre designación con convocatoria pública consiste en la apreciación discrecional por el órgano competente de la idoneidad de los candidatos en relación con los requisitos exigidos para el desempeño del puesto.

Las Leyes de Función Pública que se dicten en desarrollo del presente Estatuto establecerán los criterios para determinar los puestos que por su especial responsabilidad y confianza puedan cubrirse por el procedimiento de libre designación con convocatoria pública.

El órgano competente para el nombramiento podrá recabar la intervención de especialistas que permitan apreciar la idoneidad de los candidatos. *Los titulares de los puestos de trabajo provistos por el procedimiento de libre designación con convocatoria pública podrán ser cesados discrecionalmente*. En caso de cese, se les deberá asignar un puesto de trabajo conforme al sistema de carrera profesional propio de cada Administración Pública y con las garantías inherentes de dicho sistema.

D) Movilidad del personal funcionario de carrera

Cada Administración Pública, en el marco de la planificación general de sus recursos humanos, y sin perjuicio del derecho de los funcionarios a la movilidad podrá establecer reglas para la ordenación de la movilidad voluntaria de los funcionarios públicos cuando considere que existen sectores prioritarios de la actividad pública con necesidades específicas de efectivos.

Las Administraciones Públicas, de manera motivada, podrán trasladar a sus funcionarios, por necesidades de servicio o funcionales, a unidades, departamentos u organismos públicos o entidades distintos a los de su destino, respetando sus retribuciones, condiciones esenciales de trabajo, modificando, en su caso, la adscripción de los puestos de trabajo de los que sean titulares. Cuando por motivos excepcionales los planes de ordenación de recursos impliquen cambio de lugar de residencia se dará prioridad a la voluntariedad de los traslados. Los funcionarios tendrán derecho a las indemnizaciones establecidas reglamentariamente para los traslados forzosos.

En caso de urgente e inaplazable necesidad, los puestos de trabajo podrán proveerse con carácter provisional debiendo procederse a su convocatoria pública dentro del plazo que señalen las normas que sean de aplicación.

E) Movilidad por razón de violencia de género y por razón de violencia terrorista

Las mujeres *víctimas de violencia de género* que se vean obligadas a abandonar el puesto de trabajo en la localidad donde venían prestando sus servicios, para hacer efectiva su protección o el derecho a la asistencia social integral, tendrán derecho al traslado a otro puesto de trabajo propio de su cuerpo, escala o categoría profesional, de análogas características, sin necesidad de que sea vacante de necesaria cobertura. Aun así, en tales supuestos la Administración Pública competente, estará obligada a comunicarle las vacantes ubicadas en la misma localidad o en las localidades que la interesada expresamente solicite.

Este traslado *tendrá la consideración de traslado forzoso.*

En las actuaciones y procedimientos relacionados con la violencia de género, se protegerá la intimidad de las víctimas, en especial, sus datos personales, los de sus descendientes y las de cualquier persona que esté bajo su guarda o custodia.

Para hacer efectivo su derecho a la protección y a la asistencia social integral, los funcionarios que hayan sufrido daños físicos o psíquicos como consecuencia de la actividad terrorista, su cónyuge o persona que haya convivido con análoga relación de afectividad, y los hijos de los heridos y fallecidos, siempre que ostenten la condición de funcionarios y de *víctimas del terrorismo* de acuerdo con la legislación vigente, así como los funcionarios amenazados en los términos del artículo 5 de la Ley 29/2011, de 22 de septiembre, de Reconocimiento y Protección Integral a las Víctimas del Terrorismo, previo reconocimiento del Ministerio del Interior o de sentencia judicial firme, tendrán derecho al traslado a otro puesto de trabajo propio de su cuerpo, escala o categoría profesional, de análogas características, cuando la vacante sea de necesaria cobertura o, en caso contrario, dentro de la comunidad autónoma. Aun así, en tales supuestos la Administración Pública competente estará obligada a comunicarle las vacantes ubicadas en la misma localidad o en las localidades que el interesado expresamente solicite.

Este traslado tendrá la consideración de traslado forzoso.

En todo caso este derecho podrá ser ejercitado en tanto resulte necesario para la protección y asistencia social integral de la persona a la que se concede, ya sea por razón de las secuelas provocadas por la acción terrorista, ya sea por la amenaza a la que se encuentra sometida, en los términos previstos reglamentariamente.

En las actuaciones y procedimientos relacionados con la violencia terrorista se protegerá la intimidad de las víctimas, en especial, sus datos personales, los de sus descendientes y los de cualquier persona que esté bajo su guarda o custodia.

F) Provisión de puestos y movilidad del personal laboral

La provisión de puestos y movilidad del personal laboral se realizará de conformidad con lo que establezcan los convenios colectivos que sean de aplicación y, en su defecto por el sistema de provisión de puestos y movilidad del personal funcionario de carrera.

G) La movilidad voluntaria entre Administraciones Públicas

Con el fin de lograr un mejor aprovechamiento de los recursos humanos, que garantice la eficacia del servicio que se preste a los ciudadanos, la Administración General del Estado y las Comunidades Autónomas y las Entidades Locales establecerán medidas de movilidad interadministrativa, preferentemente mediante Convenio de Conferencia Sectorial u otros instrumentos de colaboración.

La Conferencia Sectorial de Administración Pública podrá aprobar los criterios generales a tener en cuenta para llevar a cabo las homologaciones necesarias para hacer posible la movilidad

Los funcionarios de carrera que obtengan destino en otra Administración Pública a través de los procedimientos de movilidad quedarán respecto de su Administración de origen en la situación administrativa de servicio en otras Administraciones Públicas. En los supuestos de cese o supresión del puesto de trabajo, permanecerán en la Administración de destino, que deberá asignarles un puesto de trabajo conforme a los sistemas de carrera y provisión de puestos vigentes en dicha Administración.

En el supuesto de cese del puesto obtenido por libre designación, la Administración de destino, en el plazo máximo de un mes a contar desde el día siguiente al del cese, podrá acordar la adscripción del funcionario a otro puesto de la misma o le comunicará que no va a hacer efectiva dicha adscripción. En todo caso, durante este periodo se entenderá que continúa a todos los efectos en servicio activo en dicha Administración.

Transcurrido el plazo citado sin que se hubiera acordado su adscripción a otro puesto, o recibida la comunicación de que la misma no va a hacerse efectiva, el funcionario deberá solicitar en el plazo máximo de un mes el reingreso al servicio activo en su Administración de origen, la cual deberá asignarle un puesto de trabajo conforme a los sistemas de carrera y provisión de puestos vigentes en dicha Administración, con efectos económicos y administrativos desde la fecha en que se hubiera solicitado el reingreso.

De no solicitarse el reingreso al servicio activo en el plazo indicado será declarado de oficio en situación de excedencia voluntaria por interés particular, con efectos desde el día siguiente a que hubiesen cesado en el servicio activo en la Administración de destino.

1.2. La provisión de puestos de trabajo en su desarrollo reglamentario

Del **Real Decreto 364/1995 de 10 de marzo**, por el que se aprueba el **Reglamento General de ingreso del personal al servicio de la Administración General del Estado, y de provisión de puestos de trabajo de los funcionarios civiles de la A.G.E.**, vimos en el tema anterior la primera parte del reglamento referida al ingreso del personal funcionario y laboral, correspondiendo ahora analizar el Titulo III del mismo que se denomina precisamente *"Provisión de puestos de trabajo", artículos 36 a 69 y que establecen lo siguiente:*

Capítulo I. Disposiciones generales

Artículo 36. Formas de provisión

1. Los puestos de trabajo adscritos a funcionarios se proveerán de acuerdo con los procedimientos de concurso, que es el sistema normal de provisión, o de libre designación, de conformidad con lo que determinen las relaciones de puestos de trabajo en atención a la naturaleza de sus funciones.

2. Cuando las necesidades del servicio lo exijan, los puestos de trabajo podrán cubrirse mediante redistribución de efectivos o por reasignación de efectivos como consecuencia de un Plan de Empleo.

3. Temporalmente podrán ser cubiertos mediante comisión de servicios y adscripción provisional, en los supuestos previstos en este Reglamento.

Artículo 37. Anotaciones en el Registro Central de Personal

Las diligencias de cese y toma de posesión de los funcionarios que accedan a un puesto de trabajo deberán ser comunicadas al Registro Central de Personal dentro de los tres días hábiles siguientes a su formalización.

Artículo 38. Convocatorias

1. Los procedimientos de concurso y libre designación para la provisión de los puestos de trabajo a desempeñar por funcionarios al servicio de la Administración General del Estado se regirán por la convocatoria respectiva, que se ajustará a lo dispuesto en este Reglamento y en las normas específicas que resulten aplicables.

2. Las convocatorias para la provisión de puestos de trabajo, tanto por concurso como por libre designación, así como sus respectivas resoluciones, se publicarán en el «Boletín Oficial del Estado» y, si se estima necesario para garantizar su adecuada difusión y conocimiento por los posibles interesados, en otros Boletines o Diarios Oficiales.

Capítulo II.
Provisión de puestos de trabajo mediante concurso

Artículo 39. Convocatorias de concurso

La Secretaría de Estado para la Administración Pública, a iniciativa de los Departamentos ministeriales, autorizará las convocatorias de los concursos. Dichas convocatorias deberán contener las bases de las mismas, con la denominación, nivel, descripción y localización de los puestos de trabajo ofrecidos, los requisitos indispensables para su desempeño, los méritos a valorar y el baremo con arreglo al cual se puntuarán los mismos, así como la previsión, en su caso, de memorias o entrevistas y la composición de las comisiones de valoración.

Artículo 40. Órganos competentes

1. Cada Ministerio procederá a la convocatoria y a la resolución de los concursos para la provisión de los puestos adscritos al Departamento, sus Organismos autónomos y, en su caso, Entidades Gestoras y Servicios Comunes de la Seguridad Social.

2. El Ministerio para las Administraciones Públicas coordinará los concursos de provisión de puestos de trabajo con funciones administrativas y auxiliares adscritos a los Cuerpos y Escalas de los grupos C y D y podrá convocar concursos unitarios para cubrir los referidos puestos en los distintos Departamentos ministeriales.

Artículo 41. Requisitos y condiciones de participación

1. Los funcionarios, cualquiera que sea su situación administrativa, excepto los suspensos en firme que no podrán participar mientras dure la suspensión, podrán tomar parte en los concursos, siempre que reúnan las condiciones generales exigidas y los requisitos determinados en la convocatoria en la fecha que termine el plazo de presentación de las solicitudes de participación, sin ninguna limitación por razón del Ministerio en el que prestan servicio o de su municipio de destino, salvo en los concursos que, en aplicación de lo dispuesto en un Plan de Empleo, se reserven para los funcionarios destinados en las áreas, sectores o departamentos que se determinen.

2. Los funcionarios deberán permanecer en cada puesto de trabajo de destino definitivo un mínimo de dos años para poder participar en los concursos de provisión, salvo en el ámbito de una Secretaría de Estado o de un Departamento ministerial, en defecto de aquélla, o en los supuestos previstos en el párrafo segundo del artículo 20.1.e) de la Ley de Medidas para la Reforma de la Función Pública y en el de supresión de puestos de trabajo.

A los funcionarios que accedan a otro Cuerpo o Escala por promoción interna o por integración y permanezcan en el puesto de trabajo que desempeñaban se les computará el tiempo de servicios prestado en dicho puesto en el Cuerpo o Escala de procedencia a efectos de lo dispuesto en el párrafo anterior.

3. En el supuesto de estar interesados en las vacantes que se anuncien en un determinado concurso para un mismo municipio dos funcionarios que reúnan los requisitos exigidos, podrán condicionar sus peticiones, por razones de convivencia familiar, al hecho de que ambos obtengan destino en ese concurso en el mismo municipio, entendiéndose, en caso contrario, anulada la petición efectuada por ambos. Los funcionarios que se acojan a esta petición condicional deberán concretarlo en su instancia y acompañar fotocopia de la petición del otro funcionario.

4. Los funcionarios de los Cuerpos o Escalas que tengan reservados puestos en exclusiva no podrán participar en concursos para cubrir otros puestos de trabajo adscritos con carácter indistinto, salvo autorización del Ministerio para las Administraciones Públicas de conformidad con el Departamento al que se hallen adscritos los indicados Cuerpos o Escalas.

Cuando los puestos convocados dependan del propio Departamento al que estén adscritos los Cuerpos o Escalas con puestos en exclusiva, corresponderá al mismo conceder la referida autorización.

5. Las condiciones de movilidad de los funcionarios pertenecientes a Cuerpos o Escalas adscritos a áreas funcionales o sectores de actividad se establecerán conjuntamente por los Ministerios para las Administraciones Públicas y de Economía y Hacienda, a fin de asegurar una adecuada planificación de personal y racionalizar el desarrollo profesional, y tendrán reflejo en las relaciones de puestos de trabajo.

Artículo 42. Presentación de solicitudes de participación

1. Las solicitudes se dirigirán al órgano convocante y contendrán, caso de ser varios los puestos solicitados, el orden de preferencia de éstos.

2. El plazo de presentación de instancias será de quince días hábiles, contados a partir del siguiente al de la publicación de la convocatoria en el «Boletín Oficial del Estado».

Artículo 43. Discapacidades. (Derogado)

Artículo 44. Méritos

1. En los concursos deberán valorarse los méritos adecuados a las características de los puestos ofrecidos, así como la posesión de un determinado grado personal, la valoración del trabajo desarrollado, los cursos de formación y perfeccionamiento superados y la antigüedad, de acuerdo con los siguientes criterios:

a) Sólo podrán valorarse los méritos específicos adecuados a las características de cada puesto que se determinen en las respectivas convocatorias.

b) El grado personal consolidado se valorará, en todo caso, en sentido positivo en función de su posición en el intervalo del Cuerpo o Escala correspondiente y, cuando así se determine en la convocatoria, en relación con el nivel de los puestos de trabajo ofrecidos.

c) La valoración del trabajo desarrollado deberá cuantificarse según la naturaleza de los puestos convocados conforme se determine en la convocatoria, teniendo en cuenta el tiempo de permanencia en puestos de trabajo de cada nivel y, alternativa o simultáneamente, en atención a la experiencia en el desempeño de puestos pertenecientes al área funcional o sectorial a que corresponde el convocado y la similitud entre el contenido técnico y especialización de los puestos ocupados por los candidatos con los ofrecidos, pudiendo valorarse también las aptitudes y rendimientos apreciados a los candidatos en los puestos anteriormente desempeñados.

d) Unicamente se valorarán los cursos de formación y perfeccionamiento expresamente incluidos en las convocatorias, que deberán versar sobre materias directamente relacionadas con las funciones propias de los puestos de trabajo.

e) La antigüedad se valorará por años de servicios, computándose a estos efectos los reconocidos que se hubieren prestado con anterioridad a la adquisición de la condición de funcionario de carrera. No se computarán los servicios prestados simultáneamente con otros igualmente alegados. El correspondiente baremo podrá diferenciar la puntuación en atención a los Cuerpos o Escalas en que se hayan desempeñado los servicios.

2. Las bases de cada convocatoria establecerán una puntuación que, como máximo, podrá alcanzar la que se determine en las mismas para la antigüedad para los siguientes supuestos:

a) El destino previo del cónyuge funcionario, obtenido mediante convocatoria pública, en el municipio donde radique el puesto o puestos de trabajo solicitados, siempre que se acceda desde municipio distinto.

b) El cuidado de hijos, tanto cuando lo sean por naturaleza como por adopción o acogimiento permanente o preadoptivo, hasta que el hijo cumpla doce años, siempre que se acredite por los interesados fehacientemente que el puesto que se solicita permite una mejor atención del menor.

c) El cuidado de un familiar, hasta el segundo grado inclusive de consanguinidad o afinidad siempre que, por razones de edad, accidente, enfermedad o discapacidad no pueda valerse por si mismo y no desempeñe actividad retribuida, siempre que se acceda desde un municipio distinto, y siempre que se acredite fehacientemente por los interesados que el puesto que se solicita permite una mejor atención del familiar. La valoración de este supuesto será incompatible con la otorgada por el cuidado de hijos.

3. La puntuación de cada uno de los conceptos enunciados en los apartados anteriores no podrá exceder en ningún caso del 40 por 100 de la puntuación máxima total ni ser inferior al 10 por 100 de la misma.

4. En caso de empate en la puntuación se acudirá para dirimirlo a la otorgada a los méritos enunciados en el apartado 1 del presente artículo, por el orden expresado. De persistir el empate se acudirá a la fecha de ingreso como funcionario de carrera en el Cuerpo o Escala desde el que se concursa y, en su defecto, al número obtenido en el proceso selectivo.

5. Los méritos se valorarán con referencia a la fecha del cierre del plazo de presentación de instancias y se acreditarán documentalmente con la solicitud de participación. En los procesos de valoración podrán recabarse de los interesados las aclaraciones o, en su caso, la documentación adicional que se estimen necesarias para la comprobación de los méritos alegados.

6. En las convocatorias deberá fijarse una puntuación mínima para la adjudicación de destino. (Se modifican los apartados 1.c) y 2 por el art. 1.1 del Real Decreto 255/2006, de 3 de marzo.)

Artículo 45. Concursos específicos

1. Cuando, en atención a la naturaleza de los puestos a cubrir, así se determine en las convocatorias, los concursos podrán constar de dos fases. En la primera se valorarán los méritos enunciados en los párrafos b), c), d) y e) del apartado

1 del artículo anterior conforme a los criterios establecidos en el mismo. La segunda fase consistirá en la comprobación y valoración de los méritos específicos adecuados a las características de cada puesto. A tal fin podrá establecerse la elaboración de memorias o la celebración de entrevistas, que deberán especificarse necesariamente en la convocatoria.

2. En estos supuestos, en la convocatoria figurará la descripción del puesto de trabajo, que deberá incluir las especificaciones derivadas de la naturaleza de la función encomendada al mismo y la relación de las principales tareas y responsabilidades que lo caracterizan. Asimismo, deberá fijar los méritos específicos adecuados a las características de los puestos mediante la delimitación de los conocimientos profesionales, estudios, experiencia necesaria, titulación, en su caso, y demás condiciones que garanticen la adecuación para el desempeño del puesto.

3. Las convocatorias fijarán las puntuaciones máximas y mínimas de las dos fases.

4. En su caso, la memoria consistirá en un análisis de las tareas del puesto y de los requisitos, condiciones y medios necesarios para su desempeño, a juicio del candidato, con base en la descripción contenida en la convocatoria.

Las entrevistas versarán sobre los méritos específicos adecuados a las características del puesto de acuerdo con lo previsto en la convocatoria y, en su caso, sobre la memoria, pudiendo extenderse a la comprobación de los méritos alegados.

Los aspirantes con alguna discapacidad podrán pedir en la solicitud de participación las posibles adaptaciones de tiempo y medios para la realización de las entrevistas.

5. La valoración de los méritos deberá efectuarse mediante puntuación obtenida con la media aritmética de las otorgadas por cada uno de los miembros de la Comisión de Valoración, debiendo desecharse a estos efectos la máxima y la mínima concedidas o, en su caso, una de las que aparezcan repetidas como tales. Las puntuaciones otorgadas, así como la valoración final, deberán reflejarse en el acta que se levantará al efecto.

6. La propuesta de resolución deberá recaer sobre el candidato que haya obtenido mayor puntuación, sumados los resultados finales de las dos fases.

Artículo 46. Comisiones de Valoración

1. Las Comisiones de Valoración estarán constituidas como mínimo por cuatro miembros designados por la autoridad convocante, de los que uno, al menos, será designado a propuesta del centro directivo al que corresponda la administración de personal. Cuando el concurso se efectúe al amparo de lo dispuesto en el artículo 45 de este Reglamento, uno, al menos, de los restantes miembros será designado a propuesta del centro directivo al que figuren adscritos los puestos convocados.

Podrá designarse además un miembro en representación de la Secretaría de Estado para la Administración Pública.

Las organizaciones sindicales más representativas y las que cuenten con más del diez por ciento de representantes en el conjunto de las Administraciones públicas o en el ámbito correspondiente, tienen derecho a participar como miembros en la Comisión de Valoración del ámbito de que se trate.

El número de los representantes de las organizaciones sindicales no podrá ser igual o superior al de los miembros designados a propuesta de la Administración.

Los miembros de las Comisiones deberán pertenecer a Cuerpos o Escalas de Grupo de titulación igual o superior al exigido para los puestos convocados. En los concursos referidos en el artículo anterior deberán, además, poseer grado personal o desempeñar puestos de nivel igual o superior al de los convocados.

Los Presidentes y Secretarios, titulares y suplentes, serán nombrados por la autoridad convocante de entre los miembros designados por la Administración.

Las Comisiones de Valoración podrán solicitar de la autoridad convocante la designación de expertos que en calidad de asesores actuarán con voz pero sin voto.

2. Las Comisiones propondrán al candidato que haya obtenido mayor puntuación.

Artículo 47. Resolución

1. El plazo para la resolución del concurso será de dos meses contados desde el día siguiente al de la finalización del de la presentación de solicitudes, salvo que la propia convocatoria establezca otro distinto.

2. La resolución del concurso se motivará con referencia al cumplimiento de las normas reglamentarias y de las bases de la convocatoria. En todo caso deberán quedar acreditadas en el procedimiento, como fundamentos de la resolución adoptada, la observancia del procedimiento debido y la valoración final de los méritos de los candidatos.

Artículo 48. Toma de posesión

1. El plazo para tomar posesión será de tres días hábiles si no implica cambio de residencia del funcionario, o de un mes si comporta cambio de residencia o el reingreso al servicio activo.

El plazo de toma de posesión empezará a contarse a partir del día siguiente al del cese, que deberá efectuarse dentro de los tres días hábiles siguientes a la publicación de la resolución del concurso en el «Boletín Oficial del Estado». Si la resolución comporta el reingreso al servicio activo, el plazo de toma de posesión deberá computarse desde dicha publicación.

2. El Subsecretario del Departamento donde preste servicios el funcionario podrá diferir el cese por necesidades del servicio hasta veinte días hábiles, comunicándose a la unidad a que haya sido destinado el funcionario.

Excepcionalmente, a propuesta del Departamento, por exigencias del normal funcionamiento de los servicios, la Secretaría de Estado para la Administración Pública podrá aplazar la fecha de cese hasta un máximo de tres meses, computada la prórroga prevista en el párrafo anterior.

Con independencia de lo establecido en los dos párrafos anteriores, el Subsecretario del Departamento donde haya obtenido nuevo destino el funcionario podrá conceder una prórroga de incorporación hasta un máximo de veinte días hábiles, si el destino implica cambio de residencia y así lo solicita el interesado por razones justificadas.

3. El cómputo de los plazos posesorios se iniciará cuando finalicen los permisos o licencias que hayan sido concedidos a los interesados, salvo que por causas justificadas el órgano convocante acuerde suspender el disfrute de los mismos.

4. Efectuada la toma de posesión, el plazo posesorio se considerará como de servicio activo a todos los efectos, excepto en los supuestos de reingreso desde la situación de excedencia voluntaria o excedencia por cuidado de hijos una vez transcurrido el primer año.

Artículo 49. Destinos

1. Los destinos adjudicados serán irrenunciables, salvo que, antes de finalizar el plazo de toma de posesión, se hubiere obtenido otro destino mediante convocatoria pública.

2. Los destinos adjudicados se considerarán de carácter voluntario y en consecuencia no generarán derecho al abono de indemnización por concepto alguno, sin perjuicio de las excepciones previstas en el régimen de indemnizaciones por razón de servicio.

Artículo 50. Remoción del puesto de trabajo

1. Los funcionarios que accedan a un puesto de trabajo por el procedimiento de concurso podrán ser removidos por causas sobrevenidas, derivadas de una alteración en el contenido del puesto, realizada a través de las relaciones de puestos de trabajo, que modifique los supuestos que sirvieron de base a la convocatoria, o de una falta de capacidad para su desempeño manifestada por

rendimiento insuficiente, que no comporte inhibición y que impida realizar con eficacia las funciones atribuidas al puesto.

En los supuestos previstos en los artículos 42.3 y 74.2 de la Ley de Régimen Jurídico de las Administraciones Públicas y del Procedimiento Administrativo Común no se podrá formular propuesta de remoción en tanto no quede establecida la ausencia de responsabilidad disciplinaria del funcionario y sólo cuando la causa del incumplimiento sea imputable al mismo.

2. La propuesta motivada de remoción será formulada por el titular del centro directivo, Delegado del Gobierno o Gobernador civil y se notificará al interesado para que, en el plazo de diez días hábiles, formule las alegaciones y aporte los documentos que estime pertinentes.

3. La propuesta definitiva se pondrá de manifiesto a la Junta de Personal correspondiente al centro donde presta servicio el funcionario afectado, que emitirá su parecer en el plazo de diez días hábiles.

4. Recibido el parecer de la Junta de Personal, o transcurrido el plazo sin evacuarlo, si se produjera modificación de la propuesta se dará nueva audiencia al interesado por el mismo plazo. Finalmente, la autoridad que efectuó el nombramiento resolverá. La resolución, que pondrá fin a la vía administrativa, será motivada y notificada al interesado en el plazo de diez días hábiles y comportará, en su caso, el cese del funcionario en el puesto de trabajo.

5. A los funcionarios removidos se les atribuirá el desempeño provisional de un puesto correspondiente a su Cuerpo o Escala, en el mismo municipio, no inferior en más de dos niveles al de su grado personal, en tanto no obtengan otro con carácter definitivo, con efectos del día siguiente al de la fecha del cese y de acuerdo con el procedimiento que fije el Ministerio para las Administraciones Públicas.

Capítulo III.
Libre designación

Artículo 51. Procedimiento de libre designación

1. La facultad de proveer los puestos de libre designación corresponde a los Ministros de los Departamentos de los que dependan y a los Secretarios de Estado en el ámbito de sus competencias.

2. Sólo podrán cubrirse por este sistema los puestos de Subdirector general, Delegados y Directores territoriales, provinciales o Comisionados de los Departamentos ministeriales, de sus Organismos autónomos y de las Entidades Gestoras y Servicios Comunes de la Seguridad Social, Secretarías de Altos Cargos de la

Administración y aquellos otros de carácter directivo o de especial responsabilidad para los que así se determine en las relaciones de puestos de trabajo.

Artículo 52. Convocatoria

La designación se realizará previa convocatoria pública, en la que, además de la descripción del puesto y requisitos para su desempeño contenidos en la relación de puestos de trabajo, podrán recogerse las especificaciones derivadas de la naturaleza de las funciones encomendadas al mismo.

Artículo 53. Solicitudes

Las solicitudes se dirigirán, dentro de los quince días hábiles siguientes al de la publicación de la convocatoria, al órgano convocante.

Artículo 54. Informes

1. El nombramiento requerirá el previo informe del titular del centro, organismo o unidad a que esté adscrito el puesto de trabajo a cubrir. Si fuera a recaer en un funcionario destinado en otro Departamento, se requerirá informe favorable de éste. De no emitirse en el plazo de quince días naturales se considerará favorable. Si fuera desfavorable, podrá, no obstante, efectuarse el nombramiento previa autorización del Secretario de Estado para la Administración Pública.

2. Se requerirá asimismo informe del Delegado del Gobierno o Gobernador civil cuando los nombramientos se refieran a los Directores de los servicios periféricos de ámbito regional o provincial, respectivamente, o a aquellos Jefes de unidades que, en su respectivo ámbito, no se encuentren encuadradas en ninguna otra de su Departamento.

Artículo 55. Cuerpos o Escalas con puestos en exclusiva

Cuando el funcionario pertenezca a un Cuerpo o Escala que tenga reservados puestos en exclusiva se precisará el informe favorable del Ministerio al que esté adscrito el Cuerpo o Escala.

Artículo 56. Nombramientos

1. Los nombramientos deberán efectuarse en el plazo máximo de un mes contado desde la finalización del de presentación de solicitudes. Dicho plazo podrá prorrogarse hasta un mes más.

2. Las resoluciones de nombramiento se motivarán con referencia al cumplimiento por parte del candidato elegido de los requisitos y especificaciones exigidos en la convocatoria, y la competencia para proceder al mismo.

En todo caso deberá quedar acreditada, como fundamento de la resolución adoptada, la observancia del procedimiento debido.

Artículo 57. Toma de posesión

El régimen de toma de posesión del nuevo destino será el establecido en el artículo 48 de este Reglamento.

Artículo 58. Cese

1. Los funcionarios nombrados para puestos de trabajo de libre designación podrán ser cesados con carácter discrecional.

La motivación de esta resolución se referirá a la competencia para adoptarla.

2. Los funcionarios cesados en un puesto de libre designación serán adscritos provisionalmente a un puesto de trabajo correspondiente a su Cuerpo o Escala no inferior en más de dos niveles al de su grado personal en el mismo municipio, en tanto no obtengan otro con carácter definitivo, con efectos del día siguiente al de la fecha del cese y de acuerdo con el procedimiento que fije el Ministerio para las Administraciones Públicas.

La necesidad de que el nuevo puesto que se atribuye al funcionario sea en el mismo municipio no será de aplicación cuando se trate del cese de funcionarios destinados en el exterior.

Capítulo IV. Otras formas de provisión

Artículo 59. Redistribución de efectivos

1. Los funcionarios que ocupen con carácter definitivo puestos no singularizados podrán ser adscritos, por necesidades del servicio, a otros de la misma naturaleza, nivel de complemento de destino y complemento específico, siempre que para la provisión de los referidos puestos esté previsto el mismo procedimiento y sin que ello suponga cambio de municipio.

Son puestos no singularizados aquellos que no se individualizan o distinguen de los restantes puestos de trabajo en las correspondientes relaciones.

El puesto de trabajo al que se acceda a través de la redistribución de efectivos tendrá asimismo carácter definitivo, iniciándose el cómputo de los dos años a que se refiere el artículo 41.2 de este Reglamento desde la fecha en que se accedió con tal carácter al puesto que se desempeñaba en el momento de la redistribución.

2. Los órganos competentes para acordar la redistribución de efectivos son los siguientes:

a) La Secretaría de Estado para la Administración Pública, previo informe de los Departamentos afectados, cuando la adscripción se efectúe en el ámbito de los servicios centrales de distintos Departamentos.

b) Los Subsecretarios en el ámbito de su Departamento, así como entre el Departamento y sus Organismos autónomos y, en su caso, Entidades Gestoras y Servicios Comunes de la Seguridad Social.

c) Los Presidentes o Directores de Organismos autónomos y de las Entidades Gestoras y Servicios Comunes de la Seguridad Social respecto de los funcionarios destinados en ellos.

d) Los Delegados del Gobierno y Gobernadores civiles, en el ámbito de sus respectivas competencias, cuando se produzcan entre servicios de distintos Departamentos, previo informe favorable de éstos.

Artículo 60. Reasignación de efectivos

1. Los funcionarios cuyo puesto de trabajo sea objeto de supresión como consecuencia de un Plan de Empleo podrán ser destinados a otro puesto de trabajo por el procedimiento de reasignación de efectivos.

La reasignación de efectivos como consecuencia de un Plan de Empleo se efectuará aplicando criterios objetivos relacionados con las aptitudes, formación, experiencia y antigüedad, que se concretarán en el mismo.

La adscripción al puesto adjudicado por reasignación tendrá carácter definitivo.

2. Los funcionarios que como consecuencia de la reasignación de efectivos vean modificado su municipio de residencia tendrán derecho a la indemnización prevista en el artículo 20.1.g) de la Ley 30/1984, de 2 de agosto, sin perjuicio de otras ayudas que puedan establecerse en los Planes de Empleo.

3. La reasignación de efectivos podrá producirse en alguna de las siguientes fases:

1.ª En el plazo máximo de seis meses desde la supresión del puesto de trabajo, el Subsecretario del Departamento ministerial donde estuviera destinado el funcionario podrá reasignarle a un puesto de trabajo de similares características, funciones y retribuciones en el ámbito del mismo y de los Organismos adscritos. Cuando se trate de funcionarios pertenecientes a Cuerpos o Escalas que tengan reservados puestos en exclusiva, la reasignación se efectuará por la autoridad de la que dependan dichos Cuerpos o Escalas.

2.ª Si en el plazo señalado en la fase anterior el funcionario no hubiera obtenido puesto en el Ministerio donde estaba destinado, podrá ser reasignado por la Secretaría de Estado para la Administración Pública, en un plazo máximo de tres meses, a un puesto en otro Departamento ministerial en las mismas condiciones establecidas en la primera fase.

Durante estas dos primeras fases la reasignación tendrá carácter obligatorio para puestos en el mismo municipio y voluntario para puestos que radiquen en otro distinto.

En tanto no sea reasignado a un puesto durante las dos fases citadas, el funcionario continuará percibiendo las retribuciones del puesto de trabajo suprimido que desempeñaba y podrán encomendársele tareas adecuadas a su Cuerpo o Escala de pertenencia.

3.ª Los funcionarios que tras las anteriores fases de reasignación de efectivos no hayan obtenido un puesto de trabajo serán adscritos al Ministerio para las Administraciones Públicas a través de relaciones específicas de puestos en reasignación, siendo declarados en la situación administrativa de expectativa de destino. Podrán ser reasignados por la Secretaría de Estado para la Administración Pública a puestos, de similares características a los que tenían, de otros Ministerios y sus Organismos adscritos. A estos efectos se entenderán como puestos de similares características los que guarden semejanza en su forma de provisión y retribuciones respecto del que se venía desempeñando.

La reasignación conllevará el reingreso al servicio activo. Tendrá carácter obligatorio cuando el puesto esté situado en la misma provincia y voluntario cuando radique en provincia distinta a la del puesto que se desempeñaba en el Departamento de origen.

4. La reasignación de efectivos de funcionarios de la Administración General de Estado en otras Administraciones Públicas se acordará por la Secretaría de Estado para la Administración Pública en los términos que establezcan los convenios que, a tal efecto, puedan suscribirse con ellas, con las garantías previstas en el artículo 20.1.g), último párrafo, de la Ley 30/1984, de 2 de agosto.

Artículo 61. Movilidad por cambio de adscripción de puestos de trabajo

1. Los Departamentos ministeriales, Organismos autónomos y Entidades Gestoras y Servicios Comunes de la Seguridad Social podrán disponer la adscripción de los puestos de trabajo no singularizados y de los funcionarios titulares de los mismos a otras unidades o centros.

Si la adscripción supusiera cambio de municipio, solamente podrá llevarse a cabo con la conformidad de los titulares de los puestos, sin perjuicio de lo establecido en la disposición adicional quinta de la Ley 22/1993, de 29 de diciembre.

Cuando la adscripción suponga cambio de Departamento ministerial podrá llevarse a efecto por el Ministerio para las Administraciones Públicas, en las condiciones establecidas en los párrafos anteriores.

2. En el marco de los Planes de Empleo podrá promoverse la celebración de concursos de provisión de puestos de trabajo dirigidos a cubrir plazas vacantes en centros y organismos identificados como deficitarios, para funcionarios procedentes de áreas consideradas como excedentarias. La obtención de una plaza en dichos concursos conlleva la supresión del puesto de origen u otro del mismo nivel de complemento de destino y complemento específico en la relación de puestos de trabajo del centro u organismo de origen.

Artículo 62. Reingreso al servicio activo

1. El reingreso al servicio activo de los funcionarios que no tengan reserva de puesto de trabajo se efectuará mediante su participación en las convocatorias de concurso o de libre designación para la provisión de puestos de trabajo o, en su caso, por reasignación de efectivos para los funcionarios en situación de expectativa de destino o en la modalidad de excedencia forzosa a que se refiere el artículo 29.6 de la Ley de Medidas para la Reforma de la Función Pública.

2. Asimismo, el reingreso podrá efectuarse por adscripción provisional, condicionado a las necesidades del servicio, de acuerdo con los criterios que establezca el Ministerio para las Administraciones Públicas y siempre que se reúnan los requisitos para el desempeño del puesto.

El puesto asignado con carácter provisional se convocará para su provisión definitiva en el plazo máximo de un año y el funcionario tendrá obligación de participar en la convocatoria, solicitando el puesto que ocupa provisionalmente. Si no obtuviere destino definitivo se le aplicará lo dispuesto el artículo 72.1 de este Reglamento.

Artículo 63. Adscripción provisional

Los puestos de trabajo podrán proveerse por medio de adscripción provisional únicamente en los siguientes supuestos:

a) Remoción o cese en un puesto de trabajo obtenido por concurso o libre designación con arreglo a lo dispuesto en los artículos 50.5 y 58.

b) Supresión del puesto de trabajo, con arreglo a lo dispuesto en el artículo 72.3 de este Reglamento.

c) Reingreso al servicio activo de los funcionarios sin reserva de puesto de trabajo, con arreglo a lo dispuesto en el artículo 62.2 de este Reglamento.

Artículo 64. Comisiones de servicios

1. Cuando un puesto de trabajo quede vacante podrá ser cubierto, en caso de urgente e inaplazable necesidad, en comisión de servicios de carácter voluntario, con un funcionario que reúna los requisitos establecidos para su desempeño en la relación de puestos de trabajo.

2. Podrán acordarse también comisiones de servicios de carácter forzoso. Cuando, celebrado concurso para la provisión de una vacante, ésta se declare desierta y sea urgente para el servicio su provisión podrá destinarse con carácter forzoso al funcionario que preste servicios en el mismo Departamento, incluidos sus Organismos autónomos, o Entidad Gestora de la Seguridad Social, en el municipio más próximo o con mejores facilidades de desplazamiento y que tenga menores cargas familiares y, en igualdad de condiciones, al de menor antigüedad.

3. Las citadas comisiones de servicios tendrán una duración máxima de un año prorrogable por otro en caso de no haberse cubierto el puesto con carácter definitivo y se acordarán por los órganos siguientes:

a) La Secretaría de Estado para la Administración Pública, cuando la comisión suponga cambio de Departamento ministerial y se efectúe en el ámbito de los servicios centrales, o en el de los servicios periféricos si se produce fuera del ámbito territorial de una Comunidad Autónoma y, en ambos casos, previo informe del Departamento de procedencia.
b) Los Subsecretarios, en el ámbito de su correspondiente Departamento ministerial, así como entre el Departamento y sus Organismos autónomos y, en su caso, Entidades Gestoras.
c) Los Presidentes o Directores de los Organismos autónomos y de las Entidades Gestoras y Servicios Comunes de la Seguridad Social, respecto de los funcionarios destinados en ellos.
d) Los Delegados del Gobierno y Gobernadores civiles, en el ámbito de sus respectivas competencias, cuando se produzcan entre servicios de distintos Departamentos, previo informe del Departamento de procedencia.

4. Si la comisión no implica cambio de residencia del funcionario, el cese y la toma de posesión deberán producirse en el plazo de tres días desde la notificación del acuerdo de comisión de servicios; si implica cambio de residencia, el plazo será de ocho días en las comisiones de carácter voluntario y de treinta en las de carácter forzoso.

5. El puesto de trabajo cubierto temporalmente, de conformidad con lo dispuesto en los apartados 1 y 2 del presente artículo, será incluido, en su caso, en la siguiente convocatoria de provisión por el sistema que corresponda.

6. A los funcionarios en comisión de servicios se les reservará el puesto de trabajo y percibirán la totalidad de sus retribuciones con cargo a los créditos incluidos en los programas en que figuren dotados los puestos de trabajo que realmente desempeñan.

Artículo 65. Misiones de cooperación internacional

1. Podrán acordarse por los Subsecretarios de los Departamentos ministeriales comisiones de servicios de funcionarios destinados en los mismos para participar, por tiempo que salvo casos excepcionales no será superior a seis meses, en programas o misiones de cooperación internacional al servicio de Organizaciones internacionales, Entidades o Gobiernos extranjeros, siempre que conste el interés de la Administración, conforme a los criterios que establezca el Ministerio de Asuntos Exteriores, en la participación del funcionario en dichos programas o misiones.

2. La resolución que acuerde la comisión de servicios determinará, en función de los términos de la cooperación a realizar, si se percibe la retribución correspondiente al puesto de origen o la del puesto a desempeñar.

Artículo 66. Atribución temporal de funciones

1. En casos excepcionales, los Subsecretarios de los Departamentos ministeriales podrán atribuir a los funcionarios el desempeño temporal en comisión de servicios de funciones especiales que no estén asignadas específicamente a los puestos incluidos en las relaciones de puestos de trabajo, o para la realización de tareas que, por causa de su mayor volumen temporal u otras razones coyunturales, no puedan ser atendidas con suficiencia por los funcionarios que desempeñen con carácter permanente los puestos de trabajo que tengan asignadas dichas tareas.

2. En tal supuesto continuarán percibiendo las retribuciones correspondientes a su puesto de trabajo, sin perjuicio de la percepción de las indemnizaciones por razón del servicio a que tengan derecho, en su caso.

Artículo 66 bis. Movilidad por razones de salud o de rehabilitación

1. Previa solicitud basada en motivos de salud o rehabilitación del funcionario, su cónyuge, o los hijos a su cargo, se podrá adscribir a los funcionarios a puestos de trabajo de distinta unidad administrativa, en la misma o en otra localidad. En todo caso, se requerirá el informe previo del servicio médico oficial legalmente establecido. Si los motivos de salud o de rehabilitación concurren directamente en el funcionario solicitante, será preceptivo el informe del Servicio de prevención de riesgos laborales del departamento u organismo donde preste sus servicios.

2. La adscripción estará condicionada a que exista puesto vacante, dotado presupuestariamente, cuyo nivel de complemento de destino y específico no sea superior al del puesto de origen, y que sea de necesaria provisión. El funcionario deberá cumplir los requisitos previstos en la relación de puestos de trabajo.

La adscripción tendrá carácter definitivo cuando el funcionario ocupara con tal carácter su puesto de origen y, en este supuesto, deberá permanecer un mínimo de dos años en el nuevo puesto, salvo en los supuestos previstos en el artículo 41.2 de este reglamento.

El cese en el puesto de origen y la toma de posesión en el nuevo puesto de trabajo deberán producirse en el plazo de tres días hábiles si no implica cambio de residencia del funcionario, o de un mes si comporta cambio de residencia.

3. Serán competentes para resolver los órganos contemplados en el artículo 64.3 de este reglamento.

(Se añade por el art. 1.2 del Real Decreto 255/2006, de 3 de marzo de 2006.)

Artículo 66 ter. Movilidad de la funcionaria víctima de violencia de género

1. La funcionaria víctima de violencia de género que, para hacer efectiva su protección o el derecho a la asistencia social integral, se vea obligada a abandonar el puesto de trabajo donde venía prestando sus servicios podrá solicitar el traslado a un puesto de trabajo en distinta unidad administrativa, en la misma o en otra localidad.

En dicha solicitud se indicará la localidad o localidades a las que solicita el traslado, debiendo ir acompañada de copia de la orden de protección o, excepcionalmente hasta tanto se dicte la orden de protección, de informe del Ministerio Fiscal que indique la existencia de indicios de que la demandante es víctima de violencia de género.

2. Si concurrieran las circunstancias previstas legalmente, el órgano competente adjudicará un puesto propio de su cuerpo o escala, cuyo nivel de complemento de destino y específico no sea superior al del puesto de origen, dotado presupuestariamente, que se encuentre vacante y sea de necesaria provisión. La funcionaria deberá cumplir los requisitos previstos en la relación de puestos de trabajo.

La adscripción tendrá carácter definitivo cuando la funcionaria ocupara con tal carácter su puesto de origen y, en este supuesto, deberá permanecer un mínimo de dos años en su nuevo puesto, salvo en los supuestos previstos en el artículo 41.2 de este reglamento o en el caso de que la funcionaria se vea obligada a abandonar el puesto de trabajo por ser víctima de nuevo de violencia de género y así se acredite en la forma señalada en el párrafo segundo del apartado 1 de este artículo o si así se requiere para recibir la asistencia social integral. Estos traslados, cuando impliquen cambio de residencia, tendrán la consideración de forzosos.

El cese en el puesto de origen y la toma de posesión en el nuevo puesto de trabajo deberán producirse en el plazo de tres días hábiles si no implica cambio de residencia de la funcionaria, o de un mes si comporta cambio de residencia.

3. Serán competentes para resolver los órganos contemplados en el artículo 64.3 de este reglamento (Se añade por el art. 1.3 del Real Decreto 255/2006, de 3 de marzo de 2006.)

Capítulo V. Provisión de puestos de trabajo en Comunidades Autónomas

Artículo 67. Convocatorias de Comunidades Autónomas

Los funcionarios de la Administración General del Estado podrán obtener destino en las Administraciones de las Comunidades Autónomas mediante la participación en concursos para la provisión de puestos de trabajo o por el sistema de libre designación.

En el primer caso, será necesario que el funcionario haya permanecido dos años en el puesto de destino desde el que participa. En el segundo, se requerirá el informe favorable del Departamento donde preste servicios. De no emitirse dicho informe en el plazo de quince días naturales, éste se considerará favorable.

En ambos casos, cuando el funcionario pertenezca a un Cuerpo o Escala que tenga reservados puestos en exclusiva se precisará el informe favorable del Ministerio al que esté adscrito el Cuerpo o Escala.

Artículo 68. Convocatorias de la Administración general del Estado

1. El Ministro para las Administraciones Públicas podrá convocar, a propuesta de las Administraciones de las Comunidades Autónomas, concursos para la provisión de puestos de trabajo de las mismas, previo informe, en su caso, de los Departamentos a los que figuren adscritos los Cuerpos o Escalas cuyos miembros puedan participar en aquéllos.

2. Los requisitos, méritos y baremos de estos concursos se fijarán previo acuerdo con dichas Administraciones y se acomodarán a la normativa propia de las mismas.

3. Los funcionarios seleccionados, una vez tomen posesión de su nuevo puesto, pasarán a la situación de servicio en Comunidades Autónomas y sus retribuciones serán abonadas por la Comunidad Autónoma afectada, de acuerdo con el nuevo puesto que pasen a ocupar.

Artículo 69. Comisiones de servicios

A petición de las Administraciones de las Comunidades Autónomas, los Departamentos ministeriales podrán autorizar comisiones de servicios con carácter voluntario de hasta dos años de duración a los funcionarios que presten servicio en aquéllos. A estas comisiones de servicios no será

2. De los derechos y deberes de los empleados públicos

2.1. Derechos de los empleados públicos

2.1.1. Derechos individuales

Los empleados públicos tienen los siguientes derechos de carácter individual en correspondencia con la naturaleza jurídica de su relación de servicio:

a) A la inamovilidad en la condición de funcionario de carrera.

b) Al desempeño efectivo de las funciones o tareas propias de su condición profesional y de acuerdo con la progresión alcanzada en su carrera profesional.

c) A la progresión en la carrera profesional y promoción interna según principios constitucionales de igualdad, mérito y capacidad mediante la implantación de sistemas objetivos y transparentes de evaluación.

d) A percibir las retribuciones y las indemnizaciones por razón del servicio.

e) A participar en la consecución de los objetivos atribuidos a la unidad donde preste sus servicios y a ser informado por sus superiores de las tareas a desarrollar.

f) A la defensa jurídica y protección de la Administración Pública en los procedimientos que se sigan ante cualquier orden jurisdiccional como consecuencia del ejercicio legítimo de sus funciones o cargos públicos.

g) A la formación continua y a la actualización permanente de sus conocimientos y capacidades profesionales, preferentemente en horario laboral.

h) Al respeto de su intimidad, orientación sexual, propia imagen y dignidad en el trabajo, especialmente frente al acoso sexual y por razón de sexo, moral y laboral.

i) A la no discriminación por razón de nacimiento, origen racial o étnico, género, sexo u orientación sexual, religión o convicciones, opinión, discapacidad, edad o cualquier otra condición o circunstancia personal o social.

j) A la adopción de medidas que favorezcan la conciliación de la vida personal, familiar y laboral.
k) A la libertad de expresión dentro de los límites del ordenamiento jurídico.
l) A recibir protección eficaz en materia de seguridad y salud en el trabajo.
m) A las vacaciones, descansos, permisos y licencias.
n) A la jubilación según los términos y condiciones establecidas en las normas aplicables.
o) A las prestaciones de la Seguridad Social correspondientes al régimen que les sea de aplicación.
p) A la libre asociación profesional.
q) A los demás derechos reconocidos por el ordenamiento jurídico.

2.1.2. Derechos individuales ejercidos colectivamente

Los empleados públicos tienen los siguientes derechos individuales que se ejercen de forma colectiva:

a) A la libertad sindical.
b) A la negociación colectiva y a la participación en la determinación de las condiciones de trabajo.
c) Al ejercicio de la huelga, con la garantía del mantenimiento de los servicios esenciales de la comunidad.
d) Al planteamiento de conflictos colectivos de trabajo, de acuerdo con la legislación aplicable en cada caso.
e) Al de reunión, en los términos establecidos en el artículo 46 de este Estatuto.

2.2. La carrera profesional, y la evaluación del desempeño

2.2.1. Concepto, principios y modalidades de la carrera profesional de los funcionarios de carrera

Los funcionarios de carrera tendrán derecho a la promoción profesional.

La carrera profesional es el conjunto ordenado de oportunidades de ascenso y expectativas de progreso profesional conforme a los principios de igualdad, mérito y capacidad.

A tal objeto las Administraciones Públicas promoverán la actualización y perfeccionamiento de la cualificación profesional de sus funcionarios de carrera.

Las Leyes de Función Pública que se dicten en desarrollo de este Estatuto regularán la carrera profesional aplicable en cada ámbito que podrán consistir, entre otras, en la aplicación aislada o simultánea de alguna o algunas de las siguientes modalidades:

a) Carrera horizontal, que consiste en la progresión de grado, categoría, escalón u otros conceptos análogos, sin necesidad de cambiar de puesto de trabajo y de conformidad con lo establecido en la letra b) del artículo 17 y en el apartado 3 del artículo 20 de este Estatuto.

b) Carrera vertical, que consiste en el ascenso en la estructura de puestos de trabajo por los procedimientos de provisión establecidos en el Capítulo III del Título V de este Estatuto.

c) Promoción interna vertical, que consiste en el ascenso desde un cuerpo o escala de un Subgrupo, o Grupo de clasificación profesional en el supuesto de que éste no tenga Subgrupo, a otro superior, de acuerdo con lo establecido en el artículo 18.

d) Promoción interna horizontal, que consiste en el acceso a cuerpos o escalas del mismo Subgrupo profesional, de acuerdo con lo dispuesto en el artículo 18.

Los funcionarios de carrera podrán progresar simultáneamente en las modalidades de carrera horizontal y vertical cuando la Administración correspondiente las haya implantado en un mismo ámbito.

2.2.2. Carrera horizontal de los funcionarios de carrera

Las Leyes de Función Pública que se dicten en desarrollo del presente Estatuto podrán regular la carrera horizontal de los funcionarios de carrera, pudiendo aplicar, entre otras, las siguientes reglas:

a) Se articulará un sistema de grados, categorías o escalones de ascenso fijándose la remuneración a cada uno de ellos. Los ascensos serán consecutivos con carácter general, salvo en aquellos supuestos excepcionales en los que se prevea otra posibilidad.

b) Se deberá valorar la trayectoria y actuación profesional, la calidad de los trabajos realizados, los conocimientos adquiridos y el resultado de la evaluación del desempeño. Podrán incluirse asimismo otros méritos y aptitudes por razón de la especificidad de la función desarrollada y la experiencia adquirida.

En tal sentido, el artículo 20.5 añade a este respecto que: "5. La aplicación de la carrera profesional horizontal, de las retribuciones complementarias derivadas del apartado c) del artículo 24 del presente Estatuto y el cese del puesto de trabajo obtenido por el procedimiento de concurso requerirán la aprobación previa, en cada caso, de *sistemas objetivos que permitan evaluar el desempeño* de acuerdo con lo establecido en los apartados 1 y 2 de este artículo".

2.2.3. Promoción interna de los funcionarios de carrera

La promoción interna se realizará mediante procesos selectivos que garanticen el cumplimiento de los principios constitucionales de igualdad, mérito y capacidad así como los contemplados en el artículo 55.2 de este Estatuto.

Los funcionarios deberán poseer los requisitos exigidos para el ingreso, tener una antigüedad de, al menos, dos años de servicio activo en el inferior Subgrupo, o Grupo de clasificación profesional, en el supuesto de que éste no tenga Subgrupo y superar las correspondientes pruebas selectivas.

Las Leyes de Función Pública que se dicten en desarrollo de este Estatuto articularán los sistemas para realizar la promoción interna, así como también podrán determinar los cuerpos y escalas a los que podrán acceder los funcionarios de carrera pertenecientes a otros de su mismo Subgrupo.

Asimismo las Leyes de Función Pública que se dicten en desarrollo del presente Estatuto podrán determinar los cuerpos y escalas a los que podrán acceder los funcionarios de carrera pertenecientes a otros de su mismo Subgrupo.

Las Administraciones Públicas adoptarán medidas que incentiven la participación de su personal en los procesos selectivos de promoción interna y para la progresión en la carrera profesional.

2.2.4. Carrera profesional y promoción del personal laboral

El personal laboral tendrá derecho a la promoción profesional.

La carrera profesional y la promoción del personal laboral se harán efectivas a través de los procedimientos previstos en el Estatuto de los Trabajadores o en los Convenios Colectivos.

2.2.5. La evaluación del desempeño

La segunda novedad de importancia de este Estatuto Básico, es la introducción en la gestión pública de este novedoso concepto de evaluación del desempeño, referido a como se presta efectivamente el trabado diario, como forma de determinar la continuidad en el puesto de trabajo obtenido, en el artículo 20 que establece que las Administraciones Públicas establecerán sistemas que permitan la evaluación del desempeño de sus empleados.

La evaluación del desempeño es el procedimiento mediante el cual se mide y valora la conducta profesional y el rendimiento o el logro de resultados.

Los sistemas de evaluación del desempeño se adecuarán, en todo caso, a criterios de transparencia, objetividad, imparcialidad y no discriminación y se aplicarán sin menoscabo de los derechos de los empleados públicos.

Las Administraciones Públicas determinarán los efectos de la evaluación en la carrera profesional horizontal, la formación, la provisión de puestos de trabajo y en la percepción de las retribuciones complementarias previstas en el artículo 24 del presente Estatuto.

La continuidad en un puesto de trabajo obtenido por concurso quedará vinculada a la evaluación del desempeño de acuerdo con los sistemas de evaluación que cada Administración Pública determine, dándose audiencia al interesado, y por la correspondiente resolución motivada.

La aplicación de la carrera profesional horizontal, de las retribuciones complementarias derivadas del apartado c) del artículo 24 del presente Estatuto y el cese del puesto de trabajo obtenido por el procedimiento de concurso requerirán la aprobación previa, en cada caso, de sistemas objetivos que permitan evaluar el desempeño de acuerdo con lo establecido en los apartados 1 y 2 de este artículo.

2.3. Derechos retributivos

2.3.1. Determinación de las cuantías y de los incrementos retributivos

Las cuantías de las retribuciones básicas y el incremento de las cuantías globales de las retribuciones complementarias de los funcionarios, así como el incremento de la masa salarial del personal laboral, deberán reflejarse para cada ejercicio presupuestario en la correspondiente Ley de Presupuestos.

No podrán acordarse incrementos retributivos que globalmente supongan un incremento de la masa salarial superior a los límites fijados anualmente en la Ley de Presupuestos Generales del Estado para el personal.

Las retribuciones de los funcionarios de carrera se clasifican en básicas y complementarias.

Las retribuciones básicas son las que retribuyen al funcionario según la adscripción de su cuerpo o escala a un determinado Subgrupo o Grupo de clasificación profesional, en el supuesto de que éste no tenga Subgrupo, y por su antigüedad en el mismo. Dentro de ellas están comprendidos los componentes de sueldo y trienios de las pagas extraordinarias.

Las retribuciones complementarias son las que retribuyen las características de los puestos de trabajo, la carrera profesional o el desempeño, rendimiento o resultados alcanzados por el funcionario.

Las pagas extraordinarias serán dos al año, cada una por el importe de una mensualidad de retribuciones básicas y de la totalidad de las retribuciones complementarias, salvo aquéllas a las que se refieren los apartados c) y d) del artículo 24.

No podrá percibirse participación en tributos o en cualquier otro ingreso de las Administraciones Públicas como contraprestación de cualquier servicio, participación o premio en multas impuestas, aun cuando estuviesen normativamente atribuidas a los servicios.

2.3.2. Retribuciones básicas

Las retribuciones básicas, que se fijan en la Ley de Presupuestos Generales del Estado, estarán integradas única y exclusivamente por:

a) **El sueldo** asignado a cada Subgrupo o Grupo de clasificación profesional, en el supuesto de que éste no tenga Subgrupo.

b) Los trienios, que consisten en una cantidad, que será igual para cada Subgrupo o Grupo de clasificación profesional, en el supuesto de que éste no tenga Subgrupo, por cada tres años de servicio.

2.3.3. Retribuciones complementarias

La cuantía y estructura de las retribuciones complementarias de los funcionarios se establecerán por las correspondientes leyes de cada Administración Pública atendiendo, entre otros, a los siguientes factores:

a) **La progresión alcanzada por el funcionario** dentro del sistema de carrera administrativa.

b) La especial dificultad técnica, responsabilidad, dedicación, incompatibilidad exigible para el desempeño de determinados puestos de trabajo o las condiciones en que se desarrolla el trabajo.

c) El grado de interés, iniciativa o esfuerzo con que el funcionario desempeña su trabajo y el rendimiento o resultados obtenidos.
d) Los servicios extraordinarios prestados fuera de la jornada normal de trabajo.

Como ves, los cuatro factores o criterios que el TREBEP establece para que el legislador desarrolle estos preceptos, son bastante similares, y por su mismo orden, que el actual esquema de Retribuciones Complementarias:

a) **Complemento de destino** (referido al grado alcanzado en la Carrera Administrativa).
b) Complemento específico (que retribuye la especial dificultad técnica, incompatibilidad, dedicación, responsabilidad, etc. en cada puesto de trabajo).
c) Complemento de Productividad (ligado al cumplimiento de objetivos)
d) Las **gratificaciones extraordinarias** (por servicios extraordinarios tales como horas extras, etc.)

2.3.4. Retribuciones de los funcionarios interinos

Los funcionarios interinos percibirán las retribuciones básicas y las pagas extraordinarias correspondientes al Subgrupo o Grupo de adscripción, en el supuesto de que éste no tenga Subgrupo. Percibirán asimismo las retribuciones complementarias a que se refieren los apartados b), c) y d) del artículo 24 y las correspondientes a la categoría de entrada en el cuerpo o escala en el que se le nombre.

Se reconocerán los trienios correspondientes a los servicios prestados antes de la entrada en vigor del presente Estatuto que tendrán efectos retributivos únicamente a partir de la entrada en vigor del mismo.

2.3.5. Retribuciones de los funcionarios en prácticas

Las Administraciones Públicas determinarán las retribuciones de los funcionarios en prácticas que, como mínimo, se corresponderán a las del sueldo del Subgrupo o Grupo, en el supuesto de que éste no tenga Subgrupo, en que aspiren a ingresar.

2.3.6. Retribuciones del personal laboral

Las retribuciones del personal laboral se determinarán de acuerdo con la legislación laboral, el convenio colectivo que sea aplicable y el contrato de trabajo, respetando en todo caso lo establecido en el artículo 21 del presente Estatuto.

2.3.7. Indemnizaciones

Los funcionarios percibirán las indemnizaciones correspondientes por razón del servicio.

(Se refiere a Dietas por Locomoción, desplazamientos o alimentación).

2.3.8. Retribuciones diferidas

Las Administraciones Públicas podrán destinar cantidades hasta el porcentaje de la masa salarial que se fije en las correspondientes Leyes de Presupuestos Generales del Estado a financiar aportaciones a planes de pensiones de empleo o contratos de seguro colectivos que incluyan la cobertura de la contingencia de jubilación, para el personal incluido en sus ámbitos, de acuerdo con lo establecido en la normativa reguladora de los Planes de Pensiones.

Las cantidades destinadas a financiar aportaciones a planes de pensiones o contratos de seguros tendrán a todos los efectos la consideración de retribución diferida.

2.3.9. Deducción de retribuciones

Sin perjuicio de la sanción disciplinaria que pueda corresponder, la parte de jornada no realizada dará lugar a la deducción proporcional de haberes, que no tendrá carácter sancionador.

Quienes ejerciten el derecho de huelga no devengarán ni percibirán las retribuciones correspondientes al tiempo en que hayan permanecido en esa situación sin que la deducción de haberes que se efectué tenga carácter de sanción, ni afecte al régimen respectivo de sus prestaciones sociales.

2.4. Derecho a la negociación colectiva, representación y participación institucional

2.4.1. Principios generales

Los empleados públicos tienen derecho a la negociación colectiva, representación y participación institucional para la determinación de sus condiciones de trabajo.

Por negociación colectiva, a los efectos de esta Ley, se entiende el derecho a negociar la determinación de condiciones de trabajo de los empleados de la Administración Pública.

Por representación, a los efectos de esta Ley, se entiende la facultad de elegir representantes y constituir órganos unitarios a través de los cuales se instrumente la interlocución entre las Administraciones Públicas y sus empleados.

Por participación institucional, a los efectos de esta Ley, se entiende el derecho a participar, a través de las organizaciones sindicales, en los órganos de control y seguimiento de las entidades u organismos que legalmente se determine.

Las Organizaciones Sindicales más representativas en el ámbito de la Función Pública están legitimadas para la interposición de recursos en vía administrativa y jurisdiccional contra las resoluciones de los órganos de selección.

Los procedimientos para determinar condiciones de trabajo en las Administraciones Públicas tendrán en cuenta las previsiones establecidas en los convenios y acuerdos de carácter internacional ratificados por España.

2.4.2. De la negociación colectiva

La negociación colectiva, representación y participación *de los empleados públicos con contrato laboral se regirá por la legislación laboral,* sin perjuicio de los preceptos de este Capítulo que expresamente les son de aplicación.

La negociación colectiva de condiciones de trabajo *de los funcionarios públicos que estará sujeta a los principios de legalidad, cobertura presupuestaria, obligatoriedad, buena fe negocial, publicidad y transparencia,* se efectuará mediante el ejercicio de la capacidad representativa reconocida a las Organizaciones Sindicales en la Ley Orgánica 11/1985, de 2 de agosto, de Libertad Sindical y lo previsto en este Capítulo.

A este efecto, se constituirán Mesas de Negociación en las que estarán legitimados para estar presentes, por una parte, los representantes de la Administración Pública correspondiente, y por otra, las Organizaciones Sindicales más representativas a nivel estatal, las Organizaciones Sindicales más representativas de Comunidad Autónoma, así como los Sindicatos que hayan obtenido el 10 por 100 o más de los representantes en las elecciones para Delegados y Juntas de Personal, en las unidades electorales comprendidas en el ámbito específico de su constitución.

Las Administraciones Públicas podrán encargar el desarrollo de las actividades de negociación colectiva a órganos creados por ellas, de naturaleza estrictamente técnica, que ostentarán su representación en la negociación colectiva previas las instrucciones políticas correspondientes y sin perjuicio de la ratificación de los acuerdos alcanzados por los órganos de gobierno o administrativos con competencia para ello.

Mesas de Negociación

A los efectos de la negociación colectiva de los funcionarios públicos, se constituirá una **Mesa General de Negociación en el ámbito de la Administración General del Estado,** así como en cada una de las Comunidades Autónomas, Ciudades de Ceuta y Melilla y Entidades Locales.

Se reconoce la legitimación negocial de las asociaciones de municipios, así como la de las Entidades Locales de ámbito supramunicipal. A tales efectos, los municipios podrán adherirse con carácter previo o de manera sucesiva a la negociación colectiva que se lleve a cabo en el ámbito correspondiente.

Asimismo, una Administración o Entidad Pública podrá adherirse a los Acuerdos alcanzados dentro del territorio de cada Comunidad Autónoma, o a los Acuerdos alcanzados en un ámbito supramunicipal.

Son competencias propias de las Mesas Generales la negociación de las materias relacionadas con condiciones de trabajo comunes a los funcionarios de su ámbito.

Dependiendo de las Mesas Generales de Negociación y por acuerdo de las mismas podrán constituirse Mesas Sectoriales, en atención a las condiciones específicas de trabajo de las organizaciones administrativas afectadas o a las peculiaridades de sectores concretos de funcionarios públicos y a su número.

La competencia de las Mesas Sectoriales se extenderá a los temas comunes a los funcionarios del sector que no hayan sido objeto de decisión por parte de la Mesa General respectiva o a los que ésta explícitamente les reenvíe o delegue.

El proceso de negociación se abrirá, en cada Mesa, en la fecha que, de común acuerdo, fijen la Administración correspondiente y la mayoría de la representación sindical. A falta de acuerdo, el proceso se iniciará en el plazo máximo de un mes desde que la mayoría de una de las partes legitimadas lo promueva, salvo que existan causas legales o pactadas que lo impidan.

Ambas partes estarán obligadas a negociar bajo el principio de la buena fe y proporcionarse mutuamente la información que precisen relativa a la negociación.

Constitución y composición de las Mesas de Negociación

Las Mesas a que se refiere el artículo anterior *quedarán válidamente constituidas cuando, además de la representación de la Administración correspondiente, y sin perjuicio del derecho de todas las Organizaciones Sindicales legitimadas a participar en ellas en proporción a su representatividad, tales organizaciones sindicales representen, como mínimo, la mayoría absoluta de los miembros de los órganos unitarios de representación* en el ámbito de que se trate.

Las variaciones en la representatividad sindical, a efectos de modificación en la composición de las Mesas de Negociación, serán acreditadas por las Organizaciones Sindicales interesadas, mediante el correspondiente certificado de la Oficina Pública de Registro competente, cada dos años a partir de la fecha inicial de constitución de las citadas Mesas.

La designación de los componentes de las Mesas corresponderá a las partes negociadoras que podrán contar con la asistencia en las deliberaciones de asesores, que intervendrán con voz, pero sin voto.

En las normas de desarrollo del presente Estatuto se establecerá la composición numérica de las Mesas correspondientes a sus ámbitos, sin que ninguna de las partes pueda superar el número de **quince miembros.**

Mesas Generales de Negociación

Se constituye una Mesa General de Negociación de las Administraciones Públicas. La representación de éstas será unitaria, estará presidida por la Administración General del Estado y contará con representantes de las Comunidades Autónomas, de las Ciudades de Ceuta y Melilla y de la Federación Española de Municipios y Provincias, en función de las materias a negociar.

La representación de las Organizaciones Sindicales legitimadas para estar presentes de acuerdo con lo dispuesto en la Ley Orgánica 11/1985, de 2 de agosto, de Libertad Sindical, se distribuirá en función de los resultados obtenidos en las elecciones a los órganos de representación del personal, Delegados de Personal, Juntas de Personal y Comités de Empresa, en el conjunto de las Administraciones Públicas.

Serán materias objeto de negociación en esta Mesa las relacionadas en el artículo 37 de este Estatuto que resulten susceptibles de regulación estatal con carácter de norma básica, sin perjuicio de los acuerdos a que puedan llegar las Comunidades Autónomas en su correspondiente ámbito territorial en virtud de sus competencias exclusivas y compartidas en materia de Función Pública.

Será específicamente objeto de negociación en el ámbito de la Mesa General de Negociación de las Administraciones Públicas el incremento global de las retribuciones del personal al servicio de las Administraciones Públicas que corresponda incluir en el Proyecto de Ley de Presupuestos Generales del Estado de cada año.

Para la negociación de todas aquellas materias y condiciones de trabajo comunes al personal funcionario, estatutario y laboral de cada Administración Pública, se constituirá en la Administración General del Estado, en cada una de las

Comunidades Autónomas, Ciudades de Ceuta y Melilla y Entidades Locales una Mesa General de Negociación.

Son de aplicación a estas Mesas Generales los criterios establecidos en el apartado anterior sobre representación de las Organizaciones Sindicales en la Mesa General de Negociación de las Administraciones Públicas, tomando en consideración en cada caso los resultados obtenidos en las elecciones a los órganos de representación del personal funcionario y laboral del correspondiente ámbito de representación.

Además, también estarán presentes en estas Mesas Generales, las Organizaciones Sindicales que formen parte de la Mesa General de Negociación de las Administraciones Públicas siempre que hubieran obtenido el 10 por 100 de los representantes a personal funcionario o personal laboral en el ámbito correspondiente a la Mesa de que se trate.

Materias objeto de negociación

Serán objeto de negociación, en su ámbito respectivo y en relación con las competencias de cada Administración Pública y con el alcance que legalmente proceda en cada caso, las materias siguientes:

a) La aplicación del incremento de las retribuciones del personal al servicio de las Administraciones Públicas que se establezca en la Ley de Presupuestos Generales del Estado y de las Comunidades Autónomas.

b) La determinación y aplicación de las retribuciones complementarias de los funcionarios.

c) Las normas que fijen los criterios generales en materia de acceso, carrera, provisión, sistemas de clasificación de puestos de trabajo, y planes e instrumentos de planificación de recursos humanos.

d) Las normas que fijen los criterios y mecanismos generales en materia de evaluación del desempeño.

e) Los planes de Previsión Social Complementaria.

f) Los criterios generales de los planes y fondos para la formación y la promoción interna.

g) Los criterios generales para la determinación de prestaciones sociales y pensiones de clases pasivas.

h) Las propuestas sobre derechos sindicales y de participación.

i) Los criterios generales de acción social.

j) Las que así se establezcan en la normativa de prevención de riesgos laborales.

k) Las que afecten a las condiciones de trabajo y a las retribuciones de los funcionarios, cuya regulación exija norma con rango de Ley.

l) Los criterios generales sobre ofertas de empleo público.

m) Las referidas a calendario laboral, horarios, jornadas, vacaciones, permisos, movilidad funcional y geográfica, así como los criterios generales sobre la planificación estratégica de los recursos humanos, en aquellos aspectos que afecten a condiciones de trabajo de los empleados públicos.

Quedan excluidas de la obligatoriedad de la negociación, las materias siguientes (es decir en estas materias no es obligatoria su negociación pero hipotéticamente se puede negociar):

a) Las decisiones de las Administraciones Públicas que afecten a sus potestades de organización.

b) La regulación del ejercicio de los derechos de los ciudadanos y de los usuarios de los servicios públicos, así como el procedimiento de formación de los actos y disposiciones administrativas.

c) La determinación de condiciones de trabajo del personal directivo.

d) Los poderes de dirección y control propios de la relación jerárquica.

e) La regulación y determinación concreta, en cada caso, de los sistemas, criterios, órganos y procedimientos de acceso al empleo público y la promoción profesional.

Pactos y Acuerdos

En el seno de las Mesas de Negociación correspondientes, los representantes de las Administraciones Públicas podrán concertar Pactos y Acuerdos con la representación de las Organizaciones Sindicales legitimadas a tales efectos, para la determinación de condiciones de trabajo de los funcionarios de dichas Administraciones.

Los Pactos se celebrarán sobre materias que se correspondan estrictamente con el ámbito competencial del órgano administrativo que lo suscriba y se aplicarán directamente al personal del ámbito correspondiente.

Los Acuerdos versarán sobre materias competencia de los órganos de gobierno de las Administraciones Públicas. Para su validez y eficacia será necesaria su aprobación expresa y formal por estos órganos. Cuando tales Acuerdos hayan sido ratificados y afecten a temas que pueden ser decididos de forma definitiva por los órganos de gobierno, el contenido de los mismos será directamente aplicable al personal incluido en su ámbito de aplicación, sin perjuicio de que a efectos formales se requiera la modificación o derogación, en su caso, de la normativa reglamentaria correspondiente.

Si los Acuerdos ratificados tratan sobre materias sometidas a reserva de Ley que, en consecuencia, sólo pueden ser determinadas definitivamente por las Cortes Generales o las Asambleas Legislativas de las Comunidades Autónomas, su contenido carecerá de eficacia directa. No obstante, en este supuesto, el órgano de gobierno respectivo que tenga iniciativa legislativa procederá a la elaboración, aprobación y remisión a las Cortes Generales o Asambleas Legislativas de las Comunidades Autónomas del correspondiente proyecto de Ley conforme al contenido del Acuerdo y en el plazo que se hubiera acordado.

Cuando exista falta de ratificación de un Acuerdo o, en su caso, una negativa expresa a incorporar lo acordado en el Proyecto de Ley correspondiente, se deberá iniciar la renegociación de las materias tratadas en el plazo de un mes, si así lo solicitara al menos la mayoría de una de las partes.

2.4.3. Órganos de representación

Los órganos específicos de representación de los funcionarios **son los Delegados de Personal y las Juntas de Personal.**

En las unidades electorales donde el número de funcionarios sea igual o superior a 6 e inferior a 50, su representación corresponderá a **los Delegados de Personal. Hasta 30 funcionarios se elegirá un Delegado, y de 31 a 49 se elegirán tres, que ejercerán su representación conjunta y mancomunadamente.**

Las Juntas de Personal se constituirán en unidades electorales que cuenten con un censo mínimo de 50 funcionarios.

El establecimiento de las unidades electorales se regulará por el Estado y por cada Comunidad Autónoma dentro del ámbito de sus competencias legislativas. Previo acuerdo con las Organizaciones Sindicales legitimadas en la Ley Orgánica 11/1985, de 2 de agosto, de Libertad Sindical, los órganos de gobierno de las Administraciones Públicas podrán modificar o establecer unidades electorales en razón del número y peculiaridades de sus colectivos, adecuando la configuración de las mismas a las estructuras administrativas o a los ámbitos de negociación constituidos o que se constituyan.

Cada Junta de Personal se compone de un número de representantes, en función del número de funcionarios de la Unidad electoral correspondiente, de acuerdo con la siguiente escala, en coherencia con lo establecido en el Estatuto de los Trabajadores:

- De 50 a 100 funcionarios: 5.
- De 101 a 250 funcionarios: 9.

- De 251 a 500 funcionarios: 13.
- De 501 a 750 funcionarios: 17.
- De 751 a 1.000 funcionarios: 21.
- De 1.001 en adelante, dos por cada 1.000 o fracción, con el máximo de 75.

Las Juntas de Personal elegirán de entre sus miembros un **Presidente y un Secretario** y elaborarán su propio reglamento de procedimiento, que no podrá contravenir lo dispuesto en el presente Estatuto y legislación de desarrollo, remitiendo copia del mismo y de sus modificaciones al órgano u órganos competentes en materia de personal que cada Administración determine. El reglamento y sus modificaciones deberán ser aprobados por los votos favorables de, al menos, dos tercios de sus miembros.

Funciones y legitimación de los órganos de representación

Las Juntas de Personal y los Delegados de Personal, en su caso, tendrán las siguientes funciones, en sus respectivos ámbitos:

a) Recibir información, sobre la política de personal, así como sobre los datos referentes a la evolución de las retribuciones, evolución probable del empleo en el ámbito correspondiente y programas de mejora del rendimiento.

b) Emitir informe, a solicitud de la Administración Pública correspondiente, sobre el traslado total o parcial de las instalaciones e implantación o revisión de sus sistemas de organización y métodos de trabajo.

c) Ser informados de todas las sanciones impuestas por faltas muy graves.

d) Tener conocimiento y ser oídos en el establecimiento de la jornada laboral y horario de trabajo, así como en el régimen de vacaciones y permisos.

e) Vigilar el cumplimiento de las normas vigentes en materia de condiciones de trabajo, prevención de riesgos laborales, Seguridad Social y empleo y ejercer, en su caso, las acciones legales oportunas ante los organismos competentes.

f) Colaborar con la Administración correspondiente para conseguir el establecimiento de cuantas medidas procuren el mantenimiento e incremento de la productividad.

Garantías de la función representativa del personal

Los miembros de las Juntas de Personal y los Delegados de Personal, en su caso, como representantes legales de los funcionarios, dispondrán en el ejercicio de su función representativa de las siguientes garantías y derechos:

a) El acceso y libre circulación por las dependencias de su unidad electoral, sin que se entorpezca el normal funcionamiento de las correspondientes unidades administrativas, dentro de los horarios habituales de trabajo y con excepción de las zonas que se reserven de conformidad con lo dispuesto en la legislación vigente.

b) La distribución libre de las publicaciones que se refieran a cuestiones profesionales y sindicales.

c) La audiencia en los expedientes disciplinarios a que pudieran ser sometidos sus miembros durante el tiempo de su mandato y durante el año inmediatamente posterior, sin perjuicio de la audiencia al interesado regulada en el procedimiento sancionador.

d) Un crédito de horas mensuales dentro de la jornada de trabajo y retribuidas como de trabajo efectivo, de acuerdo con la siguiente escala:

   - Hasta 100 funcionarios: 15.
   - De 101 a 250 funcionarios: 20.
   - De 251 a 500 funcionarios: 30.
   - De 501 a 750 funcionarios: 35.
   - De 751 en adelante: 40.

   Los miembros de la Junta de Personal y Delegados de Personal de la misma candidatura que así lo manifiesten podrán proceder, previa comunicación al órgano que ostente la Jefatura de Personal ante la que aquélla ejerza su representación, a **la acumulación** de los créditos horarios.

e) No ser trasladados ni sancionados por causas relacionadas con el ejercicio de su mandato representativo, ni durante la vigencia del mismo, ni en el año siguiente a su extinción, exceptuando la extinción que tenga lugar por revocación o dimisión.

Los miembros de las Juntas de Personal y los Delegados de Personal no podrán ser discriminados en su formación ni en su promoción económica o profesional por razón del desempeño de su representación.

Cada uno de los miembros de la Junta de Personal y ésta como órgano colegiado, así como los Delegados de Personal, en su caso, observarán sigilo profesional en todo lo referente a los asuntos en que la Administración señale expresamente el carácter reservado, aún después de expirar su mandato. En todo caso, ningún documento reservado entregado por la Administración podrá ser utilizado fuera del estricto ámbito de la Administración para fines distintos de los que motivaron su entrega.

Duración de la representación

El mandato de los miembros de las Juntas de Personal y de los Delegados de Personal, en su caso, **será de cuatro años**, pudiendo ser reelegidos. El mandato se entenderá prorrogado si, a su término, no se hubiesen promovido nuevas elecciones, sin que los representantes con mandato prorrogado se contabilicen a efectos de determinar la capacidad representativa de los Sindicatos.

Promoción de elecciones a Delegados y Juntas de Personal

Podrán promover la celebración de elecciones a Delegados y Juntas de Personal, conforme a lo previsto en el presente Estatuto y en la Ley Orgánica 11/1985, de 2 de agosto, de Libertad Sindical:

a) Los Sindicatos más representativos a nivel estatal.

b) Los Sindicatos más representativos a nivel de Comunidad Autónoma, cuando la unidad electoral afectada esté ubicada en su ámbito geográfico.

c) Los Sindicatos que, sin ser más representativos, hayan conseguido al menos el 10 por 100 de los representantes a los que se refiere este Estatuto en el conjunto de las Administraciones Públicas.

d) Los Sindicatos que hayan obtenido al menos un porcentaje del 10 por 100 en la unidad electoral en la que se pretende promover las elecciones.

e) Los funcionarios de la unidad electoral, por acuerdo mayoritario.

Los legitimados para promover elecciones tendrán, a este efecto, derecho a que la Administración Pública correspondiente les suministre el censo de personal de las unidades electorales afectadas, distribuido por Organismos o centros de trabajo.

Procedimiento electoral

El procedimiento para la elección de las Juntas de Personal y para la elección de Delegados de Personal se determinará reglamentariamente teniendo en cuenta los siguientes criterios generales:

- La elección se realizará mediante sufragio personal, directo, libre y secreto que podrá emitirse por correo o por otros medios telemáticos.

- Serán electores y elegibles los funcionarios que se encuentren en la situación de servicio activo. No tendrán la consideración de electores ni elegibles los funcionarios que ocupen puestos cuyo nombramiento se efectúe a través de Real Decreto o por Decreto de los Consejos de Gobierno de las Comunidades Autónomas y de las Ciudades de Ceuta y Melilla.
- Podrán presentar candidaturas las Organizaciones Sindicales legalmente constituidas o las coaliciones de éstas, y los grupos de electores de una misma unidad electoral, siempre que el número de ellos sea equivalente, al menos, al triple de los miembros a elegir.
- Las Juntas de Personal se elegirán **mediante listas cerradas a través de un sistema proporcional corregido,** y los Delegados de Personal mediante listas abiertas y sistema mayoritario.
- Los *órganos electorales serán las Mesas Electorales* que se constituyan para la dirección y desarrollo del procedimiento electoral y las oficinas públicas permanentes para el cómputo y certificación de resultados reguladas en la normativa laboral.
- Las impugnaciones se tramitarán conforme a un procedimiento arbitral, excepto las reclamaciones contra las denegaciones de inscripción de actas electorales que podrán plantearse directamente ante la jurisdicción social.

2.5. Derecho de reunión

Están legitimados para convocar una reunión, además de las Organizaciones Sindicales, directamente o a través de los Delegados Sindicales:

a) Los Delegados de Personal.

b) Las Juntas de Personal.

c) Los Comités de Empresa.

d) Los empleados públicos de las Administraciones respectivas en número no inferior al 40 por 100 del colectivo convocado.

Las reuniones en el centro de trabajo se autorizarán *fuera de las horas de trabajo*, salvo acuerdo entre el órgano competente en materia de personal y quienes estén legitimados para convocarlas.

La celebración de la reunión no perjudicará la prestación de los servicios y los convocantes de la misma serán responsables de su normal desarrollo.

2.6. Derecho a la jornada de trabajo, permisos y vacaciones

2.6.1. *Jornada de trabajo de los funcionarios públicos*

Las Administraciones Públicas establecerán la jornada general y las especiales de trabajo de sus funcionarios públicos. La jornada de trabajo podrá ser a tiempo completo o a tiempo parcial.

2.6.2. *Permisos de los funcionarios públicos*

Los funcionarios públicos tendrán los siguientes permisos:

a) Por fallecimiento, accidente o enfermedad grave de un familiar *dentro del primer grado de consanguinidad o afinidad*, **tres días** hábiles cuando el suceso se produzca en la misma localidad, **y cinco días** hábiles cuando sea en distinta localidad.

   Cuando se trate del fallecimiento, accidente o enfermedad grave de un familiar dentro *del segundo grado de consanguinidad o afinidad,* el permiso será **de dos días** hábiles cuando se produzca en la misma localidad y de **cuatro días** hábiles cuando sea en distinta localidad.

b) Por traslado de domicilio sin cambio de residencia, un día.

c) Para realizar funciones sindicales o de representación del personal, en los términos que se determine.

d) Para concurrir a exámenes finales y demás pruebas definitivas de aptitud, durante los días de su celebración.

e) Para la realización de exámenes prenatales y técnicas de preparación al parto por las funcionarias embarazadas.

f) Por lactancia de un hijo menor de doce meses tendrá derecho a **una hora** de ausencia del trabajo que podrá dividir en dos fracciones. Este derecho podrá sustituirse por una reducción de la jornada normal en media hora al inicio y al final de la jornada o, en una hora al inicio o al final de la jornada, con la misma finalidad. Este derecho podrá ser ejercido indistintamente por uno u otro de los progenitores, en el caso de que ambos trabajen.

   Igualmente la funcionaria podrá solicitar la sustitución del tiempo de lactancia por un permiso retribuido que acumule en jornadas completas el tiempo correspondiente. (Aproximadamente casi un mes si se pide de forma acumulada).

Este permiso se incrementará proporcionalmente en los casos de parto múltiple.

g) Por nacimiento de hijos prematuros o que por cualquier otra causa deban permanecer hospitalizados a continuación del parto, la funcionaria o el funcionario tendrá derecho a ausentarse del trabajo durante un máximo de dos horas diarias percibiendo las retribuciones íntegras. Asimismo, tendrán derecho a reducir su jornada de trabajo hasta un máximo de dos horas, con la disminución proporcional de sus retribuciones.

h) Por razones de guarda legal, cuando el funcionario tenga el cuidado directo de algún menor de doce años, de persona mayor que requiera especial dedicación, o de una persona con discapacidad que no desempeñe actividad retribuida, tendrá derecho a la reducción de su jornada de trabajo, con la disminución de sus retribuciones que corresponda.

Tendrá el mismo derecho el funcionario que precise encargarse del cuidado directo de un familiar, hasta el segundo grado de consanguinidad o afinidad, que por razones de edad, accidente o enfermedad no pueda valerse por sí mismo y que no desempeñe actividad retribuida.

i) Por ser preciso atender el cuidado de un familiar de primer grado, el funcionario tendrá derecho a solicitar una reducción de hasta el cincuenta por ciento de la jornada laboral, con carácter retribuido, por razones de enfermedad muy grave y por el plazo máximo de un mes. Si hubiera más de un titular de este derecho por el mismo hecho causante, el tiempo de disfrute de esta reducción se podrá prorratear entre los mismos, respetando en todo caso, el plazo máximo de un mes.

j) Por tiempo indispensable para el cumplimiento de un deber inexcusable de carácter público o personal y por deberes relacionados con la conciliación de la vida familiar y laboral.

k) Por asuntos particulares, **seis días.**

Además de los días de libre disposición establecidos por cada Administración Pública, los funcionarios tendrán derecho al disfrute de dos días adicionales al cumplir el sexto trienio (18 años), incrementándose en un día adicional por cada trienio cumplido a partir del octavo, conforme el Real Decreto Ley 10/2015 de 11 de Septiembre (BOE nº219)articulo 2.

l) Por matrimonio, **quince días**.

2.6.3. Permisos por motivos de conciliación de la vida personal, familiar y laboral y por razón de violencia de género

En todo caso se concederán los siguientes permisos con las correspondientes condiciones mínimas:

a) **Permiso por parto: tendrá una duración de dieciséis semanas ininterrumpidas.** Este permiso se ampliará en dos semanas más en el supuesto de discapacidad del hijo y, por cada hijo a partir del segundo, en los supuestos de parto múltiple. El permiso se distribuirá a opción de la funcionaria siempre que seis semanas sean inmediatamente posteriores al parto. En caso de fallecimiento de la madre, el otro progenitor podrá hacer uso de la totalidad o, en su caso, de la parte que reste de permiso.

   No obstante lo anterior, y sin perjuicio de las seis semanas inmediatas posteriores al parto de descanso obligatorio para la madre, en el caso de que ambos progenitores trabajen, la madre, al iniciarse el periodo de descanso por maternidad, podrá optar por que el otro progenitor disfrute de una parte determinada e ininterrumpida del periodo de descanso posterior al parto, bien de forma simultánea o sucesiva con el de la madre. El otro progenitor podrá seguir disfrutando del permiso de maternidad inicialmente cedido, aunque en el momento previsto para la reincorporación de la madre al trabajo ésta se encuentre en situación de incapacidad temporal.

   En los casos de disfrute simultáneo de periodos de descanso, la suma de los mismos no podrá exceder de las dieciséis semanas o de las que correspondan en caso de discapacidad del hijo o de parto múltiple.

   Este permiso podrá disfrutarse a jornada completa o a tiempo parcial, cuando las necesidades del servicio lo permitan, y en los términos que reglamentariamente se determinen.

   En los casos de parto prematuro y en aquéllos en que, por cualquier otra causa, el neonato deba permanecer hospitalizado a continuación del parto, este permiso se ampliará en tantos días como el neonato se encuentre hospitalizado, con un máximo de trece semanas adicionales.

   Durante el disfrute de este permiso se podrá participar en los cursos de formación que convoque la Administración.

b) Permiso **por adopción o acogimiento, tanto preadoptivo como permanente o simple: tendrá una duración de dieciséis semanas ininterrumpidas**. Este permiso se ampliará en dos semanas más en el supuesto de discapacidad del menor adoptado o acogido y por cada hijo, a partir del segundo, en los supuestos de adopción o acogimiento múltiple.

El cómputo del plazo se contará a elección del funcionario, a partir de la decisión administrativa o judicial de acogimiento o a partir de la resolución judicial por la que se constituya la adopción sin que en ningún caso un mismo menor pueda dar derecho a varios periodos de disfrute de este permiso.

En el caso de que ambos progenitores trabajen, el permiso se distribuirá a opción de los interesados, que podrán disfrutarlo de forma simultánea o sucesiva, siempre en periodos ininterrumpidos.

En los casos de disfrute simultáneo de periodos de descanso, la suma de los mismos no podrá exceder de las dieciséis semanas o de las que correspondan en caso de adopción o acogimiento múltiple y de discapacidad del menor adoptado o acogido.

Este permiso podrá disfrutarse a jornada completa o a tiempo parcial, cuando las necesidades de servicio lo permitan, y en los términos que reglamentariamente se determine.

Si fuera necesario el desplazamiento previo de los progenitores al país de origen del adoptado, en los casos de adopción o acogimiento internacional, se tendrá derecho, además, a un permiso de hasta dos meses de duración, percibiendo durante este periodo exclusivamente las retribuciones básicas.

Con independencia del permiso de hasta dos meses previsto en el párrafo anterior y para el supuesto contemplado en dicho párrafo, el permiso por adopción o acogimiento, tanto preadoptivo como permanente o simple, podrá iniciarse hasta cuatro semanas antes de la resolución judicial por la que se constituya la adopción o la decisión administrativa o judicial de acogimiento.

Durante el disfrute de este permiso se podrá participar en los cursos de formación que convoque la Administración.

Los supuestos de adopción o acogimiento, tanto preadoptivo como permanente o simple, previstos en este artículo serán los que así se establezcan en el Código Civil o en las Leyes civiles de las Comunidades Autónomas que los regulen, debiendo tener el acogimiento simple una duración no inferior a un año.

c) **Permiso de paternidad por el nacimiento, acogimiento o adopción de un hijo**: tendrá una duración de **cuatro semanas,** a disfrutar por el padre o el otro progenitor a partir de la fecha del nacimiento, de la decisión administrativa de guarda con fines de adopción o acogimiento, o de la resolución judicial por la que se constituya la adopción. No obstante lo anterior la Disposición transitoria sexta del TREBEP, establece que hasta que no se produzca la entrada en vigor de la Ley 9/2009, **el permiso de paternidad seguirá siendo de 15 días.** En los últimos cinco años el gobierno ha ido retrasando año a año la entrada en vigor de dicha ley.

Este permiso es independiente del disfrute compartido de los permisos contemplados en los apartados a) y b).

En los casos previstos en los apartados a), b), y c) el tiempo transcurrido durante el disfrute de estos permisos se computará como de servicio efectivo a todos los efectos, garantizándose la plenitud de derechos económicos de la funcionaria y, en su caso, del otro progenitor funcionario, durante todo el periodo de duración del permiso, y, en su caso, durante los periodos posteriores al disfrute de este, si de acuerdo con la normativa aplicable, el derecho a percibir algún concepto retributivo se determina en función del periodo de disfrute del permiso.

Los funcionarios que hayan hecho uso del permiso por parto o maternidad, paternidad y adopción o acogimiento tendrán derecho, una vez finalizado el periodo de permiso, a reintegrarse a su puesto de trabajo en términos y condiciones que no les resulten menos favorables al disfrute del permiso, así como a beneficiarse de cualquier mejora en las condiciones de trabajo a las que hubieran podido tener derecho durante su ausencia.

d) **Permiso por razón de violencia de género sobre la mujer funcionaria**: las faltas de asistencia de las funcionarias víctimas de violencia de género, totales o parciales, tendrán la consideración de justificadas por el tiempo y en las condiciones en que así lo determinen los servicios sociales de atención o de salud según proceda.

   Asimismo, las funcionarias víctimas de violencia sobre la mujer, para hacer efectiva su protección o su derecho de asistencia social integral, tendrán derecho a la reducción de la jornada con disminución proporcional de la retribución, o la reordenación del tiempo de trabajo, a través de la adaptación del horario, de la aplicación del horario flexible o de otras formas de ordenación del tiempo de trabajo que sean aplicables, en los términos que para estos supuestos establezca la Administración Pública competente en casa caso.

e) **Permiso por cuidado de hijo menor afectado por cáncer u otra enfermedad grave: el funcionario tendrá derecho,** siempre que ambos progenitores, adoptantes, guardadores con fines de adopción o acogedores de carácter permanente trabajen, *a una reducción de la jornada de trabajo de al menos la mitad de la duración de aquélla, percibiendo las retribuciones íntegras con cargo a los presupuestos del órgano o entidad donde venga prestando sus servicios, para el cuidado, durante la* hospitalización y tratamiento continuado, del hijo menor de edad afectado por cáncer (tumores malignos, melanomas o carcinomas) o por cualquier otra enfermedad grave que implique un ingreso hospitalario de larga duración y requiera la necesidad de su cuidado directo, continuo y permanente acreditado por el informe del servicio público de salud u órgano administrativo sanitario de la comunidad autónoma o, en su caso, de la entidad sanitaria concertada correspondiente y, como máximo, hasta que el menor cumpla los 18 años.

Cuando concurran en ambos progenitores, adoptantes, guardadores con fines de adopción o acogedores de carácter permanente, por el mismo sujeto y hecho causante, las circunstancias necesarias para tener derecho a este permiso o, en su caso, puedan tener la condición de beneficiarios de la prestación establecida para este fin en el Régimen de la Seguridad Social que les sea de aplicación, el funcionario tendrá derecho a la percepción de las retribuciones íntegras durante el tiempo que dure la reducción de su jornada de trabajo, siempre que el otro progenitor, adoptante o guardador con fines de adopción o acogedor de carácter permanente, sin perjuicio del derecho a la reducción de jornada que le corresponda, no cobre sus retribuciones íntegras en virtud de este permiso o como beneficiario de la prestación establecida para este fin en el Régimen de la Seguridad Social que le sea de aplicación. En caso contrario, sólo se tendrá derecho a la reducción de jornada, con la consiguiente reducción de retribuciones.

f) **Para hacer efectivo su derecho a la protección y a la asistencia social integral, los funcionarios que hayan sufrido daños físicos o psíquicos como consecuencia de la actividad terrorista**, su cónyuge o persona con análoga relación de afectividad, y los hijos de los heridos y fallecidos, siempre que ostenten la condición de funcionarios y de víctimas del terrorismo de acuerdo con la legislación vigente, así como los funcionarios amenazados en los términos del artículo 5 de la Ley 29/2011, de 22 de septiembre, de Reconocimiento y Protección Integral a las Víctimas del Terrorismo, previo reconocimiento del Ministerio del Interior o de sentencia judicial firme, *tendrán derecho a la reducción de la jornada con disminución proporcional de la retribución*, o a la reordenación del tiempo de trabajo, a través de la adaptación del horario, de la aplicación del horario flexible o de otras formas de ordenación del tiempo de trabajo que sean aplicables, en los términos que establezca la Administración competente en cada caso.

Dichas medidas serán adoptadas y mantenidas en el tiempo en tanto que resulten necesarias para la protección y asistencia social integral de la persona a la que se concede, ya sea por razón de las secuelas provocadas por la acción terrorista, ya sea por la amenaza a la que se encuentra sometida, en los términos previstos reglamentariamente.

2.6.4. *Vacaciones de los funcionarios públicos*

Los funcionarios públicos tendrán derecho a disfrutar como mínimo, durante cada año natural, de unas vacaciones retribuidas de **veintidós días hábiles,** o de los días que correspondan proporcionalmente si el tiempo de servicio durante el año fue menor.

A los efectos de lo previsto en el presente artículo, no se considerarán como días hábiles los sábados, sin perjuicio de las adaptaciones que se establezcan para los horarios especiales.

Cuando las situaciones de permiso de maternidad, incapacidad temporal, riesgo durante la lactancia o riesgo durante el embarazo impidan iniciar el disfrute de las vacaciones dentro del año natural al que correspondan, o una vez iniciado el periodo vacacional sobreviniera una de dichas situaciones, el periodo vacacional se podrá disfrutar aunque haya terminado el año natural a que correspondan y siempre que no hayan transcurrido más de dieciocho meses a partir del final del año en que se hayan originado.

2.6.5. *Jornada de trabajo, permisos y vacaciones del personal laboral*

Para el régimen de jornada de trabajo, permisos y vacaciones del personal laboral se estará a lo establecido en este Capítulo y en la legislación laboral correspondiente.

2.7. Deberes de los empleados públicos. Código de conducta

Los empleados públicos deberán desempeñar con diligencia las tareas que tengan asignadas y velar por los intereses generales con sujeción y observancia de la Constitución y del resto del ordenamiento jurídico, y deberán actuar con arreglo a los siguientes principios: objetividad, integridad, neutralidad, responsabilidad, imparcialidad, confidencialidad, dedicación al servicio público, transparencia, ejemplaridad, austeridad, accesibilidad, eficacia, honradez, promoción del entorno cultural y medioambiental, y respeto a la igualdad entre mujeres y hombres, que inspiran el Código de Conducta de los empleados públicos configurado por los principios éticos y de conducta regulados en los artículos siguientes.

Los principios y reglas establecidos en este Capítulo informarán la interpretación y aplicación del régimen disciplinario de los empleados públicos.

Se trata por el TREBEP, de asentar unos valores, que se constituyan en un **código ético de obligado cumplimiento para todos los empleados públicos**, de crear una ética de comportamiento.

Se está hablando de ser útiles, eficientes y eficaces en la prestación de los servicios públicos.

Principios éticos que deben cumplir los empleados públicos:

1. Los empleados públicos respetarán la Constitución y el resto de normas que integran el ordenamiento jurídico.
2. Su actuación perseguirá la satisfacción de los intereses generales de los ciudadanos y se fundamentará en consideraciones objetivas orientadas hacia la imparcialidad y el interés común, al margen de cualquier otro factor que exprese posiciones personales, familiares, corporativas, clientelares o cualesquiera otras que puedan colisionar con este principio.
3. Ajustarán su actuación a los principios de lealtad y buena fe con la Administración en la que presten sus servicios, y con sus superiores, compañeros, subordinados y con los ciudadanos.
4. Su conducta se basará en el respeto de los derechos fundamentales y libertades públicas, evitando toda actuación que pueda producir discriminación alguna por razón de nacimiento, origen racial o étnico, género, sexo, orientación sexual, religión o convicciones, opinión, discapacidad, edad o cualquier otra condición o circunstancia personal o social.
5. Se abstendrán en aquellos asuntos en los que tengan un interés personal, así como de toda actividad privada o interés que pueda suponer un riesgo de plantear conflictos de intereses con su puesto público.
6. No contraerán obligaciones económicas ni intervendrán en operaciones financieras, obligaciones patrimoniales o negocios jurídicos con personas o entidades cuando pueda suponer un conflicto de intereses con las obligaciones de su puesto público.
7. No aceptarán ningún trato de favor o situación que implique privilegio o ventaja injustificada, por parte de personas físicas o entidades privadas.
8. Actuarán de acuerdo con los principios de eficacia, economía y eficiencia, y vigilarán la consecución del interés general y el cumplimiento de los objetivos de la organización.
9. No influirán en la agilización o resolución de trámite o procedimiento administrativo sin justa causa y, en ningún caso, cuando ello comporte un privilegio en beneficio de los titulares de los cargos públicos o su entorno familiar y social inmediato o cuando suponga un menoscabo de los intereses de terceros.

10. Cumplirán con diligencia las tareas que les correspondan o se les encomienden y, en su caso, resolverán dentro de plazo los procedimientos o expedientes de su competencia.
11. Ejercerán sus atribuciones según el principio de dedicación al servicio público absteniéndose no solo de conductas contrarias al mismo, sino también de cualesquiera otras que comprometan la neutralidad en el ejercicio de los servicios públicos.
12. Guardarán secreto de las materias clasificadas u otras cuya difusión esté prohibida legalmente, y mantendrán la debida discreción sobre aquellos asuntos que conozcan por razón de su cargo, sin que puedan hacer uso de la información obtenida para beneficio propio o de terceros, o en perjuicio del interés público.

Principios de conducta:

1. Tratarán con atención y respeto a los ciudadanos, a sus superiores y a los restantes empleados públicos.
2. El desempeño de las tareas correspondientes a su puesto de trabajo se realizará de forma diligente y cumpliendo la jornada y el horario establecidos.
3. Obedecerán las instrucciones y órdenes profesionales de los superiores, salvo que constituyan una infracción manifiesta del ordenamiento jurídico, en cuyo caso las pondrán inmediatamente en conocimiento de los órganos de inspección procedentes.
4. Informarán a los ciudadanos sobre aquellas materias o asuntos que tengan derecho a conocer, y facilitarán el ejercicio de sus derechos y el cumplimiento de sus obligaciones.
5. Administrarán los recursos y bienes públicos con austeridad, y no utilizarán los mismos en provecho propio o de personas allegadas. Tendrán, asimismo, el deber de velar por su conservación.
6. Se rechazará cualquier regalo, favor o servicio en condiciones ventajosas que vaya más allá de los usos habituales, sociales y de cortesía, sin perjuicio de lo establecido en el Código Penal.
7. Garantizarán la constancia y permanencia de los documentos para su transmisión y entrega a sus posteriores responsables.
8. Mantendrán actualizada su formación y cualificación.
9. Observarán las normas sobre seguridad y salud laboral.
10. Pondrán en conocimiento de sus superiores o de los órganos competentes las propuestas que consideren adecuadas para mejorar el desarrollo de las funciones de la unidad en la que estén destinados. A estos efectos

se podrá prever la creación de la instancia adecuada competente para centralizar la recepción de las propuestas de los empleados públicos o administrados que sirvan para mejorar la eficacia en el servicio.

11. Garantizarán la atención al ciudadano en la lengua que lo solicite siempre que sea oficial en el territorio.

3. La promoción profesional

Se regula en el Titulo IV y V del RD 364/1995 de 10 de marzo que establecen:

Artículo 70. Grado personal

1. Los puestos de trabajo **se clasifican en 30 niveles.**

2. Todos los funcionarios de carrera adquirirán un grado personal por el desempeño de uno o más puestos del nivel correspondiente durante dos años continuados o tres con interrupción, con excepción de lo dispuesto en el apartado 6 de este artículo, cualquiera que fuera el sistema de provisión.

No obstante lo dispuesto en el párrafo anterior, los funcionarios que obtengan un puesto de trabajo superior en más de dos niveles al correspondiente a su grado personal, consolidarán cada dos años de servicios continuados el grado superior en dos niveles al que poseyesen, sin que en ningún caso puedan superar el correspondiente al del puesto desempeñado, ni el intervalo de niveles correspondiente a su Cuerpo o Escala.

3. Los funcionarios consolidarán necesariamente como grado personal inicial el correspondiente al nivel del puesto de trabajo adjudicado tras la superación del proceso selectivo, salvo que con carácter voluntario pasen a desempeñar un puesto de nivel inferior, en cuyo caso consolidarán el correspondiente a este último.

4. Si durante el tiempo en que el funcionario desempeña un puesto se modificase el nivel del mismo, el tiempo de desempeño se computará con el nivel más alto en que dicho puesto hubiera estado clasificado.

5. Cuando un funcionario obtenga destino de nivel superior al del grado en proceso de consolidación, el tiempo de servicios prestados en aquél será computado para la referida consolidación.

Cuando un funcionario obtenga destino de nivel inferior al del grado en proceso de consolidación, el tiempo de servicios prestados en puestos de nivel superior podrá computarse, a su instancia, para la consolidación del grado correspondiente a aquél.

6. Una vez consolidado el grado inicial y sin perjuicio de lo dispuesto en el segundo párrafo del apartado 2 de este artículo, el tiempo prestado en comisión de servicios será computable para consolidar el grado correspondiente al puesto desempeñado siempre que se obtenga con carácter definitivo dicho puesto u otro de igual o superior nivel.

Si el puesto obtenido con carácter definitivo fuera de nivel inferior al del desempeñado en comisión y superior al del grado consolidado, el tiempo de desempeño en esta situación se computará para la consolidación del grado correspondiente al nivel del puesto obtenido.

No se computará el tiempo de desempeño en comisión de servicios cuando el puesto fuera de nivel inferior al correspondiente al grado en proceso de consolidación.

Las previsiones contenidas en este apartado serán de aplicación asimismo cuando se desempeñe un puesto en adscripción provisional en los supuestos previstos en este reglamento.

7. A los funcionarios que se encuentren en las dos primeras fases de reasignación de efectivos y en la situación de expectativa de destino, a que se refiere el artículo 20.1.g) de la Ley de Medidas para la Reforma de la Función Pública, así como a los afectados por la supresión de puestos de trabajo o alteración de su contenido prevista en el artículo 72.3 del presente Reglamento, se les computará el tiempo transcurrido en dichas circunstancias a efectos de la adquisición del grado personal que tuviera en proceso de consolidación.

8. El tiempo de servicios prestado en adscripción provisional por los funcionarios removidos en puestos obtenidos por concurso o cesados en puestos de libre designación no se considerará como interrupción a efectos de consolidación del grado personal si su duración es inferior a seis meses.

9. El tiempo de permanencia en la situación de servicios especiales será computado, a efectos de adquisición del grado personal, como prestado en el último puesto desempeñado en la situación de servicio activo o en el que durante el tiempo de permanencia en dicha situación se hubiera obtenido por concurso.

10. El tiempo de permanencia en la excedencia por cuidado de hijos durante el primer año de la misma se computará como prestado en el puesto de trabajo del que se es titular.

11. El reconocimiento del grado personal se efectuará por el Subsecretario del Departamento donde preste servicios el funcionario, que dictará al efecto la oportuna resolución, comunicándose al Registro central de personal dentro de los tres días hábiles siguientes.

El grado reconocido por los órganos competentes de otra Administración pública será anotado en el Registro central de personal hasta el nivel máximo del intervalo correspondiente a su grupo de titulación, de acuerdo con lo dispuesto en el apartado 1 del artículo 71 de este reglamento, una vez que el funcionario reingrese o se reintegre a la Administración General del Estado en el mismo cuerpo o escala en que le haya sido reconocido el grado personal.

Los servicios prestados en otra Administración pública que no lleguen a completar el tiempo necesario para consolidar el grado personal serán tenidos en cuenta a efectos de consolidación del grado, cuando el funcionario reingrese o se reintegre a la Administración General del Estado, en el mismo cuerpo o escala en el que estuviera dicho grado en proceso de consolidación y siempre dentro de los intervalos de niveles previstos en el artículo 71 de este Reglamento.

Lo dispuesto en el párrafo anterior se realizará de conformidad con las previsiones que, para la consolidación de grado personal, se establecen en este reglamento.(Se modifican los apartados 6 y 11 por el art. 1.4 del Real Decreto 255/2006, de 3 de marzo.)

12. El grado personal comporta el derecho a la percepción como mínimo del complemento de destino de los puestos del nivel correspondiente al mismo.

Artículo 71. Intervalos de niveles

1. Los intervalos de los niveles de puestos de trabajo que corresponden a cada Cuerpo o Escala, de acuerdo con el Grupo en el que figuren clasificados, son los siguientes:

Cuerpos o Escalas	Nivel mínimo	Nivel máximo
Grupo A	20	30
Grupo B	16	26
Grupo C	11	22
Grupo D	9	18
Grupo E	7	14

2. En ningún caso los funcionarios podrán obtener puestos de trabajo no incluidos en los niveles del intervalo correspondiente al Grupo en el que figure clasificado su Cuerpo o Escala.

Artículo 72. Garantía del puesto de trabajo

1. A los funcionarios cesados en puestos de libre designación y a los removidos de los obtenidos por concurso, o cuyo puesto de trabajo haya sido suprimido, se les atribuirá el desempeño provisional de un puesto de trabajo de acuerdo con las previsiones establecidas en el presente Reglamento.

Dicha atribución se llevará a cabo por los siguientes órganos:

a) Los Subsecretarios en el ámbito de su Departamento, así como entre el Departamento y sus Organismos autónomos y, en su caso, Entidades Gestoras.

b) Los Presidentes o Directores de Organismos autónomos y de las Entidades Gestoras y Servicios Comunes de la Seguridad Social respecto de los funcionarios destinados en ellos.

c) Los Delegados del Gobierno y Gobernadores civiles, en el ámbito de sus respectivas competencias, a propuesta de los Directores o Jefes de unidades de los servicios periféricos de cada Departamento.

2. Los puestos cubiertos mediante adscripción provisional se convocarán para su cobertura con carácter definitivo por los sistemas previstos en las relaciones de puestos de trabajo. Los funcionarios que los desempeñen tendrán la obligación de participar en las correspondientes convocatorias.

3. Los funcionarios que cesen en el desempeño de los puestos de trabajo por alteración de su contenido o supresión de los mismos en las correspondientes relaciones, continuarán percibiendo, en tanto se les atribuya otro puesto correspondiente a su Cuerpo o Escala no inferior en más de dos niveles al de su grado personal en el mismo municipio y durante un plazo máximo de tres meses, las retribuciones complementarias correspondientes al de procedencia.

Título V. Promoción interna

Capítulo I. Normas generales

Artículo 73. Régimen aplicable

La promoción interna consiste en el ascenso desde Cuerpos o Escalas de un Grupo de titulación a otro del inmediato superior o en el acceso a Cuerpos o Escalas del mismo Grupo de titulación. Se regirá por las normas establecidas en el presente Título y supletoriamente por las del Título I de este Reglamento.

Artículo 74. Sistemas selectivos

1. La promoción interna se efectuará mediante el sistema de oposición o concurso-oposición, con sujeción a los principios de igualdad, mérito, capacidad y publicidad.

2. En el sistema de concurso-oposición las convocatorias podrán fijar una puntuación mínima para acceder a la fase de oposición.

En ningún caso la puntuación obtenida en la fase de concurso podrá aplicarse para superar los ejercicios de la fase de oposición.

Artículo 75. Convocatorias de promoción interna

Las pruebas de promoción interna, en las que deberán respetarse los principios de igualdad, mérito, capacidad y publicidad, podrán llevarse a cabo en convocatorias independientes de las de ingreso cuando, por conveniencia de la planificación general de los recursos humanos, así lo autorice el Gobierno o el órgano competente de las demás Administraciones públicas.

Artículo 76. Requisitos de participación

Para participar en pruebas de promoción interna los funcionarios deberán tener una antigüedad de, al menos, dos años en el Cuerpo o Escala a que pertenezcan el día de la finalización del plazo de presentación de solicitudes de participación y poseer la titulación y el resto de los requisitos establecidos con carácter general para el acceso al Cuerpo o Escala en el que aspiran a ingresar.

Capítulo II.
Promoción desde Cuerpos o Escalas de un grupo de titulación a otro del inmediato superior

Artículo 77. Características de las pruebas

En las convocatorias podrá establecerse la exención de las pruebas sobre aquellas materias cuyo conocimiento se haya acreditado suficientemente en las de ingreso al Cuerpo o Escala de origen.

Artículo 78. Derechos de los funcionarios de promoción interna

1. Los funcionarios que accedan a otros Cuerpos y Escalas por el turno de promoción interna tendrán, en todo caso, preferencia para cubrir los puestos vacantes de la respectiva convocatoria sobre los aspirantes que no procedan de este turno.

2. El Ministerio para las Administraciones públicas, a propuesta del Ministerio u organismo en el que estén destinados los aspirantes aprobados en el turno de promoción interna y previa solicitud de éstos, podrá autorizar que se les adjudique destino dentro del mismo, en el puesto que vinieran desempeñando o en otros puestos vacantes dotados presupuestariamente existentes en el municipio, siempre que sean de necesaria cobertura y se cumplan los requisitos establecidos en la relación de puestos de trabajo. En este caso, quedarán excluidos del sistema de adjudicación de destinos por el orden de puntuación obtenido en el proceso selectivo.

Las convocatorias podrán excluir la posibilidad prevista en el párrafo anterior.

Lo dispuesto en este apartado 2 no será de aplicación a los funcionarios de los Cuerpos de Seguridad del Estado.

3. Los funcionarios de promoción interna podrán conservar, a petición propia, el grado personal que hubieran consolidado, siempre que se encuentre incluido en el intervalo de niveles correspondiente al Cuerpo o Escala a que accedan. El tiempo de servicios prestados en los de origen en las anteriores condiciones podrá ser de aplicación, a su solicitud, para la consolidación del grado personal en el nuevo Cuerpo o Escala.

Artículo 79. Acumulación de vacantes

Las vacantes convocadas para promoción interna que queden desiertas, por no haber obtenido los aspirantes la puntuación mínima exigida para la superación de las correspondientes pruebas, se acumularán a las que se ofrezcan al resto de los aspirantes de acceso libre, salvo en el caso de convocatorias independientes de promoción interna.

Capítulo III. Promoción a Cuerpos o Escalas del mismo grupo de titulación

Artículo 80. Procedimiento de promoción

1. La promoción a Cuerpos o Escalas del mismo grupo de titulación deberá efectuarse, con respeto a los principios de mérito y capacidad, entre funcionarios que desempeñen actividades sustancialmente coincidentes o análogas en su contenido profesional y en su nivel técnico.

2. El Gobierno, a propuesta del Ministro para las Administraciones públicas, podrá determinar, cuando se deriven ventajas para la gestión de los servicios, los Cuerpos o Escalas de la Administración general del Estado a los que se puede acceder por este procedimiento.

El Ministerio para las Administraciones Públicas establecerá los requisitos y las pruebas a superar. Para participar en las mismas se exigirá, en todo caso, estar en posesión de la titulación académica requerida para el acceso a los Cuerpos y Escalas de que se trate.

3. En las convocatorias para el acceso a Cuerpos o Escalas por este procedimiento deberá establecerse la exención de las pruebas encaminadas a acreditar los conocimientos ya exigidos para el acceso al Cuerpo o Escala de origen, pudiendo valorarse los cursos y programas de formación superados.

Tema 6

Sistemas de retribuciones e indemnizaciones. Las incompatibilidades. Régimen disciplinario: faltas, sanciones y procedimiento

eRodio ediciones

Índice esquemático

1. Las retribuciones

2. Las incompatibilidades

2.1. Principio generales de la Ley de incompatibilidades

2.2. Incompatibilidades públicas

2.3. Incompatibilidad con actividades privadas

2.4. Disposiciones comunes

3. Régimen disciplinario: faltas, sanciones y procedimiento

3.1. Responsabilidad disciplinaria

3.2. Faltas disciplinarias

3.3. Sanciones

3.4. Procedimiento disciplinario y medidas provisionales

1. Las retribuciones

Han sido objeto de estudio en el apartado sobre "Derechos de los funcionarios", al cual nos remitimos.

2. Las incompatibilidades

Se recogen en la **Ley 53/1984 de 26 de diciembre, de Incompatibilidades del personal al servicio de las Administraciones Públicas**.

Dicha Ley establece en primer lugar unos Principios Generales, a continuación, analiza las incompatibilidades con otras actividades Públicas y privadas como vamos a ver a continuación.

2.1. Principio generales de la Ley de incompatibilidades

Se establecen en el **artículo primero**.

1. El personal comprendido en el ámbito de aplicación de esta Ley no podrá compatibilizar sus actividades con el desempeño, por sí o mediante sustitución, de un segundo puesto de trabajo, cargo o actividad en el sector público, salvo en los supuestos previstos en la misma.

A los solos efectos de esta Ley se considerará actividad en el sector público la desarrollada por los miembros electivos de las Asambleas Legislativas de las Comunidades Autónomas y de las Corporaciones Locales, por los altos cargos y restante personal de los órganos constitucionales y de todas las Administraciones Públicas, incluida la Administración de Justicia, y de los Entes, Organismo y Empresas de ellas dependientes, entendiéndose comprendidas las Entidades colaboradoras y las concertadas de la Seguridad Social en la prestación sanitaria.

2. Además, no *se podrá percibir, salvo en los supuestos previstos en esta Ley, más de una remuneración con cargo a los presupuestos de las Administraciones Públicas* y de los Entes, Organismos y Empresas de ellas dependientes o con cargo a los de los órganos constitucionales, o que resulte de la aplicación de arancel ni ejercer opción por percepciones correspondiente a puestos incompatibles.

A los efectos del párrafo anterior, se entenderá por remuneración cualquier derecho de contenido económico derivado, directa o indirectamente, de una prestación o servicio personal, sea su cuantía fija o variable y su devengo periódico u ocasional.

3. En cualquier caso, el desempeño de un puesto de trabajo por el personal incluido en el ámbito de aplicación de esta Ley será incompatible con el ejercicio de cualquier cargo, profesión o actividad, público o privado, que pueda impedir o menoscabar el estricto cumplimiento de sus deberes o comprometer su imparcialidad o independencia.

Ámbito de aplicación de las ley

Artículo segundo

1. La presente Ley será de aplicación a:

a) El personal civil y militar al servicio de la Administración del Estado y de sus Organismos Públicos.

b) El personal al servicio de las Administraciones de las Comunidades Autónomas y de los Organismos de ellas dependientes, así como de sus Asambleas Legislativas y órganos institucionales.

c) El personal al servicio de las Corporaciones Locales y de los Organismos de ellas dependientes.

d) El personal al servicio de Entes y Organismos públicos exceptuados de la aplicación de la Ley de Entidades Estatales Autónomas.

e) El personal que desempeñe funciones públicas y perciba sus retribuciones mediante arancel.

f) El personal al servicio de la Seguridad Social, de sus Entidades Gestoras y de cualquier otra Entidad u Organismo de la misma.

g) El personal al servicio de entidades, corporaciones de derecho público, fundaciones y consorcios cuyos presupuestos se doten ordinariamente en más de un 50 por cien con subvenciones u otros ingresos procedentes de las Administraciones Públicas.

h) El personal que preste servicios en Empresas en que la participación del capital, directa o indirectamente, de las Administraciones Públicas sea superior al 50 por 100.

i) El personal al servicio del Banco de España y de las instituciones financieras públicas.

j) El restante personal al que resulte de aplicación el régimen estatutario de los funcionarios públicos.

2. En el ámbito delimitado en el apartado anterior se entenderá incluido todo el personal, cualquiera que sea la naturaleza jurídica de la relación de empleo. (Se modifican las letras a) y g) por la disposición final 3.1 de la Ley 7/2007, de 12 de abril.)

2.2. Incompatibilidades públicas

Artículo tercero

1. **El personal comprendido en el ámbito de aplicación de esta Ley sólo podrá desempeñar un segundo puesto de trabajo o actividad en el sector público en los supuestos previstos en la misma para las** *funciones docente y sanitaria*, en los casos a que se refieren los artículo 5.º y 6.º y en los que, por razón de interés público, se determine por el Consejo de Ministros, mediante Real decreto, u órgano de gobierno de la Comunidad Autónoma, en el ámbito de sus respectivas competencias; en este último supuesto la actividad sólo podrá prestarse en régimen laboral, a tiempo parcial y con duración determinada, en las condiciones establecidas por la legislación laboral.

Para el ejercicio de la segunda actividad será indispensable la previa y expresa autorización de compatibilidad, que no supondrá modificación de la jornada de trabajo y horario de los dos puestos y que se condiciona a su estricto cumplimiento en ambos.

En todo caso la autorización de compatibilidad se efectuará en razón del interés público.

2. El desempeño de un puesto de trabajo en el sector público, delimitado en el párrafo segundo del apartado 1 del artículo primero, es incompatible con la percepción de pensión de jubilación o retiro por Derechos Pasivos o por cualquier régimen de Seguridad Social público y obligatorio.

La percepción de las pensiones indicadas quedará en suspenso por el tiempo que dure el desempeño de dicho puesto, sin que ello afecte a sus actualizaciones.

Por excepción, en el ámbito laboral, será compatible la pensión de jubilación parcial con un puesto de trabajo a tiempo parcial.

Artículo cuarto

1. Podrá autorizarse **la compatibilidad,** cumplidas las restantes exigencias de esta Ley, para el desempeño de un puesto de trabajo **en la esfera docente como Profesor universitario asociado en régimen de dedicación no superior a la de tiempo parcial y con duración determinada.**

2. Al personal docente e investigador de la Universidad podrá autorizarse, cumplidas las restantes exigencias de esta ley, la compatibilidad para el desempeño de un segundo puesto de trabajo en el sector público sanitario o de carácter exclusivamente investigador en centros de investigación del sector público, incluyendo el ejercicio de funciones de dirección científica dentro de un centro o estructura de investigación, dentro del área de especialidad de su departamento

universitario, y siempre que los dos puestos vengan reglamentariamente autorizados como de prestación a tiempo parcial.

Recíprocamente, a quienes desempeñen uno de los definidos como segundo puesto en el párrafo anterior, podrá autorizarse la compatibilidad para desempeñar uno de los puestos docentes universitarios a que se hace referencia.

Asimismo a los Profesores titulares de Escuelas Universitarias de Enfermería podrá autorizarse la compatibilidad para el desempeño de un segundo puesto de trabajo en el sector sanitario en los términos y condiciones indicados en los párrafos anteriores.

Igualmente a los Catedráticos y Profesores de Música que presten servicio en los Conservatorios Superiores de Música y en los Conservatorios Profesionales de Música, podrá autorizarse la compatibilidad para el desempeño de un segundo puesto de trabajo en el sector público cultural en los términos y condiciones indicados en los párrafos anteriores.

3. La dedicación del profesorado universitario será en todo caso compatible con la realización de los trabajos a que se refiere el artículo 11 de la Ley de Reforma Universitaria, en los términos previstos en la misma.

(Se modifica el párrafo primero del apartado 2 por la disposición final 1.1 de la Ley 14/2011, de 1 de junio. Se añade el párrafo 4 al apartado 2 por la disposición adicional 12 de la Ley 13/1996, de 30 de diciembre.)

Artículo quinto

1. **Por excepción, el personal incluido en el ámbito de aplicación de esta Ley podrá compatibilizar sus actividades con el desempeño de los cargos electivos siguientes:**

a) Miembros de las Asambleas Legislativas de las Comunidades Autónomas, salvo que perciban retribuciones periódicas por el desempeño de la función o que por las mismas se establezca la incompatibilidad.

b) Miembros de las Corporaciones locales, salvo que desempeñen en las mismas cargos retribuidos en régimen de dedicación exclusiva.

2. En los supuestos comprendidos en este artículo sólo podrá percibirse la retribución correspondiente a una de las dos actividades, sin perjuicio de las dietas, indemnizaciones o asistencias que correspondan por la otra. No obstante, en los supuestos de miembros de las Corporaciones locales en la situación de dedicación parcial a que hace referencia el artículo 75.2 de la Ley 7/1985, de 2 de abril, Reguladora de las Bases del Régimen Local, se podrán percibir retribuciones por tal dedicación, siempre que la desempeñen fuera de su jornada de trabajo en la

Administración, y sin superar en ningún caso los límites que con carácter general se establezcan, en su caso. La Administración en la que preste sus servicios un miembro de una Corporación local en régimen de dedicación parcial y esta última deberán comunicarse recíprocamente su jornada en cada una de ellas y las retribuciones que perciban, así como cualquier modificación que se produzca en ellas. (Se modifica por el art. 39 de la Ley de 14/2000, de 29 de diciembre.)

Artículo sexto

1. Sin perjuicio de lo previsto en el artículo 4. 3, excepcionalmente podrá autorizarse al personal incluido en el ámbito de esta ley la c**ompatibilidad para el ejercicio de actividades de investigación de carácter no permanente, o de asesoramiento científico o técnico** en supuestos concretos, que no correspondan a las funciones del personal adscrito a las respectivas Administraciones Públicas.

Dicha excepción se acreditará por la asignación del encargo en concurso público, o por requerir especiales calificaciones que sólo ostenten personas afectadas por el ámbito de aplicación de esta ley.

2. El personal investigador al servicio de los Organismos Públicos de Investigación, de las Universidades públicas y de otras entidades de investigación dependientes de las Administraciones Públicas, podrá ser autorizado a prestar servicios en sociedades creadas o participadas por los mismos en los términos establecidos en esta ley y en la Ley 14/2011, de 1 de junio, de la Ciencia, la Tecnología y la Innovación, por el Ministerio de la Presidencia o por los órganos competentes de las Universidades públicas o de las Administraciones Públicas.

(Se modifica por la disposición final 1.2 de la Ley 14/2011, de 1 de junio.)

Artículo séptimo

1. **Será requisito necesario para autorizar la compatibilidad de actividades públicas** el que la cantidad total percibida por ambos puestos o actividades no supere la remuneración prevista en los Presupuestos Generales del Estado para el cargo de Director General, ni supere la correspondiente al principal, estimada en régimen de dedicación ordinaria, incrementada en:

- Un 30 por 100, para los funcionarios del grupo A o personal de nivel equivalente.
- Un 35 por 100, para los funcionarios del grupo B o personal de nivel equivalente.
- Un 40 por 100, para los funcionarios del grupo C o personal de nivel equivalente.

- Un 45 por 100, para los funcionarios del grupo D o personal equivalente.
- Un 50 por 100, para los funcionarios del grupo E o personal equivalente.

La superación de estos límites, en cómputo anual, requiere en cada caso acuerdo expreso del Gobierno, órgano competente de las Comunidades Autónomas o Pleno de las Corporaciones Locales en base a razones de especial interés para el servicio.

2. Los servicio prestados en el segundo puesto o actividad no se computarán a efectos de trienios ni de derechos pasivos, pudiendo suspenderse la cotización a este último efecto. Las pagas extraordinarias, así como las prestaciones de carácter familiar, sólo podrán percibirse por uno de los puestos, cualquiera que sea su naturaleza.

(Se deroga el apartado 3 por la disposición derogatoria única.k) del Real Decreto legislativo 1/1994, de 20 de junio.)

Artículo octavo

1. El personal incluido en el ámbito de aplicación de esta Ley que en representación del sector público pertenezca a Consejos de Administración u órganos de gobierno de Entidades o Empresas públicas o privadas, sólo podrá percibir las dietas o indemnizaciones que correspondan por su asistencia a los mismos, ajustándose en su cuantía al régimen general previsto para las Administraciones Públicas. Las cantidades devengadas por cualquier otro concepto serán ingresadas directamente por la Entidad o Empresa en la Tesorería pública que corresponda.

No se podrá pertenecer a más de dos Consejos de Administración u órganos de gobierno a que se refiere el apartado anterior, salvo que excepcionalmente se autorice para supuestos concretos mediante acuerdo del Gobierno, órgano competente de la Comunidad Autónoma o Pleno de la Corporación Local correspondiente.

Artículo noveno

La autorización o denegación de compatibilidad para un segundo puesto o actividad del sector público corresponde al Ministerio de la Presidencia, a propuesta de la Subsecretaría del Departamento correspondiente, al órgano competente de la Comunidad Autónoma o al Pleno de la Corporación Local a que figure adscrito el puesto principal, previo informe, en su caso, de los Directores de los Organismos, Entes y Empresas públicas.

Dicha autorización requiere además el previo informe favorable del órgano competente de la Comunidad Autónoma o Pleno de la Corporación Local, conforme a la adscripción del segundo puesto. Si los dos puestos correspondieran a la Administración del Estado, emitirá este informe la Subsecretaría del Departamento al que corresponda el segundo puesto.

Artículo diez

Quienes accedan por cualquier título a un nuevo puesto del sector público que con arreglo a esta Ley resulte incompatible con el que vinieran desempeñando habrán de optar por uno de ellos dentro del plazo de toma de posesión.

A falta de opción en el plazo señalado se entenderá que optan por el nuevo puesto, pasando a la situación de excedencia voluntaria en los que vinieran desempeñando.

Si se tratara de puestos susceptibles de compatibilidad, previa autorización, deberán instarla en los diez primeros días del aludido plazo de toma de posesión, entendiéndose éste prorrogado en tanto recae resolución.

2.3. Incompatibilidad con actividades privadas

Artículo once

1. De acuerdo con lo dispuesto en el artículo 1º,3, de la presente Ley, **el personal comprendido en su ámbito de aplicación no podrá ejercer, por sí o mediante sustitución, actividades privadas, incluidas las de carácter profesional, sean por cuenta propia o bajo la dependencia o al servicio de Entidades o particulares que se relacionen directamente con las que desarrolle el Departamento, Organismo o Entidad donde estuviera destinado**.

Se exceptúan de dicha prohibición las actividades particulares que, en ejercicio de un derecho legalmente reconocido, realicen para sí los directamente interesados.

2. El Gobierno, por Real Decreto, podrá determinar, con carácter general, las funciones, puestos o colectivos del sector público, incompatibles con determinadas profesiones o actividades privadas, que puedan comprometer la imparcialidad independencia del personal de que se trate, impedir o menoscabar el estricto cumplimiento de sus deberes o perjudicar los intereses generales.

Artículo doce

1. En todo caso, el personal comprendido en el ámbito de aplicación de esta Ley no podrá ejercer las actividades siguientes:

a) El desempeño de actividades privadas, incluidas las de carácter profesional, sea por cuenta propia o bajo la dependencia o al servicio de Entidades o particulares, en los asuntos en que esté interviniendo, haya intervenido en los dos últimos años o tenga que intervenir por razón del puesto público.

Se incluyen en especial en esta incompatibilidad las actividades profesionales prestadas a personas a quienes se esté obligado a atender en el desempeño del puesto público.

b) La pertenencia a Consejos de Administración u órganos rectores de Empresas o Entidades privadas, siempre que la actividad de las mismas esté directamente relacionada con las que gestione el Departamento, Organismo o Entidad en que preste sus servicios el personal afectado.

c) El desempeño, por sí o por persona interpuesta, de cargos de todo orden en Empresas o Sociedades concesionarias, contratistas de obras, servicios o suministros, arrendatarias o administradoras de monopolios, o con participación o aval del sector público, cualquiera que sea la configuración jurídica de aquéllas.

d) La participación **superior al 10 por 100** en el capital de las Empresas o Sociedades a que se refiere el párrafo anterior.

2. Las actividades privadas que correspondan a puestos de trabajo que requieran la presencia efectiva del interesado durante un horario igual o superior a la mitad de la jornada semanal ordinaria de trabajo en las Administraciones Públicas sólo podrán autorizarse cuando la actividad pública sea una de las enunciadas en esta Ley como de prestación a tiempo parcial.

Artículo trece

No podrá reconocerse compatibilidad alguna para actividades privadas a quienes se les hubiere autorizado la compatibilidad para un segundo puesto o actividad públicos, siempre que la suma de jornadas de ambos sea igual o superior a la máxima en las Administraciones Públicas.

Artículo catorce

El ejercicio de actividades profesionales, laborales, mercantiles o industriales fuera de las Administraciones Públicas requerirá el previo reconocimiento de compatibilidad.

La resolución motivada reconociendo la compatibilidad o declarando la incompatibilidad, que se dictará en el plazo de dos meses, corresponde al Ministerio de la Presidencia, a propuesta del Subsecretario del Departamento correspondiente; al órgano competente de la Comunidad Autónoma o al Pleno de la Corporación Local, previo informe, en su caso, de los Directores de los Organismos, Entes y Empresas públicas.

Los reconocimientos de compatibilidad no podrán modificar la jornada de trabajo y horario del interesado y quedarán automáticamente sin efecto en caso de cambio de puesto en el sector público.

Quienes se hallen autorizados para el desempeño de un segundo puesto o actividad públicos deberán instar el reconocimiento de compatibilidad con ambos.

Artículo quince

El personal a que se refiere esta Ley no podrá invocar o hacer uso de su condición pública para el ejercicio de actividad mercantil, industrial o profesional.

2.4. Disposiciones comunes

Artículo dieciséis

1. No podrá autorizarse o reconocerse compatibilidad al personal funcionario, al personal eventual y al personal laboral cuando las retribuciones complementarias que tengan derecho a percibir del apartado b) del artículo 24 del presente Estatuto incluyan el factor de incompatibilidad al retribuido por arancel y al personal directivo, incluido el sujeto a la relación laboral de carácter especial de alta dirección.

2. A efectos de lo dispuesto en el presente artículo, la dedicación del profesorado universitario a tiempo completo tiene la consideración de especial dedicación.

3. Se exceptúan de la prohibición enunciada en el apartado 1, las autorizaciones de compatibilidad para ejercer como Profesor universitario asociado en los términos del apartado 1 del artículo 4.º, así como para realizar las actividades de investigación o asesoramiento a que se refiere el artículo 6.º de esta Ley, salvo para el personal docente universitario a tiempo completo.

4. Asimismo, por excepción y sin perjuicio de las limitaciones establecidas en los artículos 1.o 11, 12 y 13 de la presente Ley, podrá reconocerse compatibilidad para el ejercicio de actividades privadas al personal que desempeñe puestos de trabajo que comporten la percepción de complementos específicos, o concepto equiparable, cuya cuantía no supere el 30 por 100 de su retribución básica, excluidos los conceptos que tengan su origen en la antigüedad.

(Se modifica el apartado 1 por la disposición final 3 del texto refundido de la Ley del Estatuto Básico del Empleado Público aprobado por Real Decreto Legislativo 5/2015, de 30 de octubre.)

Artículo diecisiete

1. Los Delegados del Gobierno en las Comunidades Autónomas, en relación al personal de los servicios periféricos de ámbito regional, y los Gobernadores civiles respecto al de los servicios periféricos provinciales, ejercerán las facultades que esta Ley atribuye a los Subsecretarios de los Departamentos respecto del personal de la Administración Civil del Estado y de sus Organismos autónomos y de la Seguridad Social.

2. Las referencias a las facultades que esta Ley atribuye a las Subsecretarías y órganos competentes de las Comunidades Autónomas se entenderán referidas al Rector de cada Universidad, en relación al personal al servicio de la misma, en el marco del respectivo Estatuto.

Artículo dieciocho

Todas las resoluciones de compatibilidad para desempeñar un segundo puesto o actividad en el sector público o el ejercicio de actividades privadas se inscribirán en los Registros de Personal correspondientes. Este requisito será indispensable, en el primer caso, para que puedan acreditarse haberes a los afectados por dicho puesto o actividad.

Artículo diecinueve

Quedan exceptuadas del régimen de incompatibilidades de la presente Ley las actividades siguientes:

a) Las derivadas de la Administración del patrimonio personal o familiar, sin perjuicio de lo dispuesto en el artículo 12 de la presente Ley.

b) La dirección de seminarios o el dictado de cursos o conferencias en Centros oficiales destinados a la formación de funcionarios o profesorado, cuando no tenga carácter permanente o habitual ni supongan más de setenta y cinco horas al año, así como la preparación para el acceso a la función pública en los casos y forma que reglamentariamente se determine.

c) La participación en Tribunales calificadores de pruebas selectivas para ingreso en las Administraciones Públicas.

d) La participación del personal docente en exámenes, pruebas o evaluaciones distintas de las que habitualmente les correspondan, en la forma reglamentariamente establecida.

e) El ejercicio del cargo de Presidente, Vocal o miembro de Juntas rectoras de Mutualidades o Patronatos de Funcionarios, siempre que no sea retribuido.

f) La producción y creación literaria, artística, científica y técnica, así como las publicaciones derivadas de aquéllas, siempre que no se originen como consecuencia de una relación de empleo o de prestación de servicios.

g) La participación ocasional en coloquios y programas en cualquier medio de comunicación social; y

h) La colaboración y la asistencia ocasional a Congresos, seminarios, conferencias o cursos de carácter profesional.

Artículo veinte

1. El incumplimiento de lo dispuesto en los artículos anteriores será sancionado conforme al régimen disciplinario de aplicación, sin perjuicio de la ejecutividad de la incompatibilidad en que se haya incurrido.

2. El ejercicio de cualquier actividad compatible no servirá de excusa al deber de residencia, a la asistencia al lugar de trabajo que requiera su puesto o cargo, ni al atraso, negligencia o descuido en el desempeño de los mismos. Las correspondientes faltas serán calificadas y sancionadas conforme a las normas que se contengan en el régimen disciplinario aplicable, quedando automáticamente revocada la autorización o reconocimiento de compatibilidad si en la resolución correspondiente se califica de falta grave o muy grave.

3. Los órganos a los que competa la dirección, inspección o jefatura de los diversos servicios cuidarán bajo su responsabilidad de prevenir o corregir, en su caso, las incompatibilidades en que pueda incurrir el personal. Corresponde a la Inspección General de Servicios de la Administración Pública, además de su posible intervención directa, la coordinación e impulso de la actuación de los órganos de inspección mencionados en materia de incompatibilidades, dentro del ámbito de la Administración del Estado, sin perjuicio de una recíproca y adecuada colaboración con las inspecciones o unidades de personal correspondiente de las Comunidades Autónomas y de las Corporaciones locales.

3. Régimen disciplinario: faltas, sanciones y procedimiento

3.1. Responsabilidad disciplinaria

Los funcionarios públicos y el personal laboral quedan sujetos al régimen disciplinario establecido en el presente Título y en las normas que las Leyes de Función Pública dicten en desarrollo de este Estatuto.

Los funcionarios públicos o el personal laboral que indujeren a otros a la realización de actos o conductas constitutivos de falta disciplinaria incurrirán en la misma responsabilidad que éstos.

Igualmente, incurrirán en responsabilidad los funcionarios públicos o personal laboral que encubrieren las faltas consumadas muy graves o graves, cuando de dichos actos se derive daño grave para la Administración o los ciudadanos.

El régimen disciplinario del personal laboral se regirá, en lo no previsto en el presente Título, por la legislación laboral.

Ejercicio de la potestad disciplinaria. Las Administraciones Públicas corregirán disciplinariamente las infracciones del personal a su servicio cometidas en el ejercicio de sus funciones y cargos, sin perjuicio de la responsabilidad patrimonial o penal que pudiera derivarse de tales infracciones.

La potestad disciplinaria se ejercerá **de acuerdo con los siguientes principios:**

a) Principio de legalidad y tipicidad de las faltas y sanciones, a través de la predeterminación normativa o, en el caso del personal laboral, de los convenios colectivos.

b) Principio de irretroactividad de las disposiciones sancionadoras no favorables y de retroactividad de las favorables al presunto infractor.

c) Principio de proporcionalidad, aplicable tanto a la clasificación de las infracciones y sanciones como a su aplicación.

d) Principio de culpabilidad.

e) Principio de presunción de inocencia.

Cuando de la instrucción de un procedimiento disciplinario resulte la existencia de indicios fundados de criminalidad, se suspenderá su tramitación poniéndolo en conocimiento del Ministerio Fiscal.

Los hechos declarados probados por resoluciones judiciales firmes vinculan a la Administración.

3.2. Faltas disciplinarias

Las faltas disciplinarias **pueden ser muy graves, graves y leves.**

Son faltas muy graves:

a) El incumplimiento del deber de respeto a la Constitución y a los respectivos Estatutos de Autonomía de las Comunidades Autónomas y Ciudades de Ceuta y Melilla, en el ejercicio de la función pública.

b) Toda actuación que suponga discriminación por razón de origen racial o étnico, religión o convicciones, discapacidad, edad u orientación sexual, lengua, opinión, lugar de nacimiento o vecindad, sexo o cualquier otra condición o circunstancia personal o social, así como el acoso por razón de origen racial o étnico, religión o convicciones, discapacidad, edad u orientación sexual y el acoso moral, sexual y por razón de sexo.

c) El abandono del servicio, así como no hacerse cargo voluntariamente de las tareas o funciones que tienen encomendadas.

d) La adopción de acuerdos manifiestamente ilegales que causen perjuicio grave a la Administración o a los ciudadanos.

e) La publicación o utilización indebida de la documentación o información a que tengan o hayan tenido acceso por razón de su cargo o función.

f) La negligencia en la custodia de secretos oficiales, declarados así por Ley o clasificados como tales, que sea causa de su publicación o que provoque su difusión o conocimiento indebido.

g) El notorio incumplimiento de las funciones esenciales inherentes al puesto de trabajo o funciones encomendadas.

h) La violación de la imparcialidad, utilizando las facultades atribuidas para influir en procesos electorales de cualquier naturaleza y ámbito.

i) La desobediencia abierta a las órdenes o instrucciones de un superior, salvo que constituyan infracción manifiesta del Ordenamiento jurídico.

j) La prevalencia de la condición de empleado público para obtener un beneficio indebido para sí o para otro.

k) La obstaculización al ejercicio de las libertades públicas y derechos sindicales.

l) La realización de actos encaminados a coartar el libre ejercicio del derecho de huelga.

m) El incumplimiento de la obligación de atender los servicios esenciales en caso de huelga.

n) El incumplimiento de las normas sobre incompatibilidades cuando ello dé lugar a una situación de incompatibilidad.

ñ) La incomparecencia injustificada en las Comisiones de Investigación de las Cortes Generales y de las Asambleas Legislativas de las Comunidades Autónomas.

o) El acoso laboral.

p) También serán faltas muy graves las que queden tipificadas como tales en Ley de las Cortes Generales o de la Asamblea Legislativa de la correspondiente Comunidad Autónoma o por los convenios colectivos en el caso de personal laboral.

Las faltas graves serán establecidas por Ley de las Cortes Generales o de la Asamblea Legislativa de la correspondiente Comunidad Autónoma o por los convenios colectivos en el caso de personal laboral, atendiendo a las siguientes circunstancias:

a) El grado en que se haya vulnerado la legalidad.

b) La gravedad de los daños causados al interés público, patrimonio o bienes de la Administración o de los ciudadanos.

c) El descrédito para la imagen pública de la Administración.

Las Leyes de Función Pública que se dicten en desarrollo del presente Estatuto determinarán el régimen aplicable a las faltas leves, atendiendo a las anteriores circunstancias.

3.3. Sanciones

Por razón de las faltas cometidas podrán imponerse las siguientes sanciones:

a) **Separación del servicio de los funcionarios,** que en el caso de los funcionarios interinos comportará la revocación de su nombramiento, y que sólo podrá sancionar la comisión de faltas muy graves.

b) **Despido disciplinario del personal laboral,** que sólo podrá sancionar la comisión de faltas muy graves y comportará la inhabilitación para ser titular de un nuevo contrato de trabajo con funciones similares a las que desempeñaban.

c) **Suspensión firme de funciones**, o de empleo y sueldo en el caso del personal laboral, con una duración máxima de 6 años.

d) **Traslado forzoso**, con o sin cambio de localidad de residencia, por el período que en cada caso se establezca.

e) **Demérito,** que consistirá en la penalización a efectos de carrera, promoción o movilidad voluntaria.

f) **Apercibimiento**.

g) Cualquier otra que se establezca por Ley.

Procederá la readmisión del personal laboral fijo cuando sea declarado improcedente el despido acordado como consecuencia de la incoación de un expediente disciplinario por la comisión de una falta muy grave.

El alcance de cada sanción se establecerá teniendo en cuenta el grado de intencionalidad, descuido o negligencia que se revele en la conducta, el daño al interés público, la reiteración o reincidencia, así como el grado de participación.

Prescripción de las faltas y sanciones

Las infracciones muy graves prescribirán a los 3 años, las graves a los 2 años y las leves a los 6 meses; las sanciones impuestas por faltas muy graves prescribirán a los 3 años, las impuestas por faltas graves a los 2 años y las impuestas por faltas leves al año.

El plazo de prescripción comenzará a contarse desde que la falta se hubiera cometido, y desde el cese de su comisión cuando se trate de faltas continuadas.

El de las sanciones, desde la firmeza de la resolución sancionadora.

3.4. Procedimiento disciplinario y medidas provisionales

No podrá imponerse sanción por la comisión de faltas muy graves o graves sino mediante el procedimiento previamente establecido.

La imposición de sanciones por faltas leves se llevará a cabo por procedimiento sumario con audiencia al interesado.

El procedimiento disciplinario que se establezca en el desarrollo de este Estatuto se estructurará atendiendo a los principios de eficacia, celeridad y economía procesal, con pleno respeto a los derechos y garantías de defensa del presunto responsable.

En el procedimiento quedará establecido la debida separación entre la fase instructora y la sancionadora, encomendándose a órganos distintos.

Cuando así esté previsto en las normas que regulen los procedimientos sancionadores, se podrá adoptar mediante resolución motivada medidas de carácter provisional que aseguren la eficacia de la resolución final que pudiera recaer.

La suspensión provisional como medida cautelar en la tramitación de un expediente disciplinario no podrá exceder de 6 meses, salvo en caso de paralización del procedimiento imputable al interesado. La suspensión provisional podrá acordarse también durante la tramitación de un procedimiento judicial, y se mantendrá por el tiempo a que se extienda la prisión provisional u otras medidas decretadas por el juez que determinen la imposibilidad de desempeñar el puesto de trabajo. En este caso, si la suspensión provisional excediera de seis meses no supondrá pérdida del puesto de trabajo.

El funcionario suspenso provisional tendrá derecho a percibir durante la suspensión las retribuciones básicas y, en su caso, las prestaciones familiares por hijo a cargo.

Cuando la suspensión provisional se eleve a definitiva, el funcionario deberá devolver lo percibido durante el tiempo de duración de aquélla. Si la suspensión provisional no llegara a convertirse en sanción definitiva, la Administración deberá restituir al funcionario la diferencia entre los haberes realmente percibidos y los que hubiera debido percibir si se hubiera encontrado con plenitud de derechos.

El tiempo de permanencia en suspensión provisional será de abono para el cumplimiento de la suspensión firme.

Cuando la suspensión no sea declarada firme, el tiempo de duración de la misma se computará como de servicio activo, debiendo acordarse la inmediata reincorporación del funcionario a su puesto de trabajo, con reconocimiento de todos los derechos económicos y demás que procedan desde la fecha de suspensión.

Tema 7

El régimen de la Seguridad Social de los funcionarios. La MUFACE y las clases pasivas

eRodio ediciones

Índice esquemático

1. El régimen de la Seguridad Social de los funcionarios

1.1. Disposiciones generales y campo de aplicación

2. La MUFACE y las clases pasivas

2.1 La MUFACE

2.2. Las clases pasivas

1. El régimen de la Seguridad Social de los funcionarios

El régimen de la seguridad social de los funcionarios queda establecido en el **Real Decreto Legislativo 4/2000, de 23 de junio, por el que se aprueba el texto refundido de la Ley sobre Seguridad Social de los Funcionarios Civiles del Estado**. Que establece en su exposición de motivos que:

El Régimen especial de la Seguridad Social de los Funcionarios Civiles del Estado fue establecido por la Ley 29/1975, de 27 de junio, sobre Seguridad Social de los Funcionarios Civiles del Estado. Sus directrices obedecen a los mismos criterios inspiradores de la Ley 193/1963, de 28 de diciembre, de bases de la Seguridad Social.

Precisamente en el campo de la protección social se han venido produciendo numerosas modificaciones que dieron lugar, en su momento, a la promulgación del texto refundido de la Ley General de Seguridad Social, aprobado por Real Decreto legislativo 1/1994, de 20 de junio. Asimismo, otras materias concernientes a los derechos de los funcionarios han sido objeto de nuevas regularizaciones, aclaraciones y armonizaciones, especialmente el ámbito de la protección social de las Clases Pasivas del Estado, cuyo texto refundido fue aprobado por Real Decreto legislativo 670/1987, de 30 de abril, sin que estos procesos hayan tenido un reflejo paralelo en las disposiciones legales aplicables a la Mutualidad General de Funcionarios Civiles del Estado, cuya normativa es en estos momentos compleja y dispersa.

Por ello, el artículo 62 de la Ley 50/1998, de 30 de diciembre, de Medidas fiscales, administrativas y del orden social, facultó al Gobierno para que, en el plazo de un año a partir de su entrada en vigor, procediera a la elaboración de un texto refundido que regularizara, aclarara y armonizara la Ley 29/1975 citada y sus modificaciones posteriores, con las disposiciones contenidas en normas con rango de ley, que hubieran incidido en el ámbito del mutualismo administrativo gestionado por la Mutualidad General de Funcionarios Civiles del Estado.

La aprobación de la Ley 39/1999, de 5 de noviembre, para promover la conciliación de la vida familiar y laboral de las personas trabajadoras, que introduce la situación de riesgo durante el embarazo como contingencia protegida en el Régimen especial de la Seguridad Social de los Funcionarios Civiles del Estado, y las otras modificaciones de este Régimen contempladas en la Ley 55/1999, de 29 de diciembre, de Medidas fiscales, administrativas y del orden social, aconsejaron a las Cortes Generales la concesión, en la última Ley citada, de una prórroga hasta el 30 de junio del año 2000, de la delegación legislativa conferida al Gobierno, con el fin de permitir la integración de estas novedades legislativas en el texto refundido.

1.1. Disposiciones generales y campo de aplicación

Artículo 1. Régimen especial de la Seguridad Social de los Funcionarios Civiles del Estado

El Régimen especial de la Seguridad Social de los Funcionarios Civiles del Estado se rige por lo dispuesto en la presente Ley y en sus normas de aplicación y desarrollo, así como por la legislación de Clases Pasivas del Estado.

Artículo 2. Mecanismos de cobertura

1. Este Régimen especial queda integrado por los siguientes mecanismos de cobertura:

a) El Régimen de Clases Pasivas del Estado, de acuerdo con sus normas específicas.

b) El Régimen del Mutualismo Administrativo que se regula en la presente Ley.

2. No obstante lo anterior, los funcionarios de carrera de la Administración Civil del Estado que hayan ingresado a partir del 1 de enero de 2011, quedarán integrados en el Régimen General de la Seguridad Social a los exclusivos efectos de pensiones, de acuerdo con lo dispuesto en el apartado 1 del artículo 20 del Real Decreto-ley 13/2010, de 3 de diciembre, de actuaciones en el ámbito fiscal, laboral y liberalizadoras para fomentar la inversión y la creación de empleo. (Se modifica por la disposición final 10.1 de la Ley 22/2013, de 23 de diciembre.)

Artículo 3. Campo de aplicación

1. Quedan obligatoriamente incluidos en el campo de aplicación de este Régimen especial:

a) Los funcionarios de carrera de la Administración Civil del Estado.

b) Los funcionarios en prácticas que aspiren a incorporarse a Cuerpos de la Administración Civil del Estado, en la forma que reglamentariamente se determine.

2. **Quedan excluidos de este Régimen especial** y se regirán por sus normas específicas:

a) Los funcionarios de la Administración Local.

b) Los funcionarios de organismos autónomos.

c) Los funcionarios de Administración Militar.

d) Los funcionarios de la Administración de Justicia.

e) Los funcionarios de la Administración de la Seguridad Social.

f) Los funcionarios de nuevo ingreso y en prácticas de las Comunidades Autónomas.

g) Los funcionarios de carrera de la Administración Civil del Estado transferidos a las Comunidades Autónomas, que hayan ingresado o ingresen voluntariamente en Cuerpos o Escalas propios de la Comunidad Autónoma de destino, cualquiera que sea el sistema de acceso.

h) El personal de administración y servicios propio de las universidades.

2. La MUFACE y las clases pasivas

2.1. La MUFACE

Se contiene en el mismo **Real Decreto Legislativo 4/2000, de 23 de junio, por el que se aprueba el texto refundido de la Ley sobre Seguridad Social de los Funcionarios Civiles del Estado,** capitulo II y siguientes que establecen:

Capítulo II.
Mutualidad General de Funcionarios Civiles del Estado

Artículo 4. Competencia y adscripción

1. El sistema de mutualismo administrativo, al que se refiere esta Ley, se gestionará y prestará a través de la Mutualidad General de Funcionarios Civiles del Estado (MUFACE), dependiente del Ministerio de Administraciones Públicas.

2. Dicha gestión se llevará a cabo de forma unitaria por la Mutualidad General de Funcionarios Civiles del Estado, sin perjuicio de las obligaciones que corresponden a las Comunidades Autónomas respecto a los funcionarios civiles del Estado transferidos y adscritos a su servicio.

Artículo 5. Naturaleza y régimen jurídico

1. La Mutualidad General de Funcionarios Civiles del Estado es un organismo público con personalidad jurídica pública diferenciada, patrimonio y tesorería propios y autonomía de gestión, y se regirá por las previsiones de la Ley 6/1997, de 14 de abril, de Organización y Funcionamiento de la Administración

General del Estado, relativas a los organismos autónomos, salvo lo dispuesto en el apartado 2 siguiente.

2. El régimen económico-financiero, patrimonial, presupuestario, contable y el de intervención y control financiero de las prestaciones, así como el régimen de los conciertos para la prestación de los servicios de asistencia sanitaria y farmacéutica, será el establecido por esta Ley y sus normas de desarrollo ; por la Ley General Presupuestaria, en las materias que sea de aplicación, y, supletoriamente, por la Ley de Organización y Funcionamiento de la Administración General del Estado.

3. La Mutualidad General de Funcionarios Civiles del Estado gozará del mismo tratamiento fiscal que la Ley establezca para el Estado.

Artículo 6. Régimen de personal

El personal al servicio de la Mutualidad General de Funcionarios Civiles del Estado será funcionario o laboral en los mismos términos que los establecidos para la Administración General del Estado.

Capítulo III.
Incorporación y cotización

Sección 1.ª Incorporación

Artículo 7. Afiliación y altas

1. Los funcionarios de carrera de la Administración Civil del Estado se incorporarán obligatoriamente, como mutualistas, a la Mutualidad General de Funcionarios Civiles del Estado, en el momento de la toma de posesión de su cargo, cuando adquieran la condición de funcionario, o sean rehabilitados en dicha condición, o reingresen al servicio activo y conservarán la condición de mutualista, con los mismos derechos y obligaciones que en la situación de servicio activo, cuando pasen a alguna de las siguientes situaciones:

a) Servicios especiales, salvo lo dispuesto en el párrafo c) del apartado 1 y en el apartado 3 del artículo 8.

b) Servicios en Comunidades Autónomas.

c) Expectativa de destino.

d) Excedencia forzosa.

e) Excedencia por el cuidado de familiares.

f) Suspensión provisional o firme de funciones.

2. Igualmente conservarán la condición de mutualista, en los términos y condiciones señalados por el Reglamento General del Mutualismo Administrativo, los funcionarios cuando sean declarados jubilados de carácter forzoso por edad, de carácter voluntario o por incapacidad permanente para el servicio.

3. Los funcionarios de carrera de la Administración Civil del Estado que accedan por promoción interna a Escalas interdepartamentales o departamentales de Organismos Autónomos, quedarán incluidos obligatoriamente en el Régimen General de la Seguridad Social, sin perjuicio de que puedan mantener la condición de mutualistas, de la Mutualidad General de Funcionarios Civiles del Estado.

Los funcionarios de carrera de la Administración Civil del Estado, transferidos a las Comunidades Autónomas, que accedan por promoción interna a Cuerpos o Escalas propios de la Comunidad Autónoma de destino, y sin perjuicio de su situación de excedencia voluntaria en el Cuerpo de la Administración Civil del Estado, quedarán incluidos obligatoriamente en el Régimen General de la Seguridad Social, sin perjuicio de que puedan mantener la condición de mutualistas de la Mutualidad General de Funcionarios Civiles del Estado.

En el caso de que deseen mantener su condición de mutualistas, deberán ejercitar esta opción, por una sola vez, en el plazo de quince días desde la toma de posesión en el nuevo Cuerpo o Escala.

El mantenimiento de dichos funcionarios en el Mutualismo Administrativo no comportará, en ningún caso, su inclusión en el Régimen de Clases Pasivas del Estado, a efectos de derechos pasivos. (Se añade el apartado 3 por la disposición final 6.1 de la Ley 3/2017, de 27 de junio.)

Artículo 8. Baja, mantenimiento facultativo y suspensión de la situación de alta

1. Causan baja como mutualistas obligatorios:

a) Los funcionarios que pasen a la situación de excedencia voluntaria, en cualquiera de sus modalidades, salvo que ejerciten la opción de mantener la condición de mutualistas, en los supuestos establecidos en el apartado 3 del artículo 7.

b) Los funcionarios que pierdan tal condición, cualquiera que sea la causa.

c) Los funcionarios que ejerciten el derecho de transferencia establecido en el artículo 11.2 del anexo VIII del Estatuto de los Funcionarios de las Comunidades Europeas, aprobado por el Reglamento 259/1968, del Consejo, de 29 de febrero.

d) Los funcionarios que sean afiliados obligatoriamente al Régimen especial de la Seguridad Social de las Fuerzas Armadas, en aplicación de la disposición transitoria decimocuarta de la Ley 17/1999, de 18 de mayo, de Régimen del Personal de las Fuerzas Armadas, en tanto persista la causa que dio origen a esta afiliación.

2. Podrán mantener facultativamente la situación de alta como mutualistas voluntarios, con igualdad de derechos, los funcionarios a que se refieren los párrafos a), b) y c) del apartado 1 de este artículo, siempre que abonen exclusivamente a su cargo las cuotas correspondientes al funcionario y al Estado.

El ejercicio de este derecho de opción se ajustará, en cuanto a la forma, plazos y procedimiento, a las normas que se establezcan reglamentariamente.

3. Podrán optar por suspender el alta en la Mutualidad General de Funcionarios Civiles del Estado, y cesar en sus derechos y obligaciones respecto a la misma, los funcionarios incluidos en este Régimen especial, que se encuentren en la situación de servicios especiales por prestar servicios como personal de la administración de la Unión Europea o de otra organización internacional en la que España sea parte y que estén acogidos obligatoriamente al régimen de previsión de la mencionada organización, mientras dure dicha situación, y siempre que no estén incluidos en el supuesto contemplado en el párrafo c) del apartado 1 de este artículo. (Se modifica el apartado 1.a) por la disposición final 6.2 de la Ley 3/2017, de 27 de junio.)

Artículo 9. Afiliación a más de un Régimen de la Seguridad Social

1. El Reglamento General del Mutualismo Administrativo determinará el régimen aplicable a los funcionarios que pasen de un Cuerpo a otro, dentro de la Administración Civil del Estado, así como el de aquellos que ocupen simultáneamente varias plazas por estar legalmente establecida su compatibilidad.

2. Asimismo, se determinarán por vía reglamentaria los supuestos y condiciones para conservar los derechos en curso de adquisición de quienes pasen del Régimen del Mutualismo Administrativo, al que se refiere el párrafo b) del artículo 2 de esta Ley, a otros del sistema de la Seguridad Social, e inversamente, a lo largo de su vida profesional.

3. Cuando una única prestación de servicios sea causa de la inclusión obligatoria de un funcionario público en más de un Régimen de la Seguridad Social, podrá optar, por una sola vez, por pertenecer exclusivamente al Régimen especial de la Seguridad Social de los funcionarios públicos que le corresponda. Si la doble afiliación afecta a dos regímenes especiales de funcionarios, podrá optar, también por una sola vez, por pertenecer a uno solo de ellos.

Sección 2.ª Cotización

Artículo 10. Régimen de cotización de los mutualistas

1. La cotización a la Mutualidad General de Funcionarios Civiles del Estado será obligatoria para todos los mutualistas, con excepción de los mutualistas jubilados y de quienes se encuentren en la situación de excedencia voluntaria para atender al cuidado de hijos o familiares.

2. La base de cotización será la que en cada momento se establezca como haber regulador a efectos de cotización de derechos pasivos.

3. El tipo porcentual de cotización será fijado en la Ley de Presupuestos Generales del Estado para cada ejercicio económico.

4. La cuota mensual de cotización se obtendrá dividiendo por catorce la cantidad resultante de aplicar a la base de cotización anual, reducida en su caso, el tipo porcentual establecido y se abonará doblemente en los meses de junio y diciembre.

No obstante, la cotización correspondiente a las pagas extraordinarias se reducirá, cualquiera que sea la fecha de su devengo, en la misma proporción en que se minore dicha paga como consecuencia de abonarse la misma en cuantía proporcional al tiempo en que se haya permanecido en situación de servicio activo.

Las cuotas correspondientes a los períodos de tiempo en que se disfruten licencias sin derecho a retribución no experimentarán reducción en su cuantía.

5. El régimen de cotización de los mutualistas, que mantengan facultativamente su situación de alta, será el dispuesto en el apartado 2 del artículo 8.

6. La obligación de pago de las cotizaciones a la Mutualidad prescribirá a los cuatro años a contar desde la fecha en que preceptivamente debieron ser ingresadas. La prescripción quedará interrumpida por las causas ordinarias y, en todo caso, por cualquier actuación administrativa realizada con conocimiento formal del obligado al pago de la cotización conducente a la liquidación o recaudación de la deuda y, especialmente, por el requerimiento al deudor.

7. Los mutualistas obligados a cotizar tendrán derecho a la devolución total o parcial de las cuotas o al exceso de las mismas, ingresadas indebidamente. El plazo para ejercitar este derecho será de cuatro años a partir de la fecha en que se hubiesen hecho efectivas. Formarán parte de la cotización a devolver los recargos, intereses y costas que se hubieren satisfecho cuando el ingreso indebido se hubiere realizado por vía de apremio, así como el interés legal aplicado, en su caso, a las cantidades ingresadas. (Se añade el apartado 7 por el art. 45.1 de la Ley 53/2002, de 30 de diciembre. Se añade el apartado 6 por el art. 29.1 de la Ley 14/2000, de 29 de diciembre.)

Capítulo IV. Contingencias y prestaciones en general

Artículo 11. Contingencias protegidas

Los mutualistas y, en su caso, los familiares o asimilados a su cargo quedan concretamente protegidos, de acuerdo con lo previsto en esta Ley, en las siguientes contingencias:

a) Necesidad de asistencia sanitaria.

b) Incapacidad temporal, derivada bien de enfermedad común o profesional, bien de accidente común o en acto de servicio o como consecuencia de él.

c) Incapacidad permanente en los mismos supuestos del apartado anterior.

d) Cargas familiares.

Artículo 12. Prestaciones

1. Las prestaciones a que tienen derecho los mutualistas o sus beneficiarios, cuando se encuentren en los supuestos de hecho legalmente establecidos, serán las siguientes:

a) Asistencia sanitaria.

b) Subsidios por incapacidad temporal, riesgo durante el embarazo o riesgo durante la lactancia natural.

c) Prestaciones recuperadoras por incapacidad permanente total, absoluta y gran invalidez.

d) Prestaciones para la remuneración de la persona encargada de la asistencia del gran inválido.

e) Indemnizaciones por lesiones, mutilaciones o deformidades causadas por enfermedad profesional o en acto de servicio o como consecuencia de él.

f) Servicios sociales.

g) Asistencia social.

h) Prestaciones familiares por hijo a cargo minusválido.

i) Ayudas económicas en los casos de parto múltiple.

2. Las prestaciones citadas en el apartado anterior que, una vez reconocidas exijan un pago económico al mutualista o a sus beneficiarios, serán abonadas únicamente en la cuenta corriente o libreta ordinaria abierta a su nombre.

3. Respecto de las prestaciones de MUFACE, que exijan un pago periódico o vitalicio al mutualista o sus beneficiarios y que hayan sido reconocidas o so-

licitadas antes de 1 de enero de 2011, los habilitados de Clases Pasivas estarán obligados a abonar a su mandante, ya sea mediante transferencia bancaria o mediante cheque el importe íntegro de la prestación que le haya sido pagado por MUFACE, sin practicar deducción alguna. Las comisiones, gastos de gestión, o impuestos derivados del ejercicio de la actividad profesional que repercuta en su cliente deberán cobrarlos de forma separada. (Se numera el apartado 1 y se añaden los apartados 2 y 3, con efectos de 1 de enero de 2011, por la disposición final 7.1 a 4 de la Ley 39/2010, de 22 de diciembre. Se modifica la letra b) por la disposición adicional 23 de la Ley Orgánica 3/2007, de 22 de marzo.)

Capítulo V. Prestaciones en particular

Sección 1.ª Asistencia sanitaria

Artículo 13. Objeto

1. La asistencia sanitaria tiene por objeto la prestación de los servicios médicos, quirúrgicos y farmacéuticos conducentes a conservar o restablecer la salud de los beneficiarios de este Régimen especial, así como su aptitud para el trabajo.

2. Proporcionará también los servicios convenientes para completar las prestaciones médicas y farmacéuticas y, de un modo especial, atenderá a la rehabilitación física para la recuperación profesional de los incapacitados con derecho a ella.

Artículo 14. Contingencias protegidas

Las contingencias cubiertas por la prestación de la asistencia sanitaria son las de enfermedad común o profesional y las lesiones ocasionadas por accidente común o en acto de servicio o como consecuencia de él, sea por accidente o riesgo específico del cargo, así como el embarazo, el parto y el puerperio, en la extensión y términos que en esta Ley se establecen y en los que se determinen en el Reglamento General del Mutualismo Administrativo.

Artículo 15. Beneficiarios de asistencia sanitaria

1. La asistencia sanitaria se dispensará a todos los mutualistas incluidos en el ámbito de aplicación de este Régimen especial y jubilados mutualistas, así como a los beneficiarios de ambos.

2. Para la determinación de la condición de beneficiario a cargo de un mutualista de este Régimen, se estará a lo dispuesto en el Reglamento General del Mutualismo Administrativo que, asimismo, establecerá los supuestos y condicio-

nes en que se dispensará la asistencia sanitaria tanto a los viudos como a los huérfanos de mutualistas activos o jubilados.

El reconocimiento o mantenimiento por MUFACE de la condición de beneficiario a cargo de un mutualista será incompatible con la condición de asegurado o beneficiario a efectos de la asistencia sanitaria a través del Sistema Nacional de Salud, reconocida por cualquiera de los otros organismos públicos competentes a tal efecto.

3. En ningún caso, MUFACE facilitará a su cargo la prestación de asistencia sanitaria a los familiares o asimilados de los mutualistas cuando aquéllos no tengan reconocida la condición de beneficiarios del mutualismo administrativo, salvo en el caso del recién nacido cuando la madre sea mutualista o beneficiaria y en los supuestos de adopción o acogimiento, durante los primeros quince días desde el momento del parto, desde la decisión administrativa o judicial de acogimiento o desde la resolución judicial por la que se constituya la adopción. (Se modifican los apartados 2 y 3 por la disposición final 10.2 de la Ley 22/2013, de 23 de diciembre.)

Artículo 16. Contenido de la asistencia sanitaria

La prestación de asistencia sanitaria comprende:

a) Los servicios de atención primaria, incluida la atención primaria de urgencia en régimen ambulatorio o a domicilio, y la atención especializada, ya sea en régimen ambulatorio u hospitalario e incluidos los servicios de urgencia hospitalaria, todos ellos con un contenido análogo al establecido para los beneficiarios del Sistema Nacional de Salud.

b) La prestación farmacéutica, que incluye las fórmulas magistrales, las especialidades y los efectos y accesorios farmacéuticos, con la extensión determinada para los beneficiarios del Sistema Nacional de Salud. Los beneficiarios participarán mediante el pago de una cantidad porcentual por receta o, en su caso, por medicamento, que se determinará reglamentariamente.

   El modelo receta oficial será el establecido por la Mutualidad, con sujeción a lo previsto en la normativa vigente, y podrá emitirse en soporte papel y en soporte electrónico.

c) Las prestaciones complementarias, cuya definición, extensión y contenido se determinarán reglamentariamente. (Se modifica por la disposición final 10.3 de la Ley 22/2013, de 23 de diciembre.)

Artículo 17. Forma de la prestación

1. La asistencia sanitaria se facilitará por la Mutualidad General de Funcionarios Civiles del Estado, bien directamente o por concierto con otras entidades o

establecimientos públicos o privados. Estos conciertos se establecerán preferentemente con instituciones de la Seguridad Social.

2. La Mutualidad General de Funcionarios Civiles del Estado no abonará los gastos que puedan ocasionarse cuando el beneficiario, por decisión propia o de sus familiares, utilice servicios médicos distintos de los que le hayan sido asignados, a no ser en los casos que se establezcan en el Reglamento General del Mutualismo Administrativo.

Sección 2.ª Incapacidad temporal

Artículo 18. Contingencias protegidas

1. Tendrán la consideración de estados o situaciones determinantes de la incapacidad temporal los de enfermedad, accidente y los denominados períodos de observación en caso de enfermedad profesional.

2. Los permisos o licencias por parto, adopción o acogimiento, tanto preadoptivo como permanente o simple, y de paternidad por el nacimiento, acogimiento o adopción de un hijo, establecidos en el artículo 49 de la Ley 7/2007, del Estatuto Básico del Empleado Público, no tendrán la consideración de incapacidad temporal. Si al término del permiso por parto continuase la imposibilidad de incorporarse al trabajo, se iniciarán las licencias que dan lugar a la incapacidad temporal. (Se modifica, con efectos a partir del 1 de enero de 2009, por la disposición final 7 de la Ley 2/2008, de 23 de diciembre.)

Artículo 19. Situación de incapacidad temporal

1. Se encontrarán en situación de incapacidad temporal los funcionarios que acrediten padecer un proceso patológico por enfermedad o lesión por accidente que les impida con carácter temporal el normal desempeño de sus funciones públicas o que se encuentren en período de observación médica por enfermedad profesional, siempre y cuando reciban la asistencia sanitaria necesaria para su recuperación facilitada por la Mutualidad General de Funcionarios Civiles del Estado y hayan obtenido licencia por enfermedad.

2. Reglamentariamente se determinará la acreditación del proceso patológico o del periodo de observación médica y la improcedencia de instar la iniciación del procedimiento de jubilación por incapacidad permanente para el servicio.

3. La concesión de las licencias y sus posibles prórrogas a los que tendrán derecho los funcionarios que se encuadren en la situación establecida en el apartado 1 corresponderá a los órganos administrativos con competencia en materias de gestión de personal.

Para la concesión y control de estas licencias los órganos administrativos con competencia en materias de gestión de personal podrán hacer uso del asesoramiento facultativo propio o ajeno que consideren oportuno.

4. Sin perjuicio de lo dispuesto en el apartado anterior, la Mutualidad General de Funcionarios Civiles del Estado podrá ejercer el control y seguimiento de la situación de incapacidad temporal del funcionario desde el inicio de la situación mediante el reconocimiento a efectuar por las Unidades Médicas de Seguimiento de las que disponga, propias o dependientes de otras Entidades Gestoras de la Seguridad Social y Servicios Públicos de Salud con los que la Mutualidad establezca acuerdos de colaboración.

5. Los reconocimientos médicos mencionados en el apartado anterior serán potestativos, pero sus resultados vincularán para la concesión o denegación de las licencias y sus sucesivas prórrogas. Reglamentariamente se determinarán las situaciones, períodos y formas en los que se llevarán a cabo los seguimientos de los distintos procesos patológicos, salvaguardando, en todo caso, el derecho a la intimidad y la dignidad de la persona y la autonomía del paciente, así como a la confidencialidad de las informaciones referentes a su estado de salud sanitario, según lo dispuesto en la Ley Orgánica 15/1999, de 13 de diciembre, de Protección de Datos de Carácter Personal.

(Se modifica, con efectos a partir del 1 de enero de 2009, por la disposición final 7 de la Ley 2/2008, de 23 de diciembre.)

Artículo 20. Duración y extinción

1. La duración y extinción de la situación de incapacidad temporal serán las previstas para el Régimen General de la Seguridad Social con las particularidades que se establecen en los apartados siguientes.

2. La duración de la primera y sucesivas licencias será del tiempo previsiblemente necesario para la curación. Reglamentariamente se determinarán los plazos para la presentación de los partes o informes médicos que acrediten la necesidad de mantener la licencia. A efectos de cómputo de plazos, se considerará que existe nuevo proceso patológico cuando las enfermedades que padezca el funcionario sean diferentes o no tengan relación directa con las del proceso anterior y, en todo caso, cuando se hayan interrumpido las licencias durante un periodo mínimo de 6 meses.

3. En cualquier momento en que se prevea que la enfermedad o lesión por accidente impedirá definitivamente el desempeño de las funciones públicas, el órgano de jubilación competente iniciará, de oficio o a instancia del interesado, el procedimiento de jubilación por incapacidad permanente para el servicio. Reglamentariamente se establecerán los mecanismos necesarios para coordinar

las actuaciones entre la Mutualidad, las Unidades Médicas de Seguimiento o de Valoración de la Incapacidad Permanente y las del órgano de jubilación.

4. Cuando la situación de incapacidad temporal se extinga por el transcurso del plazo máximo establecido en el Régimen General de la Seguridad Social, se procederá al examen de la situación de incapacidad temporal del funcionario en los mismos términos y plazos establecidos en este Régimen y por parte del correspondiente equipo o unidad de valoración de incapacidades permanentes a la que la Mutualidad General de Funcionarios Civiles del Estado haya encomendado esta función o que resulte procedente de acuerdo con el Cuerpo o Escala del funcionario.

Este examen determinará si el estado de incapacitación del funcionario dará lugar a su calificación de incapacitado con carácter permanente para las funciones propias de su Cuerpo o Escala y a la consiguiente declaración de jubilación por incapacidad permanente para el servicio.

En aquellos casos en los que se dictamine que, continuando la necesidad de tratamiento médico por la expectativa de recuperación o la mejora del estado del funcionario con vistas a su reincorporación al servicio, la situación clínica del interesado hiciera aconsejable demorar la citada calificación, ésta podrá retrasarse por el período preciso, que, en ningún caso, podrá rebasar el tiempo máximo de duración desde la fecha en que se haya iniciado la situación de incapacidad temporal, según lo establecido en el Régimen General. En este período se prorrogarán los efectos de la situación de incapacidad temporal. (Se modifica, con efectos a partir del 1 de enero de 2009, por la disposición final 7 de la Ley 2/2008, de 23 de diciembre. Se modifica el apartado 2 por la disposición adicional 17.1 de la Ley 40/2007, de 4 de diciembre. Se modifica, con efectos a partir del 1 de enero de 2007, por la disposición final 6.1 de la Ley 42/2006, de 28 de diciembre.)

Artículo 21. Prestación económica

1. La prestación económica en la situación de incapacidad temporal consistirá:

a) (Derogado)

b) Desde el cuarto mes percibirá las retribuciones básicas, la prestación por hijo a cargo, en su caso, y un subsidio por incapacidad temporal a cargo de la Mutualidad General de Funcionarios Civiles del Estado, cuya cuantía, fija e invariable mientras dure la incapacidad, será la mayor de las dos cantidades siguientes:

   1.ª El 80 por ciento de las retribuciones básicas (sueldo, trienios y grado, en su caso), incrementadas en la sexta parte de una paga extraordinaria, correspondientes al tercer mes de licencia.

2.ª El 75 por ciento de las retribuciones complementarias devengadas en el tercer mes de licencia.

2. A efectos de lo establecido en este artículo, los sueldos, trienios, pagas extraordinarias y las retribuciones complementarias, se abonarán con cargo a los mismos conceptos presupuestarios por los que se venían percibiendo.

3. En ningún caso la suma resultante de las cantidades a cargo del órgano para el que presta sus funciones el mutualista y la del subsidio podrá exceder del importe de las percepciones que el funcionario tuviera en el tercer mes de licencia.

4. La Mutualidad General de Funcionarios Civiles del Estado podrá encomendar al órgano para el que preste servicio el funcionario la gestión del pago del subsidio por incapacidad temporal al que tenga derecho, sin detrimento de las capacidades de control y seguimiento establecidas en el artículo 19.

5. El derecho al subsidio económico por incapacidad temporal, cualquiera que sea la situación que haya dado lugar al mismo, se entenderá, en todo caso, extinguido por el transcurso del plazo máximo de duración, incluido el de prórroga de efectos, desde la fecha en que se haya iniciado la situación de incapacidad temporal establecido en el Régimen General. (Se deroga el apartado 1.a) por la disposición derogatoria única.5 del Real Decreto-ley 20/2012, de 13 de junio. Se modifica, con efectos a partir del 1 de enero de 2009, por la disposición final 7 de la Ley 2/2008, de 23 de diciembre. Se modifica el apartado 3 por la disposición adicional 17.2 de la Ley 40/2007, de 4 de diciembre. Se añade, con efectos a partir del 1 de enero de 2007, el apartado 3 por la disposición final 6.2 de la Ley 42/2006, de 28 de diciembre.)

Artículo 22. Situación de riesgo durante el embarazo o riesgo durante la lactancia natural

1. Las situaciones de riesgo durante el embarazo o durante la lactancia natural de hijos menores de 9 meses tendrán la misma consideración que la situación de incapacidad temporal derivada de enfermedad profesional, por lo que no requerirán de periodo de carencia y sus contenidos asistenciales serán los previstos para esta situación.

2. La concesión de las licencias por riesgo durante el embarazo o durante la lactancia natural y sus posibles prórrogas corresponderá a los órganos administrativos con competencia en materias de gestión de personal.

3. Reglamentariamente se establecerá la forma y contenidos de la evaluación médica del riesgo para la salud de la madre, hija o hijo, y de la acreditación de que este riesgo deriva de las funciones habituales del puesto de trabajo, así como

que el riesgo no es evitable mediante la modificación temporal de funciones o puesto o el traslado provisional de la funcionaria a otro puesto de trabajo, de conformidad con lo establecido en el artículo 26 de la Ley 31/1995, de 8 de noviembre, de Prevención de Riesgos Laborales.

4. En las situaciones a que se refiere este artículo, los derechos económicos en toda la duración de la licencia serán los establecidos en el artículo 21 precedente con la particularidad de que la prestación económica equivalente al subsidio por incapacidad temporal consistirá en un subsidio a cargo de la Mutualidad General de Funcionarios Civiles del Estado en cuantía igual al 100 por ciento de las retribuciones complementarias devengadas en el tercer mes de licencia. (Se modifica, con efectos a partir del 1 de enero de 2009, por la disposición final 7 de la Ley 2/2008, de 23 de diciembre. Se añade el apartado 2 pasando su único párrafo a ser el apartado 1, por la disposición adicional 17.3 de la Ley 40/2007, de 4 de diciembre. Se modifica por la disposición adicional 23 de la Ley Orgánica 3/2007, de 22 de marzo.)

Sección 3.ª Incapacidad permanente

Artículo 23. Concepto y grados de la incapacidad permanente

1. Es incapacidad permanente la situación del funcionario que, después de haber estado sometido al tratamiento prescrito y de haber sido dado de alta médicamente, presenta reducciones anatómicas o funcionales graves que disminuyan o anulen su capacidad para el servicio. No obstará a tal calificación la posibilidad de recuperación de la capacidad de trabajo del incapacitado, si dicha posibilidad se estima médicamente como incierta o a largo plazo. La incapacidad permanente habrá de derivarse, cualquiera que sea su causa, de la situación de incapacidad temporal.

2. La incapacidad permanente se clasifica con arreglo a los siguientes grados:

a) Incapacidad permanente parcial para la función habitual: es la que, sin alcanzar el grado de total, produce al funcionario una limitación para el desempeño de las funciones de su Cuerpo, Escala o plaza.

b) La incapacidad permanente total para la función habitual: es la que inhabilita al funcionario para la realización de todas o de las fundamentales funciones de su Cuerpo, Escala o plaza.

c) Incapacidad permanente absoluta para todo trabajo: es la que inhabilita por completo al funcionario para toda profesión u oficio.

d) Gran invalidez: es la situación del funcionario afecto de incapacidad permanente absoluta que, como consecuencia de pérdidas anatómicas o funcionales, necesita de la asistencia de otra persona para realizar los actos más elementales de la vida, tales como vestirse, desplazarse, comer o análogos.

3. Se entiende por función habitual del funcionario, la desempeñada por éste al tiempo de sufrir el accidente común o en acto de servicio o como consecuencia de él, o la que viniera realizando en caso de enfermedad durante el período de tiempo anterior a la incapacidad, que se determina en el Reglamento General del Mutualismo Administrativo.

Artículo 24. Efectos de la incapacidad permanente parcial

El funcionario incapacitado permanente parcial percibirá la totalidad de los haberes que correspondan al puesto de trabajo que efectivamente desempeñe. No obstante, y en los supuestos que señale el Reglamento General del Mutualismo Administrativo, deberá sujetarse a los procesos de rehabilitación.

Artículo 25. Efectos de la incapacidad permanente total y absoluta

1. La incapacidad permanente total y la incapacidad permanente absoluta darán lugar a la jubilación del funcionario de acuerdo con la legislación en vigor.

2. En el supuesto de que exista posibilidad razonable de recuperación, el funcionario incapacitado tendrá asimismo derecho a recibir prestaciones recuperadoras a cargo de la Mutualidad General de Funcionarios Civiles del Estado.

Artículo 26. Efectos de la gran invalidez

La gran invalidez originará la jubilación del funcionario y dará derecho a una cantidad mensual equivalente al 50 por 100 de la pensión de jubilación que le corresponda con arreglo al Régimen de Clases Pasivas, destinada a remunerar a la persona encargada de su asistencia.

Artículo 27. Revisión de las situaciones de incapacidad permanente

1. La calificación y, en su caso, la revisión de las situaciones de incapacidad permanente se llevarán a cabo de acuerdo con las normas que regulan el sistema de derechos pasivos y, cuando proceda, con las establecidas en materia de rehabilitación de los funcionarios públicos en el ámbito de la Administración General del Estado, y surtirán efectos respecto de todas las prestaciones que pudieran derivarse de dicha situación.

2. En los supuestos de incapacidad no previstos en el Régimen de Clases Pasivas del Estado, la calificación de aquélla corresponderá a los órganos que determine el Reglamento General del Mutualismo Administrativo.

Artículo 28. Lesiones permanentes no invalidantes

Las lesiones, mutilaciones y deformaciones de carácter definitivo causadas por enfermedad profesional o en acto de servicio o como consecuencia de él, sea por accidente o por riesgo específico del cargo, que, sin llegar a constituir incapacidad permanente total o absoluta o gran invalidez, supongan una alteración o disminución de la integridad física del funcionario, darán derecho a la percepción por una sola vez de las cantidades que se establezcan reglamentariamente.

Sección 4.ª Protección a la familia

Artículo 29. Prestaciones económicas

1. Las prestaciones económicas de protección a la familia serán de pago periódico y de pago único. Las primeras corresponden a las prestaciones familiares por hijo a cargo y las segundas a ayudas económicas en los casos de parto múltiple y por nacimiento de hijo.

2. Las prestaciones de protección a la familia establecidas en la presente Ley son incompatibles con cualesquiera otras análogas fijadas en los restantes regímenes del Sistema de la Seguridad Social.

3. La prestación por hijo a cargo menor de dieciocho años no minusválido se regirá por lo dispuesto en el capítulo IX del Título II del texto refundido de la Ley General de la Seguridad Social y la prestación por nacimiento de hijo se regirá por lo dispuesto en el artículo 2 del Real Decreto-ley 1/2000, de 14 de enero. Su gestión corresponde a las unidades y órganos administrativos que tenían encomendada la de las extinguidas prestaciones de ayuda familiar, sin perjuicio de que, cuando el beneficiario tenga la condición de pensionista, la consignación y abono de las prestaciones reconocidas se efectúen por los servicios correspondientes de Clases Pasivas del Ministerio de Hacienda.

4. Las prestaciones por hijo a cargo minusválido, cuya gestión corresponde a la Mutualidad General de Funcionarios Civiles del Estado, se regirán, igualmente, por lo dispuesto en el capítulo IX del Título II del texto refundido de la Ley General de la Seguridad Social.

5. El subsidio especial por maternidad en el supuesto de parto múltiple tendrá el mismo contenido que en el Régimen general de la Seguridad Social.

6. La prestación económica de pago único por parto múltiple compatible con el subsidio especial a que se refiere el apartado 5, se regirá por lo dispuesto en el artículo 3 del Real Decreto-ley 1/2000, 14 de enero, con las salvedades propias de este Régimen especial.

Sección 5.ª Servicios sociales y asistencia social

Artículo 30. Servicios sociales

1. La acción protectora de este Régimen especial podrá incluir los servicios sociales del Sistema de la Seguridad Social, siempre que las contingencias que atiendan no estén cubiertas por otras prestaciones.

2. La incorporación de los servicios sociales a que se refiere el apartado anterior se determinará por Orden del Ministro de Administraciones Públicas, previo informe del Ministerio de Trabajo y Asuntos Sociales, en la que se regulará su alcance y régimen financiero.

Artículo 31. Asistencia social

1. La Mutualidad General de Funcionarios Civiles del Estado dispensará los servicios y auxilios económicos que, en atención a estados y situaciones de necesidad, se consideren precisos.

2. Dichos servicios y auxilios económicos tendrán como límite los créditos que a tal fin se consignen en el presupuesto de gastos de la Mutualidad General de Funcionarios Civiles del Estado, y su concesión no podrá comprometer recursos del ejercicio siguiente a aquel en que la misma tenga lugar.

3. Las ayudas asistenciales comprenderán, entre otras, las que se dispensen por tratamiento o intervenciones especiales, en casos de carácter excepcional, por un determinado facultativo ; las determinadas por inexistencia, pérdida o insuficiencia de prestaciones en supuestos concretos ; las debidas a gastos de carácter urgente en casos de importancia extraordinaria debidamente justificados, y, en general, cualesquiera otras análogas cuya percepción no haya sido regulada en las normas aplicables a este Régimen especial.

4. Las prestaciones asistenciales aludidas en el apartado anterior son independientes de las previstas en el apartado 1 del artículo 67 del texto refundido de la Ley de Funcionarios Civiles del Estado.

Artículo 32. Beneficiarios

Podrán acogerse a las prestaciones reguladas en esta sección 5.a, siempre que reúnan las condiciones en cada supuesto exigidas, todos los mutualistas así como los beneficiarios que se determinen reglamentariamente para cada una de las prestaciones.

Capítulo VI.
Régimen económico

Sección 1.ª Régimen económico y financiero

Artículo 33. Régimen financiero

1. Salvo las excepciones que puedan establecerse en las normas reguladoras de este Régimen especial de la Seguridad Social, el sistema financiero del mismo será de reparto y su cuota revisable periódicamente.

2. En los casos en que la naturaleza de las prestaciones lo requiera, se constituirán fondos de garantía para cubrir posibles déficit de cotización o en casos anormales de siniestralidad.

Artículo 34. Recursos económicos

Para el cumplimiento de sus fines, los recursos económicos de la Mutualidad General de Funcionarios Civiles del Estado estarán constituidos por:

a) Las aportaciones económicas del Estado a que se refiere el artículo siguiente.

b) Las cuotas de los mutualistas.

c) Las subvenciones estatales y aquellos otros recursos públicos de naturaleza diversa que le correspondan con arreglo a la normativa vigente.

d) Los bienes, derechos y acciones de las Mutualidades y Montepíos integrados en el Fondo especial de la Mutualidad General de Funcionarios Civiles del Estado.

e) Los frutos, rentas, intereses y cualesquiera otros productos de sus bienes patrimoniales.

f) Cualesquiera otros recursos privados que se obtengan para el cumplimiento de sus fines.

Artículo 35. Aportaciones y subvenciones estatales

1. El Estado consignará de modo permanente en sus presupuestos las aportaciones que anualmente concederá a la Mutualidad General de Funcionarios Civiles del Estado para la financiación de las prestaciones a que se refiere el artículo 12, salvo la indicada en el párrafo h) de dicho artículo.

2. La cuantía de las aportaciones estatales se determinará mediante un porcentaje de los haberes reguladores a efectos de cotización de derechos pasivos, porcentaje que se fijará anualmente en la Ley de Presupuestos Generales del Estado.

3. Se consignarán, igualmente, en los Presupuestos Generales del Estado, las subvenciones precisas para financiar las prestaciones por hijo a cargo minusválido, así como el déficit que, en su caso, se produzca en el Fondo especial regulado en la disposición adicional sexta de esta Ley.

Las aportaciones estatales serán, en todo caso, independientes de estas subvenciones, así como de cualquier otra de las incluidas en el párrafo c) del artículo anterior.

Sección 2.ª Régimen patrimonial

Artículo 36. Régimen patrimonial

1. El régimen patrimonial de la Mutualidad General de Funcionarios Civiles del Estado será el establecido en el articu lo 48 de la Ley 6/1997, de 14 de abril, de Organización y Funcionamiento de la Administración General del Estado, pudiendo disponer de los bienes patrimoniales propios que resulten innecesarios para el cumplimiento de sus fines, sin perjuicio de lo dispuesto en dicho artículo para estos supuestos.

2. En lo no regulado por el referido artículo, la administración y gestión de dicho patrimonio se regirá por las disposiciones específicas contenidas en la presente Ley, en sus normas de aplicación y desarrollo y, en lo no previsto en las mismas, por lo establecido en la legislación reguladora del Patrimonio del Estado. Se entenderán referidas al Ministerio de Administraciones Públicas y a la Dirección General de la Mutualidad General de Funcionarios Civiles del Estado las competencias que en dicha legislación se atribuyen al Ministerio de Hacienda y Dirección General del Patrimonio del Estado, sin perjuicio de su posible delegación o desconcentración en otros órganos superiores o directivos y de las competencias que correspondan al Consejo General de la Mutualidad General de Funcionarios Civiles del Estado.

Capítulo VII.
Recursos y régimen jurisdiccional

Artículo 37. Recursos y régimen jurisdiccional

1. Los actos y resoluciones del Director general de la Mutualidad General de Funcionarios Civiles del Estado no ponen fin a la vía administrativa, pudiéndose recurrir en alzada ante el Ministro de Administraciones Públicas.

Agotada la vía administrativa, podrán recurrirse en la contencioso-administrativa conforme a su Ley reguladora.

2. Se exceptúan de lo dispuesto en el apartado anterior y, en todo caso, pondrán fin a la vía administrativa, las resoluciones a que se refieren los párrafos a) y b) del artículo 109 de la Ley 30/1992, de 26 de noviembre, de Régimen Jurídico de las Administraciones Públicas y del Procedimiento Administrativo Común, y las dictadas en materia de personal por el Director general de la Mutualidad. En estos supuestos, procederá el recurso de reposición, con carácter potestativo, cuando corresponda, y el contencioso-administrativo con arreglo a su Ley reguladora.

3. El recurso extraordinario de revisión podrá interponerse en la forma que determina el artículo 118 de la Ley de Régimen Jurídico de las Administraciones Públicas y del Procedimiento Administrativo Común citada en el apartado anterior.

4. Las reclamaciones previas, en asuntos civiles y laborales, serán resueltas por el Director general de la Mutualidad General de Funcionarios Civiles del Estado.

2.2. Las clases pasivas

Se contiene en el **Real Decreto Legislativo 670/1987, de 30 de abril, por el que se aprueba el texto refundido de Ley de Clases Pasivas del Estado,** que establece:

Título Preliminar.
Normas generales

Artículo 1. Régimen de Clases Pasivas del Estado

1. A través del Régimen de Clases Pasivas, el Estado garantiza al personal referido en el siguiente artículo de este texto, la protección frente a los riesgos de vejez, incapacidad y muerte y supervivencia, de acuerdo con las disposiciones de este texto refundido.

2. Respecto del personal mencionado en las letras a), b), c), f), g) y h) del número 1 del siguiente artículo 2.°, el Régimen de Clases Pasivas constituye uno de los mecanismos de cobertura que componen los Regímenes Especiales de Seguridad Social establecidos por las Leyes 28/1975 y 29/1975, ambas de 27 de junio, y el Real Decreto-ley 16/1978, de 7 de junio.

Artículo 2. Ámbito personal de cobertura

1. Constituyen el ámbito personal de cobertura del Régimen de Clases Pasivas:

a) Los funcionarios de carrera de carácter civil de la Administración del Estado.

b) El personal militar de carrera, y el de las Escalas de complemento y reserva naval y el de tropa y marinería profesional que tuviera adquirido el derecho a permanecer en las Fuerzas Armadas hasta la edad de retiro.

c) Los funcionarios de carrera de la Administración de Justicia.

d) Los funcionarios de carrera de las Cortes Generales.

e) Los funcionarios de carrera de otros órganos constitucionales o estatales, siempre que su legislación reguladora así lo prevea.

f) El personal interino a que se refiere el artículo 1.° del Decreto-ley 10/1965, de 23 de septiembre.

g) El personal mencionado en las precedentes letras que preste servicio en las diferentes Comunidades Autónomas como consecuencia de haber sido transferido al servicio de las mismas.

h) Los funcionarios en prácticas pendientes de incorporación definitiva a los distintos, Cuerpos, Escalas y Plazas, así como los alumnos de Academias y Escuelas Militares a partir de su promoción a Caballero Alférez-Cadete, Alférez alumno, Sargento-alumno o Guardiamarina.

i) Los ex Presidentes, Vicepresidentes y Ministros del Gobierno de la Nación y otros cargos referidos en el artículo 51 de este texto.

j) El personal que cumpla el servicio militar en cualquiera de sus formas, los Caballeros Cadetes, Alumnos y Aspirantes de las Escuelas y Academias Militares y el personal civil que desempeñe una prestación social sustitutoria del servicio militar obligatario.

k) El personal militar de empleo, y el de las Escalas de complemento y reserva naval y el de tropa y marinería profesional que no tenga adquirido el derecho a permanecer en las Fuerzas Armadas hasta la edad de retiro.

2. Este ámbito personal de cobertura del Régimen de Clases sólo podrá ser ampliado o restringido por Ley. (Se modifica la letra b) y se añade la k) del apartado 1 por el art. 60.1 y 2 de la Ley 66/1997, de 30 de diciembre.)

Artículo 3. Legislación reguladora

1. Se regularán por el título I del presente texto y sus disposiciones de desarrollo, los derechos pasivos causados por el personal comprendido en el ámbito de cobertura del Régimen de Clases Pasivas que se mencionan a continuación:

a) El personal mencionado en las letras a) a e) ambas inclusive, y g) del número 1 del precedente artículo 2 que, con posterioridad a 31 de diciembre de 1984, se encuentre en cualquier situación administrativa y no haya sido declarado jubilado o retirado antes de dicha fecha.

b) El personal que a partir de 1 de enero de 1986 se encontrara como funcionario en prácticas y el que a partir de 1 de enero de 1985 fuera alumno de alguna Escuela o Academia Militar y hubiera sido promovido a Caballero Alférez Cadete, Alferez-alumno, Sargento-alumno o Guardiamarina.

c) Los ex Presidentes, Vicepresidentes y Ministros del Gobierno de la Nación y otros cargos mencionados en el artículo 51 de este texto, en favor de su familiares, cuando el hecho causante de tales derechos se haya producido con posterioridad a 31 de diciembre de 1985.

d) El personal militar que con posterioridad a 31 de diciembre de 1984 estuviese cumpliendo el servicio militar en cualquiera de sus formas, los Caballeros Cadetes, Alumnos y Aspirantes de las Escuelas y Academias Militares que a partir de dicha fecha estuvieran cursando estudios en dichos Centros, así como el personal civil que, igualmente a partir de dicho momento, desempeñe una prestación social sustitutoria del servicio militar obligatorio.

e) Los funcionarios interinos cuando el hecho causante de tales derechos se haya producido con posterioridad a 31 de diciembre de 1985.

f) El personal mencionado en la letra k) del número 1, del precedente artículo 2, cuando el hecho causante de tales derechos se haya producido con posterioridad a 31 de diciembre de 1984.

2. Se regularán por la legislación vigente a 31 de diciembre de 1984, con las modificaciones que se recogen en el título II de este texto, los derechos pasivos causados por el personal comprendido en el ámbito de cobertura del Régimen de Clases Pasivas del Estado que se mencionan a continuación:

a) El personal mencionado en las legas a) a e), ambas inclusive, y g) del número 1 del precedente artículo 2.° que con anterioridad al 1 de enero de 1985 haya fallecido o haya sido declarado jubilado o retirado.

b) Los ex Presidentes, Vicepresidentes y Ministros del Gobierno de la Nación y otros cargos mencionados en el artículo 51 de este texto en su propio favor, siempre, y en favor de sus familiares cuando el hecho causante se haya producido con anterioridad al 1 de enero de 1986.

c) Los funcionarios interinos, cuando el hecho causante se haya producido con anterioridad al 1 de enero de 1986.

d) El personal mencionado en la letra k) del número 1, del precedente artículo 2, cuando el hecho causante de tales derechos se haya producido con anterioridad a 1 de enero de 1985.

3. A efectos de lo dispuesto en el número anterior, se entenderá por legislación vigente en matea de Clases Pasivas en 31 de diciembre de 1984 la siguiente:

a) El Estatuto de Clases Pasivas del Estado y Reglamento para su aplicación, aprobados por Reales Decretos de 22 de octubre de 1926 y 21 de noviembre de 1927, convalidados con fuerza de Ley por la de 9 de septiembre de 1931.

b) El texto refundido de la Ley de Derechos Pasivos de los Funcionarios de la Administración Civil del Estado, aprobado por Decreto Legislativo 1120/1966, de 21 de abril.

c) El texto refundido de la Ley de Derechos Pasivos del Personal Militar y Asimilado de las Fuerzas Armadas, Guardia Civil Policía Armada, aprobado por Decreto Legislativo 1211/1972, de 13 de abril.

d) La Ley 19/1974, de 17 de junio.

e) La Ley 9/1977, de 4 de enero.

f) Cualquier otra norma con rango de Ley, no derogada en 31 de diciembre de 1984, que afecte directa o indirectamente a los derechos del Régimen de Clases Pasivas, así como las disposiciones concordantes y complementarias y de desarrollo de las Leyes citadas en este número.

En todo caso, las mencionadas Leyes se aplicarán con las modificaciones que se recogen en el título II de este texto. (Se añaden los apartados 1.f) y 2.d) por el art. 60.3 y 4 de la Ley 66/1997, de 30 de diciembre. Se modifica la letra a) del apartado 1 por el art. 129.1 de la Ley 13/1996, de 30 de diciembre. Redactados los apartados 1.a) y b) conforme a la corrección de errores publicada en BOE núm. 171, de 18 de julio de 1987.)

Artículo 4. Gestión unitaria del Régimen de Clases Pasivas del Estado

1. De acuerdo con lo dispuesto en el artículo 25, número 3 de la Ley 12/1983, de 14 de octubre, del Proceso Autonómico, el Régimen de Clases Pasivas del Estado se gestionará de forma unitaria por los órganos de la Administración del Estado que correspondan en virtud de la legislación que sea aplicable a los derechos de que se trate de conformidad con el precedente artículo de este texto.

2. Ello se entenderá sin perjuicio de las obligaciones que, de conformidad con el número 1 del artículo 25 de la misma Ley 12/1983, contraen las diferentes Comunidades Autónomas respecto del personal de la Administración del Estado transferido y adscrito a su servicio y que se enumeran en la letra c) del número 1 del artículo 13, en el párrafo tercero del número 3 del artículo 23 y en la letra c) del número 3 del artículo 28, todos del presente texto.

Título I. Derechos pasivos del personal comprendido en el número 1 del artículo 3.° de este texto

Subtítulo I. Disposiciones generales

Capítulo I. Derechos pasivos

Artículo 5. Legalidad en la materia

Solamente por Ley podrán establecerse derechos pasivos distintos de los recogidos en este texto, así como ampliarse, mejorarse, reducirse o alterarse los mismos.

Artículo 6. Naturaleza

1. Las derechos pasivos son inembargables, irrenunciables o inalienables. No podrán ser objeto de cesiones, convenios o contratos de cualquier clase, originándose, transmitiéndose y extinguiéndose únicamente por las causas determinadas en este texto.

2. Los derechos pasivos son imprescriptibles, estándose a lo previsto en el siguiente artículo 7.° respecto a la caducidad de sus efectos.(Redactado el apartado 2 conforme a la corrección de errores publicada en BOE núm. 171, de 18 de julio de 1987.)

Artículo 7. Ejercicio

1. El reconocimiento de los derechos pasivos habrá de instarse por los propios interesados o por sus representantes legales, por sí o por medio de mandatario designado en forma, sin perjuicio de los supuestos en que reglamentariamente se determine la incoación de oficio del procedimiento administrativo correspondiente.

2. El derecho al reconocimiento de las prestaciones podrá ejercitarse desde el día siguiente a aquel en que tenga lugar el hecho causante de la prestación de que se trate, sin perjuicio de que la retroactividad máxima de los efectos económicos de tal reconocimiento sea de tres meses a contar desde el día primero del mes siguiente a la presentación de la correspondiente solicitud. (Se modifica por la disposición final 1.1 de la Ley 22/2013, de 23 de diciembre. Se modifican los apartados 1 y 2 por la disposición final 1.1 de la Ley 17/2012, de 27 de diciembre. Se modifican los apartados 2 y 3 por el art. 59.1 de la Ley 62/2003, de 30 de diciembre.)

Artículo 8. Sucesión en el ejercicio

1. Si iniciado de forma reglamentaria un procedimiento administrativo para el reconocimiento de algún derecho pasivo falleciera el interesado durante su tramitación y se instase su continuación por parte legítima, se ultimará aquel haciéndose la declaración que corresponda, abonándose, en su caso, a los herederos por derecho civil las cantidades devengadas.

2. Cuando fallezca el beneficiario de alguna prestación de Clases Pasivas del Estado, los haberes en que ésta se concreta, devengados y no percibidos, se abonarán a los herederos por derecho civil, a instancia de parte legítima. El ejercicio de la acción por uno de los herederos redundará en beneficio de los demás que pudieran existir. En el supuesto de que aquellos haberes hubieran sido devengados, y percibidos por el interesado o por la comunidad hereditaria, no procederá la solicitud de reintegro por los servicios de Clases Pasivas.

La resolución sobre haberes devengados a que se refiere el párrafo anterior se abonará por los correspondientes servicios de Clases Pasivas teniendo en cuenta tanto la documentación que, en su caso, pudiera ser aportada por el heredero, o herederos, como la obrante en dichos servicios, sin que sea necesaria, salvo que por los mismos se estime oportuno, la consulta a la Abogacía del Estado, quedando habilitada la Dirección General de Costes de Personal y Pensiones Públicas para dictar las instrucciones que, a tal efecto, resultaran precisas.

3. En cualquiera de los casos a que se refieren los dos números anteriores, la solicitud habrá de formularse dentro del plazo de cinco años a contar desde el día siguiente al del fallecimiento del interesado. Transcurrido dicho término se entenderá prescrito el derecho. (Se modifica el apartado 2 por el art. 47.1 de la Ley 4/1990, de 29 de junio.)

Artículo 9. Derecho de opción por razón de incompatibilidad

En los casos en que asista a una persona derecho al cobro de más de una prestación de Clases Pasivas o de éstas con otra prestación del sistema público de protección social que, de acuerdo con las normas de este texto o con la legislación vigente en cada momento, sean incompatibles en su percibo simultáneo o en el de que, estando en el disfrute de una prestación, adquiriese derecho a otra u otras incompatibles con ella, el interesado podrá ejercer el derecho de opción por el cobro de la prestación que estime más conveniente. (Se modifica, con efectos desde el 1 de enero de 2015, por la disposición final 1.1 de la Ley 36/2014, de 26 de diciembre.)

Artículo 10. Derechos pasivos del personal separado del servicio o sancionado con pérdida de empleo

Se deroga por la disposición derogatoria única.1 de la Ley 13/1996, de 30 de diciembre.

Capítulo II
Competencia y procedimiento en materia de Clases Pasivas del Estado

Artículo 11. Competencia para el reconocimiento de derechos pasivos y la concesión de las prestaciones de Clases Pasivas del Estado

1. El reconocimiento de derechos pasivos y la concesión de las prestaciones de Clases Pasivas causadas en su favor o en el de sus familiares por el personal a que se refiere el número 1 del artículo 3.° de este texto corresponde a la Dirección General de Costes de Personal y Pensiones Públicas del Ministerio de Economía y Hacienda, excepción hecha del personal militar que se menciona en el siguiente número.

2. El reconocimiento de derechos pasivos y la concesión de las prestaciones de Clases Pasivas causadas por militares profesionales, sean o no de carrera, y por personal militar de las Escalas de Complemento y Reserva Naval y por personal que estuviera prestando el servicio militar en cualquiera de sus formas corresponde al Consejo Supremo de Justicia Militar.

3. El reconocimiento de derechos pasivos y la concesión de las prestaciones causadas por personal comprendido en el número 1 del artículo 3.° de este texto que hayan prestado servicios de carácter civil y militar, corresponderá a la Dirección General de Costes de Personal y Pensiones Públicas o al Consejo Supremo de Justicia Militar según la naturaleza de los últimos servicios prestados al Estado por dicho personal y con independencia de la extensión temporal de unos y otros, sin perjuicio de lo dispuesto en la disposición transitoria cuarta de este texto.

4. Las competencias mencionadas en este precepto se entenderán sin perjuicio de las funciones que en la materia corresponda ejercer a los Servicios Jurídicos, Fiscales o Intervenciones Delegadas correspondientes.

Artículo 12. Competencia para el pago de las prestaciones de Clases Pasivas del Estado

1. La Dirección General de Costes de Personal y Pensiones Públicas del Ministerio de Economía y Hacienda es el órgano competente para la realización de las funciones inherentes al reconocimiento de las obligaciones y propuesta de los pagos de todas las prestaciones de Clases Pasivas, sin perjuicio de que dichas competencias puedan ser delegadas, por razones organizativas, en las Delegaciones de Economía y Hacienda.

2. Asimismo corresponde a la Dirección General de Costes de Personal y Pensiones Públicas la administración y disposición de los créditos que figuren en la Sección de Clases Pasivas del Presupuesto de Gastos del Estado.

3. La ordenación del pago de las prestaciones de Clases Pasivas corresponde al Director General del Tesoro y Política Financiera del Ministerio de Economía y Hacienda, que tiene atribuidas las funciones de Ordenador General de pagos del Estado por la normativa general presupuestaria.

4. La realización de las funciones de pago material de dichas prestaciones es competencia de la Dirección General del Tesoro y Política Financiera. (Se modifica por la disposición final 3.1 de la Ley 51/2007, de 26 de diciembre. Téngase en cuenta la disposición final 3.2, en cuanto a la aplicación de los apartados 1 y 4.Se modifica el apartado 3 por el art. 47.2 de la Ley 4/1990, de 29 de junio. Se modifica por el art. 52.8 de la Ley 37/1988, de 28 de diciembre.)

Artículo 13. Competencia para el reconocimiento de servicios

1. La competencia para el reconocimiento de servicios prestados al Estado por el personal comprendido en el número 1 del artículo 3.° del presente texto a efectos de su cómputo en el Régimen de Clases Pasivas corresponde:

a) Respecto de los servicios prestados a la Administración Civil del Estado por el personal comprendido en el ámbito de cobertura del Régimen de Clases Pasivas, a los Subsecretarios de los distintos Departamentos ministeriales, en cuanto a los prestados en los servicios centrales de cada Departamento o sus Organismos autónomos y a los Delegados del Gobierno o Gobernadores civiles en relación con los servicios prestados en servicios periféricos de ámbito regional o provincial.

b) Respecto de los servicios prestados a la Administración militar del Estado por personal comprendido en el ámbito de cobertura del Régimen de Clases Pasivas, al Consejo Supremo de Justicia Militar.

c) Respecto de los servicios prestados a las Administraciones Territoriales por personal comprendido en el ámbito de cobertura del Régimen de Clases

Pasivas, a las autoridades con competencia en materia de personal de las correspondientes Comunidades Autónomas o Corporaciones Locales.

d) Respecto de los servicios prestados a la Administración de Justicia por personal comprendido en el ámbito de cobertura del Régimen de Clases Pasivas, a los servicios correspondientes del Consejo General del Poder Judicial, en relación con los servicios prestados en la Carrera Judicial, y a los de la Dirección General de Relaciones con la Administración de Justicia del Ministerio de Justicia, en relación con los prestados en la Carrera Fiscal, el Secretariado de la Administración de Justicia y en los restantes Cuerpos o Escalas de la Administración de Justicia.

e) Respecto de los servidos prestados a la Administración de las Cortes Generales por personal comprendido en el ámbito de cobertura del Régimen de Clases Pasivas, a los servidos administrativos competentes de las Cortes Generales.

f) Respecto de los servicios prestados a la Administración de otros órganos constitucionales o estatales, cuyo personal, por expresa disposición legal, esté incluido en el ámbito de cobertura del Régimen de Clases Pasivas, a los servicios correspondientes de cada uno de estos órganos.

g) Respecto de los servidos prestados al Estado por los ex Presidentes, Vicepresidentes y Ministros del Gobierno de la Nación a la autoridad del Ministerio de Relaciones con las Cortes y el Secretariado del Gobierno que corresponda; respecto de los prestados por los ex Fiscales generales del Estado, a la autoridad del Ministerio de Justicia que corresponda; respecto de los prestados por los ex Presidentes del Congreso de los Diputados y del Tribunal de Cuentas y por los ex Defensores del Pueblo, a la Presidencia de dicha Cámara; respecto de los prestados por los ex Presidentes del Senado a la Presidencia del mismo; respecto de los prestados por los ex Presidentes del Tribunal Constitucional, a la autoridad de dicho Tribunal que corresponda, y, finalmente, respecto de los prestados por los ex Presidentes del Consejo General del Poder Judicial y del Consejo de Estado, a la autoridad correspondiente de dichos órganos constitucionales.

h) Respecto de los años de cotización a cualquiera de los Regímenes de la Seguridad Social o a la Mutualidad Nacional de Previsión de la Administración Local, que, de acuerdo con lo dispuesto en el artículo 32 de este texto, hayan de tenerse como años de servicio al Estado, a la correspondiente Entidad Gestora de la Seguridad Social o a la referida Mutualidad.

2. A efectos de este artículo, se entenderá que los servicios que puedan ser reconocidos al personal comprendido en el número 1 del artículo 3.° de este texto en virtud de la legislación de indulto y amnistía o el tiempo de permanencia del mismo como funcionario en prácticas pendiente de incorporación al correspondiente Cuer-

po, Escala o Plaza o como alumno de Academias Militares a partir de su promoción a Caballero Alférez Cadete, Alférez-alumno, Sargento-alumno o Guardiamarina, son servicios prestados al Estado o a la correspondiente Administración Pública.

3. El cómputo a efectos del Régimen de Clases Pasivas de los servicios reconocidos por los órganos y Entidades mencionados es de la competencia exclusiva de la Dirección General de Costes de Personal y Pensiones Públicas o del Consejo Supremo de Justicia Militar, según se trate de servicios civiles o militares.

Artículo 14. Revisión de actos administrativos por vía de recurso

1. Los acuerdos de la Dirección General de Costes de Personal y Pensiones Públicas y la Dirección General del Tesoro y Política Financiera en materia de Clases Pasivas que sea de su competencia, de conformidad con lo dispuesto en los artículos precedentes, serán recurribles, en su caso, por los interesados ante el Tribunal Económico Administrativo Central, de acuerdo con las normas reguladoras del procedimiento económico-administrativo que en cada momento estén vigentes, previamente a la interposición del correspondiente recurso contencioso-administrativo.

2. Los acuerdos de la Dirección General de Personal del Ministerio de Defensa en materia de Clases Pasivas que sean de su competencia a tenor de lo dispuesto en los artículos anteriores, serán recurribles, en su caso, por los interesados ante el Ministro de Defensa, previamente a la interposición del oportuno recurso contencioso-administrativo.

3. Los acuerdos de las Delegaciones o Administraciones de Hacienda en materia de Clases Pasivas que sea de su competencia conforme lo dispuesto en los artículos precedentes, serán recurribles en alzada ante la Dirección General de Costes de Personal y Pensiones Públicas o ante la Dirección General del Tesoro y Política Financiera, según corresponda con arreglo a las siguientes normas:

a) Serán recurribles, en su caso, en alzada ante la Dirección General de Costes de Personal y Pensiones Públicas los acuerdos de las Delegaciones o Administraciones de Hacienda que se refieran a rehabilitaciones o acumulaciones de derechos pasivos, consignación de su pago, así como los que se refieran a expedientes de liquidación de alta en nómina de los perceptores de Clases Pasivas del Estado o revalorización del importe de las prestaciones de Clases Pasivas.

b) Serán recurribles ante la Dirección General del Tesoro y Política Financiera los acuerdos de los indicados órganos administrativos que se refieran al pago material de las prestaciones de Clases Pasivas.

Los acuerdos que las citadas Direcciones Generales adopten respecto de tales recursos de alzada serán recurribles ante el Tribunal Económico Administrativo

Central, previamente a la interposición del correspondiente recurso contencioso-administrativo.

4. Con carácter previo a la interposición de la reclamación económico-administrativa podrá el interesado interponer recurso de reposición ante el propio órgano que dictó el acto que se impugne, de acuerdo con las normas vigentes en cada momento.

5. El recurso de reposición previo al recurso contencioso-administrativo se regulará por lo dispuesto en los artículos 52 a 54 de la Ley de 27 de diciembre de 1956, de la jurisdicción contencioso-administrativa, y 126 de la Ley de Procedimiento Administrativo de 17 de julio de 1958.

6. No se reputarán en ningún caso como recursos las solicitudes de reconocimiento o modificación de derechos pasivos que se basen en haber desaparecido la incompatibilidad o concurrencia de percepciones o situaciones que hubieran servido de fundamento a una resolución denegatoria o limitativa de los mismos o en la existencia de hechos o derechos que no se tuvieron en cuenta o no existían al dictar el acuerdo primitivo, sin perjuicio de las reglas que sobre caducidad de los efectos de esos derechos se contienen en este texto. (Se modifica el apartado 2 por el art. 52.2 de la Ley 37/1988, de 28 de diciembre.)

Artículo 15. Revisión de oficio de actos administrativos en materia de Clases Pasivas

1. La revisión de oficio de los actos administrativos en materia de Clases Pasivas se ajustará a lo dispuesto en los artículos 109, 110, 111 y 112 de la Ley de Procedimiento Administrativo de 17 de julio de 1958 y los correspondientes a las normas de adaptación de la misma a la Administración Militar.

2. La Administración podrá reformar o modificar en cualquier tiempo, mediante acuerdo motivado los actos que, estando sujetos a revisión periódica o a determinada condición o acordados con carácter provisional, se revelen indebidos como consecuencia de dicha revisión o del cumplimiento de la condición de que se trate o de su elevación a definitivos. El carácter revisable, condicional o provisional de los actos de que se trate debe constar expresamente en el propio acto o estar previsto en una disposición de carácter general.

3. Sin perjuicio de lo dispuesto en el número 1, la Administración podrá revisar los actos de reconocimiento del derecho a una prestación en favor de familiares motivada por la condena al beneficiario, mediante sentencia firme, por la comisión de un delito doloso de homicidio en cualquiera de sus formas, cuando la víctima fuera el sujeto causante de la prestación, que podrá efectuarse en cualquier momento, así como la reclamación de las cantidades que, en su caso, hubiere percibido por tal concepto. (Se añade el apartado 3 por la disposición final 11.1 de la Ley 26/2015, de 28 de julio.)

Artículo 16. Reintegro al Tesoro Público de las cantidades indebidamente percibidas

1. Las cantidades indebidamente percibidas por los beneficiarios de las prestaciones de Clases Pasivas habrán de reintegrarse al Tesoro por ellos o sus derechohabientes y si no lo fuesen serán exigibles por la vía de apremio, sin perjuicio de las responsabilidades de otro orden en que hubiera podido incurrirse.

No obstante lo dispuesto en el párrafo anterior, cuando el perceptor de las cantidades que hubieran resultado indebidas continuara siendo beneficiario de la prestación que dio lugar al reintegro o de cualquiera otra de clases pasivas, podrá acordarse el pago de la deuda con cargo a las sucesivas mensualidades de pensión, en los términos y en la forma que reglamentariamente se establezca.

2. No podrá exigirse el reintegro de lo indebidamente percibido al perceptor de las correspondientes cantidades, sin previa revisión o reforma del acto o acuerdo que hubiera dado origen al pago de tales cantidades.(Se añade el párrafo segundo al apartado 1 por el art. 129.2 de la Ley 13/1996, de 30 de diciembre.)

Artículo 17. Interdicción de declaraciones preventivas

En ningún caso procederán las declaraciones preventivas de derechos pasivos que se soliciten con anterioridad al momento de ocurrencia del hecho causante de los mismos o sin que el eventual titular de aquéllos reúna todos los requisitos exigidos por este texto para la titularidad de los mismos.

Subtítulo II. Prestaciones del Régimen de Clases Pasivas del Estado. En favor del personal comprendido en el artículo 3.º, número 1, de este texto

Capítulo I.
Disposiciones generales

Artículo 18. Prestaciones de Clases Pasivas

1. El personal comprendido en el número 1 del artículo 3.° de este texto al momento de ser jubilado o retirado o al momento de fallecer o ser declarado fallecido, causará, en su favor o en el de sus familiares, en las condiciones y con los requisitos que en el mismo texto se establecen, derecho a las prestaciones reguladas en los siguientes artículos.

2. Tales prestaciones serán exclusivamente de carácter económico y pago periódico y se concretarán en las pensiones de jubilación o retiro, de viudedad, de orfandad y en favor de los padres que se regulan en este texto.

Artículo 19. Clases de pensiones

1. Las pensiones reguladas en este texto serán ordinarias o extraordinarias, según que su hecho causante se produzca en circunstancias ordinarias o por razón de lesión, muerte o desaparición producida en acto de servicio o como consecuencia del mismo y de acuerdo con las disposiciones de este texto.

2. El derecho a las prestaciones de Clases Pasivas que se reconozcan en virtud de Ley a favor de persona determinada, dará origen a pensiones excepcionales que se regularán, en primer término, por lo que se disponga en la Ley de su concesión y en lo no previsto por ella por las disposiciones de este texto refundido. (Redactado el apartado 1 conforme a la corrección de errores publicada en BOE núm. 171, de 18 de julio de 1987.)

Artículo 20. Devengo de las pensiones

1. Las pensiones reguladas en este texto se devengarán:

a) Desde el primer día del mes siguiente al de la jubilación o retiro del funcionario.

b) Desde el primer día del mes siguiente al de fallecimiento del causante, en el caso de las pensiones de viudedad y orfandad.

c) Cuando se trate de pensiones en favor de padres, desde el primer día del mes siguiente al de fallecimiento del causante del derecho si no existiese cónyuge viudo de éste o huérfanos del mismo con aptitud legal para cobrar pensión o desde el primer día del mes siguiente a la muerte o pérdida de aptitud legal del cónyuge viudo o los huérfanos en caso de existir éstos.

2. Las reglas que sobre el devengo de las pensiones de Clases Pasivas se contienen en el número anterior se entenderán sin perjuicio de las reglas que sobre caducidad se contienen en el número 2 del precedente artículo 7.°

Artículo 21. Embargo de las pensiones y suspensión de su pago

1. Las pensiones de Clases Pasivas solamente podrán ser embargadas en los casos y en la proporción y con la preferencia que las leyes civiles establecen.

La autoridad judicial que decrete el embargo deberá expresar en el despacho que no existen otros bienes que deban ser preferentemente embargados y que el ordenado no excede de la porción legalmente embargable. Si no constasen estos extremos en el mandamiento, la Administración solicitará del Juez la constancia expresa de los mismos en el despacho antes de proceder a su ejecución.

2. La Administración podrá acordar la suspensión del pago de cualquier pensión de Clases Pasivas cuando, requerido individualmente su titular con las formalidades reglamentariamente establecidas al efecto para que informe sobre su aptitud legal para la percepción de la misma o en relación con su situación económica, incumpla tal requerimiento y de su actitud activa o pasiva se deduzca un propósito deliberado de eludirlo.

3. Asimismo, los beneficiarios de pensiones de Clases Pasivas que perciban complementos económicos cuyo disfrute se encuentre condicionado a la residencia efectiva en España, podrán ser citados a comparecencia en las oficinas de la Administración competente con la periodicidad que ésta determine.

Si no se presenta la documentación requerida en el plazo establecido o no se comparece ante la Administración, previa citación de ésta, el complemento económico, será objeto de suspensión cautelar. Si se presenta la información solicitada o se comparece transcurridos más de 90 días desde su solicitud o citación, se podrá rehabilitar el complemento económico, si procede, con una retroactividad máxima de 90 días. (Se añade el apartado 3 por la disposición final 1.2 de la Ley 17/2012, de 27 de diciembre.)

Artículo 22. Percepciones anejas a las pensiones de Clases Pasivas

1. Junto a la pensión de Clases Pasivas de que se trate, se percibirán las prestaciones de ayuda familiar que pudieran corresponder conforme la legislación reguladora de dichas prestaciones.

2. Junto a las doce mensualidades ordinarias que se percibirán en el año de la pensión correspondiente, el titular de la misma percibirá dos mensualidades extraordinarias que se regirán por lo dispuesto en las siguientes normas:

a) Se devengarán el primer día de los meses de junio y diciembre, siempre que el devengo de la pensión a que se aplique comprenda, al menos, dichas fechas, excepción hecha de lo dispuesto en el segundo párrafo de la siguiente letra c), y se percibirán, junto con la ordinaria correspondiente, en nómina de tales meses. El devengo siempre se producirá con referencia a la situación y derechos del titular de la pensión al momento del mismo.

b) Estas dos mensualidades extraordinarias serán de la misma cuantía que las ordinarias y no podrán ser inferiores a la pensión más los complementos para mínimos que, en su caso, se apliquen.

c) Sin perjuicio de lo dicho, en el supuesto de la primera paga extraordinaria a partir de la fecha de arranque de la pensión reconocida o del momento de la rehabilitación en el cobro de la misma en favor del pensionista que hubiera perdido el derecho al cobro por cualquier circunstancia, dicha paga se abonará en razón de una sexta parte por cada uno de los meses que medien entre el primer día de aquel en que se cuenten los efectos iniciales de la pensión o de la rehabilitación del derecho al cobro y el 31 de mayo o el 30 de noviembre siguiente, según corresponda.

   Igualmente, en el supuesto de fallecimiento del pensionista o de pérdida por éste de su derecho al cobro de la pensión por cualquier circunstancia, la paga extraordinaria siguiente a la últimamente percibida se entenderá devengada el primero del mes en que ocurriera el óbito o la pérdida del derecho al cobro y se abonará, junto con la última mensualidad de la pensión, a sus herederos por derecho civil, como haberes devengados y no percibidos, o a él mismo, en razón de una sexta parte por cada uno de los meses que medien entre el día del devengo de dicha paga extraordinaria y el 31 de mayo o el 30 de noviembre anterior, según corresponda.

d) Las pensiones del Régimen de Clases Pasivas cuya percepción simultánea con las de cualquier otro régimen de protección social esté legalmente autorizada, serán compatibles tanto respecto de los devengos ordinarios como de los extraordinarios. Asimismo, las pensiones del Régimen de Clases Pasivas, cuya percepción simultánea con los salarios o retribuciones correspondientes a un puesto de trabajo en el sector público esté legalmente autorizada, serán compatibles tanto respecto de los devengas ordinarios como de los extraordinarios. (Se modifican los apartados 2.a) y c) por el art. 62.1 y 2 de la Ley 33/1987, de 23 de diciembre. Redactado el apartado 2.c) conforme a la corrección de errores publicada en BOE núm. 171, de 18 de julio de 1987.)

Artículo 23. Cuota de derechos pasivos

1. El personal comprendido en el número 1 del artículo 3.° de este texto está sujeto al pago de una cuota de derechos pasivos cuya cuantía se determinará mediante la aplicación al haber regulador que sirva de base para el cálculo de la correspondiente pensión de jubilación o retiro, reducido en su caso de acuerdo con las previsiones del número 4 del artículo 30 y de las disposiciones adicionales quinta y sexta de este texto, del tipo porcentual del 3,86 por 100. Este tipo porcentual será del 1,93 por 100 para el personal militar profesional que no sea de carrera o para el personal militar de las Escalas de Complemento o Reserva Naval; no obstante, cuando dicho personal haya cubierto el período de carencia fijado en el artículo 29 de este texto para poder causar pensión ordinaria de retiro o se haya incorporado a dichos colectivos procedente de Escalas Profesionales, el tipo porcentual de la cuota de derechos pasivos será del 3,86 por 100.

Los funcionarios en prácticas y los alumnos de Escuelas y Academias Militares a partir de su promoción a Caballero Alférez Cadete, Alférez-alumno, Sargento-alumno o Guardiamarina, vienen sujetos al pago de la misma cuota, cuya cuantía será la que resulte de la aplicación del tipo del 3,86 por 100 al haber regulador correspondiente al empleo de Alférez o Sargento o al Cuerpo. Escala, Plaza o Carrera correspondiente.

Mientras el funcionario preste servicios al Estado que no estén expresamente considerados como efectivos o esté en cualquier situación que no sea considerada a dichos efectos, de acuerdo con lo dicho en el artículo 32 de este texto, tampoco estará sujeto al pago de la cuota de derechos pasivos.

2. La cuantía mensual de la cuota de derechos pasivos se obtendrá dividiendo por catorce la anual obtenida conforme lo dispuesto en el párrafo primero del número anterior y se abonará doblemente en los meses de junio y diciembre.

3. La exacción de esta cuota se verificará mediante la correspondiente retención de su importe en cada nómina que se haga efectiva al funcionario.

La oficina pagadora de los haberes que perciba el funcionario que se encuentre en situación de servicios especiales o militar legalmente asimilable a ésta, mientras permanezca en esta situación, retendrá el importe de la cuota de derechos pasivos correspondiente a dicho funcionario en cada nómina que le haga efectiva e ingresará en el Tesoro Público las cantidades así detraídas.

Asimismo, en el caso del funcionario del Estado transferido a una Comunidad Autónoma, los servicios correspondientes de ésta procederán a retener el importe de la cuota en cada nómina que se le haga efectiva a aquél y a ingresar en el Tesoro Público las cantidades retenidas.

Si por cualquier circunstancia no fuera posible la detracción de la cuota en nómina, el funcionario deberá ingresar mensualmente en el Tesoro directamente las cantidades correspondientes a las cuotas que vaya devengando.

4. Corresponde al Gobierno establecer, en lo sucesivo, los tipos porcentuales determinados en el número 1 del presente artículo. (Se añade el apartado 4 por el art. 47.3 de la Ley 4/1990, de 29 de junio. Se modifica el apartado 1 por el art. 52.3 de la Ley 37/1988, de 28 de diciembre.)

Artículo 24. Reglas sobre nacionalidad

1. La pérdida de la nacionalidad española del personal comprendido en el número 1 del artículo 3.° de este texto, no supondrá la pérdida de los derechos pasivos, que, para sí o sus familiares, pudiera haber causado.

2. La carencia de nacionalidad española o la pérdida de la misma en los familiares del mismo personal no les privará de los derechos pasivos que pudieran corresponderles.

Artículo 25. Incompatibilidad interna de pensiones

1. Es incompatible la percepción simultánea de más de tres pensiones ordinarias de Clases Pasivas de jubilación, viudedad, orfandad o en favor de los padres causadas por diferente persona.

2. Es incompatible la percepción simultánea de dos o más pensiones ordinarias de Clases Pasivas causadas en su favor o en el de sus familiares por la misma persona.

Artículo 26. Principio de no duplicidad de cobertura

1. El personal comprendido en el número 1 del artículo 3.° de este texto que cause pensión en su favor o en el de sus familiares en cualquier Régimen de la Seguridad Social y además en el Régimen de Clases Pasivas como consecuencia de una única prestación de servicios a la Administración, deberá optar por el percibo de la pensión que considere más conveniente, sin que pueda percibir ambas a la vez.

2. Si dicho personal o sus derechohabientes optaran por el percibo de las pensiones ajenas al Régimen de Clases Pasivas, pero acreditaran la prestación por el causante de los derechos pasivos de algún periódo de servicios a la Administración no simultáneos con el que ha dado origen a aquéllas, tendrán derecho a percibir las pensiones del Régimen de Clases Pasivas que se deduzcan, exclusivamente, de dicho período de tiempo.

Artículo 27. Revalorización de pensiones, complementos económicos y limitaciones en el crecimiento de las mismas

1. Las pensiones de clases pasivas, incluido el importe de pensión mínima, y los haberes reguladores aplicables para la determinación de la cuantía de las mismas serán incrementados al comienzo de cada año, en función del índice de revalorización previsto para las pensiones en la correspondiente Ley de Presupuestos Generales del Estado.

2. Las pensiones de clases pasivas reconocidas al amparo de las disposiciones de este texto que no alcancen el importe mínimo de protección, establecido en atención a su clase en la Ley de Presupuestos Generales del Estado para cada ejercicio económico, podrán ser complementadas hasta dicho importe, en los términos y en la forma que reglamentariamente se determine, siempre que sus beneficiarios residan en territorio español.

El importe del complemento económico en ningún caso podrá superar la cuantía establecida en cada ejercicio para las pensiones de jubilación e invalidez en su modalidad no contributiva y será incompatible con la percepción por el pensionista de ingresos anuales superiores a los fijados al efecto por la citada Ley.

3. El importe de las pensiones de clases pasivas se ajustará, en la forma que reglamentariamente se determine, a las normas que sobre limitación en el crecimiento y señalamiento inicial de pensiones, se determinen para cada año en la correspondiente Ley de Presupuestos Generales del Estado, salvo los supuestos contemplados en el número 2 del artículo 50 siguiente. Si como consecuencia de ello su importe hubiera de minorarse, esta minoración no supondrá merma alguna de los otros efectos anejos al reconocimiento del derecho pasivo. (Se modifica el apartado 1 por la disposición final 3 de la Ley 23/2013, de 23 de diciembre. Se modifica el apartado 2 por la disposición final 1.3 de la Ley 17/2012, de 27 de diciembre. Se deja sin efecto para el ejercicio 2012 la actualización prevista en el apartado 1 párrafo 2 y se suspende la aplicación del apartado 1 párrafo 1 para el ejercicio 2013 por el art. 2 del Real Decreto-ley 28/2012, de 30 de noviembre. Se suspende la aplicación del apartado 1 para el ejercicio 2011 por el art. 4.2 del Real Decreto-ley 8/2010, de 20 de mayo. Se deroga el párrafo tercero del apartado 1 por la disposición derogatoria 6 de la Ley 50/1998, de 30 de diciembre. Se modifica por el art. 61 de la Ley 66/1997, de 30 de diciembre. Se modifica el apartado 2 por el art. 47.4 de la Ley 4/1990, de 29 de junio.)

Capítulo II.
Pensiones ordinarias de jubilación y retiro en favor del personal mencionado en la letra a) del número 1 del artículo 3.° de este texto

Artículo 28. Hecho causante de las pensiones

1. El hecho causante de las pensiones que se regulan en el presente capítulo es la jubilación o retiro del personal correspondiente.

2. La referida jubilación o retiro puede ser:

a) De carácter forzoso, que se declarará automáticamente al cumplir dicho personal la edad legalmente señalada para cada caso como determinante de la jubilación o retiro.

   No obstante, si el personal de que se trate, al cumplir la edad para su jubilación o retiro forzoso, tuviera reconocidos doce años de servicios efectivos al Estado y no hubiera completado los quince que, como mínimo, se exigen en el siguiente artículo 29 para causar derecho a pensión en su favor, podrá solicitar prorroga en el servicio activo del órgano competente para acordar su jubilación, prorroga que comprendera exclusivamente el periodo temporal que le falte para cubrir el de carencia antes mencionado, y que se concederá siempre que el interesado pueda considerarase apto para el servicio.

b) De carácter voluntario, que se declarará a instancia de parte, siempre que el interesado tenga cumplidos los sesenta años de edad y reconocidos treinta años de servicios efectivos al Estado. También podrá anticiparse la edad de jubilación o retiro con carácter voluntario cuando así lo disponga una Ley, y se cumplan por el solicitante las condiciones y requisitos que, a tal efecto, se determinen.

c) Por incapacidad permanente para el servicio o inutilidad, que se declarará de oficio o a instancia de parte, cuando el interesado venga afectado por una lesión o proceso patológico, somático o psíquico que esté estabilizado y sea irreversible o de remota o incierta reversibilidad, cuya lesión o proceso le imposibiliten totalmente para el desempeño de las funciones propias de su Cuerpo, Escala, plaza o carrera, de acuerdo con el dictamen preceptivo y vinculante del órgano médico que en cada caso corresponda.

3. La jubilación o retiro será acordada, en todos los supuestos, por:

a) Cuando se trate de jubilación forzosa o de jubilación por incapacidad permanente para el servicio de funcionarios civiles de la Administración del Estado, por el Subsecretario del Departamento ministerial que corresponda, cuando el funcionario esté destinado al momento de la jubilación en servicios centrales de la Administración del Estado y demás Entidades dependientes de la misma o por el Delegado del Gobierno o Gobernador Civil que corresponda, cuando el funcionario esté destinado en servicios periféricos de ámbito regional o provincial, respectivamente.

b) Cuando se trate de jubilación voluntaria de funcionario civil de la Administración del Estado, por el Subsecretario del Departamento ministerial al que esté adscrito el Cuerpo o Escala a que pertenezca el funcionario, siendo el Director general de la Función Pública del Ministerio para las Administraciones Públicas la autoridad competente para acordarla, en caso de que el funcionario pertenezca a un Cuerpo o Escala adscrito al Ministerio para las Administraciones Públicas y dependiente de la Secretaría de Estado para la Administración Pública.

c) Cuando se trate de jubilación de cualquier clase de funcionario del Estado transferido a Comunidades Autónomas, por la correspondiente Consejería o Departamento de Función Pública.

d) Cuando se trate de retiros de cualquier clase, por el Ministro de Defensa.

e) Cuando se trate de jubilación de cualquier clase de funcionarios de la Administración de Justicia, por los órganos correspondientes del Consejo

General del Poder Judicial, cuando el funcionario pertenezca a la Carrera Judicial, y por la Dirección General de Relaciones con la Administración de Justicia del Ministerio de Justicia, cuando el funcionario pertenezca a la Carrera Fiscal, al Secretariado de la Administración de Justicia o a los restantes Cuerpos o Escalas de la Administración de Justicia.

f) Cuando se trate de jubilación de cualquier clase de funcionarios de las Cortes Generales, por los servicios administrativos competentes de las Cortes Generales.

g) Cuando se trate de jubilación de cualquier clase de funcionarios de órganos constitucionales o estatales, incluidos en el ámbito de cobertura del Régimen de Clases Pasivas, por los servicios correspondientes del órgano de que se trate. (Véase, en cuanto a la aplicación del apartado 2.b) desde el 1 de enero de 2011, la disposición adicional 9 de la Ley 39/2010, de 22 de diciembre. Se modifica la letra c) del apartado 2 por la disposición final 1.1 de la Ley 2/2008, de 23 de diciembre.

Se modifica la letra b) del apartado 2 por el art. 47.5 de la Ley 4/1990, de 29 de junio. y la letra a) del apartado 1 por el art. 2.1 de la Ley 5/1990, de 29 de junio.Téngase en cuenta que el apartado 1.a) ya estaba modificado por el Real Decreto-Ley 7/1989, de 29 de diciembre.Se modifica la letra a) del apartado 2 por el art. 5.1 del Real Decreto-Ley 7/1989, de 29 de diciembre.Redactado el apartado 3.a) conforme a la corrección de errores publicada en BOE núm. 171, de 18 de julio de 1987.

Artículo 29. Período de carencia

Para que el personal comprendido en este capítulo cause en su favor derecho a la pensión ordinaria de jubilación o retiro, deberá haber completado quince años de servicios efectivos al Estado. (Se modifica por el art. 52.4 de la Ley 37/1988, de 28 de diciembre.)

Artículo 30. Haberes reguladores

1. Los haberes reguladores aplicables para la determinación de las pensiones de Clases Pasivas causados en su favor por el personal comprendido en este capítulo, se establecerán en la Ley de Presupuestos Generales del Estado para cada ejercicio económico.

2. En el caso del personal ingresado con posterioridad a 1 de enero de 1985, en algún Cuerpo, Escala, plaza, empleo o categoría administrativa, sea proveniente o no de algún otro Cuerpo, Escala, plaza, empleo o categoría, los haberes reguladores correspondientes a los servicios prestados después de dicha fecha se asignarán en función del grupo de clasificación en que se encuadren los Cuerpos, Escalas, plazas,

empleos o categorías en que prestara servicios, de acuerdo con la titulación académica exigida para el acceso a los mismos y conforme las reglas del artículo 25 de la Ley 30/1984, de 2 de agosto, de Medidas para la Reforma de la Función Pública. En el caso del personal proveniente de algún Cuerpo, Escala, plaza, empleo o categoría administrativa, los haberes reguladores correspondientes se tendrán en cuenta, sin efectos retroactivos, exclusiva-mente para el cálculo de la parte de pensión correspondiente a los años de servicio prestados con posterioridad al 1 de enero de 1985.

Lo dispuesto en el párrafo anterior no se aplicará si el cambio de clasificación administrativa se produce en el curso natural de la carrera profesional del personal correspondiente por ascenso en la misma.

Asimismo, en el supuesto de que, con posterioridad a 1 de enero de 1985, hubieran variado con carácter general las condiciones de titulación exigidas para el ingreso en determinado Cuerpo, Escala, plaza, empleo o categoría, y se hubiera producido un cambio en el encuadramiento de dicho Cuerpo, Escala, plaza, empleo o categoría, en los grupos de clasificación por titulación del artículo 25 de la Ley 30/1984, de 2 de agosto, el haber regulador aplicable a los servicios prestados por el funcionario en el Cuerpo, Escala, plaza, empleo o categoría después del cambio de condiciones de titulación, será el correspondiente al nuevo grupo de clasificación, sin que, en ningún caso, tenga aquél efecto retroactivo.

3. En el caso del personal ingresado al servido de la Administración Civil o Militar del Estado, de la de Justicia o de las Cortes Generales con anterioridad a 1 de enero de 1985, sin perjuicio de lo dicho en el número anterior que pueda serle de aplicación, los haberes reguladores se asignarán:

a) Respecto de los servicios prestados a la Administración Civil o Militar del Estado o a la de Justicia, de acuerdo con el índice de proporcionalidad y grado de carrera administrativa, o con el índice multiplicador legalmente atribuido en 31 de diciembre de 1984 a los distintos Cuerpos, Escalas, plazas, empleos o categorías en que haya prestado servicios a lo largo de su vida administrativa.
b) Respecto de los servicios prestados a las Cortes Generales, se asignarán los haberes reguladores en función de los Cuerpos o Escalas en que se hayan prestado éstos.

La Dirección General de Costes de Personal y Pensiones Públicas del Ministerio de Economía y Hacienda fijará, por analogía de funciones y titulación, el haber regulador que resulte aplicable a los servicios prestados en Cuerpos, Escalas, plazas y empleos o categorías que no tuvieran asignado a 31 de diciembre de 1984 índice de proporcionalidad y grado de carrera administrativa o índice multiplicador, oído el Organismo o Departamento ministerial al que correspondan las competencias administrativas sobre los correspondientes Cuerpos, Escalas, plazas, empleos o categorías.

4. El haber regulador a efectos pasivos correspondiente a los servicios prestados por el funcionario en régimen de jornada reducida por tiempo igual o superior a un año, se minorara proporcionalmente a la importancia económica de dicha reducción en las retribuciones percibidas por el mismo en activo.

5. En ningún caso, el impone de los haberes reguladores correspondientes al funcionario se entenderá incrementado con el de las pensiones anejas a cruces, medallas y recompensas, sin perjuicio del percibo de las mismas por la vía que proceda. (Redactado el apartado 4 conforme a la corrección de errores publicada en BOE núm. 171, de 18 de julio de 1987.)

Artículo 31. Cálculo de pensiones

1. En el caso del personal que, desde la fecha de su ingreso al servicio del Estado hasta el momento de ser declarado jubilado o retirado, haya prestado servicios en el mismo Cuerpo, Escala, plaza, empleo o categoría, se tomará para el cálculo de su pensión anual de jubilación o retiro, forzoso o voluntario, el haber regulador que le corresponda y a él se aplicará, a idéntico efecto, el porcentaje de cálculo que, atendidos los años completos de servicios efectivos al Estado que tuviera reconocidos, proceda de entre los que a continuación se indican:

Años de servicio	Porcentaje del regulador
1	1,24
2	2,55
3	3,88
4	5,31
5	6,83
6	8,43
7	10,11
8	11,88
9	13,73
10	15,67
11	17,71
12	19,86
13	22,10
14	24,45
15	26,92
16	30,57
17	34,23
18	37,88

Años de servicio	Porcentaje del regulador
19	41,54
20	45,19
21	48,84
22	52,50
23	56,15
24	59,81
25	63,46
26	67,11
27	70,77
28	74,42
29	78,08
30	81,73
31	85,38
32	89,04
33	92,69
34	96,35
35 y más	**100,00**

2. En el caso que, desde la fecha de ingreso al servicio del Estado hasta el momento de ser declarado jubilado o retirado, haya prestado servicios en distintos Cuerpos, Escalas, plazas, empleos o categorías, el cálculo de la correspondiente pensión de jubilación o retiro forzoso o voluntario, se hará a través de la siguiente fórmula:

$$P = R1C1 + (R2-R1)C2 + (R3-R2)C3 + ...$$

siendo P la cuantía de la pensión de jubilación o retiro; siendo R1, R2, R3 .... los haberes reguladores correspondientes al primer y a los sucesivos Cuerpos, Escalas, plazas, empleos o categorías en que hubiera prestado servicios el funcionario, y siendo C1, C2, C3..., los porcentajes de cálculo correspondientes a los años completos de servicio efectivo transcurridos desde el acceso al primer y a los sucesivos Cuerpos, Escalas, plazas, empleos o categorías hasta el momento de jubilación o retiro, de conformidad con la tabla de porcentajes señalada en el número anterior de este precepto.

La precedente fórmula será de aplicación aun en el supuesto de que los servicios prestados por el funcionario en los distintos Cuerpos, Escalas, plazas, empleos o categorías pudieran dar origen, aisladamente considerados, a distintas pensiones, de acuerdo con lo dispuesto en el número 2 del artículo 25 de este texto.

3. En el supuesto contemplado en el número anterior, a efectos de determinación de los porcentajes de cálculo aplicables, las fracciones de tiempo superiores al año que correspondieran a los distintos servicios prestados por el personal comprendido en este capítulo, se computarán como tiempo correspondiente a los servicios prestados a continuación hasta llegar a los servicios últimamente prestados en que el exceso de tiempo resultante no se computará.

4. El cálculo de la pensión de jubilación o retiro por incapacidad permanente para el servicio del personal comprendido en este capítulo, se verificará de acuerdo con las reglas expresadas en los dos números anteriores, con la particularidad de que se entenderán como servicios efectivos prestados en el cuerpo, escala, plaza, empleo o categoría a que figurara adscrito en el momento en que se produzca el cese por jubilación o retiro por incapacidad permanente, los años completos que faltaran al interesado para alcanzar la correspondiente edad de jubilación o retiro forzoso, y se tendrán en cuenta, a los efectos oportunos, para el cálculo de la pensión que corresponda. Se exceptuarán de este cómputo especial de servicios los supuestos en que el personal de que se trata sea declarado jubilado o retirado por incapacidad permanente mientras estuviera en situación de excedencia voluntaria o suspensión firme o situación militar legalmente asimilable.

5. La cuantía mensual de las pensiones se obtendrá dividiendo por catorce la pensión anual determinada según lo previsto con anterioridad.

6. A los exclusivos efectos del cálculo de las pensiones reguladas en el presente titulo, de oficio o a instancia de parte, podrán excluirse periodos de servicio acreditados cuando su toma en consideración diera lugar a un menor importe de la pensión que, en otro caso, se hubiera obtenido. (Se modifica el apartado 4 por el art. 129.3 de la Ley 13/1996, de 30 de diciembre. Se añade el apartado 6 por el art. 52.1 de la Ley 31/1991, de 30 de diciembre. Se modifica la escala de porcentajes del apartado 1 por el art. 47.6 de la Ley 4/1990, de 29 de junio. Se modifica la escala de porcentajes del apartado 1 por el art. 52.5 de la Ley 37/1988, de 28 de diciembre. Se modifica la escala de porcentajes del apartado 1 por el art. 62.3 de la Ley 33/1987, de 23 de diciembre. Redactados los apartados 1, 4 y 5 conforme a la corrección de errores publicada en BOE núm. 171, de 18 de julio de 1987.)

Artículo 32. Servicios efectivos al Estado

1. A todos los efectos de Clases Pasivas y, en especial, a los de los artículos 28, 29 y 31 de este texto, se entenderán como años de servicio efectivo al Estado aquellos que:

a) El personal comprendido en este capítulo permanezcan en servicio activo en algún Cuerpo, Escalas, plaza, empleo o categoría.

b) El personal de que se trata haya permanecido en situación de servicios especiales y en las extinguidas de excedencia especial o supernumerario, así como en situación de excedencia forzosa y en las situaciones militares que resulten legalmente asimilables a todas éstas.

c) El personal de que se trata tenga reconocidos al amparo de la Ley 70/1978, de 26 de diciembre, de acuerdo con los procedimientos correspondientes, siempre que los mismos no se cuenten como de cotización en cualquier régimen público de Seguridad Social o sustitutorio de ésta o en el de la Mutualidad Nacional de Previsión de la Administración Local.

d) El personal de que se trata tenga reconocidos al amparo de la legislación de indulto y amnistía por delitos o faltas cometidas por causa de intencionalidad política que haga referencia a la guerra civil 1936-1939.

e) El personal de que se tata tenga reconocidos como de cotización a cualquier régimen público de Seguridad Social o sustitutorio de éste o a la Mutualidad Nacional de Previsión de Administración Local, siempre que, en su caso, la prestación laboral que haya dado origen a los mismos no sea simultánea a la de servicios al Estado. Si los años de cotización que se abonen de este modo en el Régimen de Clases Pasivas dieran derecho a pensión al interesado en cualquiera de los regímenes de previsión ajenos, la pensión de Clases Pasivas en que se hayan abonado aquéllos será incompatible con la otra que pudiera corresponder y en la que se hubieran computado tales años de cotización.

f) El personal de que se trata haya permanecido en prácticas o como alumno de las Academias y Escuelas Militares a partir de su promoción a Caballero Alférez Cadete, Alférez-Alumno, Sargento-Alumno o Guardiamarina con un máximo de tres.

g) El personal de que se trata tenga reconocidos a efectos de Seguridad Social de otros países cuando exista, a tal efecto, Convenio o Reglamento Internacional aplicable por el Régimen de Clases Pasivas, y en los términos y condiciones que resulten de los mencionados instrumentos internacionales y de las normas reglamentarias que fueran aplicables al caso.

2. Los servicios a que se refieren las letras anteriores, se entenderán prestados:

a) Los referidos en la letra a), en el Cuerpo, Escala, plaza, empleo o categoría que, en cada caso, corresponda.

b) Los referidos en la letra b) del número anterior, en el Cuerpo, Escala, plaza, empleo o categoría correspondiente al interesado en el momento de ser declarado en las situaciones referidas en el mismo lugar.

c) Los referidos en la letra c), en el Cuerpo, Escala, plaza, empleo o categoría, que resulte asimilable, por razón de las funciones, al puesto de trabajo que hubiera dado origen al reconocimiento de servicios previos y, en caso de que no fuera posible la asimilación, en el Cuerpo, Escala, plaza, empleo o categoría de menor haber regulador de los que correspondan al interesado.

d) Los referidos en la letra d), en el Cuerpo, Escala, plaza, empleo o categoría que determine el acuerdo de reconocimiento.

e) Los referidos en la letra e), en el Cuerpo, Escala, plaza, empleo o categoría de menor haber regulador de los correspondientes al interesado.

f) Los referida en la letra f), en el Cuerpo, Escala, plaza o carrera correspondiente o en el empleo de Alférez o Sargento.

3. Sin perjuicio de lo dicho en la letra b) del número 1 de este precepto, no se entenderá como de servicios al Estado, a los efectos indicados en el número 1 del presente artículo, el tiempo que permanezca el personal correspondiente en filas prestando el servicio militar obligatorio ni el tiempo equivalente a éste, si prestara dicho servicio militar en cualquiera otra forma o siendo alumno de alguna Escala o Academia Militar. Tampoco se entenderá como de servicios al Estado, a los efectos indicados, el tiempo de permanencia del personal correspondiente en el desempeño de la prestación social sustitutoria.

El tiempo que exceda de los períodos mencionados en el párrafo anterior y, que permanezca el personal de que se trata prestando el servicio militar o como

Caballero Cadete, Alumno o Aspirante de Escuelas y Academias Militares se entenderá, a todos los efectos, como de servicios al Estado, que se considerarán prestados como Clase de Tropa o Marinería.

4. Esta enumeración de servicios efectivos al Estado tiene carácter taxativo, sin perjuicio del reconocimiento de otros servicios que, en algún caso individual puedan haberse reconocido al funcionario por sentencia judicial o acto propio de la Administración.

No obstante lo dicho, vara el caso de las pensiones de jubilación o retiro del funcionario incapacitado permanentemente para el servicio, se contarán como servicios efectivos los años que faltaran al incapacitado para alcanzar la edad de jubilación o retiro forzoso, en los términos del número 4 del precedente artículo 31. (Se añade la letra g) al apartado 1 por el art. 47.8 de la Ley 4/1990, de 29 de junio. Redactados los apartados 1.f) y 4 conforme a la corrección de errores publicada en BOE núm. 171, de 18 de julio de 1987.)

Artículo 33. Incompatibilidades

1. Las pensiones de jubilación o retiro, a que se refiere este Capítulo, serán incompatibles con el desempeño de un puesto de trabajo o alto cargo en el sector público por parte de sus titulares, entendido éste de conformidad con lo dispuesto en el párrafo segundo del apartado 1 del artículo 1 de la Ley 53/1984, de 26 de diciembre, de Incompatibilidades del Personal al Servicio de las Administraciones Públicas.

Además, no se podrá percibir la pensión de jubilación o retiro de Clases Pasivas con cualquier otra remuneración con cargo a los presupuestos de las Administraciones Públicas y de los Entes, Organismos y Empresas de ellas dependientes o con cargo a los de los órganos constitucionales.

A estos efectos, se entenderá por remuneración cualquier derecho de contenido económico derivado, directa o indirectamente, de una prestación o servicio personal, sea su cuantía fija o variable y su devengo periódico u ocasional.

No obstante lo anterior, se aplicarán a este régimen de incompatibilidad las excepciones contempladas en el artículo 19 y en la disposición adicional novena de la Ley 53/1984 y, en el caso de que no se perciban retribuciones periódicas por el desempeño de cargos electivos como miembros de las Asambleas Legislativas de las Comunidades Autónomas o de las Corporaciones Locales, las previstas en el artículo 5 de la misma Ley.

2. Asimismo, con carácter general, el percibo de las pensiones de jubilación o retiro será incompatible con el ejercicio de una actividad, por cuenta propia o ajena, que de lugar a la inclusión de su titular en cualquier régimen público de Seguridad Social.

Sin perjuicio de lo establecido en el párrafo anterior, el percibo de las pensiones de jubilación o retiro, en el supuesto contemplado en la letra a) del artículo 28.2 del presente texto refundido, será compatible con el ejercicio de una actividad, por cuenta propia o ajena, que de lugar a la inclusión de su titular en cualquier régimen público de Seguridad Social, en los siguientes términos:

a) La edad de acceso a la pensión de jubilación o retiro debe ser, al menos, la establecida como edad de jubilación forzosa para el correspondiente colectivo de funcionarios públicos.

b) El porcentaje aplicable al haber regulador a efectos de determinar la cuantía de la pensión debe ser del cien por cien.

En caso de desempeñar una actividad compatible, la cuantía de la pensión será equivalente al cincuenta por ciento del importe resultante en el reconocimiento inicial, una vez aplicado, si procede, el límite máximo de pensión pública, o el que el pensionista esté percibiendo en la fecha de inicio de la actividad, excluido, en todo caso, el complemento por mínimos, que no se podrá percibir durante el tiempo en que se compatibilice pensión y actividad.

La pensión se revalorizará en su integridad, en los términos establecidos para las pensiones del Régimen de Clases Pasivas. No obstante, en tanto se desempeñe el trabajo compatible, el importe de la pensión más las revalorizaciones acumuladas se reducirá en un cincuenta por ciento.

3. El percibo de las pensiones de jubilación o retiro por incapacidad permanente para el servicio o inutilidad será incompatible con el ejercicio de una actividad, por cuenta propia o ajena, que de lugar a la inclusión de su titular en cualquier régimen público de Seguridad Social.

No obstante, en los términos que reglamentariamente se determine, en los supuestos de pensiones de jubilación o retiro por incapacidad permanente para el servicio o inutilidad, cuando el interesado no esté incapacitado para toda profesión u oficio, se podrá compatibilizar el percibo de la pensión con el desempeño de dicha actividad siempre que sea distinta a la que venía realizando al servicio del Estado. En este caso, y mientras dure dicha situación, el importe de la pensión reconocida, se reducirá al 75 por ciento de la correspondiente cuantía, si se acreditan más de 20 años de servicios efectivos al Estado; o al 55 por ciento, si el interesado hubiera cubierto menos de 20 años de servicios al momento de su jubilación o retiro.

4. La percepción de las pensiones afectadas por las incompatibilidades señaladas en los apartados anteriores quedará en suspenso por meses completos, desde el día primero del mes siguiente al inicio de la actividad que determina la incompatibilidad hasta el último día del mes en que se finalice, sin que ello afecte a los incrementos que deban experimentar tales pensiones, conforme a lo dispuesto en el artículo 27 de este texto.

Como excepción a los efectos de la suspensión señalados en el párrafo anterior, si la actividad incompatible se inicia el día primero de un mes la suspensión del abono procederá desde el día primero del mes en que se realice la actividad incompatible.

En el supuesto regulado en el precedente apartado 2, tanto la reducción como el restablecimiento del importe íntegro de la pensión se llevará a cabo por meses completos, con los efectos señalados en los párrafos anteriores.

5. La situación económica de los perceptores de pensiones de jubilación o retiro se revisará de oficio, con la periodicidad que reglamentariamente se determine, a efectos de la aplicación de las normas anteriores, sin perjuicio de las revisiones que procedan a instancia del interesado. (Se modifica el apartado 1 por la disposición final 1.1 de la Ley 3/2017, de 27 de junio. Se modifica por la disposición adicional 2 del Real Decreto-ley 5/2013, de 15 de marzo. Téngase en cuenta para su aplicación lo dispuesto en la disposición adicional 3. Se renumeran los apartados 2 y 3 como 3 y 4, y se añade el apartado 2 por la disposición adicional 16.1 de la Ley 2/2008, de 23 de diciembre.)

Capítulo III.
Pensiones ordinarias en favor de los familiares del personal mencionado en la letra a) del número 1 del artículo 3 de este texto

Sección 1.ª Disposiciones generales

Artículo 34. Hecho causante de las pensiones

1. El derecho a las pensiones a que se refiere este capítulo se causará con el fallecimiento del personal correspondiente.

2. A estos efectos, la declaración de ausencia legal del causante de los derechos pasivos no se considerará determinante de los derechos de sus familiares, que solamente nacerán con la declaración de fallecimiento del ausente, acordada de conformidad con lo dispuesto en los artículos 193 y siguientes del Código Civil.

La fecha de nacimiento de los derechos se retrotraerá siempre a la que en la resolución judicial se precise como de fallecimiento, sin perjuicio de lo que en punto a prescripción se dice en el artículo 7 de este texto.

Sin embargo, si el declarado ausente legal fuera perceptor de pensión de jubilación o retiro o, el mismo, atendiendo a su edad y al período de servicios efectivos al Estado, tuviera derecho a las citadas pensiones de jubilación o retiro, sus familiares podrán acceder a la pensión que a ellos hubiera correspondido en caso de fallecimiento del causante.

Esta pensión será reconocida con carácter provisional desde el día 1 del mes siguiente al de la declaración de ausencia legal, a resultas de la de fallecimiento que en su día se produzca o, en otro caso, de la presentación del ausente o de la prueba de su existencia. Por los pagos así efectuados no procederá formular reclamación alguna al Tesoro Público por parte del declarado ausente legal que después aparezca, sin perjuicio del derecho de este último a reclamar las diferencias entre lo abonado a sus familiares y lo debido percibir por el mismo y sólo en cuanto a las cantidades no prescritas por el transcurso del tiempo.

3. Si después de la declaración de fallecimiento se presentara el ausente o se probase su existencia, cesarán todos los efectos que como consecuencia de aquélla se hubieran producido desde el primer día del mes siguiente al que la Administración tenga conocimiento cierto del hecho, sin perjuicio del ejercicio por el declarado fallecido de los derechos pasivos que le correspondan, entendiéndose éstos nacidos desde la expresada fecha.

4. No cabrá formular reclamación alguna al Tesoro Público por razón de los acuerdos que hubieran podido adoptarte de conformidad con la resolución judicial declaratoria del fallecimiento, sin perjuicio de que los litigios que puedan surgir entre los interesados se sustancien ante los órganos de la jurisdicción ordinaria. Asimismo, no cabrá exigir el reintegro de las cantidades percibidas al titular de la pensión concedida en base a la declaración de fallecimiento. (Se añaden los párrafos tercero y cuarto del apartado 2 por el art. 47.9 de la Ley 4/1990, de 29 de junio.)

Artículo 35. No exigencia de período de carencia

Para que se entiendan causados los derechos de los familiares del personal comprendido en este capítulo no será preciso que el causante de los mismos haya completado ningún periodo mínimo de prestación de servicios efectivos al Estado.

Artículo 36. Igualdad jurídica

1. La mujer causará los mismos derechos en favor de sus familiares que el varón.

2. Los familiares del causante de los derechos pasivos tendrán, a efectos de Clases Pasivas, los mismos derechos cualquiera que sea su sexo o filiación y la adquisición y pérdida de tales derechos estarán condicionadas por iguales circunstancias en todos los casos.

Artículo 37. Concurrencia con derechohabientes desconocidos o sobrevenidos

1. Cuando, con posterioridad a haberse efectuado por la Administración el señalamiento de pensiones en favor de familiares del fallecido, aparecieran nuevos derechohabientes del mismo, como consecuencia de cualquier circunstancia,

los efectos económicos de los nuevos derechos pasivos se contarán únicamente desde el primer día del mes siguiente a la presentación de la oportuna solicitud, sin perjuicio de las acciones que eventualmente corresponda ejercer al nuevo titular, respecto de los anteriores o actuales, ante los órganos de la jurisdicción ordinaria en reclamación de las cantidades que hasta dicho momento le hubieran podido corresponder de acuerdo con las disposiciones de este texto.

En dicho supuesto, el titular o titulares de la pensión inicialmente señalada a su favor vendrán obligados, como consecuencia de los nuevos derechos reconocidos, a reintegrar los importes percibidos en más desde la fecha de efectos económicos de estos nuevos derechos.

2. No obstante lo dispuesto en el número anterior, y sin perjuicio de la caducidad de efectos regulada en el artículo 7.2 de este texto, la administración satisfará al nuevo titular de derechos el importe de las diferencias que pudieran existir, en su caso, entre lo percibido por los antiguos o actuales titulares y lo debido abonar por aquélla durante el período comprendido entre el nacimiento del derecho y la fecha de los efectos económicos del nuevo señalamiento. (Se modifica, con efectos económicos desde el 1 de enero de 1992, por el art. 52.2 de la Ley 31/1991, de 30 de diciembre.

Redactada la rúbrica conforme a la corrección de errores publicada en BOE núm. 171, de 18 de julio de 1987.)

Artículo 37 bis. Impedimento para ser beneficiario de las prestaciones en favor de los familiares

Sin perjuicio de lo establecido en la disposición adicional primera de la Ley Orgánica 1/2004, de 28 de diciembre, de Medidas de Protección Integral contra la Violencia de Género, no podrá tener la condición de beneficiario de las prestaciones en favor de los familiares que hubieran podido corresponderle, quien fuera condenado por sentencia firme por la comisión de un delito doloso de homicidio en cualquiera de sus formas, cuando la víctima fuera el sujeto causante de la prestación.

La Administración podrá revisar, por sí misma y en cualquier momento, el acto o acuerdo por el cual hubiera reconocido el derecho a una prestación en favor de los familiares a quien fuera condenado por sentencia firme en el supuesto indicado, viniendo el mismo obligado a devolver las cantidades que, en su caso, hubiera percibido por tal concepto.

En el acuerdo de inicio del procedimiento de revisión del reconocimiento de la prestación a que se refiere este artículo se acordará, si no se hubiera producido antes, la suspensión cautelar de su percibo hasta la resolución que ponga fin a dicho procedimiento. (Se añade por la disposición final 11.2 de la Ley 26/2015, de 28 de julio. Texto añadido, publicado el 29/07/2015, en vigor a partir del 18/08/2015.)

Artículo 37 ter. Suspensión cautelar del abono de las prestaciones en favor de los familiares, en determinados supuestos

1. La Dirección General de Costes de Personal y Pensiones Públicas suspenderá cautelarmente el abono de las prestaciones reconocidas en favor de los familiares, cuando recaiga sobre el beneficiario resolución judicial de la que se deriven indicios racionales de criminalidad por la comisión de un delito doloso de homicidio en cualquiera de sus formas, si la víctima fuera el sujeto causante de la prestación, con efectos del día primero del mes siguiente a aquel en que le sea comunicada tal circunstancia.

En los casos indicados, la suspensión cautelar se mantendrá hasta que recaiga sentencia firme u otra resolución firme que ponga fin al procedimiento penal o determine la no culpabilidad del beneficiario.

Si el beneficiario de la prestación fuera finalmente condenado por sentencia firme por la comisión del indicado delito, procederá la revisión del reconocimiento y, en su caso, el reintegro de las prestaciones percibidas, de acuerdo con lo previsto en el artículo 37 bis. En este supuesto la Dirección General de Costes de Personal y Pensiones Públicas o la Dirección General de Personal del Ministerio de Defensa, en el ámbito de sus respectivas competencias, fijarán el importe de las pensiones, si las hubiere, como si no existiera la persona condenada.

Cuando, mediante sentencia o resolución judicial firme, finalice el proceso sin la referida condena o se determine la no culpabilidad del beneficiario, se rehabilitará el pago de la prestación suspendida con los efectos que hubieran procedido de no haberse acordado la suspensión.

2. No obstante, si recayera sentencia absolutoria en primera instancia y ésta fuera recurrida, la suspensión cautelar se alzará hasta la resolución del recurso por sentencia firme. En este caso, si la sentencia firme recaída en dicho recurso fuese también absolutoria se abonarán al beneficiario las prestaciones dejadas de percibir desde que se acordó la suspensión cautelar hasta que se alzó ésta. Por el contrario, si la sentencia firme recaída en el recurso resultara condenatoria procederá la revisión del reconocimiento de la prestación, así como la devolución de las prestaciones percibidas por el condenado, conforme a lo indicado en el apartado 1 de este artículo, incluidas las correspondientes al período en que estuvo alzada la suspensión.

3. Durante la suspensión del pago de una prestación acordada conforme a lo previsto en este artículo, la Dirección General de Costes de Personal y Pensiones Públicas o la Dirección General de Personal del Ministerio de Defensa, en el ámbito de sus respectivas competencias, fijarán el importe de las pensiones, si las hubiere, como si no existiera la persona contra la que se hubiera dictado la resolución a que se refiere el apartado 1. Dicho importe tendrá carácter provisional hasta que se dicte la resolución firme que ponga fin al proceso penal.

En el caso de archivo de la causa o de sentencia firme absolutoria, se procederá al abono de las prestaciones cautelarmente suspendidas. No obstante, el beneficiario de la pensión calculada conforme a lo dispuesto en el párrafo anterior no vendrá obligado a devolver cantidad alguna.

(Se añade por la disposición final 11.3 de la Ley 26/2015, de 28 de julio. Texto añadido, publicado el 29/07/2015, en vigor a partir del 18/08/2015.)

Artículo 37 quáter. Abono de las pensiones en favor de familiares en determinados supuestos

En el caso de que hubiera beneficiarios menores o incapacitados judicialmente, cuya patria potestad o tutela estuviera atribuida a una persona contra la que se hubiera dictado resolución judicial de la que se deriven indicios racionales de criminalidad o sentencia condenatoria firme por la comisión del delito doloso de homicidio en cualquiera de sus formas, la pensión no le será abonable a dicha persona.

En todo caso, la Dirección General de Costes de Personal y Pensiones Públicas pondrá en conocimiento del Ministerio Fiscal la existencia de la pensión, así como toda resolución judicial de la que se deriven indicios racionales de que una persona que tenga atribuida la patria potestad o tutela es responsable del delito doloso de homicidio para que proceda, en su caso, a instar la adopción de las medidas oportunas en relación con la persona física o institución tutelar del menor o de la persona con la capacidad modificada judicialmente a las que debe abonarse la pensión. Adoptadas dichas medidas con motivo de dicha situación procesal, la Administración, cuando así proceda, comunicará también al Ministerio Fiscal la resolución por la que se ponga fin al proceso penal y la firmeza o no de la resolución judicial en que se acuerde. (Se añade por la disposición final 11.4 de la Ley 26/2015, de 28 de julio. Texto añadido, publicado el 29/07/2015, en vigor a partir del 18/08/2015.)

Sección 2.ª Pensiones de viudedad

Artículo 38. Condiciones del derecho a la pensión

1. Tendrá derecho a la pensión de viudedad quien sea cónyuge supérstite del causante de los derechos pasivos.

En los supuestos en que el fallecimiento del causante derivara de enfermedad común, no sobrevenida tras el vínculo conyugal, se requerirá, además, que el matrimonio se hubiera celebrado con un año de antelación como mínimo a la fecha del fallecimiento. No se exigirá dicha duración del vínculo matrimonial cuando existan hijos comunes, ni tampoco cuando en la fecha de celebración del mismo se acreditara un período de convivencia con el causante, como pareja de hecho, que, sumado al de duración del matrimonio, hubiera superado los dos años.

Cuando el cónyuge no pueda acceder a pensión de viudedad por las causas citadas en el párrafo anterior, tendrá derecho a una prestación temporal de igual cuantía que la pensión de viudedad que le hubiera correspondido y con una duración de dos años.

2. En los casos de separación o divorcio, con independencia de las causas que los hubieran determinado, el derecho a la pensión de viudedad, o en su caso a la prestación temporal, corresponderá a quien, reuniendo los requisitos exigidos en el apartado anterior, sea o haya sido cónyuge legítimo, en este último caso siempre que no hubiese contraído nuevas nupcias o hubiera constituido una pareja de hecho en los términos a que se refiere el apartado 4. Asimismo, se requerirá que las personas divorciadas o separadas judicialmente sean acreedoras de la pensión compensatoria a que se refiere el artículo 97 del Código Civil y ésta quedara extinguida a la muerte del causante. En el caso de que se haya fijado una pensión compensatoria temporal, la pensión, o la prestación temporal, de viudedad que se pudiera reconocer se extinguirá en la misma fecha en que lo hubiera hecho la pensión compensatoria.

En el supuesto de que la cuantía de la pensión de viudedad, o de la prestación temporal a que hubiere lugar, fuera superior a la pensión compensatoria, aquélla se disminuirá hasta alcanzar la cuantía de esta última, sin que la pensión resultante pueda ser objeto del complemento regulado en el número 2 del artículo 27 del presente Texto Refundido. En todo caso, tendrán derecho a la pensión de viudedad las mujeres que, aun no siendo acreedoras de pensión compensatoria, pudieran acreditar que eran víctimas de violencia de género en el momento de la separación judicial o el divorcio mediante sentencia firme, o archivo de la causa por extinción de la responsabilidad penal por fallecimiento; en defecto de sentencia, a través de la orden de protección dictada a su favor o informe del Ministerio Fiscal que indique la existencia de indicios de violencia de género, así como por cualquier otro medio de prueba admitido en Derecho.

Si, habiendo mediado divorcio, se produjera una concurrencia de beneficiarios con derecho a pensión, ésta será reconocida en cuantía proporcional al tiempo vivido por cada uno de ellos con el causante, garantizándose, en todo caso, el 40 por ciento a favor del cónyuge superviviente o, en su caso, del que, sin ser cónyuge, conviviera con el causante en el momento del fallecimiento y resultara beneficiario de la pensión de viudedad en los términos a que se refiere el apartado 4 siguiente.

3. En caso de nulidad matrimonial, el derecho a la pensión de viudedad, o en su caso a la prestación temporal, corresponderá al superviviente al que se le haya reconocido el derecho a la indemnización a que se refiere el artículo 98 del Código Civil, siempre que no hubiera contraído nuevas nupcias o hubiera constituido una pareja de hecho en los términos a que se refiere el apartado siguiente. Dicha

pensión será reconocida en cuantía proporcional al tiempo vivido con el causante, sin perjuicio de los límites que puedan resultar por la aplicación de lo previsto en el apartado anterior en el supuesto de concurrencia de varios beneficiarios.

4. Tendrá asimismo derecho a la pensión de viudedad quien se encontrase unido al causante en el momento de su fallecimiento, formando una pareja de hecho, y acreditara que sus ingresos durante el año natural anterior no alcanzaron el 50 por ciento de la suma de los propios y de los del causante habidos en el mismo período. Dicho porcentaje será del 25 por ciento en el caso de inexistencia de hijos comunes con derecho a pensión de orfandad.

No obstante, también se reconocerá derecho a pensión de viudedad cuando los ingresos del sobreviviente resulten inferiores a 1,5 veces el importe del salario mínimo interprofesional vigente en el momento del hecho causante, requisito que deberá concurrir tanto en el momento del hecho causante de la prestación, como durante el período de su percepción. El límite indicado se incrementará en 0,5 veces la cuantía del salario mínimo interprofesional vigente por cada hijo común, con derecho a la pensión de orfandad que conviva con el sobreviviente.

Se considerarán como ingresos los rendimientos de trabajo y de capital así como los de carácter patrimonial, en los términos en que son computados para el reconocimiento de los complementos para mínimos de pensiones.

A efectos de lo establecido en este apartado, se considerará pareja de hecho la constituida, con análoga relación de afectividad a la conyugal, por quienes, no hallándose impedidos para contraer matrimonio, no tengan vínculo matrimonial con otra persona y acrediten, mediante el correspondiente certificado de empadronamiento, una convivencia estable y notoria con carácter inmediato al fallecimiento del causante y con una duración ininterrumpida no inferior a cinco años. La existencia de pareja de hecho se acreditará mediante certificación de la inscripción en alguno de los registros específicos existentes en las comunidades autónomas o ayuntamientos del lugar de residencia o mediante documento público en el que conste la constitución de dicha pareja. Tanto la mencionada inscripción como la formalización del correspondiente documento público deberán haberse producido con una antelación mínima de dos años con respecto a la fecha del fallecimiento del causante.

5. En todos los supuestos a los que se refiere el presente artículo, el derecho a pensión de viudedad se extinguirá cuando el beneficiario contraiga matrimonio o constituya una pareja de hecho en los términos regulados en el apartado anterior, sin perjuicio de las excepciones establecidas reglamentariamente. (Se suprime el último párrafo del apartado 4 por la disposición final 1.2 de la Ley 36/2014, de 26 de diciembre. Se modifica el apartado 2 por la disposición final 1.2 de la Ley 22/2013, de 23 de diciembre. Se modifica el párrafo primero del apartado 2 por la disposición final 1.4 de la Ley 17/2012, de 27 de diciembre. Se modifica el párrafo primero

del apartado 2 por la disposición final 10.1 de la Ley 26/2009, de 23 de diciembre. Se modifica por la disposición final 3.3 de la Ley 51/2007, de 26 de diciembre. Se modifica el apartado 2 por el art. 55.1 de la Ley 24/2001, de 27 de diciembre)

Artículo 39. Cálculo de la misma

1. La base reguladora de la pensión de viudedad estará constituida por la pensión de jubilación o retiro del fallecido o declarado fallecido.

A este efecto se tomará la pensión de jubilación o retiro que efectivamente se hubiera señalado al causante, debidamente actualizada en su caso, o la que hubiera podido corresponder a éste al momento de su jubilación o retiro forzoso si hubiera fallecido con anterioridad al cumplimiento de la edad correspondiente y no hubiera llegado a ser declarado jubilado o retirado, permaneciendo invariable el cuerpo, escala, plaza, empleo o categoría a que estuviera adscrito aquél al momento de fallecer. Si el causante falleciera en situación de excedencia voluntaria o de suspensión firme o en situación militar legalmente asimilable, como base reguladora de la pensión de viudedad se tomará la pensión de jubilación o retiro que le hubiera correspondido solamente en función de los servicios prestados hasta el momento de su pase a tales situaciones.

En todo caso para el cálculo de la teórica pensión de jubilación del fallecido o así declarado se observarán las reglas expresadas en los números 1, 2, 3 y 5 del precedente artículo 31.

2. Cuando el causante de los derechos al momento de su fallecimiento tuviera señalada una pensión extraordinaria de jubilación o retiro por inutilidad contraida en acto de servicio o como consecuencia del mismo por motivo de actos de terrorismo, la base reguladora de la pensión de viudedad estará constituida por el importe teórico de la pensión extraordinaria de jubilación o retiro, debidamente actualizada en su caso, que hubiera podido corresponder a aquél si la inutilidad producida en acto de servicio o como consecuencia del mismo no se hubiese originado por actos de terrorismo.

Para el cálculo de esta teórica pensión extraordinaria de jubilación o retiro se observarán las reglas previstas en el número 1 del artículo 49 de este texto.

3. A la base reguladora determinada de acuerdo con las reglas anteriores se aplicará el porcentaje fijo del 50 por 100 para obtener el importe de la pensión de viudedad.

Este porcentaje será del 25 por 100 en el supuesto de que el causante de los derechos hubiera fallecido tras haber sido declarado inutilizado en acto de servicio o como consecuencia del mismo y de haberse señalado en su favor la correspondiente pensión extraordinaria.

4. En ningún caso se abonará conjuntamente con la pensión que resulte de la aplicación de las reglas contenidas en este artículo, cantidad alguna en concepto de ayuda o subsidio con cargo a crédito presupuestario de Clases Pasivas. (Se modifica el párrafo segundo del apartado 1 por el art. 129.4 de la Ley 13/1996, de 30 de diciembre.)

Artículo 40. Incompatibilidades

Se deroga por la disposición adicional 20 de la Ley 33/1987, de 23 de diciembre.

Sección 3.ª Pensiones de orfandad

Artículo 41. Condiciones del derecho a la pensión

1. Tendrán derecho a pensión de orfandad los hijos del causante de los derechos pasivos que fueran menores de veintiún años, así como los que estuvieran incapacitados para todo trabajo antes del cumplimiento de dicha edad o de la fecha del fallecimiento del causante.

Este derecho asistirá a cada uno de los hijos del fallecido o declarado fallecido, con independencia de la existencia o no de cónyuge supérstite.

2. En el supuesto en que el huérfano no realice un trabajo lucrativo por cuenta ajena o propia o cuando realizándolo, los ingresos que obtenga en cómputo anual resulten inferiores al importe del salario mínimo interprofesional que se fije en cada momento, también en cómputo anual, podrá ser beneficiario de la pensión de orfandad siempre que, a la fecha de fallecimiento del causante, fuera menor de veintidós años o de veinticuatro si, en ese momento o antes del cumplimiento de los veintiún años, o en su caso de los veintidós, no sobreviviera ninguno de los padres o el huérfano presentara una discapacidad igual o superior al 33 por ciento. En este caso, la pensión se extinguirá cuando el titular cumpla los veinticuatro años de edad, salvo que estuviera cursando estudios, manteniéndose en estos supuestos la percepción de la pensión de orfandad hasta el día primero del mes siguiente al inicio del siguiente curso académico.

No obstante si el huérfano mayor de veintiún años se incapacitase para todo trabajo antes de cumplir los veintidós o veinticuatro años de edad, según corresponda, tendrá derecho a la pensión de orfandad con carácter vitalicio.

3. La situación del huérfano incapacitado o mayor de veintiún años se revisará con la periodicidad que se determine reglamentariamente en orden a la comprobación de la persistencia en el mismo de la aptitud para ser titular de la pensión de orfandad.

4. A los efectos de este texto, la relación paterno-filial comprende tanto la matrimonial como la no matrimonial, así como la legal por adopción. (Se modifica el párrafo primero del apartado 2 por la disposición final 3.4 de la Ley 51/2007, de 26 de diciembre. Se añade el inciso final al primer párrafo del apartado 2 por la disposición adicional 44 de la Ley 30/2005, de 29 de diciembre. Se modifica el apartado 2 por el art. 55.4 de la Ley 24/2001, de 27 de diciembre. Se modifican los apartados 1 y 2 por el art. 40.1 y 2 de la Ley 14/2000, de 29 de diciembre. Véase supuesto especial del apartado 3 en el art. 40.3. Se modifica por el art. 49.1 de la Ley 50/1998, de 30 de diciembre.

Téngase en cuenta el art. 49.2, en cuanto a la aplicación del apartado 2. Se modifica por el art. 129.5 de la Ley 13/1996, de 30 de diciembre. Se modifica el apartado 1, con efectos económicos desde el 1 de enero de 1992, por el art. 52.3 de la Ley 31/1991, de 30 de diciembre.

Artículo 42. Cálculo de la misma

1. La base reguladora de la pensión de orfandad estará constituida por la pensión de jubilación o retiro del fallecido o así declarado.

Para la determinación de esta base reguladora se aplicarán, en todo, las reglas contenidas en los números 1 y 2 del precedente artículo 39.

2. A dicha base reguladora para la determinación de cada pensión de orfandad se aplicarán los siguientes porcentajes fijos:

a) El 25 por 100, en el supuesto de que existiera sólo un hijo con derecho a pensión.
b) El 10 por 100, en el supuesto de que existieran varios hijos con derecho a pensión.

En este último supuesto, las pensiones resultantes se incrementarán en la suma que arroje el prorrateo por cabeza de un único 15 por 100 de la base reguladora.

3. Los porcentajes de cálculo que se indican en el precedente número serán, respectivamente, del 12,50 por 100; del 5 por 100, y del 7,50 por 100 en el supuesto de que el funcionario hubiera fallecido tras haber sido declarado inutilizado en acto de servicio o como consecuencia de este último y de haberse señalado en su favor la correspondiente pensión extraordinaria.

4. El importe conjunto de las distintas pensiones de orfandad no podrá superar, en ningún caso, el del 50 por 100 o el del 100 por 100 de la base reguladora, según exista o no exista cónyuge supérstite del fallecido, respectivamente. Estos límites serán del 25 por 100 o de 50 por 100 en el caso de que la pensión de jubi-

lación o de retiro que se hubiera señalado al causante hubiera sido extraordinaria por ser causada en acto de servicio o como consecuencia del mismo.

En caso de que una vez señaladas las distintas pensiones de orfandad el importe conjunto de todas ellas exceda del límite indicado se procederá a reducir proporcionalmente cada una, comenzando por la cantidad que se hubiera prorrateado.

5. Si las distintas pensiones de orfandad hubieran sido objeto de la minoración referida en el último párrafo del número anterior, caso de que, una vez señaladas, alguno de sus beneficiarios falleciera o perdiera la aptitud para ser titular de derechos pasivos, se procederá de oficio a realizar nuevos señalamientos en favor de los que restan, teniendo en consideración los porcentajes aplicables a cada uno de acuerdo con lo establecido en las reglas anteriores. Estos nuevos señalamientos tendrán efectos desde el primer día del mes siguiente al de fallecimiento o pérdida de aptitud del beneficiario o beneficiarios de que se trate.

6. Si con posterioridad al señalamiento de las distintas pensiones en favor de los huérfanos del mismo causante apareciera algún nuevo beneficiario, las pensiones señaladas serán reducidas de oficio en caso de exigirlo así la aplicación del límite recogido en el número 4 anterior, con los efectos previstos en el anterior artículo 37.

7. No existirá, en ningún caso, derecho a que el valor de las pensiones de orfandad de los titulares que fallezcan o deban cesar en la percepción de las mismas acrezca al de los titulares de pensiones causadas por la misma persona.

8. Será de aplicación igualmente a las pensiones de orfandad lo dispuesto en el número 4 del artículo 39 de este texto. (Redactado el apartado 1 conforme a la corrección de errores publicada en BOE núm. 171, de 18 de julio de 1987.)

Artículo 43. Incompatibilidades

1. La percepción de la pensión de orfandad será incompatible con el desempeño de un puesto de trabajo o alto cargo en el sector público, entendido éste de acuerdo con lo dispuesto en el párrafo segundo del apartado 1 del artículo 1 de la Ley 53/1984, de 26 de diciembre, de Incompatibilidades del Personal al Servicio de las Administraciones Públicas, aplicándose a este régimen de incompatibilidad las excepciones mencionadas en el artículo 33, número 1 de este texto.

2. Lo establecido en los números 1, 4 y 5 del precedente artículo 33 será de aplicación igualmente a los supuestos de orfandad. (Se modifica por la disposición final 1.2 de la Ley 3/2017, de 27 de junio. Se modifica el apartado 2 por la disposición final 1.3 de la Ley 36/2014, de 26 de diciembre.

Se modifica el apartado 2 por la disposición final 1.2 de la Ley 2/2008, de 23 de diciembre.)

Sección 4.ª Pensiones en favor de los padres

Artículo 44. Condiciones del derecho a la pensión

1. Tendrán derecho a la pensión por este concepto, indistintamente, el padre y la madre del causante de los derechos pasivos, siempre que aquéllos dependieran económicamente de éste al momento de su fallecimiento y que no existan cónyuge supérstite o hijos del fallecido con derecho a pensión.

En el supuesto de que al momento del fallecimiento del causante hubiera cónyuge o hijos del mismo con derecho a pensión, el padre y la madre de aquél sólo tendrán derecho a la pensión a partir del momento del fallecimiento del cónyuge del causante del derecho o del último de sus hijos con derecho a pensión, o a partir del momento de la pérdida de aptitud para ser pensionista del último de dichos beneficiarios en el disfrute de la pensión.

2. La relación paterno-filial comprenderá, a efectos de este texto, conforme se establece en el número 2 del precedente artículo 41, la matrimonial, la no matrimonial y la legal por adopción. (Se modifica por el art. 129.6 de la Ley 13/1996, de 30 de diciembre.)

Artículo 45. Cálculo de la misma

1. La base reguladora de la pensión en favor de los padres estará constituida por la pensión de jubilación o retiro del causante de los derechos pasivos.

Para la determinación de esta base reguladora se aplicarán en todo las reglas contenidas en los números 1 y 2 del precedente artículo 39.

2. A dicha base reguladora se aplicará el porcentaje fijo del 15 por 100 para la determinación de cada una de las pensiones.

Este porcentaje será del 7,5 por 100 en el supuesto de que el funcionario hubiera fallecido tras haber sido declarado inutilizado en acto de servicio o como consecuencia de este último y de haberse señalado en su favor la correspondiente pensión extraordinaria.

3. No asistirá, en ningún caso, a cualquiera de los padres del funcionario fallecido el derecho a que el valor de la pensión del otro de ellos que fallezca o deba cesar en la percepción acrezca el de la suya.

4. Será de aplicación lo dispuesto en el número 4 del precedente artículo 39 a las pensiones en favor de los padres.

Artículo 46. Incompatibilidades

Se deroga por la disposición adicional 20 de la Ley 33/1987, de 23 de diciembre.

Capítulo IV. Pensiones extraordinarias en favor del personal comprendido en la letra a) del número 1 del artículo 3.° de este texto

Artículo 47. Pensiones extraordinarias y hecho causante de las mismas

1. Las pensiones a que se refiere este Capítulo serán de jubilación o retiro, y de viudedad, orfandad o a favor de los padres, y el hecho causante de las mismas será, respectivamente, la jubilación o retiro del personal correspondiente o su fallecimiento.

2. Dará origen a pensión extraordinaria de jubilación o retiro la incapacidad permanente para el servido o inutilidad del personal comprendido en este capítulo, entendida esta incapacidad en los términos expuestos en la letra c) del número 2 del precedente artículo 28, siempre que la misma se produzca, sea por accidente o enfermedad, en acto de servicio o como consecuencia del mismo. En caso de la enfermedad causante de la inutilidad, ésta deberá constar como adquirida directamente en acto de servicio o como consecuencia directa de la naturaleza del servicio desempeñado.

En todo caso, dicho personal, en cuanto se incapacite o inutilice en acto de servicio o como consecuencia del mismo, será declarado jubilado o retirado.

La jubilación o retiro se declarará por los organismos y Entidades mencionados en el precedente artículo 28, número 3, siendo de la competencia exclusiva de la Dirección General de Costes de Personal y Pensiones Públicas y del Consejo Supremo de Justicia Militar la concesión o no de pensión extraordinaria.

3. Dará origen a pensiones extraordinarias en favor de familiares, el fallecimiento del causante de los derechos en acto de servicio o como consecuencia del mismo, sea por enfermedad o accidente y aplicándose lo dispuesto en el número anterior.

La declaración de fallecimiento del funcionario desaparecido en acto de servicio o como consecuencia del mismo, declaración que se tramitará de acuerdo con lo dispuesto en los artículos 193 y siguientes del Código Civil, dará origen asimismo a pensiones extraordinarias en favor de familiares.

4. Se presumirá el acto de servicio, salvo prueba en contrario, cuando la incapacidad permanente o el fallecimiento del funcionario hayan acaecido en el lugar y tiempo de trabajo. (Se añade el apartado 4 por el art. 40.4 de la Ley 14/2000, de 29 de diciembre. Se modifica el apartado 1 por el art. 41 de la Ley 55/1999, de 29 de diciembre. Redactado el apartado 2 conforme a la corrección de errores publicada en BOE núm. 171, de 18 de julio de 1987.)

Artículo 48. Condiciones para el disfrute de las pensiones extraordinarias

1. El derecho a pensión extraordinaria de jubilación o retiro se causará cualquiera que sea el tiempo de servicios prestados al Estado por el personal de que se trate.

2. El derecho a las pensiones extraordinarias en favor de familiares corresponderá al cónyuge viudo, los huérfanos o los padres del fallecido, siempre que reúnan los requisitos de aptitud legal exigidos en los artículos 38, 41 y 44 de este texto, y sin que se exija que el causante de los derechos hubiera completado período mínimo de servicio alguno.

3. No obstante, cuando la pensión extraordinaria estuviera originada como consecuencia de un acto de terrorismo, tendrán derecho a pensión de orfandad los hijos del causante de los derechos pasivos que fueran menores de veintitrés años, así como los que estuvieran incapacitados para todo trabajo antes del cumplimiento de dicha edad o de la fecha del fallecimiento del causante.

En el supuesto en que el huérfano acredite las condiciones económicas establecidas en el número 2 del artículo 41 de este texto, podrá ser beneficiario de la pensión de orfandad hasta los veinticuatro años de edad, siempre que a la fecha del fallecimiento del causante o antes del cumplimiento de los veintitrés años no sobreviviera ninguno de los padres.

Si el huérfano mayor de veintitrés años se incapacitase para todo trabajo antes de cumplir los veinticuatro años de edad tendrá derecho a la pensión de orfandad con carácter permanente, siendo a este efecto de aplicación lo dispuesto en el número 3 del artículo 41 de este texto.

4. El percibo de las pensiones extraordinarias estará sujeto al régimen de incompatibilidades previsto en los artículos 33 y 43 de este texto. (Se modifica por el art. 61.1 de la Ley 53/2002, de 30 de diciembre.)

Artículo 49. Cuantía de las pensiones y cálculo de las mismas

1. El cálculo de la pensión extraordinaria de jubilación o retiro se verificará de acuerdo con lo dispuesto en los artículos 30 y 31 de este texto, con la particularidad de que se entenderán como de servicios efectivos prestados en el Cuerpo, Escala, plaza, empleo o categoría a que figurara adscrito el causante de los derechos al momento en que se produzca la declaración de jubilación o retiro, los años completos que le faltaran para alcanzar la correspondiente edad de jubilación o retiro forzoso y de que el haber regulador o los haberes reguladores que correspondan se tomarán al 200 por 100.

2. El cálculo de las pensiones en favor de los familiares del funcionario fallecido o desaparecido en acto de servicio o como consecuencia de éste, se verificará

de acuerdo con lo dispuesto en los artículos 39, 42 y 45 de este texto, según la clase de pensión de que se trate, tomándose, en todo caso, los años completos que faltaran al causante de los derechos para alcanzar la correspondiente edad de jubilación o retiro forzoso como años de servidos efectivos prestados en el Cuerpo, Escala, plaza, empleo o categoría a que estuviera adscrito al momento del fallecimiento a efectos de la determinación de la base reguladora correspondiente, con la particularidad de que dicha base reguladora se tomará al 200 por 100 para el señalamiento de la correspondiente pensión.

3. Cuando las pensiones extraordinarias se hayan originado como consecuencia de actos de terrorismo, la cuantía de las mismas en favor del propio causante será del 200 por 100 del haber regulador correspondiente, de acuerdo con las reglas del artículo 30 de este texto, al Cuerpo, Escala plaza, empleo o categoría de última adscripción de aquél, y en favor de sus familiares será del 200 por 100 de la pensión de jubilación o retiro que se hubiera señalado en circunstancias ordinarias al causante con arreglo a las normas de este texto.

A estos efectos, cuando la pensión corresponda al cónyuge del causante y a los hijos del mismo con aptitud legal para su percibo, la mitad de su importe se asignará al cónyuge y la otra mitad se dividirá por partes iguales entre todos los hijos para determinar la cuantía de la pensión que corresponde individualmente a cada uno. Cuando corresponda a los padres, viviendo ambos, se dividirá a partes iguales entre los dos, si tuvieran aptitud legal para su percibo.

Si en cualquiera de los supuestos contemplados no existiese más que un solo beneficiario con aptitud legal para el percibo de la pensión, a éste se le asignará la misma en la cuantía fijada al principio.

Caso de que cualquiera de los co-partícipes en estas pensiones perdiera el derecho a percibirla, el resto de ellos tendrá el derecho de acrecer su cuota con el importe de la del co-partícipe que hubiera perdido el derecho.

4. No se percibirá cantidad alguna en concepto de indemnización por el Régimen de Clases Pasivas del Estado ni ayuda o subsidio con cargo al crédito presupuestario de Clases Pasivas junto con las pensiones extraordinarias causadas en su propio favor o en el de sus familiares por el funcionario inutilizado o fallecido en acto de servicio o como consecuencia del mismo. (Se modifica el apartado 4 por el art. 49.3 de la Ley 50/1998, de 30 de diciembre.)

Artículo 50. Régimen de las pensiones extraordinarias

1. Las pensiones extraordinarias de Clases Pasivas serán incompatibles con las ordinarias que pudieran solicitar sus beneficiarios con base en los mismos hechos causantes, siendo las originadas en acto de terrorismo también incom-

patibles con las extraordinarias que por los mismos hechos, prescindiendo de su motivación terrorista, pudieran corresponder.

2. Las pensiones extraordinarias originadas en acto de terrorismo no estarán sujetas a las normas limitativas a que se refiere el número 3 del precedente artículo 27.

Capítulo V. Pensiones causadas por personal mencionado en la letra c) del número 1 del artículo 3.° de este texto

Artículo 51. Régimen jurídico

1. Los ex Presidentes, Vicepresidentes y Ministros de Gobierno de la Nación, así como los ex Presidentes del Congreso de los Diputados y del Senado, del Tribunal de Cuentas y del Consejo de Estado, que fallecieran o fueran declarados fallecidos con posterioridad a 1 de enero de 1986, causarán pensiones de viudedad, orfandad y en favor de los padres que se regularán, salvo en lo dispuesto en el siguiente párrafo, por las normas recogidas en los capítulos primero y tercero y en los correspondientes artículos del capítulo cuarto de de este título.

La base reguladora de estas pensiones será la fijada al efecto en la Ley de Presupuestos Generales del Estado en cada ejercicio económico.

2. Los ex Presidentes del Tribunal Supremo de Justicia y, a partir de 1 de enero de 1987, del Consejo General del Poder Judicial, que fallecieran o fueran declarados fallecidos con posterioridad al 1 de enero de 1986, causarán los mismos derechos mencionados en el número anterior.

3. Asimismo, causarán iguales derechos los ex Presidentes del Tribunal Constitucional y los ex Defensores del Pueblo y Fiscales Generales del Estado que fallecieran con posterioridad a 1 de enero de 1987. (Redactado el apartado 3 conforme a la corrección de errores publicada en BOE núm. 171, de 18 de julio de 1987.)

Capítulo VI. Pensiones causadas por el personal mencionado en la letra d) y f) del número 1 del artículo 3.° de este texto

Artículo 52. Régimen jurídico

1. Los alumnos de los centros docentes militares de formación y quienes estuvieren prestando el servicio militar en cualquiera de sus formas, causarán

en su favor o en favor de su conyuge, hijos o padres derecho a pensión en el caso de que se inutilicen, fallezcan o desaparezcan en el curso de su proceso de formación o del servicio militar, siempre que sea en acto de servicio o como consecuencia del mismo.

Los alumnos de los centros docentes militares de formación, que hayan ingresado en los mismos siendo militares de carrera o de empleo, tendrán los derechos pasivos correspondientes a su relación de servicios profesionales.

2. Tales pensiones se regularán por lo dispuesto en el precedente capítulo 4, tomándose para su determinación el haber regulador que, en cada momento, corresponda al personal militar de tropa y marinería o, en su caso, al empleo eventual de los alumnos, siempre que la incapacidad o inutilidad que de origen a la correspondiente pensión se entienda en los terminos regulados en el apartado 2, c), del artículo 28 de este texto, pero referida a la inhabilitación absoluta para cualquier profesión u oficio.

3. Los alumnos de centros docentes militares de formación y quienes estuvieran prestando el servicio militar en cualquiera de sus formas, tendrán derecho a las pensiones o indemnizaciones por una sola vez, que reglamentariamente se determinen caso de que sufran lesiones permanentes no invalidantes, o no determinantes de inutilidad absoluta para todo trabajo, como consecuencia del desempeño del servicio militar o del propio proceso de enseñanza militar y no tengan derecho a ellas por ningún régimen público de previsión social. (Se modifica por la disposición adicional 14.1 de la Ley 17/1989, de 19 de julio. Téngase en cuenta para su aplicación el apartado 2.Redactado el apartado 2 conforme a la corrección de errores publicada en BOE núm. 171, de 18 de julio de 1987)

Artículo 52 bis. Régimen jurídico

1. El personal militar de empleo y el de las Escalas de complemento y reserva naval y el de tropa y marinería profesional que no tenga adquirido el derecho a permanecer en las Fuerzas Armadas hasta la edad de retiro, mientras dure la relación de servicios de carácter no permanente, causará en su favor pensión de retiro, ordinaria o extraordinaria de acuerdo con lo dispuesto en los precedentes capítulos II y IV, en el caso de que se inutilicen, siempre que tal inutilidad se entienda en los términos regulados en el apartado 2, c), del artículo 28 de este texto, pero referido a la incapacidad absoluta para cualquier profesión u oficio.

2. Este personal tendrá derecho, en los términos que reglamentariamente se determinen, a pensiones o indemnizaciones por una sola vez, en caso de que sufran lesiones permanentes no invalidantes, o no determinantes de inutilidad absoluta para toda profesión u oficio.

3. Asimismo causarán derecho a pensión a favor de sus familiares en el caso de que fallezca, mientras mantenga la relación de servicios. Dichas pensiones podrán ser ordinarias o extraordinarias, de acuerdo con lo dispuesto en los precedentes capítulos III y IV. (Se añade por el art. 60.6 de la Ley 66/1997, de 30 de diciembre.)

Capítulo VII. Pensiones causadas por el personal mencionado en las letras b) y e) del número 1 del artículo 3.° de este texto

Artículo 53. Régimen jurídico

1. El personal interino y los funcionarios en prácticas o los alumnos de Academias y Escuelas Militares a partir de su promoción a Caballero Cadete, Alférez-Alumno, Sargento-Alumno o Guardiamarina, comprendidos en el artículo 3.°, número 1, de este texto, causarán en su condición de tales las pensiones que puedan resultar según lo dispuesto en las normas contenidas en los Capítulos primero, segundo, tercero y cuarto del presente título.

2. Los haberes reguladores que se tendrán en cuenta para el cálculo de dichas pensiones serán los correspondientes al Cuerpo, Escala, Plaza, empleo o categoría de funcionario que resulte homologable desde el punto de vista funcional a la plaza desempeñada por el funcionario interino. En el caso del funcionario en prácticas y los alumnos, serán los que correspondan al Cuerpo, Plaza o Carrera correspondientes al causante de las pensiones o al empleo de Alférez o Sargento.

3. A efectos de su clasificación pasiva, la legislación reguladora de la relación de servicios del funcionario de carrera se aplicará supletoriamente en lo no específicamente previsto por la legislación reguladora de dicho personal mientras permanezca en situación de servicio activo. (Redactado el apartado 1 conforme a la corrección de errores publicada en BOE núm. 171, de 18 de julio de 1987)

Título II, Derechos pasivos del personal comprendido en el número 2 del artículo 3.° de este Texto

Artículo 54. Modificaciones en la legislación aplicable al personal comprendido en el número 2 del artículo 3.° de este texto.

Las modificaciones en la legislación de Clases Pasivas vigente a 31 de diciembre de 1984, a que se refiere el número 2 del artículo 3.° de este texto se contienen en los siguientes preceptos de este título.

Artículo 55. Revalorización, complementos y imitación del crecimiento de pensiones

La revalorización, la asignación de complementos y la limitación del crecimiento de las pensiones de Clases Pasivas que se hubieran causado con anterioridad al 1 de enero de 1985 o con posterioridad a dicha fecha al amparo de la legislación de Clases Pasivas vigente a 31 de diciembre de 1984, se ajustará a lo que se establece en el artículo 27 de este texto.

Artículo 56. Nacionalidad

Las reglas que sobre nacionalidad se contienen en el artículo 24 de este texto serán de aplicación a las pensiones de Clases Pasivas causadas con anterioridad a 1 de enero de 1985 o con posterioridad a dicha fecha, independientemente de la legislación que les sea aplicable, si bien los efectos económicos de las mismas se contarán dede el momento del nacimiento del derecho con el límite máximo del primero de enero de 1985.

Artículo 57. Incompatibilidades

Las normas sobre incompatibilidad que se contienen en los artículos 33 y 43 de este texto serán aplicables a las pensiones de jubilación o retiro y de orfandad de Clases Pasivas causadas al amparo de la legislación vigente a 31 de diciembre de 1984, cualquiera que sea la fecha de su hecho causante. Los efectos derivados de esta incompatibilidad se producirán a partir de 1 de febrero de 1985 o de la fecha posterior que en cada caso corresponda, salvo en lo referido a la incompatibilidad de la pensión de retiro cuyos efectos se producirán inicialmente desde el 1 de enero de 1985. (Se modifica el título por la disposición final 1.3 de la Ley 3/2017, de 27 de junio.)

Artículo 58. Incompatibilidad con ingresos

1. Las pensiones de orfandad de Clases Pasivas en favor de mayores de veintiún años reconocidas al amparo de la legislación vigente a 31 de diciembre de 1984 y que se hubieran causado con anterioridad al 3 de agosto de 1984 en el caso del personal comprendido en el ámbito de aplicación de la Ley 30/1984, de 2 de agosto, o con anterioridad a 1 de enero de 1985 en otro caso, siempre que sus perceptores no estuvieran incapacitados para todo tipo de trabajo desde antes de cumplir dicha edad o a la fecha del fallecimiento del causante, serán incompatibles con la percepción de ingresos por trabajo activo que permita la inclusión de su titular en cualquier régimen público de Seguridad Social, así como con cualesquiera otras rentas o ingresos sustitutivos del salario.

2. La percepción de las pensiones afectadas por la incompatibilidad señalada en el apartado anterior quedará en suspenso por meses completos, desde el día primero del mes siguiente al inicio de la actividad o del abono de las rentas o ingresos que determinan la incompatibilidad hasta el último día del mes en que se finalice, sin que ello afecte a los incrementos que deban experimentar tales pensiones, conforme a lo dispuesto en el artículo 27 de este texto.

Como excepción a los efectos de la suspensión señalados en el párrafo anterior, si la actividad o pago incompatible se inicia el día primero de un mes la suspensión del abono de la pensión procede desde el día primero del mes en que se realice la actividad incompatible. (Se modifica por la disposición final 1.5 de la Ley 17/2012, de 27 de diciembre. Se modifica por la disposición final 1.3 de la Ley 2/2008, de 23 de diciembre.)

Artículo 59. Extinción de pensiones

1. Las pensiones en favor de familiares del Régimen de Clases Pasivas del Estado, reconocidas al amparo de la legislación vigente a 31 de diciembre de 1984, se extinguirán cuando sus titulares contraigan matrimonio, sin que pueda posteriormente recuperarse el derecho a las mismas si el matrimonio se hubiera celebrado con posterioridad al 23 de agosto de 1984, en las pensiones causadas por el personal comprendido en el ámbito de aplicación de la Ley 30/1984, de 2 de agosto, o después del 31 de diciembre del mismo año, en las pensiones causadas por el resto del personal incluido en el ámbito subjetivo del Régimen de Clases Pasivas del Estado.

No obstante lo dispuesto en el párrafo anterior, la pensión de viudedad no se extinguirá en los supuestos y en las condiciones que reglamentariamente se establezcan.

2. Las pensiones de orfandad del Régimen de Clases Pasivas del Estado, reconocidas al amparo de la legislación vigente a 31 de diciembre de 1984, causadas con posterioridad a 23 de agosto de 1984 por el personal comprendido en el ámbito de aplicación de la Ley 30/1984, o después del 31 de diciembre del mismo año en otro caso, se extinguirán cuando sus titulares cumplan los veintiún años de edad, salvo que estén incapacitados para todo tipo de trabajo desde antes del cumplimiento de dicha edad o de la fecha del fallecimiento del causante de la pensión y tengan derecho al beneficio de justicia gratuita.

Cuando tales pensiones hubieran sido causadas antes del 24 de agosto de 1984 o del 1 de enero de 1985, según corresponda, se extinguirán definitivamente siempre que el huérfano sea mayor de veintiún años de edad y no esté incapacitado para el trabajo en las condiciones expresadas en el párrafo anterior, excepto cuando a 31 de diciembre de 1984 no existiera cónyuge supérstite del causante con derecho a pensión o cuando, en dicha fecha, el huérfano ostentara el estado civil de soltero, viudo, divorciado o estuviera separado legalmente. (Se añade el párrafo segundo al apartado 1 por el art. 55.2 de la Ley 24/2001, de 27 de diciembre. Téngase en cuenta el art. 55.3, en cuanto a la aplicación del apartado 1. Se modifica por el art. 129.7 de la Ley 13/1996, de 30 de diciembre.

Redactado el apartado 2 conforme a la corrección de errores publicada en BOE núm. 171, de 18 de julio de 1987.)

Artículo 60. No duplicidad de cobertura

Lo dispuesto en el artículo 26 de este texto será de aplicación a las pensiones de Clases Pasivas causadas con posterioridad a 1 de enero de 1985, independientemente de la legislación que les sea aplicable.

Artículo 61. Igualdad jurídica

Lo dispuesto en el artículo 36 de este texto será de aplicación a las pensiones de Clases Pasivas reconocidas al amparo de la legislación vigente a 31 de diciembre de 1984. Los nuevos derechos que puedan surgir de la aplicación de la indicada norma tendrán efectividad económica desde 1 de enero de 1984.

Ello no obstante, si como consecuencia de la aplicación del artículo 36 del presente texto algún perceptor de Clases Pasivas hubiera de cesar en el percibo de su pensión por existir determinada persona que ocupara en el orden de llamamientos al disfrute de la misma pensión contenido en la legislación aplicable un lugar preferente o determinada persona excluida del llamamiento al disfrute de una pensión de Clases Pasivas entrará a co-participar de la misma con los actuales titularen en relación con tos efectos económicos de los nuevos señalamientos que procedan, será de aplicación lo dispuesto en el artículo 37 de este texto.

Artículo 62. Pagas extraordinarias

Las normas contenidas en el número 2 del artículo 22 de este texto serán de aplicación a las pensiones de Clases Pasivas causadas con anterioridad o posterioridad a 1 de enero de 1985, cualquiera que sea la legislación que les fuera aplicable. Las reglas contenidas en la letra c) de dicho precepto, tendrán efectos de 1 de enero de 1987; las reglas del primer inciso de la letra d) de dicho precepto tendrán efectos de 1 de enero de 1985 y las del segundo inciso de la misma letra, de 1 de enero de 1986.(Redactado conforme a la corrección de errores publicada en BOE núm. 171, de 18 de julio de 1987.)

Artículo 63. Suspensión de las prestaciones

Lo dispuesto en el artículo 21, número 2, de este texto será de aplicación a las pensiones de Cases Pasivas cualquiera que sea su fecha de arranque y legislación reguladora, con efectos para las causadas con anterioridad a 1 de enero de 1986 desde la expresada fecha.

Artículo 64. Competencias

Lo dispuesto en el Capítulo segundo del subtítulo primero del título I de este texto será de aplicación al reconocimiento y concesión de los derechos pasivos causados con arreglo a la legislación en materia de Clases Pasivas vigente a 31 de diciembre de 1984 y en general a los procedimientos administrativos correspondientes.